U0944882

2011

中国渔业年鉴

China Fisheries Yearbook

农 业 部 渔 业 局　主 编

中 国 农 业 出 版 社

中国渔业年鉴理事单位

中国渔业年鉴编辑部

通讯地址　北京市朝阳区农展馆北路2号18号楼

邮政编码　100125

电　　话　(010) 59194915

传　　真　(010) 65061875

电子信箱　yynjcn@ccap.com.cn

中国渔业年鉴编辑委员会

中国渔业年鉴编辑部

2010年6月6日，全国22省同步举行大规模增殖放流活动。农业部部长韩长赋、副部长牛盾，辽宁省委副书记张成寅，广东省副省长李容根等出席活动。当日共放流苗种超过30亿尾。图为黄海放流活动主会场。

农业部副部长牛盾，大连市委书记夏德仁参加放流活动。

2010年7月24日，来自社会各界代表600多人齐聚上海世博园庆典广场，启动“世博会长江水生生物养护宣传周”活动。农业部部长韩长赋宣布宣传周开幕。农业部副部长牛盾，上海市副市长胡延照，世界自然基金会亚太事务主任钟·米赛乐出席揭幕仪式。

2010年5月10日，纪念中国渔政指挥中心成立10周年暨全国渔政执法能力建设座谈会在北京举行。农业部部长韩长赋发出贺辞，副部长牛盾出席并讲话。

2010年2月9日，农业部举行南沙美济礁建礁守礁15周年纪念表彰大会。农业部副部长牛盾颁奖并讲话。

2010年4月26—27日，全国水产品质量安全监管工作会议在杭州市召开。农业部渔业局局长李健华作了重要讲话，副局长陈毅德主持会议。

2010年11月17日，中国水产科学研究院和南京农业大学在北京举行合作协议签约仪式。农业部副部长危朝安出席签约仪式并讲话。中国水产科学研究院院长张显良和南京农业大学校长郑小波分别致辞。

农业部东海区渔政局

农业部部长韩长赋、副部长牛盾、农业部渔业局局长李健华等领导在农业部东海区渔政局局长李富荣的陪同下慰问渔政执法人员。

做好世博水上安保工作，为上海世博会的举办营造平安和谐氛围。农业部副部长牛盾、交通部副部长徐祖远、公安部边防局副局长吴建森少将等领导参加由农业部东海区渔政局牵头组织的“迎世博、保平安、促和谐”长江口水上专项联合执法行动启动仪式。

农业部东海区渔政局与农业部水生野生动植物保护办公室、上海市农业委员会、世界自然基金会、水科院东海水产研究所等单位共同组织开展了“中华鲟世博游—世博会长江水生生物养护系列活动”。

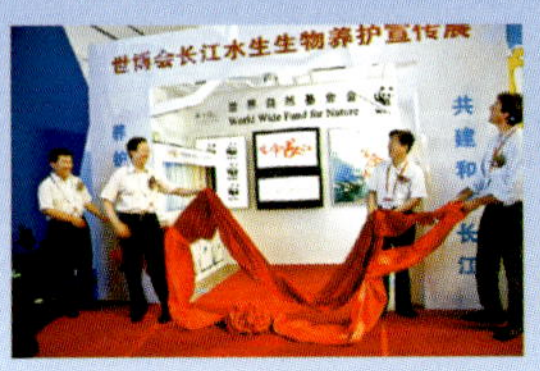

第二届东海渔业论坛在福建泉州成功举办。农业部渔业局副局长崔利锋出席论坛并致辞，农业部东海区渔政局局长李富荣、福建省海洋与渔业厅厅长刘修德、浙江省海洋与渔业局副局长陈宗尧、江苏省海洋与渔业局副局长沈毅等领导围绕“现代渔业建设”有关问题做了主题报告。农业部东海区渔政局副局长马毅主持论坛。

为配合外交部开展钓鱼岛维权斗争，中国渔政201、202、203、204船分赴钓鱼岛附近海域执行维权护渔巡航任务。

联合江苏省海洋与渔业局在江苏启东吕四中心渔港举办了“渔船防碰撞警示图发放暨渔业水上交通安全咨询日”活动。图为农业部东海区渔政局副局长宋志俊向渔民代表发放宣传资料。

大力推进国家级水产种质资源保护区建设，率先成立了东海带鱼和吕泗渔场小黄鱼银鲳两个保护区管理委员会，正式启动保护区生态环境监测和保护区巡航执法等实质性工作。

多举措加强海洋伏季休渔管理，结合“护渔2010”督察行动，进一步强化伏季休渔监管。图为农业部东海区渔政局周彤巡视员（右一）在舟山市海洋与渔业局指挥中心听取工作汇报。

根据上海市关于深化城乡结对帮扶，促进城乡党建统筹的工作部署，继续开展与浦东新区老港镇东河村结对共建活动。图为张鸣鸣副巡视员（左一）代表农业部东海区渔政局接收东河村赠送的锦旗。

农业部南海区渔政局

“十一五”期间，在农业部的正确领导下，在农业部渔业局、渔政指挥中心的直接指导下，农业部南海区渔政局以科学发展观统领全局，认真学习贯彻党的十七大精神，根据农业部的总体工作部署，按照《全国渔业发展第十一个五年规划》提出的“两确保、两促进”目标，结合南海与珠江流域实际，扎实开展各项工作，取得明显成绩。

坚持执行海洋捕捞渔船船网工具双控制度，引导南海渔业调整产业布局和作业结构，促进渔民增收。坚持和完善南海伏季休渔制度，休渔成效日益明显。坚持扎实推进平安渔业建设。南海区万吨鱼事故率、死亡率均低于全国平均水平。坚持渔业资源和环境保护，广泛开展渔业资源增殖放流活动，珠江流域渔业管理进展显著。坚持开展专属经济区渔政巡航执法，积极配合开展边海防斗争，实施南海海域维权护渔行动，为维护国家主权和南海海洋权益、保护我国渔民生命财产安全作出突出贡献。

2010年1月，在第四次全国边海防工作会议上，中国渔政南海总队被授予“全国边海防工作先进集体”称号，吴壮局长（前排左三）被授予“全国边海防工作先进个人”。

农业部在广州举行南沙美济礁建礁守礁15周年纪念暨表彰大会，中国渔政南海总队荣记集体一等功，57位同志分别荣记一、二、三等功。

坚持开展渔业资源增殖放流活动，获得了社会的广泛关注。

2010年11月16日，隶属南海区渔政局的全国最先进渔政船——中国渔政310船入列并首航钓鱼岛海域维权巡航。

中国水产科学研究院

中国水产科学研究院院长 张显良研究员

中国水产科学研究院作为国家级水产科研机构，担负着全国渔业重大基础、应用研究和高新技术产业开发研究的任务，在解决渔业及渔业经济建设中基础性、方向性、全局性、关键性重大科技问题，以及科技兴渔、培养高层次科研人才、开展国内外渔业科技交流与合作等方面发挥着重要的作用。全院现有9个研究所（中心）和4个增殖实验站及院部共14个单位，与地方共建了3个研究机构。现有在职职工2044人，其中科技人员1603人。已基本形成了由院士、国家级专家、部级专家、院首席科学家以及中青年优秀科技人才组成的层次结构较为合理的科研团队。

农业部副部长张桃林到中国水产科学研究院淡水渔业研究中心视察

全院拥有省（部）级重点开放实验室13个、院级重点开放实验室12个，国家级、部级质量监督检测中心10个，部级野外观测台站9个，国际水产培训中心2个，科研实验及中试基地37处，拥有千吨级海洋科学调查船2艘。研究重点为渔业资源保护与利用、渔业生态环境、水产生物技术、水产遗传育种、水产病害防治、水产养殖技术、水产加工与产物资源利用、水产品质量安全、渔业工程与装备、渔业信息与发展战略等十大研究领域。

我国第一艘自行设计建造的渔业科学调查船“南锋”号首航

建院以来，全院科技工作者攻克了渔业发展中的一系列基础性、关键性技术难题，取得了一大批对产业发展具有较大推动作用的成果。全院共取得各类科研成果3500多项，有560多项成果获国家和省（部）级奖励，其中国家奖56项。全院以占全国水产科研单位20%左右的科技人员，取得占全国水产行业50%以上的国家级和省（部）级奖励。

牵头成立的“全国渔业科技协作网”吸引全国70余家渔业科研、教学和龙头企业的广泛参与，有力地推动了全国渔业科技大联合、大协作。主办的“水产科技论坛”已发展成为渔业科技领域国际知名的学术交流平台。全院与70多个国家和国际组织建立了合作关系，为100多个国家和地区培训了1500多名高级水产人才。

中国水产科学研究院与南京农业大学全面推进科教结合

中国水产科学研究院与浙江万里学院签署院校合作框架协议

广东省海洋与渔业局

2010年，广东省以建设现代渔业为中心，努力推进各项工作。全省渔业总产值1660亿元，比2005年增长63.9%，年均递增10.3%；水产品产量738万吨，比上年增长5%；水产品出口创汇20亿美元，约占全省农产品出口额的1/3；渔民人均收入达9977元，同比增长7.6%。

推进现代渔业建设。实施转产转业议案，发展深水网箱养殖，振兴南珠产业，加快良种体系建设，发展休闲渔业。

加强水产科技推广。积极实施科技兴渔战略，加强与科研院校合作，实施渔业科技入户示范工程，加强水产专业技术培训，做好水生动物疫病预防控制，提高渔业公共服务水平。

保障水产品质量安全。圆满完成广州亚运会水产品供应质量安全保障任务，确保水产品安全有效供给和质量安全零事故。

保障渔业安全生产。有效防范“灿都”、“狮子山”、“凡亚比”等台风，实施救助行动120次，成功救助渔民376人。

保护渔业资源环境。积极推动生态补偿、建设人工鱼礁、人工增殖放流、开展养殖污染源普查以及水生野生动物管理，努力推进渔业资源环境保护工作，为渔业发展营造了一个较为理想的外部环境和条件。

加强渔业综合管理。推进养殖证制度建设，做好渔业捕捞许可管理。组织开展以规范渔船标识为重点的“护渔2010”执法行动，全面完成了60匹马力以上渔船标识整治工作。

局长 郑伟仪

农业部部长韩长赋出席南海生物资源增殖放流活动

整装待发的广东渔政队伍

广东省大力发展深水网箱养殖

广西水产畜牧兽医局

“十一五”广西水产畜牧业为农业农村经济发展贡献巨大

广西桂林开展科学保护漓江水生生物资源活动

广西水产畜牧兽医局梁雨祥局长视察指导工作

渔业丰收场景

“十一五”广西水产畜牧部门坚定不移地贯彻落实中央和自治区关于“三农”工作的决策部署，坚定不移地落实中央和自治区一系列强农惠农政策，坚定不移地坚持发展这个第一要务，坚定不移地壮大特色水产畜牧业，坚定不移地把增加农民收入作为水产畜牧兽医工作的重中之重，进一步巩固了水产畜牧业在我区农业农村经济中的重要地位，为推动广西农业农村经济发展作出了重要贡献。

综合生产能力不断增强，经济总量明显增加

2008年以来全区水产畜牧业总产值连续3年超过1000亿元。

优势特色产业加快发展，主要产品产量步入全国领先行列

生猪、家禽优势产业稳定发展，特色产业发展速度加快。奶水牛、对虾、罗非鱼、龟鳖等优势特色产业持续较快发展。

产业化发展加快，龙头企业实力不断增强

水产畜牧业是广西大农业中产业化水平最高的产业，全区有养殖业龙头企业625家，有国家级农业产业化重点龙头企业8家。全区水产畜牧业39家龙头企业进入广西规模以上工业主营业务收入前500家企业行列。

产业结构不断优化，布局更加合理

生猪、家禽等优势产业地位得到巩固，牛、羊、兔、鹅等主要品种发展速度加快。发展林下养殖，成为畜牧业的新亮点。产业结构调整力度不断加大，形成了一批优势产业带和集中区：桂西和桂中草食动物养殖带，桂东肉兔养殖区，中心城市奶牛养殖区，沿海罗非鱼、对虾、文蛤和名贵鱼类养殖区。

重大动物疫病防控能力进一步提高，防控成效显著

坚持免疫与扑杀相结合、内防与外堵并重的综合防控策略，狠抓“领导、机构、人员、责任、经费、物资”六落实。全区已连续7年保持高致病性禽流感无疫情，也没有发生区域性重大动物疫情。

产品质量安全监管力度加大，质量安全水平不断提高

大力发展标准化规模养殖，从源头上确保产品质量安全。突出发展无公害绿色和有机食品，加强饲料、兽药产品质量专项整治与监管。五年来，没有发生重大水产畜牧产品质量安全事件。

科技支撑能力提升，水产畜牧业科学发展步伐加快

获国家科技进步二等奖2项，获广西科技进步奖一、二、三等奖45项。国家重点实验室认定1个，自治区重点实验室认定2个。良种繁育体系逐步完善，种猪、种禽畅销全国各地。水产品等优势产业对全区养殖业增产的贡献率达60%以上，良种覆盖率达90%以上。

大连獐子岛渔业集团股份有限公司

（股票代码002069）

大连獐子岛渔业集团股份有限公司始创于1958年，目前是以海洋水产业为主，集海珍品育苗业、海水增养殖业、水产品加工业、国内外贸易、客运旅游业于一体的大型综合性渔业企业。

2006年9月28日，獐子岛在深交所成功上市。公司先后成为世界经济论坛“全球成长型公司创始会员”、CCTV领袖气质•最佳雇主、全国兴渔富民企业和国家创新型企业。

獐子岛渔业系农业产业化国家重点龙头企业，拥有2000平方公里的现代海洋牧场，是国内最大的海珍品增养殖基地，并成为沃尔玛在中国的第一个海产品农超对接基地。虾夷扇贝、海参、鲍鱼通过“国家地理标志保护产品”认证；虾夷扇贝还荣获“中国名牌农产品”称号，成为中国食品行业首个碳标识认证食品。公司在全国设立10大销区，终端网点超过千家，为了加快国际化进程，公司先后在美国、加拿大、香港、法国和台湾设立了公司，产品还远销20多个国家和地区。

具有 50 年沉淀和积累的獐子岛渔业，在走向百年的征程中，将秉承“责任、合作、执行、感恩”的企业价值观，通过“市场化、工业化、信息化、国际化”建设，打造“受人尊敬的、卓越的世界海洋食品企业”。

通威

引领全球绿色养殖新时

Tongwei Leads a New Era of Global Green Bre

上海水产集团总公司

通向海洋的成功之路

“开富”号拖网加工船

“金汇1号”围网船

食品加工园区

金枪鱼捕捞船卸货

东方渔人码头夜景

A Success Way to the Ocean

Report on Shanghai Firsheries General Corporation (Group)

上海水产（集团）总公司由上海市国资委全资控股，注册资本人民币5亿元，是上海唯一一家利用国际渔业资源、以远洋渔业及水产品精深加工为主营业务的国有集团公司，现有资产31.84亿元。2008年综合销售额69.75亿元，年进出口额5500万美元。目前该集团具有一流技术等级的大中型公海作业船25艘（其中13艘已纳入上市资产），有跨海小型作业船48艘，船队生产海域为太平洋、印度洋、大西洋，年捕捞远洋水产品15–16万吨，占全国远洋渔业产品10%以上。

到2008年底，该集团拥有海外企业及办事处18家，主要从事远洋渔业捕捞及相关项目管理、渔业贸易及配套服务，主要分布在日本、马绍尔群岛、摩洛哥、毛里塔尼亚、阿根廷、智利、密克罗尼西亚、斐济、澳大利亚、中国香港等国家和地区，市场和经销网络主要分布在日本、尼日利亚、美国、西欧及泰国等地，形成了外向型经济格局，多次获得上海市政府“走出去”贡献奖和“走出去”领头羊企业称号，是上海跨国经营20强企业之一。

50多年来，经过几代水产干部职工的艰苦创业、开拓创新，上海水产已从单一的近海海洋捕捞传统产业，向以做强远洋捕捞为核心的鱼品精深加工和营销、物流及贸易、渔船及渔机修造等延伸产业链方向发展。尤其是近几年来，该集团以提升开发世界渔业资源能力为目标，大力调整远洋渔业生产结构，远洋公海捕捞规模、技术装备、效益规模居于国内领先水平，跻身世界同行业前列。2008年集团总资产较2005年增长99%，净资产增长54%，净利润增长22%，主营业务利润增长193%，科技研发投入增长25%，在岗职工平均工资2005年以来每年递增10%以上，2008年还实现了远洋渔业优质资产的借壳上市（股票名“开创国际”），更将推进集团募集发展资金，加快远洋渔业的发展。

当前，该集团正在积极实施2009年–2011年三年行动规划，力争两年内实现产业结构、产品结构和组织结构的优化，三年后争取远洋渔业优质资产整体上市，努力把自身打造成规模效益国内第一、国际领先的远洋渔业集团。

All is contained in the belief of quest, all is contained in the surefooted works, and all is contained in the stable footsteps. Having weathered in winds and rains to pursue the prominence, the China Construction Bank Corporation (CCB) left its sparkling footprints on the arena of the era in a spirit of persistence and perseverance.

The CCB was listed on the Hong Kong Stock Exchange on October 27, 2005, making it the first of the Big Four Chinese commercial banks listed on the overseas stock exchange. On September 25, 2007, it floated A-shares on the Shanghai Stock Exchange, a move that helped with the deepened reform and opening-up.

All this is the result of its down-to-earth work in seeking supremacy on the stage of the reform and opening-up. Thanks to the progress it has made over the years, the CCB won the award of "Best Domestic Bank of China" in Triple A Awards Assessment sponsored by The Asset magazine in three consecutive years. In 2007, it won the "Best Financial Risk Management of China" and "2007 Social Responsibility Award of China," being the only large State-owned commercial bank in China to win the honors. The market value of shares and net profit of the CCB ranked second in global banking industry in 2008. Of the "FT Global 500" by Financial Times in 2008, the CCB took the 20th place.

The CCB Shanghai Branch is a provincial branch bank charged with supporting the development of major industries and large businesses. It presses ahead with the financial reforms geared to turning it into a large modernized State-owned commercial bank featuring the world-class operation and management. This has sharpened its competitiveness in market competition.

In the process of enhancing its market competitiveness, the CCB Shanghai Branch adopted a series of policies and measures, and, within five years, its profits registered a three-fold increase in five years, realizing a synchronized growth of its scale and benefit. In 15 years, the Shanghai Branch has provided loans to the tune of over 20 billion yuan for the construction of the provincial expressways such as the Shanghai-Nanjing Expressway, Nanjing-Nantong Expressway, Nanjing-Lianyungang Expressway, Nanjing-Suqian-Xuzhou Expressway, Nanjing-Hangzhou Expressway, Xuzhou-Lianyungang Expressway, and Nanjing Airport Expressway. It also greatly supported the construction of Jiangyin Bridge, Runyang Bridge and Sutong Bridge over the Yangtze River. In addition, the branch made its utmost efforts to bolster the key power projects such as rebuilding the main national and city power grids, Shanghai north-to-south power diversion and power station construction with injecting loans of 20-odd billion yuan so that it tremendously enhanced the control capacity of Shanghai power grid. In terms of housing project, it kept ahead in offering housing reform financial service, personal housing accumulation fund loan service, and personal housing loan service. The branch released the personal housing loans aggregating to 164 billion yuan to actualize the housing dreams of 1.07 million households of Shanghai. Its slogan -- "Please come to the China Construction Bank Corporation to realize your housing dreams."

上海海洋大学

教授博士服务团到池塘边开展科技服务

上海海洋大学建立于1912年，是一所具有悠久历史和光荣传统的普通高等学校，现已发展成为一所以海洋、水产、食品为特色，教育体系完备，学科门类众多，农、理、工、经、文、管、法等学科协调发展的大学。学校的校训是“勤朴忠实”。

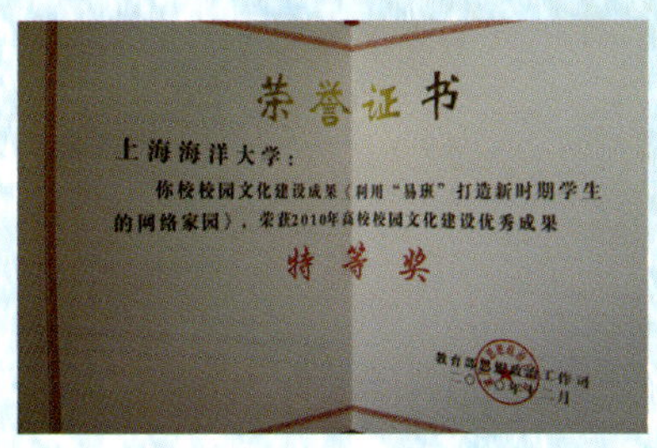

高校校园文化建设特等奖

本科教学质量和教学改革工程全面实施。新增农林经济管理国家级特色专业，新增7个上海市教育高地项目，新增1个上海市级教学团队，新增2门上海市级精品课程、8个上海市重点课程建设项目，新增1个本科专业和1个专业方向。

上海世博工作先进集体

学科建设成效明显。上海市和国家海洋局签订部市共建协议，支持学校发展。科研经费达7600万元；李思发教授领衔的“罗非鱼产业良种化、规模化、加工现代化的关键技术创新及应用”项目获国家科学技术进步二等奖，成永旭主持的“中华绒螯蟹育苗和养殖关键技术的研究和推广” 项目荣获上海市科技进步奖一等奖。李伟明教授入选国家“千人计划”，陈新军入选“新世纪百千万人才工程”国家级人选，新增4名东方学者。广泛开展产学研合作，组织教授博士服务团分赴8个省（自治区、直辖市）开展渔业科技下乡服务。

德育工作不断增强。志愿者用实际行动展示了当代青年的时代风采，学校获得由市委市政府颁发的世博工作优秀集体荣誉称号。“易班”工作成效明显，荣获“全国高校文化建设成果特等奖”。

李思发教授和他培育的罗非鱼

青岛市海洋与渔业局

局长黄聿颂

农业部副部长牛盾视察中国渔业博览会

农业部总经济师张玉香视察渔业品牌创建工作

2010年增殖放流启动仪式青岛现场

加快转方式调结构　乘势打造渔业强市

——青岛市渔业工作“十一五”辉煌成就记

“十一五”期间，青岛市海洋与渔业局积极服务蓝色经济区建设大局和“环湾保护、拥湾发展”战略实施，坚持“护海兴渔”工作理念，着力改进工作措施，不断提高服务水平，积极应对宏观经济形势复杂多变、海洋灾害多发带来的严峻挑战，全市渔业保持了健康稳定发展的良好态势。

2010年，全市共完成渔业经济总产值350亿元，较“十五”末增长62.4%；水产品产量112万吨、产值115亿元，分别较“十五”末增长12%和29.5%，渔业主要指标连续多年居全国副省级城市前两位。水产品进出口总量123.14万吨，进出口总额28.69亿美元，分别较“十五”末增长31.28%和61.36%；其中出口量41.38万吨，创汇额14.81亿美元，分别较“十五”末增长31.24%和67.53%。渔民人均年收入13800元，较“十五”末增长76.9%，比全市农民平均收入高出38%。

“十一五”期间，先后规划建设了青岛市海珍品健康养殖示范基地、青岛市生态工程化水产养殖示范基地、胶南刺参科技产业创新基地、城阳卤水有机对虾养殖基地、灵山湾藻类养殖基地等标准化规模化渔业基地，全市千亩水产健康养殖示范基地达到10处，虾池改造养海参面积达到5万亩，对虾养殖突破10万亩。全市无公害水产品基地已达100处，获国家无公害认证水产品89个，绿色水产品、有机水产品21个，省级以上水产名牌达到18个，渔业科技示范户发展到240户，主导品种示范面积3700多公顷。2010年10月，集中组织了“青岛市十大渔业品牌”、“青岛市十佳水产养殖（加工）品牌”评选创建活动。5年来，累计完成养殖水产品和苗种质量抽检2000余批（次），水产品综合合格率达到99.9%。

崂山王哥庄等5处人工鱼礁共计完成投资8500万元，投放礁体45万空方，累计放流各类水产苗种16多亿单位。2010年，沙子口渔港和积米崖渔港荣获国家首批20个“全国文明渔港”称号。全市捕捞渔民入保率达到90%，人均投保额度达到19.5万元，荣获“全国渔业互保特殊贡献奖”。2010年为全市60马力以上渔船配备了AIS防碰撞系统，为40马力以上渔船配备了新型渔用对讲机，全市渔业生产船舶编队达到57个，40马力以上渔船基本实现编队生产。深入开展“护渔”等专项执法行动，累计开展执法巡查1190次，先后查处违规渔船1402艘（次），实现办案率、查处率100%，被评为“农业部渔业文明执法窗口单位”。

2011年，是“十二五”规划的开局之年，也是山东蓝色经济区建设上升为国家战略的起始之年，青岛市海洋与渔业局将以世界眼光、国际标准谋划和推进各项工作，深入贯彻落实科学发展观，发挥本土优势、立足创先争优，把加快现代渔业建设作为新时期渔业发展的主攻方向，把实现渔业可持续发展作为基本任务，大力发展高效渔业和低碳渔业，努力建成全省领先、全国一流的现代渔业发展示范区。

山东省水产企业集团总公司

山东省水产企业集团总公司成立于1988年11月，为省计划单列大型一类企业。1998年，省政府对水产集团实施了国有资产授权经营。1999年，水产集团通过股份制改造，设立了山东省中鲁远洋渔业股份有限公司，发行B股于2000年7月在深交所上市。2003年省政府确定重组中鲁B，至2006年12月底，中鲁B重组工作完成。

水产集团系统现有职工4990人。公司注册资本3.8亿元。截至2010年底，资产总额7.2亿元(不含上市公司)。

公司经营范围主要是海洋捕捞、水产养殖、水产资源开发和技术服务、水产品和渔需物资的销售、批准范围内的自营进出口业务、钢材销售、向国（境）外派遣本行业的劳务人员、房屋租赁等。目前主要经营业务为远洋渔业捕捞、加工、销售、运输、海洋渔业专业人才培养及输出等。

水产集团国内所属企业共12家；境外合资、独资企业6家，分布在摩洛哥、加纳、西班牙和阿根廷等国；承办国家援助加纳的项目一家。

总经理：卢连兴

电　话：0531-86553165

传　真：86955357

地　址：济南市和平路43号

邮　编：250014

邮　箱：sdsc-bgs@163.com

准备远洋的中型马力渔轮

繁忙中的码头

近海渔业捕捞

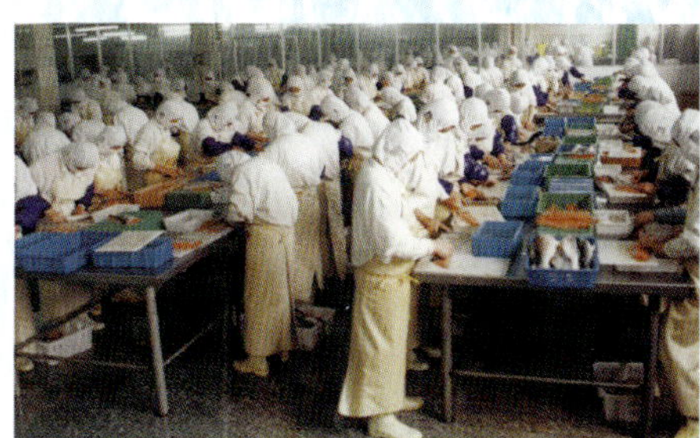

远洋渔业带动加工业的发展

赴西非大西洋作业的船队

山东东方海洋科技股份有限公司

董事长：车轼

胶原蛋白魅力装

淡干海参

大西洋鲑

山东东方海洋科技股份有限公司成立于2001年，2006年11月28日在深交所上市。公司主要从事海水苗种繁育、海珍品养殖、水产品加工研发、保税仓储及货运代理业务，是一家集海水育苗、养殖、冷藏加工、科研推广及国际贸易于一体的国家级高新技术企业、农业产业化国家重点龙头企业、国家级水产良种场。目前，公司开发的利用加工过的深海鱼皮生产的胶原蛋白产品已经上市，市场前景看好。

公司积极推行标准化生产和管理，先后通过欧盟卫生注册、HACCP认证、ISO9001认证、ISO14001认证、OHSMS18001认证、BRC认证、IFS认证、ETI社会责任认证、良好农业规范认证，主要养殖产品取得无公害产地认定和无公害产品认证。其中大菱鲆荣获中国名牌农产品称号，“901”海带荣获山东名牌和山东著名商标称号，即食海参获得山东名牌称号，并且海参获得专用地理标志。2009年10月5日公司达到4A级仓储型物流企业标准。

公司始终坚持“科技兴业”的发展思路，拥有一流的自主研发团队和雄厚的科研基础设施。2007年，公司被科技部批准为国家海藻工程技术研究中心建设单位；目前，国家海藻工程中心已通过国家验收。几年来，公司共完成科研推广课题45项，取得国家专利15项，获省部级以上科技进步奖10项。目前承担部、省、市各级在研项目13项，其中国家“十一五”科技计划项目4项，被国家有关部门评定为中国水产加工贸易25强企业、全国食品工业优秀龙头企业、中国百强食品龙头企业，被海关评定为AA企业。

舟山市普陀远洋渔业总公司

公司座落于国内外著名的沈家门渔港，于1995年7月组建的具有法人资格的政府直属国有独资远洋渔业企业。公司成立后，开拓了印尼、 西非、东非、朝鲜远洋合作项目，北太平洋、东南太平洋、西南大西洋鱿钓项目，以及摩洛哥等国的劳务协作项目。

近年来，公司正确决策，积极创新，大胆实施14艘鱿钓渔船租购（销）方案,国有资产增值2000余万元。截至2010年，公司远洋渔船达36艘，其中新建远洋鱿钓渔船17艘。另有25艘投入建造中。

现公司为中国远洋渔业协会鱿钓工作组副组长单位，浙江省远洋渔业协会评为副会长单位。总经理吴布伟荣获中国渔业协会2008年度“当代中国渔业企业领军人物”奖项。

公司总经理吴布伟

公司领导班子及中层干部

整装待发的远洋船队

深圳市联成远洋渔业有限公司

总经理：金烨

深圳市联成远洋渔业有限公司成立于2002年9月，是深圳市农业龙头企业和广东省农业龙头企业，具有农业部远洋渔业企业资格并通过ISO 9001：2000质量管理体系认证。公司愿景是成为客户公认的优质新鲜金枪鱼供应商。

深圳联成是一家综合性远洋渔业企业，在深圳有一家全资子公司及控股一家渔业公司，在浙江宁波合资设立一家金枪鱼加工厂，并在厦门、上海设有分公司及办事处。公司是中国从事冰鲜金枪鱼捕捞和供应的主要远洋渔业企业之一。业务涵盖远洋渔业捕捞、渔需物资、水产品购销、国内商业、物资供销业及进出口业务。船队捕捞鱼类以大眼金枪鱼、黄鳍金枪鱼为主，兼捕长鳍金枪鱼、剑鱼、旗鱼等。公司优质金枪鱼畅销日本、美国、欧洲及中国等市场。

深圳联成从2003年起，开始派船赴太平洋的马绍尔群岛、密克罗尼西亚联邦及帕劳共和国等三个国家专属经济区海域从事金枪鱼延绳钓项目，并合作经营海外渔业基地、加工厂，提供补给及海运、空运等服务。

公司十分注重企业形象和社会责任，重视信息技术的开发和运用，自行研发远洋渔业管理信息系统，该信息系统包含远洋渔船船位监测、卸鱼系统、渔船及船员档案管理系统等信息。透过信息化管理系统，大大地提高渔船生产和船队管理水平。

深圳联成将进一步加快发展步伐，实施“走出去”发展战略，大力发展海洋产业，合理利用国际海洋资源，并充分发挥龙头企业的作用，不断提高远洋渔业生产力水平，建立一支现代化的远洋渔业船队。

地址：深圳市福田区金田路4028号荣超经贸中心42楼4203室

邮编：518035

电话：0755-21513700

传真：0755-21513710

电邮:szlc@iszlc.com

网址：www.iszlc.com

公司渔船捕捞的金枪鱼

远洋渔业船队

金枪鱼加工厂

上海福建水产商会

上世纪80年代，随着改革开放和经济浪潮的推进，众多敢为人先的福建水产商纷纷涌进上海这个水产大市场，经过几十年的爱拼敢赢，自强不息，顽强拼搏和团结互助，事业不断做强做大，经营范围逐步扩大，从国内走向国际，从低档向中高档发展；目前会员经营主要水产品有海鲜、冰鲜、冻品、干货（燕、鲍、翅、海参、鱼肚等）、贝壳类和水产加工品等。在沪闽籍水产商已经占据上海市水产市场的半壁江山，为上海菜蓝子工程和饮食文化的发展提高，做出了重大贡献，得到上海社会各界的好评。

自2008年10月份，以薛从发为代表在沪闽籍水产商发起成立水产商会，在中国渔业协会、中国水产流通与加工协会、福建省海洋与渔业厅、福建省工商联、上海市民政局和合作交流办、福建省驻沪办和上海市福建商会等领导的关心支持下，经过广泛宣传发动，得到各个地区（宁德、福州、泉州、厦门、漳州和南平等）广大福建乡亲的积极响应和热情支持，很快就有近300家企业报名登记参加商会。经过组织筹备，2009年8月9日，上海市福建商会水产分会(对外简称上海福建水产商会)经过上海市民政局正式批准成立，隆重召开了成立大会。这是我国第一家由水产商自发成立的专业型水产商会。得到社会各界的广泛支持和高度重视。

全国政协原常委、上海市政协原副主席俞云波先生，上海市原侨联主席杨玉环女士被聘为商会名誉会长；中国渔业协会常务副会长兼秘书长林毅先生，中国水产流通与加工协会常务副会长兼秘书长崔和先生，上海海洋大学副校长黄硕琳先生和福建省宁德市第一届人大常委会原主任钟雷兴先生被聘为商会高级顾问；还聘请了社会各界专家学者为顾问；有团结协作、和谐创新的理事会、监事会和大力支持的会员队伍，目前，商会会员已发展到360多家。

商会与挪威、加拿大、澳大利亚、智利、新西兰、印尼、越南、马来西亚、菲律宾等国家和我国沿海、内河等水产品供应商有着良好的友好合作关系。我们与这些国家在上海总领事馆的商务处保持密切的联系。商会与福建省水产加工流通协会，福建省渔业行业协会，浙江省水产流通与加工协会，江苏省水产流通与加工协会，山东省渔业协会，海南省水产流通与加工协会，辽宁省水产流通与加工协会，上海水产行业协会和宁波水产行业协会等，建立了良好的交流合作关系。

商会专门成立了上海胜川投资管理有限公司，进行资本运作，目前已与6家银行建立了友好合作关系，授信贷款给会员额度有10多亿元，已放贷给会员3亿多元，对会员企业做强做大起到资金保证作用。

商会是信息沟通、学习交流、团结互助、优势互补和施展才干的良好平台，也是发挥团队力量的有效组织，是市场经济发展的必然要求。将努力创造良好条件，为会员服务，努力帮助会员解决实际困难与问题，把商会真正办成会员的温馨之家。

会长薛从发先生

商会成立一周年庆典

上海福建水产商会与杭州银行上海分行友好合作签约仪式

地址：上海市固川路200号二楼
邮编：200333
邮箱：fjseefood2009@ 126.com
电话：+86-21-62163125
传真：+86-21-62163135
联系人：周宝环

福建水产商会成立大会暨第一届会员大会

湛江海滨船厂

厂长：李铀锋

湛江海滨船厂

中国渔政310

58.7米多用途供应船

湛江海滨船厂创建于1960年，是一个以修造船为主的国家大型二档企业，2003年中国机械500强企业，国家一级计量单位。工厂地处美丽的海滨城市湛江，环境优美，海陆空交通便利，依傍天然深水良港湛江港，条件十分优越。

工厂现有职工2000多人，其中工程技术人员近400人，技术工人约1500。船体、轮机、电气、机械等各专业工程技术人员层次合理，各专业技术工人配备齐全。

工厂占地面积约100公顷，有天然深水码头850米，3.5万吨级干船坞一座（长210米，宽32米，深13米），船排11条（可承接5000吨级、长110m、宽21m、吃水6m的船舶上排建造或修理）。各种修造船配套设施完善，加工、试验、检测设备先进齐全。

工厂的主要业务有：

各类船舶的修理、改装、换装、增装

各类中、小型船舶的设计与建造

外轮修理

大功率柴油机缸套系列产品生产

1988年，经国务院口岸办批准，工厂成为外轮定点修理厂。1994年，国家经贸委批准成为机电产品进出口企业。1994年，获得广东省甲级船舶设计资格证书。1996年，分别通过了GB/T19002-1994和GJB/T9002-1996质量体系认证。2003年通过了GB/T19001-2000及GJB9001A-2001质量体系换版认证，并可按造DNV、LR、ABS、BV、NK、CCS等国际知名船级社的规范和国际公约设计、建造各类船舶。

通过在修造船过程中与有关设计院所、船厂的合作，工厂引进了许多新工艺、新技术，培养出了许多专业技术人才，壮大了工厂的技术力量。

近年来，工厂加大了对厂房设施的新扩建和改造工程，并不断引进新设备，基础设施进一步完善，修造船能力大大提高。在当今造船行业蓬勃发展的形势下，工厂将一如既往，以极大的热情，真诚欢迎各界人士莅临指导！

中国渔政310

中国水产科学研究院
新一届首席科学家

中国水产科学研究院（以下简称“水科院”）自2002年实施首席科学家制度以来，面向海内外公开招聘了两批共13位院首席科学家，对加强学科建设，提高科技创新能力和竞争实力，以及吸引、稳住优秀拔尖人才，加快高层次人才队伍建设等方面发挥了较好的推动作用。2009年11月，水科院向海内外发布了新一届首席科学家招聘公告。根据《中国水产科学研究院首席科学家招聘公告》和《中国水产科学研究院首席科学家管理办法（试行）》规定，通过资格审查、遴选初审、答辩评审等程序，并经院首席科学家招聘工作领导小组审定，唐启升、赵法箴、雷霁霖等23人被聘任为水科院新一届首席科学家。其中，水产学学科首席科学家9人，重点研究领域首席科学家13人，特聘首席科学家1人。

唐启升　1943年12月生，海洋渔业与生态学家，中国工程院院士。现任中国科协副主席、山东省科协主席、农业部科学技术委员会副主任、中国水产学会理事长、水科院名誉院长、黄海水产研究所名誉所长。水科院水产学学科首席科学家。

长期从事海洋生物资源开发与可持续利用研究，率先从整体水平上开展黄海渔业生态系的资源与管理研究，推动大海洋生态系概念的发展，是中国海洋生态系统研究的开拓者。在海洋生态系统、资源增殖与管理、远洋渔业、养殖生态等方面有许多创新性研究。发表论文（专著）240余篇部。主持完成的科研成果获国家科学技术进步二等奖3项、三等奖1项，另有6项成果获省（部）级科技奖励。先后获“全国杰出专业技术人才奖”、“山东省科学技术最高奖”等17项国家和省（部）级荣誉称号。

赵法箴　1935年5月生，著名海洋水产养殖专家。1995年当选中国工程院院士。现任水科院黄海水产研究所名誉所长、研究员。水科院水产学学科首席科学家。

长期从事对虾试验生态科学研究及养殖技术工作。主持完成了中国对虾幼体发育形态和生态研究，为对虾全人工育苗奠定了基础。20世纪80年代以来，主持国家攻关项目“对虾工厂化全人工育苗技术”研究，创立了对虾工厂化全人工育苗技术体系，实现了高效、稳定、大批量苗种的生产。该项目获国家科技进步一等奖、世界知识产权组织金奖。工厂化全人工育苗技术推动了中国对虾养殖业的迅速发展，使我国一跃成为对虾人工育苗和养殖产量最高的世界第一养虾大国。近年来，指导、参与完成农业科技跨越计划、国家科技攻关计划等项目的研究，为推动中国对虾养殖“二次创业”做出重要贡献。

雷霁霖　1935年5月生，著名海水鱼类养殖学家。2005年当选中国工程院院士。现任水科院黄海水产研究所研究员，博士生导师。水科院水产学学科首席科学家。

长期从事海水鱼类养殖研究，一直以工业化理念为指导，引领海水鱼类养殖产业发展新潮流。系统研究了22种海水经济鱼类的增养殖理论和技术，其中8种已实现产业化。1992年首先从英国引进良种大菱鲆，取得了工厂化连续多茬育苗关键技术的重大突破，全面构建起大菱鲆“温室大棚+深井海水工厂化养殖模式”，对我国第四次海水养殖产业化浪潮的兴起和沿海“三农”经济的发展做出了重要贡献。由于在国内外产生了巨大的影响而被誉为“中国大菱鲆之父”。先后获国家科技进步二等奖、“杜邦科技创新奖”、“何梁何利科学与技术创新奖”、“青岛市科学技术最高奖”、“山东省‘富民兴鲁’劳动奖章”等奖励和荣誉。

刘占江　1957年生，著名鱼类遗传学家。美国奥本大学杰出教授、博士生导师、农学院副院长、奥本大学基因组学领衔教授、鱼类分子遗传学和基因组学实验室负责人，是国际水产动物基因组学领域的知名学者。现担任美国农业部水产动物基因组计划总协调人、加拿大三文鱼基因组计划顾问、NOAA海洋与人类健康委员会顾问等。水科院水产生物技术应用领域特聘首席科学家。

长期从事鱼类分子遗传学和基因组学研究，在沟连锁图谱精细作图、物理图谱构建、全基因组测序和作图、转录组测序和比较转录组分析、高通量SNP发掘以及功能基因分析与鉴定等方向成果突出。多年来在Nucleic Acids Research，BMC Genomics，Genetics，Genome Biology，Marine Biotechnology 等多种国际高水平学术刊物上发表论文100余篇。

王清印　1952年8月生，水科院黄海水产研究所所长、党委副书记、研究员、博士生导师。全国水产标准化技术委员会海水养殖分技术委员会主任委员，中国水产学会海水养殖分会主任委员，山东省渔业科技专家咨询委员会主任委员。水科院水产学学科首席科学家。

长期从事水产育种和健康养殖新技术、新理念的研究和应用，培育出我国第一个人工选育海水养殖动物新品种“中国对虾‘黄海1号’”，2006年以来推广面积超过2万公顷，产值逾20亿元，为海水养殖业的发展做出了突出贡献。获国家技术发明二等奖2项、省（部）级奖十余项，出版专著或主编13部，发明专利9项。获得“973”计划先进个人，农业部有突出贡献中青年专家，山东省“富民兴鲁”劳动奖章，青岛市突出贡献人才奖，国务院政府特殊津贴专家等荣誉。

陈雪忠　1957年8月生，水科院东海水产研究所所长、研究员、博士生导师，兼任中国水产学会常务理事、上海市水产学会副理事长、中国渔船渔机行业协会副理事长等。水科院水产学学科首席科学家。

长期从事海洋捕捞、渔业遥感信息技术和渔业资源开发利用等方面的研究工作，并取得了一系列重大科研成果，填补了多项技术空白。先后主持“863”专项、“科技支撑计划”专项等国家重大、重点项目20余项；发表研究论文50余篇，作为主要作者参编专著2部；获得发明专利5项；获得各类奖项20余项，其中国家科技进步二等奖3项（第一完成人2项）、上海市科技进步一等奖1项（第一完成人）。曾获得“农业部有突出贡献的中青年专家”、“全国优秀农业科技工作者”等多项荣誉称号。

贾晓平 1949年11月生，著名渔业生态环境保护专家。现任水科院南海水产研究所研究员，博士生导师。水科院水产学学科首席科学家。

长期从事海洋渔业生态环境保护研究，先后主持完成了国家海洋专项、国家“863”和省（部）级项目等50多项重大或重点科研项目。首创中国“贻贝观察体系”，率先开展有机污染物生物地球化学研究，创新了我国海洋生态环境影响评价技术；创立适用于中国南海特点的渔业资源环境调查评估新方法，促进南海渔业资源环境的可持续利用。获得成果奖励25项（次），其中国家级、省（部）级奖17项（次）。发表论文100多篇，出版专著6部，合作出版专著(图集)18部（集）。获得农业部有突出贡献中青年专家、广东省第五届丁颖科技奖、全国“五一”劳动奖章、全国先进工作者、水科院功勋科学家等荣誉称号。

江世贵 1964年4月生，博士，现任水科院南海水产研究所所长，二级研究员，兼任上海海洋大学博士生导师。新世纪百千万人才工程国家级人选。水科院水产学学科首席科学家。

长期从事水产种质资源和遗传育种方面的研究工作，尤其对斑节对虾、鲷科鱼类和合浦珠母贝等的研究成绩突出。斑节对虾全人工繁育技术成果获得了海南省科技进步一等奖和广东省农业技术推广奖一等奖；通过群体选育已培育出斑节对虾“南海1号”新品系（正在申报新品种）。完成了中国近海5种鲷科鱼类的种群遗传结构分析和遗传多样性研究。“鲷科鱼类种质资源与利用”成果获得广东省科技进步二等奖。建立了合浦珠母贝种质库，已培育出1个快速生长新品系和红、黄、黑、白4种壳色的新品系。

吴淑勤 1956年5月生，鱼病学专家。现任水科院珠江水产研究所所长，研究员，博士生导师。农业部第八届科学技术委员会委员、全国动物卫生风险评估专家委员会委员、农业部兽药典委员会委员。水科院水产学学科首席科学家。

长期从事鱼病学研究工作，主持国家“863”计划、支撑计划、公益性行业科研专项等重大项目多项。获科研奖励12项，其中省（部）科技进步一等奖1项、二等奖2项、三等奖2项，院科技进步一等奖3项；发表论文100余篇、著作5部；获授权发明专利3项；取得国家审定水生实验动物剑尾鱼品系1项、新兽药文号渔药产品7项、转基因生物安全证书疫苗产品1项；创建我国首个水产动物疫苗GMP生产基地、我国渔药产业技术创新联盟、泛珠三角区域（9省）水产病害防治协作网。

徐　皓 1962年7月生，研究员，现任水科院渔业机械仪器研究所所长、农业部渔业装备与工程重点开放实验室主任、水科院渔业装备与工程学科委员会主任、国家渔业机械仪器质量监督检验中心主任、国家大宗淡水鱼产业技术体系设施与设备岗位专家等。水科院水产学学科首席科学家。

长期从事渔业装备与工程学科建设、学科发展战略与规划、行业科技发展战略、水产养殖工程技术等方面的研究工作，主持完成渔业装备与工程学科规划和多项国家级战略研究课题；在池塘生态工程、工厂化养殖、渔业节能减排等领域承担多项国家或部级研究课题；曾荣获农业部科技进步二等奖、水科院科技进步二等奖；2005年以来，共发表论文等23篇；获授权发明专利1项。

金显仕　1963年3月生，水科院黄海水产研究所副所长、研究员、博士生导师、博士。中国水产学会渔业资源与环境分会副主任委员，首批新世纪“百千万人才工程”国家级人选，享受国务院政府特殊津贴，农业部有突出贡献中青年专家，山东省泰山学者特聘专家。水科院资源保护及利用领域首席科学家。

长期从事海洋渔业与生态的应用基础和公益性研究，先后主持了“973”、“863”课题、国家自然科学基金重大项目课题、面上项目、公益性行业(农业)科研专项、国际合作项目以及农业部近海和远洋渔业资源监测调查项目等。发表论文报告百余篇，以主要完成人获国家科技进步二等奖和三等奖各1项。长期的渔业资源及生态研究为我国近海渔业资源的养护和渔业资源可持续利用提供了重要依据。

危起伟　1960年7月生，鱼类生态学专家。现任水科院长江水产研究所研究员、博士生导师、博士，农业部淡水生物多样性保护与利用重点实验室主任。水科院资源保护及利用领域首席科学家。

长期从事我国水生生物生态和资源保护研究工作，尤其在长江珍稀、濒危水生动物保护生物学、物种保护技术研究以及保护工程实践上。“中华鲟物种保护技术研究”获2007年度国家科技进步二等奖（第1完成人）。发表论文100余篇，获国家专利5项（发明专利3项）。获全国自然保护区管理先进个人、国务院政府特殊津贴专家、“水科院突出贡献奖”、荆州市劳动模范等荣誉称号。

沈新强　1951年12月生，水科院东海水产研究所研究员，博士生导师，国务院特殊津贴专家。兼任水科院生态环境学科委员会主任、国家贝类产业技术体系岗位科学家、国家水生生物资源养护专家委员会委员、国家农产品质量安全风险评估专家委员会委员、全国渔业污染事故技术审定委员会委员等。水科院生态环境评价与保护领域首席科学家。

长期从事渔业生态环境监测、评价和保护研究。2001年以来，主持并完成了国家、省（部）级和地方科研项目60多项，发表各类学术论文100余篇。发布标准2项，参与编著出版的学术专著6部，获得发明专利1项，实用新型专利1项，软件著作权2项，获国家科学技术进步二等奖2项，省（部）级科学技术进步一等奖和二等奖各2项。

杨　健　1964年11月生，生态环境专家。现任水科院淡水渔业研究中心研究员，水科院内陆渔业生态环境和资源重点开放实验室主任，博士生导师，博士后合作导师、博士（东京大学）。水科院生态环境评价与保护领域首席科学家。

长期从事渔业环境生态安全和保护、生物指示物和生物监测、水产品生境“指纹”的开发和应用的探索和研究；是国家自然科学基金面上项目（2项）和国家人力资源和社会保障部高层次留学人才回国工作资助项目等多项课题的负责人；迄今已在国内外学术论著或期刊上发表论文90余篇（其中SCI论文26篇）；获授权发明专利1项；获水科院科技进步奖等奖项3项。

陈松林 1960年10月生，农业部海洋渔业可持续发展重点实验室常务副主任、研究员、博士生导师、博士。国际刊物《Mar Biotechnol》编委，国家自然科学基金委水产学科评审专家，中国水产学会水产生物技术专业委员会主任委员。水科院水产生物技术应用领域首席科学家。

长期从事水产种质资源与生物技术研究，建立了鱼类精子、胚胎冷冻保存和细胞培养技术体系，建立了鲆鲽鱼类基因资源发掘、性别控制和分子育种技术体系。获国家科技二等奖2项、中华农业科技奖一等奖1项、省（部）级科技进步二等奖5项。发表论文230篇，其中SCI论文100篇；获授权发明专利10项，专著1部。获得国家“百千万人才工程”第一、二层次人选，享受国务院政府特殊津贴，中国青年科技奖获得者，山东省泰山学者特聘专家，山东省和农业部有突出贡献中青年专家等荣誉称号。

孙效文 1955年7月生，水产生物技术专家。现任水科院黑龙江水产研究所生物技术研究室主任兼任农业部生物技术重点开放实验室主任、研究员、博士生导师，水科院水产生物应用基因组研究中心主任，中国水产学会理事，中国农业生物技术学会理事，中国农业生物技术学会动物生物技术分会副理事长。水科院水产生物技术应用领域首席科学家。

长期从事水产养殖动物生物技术育种、水产养殖动物基因组资源开发、鱼类特殊性状的遗传基础方面的研究。先后获得省、部等各级奖励。2000年后在国内外各种刊物上发表文章140余篇。被授予国务院特殊津贴专家，农业部有突出贡献中青年专家。

孔　杰 1965年5月生，水科院黄海水产研究所种质资源与工程育种实验室主任、研究员、博士生导师、博士。第四届全国原种和良种审定委员会委员、海洋湖沼学会甲壳类分会理事。水科院水产遗传育种领域首席科学家。

长期从事种质资源与遗传育种研究，先后主持十余项国家级、省（部）级课题。建立了具有广泛推广价值的“水产动物多性状复合育种技术”体系，并成功应用于中国对虾、大菱鲆等8个物种的品种选育中，开发了国内第一套水产动物育种分析与管理软件，培育水产新品种2个。获国家技术发明二等奖1项、海洋创新成果一等奖等省（部）级奖励6项和市级奖励6项。获授权发明专利8项、软件著作权1项。获得新世纪“百千万人才工程”国家级人选、山东省和农业部有突出贡献中青年专家、青岛市专业技术拔尖人才等荣誉称号。

黄　倢 1965年7月生，研究员，博士，水科院黄海水产研究所海水养殖生物疾病控制与分子病理学实验室主任，世界动物卫生组织(OIE)水生动物委员会委员。水科院病害防治领域首席科学家。

长期从事疾病控制与分子病理学研究。近5年来主持公益性行业（农业）专项经费项目、“973”课题、“863”课题等多项国家、部（省）级科研项目。研究中拓展了对虾病毒生态及分子流行病学，开创了对虾病毒对宿主细胞受体识别机制研究领域，建立了多种海水养殖病害诊断与检测技术，研制出非特异性免疫增强剂。获得国家发明二等奖等国家及省（部）、院级科技奖励10项，授权专利6项。获得国家“百千万人才工程”第一、二层次人选、山东省有突出贡献中青年专家、农业部有突出贡献专家等荣誉称号。

庄　平　1960年8月生。水产养殖学和水产保护生物学专家。现任水科院东海水产研究所研究员、副所长，博士生导师。兼任农业部第八届科学技术委员会委员、世界保护联盟（IUCN）物种生存委员会成员、农业部濒危水生动植物科学委员会委员、中国鱼类学会理事、《海洋渔业》主编等。水科院养殖技术领域首席科学家。

长期从事水产养殖新对象开发、水产养殖模式和珍稀水生野生动物保护生物学研究。2002年以来主持和参加国家重点科研项目30余项；先后主持获得国家科技进步二等奖1项、省（部）级科技进步奖11项。发表论文125篇。国际学术会议特邀报告10篇。主编专著3部（第一作者），合著4部。获得发明专利3项（第一作者）。获得国家“百千万人才工程”国家级人选、农业部有突出贡献专家、国务院特殊津贴专家等荣誉称号。

孙大江　1955年2月生，冷水性鱼类增养殖学专家。现任水科院黑龙江水产研究所副所长、研究员，硕士生导师，水科院冷水性鱼类增养殖技术重点开放实验室主任，中国水产学会鲑鱼类专业委员会主任委员。水科院养殖技术领域首席科学家。

长期从事鲑鳟和鲟鱼的人工繁殖及养殖技术研究，解决了施氏鲟野生幼鱼驯养、规模化培育、全人工繁殖等技术，开发出我国第一个鲟鱼养殖品种，推动了我国鲟鱼养殖产业的形成和发展。先后获国家科技进步二等奖1项，省（部）级奖多项，发表论文50余篇，编著2部。获得国务院政府特殊津贴专家、农业部有突出贡献中青年专家、黑龙江省优秀中青年专家等荣誉称号。

孙　谧　1962年6月生，水科院黄海水产研究所海洋产物资源与酶工程研究室主任、研究员、博士生导师、博士。中国生物化学与分子生物学学会海洋分会常务理事，中国微生物学会海洋微生物学专业委员会委员，中国药学会海洋药物专业委员会委员，水科院加工与产物资源利用技术领域首席科学家。

长期从事海洋产物资源与酶工程领域基础与技术的研究，率先在国内开展并成功解决海洋低温酶从实验室到生产各环节间的关键技术；通过产业化技术和产品实施和推广，推动了我国化工、纺织、医药、食品、养殖等相关应用行业的发展，提高了相关行业核心技术竞争力，形成绿色产业链和产业集群。获授权发明专利7项。获国家“863”计划15周年有重要贡献先进个人，农业部有突出贡献中青年专家、全国优秀农业科技工作者、青岛市突出贡献人才奖等荣誉称号。

李来好　1963年10月生，研究员，博士，博士生导师。现任水科院南海水产研究所副所长，国家水产品加工技术研发中心主任，兼任中国水产学会水产品加工与综合利用专业委员会副主任，广东省食品安全专家委员会委员，广东省食品学会常务理事。水科院加工与产物资源利用技术领域首席科学家。

长期从事水产品加工、水产品质量安全与水产标准化等工作。曾获各级科技奖励28项（次），其中国家级二等奖2项，省（部）级一等奖5项、二等奖8项、三等奖7项，厅（局）级一等奖1项、二等奖3项、三等奖2项；获国家发明专利16项；发表学术论文200多篇，出版技术著作8本；获得广东省劳动模范、国务院政府特殊津贴专家、广东省精神文明创建活动积极分子、广东省直属机关工作委员会优秀共产党员、水科院先进工作者等荣誉称号。

杨宁生　1956年1月生。现任水科院信息与经济研究中心主任、二级研究员、院信息与发展战略学科委员会主任、中国水产学会信息与经济分会主任委员、中国农学会科技情报分会副理事长、《中国渔业经济》主编、Fish Base联合会中国代表、NACA技术顾问委员会委员（2002—2008）。水科院渔业信息及战略研究领域首席科学家。

长期从事渔业信息分析、经济政策研究、信息技术应用等方面的研究。近年来主持的主要研究项目有：由加拿大国际开发署（CIDA）资助的“WTO与中国渔业政策研究”、与世界渔业中心合作的“利用GIS进行水产养殖规划”和“黄河流域湿地水生生物资源价值评估”、科技部平台项目“水产种质资源收集、整理与共享——信息平台建设”、国家农业专项“对虾养殖信息管理平台建设”等。

编辑说明

一、《中国渔业年鉴》由农业部主管，农业部渔业局主持编撰，中国农业出版社渔业年鉴编辑部负责编辑、出版。

二、本年鉴是一部反映中国渔业年度基本情况的权威性资料工具书，每年出版一卷，以出版年份标序。

三、本年鉴所载资料全部截止到2010年底。

四、年鉴文稿主要由全国渔业行政机构、企事业和科研单位、水产院校等部门的管理人员和专业技术人员撰写。全部文稿由中国渔业年鉴编辑部负责编辑修改或删节，由农业部渔业局审定后发表。

五、各省、自治区、直辖市及计划单列市，按全国行政区划顺序排列。

六、各类资料数据均未包括台湾省和港澳地区。

七、本年鉴在编撰过程中，得到全国各级渔业行政主管部门和有关单位的大力支持，在此表示衷心感谢。

目　　录

发　展　综　述

渔　业　管　理

渔业科技与推广

各 地 渔 业

全国渔业重点事业单位

社 会 团 体

政 策 法 规

渔业经济统计

领 导 讲 话

专 题 论 坛

2010 年渔业大事记

索 引

发展综述

全国渔业发展概况

2010年各级政府进一步加大渔业扶持政策和投入力度。全国渔业系统认真贯彻落实中央和各级党委、政府的决策部署，以现代渔业建设为主攻方向，扎实推进各项工作，取得显著成效。全国渔业经济克服了国内外经济环境复杂多变和自然灾害严重等困难，继续保持平稳较快发展。全国水产品总产量5 373万吨，同比增长5%；国内水产品市场供应和价格基本平稳，水产品人均占有量40千克；渔民收入稳定增加，人均纯收入8 963元，同比增加797元，增幅9.7%，全国有8个省的渔民人均纯收入突破万元。按现行价格计算，全社会渔业经济总产值12 929亿元，其中渔业产值6 751.8亿元。

(1)水产健康养殖全面推进。受水产品市场需求旺盛、价格上涨以及政策引导等因素影响，渔民群众发展养殖生产的积极性较高，水产养殖面积和产量比2009年都有一定幅度的增长。水域滩涂养殖使用权制度建设取得突破性进展，2010年5月24日农业部颁布《水域滩涂养殖发证登记办法》，于同年7月1日起施行。各地进一步加强养殖水域滩涂规划和发证登记工作，截至2010年底，全国已有9个省级、87个地市级和1 107个区县级人民政府出台了养殖水域滩涂规划，核发养殖证37万多本，确权面积493万公顷，确权发证率68%。地方和渔民群众发展标准化养殖积极性高涨，共投入水产养殖池塘改造资金83亿元，改造池塘26万公顷，新创建水产健康养殖示范场677个，使全国部级健康养殖示范场数量达到1 771家。渔业科技入户工作继续深入开展，全国遴选5 698个渔业科技示范户，示范水面1.8万公顷(包括0.67万公顷稻田)，辐射带动12.5万个养殖户，辐射面积11.33万公顷。2010年全国水产养殖面积7 645千公顷，比2009年增长4.97%，养殖水产品产量3 829万吨，比2009年增长5.4%。养殖产量占总产量的比重达到71%，为保障和丰富水产品供给发挥了重要作用。

(2)捕捞业保持稳定发展。继续加强海洋捕捞业的管理和调整，严格执行海洋捕捞"双控"制度，严厉打击非法捕捞行为；积极调整捕捞产业布局和生产作业结构；探索渔船节能管理制度，开展了渔船节能减排试点，推广应用一批渔船节能技术与节能产品。2010年海洋捕捞产量1 203.6万吨，淡水捕捞产量228.9万吨，比2009年分别增长2.1%和4.8%。远洋渔业总产量、总产值分别为111.6万吨、119.2亿元，分别比2009年增长14.2%、32%。新渔场开发和公海渔业资源利用能力进一步增强，南极磷虾探捕项目成功实施。

(3)水产品国内市场运行平稳，国际贸易持续活跃。深化水产品质量安全专项整治，加强水产苗种和产地水产品质量安全监管，组织对12个水产苗种主产省(直辖市)268家苗种生产单位和全国30个省(自治区、直辖市)1898家养殖生产单位开展质量安全监督抽查，并公布监督抽查结果，加强检打联动，保持对违法行为的高压态势，2010年水产品产地药物残留抽检合格率达97.9%。完善产销衔接，建立和完善应急预案，有力保障了上海世博会和广州亚运会等重大活动的水产品消费安全。国内水产品市场运行较为平稳，据定点监测，2010年水产品批发市场综合平均价格16.46元/千克，同比上涨7.87%。其中海水产品综合平均价格29.47元/千克，同比上涨10.66%；淡水产品综合平均价格11.7元/千克，同比上涨4.34%。市场成交量493.77万吨，同比减少1.7%，成交额788.63亿元，同比增加7.4%。水产品进出口贸易继续保持活跃，总量达到716万吨，进出口总额203.64亿美元，其中出口量333.88万吨、出口额138.28亿美，实现贸易顺差72.92亿美元。水产品继续位居大宗农产品出口首位，出口额占农产品出口总额的比重达到28%。

(4)水生生物资源养护取得显著进展。全年投入增殖放流资金7.1亿元，比2009年增长20%。全国各地开展水生生物增殖放流活动1 700多次，放流苗种达到289.4亿尾，比2009年增长18%。增殖放流活动由区域性、小规模发展成全国性、大规模的资源养护行动,形成政府主导、各界支持、群众参与的良好社会氛围,生态、经济和社会效益显著。据测算,2010 年增殖放流的水生生物苗种可分别增加捕捞产量 22 万吨和捕捞产值 30 亿元以上,其中,河北、辽宁、山东省中国对虾资源增殖效果非常明显。新设立国家级水产种质资源保护区 60 个,使国家级水产种质资源保护区总数达到 220 个,分布于长江、黄河、黑龙江、珠江以及渤海、黄海、东海和南海的众多海湾、岛礁、滩涂等,保护重要渔业资源品种上百种及重要渔业水域十多万平方公里,对保护重要水生动植物种质资源、维护渔业和渔民权益发挥了重要作用。海洋伏季休渔和长江禁渔期制度平稳有序执行,两项制度涉及 16 万艘渔船、100 多万渔民,为控制并减少捕捞强度、保护并恢复渔业资源发挥了重要作用。积极推进海洋牧场和人工鱼礁建设。参与涉渔工程环评审查,督促落实生态补偿资金,积极参与各类涉渔工程项目的环境影响评价工作,2010 年农业部直接参与审查涉渔工程环境影响评价项目达 57 项,审定生态补偿项目资金约 7 亿元。

(5)渔业安全生产和防灾减灾工作深入推进。进一步加强渔政渔港建设,中央安排渔政渔港类资金 6 亿元,比 2009 年增长 50%。续建和新建一批重点渔港和渔政船艇,加强渔船安全通讯装备建设,提高渔业抗风险能力和应对突发事件的处置能力。组织实施全国渔业系统"安全生产年"工作,开展安全生产督察和隐患排查工作。针对节假日、汛期及秋冬季渔业安全生产工作特点,及时部署并开展专项检查,特别是做好防汛抗台风的组织协调工作,尽最大可能防止和减少灾害造成的损失。组织开展"平安渔业示范县"、"文明渔港"创建和十万船东船长培训,进一步夯实了渔业安全生产的基础。积极救助遇险渔船和渔民,全年共组织渔业力量参与渔业海难救助 1 048 起,救助渔船 1 615 艘,救助渔民 6 161 人,挽回经济损失 4.5 亿多元。渔业互助保险为 76 万多渔民、7 万多艘渔船提供风险保障,累计赔付 2.6 亿元。妥善应对重大污染事故,积极组织参与并及时妥善处理贵州黄磷污染、福建紫金矿业污染、大连石油管道爆炸、吉林化工原料桶流入松花江等重大水域污染事故,在保障水产品食用安全、减少养殖企业或渔民损失和维护社会稳定等方面发挥了重要作用。

(6)中国渔政巡航执法、维权护渔力度空前加强,影响重大。全国沿海渔政机构积极开展专属经济区渔政巡航执法,全年累计巡航 291 航次,航程 24 万海里,登临检查渔船 3 121 艘(次),其中外国渔船 83 艘(次)。"护渔行动 2010"渔业专项执法行动顺利实施,重点整治船名船号标识,严厉打击"三无"、"三证不齐"船舶及套牌、涂改船名号、船籍港等违法行为,规范了渔船船名标识;继续开展查处电脉冲作业等禁用渔具渔法整治行动。2010 年护渔行动中,各地共检查港口2 224个,检查渔船 129 843 艘(次),查处 21 721 艘(次);海上检查渔船 71 573 艘(次),查处 13 375 艘(次)。在完成好各项日常执法任务的同时,还分别与美国、韩国、越南等国进行联合执法;有效应对日本非法抓扣我渔船事件,在钓鱼岛海域开展常态化巡航护渔;在南沙开展伴随式护渔,为我国渔船提供现场保护;在黄海强化涉朝韩敏感水域管理,避免发生大规模越界捕捞事件。

(农业部渔业局 张 成)

渔 业 投 入

【概况】 2010 年,中央财政对渔业的投入达到 15.44 亿元,比 2009 年增长 25.8%。其中,基本建设投入 9.68 亿元,比 2009 年增长 39.3%;财政专项投入(包括转移支付)5.76 亿元,比 2009 年增长 8.3%。中央财政继续加大渔业投入力度,为提高渔业综合生产能力,加快转变渔业发展方式,推进现代渔业建设,增加渔民收入创造了有利条件。

【渔业基本建设项目】

(1)安排水产原(良)种场建设项目 46 个、遗传育种中心项目 2 个,共安排中央资金 10 000 万元。

(2)安排新建县级水生动物防疫站项目 67 个、水生动物疫病监控中心项目 3 个,续建县级水生动物防疫站项目 158 个,共安排中央资金 13 035 万元。

(3)安排渔政渔港类(含远洋渔船造船补贴)中央资金 60 000 万元。其中,渔港项目 26 256 万元,安排续建中心渔港 3 个、一级渔港 3 个,新建中心渔港 5 个、一级渔港 3 个、内陆重点渔港 1 个;渔政项目资金 31 330万元,安排续建沿海渔政执法船 8 艘,新建沿海渔政执法船 11 艘、内陆渔政执法船 8 艘、内陆渔政执法快艇 50 艘、渔政基地码头 2 个、信息管理系统(中国渔政管理指挥系统二期、黄渤海区重点渔港监控系统)2 项;安排 15 艘远洋渔船造船补贴资金 2 414 万元。

(4)安排水生野生动物保护区项目 9 个,中央资金 2 420 万元;安排水生动物湿地保护区项目 6 个,中央资金 2 564 万元。

(5)加强直属单位自身能力建设。安排中国水产科学研究院、黄渤海区渔政局、全国水产技术推广总站等单位建设项目 7 个,中央资金 6 043 万元。

(6)安排农业综合开发渔业项目 23 个,中央资金 2 700 万元。

【渔业财政项目】

(1)安排财政预算内专项资金 27 561 万元,主要用于资源保护、渔政管理和海难救助等方面。其中:农业生态环境保护(渔业节能减排)项目 300 万元,渔业统计 2 000 万元,渔业国际交流与合作项目 217 万元,水生野生动物资源保护项目 70 万元,动物疫情监测与防治项目 644 万元,农产品质量安全监管(水产品质量安全监管)项目 1 200 万元,渔政管理项目 5 500 万元,伏季休渔经费 100 万元,渔业海难救助补助项目 2 300 万元,渔业政策性保险试点项目 1 000 万元,南极海洋生物资源开发利用项目 2 000 万元,海洋渔业资源调查与探捕项目 2 200 万元,渔港及渔用航标维修和养护项目 1 000 万元,物种资源保护费项目 8 950 万元,财政专项总结工作经费 30 万元。

(2)转产转业和渔业资源保护专项资金 3 亿元,其中:安排渔业资源增殖放流资金 2. 21 亿元,海洋牧场建设资金 6 400 万元,补助拆解报废渔船(138 艘)资金 1 395. 2 万元,培训转产渔民(1 048 名)资金 104. 8 万元。

(3)全年共落实渔业油价补助资金 171. 65 亿元,其中,国内渔业油价补助资金 150. 7 亿元,远洋渔业油价补助资金 16. 08 亿元,港澳流动渔民油价补助资金 4. 87 亿元。

(农业部渔业局　丁祥勇)

水产养殖

【概况】 2010 年,受国内外市场需求及价格上涨的强力拉动作用,全国水产养殖生产克服了自然灾害频发、生产成本增加等不利因素带来的影响,继续保持稳定增长的良好发展态势。产业结构进一步优化,产量继续增长,质量明显提高,养殖效益和渔民收入稳步提高。全年水产养殖业发展呈现以下主要特点:

(1)养殖面积和产量稳步增长。2010 年,受国内外水产品市场需求旺盛、价格上涨以及各级财政对水产养殖业投入增加等因素影响,渔民群众发展养殖生产的积极性进一步高涨,积极筹措资金改造池塘等养殖设施,扩大养殖面积、增加苗种投放、科学投喂管理,水产养殖面积和产量比上年都有一定幅度的增长。据统计,2010 年全国水产养殖面积 764. 5 万公顷,比上年增长 4. 97%,其中海水养殖面积 2 081 千公顷、淡水养殖面积 556. 4 万公顷,分别比上年增长 11. 92% 和 2. 59%;全国养殖水产品产量 3 829 万吨,比上年增长 5. 72%,其中海水养殖产量 1 482 万吨、淡水养殖产量 2 347 万吨,分别比上年增长 5. 49% 和 5. 87%。

(2)养殖生产条件得到较大改善。2010 年,在政策和资金引导扶持下,全国养殖池塘标准化改造工作迈上了一个新的台阶。据不完全统计,2010 年全国共投入资金 83. 4 亿元(其中,中央财政扶持资金 3. 2 亿元,地方财政扶持资金 13. 1 亿元)用于池塘标准化建设,总共改造养殖池塘 26 万公顷,新建池塘 5. 7 万公顷。养殖池塘标准化改造不仅改善了养殖设施设备,提高了生产能力和生产效率,而且改善了养殖水体生态环境,增强了水质调控能力,促进了水产养殖与生态环境可持续发展。

(3)养殖产业结构不断调整优化。2010 年,水产健康养殖推进行动继续深入开展,共有 1 005 家养殖生产单位申报参加农业部组织的第五批健康养殖示范场的创建活动,其中 677 家单位验收合格,被授予农业部水产健康养殖示范场(第五批)称号,申报和合格数量均创历史新高。目前,全国部级水产健康养殖示范场数量已达到 1 771 家。同时,工厂化循环水养殖、深水抗风浪网箱养殖等集约化养殖方式发展迅速,休闲观赏渔业蓬勃发展,成为带动渔民增收和满足居民文化消费需求的新亮点。另外,水产养殖品种结构进一步优化,名优品种在水产养殖中占的比例越来越高,养殖产品质量安全水平稳步提高。

(4)养殖效益和渔民收入稳中有升。2010 年,我国水产品出口量和出口额同比分别增长 12. 6% 和 28. 09%,其中对虾、贝类、罗非鱼、鳗鱼和大黄鱼等养殖水产品出口量和出口额均有大幅增长。从国内水产品价格来看,常规品种和名优品种的综合出塘单价都有不同程度上涨。受水产品价格上涨等因素拉动,水产养殖生产效益和渔民群众收入继续维持相对较高水平。据统计,2010 年我国水产养殖总产值达 4 791 亿元,比上年增长 15%;渔民人均年纯收入 8 963 元,比上年增长 10%。

(5)养殖生产成本增加明显。2010 年,饲料、苗种等水产养殖主要生产资料价格同比都有较大幅度上涨。鱼粉价格上涨到 12 000 元/吨左右,创下历史新高,常规品种、名优品种养殖所需饲料的价格都有较大幅度上涨;部分地区名优养殖品种的苗种供求矛盾依然突出,个别品种的苗种价格波动较大。饲料、苗种等生产资料价格上涨直接导致水产养殖生产投入增加。据统计,2010 年饲料及苗种费用支出占渔业生产支出的比重达到了58%。

(6)养殖生产受灾害影响较大。2010年,全国自然灾害发生频率和强度明显高于正常水平,给水产养殖生产也造成了较大影响。年初的持续低温造成苗种繁育和投放工作延后,水产养殖生产季节整体推迟近一个月;5—6月份的暴雨、洪涝灾害造成池塘等养殖设施损毁,大量养殖水产品损失。另外,病害造成水产养殖损失仍然较大。据统计,2010年水产养殖受灾面积134万公顷,水产品损失170万吨,比上年分别增长56%和46%。

(农业部渔业局 陈家勇)

远 洋 渔 业

【概况】 2010年获得农业部远洋渔业企业资格的企业共111家,经批准作业渔船1989艘(含朝鲜东部海域项目渔船),作业海域分布于35个国家的专属经济区和太平洋、大西洋、印度洋公海及南极海域。总产量、总产值分别为111.6万吨、119.2亿元,比上年增长14.2%、32%。其中,过洋性渔业产量和产值分别为63.6万吨和62.7亿元,比上年增长18.3%和46.5%;大洋性渔业产量和产值分别为47.6万吨和55.7亿元,比上年增长8.2%和18.5%。

总体来说,我国远洋渔业的发展稳步有序,有突破、有亮点。远洋渔业产品尤其是鱿鱼价格的大幅上涨及朝鲜项目的顺利实施,使我国远洋渔业总产值创历史新高;鱿钓及常温金枪鱼延绳钓渔船新造速度的加快使我国公海渔船总体装备水平得到进一步提升;南极磷虾开发项目的正式投产及马达加斯加、莫桑比克等东非渔场的成功开发使我远洋渔业发展空间得到进一步拓展;部分企业通过投资收购等方式获得马绍尔、毛里塔尼亚等国的入渔许可,标志着我远洋渔业对外合作方式更加成熟和灵活;另外,纯天然远洋捕捞产品标识的推广及宁波超低温金枪鱼加工冷冻基地建成使用,标志着我国远洋渔业产品国内市场开拓工作也取得了一定进展。

【重点区域项目情况】

(1)周边国家海域。入渔国家共8个,作业船数共732艘。其中印度尼西亚(133艘)、缅甸(72艘)及朝鲜以东(456艘)海域是我重点作业区域,占周边国家入渔船数的90%。其他还有马来西亚、印度、泰国、菲律宾等,新增孟加拉国项目。朝鲜项目是我国远洋渔业的亮点之一,总产量和总产值分别达12.3万吨、15.4亿元,企业取得了可观的经济效益;同时,在有关地方及行业协会的管理组织下,生产秩序得到了较大改善,未发生重特大违规和涉外事件。印度尼西亚和缅甸项目总体保持稳定,因鱼价上涨等因素,产值分别达13亿元和3.8亿元,分别比上年增长31%和36%。

(2)西非传统远洋渔业海域。入渔国家共11个,作业船数共394艘,比上年增加19艘。规模较大的包括毛里塔尼亚、几内亚、摩洛哥等。在西非海域的产量、产值分别为16.6万吨、17.1亿元,比上年分别下降13%、10%。一方面是因为西非沿岸资源衰退,另一方面沿岸国家提高入渔要价,包括加大陆地设施投资、延长禁渔期等,造成我国企业经营负担沉重。值得注意的是,2010年我国企业成功开拓了马达加斯加和莫桑比克项目,标志着我远洋渔业已拓展到东非沿岸国家。

(3)公海项目。鱿钓项目取得了良好的经济效益。2010年在北太平洋、东南太平洋和西南大西洋(包括阿根廷水域)鱿鱼渔场总产量和总产值分别为24万吨、24亿元,比上年增长41%、76%。虽和正常年份相比,北太平洋和西南大西洋产量仍偏低,但因鱿鱼价格上涨至历史高值,大部分鱿钓企业仍取得了良好的经济效益。受经济效益驱动,加上地方政府的优惠政策,浙江舟山地区新造了近100艘鱿钓船。金枪鱼项目保持基本稳定。2010年产量和产值分别为16万吨、25亿元,与上年持平。其中中西部太平洋长鳍金枪鱼项目因效益较好,国际组织尚无管理措施,我企业造船积极性很高,新造长鳍金枪鱼延绳钓船近30艘。竹荚鱼项目因资源状况恶化,经营十分困难,2010年产量和产值仅为4.5万吨、3.1亿元,均比上年下滑50%以上,企业亏损严重,大型拖网加工船队面临生存危机。如资源状况不能恢复,调整和转场势在必行。南极磷虾探捕项目取得圆满成功。这是我国远洋渔业最大的亮点,经过精心组织和安排,首次南极磷虾探捕共捕捞磷虾1 800余吨,拉开了我国开发南极海洋生物资源的序幕。

(农业部渔业局 万 晨)

水产品加工

【概况】 2010年我国水产加工品总量1 633万吨,其中海水加工产品1 351万吨(含110万吨的来进料加工产品),淡水加工产品282万吨。水产品加工企业数量近几年基本保持稳定,但水产品加工能力和加工产量逐年增加。2010年我国水产品加工能力已达到2 388.5万吨/年,比2009年增长8%。从加工产品主要类型来看,与往年基本相同,仍以冷冻、冰鲜等初级加工品为主,冷冻加工水产品占全部加工水产品的比例基本保持在60%左右,但新型水产品加工呈现快速发展势头。水产品加工技术研发能力不断增强,企业和科研单位间的技术合作平台逐渐形成。

(1)加工产量和能力逐年增加,但加工比例低的现状未得到根本性改变。近年来我国水产品加工产量和加工能力逐年提升,但由于国内消费者长期以来形成的鲜活水产品消费习惯以及加工产品的市场开拓力度不够等原因,我国用于加工的水产品比例一直徘徊在35%上下,尤其是淡水产品加工比例仅为16.6%,与日本、加拿大、美国和秘鲁等水产加工业发达国家的60%~90%的加工比例相比,仍有相当大的差距。淡水加工产品中除罗非鱼、烤鳗、豆豉鲮鱼罐头、克氏螯虾、斑点叉尾鮰等已形成一定的产业规模外,其他淡水产品加工企业普遍呈现加工规模小,技术含量低,管理落后和产品研发滞后等现象。不过,近些年继浙江的醉鱼加工实现现代产业化生产后,江西、湖北等省的新型淡水鱼糜加工也呈现快速发展势头,淡水鱼加工发展前景广阔。

(2)加工企业规模明显壮大,质量安全和品牌意识显著提高。近几年,我国水产品加工能力显著增强,但同期加工企业数量并未有明显变化,这说明加工企业规模正在逐渐壮大。2010年农业部组织对水产品加工业现状的调查结果也证实了这一情况。参与调查的7 383家企业中,年加工产量在500吨以上的企业有3 693家,占参与调查企业总数的50%,年加工产量超过5 000吨以上的企业有382家,占参与调查企业总数的5.2%。从年产值来看,2009年产值超过1亿元的企业约300家,比2002年的120家增长150%。其中直接参与问卷调查的617家重点企业中:342家企业具有自主品牌,其中12家企业获得中国驰名商标;465家企业获得过各种国内认证,440家企业获得过各种国际认证;361家企业获得各种荣誉称号及国家、省级奖励,其中,24家获得国家级龙头企业称号,152家获得省级以上龙头企业称号。

(3)水产品加工业呈现出由沿海向内陆延伸的趋势。由于资源区域优势及出口带动,形成了水产品加工业的非均衡发展态势。我国的水产品加工企业主要分布在沿海地区,但近些年内陆省份加工业发展明显加速。2010年,水产加工品产量最高的省份还是山东省,沿海各省水产加工品产量由高到低依次为山东、福建、浙江、辽宁、广东、江苏、广西和海南。沿海8省(自治区)的水产加工品总量达到1 502.1万吨,占全国水产加工品产量的92%。以湖北和江西省为代表的内陆省份水产品加工业发展势头强劲。其中,湖北省是加工产量最大的内陆省份,2010年产量已超过广西和海南,达到67.4万吨,比上年增长28.3%,比21世纪初增加了21倍还要多,江西省以25.3万吨的加工产量位居内陆省份第二名。

(4)传统加工方式向现代化新型加工发展转变。目前我国的水产品加工仍以冷冻、冰鲜等初级加工为主,但鱼糜制品、干腌制品、藻类加工品、罐制品被深入开发并大量推广,尤其是鱼糜制品大幅增长,继海水鱼糜之后,近些年淡水鱼糜生产也呈现出快速发展势头。高附加值精深加工产品发展迅速,从低值水产品和水产加工废弃物中提取天然产物,尤其是生物活性物质,成为研究热点。除了传统的鱼粉鱼油外,一系列新产品,如蛋白肽、胶原蛋白、甲壳素等不断涌现。水产加工产品样式日益多元化,营养丰富、味美可口、具独特功效的水产加工品与方便、即食产品的开发力度不断加大,小包装即食休闲食品开始上市并呈现快速增长的趋势。

(5)加工技术研发意识和能力均有所提高,但加工技术成果转化率仍相对较低。据不完全统计,2010年全国水产品加工获得各级项目支持经费较上年继续增加,水产品加工学科的整体科研条件和能力建设有较大改善,在水产品保鲜、精深加工和综合利用、水产方便和保健食品、生物制品等方面开展了许多指导性和前瞻性的研究工作。同时人才队伍也在不断壮大,有效促进了本学科整体研究水平的提高。水产品加工企业也更加重视技术创新工作,在加工装备的引进、消化、吸收、研发和应用能力上也有了较大的进步。2010年参与调查的671家重点企业中,291家企业会每年专门拿出研发经费,224家企业有合作的科研机构或院校。近两年,我国在海参营养成分鉴定、保存方法、活性成分的提取、深加工产品的研究等方面达到国际先进水平。罗非鱼精深加工技术和淡水鱼糜生产技术也取得重大突破。但总体来看,我国水产品自主加工技术在生产中应用率仍相对较低,关键的核心技术和加工机械仍主要依赖于进口。为提高我国水产品加工技术自主研发能力和成果转化效率,2009—2010年,农业部在全国范围内认定了35家水产加工技术研发中心和分中心(1个国家中心和34个分中心),涵盖海水水产品、淡水水产品。水产品加工机械和加工技术研发体系基本形成,未来将担当起我国水产品加工技术自主研发和成果转化的重任。

(农业部渔业局　朱亚平)

水产品市场运行情况

【概况】 受国内外经济形势复杂多变,灾害性天气频发、重发、突发，生产资料价格不断攀升等因素影响，2010年我国水产品价格面临强大的上涨压力。但由于渔业经济继续保持平稳较快发展，水产品总产量特别是水产养殖产量持续增加，有效地保障了水产品市场供应。全年水产品价格虽较上年有所升高，但涨幅相对较小，其中与百姓生活紧密相关的大宗淡水鱼价格基本平稳。各月间水产品价格波动较小，多数月份价格波动幅度在0.5%之内，没有大起大落。

（1）水产品市场运行总体平稳，价格同比温和上涨。据对可比的29家水产品批发市场成交情况统计，2010年水产品市场交易较为平稳，市场成交量493.77万吨，同比下降1.74%，成交额788.63亿元，同比增长7.4%。另据对全国80家水产品批发市场成交价格统计，2010年水产品批发市场综合平均价格16.46元/千克，同比上涨7.87%。其中海水产品综合平均价格29.47元/千克，同比上涨10.66%；淡水产品综合平均价格11.7元/千克，同比上涨4.34%。监测的49个品种中，39个品种价格上涨，5个品种价格持平，5个品种价格下降。

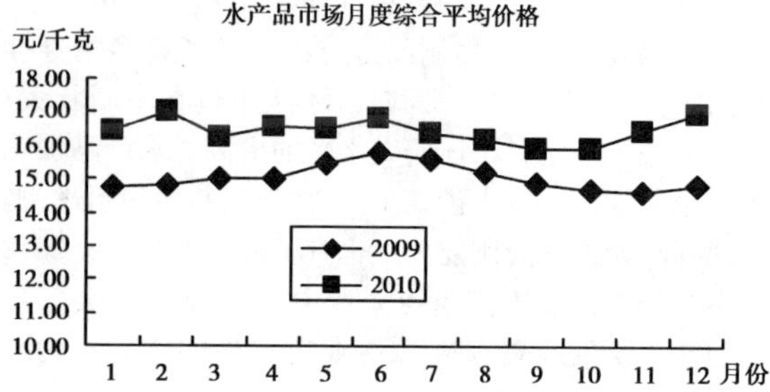

（2）海水产品价格以涨为主，捕捞产品价格涨幅较大。监测的5大类海水产品价格同比均有所上涨，其中，海水鱼类价格同比上涨14.83%，海藻类价格同比上涨13.04%，海水贝类价格同比上涨8.75%，海水甲壳类价格同比上涨7.6%，海水头足类价格同比上涨5.08%。按品种统计，31个品种中，25个品种价格上涨，4个品种价格持平，2个品种价格下降。涨幅超过10%的有10个品种，其中，涨幅最大的是扇贝，同比上涨了30.13%。价格上涨的主要原因是2009年价格基数较低以及2010年初的雨雪冰冻灾害造成养殖产量下降，市场供应减少。另外，受2010年初我国近海水温整体较低，渤海和黄海北部出现30年一遇特大海冰灾害等影响，虾蛄、带鱼和银鲳资源较差，捕捞产量下降，价格涨幅也相对较大，同比分别上涨28.63%、27.52%和23.62%。

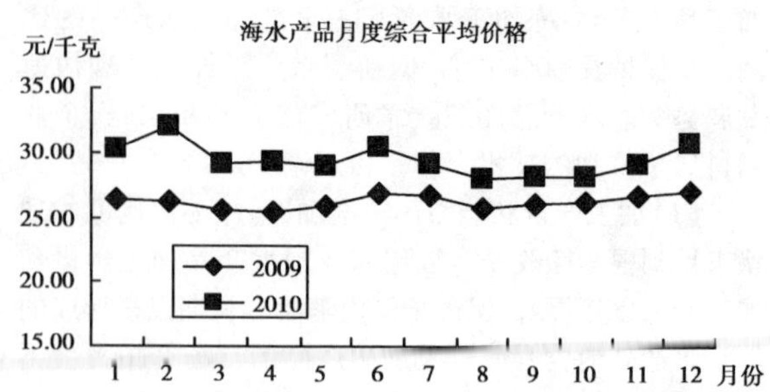

（3）淡水产品价格稳中略涨，大宗淡水鱼价格相对平稳。监测的3大类淡水产品中，淡水甲壳类价格同比上涨4.73%，淡水鱼类价格同比上涨4.69%，淡水其他类价格同比下降3.1%。按品种统计，18个淡水品种中，14个品种价格上涨，1个品种价格持平，3个品种价格下降。其中草鱼、鲤鱼、鲫鱼等大宗淡水鱼市场供应充足，价格仅随生产成本增加而小幅上涨。特种水产品由于养殖量和消费量较小，价格容易受到各种因素影响，价格波动概率相对较大，不同品种间价格涨跌互现。其中，蛙类价格涨幅最大，同比上涨36.34%。主要原因是2009年养殖量激增，价格大幅下降，导致2010年蛙农养殖积极性下降，蛙类产品产量减少，市场供应不足。另外，受年初倒春寒及连续阴雨天气影响，2010年罗氏沼虾和青虾苗种繁育成活率下降，苗种供应不足，价格上涨，导致全年产量明显下降，生产成本大幅增加，成品虾价格同比分别上涨23.31%和22.03%。甲鱼、虹鳟和乌鳢价格则分别下跌7.92%、3.66%和2.17%。

（4）影响水产品价格的主要因素。一是生产成本和灾害性天气。生产成本增加和灾害性天气增多是推动价格上涨的核心因素。其中，灾害性天气一方面严重影响了罗非鱼、南美白对虾、罗氏沼虾等水产品的育苗和生产，同时也影响到渔业资源。据海洋捕捞渔情信息统计显示，2010年近海资源状况整体较差，部分产品产量下降。二是宏观经济形势。2009年上半年正值国际金融危机最为严重的时期，受消费市场需求减弱以及大宗消费品价格走低的影响，水产品尤其是海珍品价格一度较低。2010年以来随着经济形势的逐步好转和居民消费信心的回升，水产品价格普遍上涨，其中，海参、鲍鱼、扇贝等海珍品价格涨幅较大。三是国际贸易形势和国内市场拓展。2010年我国水产品出口贸易稳定发展，同时，政府和企业对水产品市场拓展工作的重视程度不断增强，各种类型的市场推介和宣传活动明显增多，均收到较好效果，有效推动了水产品国内市场的繁荣。四是突发事件。2010年以来，除重大自然灾害外，南京等地发生的“小龙虾事件”,对水产品市场影响最大,事件导致消费恐慌,小龙虾及相关产品短期内交易量和价格明显下降。

【工作进展】

(1)注重制度建设,加强培训,信息采集体系逐步完善。新的市场信息采集系统正式启用后,农业部渔业局多次组织对信息员进行培训,使信息员尽快适应新的报送系统,确保了信息报送的顺畅。另外还开设信息员QQ群,形成了一个紧密、团结、高效的信息员队伍。印发《农业部水产品批发市场信息采集管理暂行办法》,规范了水产品批发市场信息采集工作,提高了水产品批发市场信息采集、分析的时效性和准确性。召开省级信息采集体系研讨会,充分调动地方渔业主管部门工作积极性,指导和帮助部分省建立了省级采集体系和定期分析制度。

(2)强化信息分析和发布,提高信息利用率。2010年共采集价格信息300 610条,是2009年的5倍多;品种成交量信息255 886条,是2009年的11倍多;月成交量信息642条,是2009年的2倍多;市场动态分析659篇,是2009年的2.7倍。渔业局组织中国水产学会和市场形势分析专家组成员每月对采集的数据进行汇总和分析,全年完成并发表情况分析报告百余篇。特别是在海冰灾害、洪涝灾害及小龙虾突发事件以及重大节日期间,指导地方密切关注水产品市场变化,加强监测力度,每日监测相关市场信息,及时分析报告,确保水产品市场平稳运行。

(3)加强市场营销,促进品牌建设。2010年各级渔业主管部门、行业协会和企业适应转变发展方式需要,高度关注水产品市场拓展和品牌创建,突出特色、因地制宜地举办了多种形式的品牌宣传和营销促销活动。仅渔业局直接参与的此类活动就达10余次。这些活动的举办为提升水产品市场竞争力,促进产品升级、渔民增收、渔业增效发挥了重要作用。

(农业部渔业局 朱亚平)

水产品进出口贸易

【概况】 据海关数据统计,2010年我国水产品进出口总量716.06万吨、进出口总额203.64亿美元,同比分别增长6.79%和26.8%。其中,出口量333.88万吨、出口额138.28亿美元,同比分别增长12.6%和28.09%,11月份和12月份先后刷新单月出口额最高纪录,分别达到15.6亿美元和16.2亿美元;进口量382.18万吨、进口额65.36亿美元,同比分别增长2.18%和24.16%。贸易顺差72.92亿美元。水产品继续位居大宗农产品出口首位,出口额占农产品出口总额的比重达到28%,较上年提高1个百分点。

(1)进料加工贸易增长势头良好,来料加工贸易继续减少。2010年水产品来进料加工贸易出口量109.57万吨、出口额44.07亿美元,同比分别增长11.16%和16.34%。来进料加工贸易出口额占水产品出口总额的比例为31.87%,比上年下降3.22个百分点。加工贸易结构调整成效显著,进料加工贸易在来进料加工贸易中所占比重进一步增加。进料加工出口量82.56万吨、出口额32.08亿美元,同比分别增长18%和24.19%;来料加工出口量27.01万吨、出口额11.98亿美元,同比分别下降5.57%和0.49%。

水产品月度出口额趋势图

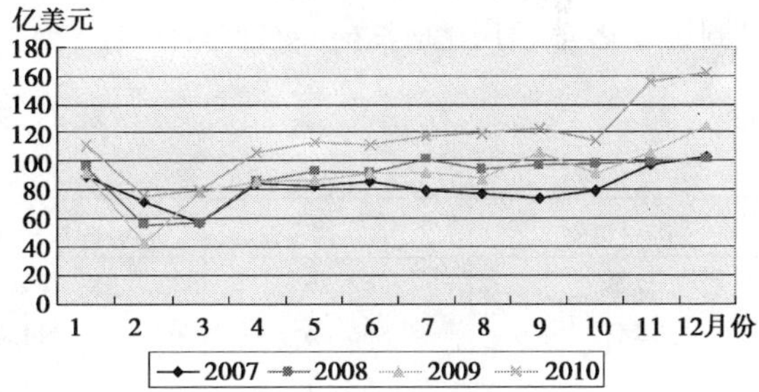

(2)一般贸易表现尤为抢眼,优势产品出口大幅增加。2010年水产品一般贸易表现尤为抢眼,出口量224.3万吨、出口额94.21亿美元,同比分别增长13.32%和34.44%。对虾、贝类、罗非鱼、鳗鱼和大黄鱼等五大品种出口额占水产品一般贸易出口总额的49.9%。另外,养殖珍珠出口额同比增长17.6%,达到2.57亿美元。一些近海或远洋捕捞产品出口也大幅增加,其中冻、干、盐腌或盐渍墨鱼和鱿鱼出口额达到6.6亿美元,同比增长82%;未列名冻鱼出口额4.8亿美元,同比增长47%;制作或保藏的蟹出口额2.66亿美元,同比增长76%;冻、干、盐腌或盐渍章鱼出口额2亿美元,同比增长50%;冻鲳鱼出口额1.09亿美元,同比增长231%;冻鲭鱼出口额1.09亿美元,同比增长112%。

表1　一般贸易主要出口品种

数量:万吨;金额:亿美元

出口品种	占一般贸易出口额比例(%)	2010年		同比增减(%)	
		数量	金额	数量	金额
对虾	16.3	21.61	15.36	15.2	24.6
贝类	12.3	26.07	11.58	18.6	39.2
罗非鱼	10.7	32.28	10.06	21.63	41.61
鳗鱼	8.4	4.52	7.90	5.9	49
大黄鱼	2.2	5.01	2.07	5.1	43
合计	49.9	89.5	47		

(3)出口市场多元化程度进一步提高,市场布局渐趋合理。2010年我国水产品出口国家和地区达到170个,其中,日本、美国、欧盟、韩国等依然是我国最重要的出口市场,2010年我国对这些市场出口额均呈两位数增长,但总体低于新兴市场增幅。这四大市场出口额之和占我国水产品出口总额的比重逐年下降,2010年已降至66.9%。2010年内地和台湾省签署经济合作框架协议,两岸贸易往来更加紧密,对台水产品出口额达到6.31亿美元,同比增长64.04%。另外,对中南美洲、非洲和大洋洲一些国家和地区出口增幅明显。

(4)出口省份基本格局保持稳定,部分省份出口强势增长。山东、福建、广东、辽宁、浙江、海南等沿海省份仍是我水产品主要出口省份,上述六省出口额之和占全国出口总额的91%。其中山东省继续位居出口省份首位;福建凭借对台贸易的快速增长,出口额同比增长66.03%,成为第二大出口省份。江西和湖北仍是最重要的内陆出口省份,出口额同比分别增长41.66%和13.87%。

表2　主要出口市场

数量:万吨;金额:亿美元

出口市场	数量	同比增减(%)	金额	同比增减(%)
日本	62.76	9.3	32.32	20.62
美国	56.04	11.7	26.02	26.20
欧盟	55.07	11.51	20.86	18.09
韩国	44.91	6.4	13.34	31.57
东盟	36.55	3.2	10.31	33.68
香港	15.09	19.6	9.76	32.38
台湾省	9.86	22.2	6.31	64.04
俄罗斯	8.44	11.3	3.92	33.71

表3　主要出口省份

数量:万吨;金额:亿美元

沿海	数量	同比增减(%)	占出口总量(%)	金额	同比增减(%)	占出口总额(%)
山东	101.77	10.3	30.48	39.88	18.18	28.84
福建	51.54	29.1	15.44	25.38	66.03	18.35
广东	44.81	13	13.42	21.78	28.52	15.75
辽宁	57.25	11.1	17.15	18.85	18.88	13.63
浙江	44.21	5.5	13.24	15.92	24.76	11.51
海南	11.54	3.3	3.46	4.03	11.9	2.91
江苏	5.77	6.9	1.73	2.71	13.28	1.96
广西	6.93	44	2.08	2.43	59.36	1.76

（续）

内陆	数量	同比增减(%)	占出口总量(%)	金额	同比增减(%)	占出口总额(%)
江西	1.1	2.2	0.33	1.83	41.66	1.32
湖北	2.38	2.8	0.71	1.45	13.87	1.05
吉林	0.99	-3.6	0.30	0.69	37.49	0.50

(5)可食用水产品进口持续增加，鱼粉进口量减额增。2010年我国水产品进口量382.18万吨，进口额65.36亿美元，同比分别增长2.18%和24.16%。其中来进料加工原料进口量129.76万吨、进口额24.45亿美元，同比分别增长0.5%和9.68%。鱼粉进口量减额增，进口量103.83万吨，同比下降20.63%，进口额16.64亿美元，同比增长27.81%。供国内食用水产品进口量148.6万吨、进口额24.27亿美元，同比分别增长30.23%和40.04%。

表4　主要进口市场

数量：万吨；金额：亿美元

进口市场	占进口总额比例(%)	2010年		同比增减(%)	
		数量	金额	数量	金额
俄罗斯	27.84	91.02	13.61	19.87	9.42
秘鲁	15.92	71.53	10.9	-16.5	38.78
美国	9.96	42.67	8.5	10.9	27.53
东盟	9.47	38.48	5.94	36.15	55.87
智利	7.71	20.52	4.17	-49.9	-19.59
挪威	5.76	18.82	4.13	26.86	45.85
日本	4.24	15.13	3.19	25.55	44.86

俄罗斯是我国最大的水产品进口国，进口量91.02万吨、进口额13.61亿美元，同比分别增长19.87%和9.42%；秘鲁是我国最大的鱼粉进口国，同时也是我国水产品第二大进口国，2010年进口量71.53万吨、进口额10.9亿美元，同比分别下降16.5%和增长38.78%；美国是我国第三大水产品进口国，2010年进口量42.67万吨、进口额8.5亿美元，同比分别增长10.9%和27.53%；2010年我国自智利进口水产品量、额双降，进口量20.52万吨、进口额4.17亿美元，同比分别下降49.9%和19.6%，在我国进口市场排位中降至第五位；东盟取代智利成为我国第四大进口市场，2010年我国自东盟进口水产品38.48万吨，进口额5.94亿美元，同比分别增长36.15%和55.87%；紧随其后的是挪威和日本，分别位居我国水产品进口市场的第六和第七位，2010年进口额分别为4.13亿美元和3.19亿美元，同比分别增长45.85%和44.86%。

（农业部渔业局　朱亚平）

国际交流与合作

【概况】 为积极发展渔业领域的对外交流与合作，执行我与相关国家签署的渔业协定，参与国际或区域组织的渔业管理及其规则制定。认真履行我负责任渔业大国的国际义务，继续扩大我国在世界渔业领域的影响力，为我国渔业发展创造更好外部环境。2010年，渔业国际合作领域开展了大量工作。

(1)在多边领域，派员出席南太平洋区域渔业组织和北太平洋公海渔业资源管理的多边谈判，积极参与大西洋、中西部太平洋、东太平洋、印度洋等区域金枪鱼渔业管理组织以及南极海洋生物资源养护委员会的会议；派出多个团组参加联合国粮农组织（FAO）、亚太经合组织（APEC）、国际海事组织（IMO）、世界贸易组织（WTO）渔业补贴谈判、联合国大会、亚太渔业委员会等重要国际会议，在世界渔业管理舞台上发挥了重要作用，在保证相关国际协约中反映我国立场方面取得了积极成果。

(2)在双边领域，先后与日本、韩国、越南、阿根廷、挪威等国举行了渔业联合委员会会议。与阿根廷签署了部门间渔业合作协议，与俄罗斯签署了打击非法捕鱼的部门间谅解备忘录，使我国渔业合作双边协定达到22个；与欧盟就国际渔业资源管理以及输欧海产品合法来源认证举行磋商；加强与库克群岛、密克罗尼西亚、马绍尔群岛等太平洋岛国的渔业合作伙伴关系；密切与菲律宾和印度尼西亚等南海周边国家的渔业合作。积极开展双边渔业合作为保障我国渔民合法权益、促进我国与有关国家友好关系创造了良好环境。

【重要事件】

（1）中菲渔业合作取得重大进展。中菲渔业合作是农业部自2006年起推进的重要项目，对构建南海中菲海上渔业走廊、密切两国关系有着重要意义。2010年2月5日，中菲渔业合作项目首批成品鱼返销仪式在珠海市举办。农业部渔业局副局长柳正出席了仪式，应广东省人民政府邀请，菲律宾农业部部长黄严辉也率团出席了仪式。本次养殖产品返销我国是中国—东盟自由贸易区从2010年开始实施以来我国与东盟成员国的首批渔业合作项目产品。首批成品鱼返销国内市场，标志着中菲渔业合作进入实质性阶段。

（2）中阿渔业合作进入新阶段。受农业部领导委托，3月24日，农业部渔业局局长李健华率中方渔业代表团与阿根廷农牧渔业部副国务秘书诺尔贝托·亚瓦尔率领的阿方渔业代表团在北京举行了会谈。

双方就两国渔业合作议题广泛交换了意见，并就将要签署的《中华人民共和国农业部与阿根廷农牧渔业部关于渔业合作的协议》有关内容进行了磋商。双方同意，为进一步指导和规范两国民间渔业合作，将两国渔业合作纳入政府合作的框架，建立捕捞、加工、养殖等广泛领域的合作关系和科研、管理交流机制。

2010年7月，在阿根廷总统访华期间，中国农业部部长韩长赋与阿根廷农牧渔业部部长多明戈斯签署了中阿渔业合作协议。

2010年11月11日，中阿农业合作联合委员会渔业分委会第一次会议在阿根廷首都布宜诺斯艾利斯召开。以农业部渔业局局长李健华为团长的中国代表团和以阿农牧渔业部副国务秘书诺尔贝托·亚瓦尔为团长的阿根廷代表团出席了会议。双方就开展在海洋捕捞、水产养殖及水产品加工等方面的合作深入交换了意见。为方便在阿水域附近的公海上作业的中国渔船进行补给和避风，阿方决定向相关渔船开放两个港口。中方将帮助阿根廷充分利用其畜牧业副产品发展水产养殖。双方将在金枪鱼等鱼类资源调查和渔船维修等方面进行合作。

（3）出席联合国《执行1982年12月10日〈联合国海洋法公约〉有关养护和管理跨界鱼类种群和高度洄游鱼类种群的规定的协定》（以下简称《协定》）审查大会。农业部渔业局副局长柳正率团出席了于2010年5月24—28日在纽约联合国总部召开的《协定》审查大会。此次会议是继2006年审查大会后召开的第二次审查大会，邀请了《协定》缔约国、非缔约国和有关政府间及非政府间组织代表与会，全面审查了2006年以来全世界渔业管理制度制定和执行情况，并提出有关建议。具体审查了以下几方面内容：渔业资源养护和管理；打击非法捕鱼行为；监测、监督和执法；海洋生态系统中的负责任渔业问题等。

（4）强化水产品进口环节的监管。经国务院批准，我国加入了管理金枪鱼渔业和南极海域渔业的有关国际组织。为有效履行我国政府相关义务，树立我国负责任渔业国形象，进一步打击非法、不报告和不管制（IUU）捕捞行为，有效管理和养护渔业资源，2010年6月，海关总署与农业部发布联合公告，规定自2010年7月1日起，对进口蓝鳍金枪鱼等4类、13个税号的产品由农业部渔业局出具《合法捕捞产品通关证明》，无通关证明的上述产品，海关不予放行。截止到2010年底，共办理180批次通关证明，进口金枪鱼等产品近5 000吨。

（5）积极应对智利对进口水产品的新要求。智利渔业部门于2010年8月份开始对进口水产品（不含观赏鱼、活体产品、保健品、饲料及用于继续养殖的产品）查验由原产国渔业主管部门签发的合法来源证明，用以证明进口的水产品在捕捞、养殖或加工过程中符合相关法律规定。为保障我国水产品输智贸易的正常开展，自8月起，农业部为输智水产品办理"合法来源证明"，其中包括水产养殖产品，这是外国政府首次查验养殖产品的合法来源。截止到2010年底，共为8家企业的500吨产品办理了合法来源证明，其中一半多为养殖的南美白对虾和罗非鱼。

（6）中日加强在金枪鱼渔业资源管理领域的合作。2010年8月27日，中国农业部部长韩长赋与日本农林水产省大臣山田正彦在北京举行了会谈。双方达成共识，加强在金枪鱼渔业管理领域的合作，并发表了联合新闻稿。

（7）中俄签署打击非法捕鱼的部门间谅解备忘录。2010年9月，农业部副部长牛盾与俄罗斯联邦渔业署署长卡利亚尼签署了打击非法捕鱼的部门间谅解备忘录。俄罗斯作为我国水产品的主要来源国之一，希望我国对进口俄罗斯远东地区的海产品进行监控，建立打击非法捕鱼的双边合作机制。中俄签署部门间谅解备忘录，将为双方采取与市场相关的措施，共同打击非法捕鱼奠定基础。

（8）中国成为美洲间热带金枪鱼委员会（IATTC）的新成员。2009年10月，我国向《关于加强美利坚合众国与哥斯达黎加共和国1949年公约建立的美洲间热带金枪鱼委员会的公约》的保存国,即美国政府,交存了批准书。该公约于2010年8月对我国生效,我国成为美洲间热带金枪鱼委员会的正式成员。IATTC第81次会议于2010年9月27日至10月1日在危地马拉安提瓜召开,我国第一次作为IATTC成员出席了会议。

(9)中挪渔委会第一次会议在北京召开。2010年10月11日,中挪渔业合作联合委员会第一次会议在北京召开。以农业部渔业局副局长陈毅德为团长的中国代表团和以挪威渔业及海岸事务部海洋资源与海岸管理司司长约翰·威廉姆斯为团长的挪威代表团出席了会议。双方就开展渔业资源养护合作研究、双边水产品贸易、打击非法渔业活动、南极磷虾资源调查及其他国际渔业问题交换了意见。

(10)为输欧海产品办理合法捕捞证明。欧洲理事会于2008年9月29日正式通过《关于建立共同体系统以预防、阻止和消除非法、不报告和不管制捕捞的条例》,规定从2010年1月1日起对进入欧盟市场的海产品实行合法捕捞证明和认可加工厂声明制度。

欧盟是世界最大的水产品进口市场,每年进口150亿欧元水产品,也是我国水产品出口的重要市场。为保证我国水产品输欧贸易的正常开展,农业部决定自2010年1月1日起,为输欧水产品办理合法捕捞证明以及认可加工厂声明。2010年,共为我国230家企业的17 000批次输欧产品办理了相关证书,总重量达42万吨,并及时妥善处理欧盟成员国协助核查的要求,保证了我国水产品对欧出口的顺利进行。

(11)我国签署《南太平洋公海渔业资源养护和管理公约》。《南太平洋公海渔业资源养护和管理公约》于2010年2月1日正式对各方开放签字。2010年8月19日,中国驻新西兰大使代表中国政府在公约上签字,成为第8个在该公约上签字的国家。

南太平洋公海渔业资源养护和管理组织负责管理赤道以南、南印度洋渔业组织东部界限以东、南极生物资源养护委员会以北、南美洲沿海国管辖水域外部界限以西所围成的太平洋区域的除金枪鱼以外的渔业资源。2006年2月召开第一次建立南太平洋区域渔业管理组织国际谈判,于2009年第8论谈判中通过了《南太平洋公海渔业资源养护和管理公约》。

(农业部渔业局 刘 策)

渔 业 管 理

渔业法制建设

【概况】 2010 年，全国各级渔业行政主管部门以完善渔业法律法规体系、维护渔民权益、保护水域生态环境与渔业资源为重点，坚持加强渔业法律理论研究和立法工作，不断强化渔业行政执法，深入开展渔业普法，渔业法制建设得到进一步加强。

1. 渔业立法活动

（1）进一步完善水域滩涂养殖权制度。为加强渔民权益维护，规范水域、滩涂养殖发证登记工作，农业部以部令形式颁发了《水域滩涂养殖发证登记办法》，明确和规范了水域滩涂养殖发证登记工作程序和要求，从法律法规和制度上保障渔民水域滩涂养殖使用权。

（2）继续深化渔业种质资源保护和渔业统计等方面的制度研究和立法。为保护水生生物物种资源、促进生态环境改善、保护渔业生存发展空间、维护渔民合法权益，农业部组织开展《水产种质资源保护区管理暂行办法》起草工作，通过部门规章推动和规范水产种质资源保护区建设工作。

为加强和规范渔业统计工作，提高渔业统计工作的制度化、规范化和科学化水平，保证渔业统计资料的真实性、准确性、完整性和实效性，农业部发文出台《渔业统计工作规定》和《渔业统计工作考核办法》，推动提高渔业统计工作水平。为进一步规范渔业船舶水上事故统计工作，全面掌握渔业船舶各类事故的发生情况，深入分析事故原因，农业部修订出台了《渔业船舶水上事故统计规定》。

（3）加强国际公约、协定的履约执行和他国有关重大法律制度的应对。农业部和各级渔业主管部门积极应对欧盟于 2010 年 1 月 1 日生效实施的《关于建立共同体系统以预防、阻止和消除非法、不报告和不管制捕捞的条例》，对出口到欧盟市场的海洋捕捞产品实施合法捕捞证明和认可加工厂声明制度，保证了我国水产品对欧出口的顺利进行。按照国务院批准加入的有关渔业管理组织要求，农业部就建立对金枪鱼等有关水产品的进口验核机制问题积极与海关协调，两部委发布了联合公告，自 2010 年 7 月 1 日起启用《合法捕捞通关证明》，加强对进口环节的监控。

（4）加强立法协调工作。为维护渔民合法权益，保证各级渔业部门依法行使监督管理和行政执法职能，农业部在《太湖管理条例》、《船舶工业发展条例》、《职业技能培训鉴定条例》和《对外劳务合作管理条例》等重要涉渔法律、法规和部门规章的起草和修订征求意见过程中，做了大量协调工作，争取相关立法充分体现国务院“三定”方案确立的职责分工，为全国渔业发展和管理工作创造法律法规依据方面的良好条件和环境。

（5）做好涉渔规章和规范性文件清理。农业部组织对涉渔规章和规范性文件进行了全面系统清理，最终废止规章 3 件，废止规范性文件 3 件，修改规章 6 件，继续有效规章 44 件，继续有效规范性文件 30 件。及时圆满完成清理任务。

（6）各地积极完善地方配套渔业法规规章体系。江苏省制定出台了《江苏省渔业港口和渔业船舶管理条例》、《江苏省国有渔业水域占用补偿暂行办法》和《江苏省国有渔业水域占用补偿标准和等级系数（试行）》；广东省开展《广东省渔港和渔业船舶管理条例》调研起草工作；上海市积极推动《上海市渔港和渔业船舶安全管理办法》立法进程；江西省继续推进《江西省渔业条例》立法调研和草案修改工作。这一系列地方性渔业法规、规章和规范性文件的制（修）订，为各地规范生产行为、推进管理法制化和保障渔业健康发展提供了法律保障。

2. 渔业行政执法 各级渔业行政主管部门及其所属的渔政渔港监督管理机构认真履行法律法规赋予的各项行政执法职能，加强捕捞许可管理和船网工具指标审查，控制捕捞强度；严格渔业安全生产管理，全面推进平安渔业建设；加强渔船检验工作，提高渔船检验率和适航水平；组织实施“护渔 2010”海洋渔业执法行动，开展渔业海事纠纷调处，维护渔业生产秩序；加大专属经济区渔政巡航执法的力度，维护协定水域的作业秩序和国家海洋权益；继续开展北太平洋公海渔业执法和黑龙江联检活动，履行国际义务，打击非法捕捞；全面深入推进水产养殖与水产品质量安全执法，提升我国水产品质量安全水平。

3. 执法队伍建设 农业部继续以渔业文明执法窗口创建活动为抓手，推动加强渔政队伍规范化建设，继续推进基层渔政机构纳入或参照《公务员法》管理，建立健全渔业行政执法督察工作机制，规范渔政执法行为。各级渔业行政主管部门和渔政执法机构加强执法人员教育和培训，提高执法人员文化水平和业务能力。加强中国渔政管理指挥系统、渔业安全监管信息系统和渔政执法装备建设，推动加强无线电管理工作，提高渔政执法的信息化水平。

4. 渔业普法活动 2010 年，各级渔业主管部门认真贯彻“五五”普法要求，深入基层，普及渔业法律法规，宣传保护渔业资源和生态环境，提高渔民依法生产意识，不断推进依法治渔、依法护渔、依法兴渔。农业部邀请新闻媒体对重要渔政执法管理行动、增殖放流活动、伏季休渔、长江春禁和重要渔业制度等进行了大范围、深层次、高频率的宣传报道，在渔区渔民和社会民众中产生了良好的反响。各地各级渔业部门开展的形式多样的渔业法制宣传活动，有效提高了广大渔业管理人员和生产经营者的法制观念。

（*农业部渔业局 董少帅*）

水产标准化

【基础性工作】

（1）进一步完善了渔业标准体系。完成“国家标准化建设工程”渔业标准体系填报工作，为渔业国家标准立项奠定了基础。在广泛调研的基础上，组织开展 2010 年国家标准立项审查工作，在 45 份申报材料中筛选出 24 项，其中 10 项被批准立项。以水产品质量安全、渔业资源养护为重点，研究提出了 2011 年农业行业标准制（修）订计划渔业项目立项建议，其中 65 个渔业项目列入 2011 年农业行业标准制（修）订立项指南。

（2）加强了队伍建设。完成全国水产标准化技术委员会淡水养殖、海水养殖、水产品加工、渔具及渔具材料、渔业机械仪器分技术委员会（以下分别简称“水标委”、“分技委”）的换届工作。召开了水标委 5 个分技委第四届委员会成立会议，认真总结了分技委第三届委员会工作，讨论通过了第四届分技委章程、秘书处工作细则以及工作规划。

（3）加大了标准宣传贯彻培训力度。认真宣传贯彻《标准化工作导则第 1 部分：标准的结构和编写》（GB/T1.1—2009），举办培训班，开展标准化相关知识培训。全年共培训水标委及各分技委委员和标准起草人员 225 人（次）。同时，加强了重点标准起草阶段的技术指导，对提高标准起草质量起到了一定促进作用。

【水产标准制（修）订】 加强了标准项目管理，组织开展新立项的 10 项国家标准和 59 项行业标准的制（修）订工作。对历年行业标准制（修）订计划渔业项目进行了清理，加快了标准制（修）订进度。组织召开 12 次渔业国家标准和行业标准审定会，审定 62 项标准，全年发布渔业标准 38 项，其中国家标准 17 项、行业标准 21 项。举办了海洋经济鱼类可捕标准听证会活动，为进一步完善标准内容，增强标准可行性和适用性提供了依据。

【技术性贸易措施官方评议】 2010 年，渔业共收到 WTO/TBT-SPS 与水产有关的通报 35 项，组织专家对来自美国、日本、欧盟等 12 个国家和地区的 26 项通报进行了评议。对外提出了 9 项评议意见，其中 4 项被中国政府代表作为出席 SPS 委员会会议关注的内容，与相关国家代表进行了交流。对内向行业管理部门及有关科研检测机构提出了 14 条改进措施和建议，向渔业企业发出 8 条预警信息，为我国水产品出口突破技术性贸易壁垒提供了技术支持。

【国际交流合作】 组织专家开展国际食品法典委员会（CAC）标准跟踪研究工作，及时了解和掌握 CAC 水产品标准制（修）订动态。收集并组织翻译了最新发布的 CAC-CCFFP（CAC 下设的鱼和渔产品法典委员会）标准草案以及渔业相关参会预案。组织人员参加了在我国举行的第 42 届 CAC-CCFA（CAC 下设的食品添加剂法典委员会）会议，掌握了相关国际标准动态。同时，加强与国内相关部门、行业协会以及水产品进出口企业的标准信息沟通，共同研究和参与国际标准制（修）订工作。

【国家标准和行业标准目录】

2010 年发布国家标准和行业标准目录

序号	标准代号	标准名称
		一、国家标准
1	GB/T 6964－2010	渔网网目尺寸测量方法
2	GB/T10029－2010	团头鲂
3	GB/T18395－2010	彭泽鲫
4	GB/T19163－2010	牛蛙
5	GB/T24858－2010	盐田卤虫卵加工技术规范
6	GB/T24859－2010	魁蚶苗种
7	GB/T24860－2010	圆斑星鲽
8	GB/T24861－2010	水产品流通管理技术规范
9	GB/T25166－2010	裙带菜
10	GB/T25505－2010	海洋渔业船舶系泊、航行及捕捞试验通则
11	GB/T25877－2010	淀粉胶电泳同工酶分析
12	GB/T25878－2010	对虾传染性皮下及造血组织坏死病毒(IHHNV)检测 PCR 法
13	GB/T25884－2010	蛙类形态性状测定
14	GB/T25888－2010	月鳢
15	GB/T26435－2010	中华绒螯蟹亲蟹、苗种
16	GB/T26439－2010	鲮
17	GB/T26440－2010	欧洲鳗鲡
		二、行业标准
1	SC/T1004－2010	鳗鲡配合饲料
2	SC/T1106－2010	渔用药物代谢动力学和残留试验技术规范
3	SC/T1107－2010	中华鳖亲鳖、苗种
4	SC 2018－2010	红鳍东方鲀
5	SC/T3046－2010	冻烤鳗良好生产规范
6	SC/T3047－2010	鳗鲡储运技术规程
7	SC/T3101－2010	鲜大黄鱼、冻大黄鱼、鲜小黄鱼、冻小黄鱼
8	SC/T3102－2010	鲜、冻带鱼
9	SC/T3103－2010	鲜、冻鲳鱼
10	SC/T3104－2010	鲜、冻蓝圆鲹
11	SC/T3106－2010	鲜、冻海鳗
12	SC/T3107－2010	鲜、冻乌贼
13	SC/T3119－2010	活鳗鲡
14	SC/T3302－2010	烤鱼片
15	SC/T8117－2010	玻璃纤维增强塑料渔船木质阴模制作
16	SC/T8137－2010	渔船布置图专用设备图形符号
17	SC/T8139－2010	渔船设施卫生基本条件
18	SC/T9401－2010	水生生物增殖放流技术规程
19	SC/T9402－2010	淡水浮游生物调查技术规范
20	NY5361－2010	无公害食品·淡水养殖产地环境条件
21	NY5362－2010	无公害食品·海水养殖产地环境条件

（农业部渔业局 郭 薇）

水产品质量监管

【概况】 2010年,根据国务院食品安全委员会以及农业部农产品质量安全专项整治和执法年行动的统一部署,围绕"努力确保不发生重大农产品质量安全事件"的目标,农业部渔业局按照"一手抓专项整治,一手抓长效机制"的思路,着力强化组织协调,完善制度、标本兼治,突出重点、整体推进,圆满完成了全年工作目标。总体看来,水产品质量安全水平稳定向好,全年未发生因养殖环节问题而引发的重大质量安全事件,有力地支撑了产业的健康快速发展。

【主要工作】

(1)理清监管工作思路,明确职责任务。制订《2010年深化水产品质量安全专项整治实施方案》,明确专项整治的重点任务和工作要求。召开水产品质量安全监管工作会议,总结了2008年以来的水产品质量安全监管工作,分析存在的问题和隐患,全面部署了以水产品质量安全专项整治和上海世博会、广州亚运会期间水产品质量安全有效供给特殊保障工作为重点的全年水产品质量安全监管工作。以专项整治为抓手,大力实施以池塘标准化改造为重点的水产健康养殖推进行动,广泛开展渔业科技服务年和农业部水产健康养殖示范场创建活动,与质量安全专项整治和执法年活动统筹布局,相互促进,形成合力。

(2)采取特殊监管措施,确保世博会和亚运会期间的水产品消费安全。为保证世博会、亚运会期间的水产品消费安全,下发加强水产品质量安全特殊监管文件,多次召开加强水产品质量安全特殊监管座谈会,要求各地健全制度,加强产地监管,完善产销衔接,建立应急预案,确保世博会和亚运会期间不发生重大水产品质量安全事件并保障水产品市场供应稳定。针对世博会和亚运会召开之前,举办地市场监测水产品质量安全合格率较低的情况,派出督导组赴沪、粤与两地渔业主管部门、行业协会一道深入水产品批发市场,和水产品经营商户共同分析水产品供应状况,找出影响质量安全的关键因素和关键环节,提出应对措施。世博会、亚运会举办前及举办期间,委托上海市、广东省渔业主管部门组织力量对重大活动举办城市水产品批发市场上销售的主要水产品种及产地来源进行摸查,并及时将摸查到的产地名单通知相关省级渔业主管部门,从而形成产销对接,增强监管针对性和监管效率的工作机制,填补管理漏洞。根据特殊监管工作进展情况,先后组织对上海市、广东省及其周边省份落实农业部特殊监管要求的工作情况进行督导,研究解决实施过程中遇到的问题。积极组织开展供沪、供粤水产品质量安全监督抽查,分别抽取1 003个和251个样品,合格率分别达到98.9%和98%。由于各项措施到位,实现了世博会和亚运会期间水产品质量安全"零事故"的目标。

(3)完善相关制度,加大监督抽查力度。组织修订《产地水产品质量安全监督抽查工作暂行规定》,起草下发《关于建立健全水产品质量安全监督抽查生产单位数据库的通知》,完善产地水产品抽检数据库,建立水产苗种生产单位数据库。对质检机构的资质认证认可证书有效期、关键参数指定检验方法认可和检验过程质控工作开展情况进行核查。从严确定承担2010年产地水产品监督抽查任务的单位,确保执法公正性和确保渔民权益。组织开展产地水产品质量安全监督抽查,全年共计抽检3 052个样品,比计划多抽22个样品,涉及全国30个省(自治区、直辖市)的25种水产品,检测硝基呋喃类代谢物等7类禁用药物。及时组织会商监督抽查结果,在《中国渔业报》和中国渔业政务网上公开发布监督抽查结果,接受舆论监督,保持对违法行为的高压态势。

(4)开展苗种整治,努力确保水产养殖"源头安全"。起草《水产苗种生产许可证管理办法》,进一步规范水产苗种生产许可证申请、审核、审批行为,严格许可制度,提高准入门槛。建立水产苗种质量安全监督抽查数据库,公开随机抽取被抽检单位名单,以苗种繁育过程中可能使用的硝基呋喃类、孔雀石绿等禁用药物为主要对象,组织开展水产苗种质量安全监督抽查。各地根据农业部的总体部署,着力完善苗种管理制度,严格实施苗种生产许可,加强执法检查,开展苗种检疫和监督抽查。在此基础上,农业部派出6个督导组赴广东、海南、山东、辽宁等9个省开展水产苗种专项整治督察,全力促进各地落实水产苗种专项整治的各项措施。经过整治,水产苗种生产秩序进一步好转。

(5)强化检打联动,确保阳性样品查处率达到100%。召开水产养殖与质量安全执法经验交流会,下发《农业部办公厅关于全面推进水产养殖与水产品质量安全执法工作的意见》,编制《水产品质量安全监管实用手册》,修订《水产养殖与水产品质量安全执法实务》。进一步统一思想,明确执法重点,加强人员培训,规范执法行为。各地渔政机构在保持对监督抽查阳性结果100%查处的同时,以开展硝基呋喃类、孔雀石绿等禁用药物和有毒有害物质的收缴行动为重点,大力强化日常执法。截至2010年11月底,仅辽宁、山东、江苏、福建、广东等5省就已出动执法人员28 307人(次),查处案件763宗。

(6)深入排查隐患,妥善应对突发事件。一是继续开展养殖水产品主要质量安全风险隐患分析工作,针对专家提供的8个环节、12大品种存在的水产品质量安全隐患报告,对突出问题和隐患进行再分析和再评估,并在此基础上编印成册供有关方面参阅。二是进一步强化和完善了水产品质量安全舆情监测,对报刊、网络上的水产品质量安全信息及时处理,防止小问题酿成大事件。三是妥善处置水产品质量安全突发事件。及时跟踪"小龙虾事件"影响,了解各地情况,指导采取处置措施;派出工作组赴江苏盱眙、湖北潜江、仙桃等小龙虾主产区了解小龙虾产业发展及市场受到影响的基本情况。召开小龙虾养殖重点省碰头会,共同研究产业发展对策。除小龙虾事件外,还对其他水产品质量安全突发事件进行了妥善处置。

【工作成效】 水产品质量安全管理的长效机制逐步建立,监管水平持续提高,应对突发性质量安全事件的能力不断增强。2010年农业部组织的监督抽查结果显示,产地水产品质量安全抽检合格率达到97.9%,同比提高0.2个百分点,表明水产品质量安全水平趋势稳定向好。同年农业部在12个省份组织的水产苗种质量安全抽检合格率达到88.1%,同比提高13.2个百分点。全年未发生因养殖环节问题而发生的重大突发事件,为世博会、亚运会等重大活动的顺利举办做出了应有贡献。

【存在问题】 虽然水产品质量安全工作取得了一定进展,但是,由于受到从业人员素质、发展基础、科技发展水平等多方面因素的制约,水产品质量安全水平仍然面临许多不确定因素。存在的主要问题:一是渔业生产者量大、面广,从业人员素质有待提高的状况短期难以改变,生产者责任难以具体落实,水产品质量安全水平进入徘徊状态,药物残留仍是当前需要解决的重点难题;二是水产养殖"源头"安全问题仍未解决,个别品种如对虾、斑点叉尾鮰等品种的苗种禁用药物检出率较高;三是饲料、渔药等主要渔用投入品市场秩序仍未彻底净化,特别是在流动药贩较多的地区,假、伪、劣质渔药(料)通过多种途径仍可进入养殖环节。此外,水(底)质改良剂等非药品缺乏有效监管也是水产品质量安全的重要隐患;四是大菱鲆、鳗鱼、鳜鱼和斑点叉尾鮰等一些重点品种质量安全问题严重,同时受环境污染影响,贝藻类产品重金属超标的问题目前没有更好的解决方案,隐患较大;五是市场准入制度实施主体尚未明确,质量安全追溯制度难以有效约束生产行为,优质优价良性市场运行机制有待强化;六是我国制订的渔用药物使用准则等技术法规缺乏风险评估,与行业发展和生产情况脱节严重,再加上缺乏对硝基呋喃类禁用药物的替代药物的开发研究,造成较大管理阻力。

(农业部渔业局 郭云峰)

渔业安全生产与渔港监督管理

【概况】 2010年,全国共发生渔业船舶水上生产安全事故263起,死亡(失踪)319人,与上年相比,事故总起数减少了19.58%,死亡人数增加了4.25%。

【主要工作】 根据国务院关于继续深入开展2010年"安全生产年"活动的总体部署,农业部制定了渔业"安全生产年"活动方案,各级渔业部门按照国务院安全生产委员会和农业部的部署,深入贯彻《国务院办公厅关于加强渔业安全生产工作的通知》精神,扎实开展渔业安全生产"三项行动",加强渔业安全生产"三项建设",渔业安全生产和渔港监督管理工作取得积极成效。

(1)切实加强渔业安全生产基层基础工作。为进一步做好渔业安全生产的基础工作,构建渔业安全生产管理长效机制,农业部会同国家安全生产监督管理总局组织开展了"两个创建"活动,在2009年广泛开展"文明渔港"创建活动的基础上,评选出了第一批20个全国文明渔港,同时,启动了"平安渔业示范县"创建活动。"两个创建"活动各有侧重,一个是点,即渔港,是渔业安全生产管理的重点;一个是面,针对基层政府和管理部门,是渔业安全生产管理的重要基础。以"两个创建"为抓手,"抓点带面",创新了工作机制和工作方式,促进了安全生产责任制的落实,进一步提高了地方政府对渔业安全生产的重视,为构建安全监管长效机制奠定了坚实基础。

(2)着力推进渔业安全生产和渔港监督管理制度建设。各级渔业部门进一步加强渔业安全生产和渔港监督管理制度建设。农业部渔业局结合"文明渔港"创建活动,开展调研和集中研讨,起草了《船舶进出渔港签证办法》和《渔业船舶登记规定》修订稿,会同科研单位启动了渔港、航标数据库和地理信息系统建设工作,完成了系统框架设计和初步信息采集工作。江苏省制定发布了《江苏省渔业港口和渔业船舶管理条例》,福建省根据实际情况对《福建省渔港和渔业船舶管理条例》进行了修订，进一步完善了渔业安全生产和渔港监督管理制度。

(3)扎实做好渔业安全生产宣传教育培训。为进一步加强渔业安全培训教育工作，提高渔民的安全生产意识，2009—2010年组织实施了10万海洋渔船船东船长安全生产管理培训，按期超额完成预定培训任务，强化落实了渔业安全生产主体责任，把好安全生产第一关。组织开展形式多样的宣传教育活动，编印《东海区渔船防碰撞警示图》，免费发放到重点渔村、渔船和渔民手中。以海洋渔业船员培训机构资质认定工作为契机，加大船员培训基地和机构建设，规范机构管理，提高培训机构质量和水平。通过不断加强安全生产宣传教育培训工作力度，切实提高渔民安全生产意识和技能。

(4)认真做好防台风减灾工作。2010年西北太平洋(含南海)上共生成12个台风，其中在我国登陆的台风数量达7个，与2009年同期相比数量偏多、时间集中，对我国沿海渔业生产造成重大影响。认真按照《渔业应对台风工作制度》的有关要求，密切关注极端天气情况，及时发布预警信息和紧急通知，积极指导各地做好防灾减灾工作。应对台风期间，积极参加国家防汛抗旱总指挥部召开的台风防御会商会，及时做好防台风信息报送和宣传工作。由于各级政府和渔业部门高度重视、及时预警、科学指导、精心组织，落实各项防范措施，扎实做好渔船回港、人员避险工作，先后在我国沿海登陆的5个台风均未造成渔业人员伤亡。

(5)积极实施海难救助。农业部高度重视海难救助工作，不断加强与全国海(水)上搜救中心和国家海上搜救部际联席会议各成员单位的沟通和协调。农业部与交通运输部于2008年建立海上搜救联动机制以来，辽宁、福建和海南等沿海12个省级渔政机构与当地海事、搜救机构建立了相应的联动机制。各级渔政机构认真执行搜救联动机制，充分发挥渔船海上分布广、救助行动快的特点，协调渔业船舶配合海上专业救助力量开展海上抢险救助行动。2010年，全国各级渔业行政主管部门及其渔政渔港监督管理机构共组织救助渔业海难事故1 048起，调度、派遣渔业行政执法船艇389艘(次)、渔船1 350艘(次)，救助渔船1 615艘、渔民6 161人。实际投入救助费用2 842.42万元，挽回经济损失4.5亿多元。

(6)推进落实水上安全管理合作机制。针对商船与渔船碰撞事故多发的情况，认真落实交通运输部和农业部于2009年12月签署的《水上安全管理合作备忘录》精神，积极加强与交通运输部海事局的协调配合，联合召开防止渔船商船碰撞工作研讨会。就进一步加强合作，采取有效措施，防止与减少商船与渔船碰撞事故发生进行了研讨。组织编印了《渔船防碰撞警示图》，免费向渔民下发；协调交通运输部海事局与农业部东海区渔政局等执法机构共同开展长江口联合巡航和防碰撞执法联合监管活动；各地渔业部门也积极与海事部门开展合作，建立了各种形式的合作机制，共同采取措施，加强安全生产宣传教育，强化船员培训，发布航行警告，联合开展海上安全联合检查。

(农业部渔业局　朱宝颖)

渔业船舶水上安全事故及救助情况

【事故情况】 2010年，全国共发生渔业船舶水上生产安全事故(不含生产性事故)263起，死亡(失踪)319人，同比事故起数和死亡人数分别减少64起、增加13人。

从事故类型来看，事故发生起数和造成死亡人数排在前三位的分别是碰撞、自沉和风损事故。全年共发生碰撞事故108起，死亡164人，分别占事故总起数和死亡总人数的41.06%和51.41%，同比分别减少18起、增加42人；发生自沉事故33起，死亡66人，分别占事故总起数和死亡总人数的12.55%和20.69%，同比分别增加3起和25人；发生风损事故25起，死亡44人，分别占事故总起数和死亡总人数的9.51%和13.79%，同比分别减少33起和51人。

从事故等级来看，较大事故发生39起，死亡219人，分别占事故总起数和死亡总人数14.83%和68.65%，同比分别增加2起和29人；重大事故发生2起，死亡24人，分别占事故总起数和死亡总人数的0.76%和7.52%，同比分别增加1起和14人。

从事故特点来看，2010年渔业船舶水上安全生产形势，总体为第一季度事故高发之后趋于平稳的态势。具体特点是：一是商船与渔船碰撞事故仍是造成人员伤亡的主要事故类型。全年共发生商船与渔船碰撞事故60起，死亡(失踪)141人，分别占碰撞事故总起数和死亡总人数的55.6%和86%。究其原因，主要是传统渔场的航道上船舶密集，渔船与商船航线交叉重叠，双方疏于瞭望和避碰措施不当等。在商船与渔船碰撞事故中，由于商船与渔船吨位差异巨大，发生碰撞后往往造成渔船沉没，渔民落水失踪或死亡。特别是发生碰撞后个别肇事货船逃逸或救助不及时，导致渔船船员死亡率比较高。二是渔船自沉事故呈上升趋势。与2009年相比，渔船自沉事故起数和死亡人数分别增加了3起和25人。统计数据显示，此类事故的发生以单独航行或脱离编组作业的渔船居多，船体破损漏水、操作不当是导致事故发生的主要原因。通讯手段落后、通信联络不畅和报警不及时，严重影响了此类事故的救助。三是风损事故发生的季节性特征较为明显。由于海上极端天气事件频发，且我国海上捕捞渔船大多吨位小、旧船多、抗风能力差，自沉事故时有发生，且大多发生在初春和晚冬时节。

【救助情况】 2010年，全国各级渔业行政主管部门及其渔政渔港监督管理机构坚持以人为本，积极组织渔业力量参与渔业海难救助工作，为保护渔民群众的生命财产安全做出了突出贡献。全年共组织渔业力量参与渔业海难救助1 048起，调度、派遣渔业行政执法船艇389艘(次)、渔船1 350艘(次)，救助渔船1 615艘、渔民6 161人，实际投入救助费用2 842.42万元，挽回经济损失4.5亿多元。

（农业部渔政指挥中心　赵俊杰）

渔业防灾减灾

【概况】 2010年各类自然灾害频发，据统计，台风、地震、洪涝、寒潮等自然灾害共造成133.58万公顷养殖面积受灾，水产品损失170万吨，死亡(失踪)205人，重伤37人，直接经济损失251.8亿元。针对自然灾害，农业部渔业局、渔政指挥中心认真贯彻落实《国务院办公厅关于加强渔业安全生产工作的通知》和《农业部办公厅关于做好2010年汛期渔业安全工作的通知》精神，切实落实责任制，进一步完善防御重大自然灾害的工作机制，明确各处室分工和与地方渔业部门的衔接关系，突出靠前指挥、一线协调；确定了台风防御工作"提前准备、靠前指导、及时反馈"的指导思想，制订了《渔业应对台风工作制度》；强化24小时应急值班制度，在重要敏感时期，应急值班由单人值班转为双人值班，确保应急值班工作顺利、有效开展；继续加强与中国气象局和交通运输部的合作，协同推进海洋渔业气象灾害预报预警工作，认真落实海上搜救联动机制，配合做好海上突发事件的应急处置工作。

（农业部渔业局　丁祥勇）

渔 船 管 理

【概况】 为控制捕捞强度，养护和合理利用海洋生物资源，我国自1987年开始实施海洋捕捞渔船数量和功率总量控制制度。特别是2003年以来，各级政府和有关部门高度重视，健全法律法规，完善管理制度，调整产业结构，引导渔民转产转业，海洋捕捞渔船控制工作取得了明显成效。但我国海洋捕捞强度仍然大大超过资源的可承受能力，同时由于经济社会发展和体制机制等方面的原因，我国渔船管理和捕捞强度控制方面还存在一些困难和问题。为此，农业部要求各地要坚持海洋捕捞渔船控制制度不动摇，进一步加强渔船管理、控制海洋捕捞强度，养护和合理利用海洋生物资源，促进渔业可持续健康发展，实现捕捞强度与海洋生物资源可捕量相适。

【主要工作】

(1)加强调研，组织制定"十二五"渔船控制制度。组织有关人员积极开展相关政策、管理制度的研究论证工作，提出了"十二五"期间海洋捕捞渔船控制制度的思路、目标和主要措施，确定了"十二五"期末海洋捕捞渔船控制指标。2010年4月，农业部渔业局组织召开了专题研讨会，在此基础上起草了《农业部关于"十二五"期间进一步加强捕捞渔船管理控制海洋捕捞强度的通知》，并征求了沿海各省(自治区、直辖市)人民政府和国务院有关部门的意见，年底上报国务院批准同意后，印发各地贯彻实施。

(2)加强协调，推进海洋渔船动态管理系统建设。针对长期以来我国渔船管理相互脱节、渔船数据不一、底数不清的情况，农业部渔业局加强与农业部渔业船舶检验局等有关单位协调配合，推动了渔船检验动态管理子系统建设和渔船数据的清理、整合，多次召开专题会议，共同研究解决系统建设中存在的问题，确保了渔船动态管理系统建设顺利进行。同时，农业部渔业局启动了海洋渔船登记系统开发工作和证书证件的修改工作，为实现全国渔船登记系统的统一奠定了基础。

(3)加大力度，逐步完善渔船管理制度。组织全国各地渔业主管部门和海区渔政局对渔船管理情况开展调研，广泛听取各地渔业主管部门、基层管理单位、有关专家和渔民群众的意见。调整了持临时渔业捕捞许可证渔船管理政策，出台了远洋鱿鱼钓渔船管理措施，同时开展了捕捞辅助船研究，形成课题研究报告，为下一步完善管理制度和修改完善法律法规奠定了基础。

(4)继续推进内陆捕捞渔船"双控"制度建设，推动内陆渔船"三证合一"改革。针对当前内陆渔船管理制度不健全，渔船增长较快的问题，开展了内陆渔船管理政策研究。继续要求各地按照《农业部关于加强内陆捕捞渔船管理的通知》，加强内陆渔船的管理，建立健全省级数据库，实现信息化管理，逐步建立内陆捕捞渔船“双控”制度。同时，农业部要求各地要加强渔船检验、登记和捕捞许可管理的统一领导，深入研究渔船“三证合一”的可行性和操作方案，大力简化办证流程和手续，方便渔民。

(5)严格审批船网工具指标和专项捕捞许可。2010年，农业部共受理渔业船网工具指标等渔船管理行政审批申请810多份，涉及渔船1 100艘。农业部渔业局在审批中，认真审核、严格把关，确保按时无误。对淘汰旧船制造新船、渔船跨省买卖、长江专项捕捞、资源调查特许捕捞等审批中遇到的矛盾和问题，及时与有关方面沟通协调，予以妥善解决。

(农业部渔业局 张信安)

水生生物资源养护与水域生态修复

【水生生物增殖放流】 2010年全国共投入增殖放流资金7.1亿元，共放流苗种289.4亿尾，其中放流海洋经济物种128.9亿尾，淡水经济物种160.4亿尾，珍稀濒危物种1 913万尾。

增殖放流的海洋经济物种主要包括中国对虾、竹节虾、长毛对虾、斑节对虾、海蜇、梭子蟹、牙鲆、真鲷、黑鲷、梭鱼、笛鲷类、大黄鱼等。其中中国对虾68.18亿尾、竹节虾37.38亿尾、长毛对虾1.8亿尾、斑节对虾3.4亿尾、大黄鱼2 100万尾、真鲷1 000万尾、黑鲷2 900万尾、牙鲆3 100万尾、梭鱼1 000万尾、笛鲷类1 300万尾、梭子蟹4.4亿只、海蜇13.59亿只。

增殖放流的淡水经济物种主要包括鲢、鳙、青鱼、草鱼、鲤、鲫、鳊、鲂、翘嘴鲌、中华绒螯蟹、细鳞斜颌鲴等。其中鲢鳙15.84亿尾、草鱼3.58亿尾、青鱼1.5亿尾、鲤3.83亿尾、鲫1.9亿尾、鳊鲂类4 800万尾、中华绒螯蟹2.16亿尾、翘嘴鲌1 900万尾、细鳞斜颌鲴3 800万尾。

增殖放流的珍稀濒危水生野生动物主要包括中华鲟、史氏鲟、达氏鳇、胭脂鱼、海龟、大鲵、青海湖裸鲤等。

2010年11月，农业部发布并实施《全国水生生物增殖放流总体规划》。《规划》立足我国不同区域水域特点及水生生物资源状况，以省级行政单元为基础，将全国内陆水域划分为东北区、华北区、长江中下游区、东南沿海区、西南区和西北区六个区；近岸海域分为渤海、黄海、东海和南海四个区。规划了356片重要放流水域和167个增殖放流物种。构建特色鲜明、定位清晰、布局合理、效益明显的水生生物增殖放流体系。

【重大养护活动】

(1)2010年，农业部分别与湖南、广东、辽宁、天津、内蒙古、黑龙江、新疆等7省(自治区、直辖市)人民政府联合举办水生生物增殖放流活动。

(2)4月22日，农业部与湖南省人民政府在常德联合举办洞庭湖生物增殖放流活动。农业部副部长牛盾和湖南省政府副省长徐明华出席并参加放流活动。

(3)6月6日，以“养护海洋资源、促进科学发展”为主题，农业部与广东省、辽宁省人民政府联合举办增殖放流活动，农业部部长韩长赋、副部长牛盾分别与两省政府领导参加放流。全国22个省(自治区、直辖市)共106处同步举办水生生物增殖放流活动，放流生物苗种超过30亿尾。

(4)6月12日，农业部与天津市人民政府在天津联合举办2010年海河水生生物增殖放流活动。农业部副部长牛盾和天津市政府副市长李文喜出席并参加放流活动。

(5)7月2日，农业部与黑龙江省人民政府在漠河联合举办中俄边境水域渔业资源增殖放流活动，农业部副部长牛盾出席并参加放流活动。

(6)8月17日，农业部与新疆维吾尔自治区人民政府在博斯腾湖联合举办2010年新疆水生生物增殖放流活动，农业部副部长牛盾和自治区副主席钱智出席并参加放流活动。

(7)2010年全国共举办1 700余场水生生物增殖放流活动。各地还纷纷举办增殖放流节日活动，开展环保宣传、渔文化知识普及、苗种认捐、祈福放生等。社会各界广泛参与，反响良好，形成全国水生生物增殖放流活动新高潮。

【水产种质资源保护】 农业部于2010年12月审定公布了第四批60个国家级水产种质资源保护区。目前共审定公布四批220处国家级水产种质资源保护区。分布于长江、黄河、黑龙江、珠江等水系的125条江河、60个湖库，以及渤海、黄海、东海和南海的35个海湾、岛礁、滩涂等水域生态系统。初步统计，这些保护区可保护重要渔业资源品种上百种及其产卵场、索饵场、越冬场、洄游通道等关键栖息场所十多万平方公里，对保护重要水生动植物种质资源、维护渔业和渔民权益发挥了重要作用。

2010年12月，农业部审议并通过《水产种质资源保护区管理暂行办法》。《办法》明确了水产种质资源保护区的设立条件、报批程序、主管部门、管理机构和主要职责。规定了保护区内禁止或限制从事的活动，进一步完善了涉及水产种质资源保护区的工程建设项目环境影响评价程序。

【休渔禁渔】 2010年,国务院批准从2011年起在珠江流域实行禁渔期制度,这是我国第三个在国家层面设定的休渔禁渔期制度,也是第二个流域性统一禁渔期制度。制度的实施将进一步树立我国负责任渔业国良好形象,提高社会环境保护意识,为养护珠江生物资源,促进渔业可持续发展和生态文明建设发挥重要作用。2010年11月,农业部在广东召开珠江禁渔期制度部署工作会,对2011年珠江禁渔期制度实施相关工作进行了全面部署。

海洋伏季休渔制度和长江禁渔期制度平稳有序执行,2010年实施休渔禁渔的渔船达16万艘,渔民100多万人。为控制并减小捕捞强度、保护并恢复渔业资源发挥了重要作用。

【渔业生态环境保护】 农业部渔业生态环境监测中心分别在河北、重庆、云南举办了三期全国渔业污染事故调查鉴定资格上岗培训班,共培训学员525名。

大连新港溢油事故发生后,农业部立即组织渔业部门、科研单位和有关专家,开展水质监测、水产品质量检测和渔业资源受损评估等污染防控工作,协同有关部门共同开展油污清除工作。

农业部审查了57项海上石油、港口航道、水利水电、道路桥梁、化工电力等涉渔工程的环境影响评价,纳入工程建设环保投资的渔业资源及生态补偿资金达7亿元,维护了渔民利益和渔业权益,做到工程建设与水生生物资源养护相协调。

(农业部渔业局 鲁 泉)

水生野生动物保护与管理

【自然保护区建设和管理】 2010年,认真贯彻落实党的十七届五中全会精神,积极推进水生生物自然保护区的建设工作,新建1个国家级水生生物自然保护区,向国务院申报3个自然保护区。自然保护区管护能力和管理水平稳步提升。

(1)2010年,经国务院批准新建1个国家级水生生物自然保护区。1月份,组织召开水生动植物自然保护区评审委员会,评审通过申请晋升国家级的甘肃漳县秦岭细鳞鲑自然保护区、陕西太白水生动植物自然保护区和陕西湑水河水生动植物自然保护区的有关材料,于3月份向国务院提出申请。在11月份环保部组织召开的国家级自然保护区评审委员会大会上,上述3个自然保护区通过评审。

(2)2010年3月至10月,以农业部名义组织对涉国家级水生生物自然保护区项目工程生态补偿措施落实情况进行专项检查,并对广东、湖北、四川等省进行了抽查。通过检查,全面了解了各地生态补偿措施落实情况,为进一步加强生态补偿资金监管,全面落实生态补偿措施打下了坚实的基础。

(3)2010年11月下旬,经农业部领导同意,会同环保部组成调查组赴泸州对长江上游国家级自然保护区泸州段3起违规建设工程进行调查。召开了专题会议,听取了违规工程建设、审批情况汇报,约谈了相关部门负责人和具体经办人。在违规事实调查清楚的基础上,提出相关处理意见。

(4)组织对四川、重庆、云南、贵州等长江上游珍稀特有鱼类国家级自然保护区生态补偿建设项目执行情况进行检查。掌握项目的执行进度、资金缺口等情况,了解存在问题,就下一步工作提出意见。

(5)严格按照法律法规及农业部《建设项目对水生生物国家级自然保护区影响专题评价管理规范》的要求,组织专家对成都至贵阳铁路线乐山至贵阳段、中石化卸油趸船码头、仁怀至赤水高速公路、永川大桥、湖北赤壁长江公路大桥、长江中游界牌河段航道整治、荆州港洪湖新堤港区综合码头、云南省镇雄至威信段等工程对国家级水生生物自然保护区的影响进行评价,对专题报告进行评审论证,对报告提出意见。

【珍稀濒危水生野生动物放流和救护】 根据农业部统一部署和安排,组织在长江流域、黑龙江流域等水生生物重要栖息地和自然保护区内放流中华鲟、鲟鳇鱼、海龟、大鲵等珍稀濒危水生野生动物。据统计,各地共组织举办各种珍稀濒危水生动物放流活动138次,放流珍稀濒危水生野生动物1 800多万尾。

(1)组织制订并组织专家论证通过了《全国珍稀濒危水生野生动物放流规划》。《规划》对2011—2015年珍稀濒危水生动物放流物种、数量及区域布局进行了安排。

(2)7月初,以农业部名义与黑龙江省政府联合在黑龙江漠河举行黑龙江边境水域鲟鳇鱼放流活动。本次在漠河县漠河乡中心会场和黑河市分会场各放流施氏鲟6万余尾,标志放流鲟鳇鱼2万余尾。黑龙江漠河、黑河、逊克、萝北、同江、抚远等江段共计放流鲟鳇鱼42万尾。

(3)对各地申报全国珍稀濒危水生物种苗种供应单位的28家驯养繁殖单位资质进行了论证,对通过的24家单位公示后,以农业部第1502号公告发布。

(4)组织成立全国海洋珍稀濒危野生动物救护网

络。网络成员单位由66家海洋馆、保护区和救护中心组成。2010年6月,在太原召开成立大会。

(5)对张秀娟等人大代表提出的《关于尽快对长江江豚进行迁地保护 避免白暨豚灭绝悲剧再次发生的建议》及葛志荣等政协委员提出的《关于将海洋生物鲨尽快列入国家重点保护野生动物的提案》进行认真答复。

【水生野生动物特许利用管理】

(1)组织对海洋馆和水族馆等场馆水生野生动物驯养展演活动进行检查评估。以农业部文下发《关于加强海洋馆和水族馆等展演场馆水生野生动物驯养展演活动管理的通知》,要求各地渔业主管部门组织各水生动物展演场馆进行自查评估,采取切实措施规范展演活动。截至2010年底,各地自查评估工作全部完成。

(2)按照农业部规定,组织专家对有条件愿意承担濒危物种鉴定的科研单位进行论证,对通过论证的15家科研教学单位,以农业部第1376号公告发布。

(3)组织对鳗鲡管理问题进行研究。以农业部办公厅文下发《关于加强欧洲鳗鲡特许利用管理有关问题的通知》,要求加强欧洲鳗鲡进出口管理。就福建省海洋与渔业厅提出的关于将日本鳗鲡列入国家重点保护野生动物名录的问题进行研究,并以部办公厅名义回复,指出目前将日本鳗鲡列入国家重点保护名录条件尚不成熟。

(4)对中国科学院水生生物研究所提交的《关于在长江葛洲坝至三峡大坝段水域开展江豚适应性研究报告》及有关企业提交的《人工驯养繁殖大鲵经营利用可行性研究报告》、《人工养殖鲟鱼鱼子酱出口可行性研究报告》进行论证,并提出论证意见。

(5)为规范鳄鱼管理,农业部、国家林业局联合下发了《关于加强鳄鱼管理有关工作的通知》,统一进口鳄鱼管理标准和驯养规范。

(6)严格按照农业部规定,办理水生野生动物特许利用审批408件,收取水生野生动物资源保护费368万元。

【履约及对外交流】

(1)2010且3月12—27日,派员代表农业部参加了在多哈召开的濒危野生动植物物种国际贸易公约(CITES)第15届缔约国大会。会议全部达到我对案目标,圆满完成各项任务。

(2)参与CITES海上引进工作组主席的选举工作。根据第15届缔约国大会期间工作组的决议,CITES秘书处于2010年4月通过电子邮件提出候选人名单供工作组成员选举,并最终确定主席人选。作为工作组成员,中国积极参与了选举工作。

(3)组织开展中美自然保护交流活动。根据《中美自然交流与合作议定书》确定的交流与合作框架,中美两国互派技术小组进行互访。派团参加第3届北美和东北亚大型河流生物多样性与生态研讨会。

(4)组织向香港海洋公园赠送子一代中华鲟。

(5)组织举办中华白海豚国际研讨会。来自两岸三地,以及国外的近50名专家学者参会,就中华白海豚的保护及鉴别问题进行了广泛、深入的研讨。

【宣传、调研及战略研究】

(1)组织在全国开展主题为"关爱水生动物,从我做起"的水生野生动物保护科普宣传月活动。包括香港在内的我国各地海洋馆、水族馆、保护区、救护中心等100多家单位参加了这次宣传月活动。活动期间,共发放宣传资料上百万份,摆放宣传展板近千块,观看展板和宣传片人数超过千万。

(2)组织主题为"关爱水生动物、保护生态环境"的水生野生动物保护论坛,来自全国各地的200多位专家、学者和管理人员共同商讨水生野生动物保护发展战略。

(3)组织召开水生野生动植物保护工作会议。各省级水生野生动物保护相关部门、各国家级水生生物自然保护区管理机构负责人参加会议。会议对2010年保护工作进行了认真总结,分析了当前存在的主要问题,就如何做好2011年工作提出了指导意见。

(4)组织对江西鄱阳湖长江江豚死亡和保护管理情况进行调研,撰写调研报告,以农业部办公厅名义建议江西省采取建设国家级自然保护区等切实措施加强江豚保护工作。

(5)就洪湖湿地自然保护区晋升国家级问题进行实地调研,提出不同意将洪湖列为国家级湿地自然保护区的意见和理由。

(6)根据国家发展和改革委员会有关生态建设规划的分工,参加国家林业局组织的生态建设规划调研。

【水生野生动物保护分会工作】 开展了陕西汉中市"中国大鲵之乡"命名、水生野生动物保护科普宣传进校园等大量科普宣传活动。组织成立了鲟鱼委员会,开展鲟鱼产业调查,积极为会员服务。组织海洋馆、水族馆会员制订管理规范和标准,努力推进水族馆标准化建设。

(农业部渔政指挥中心 宗民庆)

双边渔业协定执行情况

【中日渔业协定实施情况】 2010年是《中日渔业协定》实施的第十一年。在中日双方的共同努力下,《中日渔业协定》得到较好的实施,海上作业秩序稳定,协定执行情况良好。双方职能部门继续保持紧密的磋商关系,中日渔业执法会谈、海洋生物资源专家组会议如期举行,相互入渔手续办理、暂定措施水域许可渔船名册通报等相关工作顺利开展。

2009年12月18日,中日双方政府委员在北京签署了中日渔业联合委员会第十一次会议纪要,确定了2009年两国专属经济区管理水域内相互入渔安排和作业条件。2010年,我许可日方在中方专属经济区管理水域作业渔船408艘,配额10 741吨,其中拖网渔船30艘,配额676吨;围网渔船130艘,配额9 310吨;延绳钓渔船107艘,配额169吨;曳绳钓渔船36艘,配额25吨;钓业渔船105艘,配额561吨。日方共向我提交92份围网渔船入渔许可申请,申请配额8 774吨,中方全部予以签发,实际未有日方渔船到中方作业。同期,日方允许中方渔船入渔日方专属经济区管理水域作业的底拖网渔船350艘,配额6 600吨,鱿钓渔船58艘(含3艘运输船),配额4 141吨。中方实际入渔底拖网渔船37艘,完成配额200.451吨,入渔鱿钓渔船55艘,完成配额1 746.457吨。

2010年8月,中日双方根据规定交换了各自许可进入暂定措施水域的渔船名册。中方通报2010年许可作业渔船18 458艘,辅助作业渔船1 585艘,2009年中方在暂定措施水域渔获量为171.2万吨;日方向我通报了2010年许可日方作业渔船名册,并通报2009年日方在暂定措施水域渔获量为54 119吨。根据第八届渔委会对《暂定措施水域资源管理措施》的修订内容,双方还相互交换了各自在中日暂定措施水域对许可的不同作业方式渔船的主要作业规定。

【中韩渔业协定实施情况】 2010年是《中韩渔业协定》实施的第十年。在中韩双方的共同努力下,协定得以顺利实施,海上作业秩序稳定,总体执行情况良好。

2009年11月6日,中韩渔业联合委员会第九届年会在大连召开,双方就2010年执行《中韩渔业协定》有关问题达成协议。2010年,韩国许可我渔船进入韩国专属经济区管理水域作业渔船1 814艘(含64艘一般渔获物运输船),渔获配额6.75万吨,我实际入渔渔船1 737艘,入渔率为95.7%,产量4.5万吨,完成总配额的66.7%。与2009年相比,入渔率略有提高,渔获配额完成率略有减少。同期,我许可韩方渔船进入我国专属经济区管理水域作业渔船1 600艘、渔获物运输船13艘,渔获配额6.6万吨,实际共有165艘韩方渔船入渔我方水域作业,产量0.32万吨,与2009年相比,入渔船数和产量均有所减少。

按照中韩渔委会第九届年会安排,2010年中韩渔业合作交流活动如期完成。其中5月10—17日,双方开展了渔业执法公务员互换乘船活动,对韩特定禁区周边和中韩暂定措施水域中方专属经济区管理部分水域进行了检查,了解和掌握了海上渔船作业动态;中韩渔业执法工作会谈于5月25—28日在青岛举行,双方就维护中韩渔业协定水域作业秩序和渔业执法交流合作等内容进行讨论,并签署了会谈纪要;第七次中韩海洋生物资源专家组会议于6月1—3日在三亚召开,双方就2010年各自开展中韩暂定措施水域资源调查及互派专家、2010年鲐鱼试行分鱼种配额管理情况和效果评估、扩大分鱼种配额管理可行性问题、资料交换事宜、鱼种指南制作事宜等问题进行讨论,并签署了纪要。

2010年9月17日,中韩渔业联合委员会第十届年会在韩国济州举行,双方就2011年实施《中韩渔业协定》有关问题达成一致。

【中越北部湾渔业合作协定执行情况】 2010年是《中越北部湾渔业合作协定》实施的第七年。经过中越双方共同努力,北部湾渔业生产秩序基本稳定,渔业生产进一步发展。

根据中越北部湾渔业联合委员会第七届年会达成的共识,2010年度进入共同渔区对方一侧水域的船数和功率数均同上年度,即分别为1 543艘和155 372千瓦,执行时间为2010年9月1日至2011年8月31日。我渔民实际申请进入共同渔区对方一侧水域船数为799艘,功率155 262千瓦。

在协定执行过程中,双方作业渔船基本遵守协定有关规定,悬挂有效标志牌,凭捕捞许可证生产,渔业生产秩序良好。根据协定规定,两国继续开展共同渔区资源联合调查,完成了两个阶段14个航次的调查任务,为合理利用共同渔区渔业资源提供了科学依据。2009—2010年度双方海上执法机关继续开展共同渔区联合巡航检查,进一步完善海上执法应急机制。

(农业部渔政指挥中心 李 彦)

渔业通信管理

【概况】 2010年,各级渔业主管部门进一步加快通信与信息技术在渔业安全生产中的应用,完善安全通信网络基础设施建设,加强渔船安全通信设备配备,为渔业安全生产保驾护航。

(1)渔业安全监管信息化建设进一步加强。2010年,各地渔业安全监管信息化建设进一步深入,福建、海南、广西、上海等地积极争取财政投入,开展监管系统建设,全年安装避碰设备的渔船达13 000多艘,安装卫星监控设备的渔船达8 000多艘。农业部也提供了财政补贴资金,共为6 000多艘渔船补贴配备了新型渔用对讲机。随着渔业安全监管信息化建设不断加强,渔船安全通信保障能力也得到有效提高,在防抗台风、海难救助等方面发挥着重要作用。

据统计,全国海洋渔业安全通信网岸台全年共处理遇险、求救信号2 297次,救助船舶779艘(次),救助人员4 167人(次),挽回经济损失26 968万元。播发气象、航行报警34 857次,开展渔民日常通信业务48 689次。

(2)渔业安全通信网的维护工作进一步提高。一是继续开展了海洋渔业安全通信网络和系统建设规范和标准的制定工作,研究出台了《渔船动态监管信息系统平台技术规范》、《渔港视频监控系统建设规范》、《北斗卫星导航系统渔船船载终端技术要求》、《渔业船舶自动识别系统B类船载设备技术要求》。二是为了普及渔业安全通信新技术,提高渔业通信管理人员专业水平,提高渔民对新渔船通信设备的操作技能,正式出版了《渔业安全通信手册》。三是举办了渔业通信管理人员培训班,全国海洋渔业安全通信网岸台值班骨干人员、沿海各省和主要渔业地市通信管理人员150多人参加了业务培训。

(3)渔业无线电管理职能进一步明确。一是协助国务院法制办公室开展渔业无线电管理职能调研。国务院法制办公室组织有关部门对《中华人民共和国无线电管理条例》修订涉及的行业无线电管理问题进行调研,调研组对渔业无线电管理工作所取得的成绩予以充分肯定,并表示渔业无线电管理工作是渔业安全生产的有机组成部门,渔业主管部门对渔业无线电管理的主体地位不能动摇。二是理顺渔船制式电台执照审批职能。在国务院公布的第五批取消和下放管理层级行政审批项目中,渔业船舶电台执照审批作为农业部的行政审批项目予以保留,并提出增加沿海各省级渔业行政主管部门作为渔业船舶制式电台执照审批的行政主体的相关建议。

【渔政管理指挥系统】 2010年中国渔政管理指挥系统建设项目完成竣工验收,各业务软件继续深入应用,各项系统运行维护保障得力,应用软件管理内容和功能得到扩展、完善,进一步满足各级用户需要,提高了系统指挥调度能力;系统安全维护全面开展,技术支持有效支撑,保证了系统安全、稳定、高效运行。系统在渔业管理和渔政执法中的作用日益明显。

(1)顺利通过竣工验收。农业部发展计划司经过对中国渔政管理指挥系统建设项目完成质量、建设管理、资金使用和文件管理等情况进行检查后,于2010年1月29日通过了对该项目的验收,认为该项目功能达到设计要求,性能稳定,效果良好,实现了预期目标。2月1日,农业部发展计划司向渔政指挥中心颁发了农业建设项目竣工验收合格证书。

(2)进一步完善系统功能。2010年,中国渔政管理指挥系统开发了数据接口、柴油补贴发放管理、渔政船注册、养殖证登记发证等软件,升级完善了渔船登记、捕捞许可、水上安全事故统计等软件,系统功能得到进一步扩充;完成了渔船数据的清理、比对工作,加大各类系统数据的录入,系统内管理数据量不断增加。截至2010年底,数据库中数据量已达50余万条。

(3)保障系统正常运行。更新改造视频会议系统,系统指挥调度能力显著提高;继续加强系统管理维护、数据备份,安全监控、维护。2010年系统运行环境更加稳定,有力保障了系统广泛应用。

(4)继续深入推广系统应用。为提高全国业务操作员和系统管理员的系统软件应用水平和信息系统管理水平,2010年系统推广应用工作以编写操作教材和组织集中培训两个环节为主。一是组织有关管理人员和专家,编辑、印刷了《中国渔政管理指挥系统使用手册》,发放至全国所有地市级以上系统操作人员,用于指导开展系统培训和系统应用。二是集中组织两期系统培训班,对全国300余名内陆省份系统联络员、管理员、市级业务操作员和部分县级操作员进行了重点培训。此外,还组织了国内捕捞渔船油价补助管理系统和渔政船注册管理系统等专题软件培训。

(5)启动中国渔政管理指挥系统二期项目建设。2010年8月底,顺利完成中国渔政管理指挥系统二期建设项目的各项报批工作,获得农业部初步设计批复。根据批复,二期项目总投资2 356万元,其中中央投资2 200万元,用于增加内陆信息站点建设、开发部分软件、提高系统安全性能。

（农业部渔政指挥中心　张晓兰）

渔政队伍建设

2010年渔政队伍建设工作，以加强队伍规范化和提高履行职责的能力建设，推进基层渔政机构参照《公务员法》管理和自收自支单位整改等为重点开展工作。

（1）印发了《农业部办公厅关于深入推进依法行政　加强渔政队伍规范化建设的通知》，贯彻落实国务院召开的全国依法行政会议精神；召开了渔政队伍建设暨"渔业文明执法窗口"创建工作座谈会，总结了"十一五"队伍建设工作成效，分析存在的问题，对今后队伍建设工作进行了部署。

（2）大力推进渔政机构参照《公务员法》管理和自收自支单位整改工作。对推进和整改缓慢地方和机构进行现场督导检查，发布要求整改专项通报；在全国渔政系统内公布了截止到2009年各地渔政机构参照《公务员法》进度和尚未整改的自收自支单位情况，10个省（直辖市）完成了自收自支单位整改。落实严格执法人员持证上岗和资格管理制度要求，对《执法证管理办法》进行修改和征求全国渔政机构意见，修改后再次报请渔业局局务会审议。

（3）开展渔业执法督察工作，确保渔政监管落实到位。年初部署督察重点工作，要求各地尽快健全渔政系统内部督察工作机制，开展执法督察工作，加强渔政队伍政风行风建设，不断提高执法服务水平。建立督察工作通讯联系网络，为全国2 000余名督察人员配发了督察证件；召开了渔业执法督察工作座谈会，研究深入开展督察工作的措施办法；举办了两期督察人员岗位培训班；起草了督察工作程序和规范，征求各渔政机构意见。同时配合重大渔业执法行动的检查开展执法督察工作；发布了6期《督察工作简报》，及时通报开展工作情况；对信访案件进行处理和追踪办理情况。

（4）开展新一轮的"渔业文明执法窗口"创建活动。以此为抓手，把加强渔政队伍政风行风和规范化建设的目标要求融入创建活动中，公布了《2010—2012年渔业文明执法窗口单位评选办法》；广泛宣传，加强指导和督促检查；开展对渔业执法文书的评查；评选出34个文明执法窗口单位。

（5）为提升队伍素质和加强能力建设，与上海海洋大学联合举办的面向基层渔政人员的渔政与渔业资源管理专业的大专学历教育培训同时在上海、安徽、海南、广东开班。完成分不同专业的10种渔业执法培训教材的编写；完成了2009年渔业执法文书实例评析汇编的编印；制作了渔业行政执法文书电子化制作软件，并即将开始试用。

（6）做好夯实队伍建设的基础性工作。督促各地抓紧清理，补充登记未注册的渔政执法船；对到期未注册登记和检验的渔政船进行通报；启动渔政船基础数据整理分析，补充完善全国渔政执法船舶数据库；制作了两本图册，在全国渔政系统内公布了截止到2009年各地渔政机构参照《公务员法》进度和尚未整改的自收自支单位情况，以及全国渔政机构、人员和装备的基本情况。

（农业部渔政指挥中心　杨　靖）

渔 政 执 法

【海洋专属经济区渔政巡航】 2010年，农业部渔政指挥中心整合力量，组织3个海区渔政局和沿海各地的渔政监督管理机构，开展渔船船名标识整治工作。加强涉外渔业管理和信息交流，中国渔政在专属经济区日常监管、重点敏感水域管控、双边及多边渔业协定执行、维护渔业权益等方面发挥了重要作用。2010年共安排专属经济区巡航航次任务291次，累计航程24万海里。共登临检查渔船3 121艘（次），其中外国渔船83艘（次）。

（1）协定水域渔政巡航管理。以农业部3个海区渔政局的巡航渔政船为骨干，带领地方渔政船在涉朝韩敏感水域、中韩暂定措施水域、中日暂定措施水域、中越北部湾渔业协定水域等开展了巡航监管工作，维护了协定水域正常作业秩序。

（2）钓鱼岛附近海域巡航监管。2010年9月7日中日撞船事件发生后，农业部积极配合外交工作，持续派遣中国渔政船，由海区局分管领导亲自带队，编队赴钓鱼岛附近海域巡航。

（3）涉朝韩敏感水域渔船管控。针对朝鲜半岛持续紧张局势，中国渔政积极会同外交、公安等部门和辽宁、山东等地人民政府，就涉朝韩敏感水域管控工作做出部署。黄渤海区渔政局抽调20余艘渔政船组成应急执法船队，每天安排不少于3艘渔政船沿东经124度线西侧海域不间断巡航，保证了海上形势总体平稳可控。

（4）北太平洋公海渔政巡航管理。积极履行联合国大会决议，继续派遣渔政船开展北太平洋公海渔政巡航，加强对北太平洋公海鱿鱼钓作业渔船管理，查处非法从事大型流网作业的我国渔船，维护我负责任渔业国形象。

(5)南沙伴随式巡航护渔。农业部南海区渔政局领导和中国渔政南海总队领导带领渔政船编队在南沙西南海域实施伴随生产渔船巡航护渔行动,对我生产渔船进行现场管理、服务和保护。2010 年 4 月,渔政指挥中心第一次组织跨海区巡航,将东海区渔政局所属的中国渔政 202 船调到南海,与中国渔政南海总队渔政船编队巡航护渔,加强全天候值班警戒,根据海上形势及时调整编队护渔方式和区域,加强对作业渔民的生产引导、宣传和服务。2010 年 5 月 15 日,我 20 多艘渔船在南沙西南渔场遭外国 3 艘武装舰艇追袭抓扣。在营救行动中,农业部南海区渔政局所属的中国渔政 301、302 船表现突出,英勇无畏,坚持有理、有利、有节的方针,与外国武装舰艇展开近 10 小时的海上对峙,成功解救了我被追袭的渔船和渔民。农业部对中国渔政 301、302 船给予了通报表扬。

(6)中外渔业联合执法。2010 年派出 3 批 6 人(次)渔政员参加中美北太平洋海域渔业联合执法。联合巡航期间,中方渔政船与美方执法船首次成功开展模拟抓扣演练,加深了中美执法队伍的相互了解,丰富了中美渔业海上联合执法的内涵。黄渤海区渔政局与韩国渔业执法部门合作开展了执法人员互访和互换乘船活动,双方互相观摩,加深了解。南海区渔政局和越南海警局组织实施了第 5 次中越北部湾共同渔区联合检查行动,维护北部湾共同渔区的生产秩序。

【"护渔 2010"渔业专项执法行动】 2010 年是农业部组织实施"护渔"系列执法行动的第五年。在有关部委和沿海各级人民政府的大力支持下,各海区渔政局和沿海各省(自治区、直辖市)渔业行政主管部门及其渔政渔港监督管理机构根据农业部统一部署,精心组织,认真实施。"护渔 2010"行动期间,沿海各地渔业行政主管部门及各海区渔政局,以船名船号标识整治为重点,对辖区内的重点渔港和渔船停泊点进行专项检查,严厉打击"三无"、"三证不齐"船舶及套牌、涂改船名号、船籍港等违法行为,规范了渔船船名标识。2010 年护渔行动中,各地共检查港口 2 224 个,检查渔船 129 843 艘(次),查处 21 721 艘(次);海上检查渔船 71 573 艘(次),查处 13 375 艘(次)。

(1)因地制宜,抓住重点。山东省严格把关,对全省功率 44 千瓦以上的捕捞渔船逐条进行了渔船标识情况检查,逐条登记。山东省荣成市为加强渔船标识管理,为渔船统一制作了渔船标识牌,进一步规范了渔船标识;广东省从船名标识喷涂方式、位置、颜色、字体、规格尺寸等各方面对渔船进行统一管理,确保各项工作落到实处,除港澳流动渔船外,已基本完成登记在册渔船的标识整治工作,同时加大对"三无"渔船的清理力度。

(2)维护我南海作业渔民利益和国家海洋权益。2010 年初,南海区渔政局协调公安海警、广东、广西、海南三地渔业行政主管厅(局),实施了两次联合监管行动。共出动渔政、海警船艇 32 艘(次),查扣了 6 艘涉嫌侵渔的外籍渔船,有力打击了北部湾及湾口海域外籍船只的武装盗抢行为,维护了我作业渔船和渔民的安全。

(3)整治禁用渔具渔法。继续联合工商、公安等部门,以燃油补贴为杠杆,开展查处电脉冲作业等禁用渔具渔法整治行动。

护渔行动期间,农业部先后派出工作组赴三个海区重点渔业省、市、县进行督察和交叉检查,狠抓工作措施落实,努力提高政策执行力。

【水产养殖与水产品质量安全执法】 组织召开了全国经验交流会,起草、印发了《关于全面推进水产养殖与水产品质量安全执法工作的指导意见》。组织修订了相关执法培训教材,督促各级渔政执法机构根据实际情况全力组织实施水产养殖与水产品质量安全执法活动。对江苏和福建省进行了督察,确保水产苗种和产地水产品抽检阳性样品案件查处率达到 100%。

(农业部渔政指挥中心 李 博)

政务信息与宣传

【概况】 2010 年,农业部渔业局政务信息和宣传报道工作围绕中心、服务大局,密切关注渔业重大活动和重要工作,加强组织策划,全面、客观反映渔业行业发展成就和现代渔业建设推进情况,取得明显成效。

(1)宣传工作收效明显。根据全年重点工作任务,制定《2010 年渔业工作重点宣传方案》并认真贯彻实施。牵头组织增殖放流、休渔禁渔、渔政执法等重点工作开展宣传。多次邀请媒体对渔业工作和相关内容进行集中采访报道,取得较好的宣传效果,扩大了渔业工作的社会影响。为做好常规性工作的宣传,加强与有关媒体的联系,积极向媒体推荐宣传材料,保证渔业工作得到连续性和日常化宣传。做好媒体采访的日常协调工作,一方面为媒体推荐、联系采访对象,一方面组织做好材料准备工作,注意把握好宣传口径,严格把握舆论导向。特别是在自然灾害、污染事故、涉外事件和质量安全事件发生后，宣传工作及时跟上，根据事件处理及进展情况，及时发布权威准确信息，使宣传工作成为应急处置工作的一部分，充分发挥宣传效能。

（2）政务信息报送进步明显。2010 年，渔业局政务信息工作力度明显加大，建立健全渔业政务信息报送激励机制，充分调动各处信息报送积极性。全年共报送《每日要情》361 条，采用 293 条，报送《农业部信息》50 条，采用 40 条。组织对中国渔业政务网进行了改版，增加了功能设置，扩大了信息容量，突出了宣传重点，增强了发布时效。不断完善全国渔业影像资料协作网和全国渔业影像资料库，加强各单位之间的资源共享利用，提高渔业政务信息与宣传工作水平。此外，还组织全国渔业系统向农业部渔业局报送信息，并通过《渔业情况》和中国渔业政务网刊发。全年编发《渔业情况》42 期，为领导及时了解情况、指导工作发挥了积极作用。通过中国渔业政务网编发信息 10 791 余条，及时通报了渔业发展重大情况和工作进展。

（3）政务信息公开进一步完善提高。全年共公开信息 162 条，其中无文号信息 56 条，主动公开率、按时公开率均达到 100%，有效保障人民群众知情权、参与权、表达权和监督权。根据《关于开展信息公开交叉检查的通知》要求，制定《农业部渔业局 2010 年信息公开自查工作方案》，对 2010 年信息公开工作进行了全面自查。严格执行《中华人民共和国政府信息公开条例》和《农业部信息公开规定》等有关制度，对工作难点进行重点改进，对无文号信息，变被动公廾为主动宣传；公开督促程序前移，变以往的临近公开时限提醒为办文过程中提醒，同时电话提醒与当面指导操作相结合，使沟通协调更顺畅。做好与办公厅综合办的协调工作，按时保质完成行政审批工作。农业部渔业局负责的 8 个方面 23 项行政审批项目已全部纳入部综合审批，全年共受理申请审批 1 046 件，按时办结 1 008 件，同意申请 902 件，不符合申报规定的退回 106 件，未收到网上或来信来访等任何形式的投诉举报。

（农业部渔业局 杨 健）

渔业科技与推广

公益性农业行业科研专项渔业项目

【概况】 2010年公益性农业行业科研专项渔业项目，以产业技术研究与示范、水产养殖投入品、渔业节能减排和人工海洋牧场开发等亟待解决的关键技术问题为重点，共设立了6个项目开始启动研究。分别为：

(1)水产养殖动物营养需求与高级配合饲料开发；

(2)渔业节能关键技术研究与重大装备开发；

(3)冷水性鱼类养殖产业技术研究与示范；

(4)人工海洋牧场高效利用配套技术模式研究与示范；

(5)克氏原螯虾产业技术研究与示范；

(6)鳝鱼产业技术研究与示范。

上述项目分别由中国海洋大学、中国水产科学研究院渔业机械仪器研究所、中国水产科学研究院黑龙江水产研究所、中国水产科学研究院南海水产研究所、江苏省淡水水产研究所、长江大学等单位牵头组织实施。项目总经费9 673万元，实施期限为2010—2014年。

【水产养殖动物营养需求与高效配合饲料】 项目编号201003020，项目经费2 218万元。本专项利用前期30年的水产动物营养和饲料技术研究基础，集中了全国水产营养饲料研究和开发的主要技术力量，找准了关键的技术问题，通过基础参数的研究和完善、新技术研发、技术集成和配套技术模式构建等途径，并进行生产示范，最终构建我国高效安全的水产饲料生产技术体系、管理技术体系，实现我国水产养殖安全生产和可持续发展。本项目主要开展如下研究内容：代表种三个不同生长阶段营养需要参数构建；水产饲料主要原料生物利用率数据库的构建；新蛋白源开发相关基础和应用技术；代表种不同生长阶段的最佳投饲模式和养殖示范；构建保证养殖水产品安全的饲料生产管理技术体系；高效安全水产饲料关键技术的集成与示范。

通过本项目实施，完成10个代表种(淡水种类：草鱼、银鲫、罗非鱼、团头鲂、中华绒螯蟹；海水种类：对虾、鲈鱼、大黄鱼、石斑鱼、军曹鱼)养成期三个不同生长阶段(前、中、后期)38种营养素的需要参数、20种以上的常规水产饲料原料生物利用率数据库、新蛋白源开发相关基础和应用技术、不同生长阶段最佳投饲模式和养殖示范的系统研究。在此基础上集成高效安全水产饲料关键技术并推广示范，构建一套适合我国水产养殖的高效安全水产饲料生产技术体系，为我国水产养殖产品安全和水产养殖业健康持续发展奠定坚实的基础。

【渔业节能关键技术研究与重大装备开发】 项目编号201003024，项目经费2 286万元。本专项在前期调查摸底我国渔业能源消耗总体状况的基础上，科学分析渔业能耗重点领域，针对捕捞渔船能耗高的主要捕捞作业方式和水产养殖主要耗能养殖方式，开展渔业节能关键技术研究与重大装备开发的集成应用与示范，实现渔业能源的高效利用和增长方式转变。主要开展如下研究内容：钢质拖网渔船船型参数优化与标准化关键技术研究；玻璃钢渔船船型优化及施工工艺关键技术研究；渔船动力系统节能关键技术研究与产品开发；节能型渔具与捕捞装备技术集成研究；渔船节能技术应用评价规范；钢质拖网渔船节能技术集成与示范；玻璃钢渔船节能技术集成与示范；养殖节能装备关键技术研究与应用；节能养殖装备模式构建与示范。

通过本项目实施，构建节能标准化系列渔船船型参数数据库和节能技术体系。研制养殖水处理节能设备4～6项，节能20%以上，生物过滤相比传统净化率提高30%以上。构建池塘高效养殖节能示范点8～10个，示范面积667公顷；构建循环水养殖节能示范点5～6个，推广示范面积667～1 000公顷。

【冷水性鱼类养殖产业化研究与示范】 项目编号201003055，项目经费1 776万元。本项目针对产业发展存在的问题，集中产、学、研优势力量，优化、集成已有的研究成果，开展技术研发与示范推广，初步实现冷水性鱼类养殖良种化，生产标准化，产业效益化，整体提升冷水性鱼类养殖的产业化水平。主要开展如下研究内容：良种选育及苗种扩繁技术研究；冷水性鱼类病害防治技术研究；冷水性鱼类营养与饲料技术研究；主要生产模式的养殖容量及健康养殖技术研究；冷水性鱼类循环水养殖系统关键技术研究；产品深加工技术研究；冷水性鱼类养殖产业化技术信息平台建设。

通过本项目实施，建立冷水鱼循环水养殖示范实施，建立主养模式容量模型，提升冷水性鱼类苗种繁育技术和能力，掌握冷水性鱼类养殖病害的发生特点及流行规律；初步建立我国鲟鱼及鲑鱼类病原库，并进行药物开发；建立资源共享的产业信息网络平台，每年发布产业技术和贸易信息报告。

【人工海洋牧场高效利用配套技术模式研究与示范】 项目编号 201003068，项目经费 1 857 万元。本项目针对我国海洋牧场技术薄弱环节，海洋牧场建设的重大关键技术问题，选择南海、东海、黄海有代表性的渔业资源增殖海域作为海洋牧场营造海域，研发海洋牧场生境营造技术、适宜性品种筛选与应用技术、牧化品种增殖技术、牧场品种行为驯化和采捕技术、效果评估和管理技术，开展我国人工海洋牧场高效利用配套技术模式的研究与示范，以推动我国海洋牧场建设科学高效实施，实现我国近海渔业资源的高效持续开发利用。本项目主要开展如下研究内容：人工海洋牧场高效利用关键技术研发；人工海洋牧场效益评估与可持续利用管理技术研究；南海生态增殖型海洋牧场高效利用技术模式研究与示范；东海聚鱼增殖型海洋牧场高效利用技术模式研究与示范；黄海海珍品增殖型海洋牧场高效利用技术模式研究与示范。

通过本项目实施，构建一整套适合我国不同海域特点的人工海洋牧场高效利用配套技术模式，使之具备实现我国近海人工海洋牧场化的技术能力。建立三大海区核心示范样板区，开展规模示范，实现近海的渔业高效利用，促进渔民增产增收，实现近海生态系统的可持续利用。

【克氏原螯虾产业技术研究与试验示范】 项目编号 201003070，项目经费 880 万元。本专项在前期开展的克氏原螯虾基础生物学和生产技术等研究的基础上，联合我国对克氏原螯虾研究有基础的高校和科研院所，组织克氏原螯虾主产区的水产技术部门和龙头企业，共同开展技术攻关，形成一支产、学、研相结合的研发队伍。通过技术筛选和改进、新技术研发、最新科技成果集成和优化、配套技术构建等途径，构建克氏原螯虾产业标准化生产技术体系，使克氏原螯虾产业成为高效农业中的重要产业。主要开展如下研究内容：克氏原螯虾优质苗种规模化繁育技术研究与示范；克氏原螯虾标准化健康养殖技术研究与示范；克氏原螯虾重大病害监测预警与综合防控技术研发；克氏原螯虾环保型配合饲料的研发；克氏原螯虾加工适性研究及精深加工技术开发；克氏原螯虾产业经济与品牌战略研究。

通过项目实施，构建克氏原螯虾产、学、研相结合的全国性创新平台，突破克氏原螯虾行业重点领域的关键技术、共性技术和前沿技术，集成现有技术成果，建立涵盖产前、产中和产后各阶段的标准化产业技术体系，提升克氏原螯虾养殖、繁育、深加工等产业核心竞争力。

【鳝鱼产业技术研究与试验示范】 项目编号 201003076，项目经费 656 万元。本项目针对鳝鱼产业发展过程中存在的技术问题，开展鳝鱼养殖的关键技术研究，包括鳝鱼高效养殖模式、苗种繁育技术体系，营养与饲料、病害防治、无公害养殖规范化技术及产品质量监控等，以解决鳝鱼产业发展过程中的苗种、饲料、疾病防治、产品质量等重大问题。主要开展如下研究内容：鳝鱼高效养殖模式研究与示范；鳝鱼繁育技术体系研究；鳝鱼诱食技术研究及配合饲料研发；鳝鱼性别分化的机制、生态调控及应用；鳝鱼稚鱼开口饲料及苗种培育技术研究；鳝鱼主要疾病流行病学及防治技术研究；鳝鱼养殖质量安全控制及无公害养殖技术规范化研究；鳝鱼养殖技术经济效益评价与鳝鱼产业经济发展研究。

通过项目实施，建立网箱养鳝、流水养鳝和温控养鳝等养殖优化模式，并因地制宜在不同地区大面积推广示范，实现鳝鱼不同养殖模式的高效养殖；建立鳝鱼苗种繁育技术体系，攻克鳝鱼苗种繁育关键技术，开发出鳝鱼稚鱼开口饲料，探索出一套鳝鱼种苗培育技术，解决鳝鱼养殖苗种严重不足的问题；开发出鳝鱼专门的诱食剂及喜食的配合饲料；有效防治鳝鱼主要病害，实现鳝鱼无公害高效养殖，为鳝鱼产业健康稳定发展提供技术支撑。

（农业部渔业局　王雪光）

渔业科技入户

2010 年全国渔业科技入户示范县继续在 12 个省的 13 个县（市）开展。全国遴选 5 698 个渔业科技示范户，示范水面 1.8 万公顷（包括近 6 667 公顷稻田），辐射带动12.5万个养殖户，辐射面积11.33万公顷。各级渔业主管部门高度重视，取得了显著成效。

2010年，各地重点围绕主导品种和主推技术，开展科技入户工作，不断完善科技服务工作机制，充分发挥技术指导员作用，深入田间地头手把手、面对面开展技术指导和服务。全国渔业科技入户专家组按照“服务手段数字化、养殖技术模式化、内涵建设科学化、服务方法标准化、运行体制合作化”要求，加强巡回指导，开展技术培训，印发技术明白纸。先后举办培训班80余次，培训渔民近万人。专家组成员还发挥各自单位优势，组织科研人员组成服务团队，在生产季节进村入户开展服务，示范户增产增收效果明显。

各地在科技入户过程中不断探索创新，总结、示范推广新模式，将一些成功的模式扩展到了各自所在省，甚至其他省份，有效扩大了科技入户影响，带动其他渔民增产增收。全国渔业科技入户总结提炼的江苏“高淳模式”、安徽“当涂模式”和湖北“新洲模式”获得2008—2010年度全国农牧渔业丰收奖。

（农业部渔业局　王雪光）

2008—2010年度全国农牧渔业丰收奖获奖情况

农业部发文公布2008—2010年度全国农牧渔业丰收奖获奖名单，并决定对获奖奖项和个人进行表彰。此次表彰的奖项包括全国农牧渔业丰收奖农业技术推广成果奖321项、农业技术推广贡献奖381名和农业技术推广合作奖10项。其中，渔业有25个项目获得农业技术推广成果奖。天津市水产技术推广站主持的“南美白对虾产业升级集成技术示范与推广”等4个项目获一等奖，江苏省淡水水产研究所主持的“克氏原螯虾养殖关键技术应用推广”等8个项目获二等奖，河北省水产技术推广站主持的“盐碱地水产养殖技术”等13个项目获三等奖。浙江省温岭市水产技术推广站丁理法等34名个人获得农业技术推广贡献奖。中国水产科学研究院黄海水产研究所主持的“中国对虾‘黄海1号’技术集成与推广项目”获农业技术推广合作奖。

表1　全国农牧渔业丰收奖农业技术推广成果获奖名单（渔业）

序号	项目名称	第一完成单位	第一完成人
一等奖（4项）			
1	南美白对虾产业升级集成技术示范与推广	天津市水产技术推广站	张　勤
2	智利外海茎柔鱼资源开发及推广	上海海洋大学	陈新军
3	中华鳖良种选育及产业化研究与应用	浙江省水产技术推广总站	何中央
4	青虾良种的培育及产业化示范推广	中国水产科学研究院淡水渔业研究中心	傅洪拓
二等奖（8项）			
5	克氏原螯虾养殖关键技术应用推广	江苏省淡水水产研究所	唐建清
6	龟类养殖产业化关键技术应用推广	中国水产科学研究院珠江水产研究所	朱新平
7	“四大家鱼”等原（良）种亲本选育与更新	江苏省水产技术推广站	晁祥飞
8	黄鳝仿生态繁殖及规模化健康养殖技术研究与应用	江西省水产技术推广站	周秋白
9	水产养殖主要细菌病的监测与防治	广西壮族自治区水产技术推广总站	胡大胜
10	多类型水质健康养殖技术集成示范推广	全国水产技术推广总站	李可心
11	河蟹生态养殖技术研究与示范推广	江苏省高淳县谷城湖中华绒螯蟹原种场	陈贤明
12	河蟹生态养殖“当涂模式”推广	安徽省当涂县水产技术推广站	石小平
三等奖（13）			
13	盐碱地水产养殖技术	河北省水产技术推广站	王凤敏
14	东营市生态调控绿色养虾技术推广	山东省东营市渔业技术推广站	张士华
15	不投饵网箱生态养殖鲢鳙技术示范	贵州省水产技术推广站	王　冲
16	乌鳢产业化技术研究与推广	江西省水产技术推广站	吴小平
17	克氏原螯虾生态养殖技术示范推广	湖北省武汉市新洲区水产技术推广中心	何晏开
18	泥鳅标准化健康养殖技术示范推广	安徽省怀远县水产技术推广中心	祖国掌
19	克氏原螯虾繁育及养殖技术研究与推广	江西省南昌市农业科学院	肖鸣鹤

（续）

序号	项目名称	第一完成单位	第一完成人
20	优质河蟹标准化生产与产业化开发	安徽省巢湖市水产技术推广中心	赖年悦
21	云南省罗非鱼产业开发试验及推广	云南省渔业科学研究院	邱家荣
22	建鲤繁育及规模化高产养殖技术开发	福建省三明市水产技术推广站	陈熙春
23	新吉富罗非鱼养殖推广示范	陕西省水产技术推广站	丁建华
24	草鱼疫苗免疫技术示范与推广	江西省水产技术推广站	欧阳敏
25	西施舌苗种生产技术的推广应用	中国水产科学研究院南海水产研究所	张汉华

表2 全国农牧渔业丰收奖农业技术推广贡献奖获奖名单（渔业）

序号	姓名	单　位
1	张　洁	河北省唐海县水产技术推广站
2	徐广宏	辽宁省辽中县水产技术推广站
3	车向庆	辽宁省东港市水产技术推广站
4	王雪发	吉林省东辽县水产技术推广站
5	胡伟国	上海市奉贤区水产技术推广站
6	戴习林	上海海洋大学
7	任丽珍	江苏省常熟市水产技术推广站
8	丁理法	浙江省温岭市水产技术推广站
9	杨海雷	浙江省舟山市普陀区登步乡海遨梭子蟹养殖专业合作社
10	王建平	浙江省宁波市海洋与渔业研究院
11	吴　林	安徽省阜阳市颍东区水产工作站
12	郑志坚	福建省漳浦县水产技术推广站
13	黄文华	福建省清流县水产技术推广站
14	尤维德	福建省宁德市官井洋大黄鱼养殖有限公司
15	刘忠峰	江西省万安县水产局
16	闻德辉	江西省上高县水产技术推广站
17	王建立	山东省滨州市渔业技术推广站
18	管文章	山东省郯城县渔业技术推广站
19	陈　奇	山东省济宁市渔业技术推广站
20	朱日同	河南省延津县水产技术推广站
21	马言亮	河南省民权县水产养殖技术推广站
22	吴泉明	湖北省仙桃市泉明渔业合作社
23	陆华洲	湖北省仙桃市水产技术推广中心
24	赵光政	湖南省醴陵市畜牧水产局
25	涨幅潮	湖南省攸县畜牧水产局畜牧水产技术推广站
26	麦友华	湖南省湘阴县水产技术推广站
27	韦开华	重庆市巴南区水产技术推广站
28	欧阳大军	贵州省锦屏县农业和扶贫开发局水产站
29	吕文坚	云南省宣威市渔业管理站
30	徐友平	陕西省华县水产管理站
31	刘敬杰	甘肃省永昌县渔业技术服务中心
32	刘　毅	宁夏贺兰县畜牧水产技术推广服务中心
33	高　扬	宁夏银川市兴庆区畜牧水产技术推广中心
34	李卓佳	中国水产科学研究院南海水产研究所

表3 全国农牧渔业丰收奖农业技术推广合作奖获奖名单(渔业)

序号	项目名称	第一完成单位	第一完成人
1	中国对虾"黄海1号"技术集成与推广	中国水产科学研究院黄海水产研究所	王清印

(农业部渔业局 王雪光)

渔业节能减排工作推进情况

【概况】 从2008年起,农业部渔业局开始组织实施渔业节能减排项目。2010年,在完善和应用2008年和2009年渔业节能减排项目成果的基础上,重点开展了渔船节能管理与技术和节能环保型水产养殖模式试点示范,同时开展渔业节能减排政策研究和渔船污染状况调研。通过项目的实施,宣传普及了渔业节能减排知识,提高了渔业管理者和渔民节能减排意识,试点推广渔船节能技术与节能产品,建立了不同养殖品种节能环保型养殖模式,为扩大试点范围和推进渔业节能减排工作打下基础。

【主要任务】

(1)在重点渔区集中开展渔船节能试点示范,探索建立渔船节能管理制度,开展节能宣传培训,筛选并试点推广行之有效的渔船节能技术与节能产品,并将渔船节能技术与产品试点范围扩大至远洋渔船。

(2)以鲆鲽类、对虾、鳗鲡为主要示范对象,开展节能环保型养殖模式试点,推广循环水养殖新技术、新设施、新设备,实现节电节水。

(3)开展渔业节能减排宣传、调研、研讨、培训活动,研究渔业节能减排政策,完善渔船节能技术与节能产品评价体系。开展渔船污染状况调研。

【主要做法】

(1)深入基层,完善方案。农业部渔业局高度重视项目实施管理工作,在项目正式实施前,于2010年3月底和4月初,由分管局长带队,主管处室负责人及有关专家参加,分赴浙江舟山和福建龙岩两个项目实施点进行现场调研。在调研中,认真听取试点单位情况汇报,并与试点单位的主管部门、船检单位和推广站及渔民进行座谈,共同研究和完善试点方案。

(2)及时部署,明确分工。农业部渔业局于2010年5月起草并下发了《农业部办公厅关于做好2010年渔业节能减排项目实施工作的通知》,对项目实施工作进行了部署。《通知》明确了项目工作目标、任务分工,对各单位承担的任务和考核目标进行了细化,提出了量化指标,同时对实施工作提出了具体要求。随后,又按照《通知》要求,与各项目实施单位签订了委托协议书,进一步明确了项目实施的目标、任务、进度安排和保障措施等。

(3)加强沟通,督促检查。在项目任务下达后,农业部渔业局与项目实施单位保持密切联系,关注项目进展动态,发现问题随时解决。在项目执行过程中,组织有关专家到山东省烟台市检查鲆鲽类工厂化循环水养殖节能减排项目实施情况;组织有关专家对渔业节能减排工作进行座谈,研究起草《关于推进渔业节能减排工作的指导意见》;组织召开全国渔业节能减排现场交流会,对近年来渔业节能减排工作进行了总结,展示了成果,并分析了形势,明确了思路,对近期工作做出了安排和部署。

(4)认真总结,做好验收。按照农业部的统一部署,结合本项目进展情况,农业部渔业局于11月下旬发文对项目总结验收工作进行了安排。各项目承担单位按照要求按时将项目工作总结和技术总结报告报送农业部渔业局。农业部渔业局于12中旬组织有关专家对渔船节能内容进行了验收,同时对2011年渔船节能减排工作进行了研讨。养殖节能减排验收工作拟结合2011年项目研讨在2011年一季度进行。

【主要成效】

(1)传播了渔业节能减排知识,渔业管理者和生产者节能减排意识有所提高。通过本项目宣传培训及典型示范,印发渔业节能减排宣传材料,使试点渔区广大干部和渔民群众切身体会到节能所带来的经济实惠和应用效果,进一步增强了渔民的节能意识,改变了过去对节能工作袖手旁观、浮于应付等积极性欠高现象。在试点地区舟山市,渔船节能工作已成为广大渔民的普遍认识和自觉行动。

(2)渔船节能技术与产品得到应用,取得了一定的经济效益。舟山市结合浙江省渔船节能产品补贴项目的实施,重点推广了6种150台(套)节能型柴油机、风能与太阳能利用装置等渔船节能装置与产品,节约燃油费用近9 000万元。中国远洋渔业分会承担的远洋渔船节能技术与装置试点示范任务,在大型拖网加工渔船上进行了使用混合油对比实验,在金枪鱼延绳钓船上试用内燃机远红外冷却水共振节油器,均取得了一定效果。轻油与重油使用情况对比表明,船舶柴油机燃油系统改造成本(45万美元左右)在40天内可以回收,节本效果显著。

(3)健全了渔船节能工作机制,为全国开展渔船节能提供了宝贵经验。舟山市作为2010年渔船节能集中试点示范的唯一地区,把渔船节能作为一项重要的实事工程和惠民工程,已列入市政府、市属各级单位的重要工作内容,得到了县(区)政府和财政、经贸、统计等有关部门的关心和支持,为渔船节能工作顺利推进提供了有力的保障。同时,还确立了规范高效的运行机制,在渔船节能产品目录和政策的制定、产品适用性的选择、节能方法途径及操作程序等各方面积累了重要经验,为全面推广渔船节能产品打下了坚实的基础。

(4)建立了不同养殖品种节能减排模式,节电、节水、减排效果明显。鲆鲽类工厂化循环水养殖项目,针对不同种类海水鱼养殖的具体情况,选择两个养殖企业分别进行全封闭和半封闭循环水养殖试点示范,均取得了较好的效果。对虾节能减排养殖示范项目,以工厂化养殖技术、底部微孔增氧技术、水质调控技术和健康养殖模式为基础,构建了循环水养殖系统和人工湿地废水净化系统,建立了"对虾—梭子蟹—贝类—鱼类—生物絮团—沿海湿地"等基于生态水平的对虾健康养殖模式,取得了良好的养殖效益和减排效益。鳗鲡可控生态养殖节水减排项目,根据不同养殖地点的具体情况,分别添加气提水循环沉淀分离系统、微生态控制技术、人工湿地养殖循环水处理系统,并将成熟技术推广到51家鳗鲡养殖场、对虾养殖场,实现节水87%以上、节能40%以上。

(5)渔业节能减排政策研究得到加强,提交了有参考价值的调研报告。在调研的基础上,形成了《国外渔业节能减排研究报告》、《我国渔船节能政策论证与建议》、《江苏省渔船污染状况调研技术报告》、《我国渔船节油产品技术和应用现状》和《渔船柴油机节油产品试验评定办法》等报告,为渔业节能减排工作的进一步开展和争取国家政策支持提供了支撑与依据。编印了4期《渔业节能通讯》,宣传了国家节能减排方针政策和国内外渔业节能减排工作动态。

(6)成功举办全国渔业节能减排现场交流活动,推进了全国渔业节能减排工作的开展。在浙江省海洋与渔业局以及舟山市海洋与渔业局的积极配合下,在舟山市举办全国性渔业节能现场交流活动。

【主要经验】

(1)加强组织领导是做好项目实施工作的前提。各项目承担单位或所在省渔业主管部门都成立了由领导挂帅的项目领导小组,下设具体实施机构。特别是一些地区的领导不但经常过问项目进展情况,还下基层进行调研和督促检查,确保了项目的有效执行。

(2)注重过程管理是做好项目实施工作的关键。农业部渔业局及各项目承担单位主管部门注重环节管理,从制订实施方案到执行落实、监督检查、总结验收,环环相扣,确保了项目有条不紊地按计划实施。各承担单位也十分重视项目实施过程管理,制定了详细的工作方案,并将任务分解到单位,具体到人,层层抓落实。

(3)加强协调配合是做好项目实施工作的保障。在项目实施过程中,各承担单位都加强了与有关单位之间的协调配合,确保了项目各项任务和考核指标的完成。如舟山市海洋与渔业局作为渔船节能项目承担单位,加强了与市政府、市属各单位和县(区)政府及财政、经贸、统计等有关部门的沟通与联系,形成了部门之间、上下级之间配合密切、沟通融洽的局面,为顺利推进渔船节能工作提供了有力的保障。

(4)进行典型示范是做好项目实施工作的核心。本项目的重点任务是进行渔船节能和养殖节能减排的试点示范,因此,选好典型、进行示范是项目实施工作非常重要的一个方面。在项目实施过程中,有试点示范任务的单位,都把选典型、抓示范、促推广作为项目实施的工作重点高度重视。如福建省水产技术推广总站作为鳗鲡可控生态养殖试点示范的承担单位,选择了3家不同类型的养殖场进行试点示范,并将成熟技术推广到51家鳗鲡养殖场、对虾养殖场,起到了事半功倍的效果。

(农业部渔业局 于秀娟)

各 地 渔 业

北京市渔业

【概况】 2010年，全市渔业水域面积20 860公顷，其中池塘养殖面积4 526公顷。全年水产品总产量达63 396吨，名优品种产量28 398吨，鱼苗产量69 615.5万尾，鱼种产量15 344.9万尾。

1. 实施池塘改造试验示范项目 组织实施了通州区唐大庄观赏鱼养殖示范园、北京市进忠水产养殖场休闲渔业示范园和小务名优鱼养殖示范基地3个试点养殖场的池塘改造。项目批复资金992.73万元，其中工程费用979.13万元。3个试点项目涉及养殖水面总计17公顷。通过池塘清淤、池塘护坡加固、池底硬化、进排水的改造、水循环处理、道路硬化、供电设施等建设，实现养殖池塘标准、布局合理、管网畅通。项目建成后实现鱼池容积扩大、水质良好，水池塘单产水平可提高30%，同时大大减少病害的发生，为提高水产品质量安全水平奠定了基础。同时，“四化养殖”（设施工程化、技术现代化、养殖工厂化、管理工业化）稳健起步。

2. 开展水生生物资源养护工作 全年共投入鱼种放流资金1 176.5万元，其中中央转移支付资金500万元，市级财政资金376.5万元，区（县）级资金300万元。共放流鲢、鳙、草鱼、青鱼、细鳞斜颌鲴、鲂、中华鳖等水生生物3 185.336万尾。水生生物资源养护工作产生了良好的生态效益，有效降低了水域富营养化，净化了水质。

3. 水产种业规模扩大 在原有34家水产苗种场的基础上，新增中国水产科学研究院房山基地等5家苗种生产单位。全年鱼苗鱼种产量达84 960.4万尾。将北京市通州鑫森水产总公司建设改造纳入2010年农业综合开发良种繁育及优势特色种养示范项目。该项目总投资900万元。中央预算内资金120万元，北京市地方配套资金240万元，自筹资金540万元。项目完成后每年可保有各类观赏鱼亲鱼1.5万组，可为养殖户提供优质苗种3 000万尾。

4. 加强水生野生动物自然保护区建设 北京市房山区拒马河水生野生动物自然保护区建设项目，列入农业部第四批扩大内需项目。项目总投资473万元，其中中央投资300万元，地方投资173万元。建设内容主要为建设界桩界碑234个，管理实验用房800平方米，购置食品设备9台（套），配套供电、排水等辅助设施建设。

5. 成功举办第三届观赏鱼大赛 为弘扬中国金鱼文化，促进观赏鱼产业发展，提高观赏鱼养殖水平，2010年9月27日至10月7日，全国水产技术推广总站、北京市农业局、市农林科学院联合在朝阳公园举办了“2010北京金鱼·锦鲤大赛”，为全市观赏鱼养殖、观赏鱼销售和交流搭建了平台。

6. 水产品质量安全水平逐年提升 由农业部抽检的水产品质量合格率为96.7%，比上年提升了9.2个百分点，由2009年全国30个大城市抽检排名第21位提升到并列第5位。

7. 开展区（县）级水生动物疫病防治站建设 在顺义、平谷、通州、怀柔、密云5个区（县）实施县级水生动物疫病防治站建设，总投资200万元，购置仪器设备59台（套）。

8. 渔业执法工作 渔政部门严格执行禁渔期、禁钓区制度，重点加强了密云水库、官厅水库、顺义潮白河段等重要渔业水域监管。全年共查处破坏渔业资源违法案件129起，罚款5.64万元，没收网具5万余米、地笼887个、电捕工具21套、船只16条、渔竿937支。全年共检查水产养殖场（户）2 576家（次），开展孔雀石绿快速检测1 390起，氯霉素快速检测1 315起，查处违法案件12起，进行无害化处理1 000千克不合格的水产品。全市共查处违法经营利用国家保护水生野生动物及制品案件54起，罚款7.67万元，罚没国家重点保护水生野生动物有红珊瑚、海龟、玳瑁和苏眉等物种，价值人民币近500万元。全年共办理水生野生动物行政许可201件，其中国家二级重点保护水生野生动物经营利用审批93件，国家重点保护水生野生动物运输许可10件，国家重点保护水生野生动物进出口审核41件,国家一级保护水生野生动物审核39件,进口种用野生动物免税申请7件,驯养繁殖许可11件。全年征收水生野生动物资源保护费63.3万元。

【重点渔业市(县)基本情况】

北京市重点渔业区(县)基本情况

区(县)	总人口(万人)	渔业总产值(万元)	水产品总产量(吨)	其中:内陆养殖(吨)	内陆养殖面积(公顷)
平谷区	39.21	30 180	16 314	16 314	1 308.4
怀柔区	27.1	26 537.8	3 523	3 523	849.9
密云县	42.9	25 563	3 640	3 640	9 561.1
通州区	61.04	20 170	12 690	12 690	1 633
顺义区	54.75	15 054	11 282	11 282	1 079
房山区	74.9	10 500	2 450	2 450	538
朝阳区	259	8 898.11	1 731	1 731	515
延庆县	27.4	3 417	3 100	3 100	3 229
大兴区	54.5	2 755.85	2 921	2 921	233
昌平区	45.68	2 642.42	2 224	2 224	236

(北京市农业局水产处 郭瑞禄 杜英杰)

天津市渔业

【概况】 2010年,天津渔业以科学发展观为统领,进一步深化沿海都市型现代渔业的发展理念,实现了渔业经济平稳增长、渔业生态持续改善、现代渔业建设稳步推进的良好态势。全市水产养殖投产面积4.15万公顷,水产品总产量34.49万吨。全年繁育各类苗种156亿尾,增殖放流各类水生生物苗种10.56亿尾(只、粒)。全市渔业经济总产值69.76亿元,其中渔业总产值51.76亿元。渔民人均纯收入1.37万元。

1. 现代渔业 2010年是优势水产品养殖示范园区建设的第三年,在前两年完成29个园区建设的基础上,又确定了12个园区建设单位。实施优势水产品养殖示范园区建设三年来,共建设各类优势水产品养殖示范园区41个,示范池塘养殖规模达到2 000多公顷,工厂化养殖规模达到22万平方米。通过园区建设,渔业产量同比增长30%以上,产值增长20%,绿化率达到10%。41个园区总投资5.4亿元,其中政府投入引导资金5 950万元,形成了以生产者投入为主的资金投入机制。园区建设既改善了渔业基本生产条件,使大部分养殖池塘老化、工厂化规模小等制约渔业发展的问题得以缓解,又使新的养殖模式、养殖方式得到普及和发展。同时有力地推动了观赏休闲渔业的发展。列入天津市自主创新产业化重大项目的观赏鱼规模化养殖技术开发及产业化项目正式启动,项目总投资10.6亿元,确立了10项观赏鱼研究攻关课题。在做大做强产业链、带动渔业增效、渔民增收等方面发挥了重要作用。

2. 资源养护 2010年,天津市进一步落实《中国水生生物资源养护行动纲要》,养护水生生物资源,保护水域生态环境,实现渔业经济的持续发展。加大增殖放流力度,提高增殖品种质量。严格放流操作程序,实行招标管理,强化放流品种的苗种检疫和药物残留检验全过程的监督。承办了由市政府和农业部主办的"水清、鱼跃、岸绿,共建海河家园"海河增殖放流活动。全年共开展各种增殖放流活动41次,投入资金1 420.83万元,放流各类水生生物苗种10.56亿尾(只、粒),比上年增长48.7%,并首次开展金乌贼放流15万只。增殖放流活动的开展进一步改善了水域生态环境,促进了渔业资源的恢复,达到了增殖渔业资源的良好效果。2010年中国对虾回捕总产量114吨,产值2 166万元,总利润1 566万元,分别比2009年增长26.7%、56%和98.6%。加大人工鱼礁建设工作力度,全年共投入资金850万元,完成2 000多个礁体的制作和投放工作,并组织了第一期建设工程验收。加强渔业水域环境监测，全年承接资源调查、监督监测任务14项，完成涉海工程资源损失评估项目21项，鉴定渔业污染事故5起，有效地维护了海洋生态环境。落实渔船燃油补贴政策，2010年下发燃油补贴1 495万元。

3. 科技兴渔 全年承担、实施科技项目52项。其中，市水产技术推广站承担的“南美白对虾产业升级集成技术示范与推广”项目获全国农牧渔业丰收奖一等奖，市水产研究所承担的“天津市水库健康渔业生态技术研究”获天津市科技进步奖三等奖。天津海、淡水养殖科技创新与成果转化基地共实施14个科技合作项目，引进8个新品种，转化12项新技术，实现产值近3亿元，效益近亿元。市水产技术推广站承担的“鱼虾菜生态循环养殖系统关键技术集成与示范”项目把水产养殖和种植业结合起来，在鱼池水面上种植蔬菜，达到水产、蔬菜双收，生态、效益双赢的目标，创建出一种绿色、低碳、收益型、观赏型的生态循环养殖模式。全市各级水产技术推广站全部建立了水质化验及鱼虾病诊断实验室，为渔民免费提供水质检测和病害诊断。全年共组织各类培训班、科技服务、科技入户、“120”直通车、技术咨询等活动120余期，9 000余人受益，发放各种技术资料10万份。天津渤海水产研究所完成科研大楼主体工程验收和配套设施安装，总投资额3 600万元。

4. 水产品质量安全 2010年，一手抓执法，一手抓监管，有效提高了水产品质量安全水平。一是强化行政执法检查。制定了水产品质量安全专项整治实施方案，开展了水产养殖业专项执法检查行动，强化了养殖用药管理，规范养殖生产秩序。从苗种专项整治入手，与区（县）联合组成4个检查组，对全市水产苗种场进行全面检查，确保水产苗种质量安全。二是强化水产品质量抽测。较好地完成农业部和本市安排的水产品质量安全监测11批（次），检测水产品样品518个，检测合格率为93.24%，较上年提高4个百分点。其中，产地抽检样品282个，合格率为96.4%；苗种抽检样品96个，合格率为83%；市场抽检样品140个，合格率为93.57%，较上年提高17%。三是强化水产苗种检疫和疫情测报。全市共检疫水生动物苗种20余种，检疫数量241.76亿尾，其中，机场检疫304批（次）56.06亿尾。为加强水生动物疫病防控工作，修订了水生动物检疫名录，开展了全国首家省级水产科研单位水生动物病原微生物菌（毒）种保藏库的建设。基本完成第一批3个县级水生动物疫病防治站建设。四是加大无公害水产品产地认定及产品认证力度。累计认定无公害水产品产地274处，面积71 121公顷；累计认证水产品417个，总产量21.67万吨，占全市水产品总产量的62.83%；2010年新创建7个农业部健康养殖示范场，全市部级健康养殖示范场总数达到37个。五是推进水产品质量安全全程追溯示范项目建设。国庆、中秋两节期间，在定点超市开始实施，建立了手机、网络、现场触摸屏3种水产品追溯方式，为养殖水产品的市场准入打下了基础。

5. 渔政管理 2010年，全年共审批许可事项511件。完善执法责任制，执法检查数量已由2005年的2 000余人（次），提高到2010年的6 000余人（次）。抓好渔业生产安全，强化重大节日的安全检查，消除安全隐患。认真处理渔事纠纷，积极应对强降雪等自然灾害对渔业生产的影响。强化渔业生产安全设施和装备建设，完成“天津市渔业安全生产应急管理监控系统”项目，大大提升了监控效果。落实全国“文明渔港”创建活动，滨海新区北塘渔港成为首批20个全国“文明渔港”之一。加强涉外渔业管理，成立了朝韩敏感水域应急管理领导小组和办公室，修改完善了应急预案，建立了渔船零报告制度，加强安全宣传教育和入渔培训、签订入渔承诺书、建立渔船档案。全市80艘涉朝韩水域渔船及其他渔船都没有发生越界捕捞事件。组织实施天津市“护渔2010”海洋渔业执法行动，完成专属经济区的渔业执法任务。落实伏季休渔制度，制定了地擦网等定置作业休渔规定，与河北省建立沟通机制，在海蜇及增殖虾资源管理方面加强协作、联合执法，共同稳定渔区秩序。全市海上检查出动渔政船109艘（次），检查渔船350艘（次），处罚违规渔船28艘（次），收缴罚款12.75万元。组织对全市港口渔政管理工作督促检查16次。开展水生野生动物监督检查46次，查处违法行为4起。积极开展涉渔执法检查和执法监督，保护渔业水域环境。

6. 存在的问题 一是渔业可持续发展能力薄弱。养殖池塘老化，天津市大部分池塘始建于20世纪80年代，到目前淤积严重，极大地影响了渔业的生产发展能力；产业技术体系还不完善，产业化程度低，产业化龙头企业带动力薄弱，与城乡一体化发展不相协调。二是科技创新和管理能力薄弱。缺乏创新型人才、渔业科技资金投入不足、渔业科技基础设施不完善、原创性技术缺乏、可转化为规模化产业化的先进成果少等；水产品质量监管工作有待进一步完善，特别是在投入品和对检测不合格水产品的处置办法上不够完善，水产养殖的执法工作还不到位。

【重点渔业市(县)基本情况】

天津市重点渔业区(县)基本情况

区(县)	总人口(万人)	水产品总产量(吨)	其中				养殖面积(公顷)	其中	
			海洋捕捞	海水养殖	内陆捕捞	内陆养殖		海水	内陆
武清区	91.41	52 367				52 367	6 204		6 204
西青区	54.72	46 644				46 644	4 094		4 094
宁河县	39.27	45 656		895	1 600	43 161	7 288	233	7 055
宝坻区	76.28	39 296			1 876	37 420	3 575		3 575
蓟　县	84.41	27 430			4 398	23 032	1 540		1 540
汉沽区	21.17	26 816	6 531	8 578		11 707	1 129	691	438

注:总人口为2009年数据。

【大事记】

[1]3月11日,天津市委组织部分别以津党组[2010]44号和45号文任命钱品席为天津市渔业发展服务中心主任、党委书记;李文抗任天津市渔业发展服务中心副巡视员;免去蔡明玉天津市渔业发展服务中心主任、党委书记职务。

[2]5月1日,天津渤海水产研究所主体大楼封顶,6月18日,大楼主体工程通过验收。

[3]6月4日,中共天津市委办公厅以津党办发[2010]59号《关于印发〈中共天津市委农村工作委员会天津市农村工作委员会主要职责内设机构和人员编制规定〉的通知》确定:原市水产局(市渔业发展服务中心)的职责整合划入市农委,机构为市农委水产办公室,副局级,挂市渔业发展服务中心牌子,内设综合处、发展计划处、技术服务处、渔业管理处、渔政环保处。

[4]6月12日,农业部和天津市人民政府在天津海河天石舫旅游码头联合举办天津市2010年海河水生生物资源增殖放流活动。农业部副部长牛盾、天津市副市长李文喜出席了增殖放流活动。市政府副秘书长于忠诚,农业部财务司副司长冀名峰,农业部渔业局副局长崔利锋,农业部渔政指挥中心副主任居礼,农业部黄渤海区渔政局副局长吴德强出席了活动。

[5]10月26日,市水产办公室在中心渔港码头举办了天津市2010年海洋牧场暨人工鱼礁建设投放活动。市农委、市海洋局、海事局、滨海新区农业局、汉沽管委会等有关领导出席了此次活动。

[6]12月24日,市水产办公室在宝坻召开了2010年天津市渔政工作会议。农业部渔政指挥中心副主任居礼、天津市农村工作委员会副主任张世纬应邀出席会议。

(天津市农委水产办公室　陈　莹　郭占锋)

河北省渔业

【概况】 2010年全省水产品总产量达到106.33万吨,同比增长5.9%。其中,海洋捕捞25.3万吨,与上年持平;海水养殖32.9万吨,增长9.6%;淡水养殖38.8万吨,增长7.2%;淡水捕捞9.2万吨,增长5.1%。渔业总产值达176.6亿元,同比增长27.4%;渔民人均纯收入8 500元,同比增长2.4%。

1. 产业结构调整 立足省情、突出特色,继续推进"三大养殖带"和"八大生产基地"建设。海水养殖方面,对虾、海湾扇贝、滩贝、河鲀鱼、梭子蟹、鲆鲽鱼等主导品种养殖生产保持稳定,其中"黄海1号"中国对虾推广面积达到7 300多公顷,比上年增加2 000公顷;海参、海蜇、半滑舌鳎等潜力品种保持良好发展态势。淡水养殖方面,邯郸、保定等地积极挖掘"水网"资源搞河道养鱼,拓展了渔业养殖空间;随着市场的好转,保定、石家庄等地的甲鱼养殖生产呈升温态势,养殖面积进一步增加;"两山"地区的冷水鱼养殖面积继续增加,并涌现出一批新典型;大中城市周边的休闲渔业也保持了持续发展态势。全省共有8家水产企业被认定为省级龙头企业,其示范和带动作用显著增强。

2. 水产品质量安全 一是抓源头治理和关键环节。全省445个水产养殖场和305个苗种场的基本数据全部录入渔业局数据库,为实现抽样检测工作的科学性、规范化奠定了基础;以苗种质量、渔药、饲料等投入品使用"三项记录"制度的建立为重点,对全省苗种场、养殖基地进行拉网式检查。出动渔政执法人员3 653人(次),检查苗种场389家,检查养殖基地1 382家。严厉打击无证生产以及在育苗和养成过程中非法使用孔雀石绿、硝基呋喃类等禁用药物违法行为,对部分养殖场“三项记录”不完整、投入品管理不规范等问题发出责令整改通知135份,进行处罚20起。二是推进无公害水产品产地认定、产品认证工作和渔业标准化健康养殖示范区创建工作。2010年新认定无公害产地26个,累计认定产地169个,面积12.3万公顷,占全省养殖总面积的63.6%;新认证无公害产品23个,累计认证产品119个,产量17.6万吨,占全省水产品总产量的17.6%;上报国家级健康养殖示范区7个,创建省级渔业标准化健康养殖示范区11个,国家级示范区1个。三是加大水产品质量抽检力度,增加检测频次数量,确保水产品质量安全。全年共组织抽样660个,其中,水产苗种抽样95个,合格率97.9%,大大高于上年65%的合格率水平;在基地抽样258个,合格率99.6%,同比提高了6个百分点,高于农业部要求的基地合格率97%的目标;在市场抽样307个,合格率93.8%,同比提高了2.2个百分点,高于全国水产品市场合格率90.3%的水平。对抽检中发现的阳性样品认真组织调查处置,追溯查处率达到了100%。四是进一步加强水生动物疫病防控工作。落实重大水生动物疫病专项监测项目,抽样检测SVC(鲤春病毒血症)76个样品和WSS(对虾白斑综合征)81个样品,进一步完善了病害测报和疫情报告制度,为精准测报工作奠定了基础;五是石家庄市水产品市场准入工作继续深入推进,其他设区市水产品市场准入工作正在积极调研。

3. 渔业资源养护 站在生态安全的高度,围绕实施渔业“四百工程”的中心任务,全面细致的谋划渔业资源养护工作,认真落实增殖放流、捕捞许可、禁渔期(区)等养护和管理措施。一是渔业资源增殖放流工作进展顺利。全省增殖放流工作于4月上旬陆续展开,已放流中国对虾、贝类、池沼公鱼、河蟹等18个海淡水物种,放流苗种数量45.28亿尾(粒),圆满完成了年初38亿尾粒的预定目标。二是渔业资源管理工作进一步加强。鲅鱼、鲈鱼苗、对虾亲虾及水生野生动物保护等专项资源管理工作扎实开展,渔业资源利用许可制度、新的海洋伏季休渔管理制度和内陆大水面禁渔期(区)制度得到全面的贯彻落实。三是深入开展渔业水域生态环境保护工作。积极参与涉海建设项目的环评,并强化了渔业资源损害补偿费的收缴。四是加快水产种质资源保护区建设。上报的5个国家级水产种质资源保护区全部获得批准,共已建立国家级水产种质资源保护区9个,其中内陆水域保护区6个,沿海海域保护区3个。五是人工鱼礁建设与管理逐步规范。

4. 渔业安全管理 针对近年来海上渔事纠纷增多、渔业治安案件频发,海洋捕捞安全生产和海上治安形势严峻的情况,积极协调涉海有关部门,为领导当好参谋。河北省人民政府出台了《关于加强海上渔事纠纷调处和治安防控工作的意见》,为解决海上渔业纠纷建立了长效机制,全省渔业船舶安全生产形势基本稳定。全省共发生海损事故36起,沉船6艘,死亡19人,直接经济损失1 017万元。共实施救助44起,救助渔民165人、渔船80艘,为渔民挽回经济损失1 076万元。一是加强涉外渔业管理。落实各级渔业部门的监管责任,对大功率渔船进行排查,严格落实“一证、一书、一标志”工作,与入渔渔船签署承诺书,严防违规证件买卖、合作、出租等行为发生。二是扎实开展“护渔2010”海洋渔业执法行动。加强安全检查和责任落实,结合年审工作的开展,重点进行了功率在44千瓦以上的渔船标识专项整治行动,坚决制止套牌渔船和“三无”船舶从事渔业生产的行为。三是加强渔船综合管理。抓渔船渔港监督,防止违法捕捞作业,主动促成渔民之间的座谈会、协商会,化解恩怨、解决纠纷;严格渔船进出港监管和渔具管理,对“三无”、“三证不齐”渔船进行清理,协调公安边防、海警等执法部门一起严把人员出海关口,及时掌握渔民出海动态。制订《全方位加强渔船监管,维护海上正常生产秩序实施方案》,建立健全应对突发事件联动机制,维护海上正常生产秩序。四是扎实推进渔业船舶编队生产组织工作。海洋生产编队已覆盖全省80%以上的作业船只。五是以“文明渔港”创建活动为契机,加大渔港基础设施投入力度,理顺渔港码头“三权”(经营权、管理权、所有权)的责任归属问题。经考核,唐山市黑沿子渔港和乐亭渔港被农业部评为全国“文明渔港”。

5. 水产科技与推广 一是加强对外科技合作与交流,增强渔业科技服务能力。为加强与渔业高端人才的合作与交流,在省科技厅的大力支持下,成立了河北水产院士工作站,重点在渔业资源环境管理、中国对虾养殖、鲆鲽鱼类养殖等方面开展联合攻关。二是加强科技管理,促进全省渔业科技发展。围绕新品种引进开发、贝类苗种繁育、重点养殖品种病害防治技术等内容,确定了2010年渔业主导养殖品种和主推技术,安排全省渔业重点科研项目6项,重点推广项目2项,组织申报省科技厅科技成果转化项目2项。组织鉴定科技项目4项,组织申报省科技厅2010年度科技成果4项。三是加强渔业地方标准的制定工作。审定完成2009年10项省渔业地方标准,申报2010年渔业地方标准项目19项。

6. 水生野生动物保护 一是加强水生野生动物

经营利用行政许可管理。全年共办理水生野生动物特许证件事项508项(其中水生野生动物经营利用许可446项,驯养繁殖许可50项,运输许可3项,进出口许可9项);二是加大水生野生动物执法检查力度。省级开展水生野生动物执法检查2次,分别对秦皇岛市旅游纪念品市场和承德水生野生动物保护管理工作进行了执法检查,各市也加大了水生野生动物执法检查及宣传力度。三是加强对水生野生动物展演场所的监督检查。根据农业部办公厅文件精神,对省内水生野生动物展演场所加强监督检查,核实各展演场所对国家保护的水生野生动物的驯养繁殖能力,包括场所、技术人员、资金等情况。

7. 渔业综合管理 一是对行业发展高起点谋划。经过两次专家论证后,由省政府办公厅印发《河北省渔业"四百工程战略"实施意见》。在全面总结河北省渔业"十一五"发展情况的基础上,编制完成《河北省渔业发展"十二五"规划》,良繁及渔港规划初稿已完成。二是渔业信息化建设步伐不断加快。近海安全救助网硬件建设投入使用;中国渔政指挥系统运行正常,各子系统已陆续投入使用。结合政务公开要求,渔业门户网站建设规范、有序进行。三是渔业行政服务大厅升级改造完成并投入使用。省发改委技术专家对驻秦单位及相关人员就工作流程和技术设置等进行培训,为渔业行政权力公开透明运行,提高办事效率打下了良好基础。四是加快渔港、县级水生动物疫病防治站、良种场等在建项目建设。完成了2010年渔业成品油补贴全省渔船数据的统计、审核、汇总工作,并严格按照中央要求将补贴数据进行上报。五是举办全省渔业行政执法师资培训班,对相关法律法规和渔业行政执法文书制作规范进行了培训。

8. 存在的问题 一是资源环境与渔业可持续发展的矛盾日益尖锐。随着工业化、城镇化进程的加快,港口建设、海洋海岸工程、工业开发征用等侵占养殖水域滩涂的情况越来越多,水域生态环境恶化加剧,水产品质量提高难度加大,对渔业可持续发展形成了严峻挑战,渔民民生问题也由此变得更加突出。二是设施装备老化制约着综合生产能力提高。捕捞渔船船型小、老旧落后、耗能高,参与外海、远洋共有性资源竞争能力很低;渔港规模小、布局不合理、服务设施差,航道淤积失修,航标损坏情况较重;养殖池塘老化,路电网等配套设施不健全,机械化装备水平低。三是经济结构不合理影响了市场竞争优势发挥。渔业产业布局相对分散,特色、品牌渔业发展不突出,产品质量有待进一步提高;水产品精深加工发展缓慢,渔业产业化程度不高,尤其缺乏规模型龙头企业和市场占有率高的名牌产品,使得渔业在激烈的国内外市场竞争中没有明显优势。四是支撑服务体系不适应现代渔业发展要求。与发达省份比较,河北省渔业科技力量薄弱,科研设施、人才队伍、知识结构难以适应渔业经济转型期科技攻坚的新要求。此外,水产良种繁育体系还不完善,水产品质量检验、水生动物疫病防治、渔业生态环境监测还未形成网络,运转经费也缺乏有效保障。

【重点渔业市(县)基本情况】

河北省重点渔业市(县、区)基本情况

市(县、区)	渔业人口	水产品总产量(吨)	其中				养殖面积(公顷)	其中	
			海洋捕捞	海水养殖	内陆捕捞	内陆养殖		海水养殖	内陆养殖
昌黎县	34 234	143 280	13 500	129 410	30	340	51 218	51 018	200
乐亭县	12 456	141 500	55 959	78 911	689	5 941	20 749	20 115	634
滦南县	25 368	110 752	58 918	28 168	1 120	22 546	20 387	18 723	1 664
黄骅市	45 926	79 420	67 456	9 228		2 736	6 078	4 828	1 250
丰南区	11 124	72 031	24 215	9 587	5 611	32 618	11 432	8 396	3 036
抚宁县	9 260	70 084	7 730	59 924	926	1 504	10 148	8 473	1 675
唐海县	23 143	66 870		5 862	6 242	54 766	10 209	4 506	5 703
迁西县	2 000	35 755			2 100	33 655	1 128		1 128
磁　县	4 702	30 175			9 085	21 090	655		655
安新县	32 000	29 618			24 618	5 000	1 720		1 720

【大事记】

[1]1月26日，河北省农业工作会在石家庄召开。会议提出要加快特色水产业发展，启动河北省渔业发展"四百工程战略"。

[2]2月3日，由中捷国家级罗非鱼良种场和上海水产大学合作选育的"吉丽"罗非鱼顺利通过第四届全国水产原种和良种审定委员会第二次会议的审定，经农业部第1339号公告确认。品种登记号为GS－02－002－2009。

[3]2月22日，河北省水产局局长王进赴黄骅市调研水产苗种生产工作。

[4]3月7日，辽宁、河北两省渔政、公安、边防、海警、渔民代表联合就维护海上渔业生产秩序工作在绥中县渔政管理所召开座谈会。

[5]3月10日，《河北省海上渔政执法突发事件应急预案》(试行)正式发布。

[6]3月13日，河北省海上渔事纠纷调处和治安防控工作调度会议在石家庄市召开。副省长宋恩华参加会议，并做了重要指示。省水产局、公安厅、边防海警、省维稳办、应急办、国土资源厅、海事局以及唐山、秦皇岛、沧州三市政府的主管领导参加会议。

[7]3月15日，中共河北省委组织部、河北省科学技术厅《关于在石家庄市科技局等单位设立院士工作站的通知》(冀科人〔2010〕10号)批准设立河北省水产院士工作站。

[8]3月31日，河北省首家淡水鱼精深加工建设项目在承德宽城县北局子环岛南侧举行开工奠基仪式。

[9]4月14—15日，农业部渔业局调研组就水产品市场准入工作到河北省石家庄市进行调研。

[10]4月29日，河北省省市渔业安全互保以奖代补财政资金发放启动仪式在秦皇岛市举行。

[11]5月13—14日，河北省渔业行政执法和渔业行政执法文书制作师资培训班在石家庄市举办。

[12]5月18日，河北省水产局局长王进调研保定市阜平县渔业发展。

[13]5月21日，省委驻农业厅巡视组在秦皇岛视察渔业执法工作，并乘中国渔政13002船出海实地了解海上渔业执法情况。

[14]5月21日，河北省2010年海洋伏季休渔管理工作会议在石家庄市平山县召开。

[15]5月27日，河北省人民政府办公厅印发《关于加强海上渔事纠纷调处和治安防控工作的意见》(办字(2010)50号)，对河北省海上渔事纠纷调处和治安防控工作作出具体部署。

[16]5月28—29日，黄渤海区渔政局组成考核小组和督察小组，对河北省上报的黄骅南排河渔港、丰南黑沿子渔港以及乐亭县中心渔港进行了"文明渔港"考核及渔业安全生产工作督察。

[17]5月29—31日，农业部黄渤海区渔政局督导检查组到河北检查督导涉外渔船管理及伏季休渔准备工作。

[18]6月1日12时开始，河北省2010年海洋伏季休渔管理工作全面展开。

[19]6月3—4日，河北省在沧州黄骅市、唐山丰南区先后举行渔业小额贷款业务签约仪式，标志着河北省渔业互保小额贷款试点业务正式展开。

[20]6月10—11日，农业部渔业局水产苗种质量整治督察组对河北省石家庄鹿泉市和沧州黄骅市的水产苗种生产及质量整治工作情况进行了全面的监督检查，对河北水产苗种生产和质量整治工作给予了充分肯定。

[21]6月21日，河北省渔业宣传与政务信息培训班在石家庄市举办。

[22]6月22—23日，河北省水产局局长王进到承德市围场满族蒙古族自治县调研国家二级保护动物细鳞鱼繁养情况。

[23]6月24日，农业部部长韩长赋在唐山市乐亭县考察调研渔业和渔民生活情况。

[24]7月12日，河北、天津渔政部门在天津市塘沽区召开津冀2010年伏季休渔执法工作联席会议。

[25]7月23日，河北省水产局在石家庄市召开渔船渔港监管专题研讨会，研究落实农业部渔业局关于加强渔业安全工作和河北省政府关于加强海上渔事纠纷调处和治安防控工作的意见，进一步完善渔船、渔港监管工作。

[26]8月4日，河北省水产局局长王进对伏季休渔管理工作进行检查，向辛勤工作的渔政船员表示慰问，并乘中国渔政13001船对秦皇岛海域的伏季休渔情况进行了检查。

[27]8月5日，河北省渔政处检查大队荣获河北省"工人先锋号"，挂牌仪式在中国渔政13001号船举行。

[28]8月12日，以非洲发展新伙伴计划(NEPAD)协调署执行局阿斯特妮亚局长为团长的非盟渔业考察团，对保定白洋淀的池塘养殖和白洋淀生态养殖进行了考察。

[29]8月20日，青蛤规模化人工育苗及青蛤、缢蛏养殖技术开发项目通过验收，标志着河北省滩涂贝类规模化人工育苗和养成技术取得重大突破。

[30]9月1日,河北省沿海伏季休渔管理工作结束。

[31]9月17日,河北省渔业互保协会一届二次理事会在邯郸市召开。

[32]10月14日,河北省海洋渔政管理工作会议在安新县召开。

[33]10月14日,河北、天津渔政管理协作总结会议在安新县召开。

[34]11月2日,河北省水产养殖工作座谈会在霸州市召开。

[35]11月4日,唐山市在丰南区黑沿子渔港码头为荣获全国"文明渔港"称号的丰南区黑沿子中心渔港和乐亭中心渔港举行揭牌仪式。唐山市委常委、副市长兼农工委书记王久宗、省水产局副局长韩振久到会祝贺并致词。

[36]11月18日,河北省人民政府办公厅印发《关于实施河北省渔业"四百工程"战略的意见》(办字[2010])140号。

[37]11月22—24日,全省渔业工作座谈会在邢台市临城县召开。会议主要任务是督导重点工作完成情况,研究谋划2011年及今后一个时期的重点工作。

[38]12月30日,河北省水产局印发《河北省水生生物资源增殖放流规划(2011—2015年)》和《关于实施水产养殖池塘标准化开发改造工程的意见》。

(河北省水产局 王爱军 崔校武 马志敏)

山西省渔业

【概况】 2010年,全省渔业生产和经济形势继续保持良好发展态势,全省水产品总产量3.17万吨,同比增长2.3%;渔业经济总产值达到4.99亿元,其中渔业产值4.07亿元,分别同比增长5.06%和12.14%;全省渔民人均纯收入5 267元,同比增长0.51%。水产健康养殖、水产品质量安全、渔业资源养护、渔政渔船管理等各项渔业重点工作进展顺利、成效显著。

1. 水产健康养殖 持续开展部、省级"水产健康养殖示范场"创建活动。确定了27家养殖单位参与省级"水产健康养殖示范场"创建活动,向农业部推荐了6家养殖单位参与农业部第五批"水产健康养殖示范场"创建活动。经考核验收,有14家创建单位获得"山西省水产健康养殖示范场"称号,有4家创建单位获得"农业部水产健康养殖示范场"称号。在此基础上,投入省级财政支渔资金75万元,在全省范围内择优选择了8家养殖规模大、基础条件好、管理措施到位的"水产健康养殖示范场"创建单位开展了健康养殖示范场亮点工程建设试点,进一步提升了示范场创建质量,扩大了示范场的示范、辐射和带动作用,促进了全省水产健康养殖整体水平的提升。以运城市永济千亩连片池塘标准化改造为抓手,辐射太原、长治、大同、忻州、临汾5市,投入100万元为以上6市共计83公顷池塘配备了池塘底层微孔曝气增氧装置。有效提升了池塘综合生产能力,改善了池塘养殖生产环境和基础设施条件,为下一步全面深入开展池塘标准化改造工程奠定了良好基础。

深入贯彻落实《水域滩涂养殖发证登记办法》,全力推进养殖权制度建设,养殖证登记核发率达到91.3%。长子、武乡、屯留、沁县等4个县经当地政府发布了《养殖水域滩涂规划》。

2. 水产品质量安全监管 水产品质量安全是年度目标责任制中一项重要量化指标,同时也是渔业系统上上下下一项长期而艰巨的工作任务。一是水产苗种专项整治得到进一步巩固。紧紧围绕苗种生产这个重要环节,狠抓水产品质量安全。组织各市及有关单位对全省20家苗种场进行了专项整治,通过开展苗种场普查登记,建立水产苗种生产单位数据库,强化苗种生产繁育过程中使用违禁投入品管理,实施苗种生产许可和产地检疫,加大苗种药物残留抽检力度,确保了苗种专项整治取得实效。全省水产苗种药物残留抽检合格率达到97.1%,苗种生产许可证持证率达到78.9%。二是加强水产品质量安全宣传和培训。与"世界水日"、"中国水周"及"12·4"法制宣传日相结合,多形式、多渠道开展水产品质量安全宣传和培训活动,宣传水产品质量安全管理法律法规知识、水产健康养殖技术、用药技术、选购优质水产品的方法等知识。举办了全省首期无公害农产品(渔业行业)检查员和内检员培训班,培训了100余名无公害水产品检查员和90多名无公害水产品内检员。省、市、县三级全年累计举办各类培训班40期,培训近2 000人(次)。三是加大水产品药物残留抽检力度。对全省11个市进行了2次产地水产品质量安全抽检和2次市场水产品质量安全抽检,年抽检样品392个,抽检品种20个。产地水产品药物残留抽检合格率达到99.3%。市场水产品质量安全抽检合格率达到94.8%。四是深入推进无公害水产品产地认定和产品认证。全年新认定无公害水产品产地15个,新认定面积37公顷,新认证无公害水产品21个,认证产量329吨。

3. 渔业资源与环境保护 农业部和山西省财政共计投入300余万元推进增殖放流活动的开展。全年共放流各种经济鱼类1 540万尾，投入各类资金425万元。安泽县水利局借“荀子节”的举办，邀请法国、泰国、俄罗斯、埃及等20国大使参加了“关注生态，关注自然”为主题放流活动，扩大了增殖放流的社会影响，增强了社会各界和广大群众的资源环境保护意识。

按照资源调查工作安排，重点对黄河干流山西段、汾河中上游段、沁河、滹沱河等省内重点河流及36座大中型水库（湖泊）的鱼类资源、水质等进行调查，并对池塘渔业资源、岩溶泉资源进行了补充调查。编制完成了《山西省渔业可利用资源调查报告》，建立了山西省鱼类资源标本库和水生植物、水生动物基本数据库，为有针对性地开展水生生物养护工作提供了依据。

根据农业部和全国渔业生态环境监测网的统一安排，对漳泽水库、册田水库、小浪底水库、汾河二库及圣天湖等5个水库开展了渔业环境监测。全年监测水域面积约10 167公顷。并有效处置了中石油成品油输油管道渭南支线柴油泄漏和册田水库大面积死鱼两起突发事件。

4. 渔政执法管理 组织有关市（县）执法人员会同农业部黄河流域渔业资源管理委员会对黄河流域的重点交界水域垣曲县小浪底水库、芮城县圣天湖野生动物自然保护区、黄河万家寨水库等水域的禁渔以及渔业资源保护等渔政执法情况进行了重点检查和渔政执法督察工作。派出执法督察组，对水产苗种和水产品质量安全监督抽查中发现的阳性样品及其生产单位依法进行了处理和处罚。在内蒙古自治区船检局的协助下，组织验船师对全省10市及2个省直单位的213艘渔船实施了初次检验，渔船受检率达到80%，受检船只合格率达到79.8%。建立了渔船管理档案，对检验合格的170艘渔船发放了检验登记证书，对不符合检验标准的43艘渔船提出针对性的整改意见和具体要求。船检工作实现了零的突破。同时开展了“渔业平安县”创建工作，与海事部门签署了《水上交通安全管理合作备忘录》，建立了渔船管理协作机制，形成了水上安全监管合力。《山西省水生动物疫病应急预案》和《山西省渔业船舶水上突发事件应急预案》顺利通过了省政府应急办组织的专家评审。

5. 渔业统计与标准化 为了提高统计工作效率和质量，对原有《渔业统计报表体系》进行了修订，在此基础上，开发制作了《山西省渔业统计软件》。按照国家统计局、司法部和农业部关于开展农业统计工作大检查的要求，开展了全省渔业统计工作大检查活动。对基层渔业统计工作机构、人员、管理制度、资金保障、原始数据台账等情况及存在的违法违规行为等进行了全面检查。制定并印发了《山西省渔业统计工作考核办法》等一个方案三项制度，使全省渔业统计工作行为得到有效规范。

继2009年发布实施了4项渔业地方标准以来，继续加快渔业地方标准制定速度，进一步完善渔业地方标准体系。完成了《草鱼健康养殖技术规范》等5项渔业地方标准的起草和专家初评工作。

6. 渔业科技与推广 一是在永济市进行了池塘底层增氧技术推广示范，开展了草鱼种注射疫苗试验，有效解决了长期困扰渔农草鱼苗病害多的问题。二是抓科技示范户示范推动。对科技示范户采取塘口指导、集中培训、疑难解答、电话咨询等形式，就名特优品种特点、经济价值、养殖技术要点、无公害养殖技术和病害防治等内容进行了培训和指导。同时通过科技户辐射带动周边养殖户养殖行为的规范和技术水平的提高。三是抓技术及培训服务。在永济市举行了全省水产养殖规范用药科普下乡活动启动仪式，发放健康养殖规范用药光盘等相关资料300册（套），给渔民赠送渔药物资200袋（瓶）。组织开展技术培训20余次，受训渔民1 000人（次），发放宣传资料10 000余份。临汾市水产站组织多名专家以渔民为对象专门编印了《内陆淡水养殖技术100问》3 000册，内容深入浅出，通俗易懂，深受渔民欢迎。

7. 存在的问题 一是支渔惠渔政策扶持不明显，渔业投入仍显不足，科技和体制创新能力不强。二是渔业基础设施老化问题严重，渔业生态环境不断恶化，渔业健康可持续发展的基础不牢固。三是名优养殖品种的规模化程度不高、份额较小，苗种繁育和自给能力不强，传统养殖品种成本高、效益低，市场竞争力不强。四是产业化程度低，产业结构调整力度小，区域优势和规模优势不突出，缺乏有较强带动能力的水产龙头企业。五是市、县水产品质量安全检验检测体系建设滞后，专项经费不足甚至空白，监管手段落后，检验检测能力低下。部分基层单位和养殖户维护水产品质量安全的意识仍然不强，难以满足安全生产和放心消费的需要。六是养殖成本居高不下，渔民增收速度缓慢。

【重点渔业市(县)基本情况】

山西省重点渔业市(县、区)基本情况

市(县、区)	总人口(万人)	渔业总产值(万元)	水产品总产量(吨)	其中		养殖面积(公顷)
				内陆捕捞	内陆养殖	
永济市	43	10 100	8 269		8 269	408
垣曲县	22.6	1 597.60	1 295	634	661	46
曲沃县	23.5	1 409.76	1 255		1 255	241
清徐县	29	1 374.67	1 160		1 160	380
临汾市尧都区	76.9	1 294.57	1 139		1 139	190
襄汾县	49.7	940	890		890	163
晋源区	22.2	1 022.70	842		842	77
芮城县	38	901	635	21	614	244
盐湖区	62.9	280	558		558	1 289
沁县	17	745	550		550	500

【大事记】

[1]1月28日,全省渔业工作会议在太原召开。省水利厅副巡视员范晓兵出席会议并作了题为《勇于创新扎实工作 努力提升山西现代渔业发展水平》的工作报告。会议对2009年渔业重点工作完成情况进行了通报;对2009年度全省渔业先进单位和先进工作者进行了表彰,并为"水产健康养殖示范场"授牌。范晓兵与各地市渔业负责人签订了《渔业安全目标责任书》。省发改委农业处负责人,厅直渔业有关单位,各市、有关县水利(水务)局、水产站的负责同志及相关新闻单位参加会议。

[2]3月17日,中国科协农技中心和中国水产学会在北京召开了山西吕梁水产科技扶贫专家小组协调会。会上成立了吕梁水产科技扶贫项目技术工作组,制定了工作计划,并对具体任务进行了详细分工。该项目为期3年,主要开发吕梁市黄河名特优水产品养殖。

[3]4月10—15日,省水利厅范晓兵副巡视员带领省渔业局、省水产技术推广站以及太原、临汾、忻州、长治水利(水务)局等有关领导和业务骨干一行13人赴江西,主要就江西省池塘标准化改造等渔业工作进行考察学习,为下一步启动山西省池塘标准化改造工程以资参考和借鉴。

[4]6月9日,范晓兵副巡视员在大同会见了来晋检查"水产养殖零水体排放"合作项目的美国大豆协会水产养殖技术主任克里默先生、鱼类营养学家欧可飞顾问等一行4人。美国专家对合作项目取得阶段性进展表示非常满意。

[5]7月8—9日,中国水产学会在太原举办低碳渔业与节能减排技术培训班。来自全国省级渔业行政主管部门、水产科研和技术推广机构的60余名代表参加了培训。省水利厅副巡视员范晓兵出席培训班并致词。

[6]7月13—14日,省水利厅渔业局与省水产技术推广站在太原联合举办了全省渔业统计培训班。省水利厅渔业局邢有太局长出席培训班并讲话。

[7]7月18日,山西省水生野生动物保护科普宣传月活动启动仪式在太原市迎泽公园海底世界隆重举行。科普宣传月活动由全国水生野生动物保护管理办公室、省水利厅联合主办,省水利厅渔业局、太原市园林局、山西太原迎泽公园海底世界共同承办。省水利厅范晓兵副巡视员出席启动仪式并讲话。

[8]9月1日,全省贯彻实施《水域滩涂养殖发证登记办法》推进会在太原召开。副巡视员范晓兵出席会议并作重要讲话。会上印发了《山西省推进水域滩涂养殖发证登记工作实施方案》。提出到2011年11月底,全省11个市和24个渔业重点县的养殖水域滩涂规划全部经当地人民政府发布实施,规划内的水域滩涂养殖发证登记率达到98%以上,非重点县规划内的水域滩涂养殖发证登记率达到95%以上。

[9]9月8—10日,农业部副部长牛盾、农业部渔业局局长李健华一行来山西省调研渔业工作。山西省副省长刘维佳,副秘书长王纯,省水利厅厅长潘军峰、副巡视员范晓兵、厅办公室和渔业局及厅直有关单位

负责人,相关市(县)有关领导陪同检查指导。

[10]9月11日,全国水产养殖规范用药科普下乡活动启动仪式(山西片区)在永济市栲栳镇举行。来自运城、永济和芮城县近60位渔户参加了本次活动。

[11]9月17日,由农业部黄河流域渔业资源管理委员会、省水利厅和吕梁市人民政府联合主办的2010年黄河山西柳林三交段渔业资源增殖放流活动在柳林县三交镇黄河码头举行。农业部黄河流域渔业资源管理委员会办公室副主任康卫赤,省发改委有关负责人,省水利厅副巡视员范晓兵、厅渔业局和厅直有关单位负责人,吕梁市人民政府副秘书长范引录、柳林县人民政府副县长王义平、吕梁各县渔政人员以及三交镇机关干部、三交中学部分学生和渔民代表参加了增殖放流活动。此次放流活动共投放黄河鲤鱼30万尾,目的是有效保护和恢复黄河渔业资源,保障黄河渔业可持续健康发展。

[12]10月12—13日,由山西省渔业局主办,山西省水产技术推广站承办的第二期全省水产品质量安全快速检测技术培训班在太原举办。来自全省11个市、24个渔业重点县及省水利厅有关直属单位从事水产品质量安全管理工作的业务骨干共计58人参加了培训。

[13]12月16日,山西省水产技术推广站参与实施、全国水产技术推广总站主持完成的"多类型水质健康养殖技术集成示范推广"项目荣获2008—2010年度全国农牧渔业丰收奖农业技术推广成果奖二等奖。山西省水产技术推广站参与完成的"新吉富罗非鱼养殖推广示范"项目荣获该奖项三等奖。

[14]12月31日,山西省水利厅协助山西省人民政府应急管理办公室召开了《山西省突发水生动物疫情应急预案》、《山西省渔业船舶水上安全突发事件应急预案》评审会。省政府副秘书长、省政府应急办专职副主任孙跃进,省水利厅副厅长裴群、副巡视员范晓兵,农业部渔业局、国家行政学院,省委党校、省发改委、财政厅、卫生厅、交通运输厅、安监局、出入境检验检疫局的领导和专家参加了评审。两个《预案》顺利通过了评审。

(山西省水利厅渔业局　李俊智　蓝天慧)

内蒙古自治区渔业

【概况】 2010年,全区水产品总产量达到11.4万吨,比上年增长7.38%。养殖产量8.3万吨,同比增长8.8%。渔业产值14亿元,同比增长9.3%。渔民人均纯收入7 225元,同比增长10.55%。

1. 落实强渔惠渔政策 2010年,全区落实国家渔用燃油补贴资金127万元(2009年第三批),受益渔船1 016艘;落实渔机补贴资金2.57万元,补贴增氧机、投饵机、清淤机等104台。落实渔政管理、水产品质量安全管理等基础设施建设资金136万元。落实水生生物资源增殖放流资金360万元。其中水生经济动物放流资金300万元,濒危、珍稀水生野生动物放流资金60万元。落实自治区水产补助费600万元,其中安排水产良种补贴资金159.7万元。三个渔业产业带建设资金180万元,水生生物资源增殖放流资金120万元,渔政管理、水产品质量安全管理资金140.3万元。

2. 三个渔业产业带建设 2010年,围绕大中型湖泊、水库优质水产品增养殖,名优特鱼类池塘养殖和盐碱水域卤虫、盐藻养殖、加工等三个渔业产业带建设,全区渔业经济持续健康发展。在天然水域开发过程中,依托东部地区丰富的冷水资源,打造冷水鱼养殖基地,在牙克石市现有冷水鱼养殖规模的基础上打造"百公里冷水鱼产业带",全面提升冷水鱼养殖层次和水平。在中西部池塘集中地区,加快名特优养殖品种的结构调整,扩大养殖规模,大力推广生态健康养殖技术,池塘养殖取得良好效果。在盐碱水域开发方面,鄂尔多斯市鄂托克旗螺旋藻产业园区建设进一步加快,园区总占地面积826公顷,其中螺旋藻养殖基地占地面积600公顷。达拉特旗新增螺旋藻养殖面积200公顷,全区螺旋藻产量突破1 000吨,作为全国最大的螺旋藻养殖基地的优势地位进一步明显。

3. 渔业科技 水产技术推广部门依托自身优势,因地制宜地开展技术推广工作,成效显著。贝尔湖鲤鱼、呼伦湖鲤鱼、陈旗银鲫、达里湖瓦氏雅罗鱼、达里湖鲫鱼等一批地方土著优良品种得到大力推广;池塘名优特养殖规模不断扩大,养殖品种不断增加;盐碱水域螺旋藻、盐藻养殖集约化程度不断加强,产量再创新高。在科研方面,开展了"大宗淡水鱼类产业技术体系"、"呼伦湖渔业利用与水域环境治理和保护"、"达里湖瓦氏雅罗鱼人工孵化"等项目。"北方高寒地区高白鲑人工繁殖及增殖放流技术示范"项目获2010年度内蒙古自治区农牧业丰收一等奖。引进松浦镜鲤、"中科"3号异育银鲫等新品种进行池塘养殖试验,取得良好的养殖效果。在技术推广方面,水产技术推广部门试验示范基地达到71个,养殖面积9 500.6公顷,育苗水体50 890立方米。累计推广网箱养鱼54 313立方米,总产量848.8吨;池塘养殖12 413.2公顷,总产量44 754.6吨;稻田养殖2 135.6公顷,总产量516吨;大水面移植增殖101 352.8公顷,总产量11 862.2吨。辐射指导面积82 392公顷,直接受益农户 4 487 户。

4. 水产健康养殖 水产健康养殖行动是自治区农牧业厅为农牧民办理的十件实事之一。按照厅党组要求,全区各级渔业部门开展了送水产良种下乡活动,为 12 个盟市的 556 户渔民(场)送良种鱼苗 3 123 万尾、鱼种 294 吨,超额完成了年初计划。2010 年,经农业部批准,全区有 5 个水产养殖场晋升为国家级水产健康养殖示范场,全区水产养殖示范场总数达到 37 个,其中国家级 20 个。全区推广天然水域健康养殖面积 7.9 万公顷,池塘健康养殖面积 0.33 万公顷。全区认定无公害水产品产地 165 个,总面积 37.6 万公顷,占全区已利用面积的 68%。认证无公害、绿色、有机水产品分别达 162、35、60 个。

5. 水产品质量安全专项整治 水产品质量专项整治行动是近年来主抓的工作之一。根据农业部统一部署,结合自治区实际情况,制定了《内蒙古 2010 年深化水产品质量安全专项整治行动实施方案》。各盟市根据该方案,开展了水产苗种生产和质量安全检查、养殖执法检查、产品质量抽检、产品认证等工作。2010 年全区共出动执法人员 1 659 人(次),检查了 604 个水产养殖场。对查处的 25 个问题(主要是记录不健全)单位进行了整改。农业部和自治区两级共抽检了 125 批(次)的样品,产品合格率达到 98.4%,有效保障了水产品质量安全。

6. 渔业培训 2010 年,全区共举办各类水产健康养殖技术培训班 105 期,培训渔民 5 058 人(次),发放各类技术资料 21 120 份。举办渔政执法人员培训班 15 期,培训渔政人员 652 人。举办船员培训班 10 期,培训船员 324 人。发放《内蒙古自治区渔业船舶检验工作手册》1 000 册。渔业培训活动的开展,对于加强渔业行业管理,提高渔业从业人员的整体素质和服务能力,推进渔业持续、协调、健康发展发挥了重要作用。

7. 水生生物资源增殖放流 全区筹集放流资金 2 196.4 万元(其中农业部下达放流资金 360 万元),比上年增长 48.96%,向天然水域投入经济鱼类苗种 19.58 亿尾(粒),同比增长 36.9%。其中经济鱼类苗种 4.98 亿尾,同比增长 38.3%,大银鱼受精卵 10 亿粒,池沼公鱼受精卵 4.6 亿粒。2010 年全区开展放流活动 53 次,其中自治区农牧业厅与有关盟市政府(行署)联合举办 10 次,盟市自行组织放流活动 43 次。水生生物资源增殖放流行动的开展,不仅有效遏制了渔业资源下降的趋势,保护了水生生物多样性,而且对于宣传渔业,增强全社会保护渔业资源和生态环境意识,推进渔业可持续发展具有重要作用。同时,在边境水域开展增殖放流活动,树立了我国作为负责任渔业国的良好形象。

8. 渔政管理 一是加强渔政队伍建设。全区渔政系统 105 个事业单位中,有 10 个盟市、40 个旗县级渔政机构已经完成参照《公务员法》管理,占应参照《公务员法》管理的机构的比例达到 39%。二是开展《渔业法》宣传。全区渔业系统集中开展了形式多样的宣传活动,共制作播放电视宣传节目 10 期、广播节目 12 期、报纸刊登宣传稿件 22 件,发放各类宣传材料近万份。并把渔业普法宣传贯穿于行政审批、渔政执法、水产技术推广等各项工作之中,与为渔民服务充分结合起来,提高了广大群众的法律意识。三是加大渔政执法力度。印发了《内蒙古自治区 2009 年禁渔期、禁渔区渔政管理通告》,对禁渔期、禁渔区渔政管理作了统一部署。在自治区渔政渔港监督管理局的统一组织下,开展了黄河内蒙古段渔政综合执法行动、边境水域额尔古纳河、贝尔湖渔业综合执法行动及重要湖泊水库渔业综合执法行动。在执法过程中,各级渔政部门克服渔政人员少、交通工具差、执法战线长、工作难度大等困难,统一行动、密切配合,取得明显成效。2010 年,全区累计开展专项执法行动 62 次,累计出动执法人员 7 474 人(次),其中自治区组织开展了 12 次,各盟市开展专项执法 50 次,处理渔业案件 48 件,没收非法渔具 54 件(套),罚款 14.35 万元。

9. 渔业安全生产 按照《国务院办公厅关于继续深入开展“安全生产年”活动的通知》、《农业部办公厅关于印发〈2010 年渔业“安全生产年”活动实施方案〉的通知》、自治区农牧业厅《关于继续深入开展“安全生产年”活动,切实做好 2010 年安全生产工作的通知》要求,制定了《内蒙古自治区 2010 年渔业“安全生产年”活动实施方案》。对全区渔业安全生产工作进行了总体部署,各盟市按照方案部署,积极开展了安全生产宣传教育、专项检查、隐患排查和制度建设等工作。注重加强渔业安全管理、渔政船(艇)管理、渔业船舶检验、执法队伍培训,有效保障了渔业安全生产。2010 年 6 月,农牧业厅下发《关于开展渔业安全生产大检查的通知》,分东西部两组,对重点盟市进行了专项督察。查验安全管理制度、方案、预案等材料 86 份,组织宣传 12 次,张贴标语 500 多幅,发放宣传材料 6 000 多张,开展安全培训 38 期,查处安全隐患 9 起,并进行了整改。督促各地进一步强化了制度建设,落实了安全生产责任制和责任追究制,确保了渔业安全生产。

【重点渔业市(县)基本情况】

内蒙古自治区重点渔业旗(区)基本情况

市(县)	总人口(万人)	渔业总产值(万元)	水产品总产量(吨)	其中		内陆养殖面积(公顷)
				内陆捕捞	内陆养殖	
呼和浩特市土左旗	35	7 547.9	4 416	0	4 416	2 885
鄂尔多斯市达拉特旗	33.6	9 413	3 690	120	3 570	1 242
包头市九原区	27.7	6 361	4 030	175	3 855	491
鄂尔多斯市准格尔旗	27.1	4 527	2 100	106	1 994	1 271
赤峰市克什克腾旗	25.6	4 502	2 300	500	1 800	4 875
巴彦淖尔市临河区	53.3	5 101	3 800	170	3 630	1 393
呼伦贝尔市新巴尔虎右旗	3.4	5 520	4 800	3 540	1 260	2 000
巴彦淖尔市杭锦后旗	31.2	4 990	3 690	255	3 435	1 846
鄂尔多斯市鄂托克旗	94.7	3 354	1 086	80	1 006	972
呼伦贝尔市莫旗	33.8	5 133	4 452	1 352	3 100	4 825

【大事记】

[1]2 月 24—25 日,全区农牧业工作会议渔业专业会议在呼和浩特市召开。

[2]4 月 1—30 日,自治区渔政渔港监督管理局组织全区开展《渔业法》宣传月活动。

[3]5 月 1 日至 7 月 31 日,自治区渔政渔港监督管理局组织各盟市渔业主管部门及其所属的渔政执法机构,在黄河内蒙古段,贝尔湖、额尔古纳河等边界水域,自治区重要湖泊、水库开展禁渔期渔政综合执法行动。

[4]6 月 22 日,自治区农牧业厅与巴彦淖尔市人民政府在乌梁素海联合举办渔业资源增殖放流行动。农业部黄渤海区渔政局副巡视员于池忠、农业部黄河流域渔业资源管理委员会办公室副主任康卫赤,自治区农牧业厅党组书记、厅长郭健,副厅长布仁,自治区农牧业厅渔业局局长孙晓文,巴彦淖尔市副市长李石贵等出席了放流仪式。

[5]6 月 23 日,自治区人民政府与农业部黄河流域渔业资源管理委员会在巴彦淖尔市磴口县联合举办 2010 年黄河内蒙古巴彦淖尔段渔业资源增殖放流行动。农业部黄渤海区渔政局副巡视员于池忠、农业部黄河流域渔业资源管理委员会办公室副主任康卫赤,自治区农牧业厅党组书记、厅长郭健,副厅长布仁,自治区农牧业厅渔业局局长孙晓文,巴彦淖尔市副市长李石贵,巴彦淖尔市农牧业局局长王志云等领导参加了放流行动。

[6]7 月 17 日,自治区农牧业厅和鄂尔多斯市人民政府在黄河鄂尔多斯段联合举办了 2010 年黄河内蒙古鄂尔多斯段水生生物资源增殖放流行动。本次放流行动共放流各种规格的黄河鲤共 200 万尾。

[7]8 月 8—10 日,自治区农牧业厅渔业局在赤峰市召开了 2010 年全区水产养殖现场会。自治区农牧业厅渔业局局长孙晓文、副局长陈春雷,自治区渔业船舶检验站站长高文、水产技术推广站站长刘海涛、渔业协会秘书长彭本初以及各盟市水产站长、三大渔场负责人、自治区级水产良种场负责人等,共 50 人参加本次会议。

[8]8 月 14 日,由内蒙古自治区农牧业厅和呼伦贝尔市人民政府联合主办,内蒙古自治区渔政渔港监督管理局、呼伦贝尔市农牧业局、额尔古纳市政府承办的 2010 年中俄界河—额尔古纳河水生生物资源增殖放流行动在额尔古纳河黑山头口岸举行。本次活动共投放规格为 20 厘米/尾的鲤鱼 3 万尾,15 厘米/尾的细鳞鱼 1 万尾,12 厘米/尾的哲罗鱼 2 万尾。

(内蒙古自治区农牧业厅渔业局
刘永明 冯伟业)

辽宁省渔业

【概况】 2010 年,全省渔业经济保持良好运行态势。全省渔业经济总产值达到 1 049.7 亿元,同比增长 15%;增加值 549.2 亿元,增长 18.8%。渔业及水产品加工业增加值 451.6 亿元,同比增长 18.7%。水产品总产量实现 430.4 万吨,同比增长 6.7%。新建水产健康养殖示范区 332 个,面积 5 730 公顷。新增水产品精深加工项目60个,新增加工能力22.5万吨;全年完成水产加工品200万吨,实现加工产值221亿元。现代海洋牧场建设扎实推进。放流中国对虾19.2亿尾、海蜇3.6亿头;全省增殖放流规模达到91亿单位,同比增长14%。新建3个人工鱼礁示范区,底播增殖达到44万多公顷。水产品出口创汇持续向好,打破两年徘徊,创汇18.3亿美元,创历史最高水平,增长速度恢复到国际金融危机发生前的水平,比上年增长16%;占全省农业出口创汇的53.8%,比上年提高2.3个百分点。渔民人均纯收入12 300元,高出全省农民人均纯收入5 392元。

1. 水产增养殖

(1)精品养殖及养殖规模发展迅猛。2010年,全省精品渔业养殖面积增加到33万多公顷,产量达185万吨。海参增养殖势头迅猛,2010年达到8.6万公顷;海蜇养殖从无到有,目前养殖规模达到1.2万公顷。工厂化设施渔业养殖规模达到400万平方米。积极落实省财政扶持水产品加工业新增项目政策,2008—2010年共安排以奖代补资金9 000万元,建设水产品加工业新增精深加工项目180个,累计拉动社会投资30.3亿元,其中固定资产投资20.3亿元。新增加工能力95万吨,新增加工产量73.2万吨,新增产值90.9亿元。全省精深加工比重同比提高15个百分点,达到50%。为宣传名优水产品种,组织相关企业参加了农业部第八届中国国际农产品交易会、第三届中国舟山国际渔业博览会和第十二届日本国际海产品及技术博览会。有8个水产加工品获第八届农展会金奖。

(2)增殖渔业领域不断拓宽。从2009年开始恢复中断16年的辽东湾中国对虾增殖,两年间放流8.2亿尾。到2010年,全省水生生物增殖放流规模达到91亿单位;以虾夷扇贝、海参、魁蚶等海珍品浅海底播为主的面积已达31万多公顷。三年来,在大连、锦州、葫芦岛、丹东、盘锦等地已建底播增殖鱼礁区、保护型鱼礁区、海珍品增殖鱼礁区等类型的人工鱼礁12处,礁区面积2 280公顷,礁体规模达到45万立方米,海洋牧场建设成效显著。2010年,研究编制了《辽宁省现代海洋牧场建设规划(2011—2020年)》,规划了未来10年辽宁省海洋牧场建设远景。

(3)加工渔业壮大发展。"十一五"以来,全省新增水产品加工企业129家,达到846家,每年的固定资产投入都超过20亿元。2010年全省水产品加工产量约190万吨,实现产值200亿元,分别比2005年增长70.3%和105%。高附加值的精深加工比重大幅提升,已达到50%。积极落实省政府农产品加工招商会议精神,先后到山东好当家等企业走访,落实10亿元以上水产品加工项目7项,签约项目资金达126.6亿元。

2. 水产苗种管理 2010年,全省水产苗种场达到1 714家。全省水产苗种出苗总量达到2 000多亿单位,育苗品种达到50多个,实现产值40亿元,占全省渔业经济总产值的9.5%。全省已累计投入资金1 900多万元,扶持建设省级水产原(良)种场72家,包括鱼、虾、参、蟹、贝等28个品种,奠定了健康养殖业持续发展的种质基础。

3. 渔业出口创汇 自2010年1月1日始,欧盟对进入其市场的部分海洋捕捞产品实行合法性认证。为了保证为输欧海洋捕捞产品办理合法捕捞证明工作的有序进行,共为55家涉欧企业办理了合法捕捞证明文件。其中办理《合法捕捞证明》18批(次),《加工厂声明》4批(次),出具《原料声明》612批(次),涉及出口海洋捕捞产品及其加工品13 153.6吨。2010年全省水产品对外贸易继续保持快速增长,创汇18.3亿美元。

4. 远洋渔业 远洋渔业企业克服重重困难,积极应对国际不利因素,从2008年开始逐步走出调整期。2010年全省远洋渔业资格企业20家,外派远洋渔船达到346艘,比2007年低谷时期增加了148艘,作业区域到达16个国家、地区和三大洋公海海域。远洋捕捞产量约17.5万吨,实现产值约10亿元。

5. 渔政管理

(1)强化了伏季休渔管理。投资1 100多万元,建设全省渔政执法船动态监视监控系统,实现了渔政执法船无盲区视频实时回传和实时通信,渔政执法船大功率雷达海上监控范围扩大到30海里。海上执法力度进一步加大,抽调6艘渔政执法船,并商借海区、海警船艇,组成海上管理指挥部,共抓扣违规渔船36艘。

(2)加大了制止非法越界捕捞工作力度。制止非法越界捕捞成了渔政管理工作的重中之重。全省有越界捕捞能力的渔船6 000余艘,按照省委、省政府领导对制止渔船越界非法捕捞工作多次做出的批示和召开的专门工作会议,进一步强了对制捕工作的领导,遏制了非法越界捕捞增长的势头。

(3)完成了渔民转产转业工作。渔政、渔监、船检部门对拟报废渔船进行严格审查,对不符合要求的坚决不予报废。及时组织拆解报废渔船,邀请财政部门和渔民代表亲临拆船现场,保证"公开、公平、公正"执行国家政策。并组织"两转"渔民开展实用技术知识培训和实地考察,增强理性认识。"十一五"期间,全省共落实国家补助资金5 912.3万元,拆解报废渔船

1 167 艘,减船功率 43 041.33 千瓦。

(4)安全监管取得新成效。经过上下共同努力,全省渔业安全生产实现了“四下降”,即渔业生产安全事故、死亡(失踪)人数、沉没渔船、直接经济损失,同比分别下降 32.1%、20.3%、18.8% 和 14.8%。组织抢险救助 59 起,救助渔船 102 艘,救助渔民 262 人,挽回经济损失 3 583 万元。产地水产品质量监督抽查合格率为 98%。水产品质量检验检测能力不断提高,省水产品质量检验检测局首次通过了农业部考核验收。

【重点渔业市(县)基本情况】

辽宁省重点渔业市(县、区)基本情况

市(县、区)	总人口(万人)	渔业总产值(万元)	水产品总产量(吨)	其中				养殖面积(公顷)	
				海洋捕捞	海水养殖	内陆捕捞	内陆养殖	海水养殖	内陆养殖
庄河市	91	1 383 463	436 627	87 894	348 277		456	54 785	640
东港市	65	750 116	353 310	106 350	209 346	256	37 358	46 468	6 146
长海县	8	867 668	387 965	158 720	229 245			324 304	
普兰店市	82	830 310	198 644	36 847	157 337		4 460	18 879	6 137
甘井子区	59	340 122	72 142	61 501	10 641			4 275	
旅顺口区	21	370 000	177 868	63 598	114 270			26 099	
瓦房店市	102	354 835	120 386	63 777	54 609		2 000	16 176	1 941
金州区	47	171 019	182 611	55 913	126 698			12 703	
大洼县	40	391 239	174 195	32 292	26 763	7 880	107 260	26 000	35 332
凌海市	57	237 039	153 221	19 282	127 398		6 541	65 706	641

【大事记】

[1]2 月 2 日,辽宁省海洋与渔业厅、WWF(世界自然基金会)和 UNDP/GEF 黄海大海洋生态系项目(YSLME)在沈阳签署了“基于生态系统的鸭绿江口滨海湿地管理示范项目”合作谅解备忘录。此项目旨在突破传统的以单一物种或类群为主的管理方式,通过引入基于生态系统的管理模式,对项目区制定并实施一套科学的协调管理计划,探索滨海湿地保护的新模式、新机制。

[2]2 月 26 日,下发《关于支持县域经济渔业产业发展的意见》;下发《关于下达 2009 年度辽宁省水产健康养殖示范区和水产品加工业新增项目以奖代补项目明细的通知》。

[3]3 月 2 日,农业部在北京召开 2010 年度引进国际先进农业科学技术“948”计划项目合同签订会议。大连水产学院、省海洋水产科学研究院等单位共同承担的“渤海海洋牧场关键技术研究”重大滚动项目合同顺利签订,本年度项目经费 150 万元。

[4]3 月 16 日,辽宁省名牌战略推进委员会召开全体会议,审定通过了 200 个产品为 2009 年度辽宁名牌产品,其中有 4 个水产品榜上有名。分别为大连獐子岛渔业集团股份有限公司生产的“獐子岛”牌虾夷扇贝制品;大连晓芹食品有限公司生产的“晓芹”牌加工海参;凌海市达莲海珍品养殖有限责任公司生产的即食海参;丹东永明食品有限公司生产的“渔之郎”牌鱿鱼制品。

[5]4 月 21 日,为贯彻落实辽宁省人民政府关于《制止非法越入朝韩海域捕捞专项行动方案》的文件精神,由省海洋与渔业厅组织、省大连渔政局负责海上指挥的为期 60 天的 2010 年辽宁省防止渔船非法越入朝韩海域捕捞海上巡航行动正式起航。

[6]6 月 6 日,在大连市金州区杏树渔港举办 2010 年黄海生物增殖放流活动。

[7]6 月 6 日,建立水产品质量安全考评机制。省政府绩效管理领导小组下发了《关于印发 2010 年度省政府对各市政府绩效考评实施细则的通知》,其中将水产品安全作为对各市政府绩效考评的指标之一。

[8]6 月 7 日至 7 月 8 日,开展全省水产加工产业现状调查和重点水产品加工企业情况调查。

[9]6 月 10 日至 9 月 15 日,开展为期百日的水产养殖用兽药专项整治行动。这是首次就水产养殖用兽药监管与省畜牧兽医局合作。两部门联合下发了文件,提出了具体的工作目标、内容、方法和要求。该行动得到了各市的积极响应,形成了上下联动抓整治的

局面。

[10]7 月 12—21 日，全省海蜇集中管理。按照《2010 年辽东湾海蜇资源管理实施方案》的要求，辽东湾沿海各市加大陆地港口管理力度，海上严管重罚，整个管理工作紧张有序，连续 8 年实现全省统一开捕。

[11]8 月 28 日至 12 月 30 日，分两阶段，按照《辽宁省公安厅、辽宁省海洋与渔业厅制止非法越入朝韩海域捕捞，实施海上封控行动方案》的要求，集中全省 8 艘大型渔政船，与公安边防海上执法艇联合行动，有力遏制了非法越界捕捞势头，整肃海上生产秩序。

[12]10 月 19 日，锦州经济技术开发区孙家湾村和梁屯村十数名渔民代表专程来到沈阳，将分别写有“想民事谋民福心系渔民”和“对虾放苗 渔民增收 感谢政府”的两面锦旗送到省海洋与渔业厅领导手中。2010 年渤海渔业资源增殖放流规模达到历史最高，加之各级政府和部门齐抓共管，加强伏季休渔管理，渔业资源恢复明显，广大渔民收益颇丰。截至 9 月底统计，辽东湾回捕中国对虾产量为 549 吨，产值 4 392 万元，中国对虾增殖放流的投入产出比达到 1 : 11.4。

[13]10 月 25 日，下发了《关于全省实施水域滩涂养殖证制度工作的意见》。

[14]12 月，组织编制完成《辽宁省现代海洋牧场建设规划(2011—2020 年)》；完成 2010 年增殖放流政府采购资金 2 150 万元的拨付工作；完成辽宁省渔业三年加快发展成果总结(2008—2010)，并制作专题片。

(辽宁省海洋与渔业厅　董泽江　张　超)

吉林省渔业

【概况】

1. 经济总量　2010 年，面对渔业发展新形势和严重洪灾雪灾新挑战，全省渔业系统坚定信心、团结奋进，攻坚克难、扎实工作，全面完成了年度各项目标任务，为“十一五”画上了圆满的句号。全年水产养殖面积 27.38 万公顷，完成水产品产量 16.59 万吨，较 2009 增加 0.08 万吨，增幅为 0.5%。其中养殖产量 14.62 万吨，同比增长 0.14%，捕捞产量 1.97 万吨，同比增长 2.60%。实现产值 27.4 亿元，同比增幅达 8.3%。水产品出口创汇 6 637 万美元。渔民人均纯收入达到 5 563.9 元。

2. 产业发展　在省委、省政府的高度重视和正确领导下，全省各级政府和渔业部门全面落实科学发展观，认真贯彻执行中央和地方各项支渔惠渔政策，大力推进渔业结构调整和发展方式转变。渔业产业地位得到了进一步巩固和提高，经济发展和资源养护工作取得了显著成效，为繁荣农村经济、增加农(渔)民收入、保障水产品安全有效供给、促进生态文明建设等作出了重要贡献。

(1)渔业经济总量不断壮大，促进了农业稳定发展和农(渔)民持续增收。2010 年，渔业综合生产能力持续提高，渔业经济仍保持较快发展，成为全省农业经济的重要增长点。

(2)渔业结构进一步优化，自然资源开发利用趋向合理，渔业结构调整步伐已见成效。增养殖产量所占比重逐年提高，在水产品总产量中所占的比重由“十五”末的 82% 提高到 90%。养殖鱼类品种丰富，鳜、黄颡鱼、东北六须鲶、花羔红点鲑等一些极具本省地方特色的土著养殖品种得到养殖户和消费市场的高度认可，“一条鱼带动一个产业”现象初步体现。优势区域布局逐渐形成，中西部地区的大水面绿色有机渔业和稻田养蟹，东部地区的虹鳟、花羔红点鲑等冷水鱼养殖，中部地区的名优鱼类池塘集约化养殖，延边朝鲜族自治州鳕鱼加工及海产品转口贸易，大中型湖库冬捕旅游等，均已初具规模，成为促进渔业经济发展和农(渔)民增收的强大动力。

(3)渔业服务体系建设不断完善，支撑保障能力显著提高。各级政府继续加大对渔业的投入，大力推进了水产原(良)种、水生动物疫病防控、水产品质量检验检测和渔业环境监测体系建设。建立了渔政管理指挥系统，改善了渔政执法装备，为渔业经济稳步发展提供了有力支撑。渔政执法队伍建设取得突出成效，基本解决了困扰多年的各县级机构编制、经费难题，“渔业文明执法窗口单位”和“平安渔业示范县”创建活动深入开展；渔业科研和水产技术推广体制改革取得进展。科研、推广、渔政、港监、船检、涉外渔业管理和国际渔业合作等得到明显加强。

(4)水产品质量水平保持稳定，有效保障了居民消费安全。2010 年，先后建成农业部水产健康养殖示范区 23 处、无公害水产品养殖基地 30 处，认证无公害(绿色、有机)水产品 67 个，涉及水域面积 1.2 万公顷。养殖业专项执法、水产品药物残留检测等专项整治活动深入开展。水产苗种生产许可、持证养殖、养殖生产“三项记录”等制度得到较好执行。渔药、饲料等生产投入品使用受到严格监管。养殖病害、环境监测、质量检测工作深入开展。对主要养殖品种、重要水生动物疫病进行监测，预防和控制了水产养殖病害和疫情疫病的发生和蔓延。对主要江河和部分池塘、水库渔业环境进行了跟踪监测，及时掌握了渔业水域环境状况，对可能影响水产品质量安全的潜在危害进行了风险分析和评估。继续开展了产地水产品抽检工作，分别于7月和9月两次在全省水产养殖企业数据库中随机抽取30家企业进行了抽样检测，共抽检3个品种55个样品，检测合格率为100%。

(5)渔业资源养护工作不断深入，促进了生态文明建设。继续对全省自然河流和主要湖泊水库实施了阶段性禁渔管理；炸鱼、毒鱼、电鱼等破坏渔业资源违法行为受到严厉打击，水生野生动物资源得到了有效保护和恢复。水生生物增殖放流工作持续开展，全民认识不断提高，形成了政府主导、各界支持、群众参与的良好社会氛围，生态、经济和社会效益显著。全年共组织放流水生动物1.5亿尾；大麻哈鱼、滩头鱼等溯河产卵鱼类人工增殖放流取得历史性突破。

2010年吉林省渔业发展充分表明：坚持在农业和农村经济发展大局中谋划渔业，创造良好政策环境，是加快渔业发展的重要前提；调整渔业产业结构，转变渔业发展方式，是加快渔业发展的重中之重；促进渔业生产经营专业化、标准化、规模化、集约化，是加快渔业发展的必由之路；强化科技、人才、体制支撑，完善基础设施，是加快渔业发展的基础保障；严格有效执行各项重大管理制度，强化资源和质量安全管理，是加快渔业发展的基本要求。

3. 存在的主要问题 一是资源衰退与环境恶化，难以满足渔业作为经济和生态产业发展的需要。二是市场化、产业化水平较低，难以满足现代渔业建设和发展的需要。三是科技创新水平不高，难以满足渔业发展方式转变的迫切需要。四是水产品质量安全保障能力有限，难以满足消费市场对水产品质量安全的更高要求。五是投入不足，难以满足支撑保障体系服务渔业发展的需要。

【渔业重点市(县)基本情况】

吉林省重点渔业市(县)基本情况

市(县)	水产品总产量(万吨)	其中	
		养殖产量	捕捞产量
前郭县	16 200	15 128	1 072
镇赉县	12 500	9 970	2 530
扶余县	11 050	7 810	3 240
舒兰市	7 006	6 691	315
磐石市	6 960	6 960	
蛟河市	6 450	6 450	
集安市	5 705	4 849	856
梅河市	5 611	5 375	236
大安市	5 627	4 525	1 102
农安县	5 205	4 630	575

(吉林省渔业局 李洪弟)

黑龙江省渔业

【概况】 2010年，全省渔业战线的广大干部和职工克服了极端气候条件给渔业生产带来的不利影响，以促进渔民增收、保障水产品质量安全为目标，以优化渔业经济结构、转变发展方式为重点，全省渔业生产继续保持良好发展态势。渔业经济总产值达到64.6亿元，比上年增长6.7%；渔民纯收入达到6 160元，比上年增长6.21%。主要有以下特点：

1. 各地重视程度进一步提高，财政支渔力度加大 全省各级政府和渔业部门对发展区域特色水产养殖业高度重视。继佳木斯市、黑河市、伊春市以市政府名义制定下发渔业发展意见之后，大庆市也着手制定了做大做强绿色生态水产业的实施方案，准备以市政府名义下发。一些县(市)的主要领导直接参与研究水产业发展问题。为了发展县域渔业经济，绥滨县委、县政府领导带队到省农委渔业局沟通联系工作，确定了投资1 000万元建立绥滨县特色养殖示范区项目。已投资200万元，完成了100个网箱制作工作和部分配套项目工程建设。随着全省特色养殖的不断升温，各级财政支渔力度不断加大。省财政将650万元的农村水产补助费增加到935万元，有力地推动了全省渔业发展。黑河市各级政府采取政府扶持50%，经营者自投50%的政策，鼓励养殖户发展网箱养殖。全市网箱养殖面积达到3 143平方米，比上年增长67%。

2. 大力发展集约化养殖生产，特色水产养殖业向规模化方向发展 一是加快了池塘驯化养鱼和网箱养鱼高产技术的推广应用。2010年，全省应用颗粒饵料进行集约化养殖的驯化养鱼池塘面积已达3.63万公顷，比上年增长19.3%。鹤岗市抓住购置渔业机械实施补贴契机，引导养鱼场（户）大上渔机设备，购买增氧机、饵料机等渔业机械设备200多台（套）。池塘驯化养鱼的渔机配备达到了全覆盖。佳木斯市2010年放置网箱2 470个，养殖面积达62 100平方米。同江市在街津口鲟鳇鱼繁育基地及哈鱼岛二道江又新建两处网箱养殖区，设置网箱390个，养殖面积达11 700平方米，成为黑龙江省又一个网箱养鱼大县。二是名特优鱼类特别是地产名贵鱼类养殖快速发展。以抚远、同江、黑河、杜蒙等20个县为重点，在全省发展适应北方高寒地区养殖特点、拉动力强的鲟鳇鱼、大白鱼、怀头鲶等特色品种的养殖。2010年，全省以地产名贵优质鱼类为主的名特优鱼类养殖面积已达17.38万公顷，比上年增长11.3%，占养鱼水面的44.7%。鸡西市大白鱼推广面积达1.2万公顷。鹤岗市在1.33万公顷池塘中利用水库流水养殖鲟鳇鱼获得成功，养殖的鲟鳇鱼最大个体已达35千克。很多县（市）都挖掘自身资源优势，出台文件和政策，发展具有自身特点的特色养殖。五常市利用磨盘山水库及周边地区山间溪流丰富的冷水资源，发展虹鳟、金鳟、鲟鱼、白点鲑、细鳞鱼等养殖，养殖面积达11.33公顷，每千克鱼效益10元以上。哈尔滨全市冷水鱼养殖面积已经发展到126.7公顷。在地产名贵优质鱼类规模发展的同时，一些以往不被人们重视的地产水产品繁育养殖开始起步。穆棱市兴源镇孙家海养殖场从产地购进25组体质健壮的亲蟹，开展绥芬河河蟹的繁殖，生产扣蟹（蟹种）2 000多千克。富锦市鱼种场与个体户合作，引资160万元，改造池塘10公顷，2010年7月初开始收购泥鳅苗，共收购8万千克，大、中、小规格投放不同池塘饲养。至11月下旬全部销往江苏，每千克售价40元、24元、18元不等，共计销售290万元，当年收回投资成本，获利130万元。

3. 推广普及水产健康养殖技术，水产品质量进一步提高 2010年组织19处和53处养殖场分别创建部级和省级水产健康养殖示范场（区），并相继建设了一批市（地）、县（市）级水产健康养殖示范场。在推进过程中，注重把确保大中城市水产品质量安全放在首位，把发展水产健康养殖和建设水产健康养殖示范场（区）的重点，放在围绕大中城市的商品鱼集中产区。普及水产健康养殖技术，加强质量监督管理。重点建设的肇东市涝州镇（0.49万公顷）、五常市磨盘山渔业养殖专业合作社（0.28万公顷）、巴彦县少凌鱼种场及呈祥水产良种繁育基地（177公顷）等"水产健康养殖示范带"，通过鱼池标准化改造，提高投饵机、增氧机配置数量，使用优质苗种、饵料，推广应用水产健康养殖技术等措施，使示范带标准化生产水平进一步提高。

4. 不断深化结构调整，产业效益进一步提升 一是发展休闲渔业。养鱼场（户）把发展休闲渔业作为增加效益的重要手段，在积极进行资源整合的同时，加大宣传推介力度，休闲渔业的覆盖面和影响力不断提升。佳木斯市很多养鱼户开展了休闲游钓，全市共有大型休闲游钓场所59处，游钓点436个，游钓面积达0.167万公顷，休闲游钓收入达5 200万元。2010年，全省游钓面积达3.7万公顷、游钓点4 376个。二是发展综合养鱼。2010年，节本增效的综合养鱼生产快速发展，全省综合养鱼面积突破百万亩大关，达到6.7万公顷，比上年增长33.2%。三是发展水产品加工。各地依托淡水鱼类品种多的资源优势和毗邻俄罗斯的地缘优势，积极发展地产鱼类和俄罗斯进口鱼类加工，生产冷冻小包装产品、旅游方便食品、营养保健食品和综合利用产品。全省水产品加工厂已发展到131家，加工量达到675吨。四是外向型渔业取得新突破。巴彦县呈祥水产良种繁育基地经过几年来的建设，已成为该县两个出境水生动物养殖检验检疫注册登记场之一，并取得了对俄罗斯和韩国的水产品自营进出口权。2010年6月9日，巴彦县在呈祥水产良种繁育基地隆重举行了松荷鲤鱼种对俄出口启动仪式，2010年向俄罗斯出口鱼种和商品鱼30吨，实现了黑龙江省食用鱼类"零出口"的突破。

5. 切实加强边境渔业管理，各项目标责任得以落实 一是进一步加大边境水域渔业管理力度。为有效遏制涉外渔业事件，在调查研究的基础上，召开专题会议，对边境渔业管理工作进行全面部署，并将会议讨论通过的《加强边境水域渔业管理工作实施意见》下发各地。与边境市（地）、县（市）渔业管理部门签订了涉外渔业管理责任状，明确监管目标，落实监管责任。二是加大执法检查力度，严厉打击无证违规违法行为。边境地区渔业管理部门克服人员少、战线长、条件艰苦和经费不足等困难，积极创造条件，组织人员深入到重点江段和滩地进行监督检查。位于黑、乌两江重要渔业水域的抚远县，对各类违法违规捕捞行为，一直保持了高压打击态势。先后组织巡航 1 580 航次，查处渔船 92 艘，吊销渔业捕捞许可证 18 本，销毁进入黑瞎子岛非法捕鱼船只 34 艘，其中有 4 艘功率 147 千瓦飞龙艇，有 7 名违法人员被移送公安机关，依法严惩。有效打击了不法分子，维护了渔场生产秩序。

6. 渔业资源增殖放流力度加大，资源养护能力进一步提升 一是成功举办了大型的增殖放流活动。2010 年 7 月 2 日，在漠河成功举办了中俄边境水域渔业资源增殖放流活动。这是农业部与黑龙江省政府共同主办的又一次重大增殖放流活动，为全省放流工作的顺利开展创造了良好的社会氛围和舆论影响。2010 年，全省分批（次）向黑龙江江段放流国际濒危物种鲟鳇鱼 42 万尾，累计增殖放流各种鱼类苗种 6 549.4 万尾。二是全面落实生态补偿措施。2010 年，中俄原油管道漠河至大庆段工程全面启动，为减少工程项目对渔业生态环境的影响，省农委渔业局多次协调有关部门，做了大量争取工作，落实中俄原油管道工程建设穿越盘古河、呼玛河两个保护区生态补偿资金，为推进保护措施落实提供保障。

7. 渔业安全管理力度进一步加大，渔业安全管理机制加强 一是制订工作方案，落实工作任务。按照农业部和省政府对"安全生产年"活动的要求，省农委渔业局先后制定下发了《黑龙江省 2010 年渔业"安全生产年"活动方案》与《全省深入开展渔业安全生产大检查的通知》。二是加强执法检查，落实整改措施。省农委渔业局抽调 6 名同志，配合有关部门组成 6 个督察组，深入到全省 13 个市（地）和垦区的重要水域，现场排查渔业船舶安全隐患。三是明确工作目标，落实工作责任，并同所辖区域渔民签订《渔业安全生产责任书》。

【存在的主要问题】 黑龙江省渔业发展的速度和发展质量虽然不断提升，但受体制、机制等诸因素的影响，长期困扰和阻碍渔业发展的因素仍很突出。

1. 渔业的产业化和组织化程度较低 全省各地普遍缺乏有带动力的渔业龙头企业，渔业合作经济组织建设刚刚起步，大多养鱼场（户）处于家庭式的分散经营状态，市场竞争力弱，渔业增效、渔民增收难度大。

2. 水产养殖业发展资金严重不足 全省水产养殖业生产投入明显不足，缺乏必要的政府财政扶持和金融部门信贷支持。大多市（地）、县（市、区）财政部门没有支持水产养殖业发展的专项资金。很多地方的养鱼生产者从金融部门很难贷到款或根本贷不到款。

3. 水产养殖业比较效益下降问题突出 随着饲料、化肥、农药、柴油等渔业生产资料价格大幅度上涨，养鱼生产成本也随之攀升。由于消费能力所限，加之缺乏大型水产品加工企业，鲤、草、鲢、鳙等常规养殖品种（占全省水产品产量 70% 左右）价格长期低迷或仅有阶段性上涨，导致水产养殖业比较效益下降。

4. 水产技术推广体系薄弱 很多市、县的水产技术推广机构不健全；市、县水产技术推广站的工作条件很差，大多与国家要求的"五有站"标准（有机构人员、有工作场所、有试验示范基地、有信息和交通服务手段、有经费保障）相去甚远；绝大多数乡镇站更是连最简单的仪器设备都没有。由于经费不足，技术推广、人员培训、项目实施等都不同程度受到影响。

【重点渔业市（县）基本情况】

黑龙江省重点渔业市（县、区）基本情况

市（县、区）	总人口（万人）	渔业总产值（万元）	水产品总产量（吨）	其中		内陆养殖面积（公顷）
				内陆捕捞	内陆养殖	
肇东市	90.6	35 857	30 136	306	29 830	12 500
杜蒙自治县	25	37 130	23 500	7 000	16 500	28 000
密山市	43.9	25 000	23 000	2 000	21 000	17 167
绥化市北林区	87	18 558	22 724	60	22 664	6 667
哈尔滨市区	398.6	20 263	21 545	842	20 703	4 913
肇源县	45.1	33 222	21 000	4 300	16 700	24 533
巴彦县	69.6	14 304	15 167	500	14 667	3 501
五常市	108	13 692	15 074	1 210	13 864	6 667
大庆市区	132	21 540	13 600	1 700	11 900	13 960
安达市	51.6	7 100	12 050	1 300	10 750	13 300

【大事记】

[1]1月22日,全省渔业工作会议在哈尔滨市召开。13个市(地)和21个县(市、区)渔业行政主管部门、中国水产科学研究院黑龙江水产研究所、省水利厅、省农垦总局、省渔业协会、省直属水产事业单位负责人近70人参加了会议。省农委副主任白雪华做了重要讲话,省农委渔业局局长陈志超作了《积极推进特色水产养殖 促进渔业经济又好又快发展》的工作报告。

[2]1月25日,经农业部渔船检验局批准,黑龙江省16家机构取得渔船检验资质。至此,全省渔船检验机构已达68家。

[3]3月22—26日,根据第十九次中俄混合委员会会议纪要,中俄双方在中国哈尔滨市召开了中俄黑龙江、乌苏里江边境水域渔政管理工作委员会会议。本次会议主席是中方代表团团长、中华人民共和国黑龙江省渔政局局长陈志超,俄方代表团团长是俄罗斯联邦渔业署阿穆尔渔业局副局长米赫耶夫·谢·沃。中方代表团成员共10人,俄方代表团成员共6人。

[4]4月1日,黑龙江省农业委员会发布《2010年禁渔期公告》(黑农委发[2010]34号)。

[5]4月6—7日,黑龙江省水产技术推广总站在哈尔滨市举办了黑龙江省水产主导品种主推技术及规范用药培训班,共有120余名水产技术推广人员参加了培训。

[6]4月7日,黑龙江省水产技术推广总站承担的"河蟹生态养殖技术"项目和"大中型水面移植增殖技术"项目,均获2010年黑龙江省农业渔业丰收奖一等奖。

[7]4月8日,黑龙江省渔政局在哈尔滨市召开了全省渔业资源、鲟鳇鱼资源养护管理工作会议。

[8]4月27日,黑龙江省渔政局在哈尔滨市召开全省边境水域渔业管理工作会议,8个市(地)、15个县(市)渔业行政主管部门、3个渔政机构负责人及省农垦总局有关负责人参加会议。会议传达了边防工作会议精神,总结分析了《中俄两江议定书》执行情况及存在的问题,研究了今后的管理措施。省渔政局与各市(地)、县(市)渔业行政主管部门签订了《边境水域渔业管理责任状》。

[9]5月4日,黑龙江省渔政局印发《全省2010年渔业资源养护与管理工作实施方案》(黑渔政函[2010]35号)。

[10]5月20日,为进一步贯彻落实《国务院办公厅关于做好涉外渔业管理工作的通知》精神,黑龙江省农业委员会印发了《关于加强边境水域渔业管理工作的实施意见》(黑农委渔发[2010]74号)。明确了今后一个时期边境水域渔业管理的指导思想、工作目标、重点工作和保障措施。

[11]6月6—17日,中俄双方在黑龙江、乌苏里江边境水域进行渔政联合检查。其中:6—10日在中方进行联检,11—17日在俄方进行联检。中方代表团团长是黑龙江省渔政局渔政处处长王志民,俄方代表团团长是俄罗斯联邦渔业署阿穆尔渔业局渔政处副处长佳·阿·科雷络青。中方代表团成员共4人,俄方代表团成员共4人。

[12]6月9日,哈尔滨市巴彦县在呈祥水产良种繁育基地隆重举行了松河鲤鱼种对俄出口启动仪式。全年向俄罗斯出口鱼种和成鱼30吨,实现了黑龙江省食用鱼类"零出口"的突破。

[13]6月19—20日,国家级水产原(良)种场管理和技术骨干培训班在哈尔滨市召开。开班式由全国水产技术推广总站副站长邓伟主持,农业部渔业局养殖处处长丁晓明致辞并介绍了国家"十二五"原(良)种体系建设思路和对国家级原(良)种场的新要求。

[14]6月21日,国家级方正银鲫原种场通过农业部水产原(良)种复查组的复查。

[15]7月2日,农业部与黑龙江省人民政府在黑龙江上游的漠河县北极村成功举办了主题为"科学养护水生生物资源,推进边境水域生态修复"的中俄边境水域渔业资源增殖放流活动。农业部副部长牛盾、农业部渔业局局长李建华,黑龙江省人民政府、黑龙江省农业委员会、中国水产科学研究院黑龙江水产研究所、大兴安岭地区行政公署,漠河县委、县人大、县政府、县政协等单位的领导以及当地驻军代表,俄罗斯联邦驻华使馆及渔政官员参加了放流活动。新华通讯社黑龙江分社、黑龙江电视台、黑龙江日报社等有关新闻单位参加并报道了放流活动。

[16]7月5日,农业部副部长牛盾,农业部渔业局局长李建华、农业部渔政指挥中心副主任李彦亮等,在省农委副主任白雪华和省渔政局局长陈志超陪同下,到黑龙江省鲟鳇鱼大麻哈鱼放流站的黑龙江省水生野生动物救护中心检查指导工作。

[17]7月13日,黑龙江省渔业协会和黑龙江省渔业经济研究所在松花江肇东市涝洲江段举行放流仪式。共放流黑龙江野鲤鱼苗1 000万尾。苗种来源于肇东市东发渔业有限公司。

[18]8月6日,2010年上半年全省渔业工作会议在绥芬河市召开。13个市(地)、12个渔业重点县渔业行政主管部门、省农垦总局、省渔业协会、省直属水产事业单位负责人共70余人参加会议。

[19]8月26日，经中国渔业互保协会批准，在黑龙江省设立了渔业互助保险办事机构，即中国渔业互保协会黑龙江办事处。

[20]9月13—16日，根据第十九次中俄渔业混合委员会会议纪要，中俄双方在中国哈尔滨市召开了中俄黑龙江、乌苏里江渔业专家会议。中方代表团团长是黑龙江省渔政局副局长于泽江，俄方代表团团长是俄罗斯太平洋渔业研究中心哈巴罗夫斯克分院院长诺沃莫德内·格尔曼。中方代表团成员共7人，俄方代表团成员共3人。

[21]12月9日，黑龙江省《水域滩涂养殖发证登记系统》培训班在哈尔滨市举办。全省各市（地）、县（市、区）及农垦总局负责养殖证发放工作的技术人员共100余人参加培训。省农委渔业局副局长刘振家对养殖证发放的相关文件进行了详细解读并提出了明确工作要求。

[22]12月16日，农业部办公厅公布了第五批农业部水产健康养殖示范场名单，黑龙江省19处养殖场（户）在列。到2010年末，全省已建成44处部级水产健康养殖场和86处省级水产健康养殖场。示范面积达14.43万公顷。

[23]12月22—24日，黑龙江省渔业船舶检验站举办首期渔业互保业务工作培训班。全省渔业船舶检验系统共100余人参加培训。培训班由中国渔业协会专家授课。

（黑龙江省农委渔业局　郭政学　赵新宇）

上海市渔业

【概况】 2010年，上海市水产品总产量为28.97万吨，比上年同期下降14.44%。其中淡水养殖产量为16.25万吨，与上年基本持平；海洋捕捞产量12.15万吨，同比下降27.92%。渔业总产值55.25亿元，同比增长0.8%。渔民人均纯收入达14 400元，同比增长7.99%。

1. 水产养殖基础设施建设有序推进 “十一五”期间共批复建设标准化水产养殖场218个，面积6 933.3公顷，总投资达9.6亿元。其中2010年立项批复标准化水产养殖场建设项目72个，总面积2 333.3公顷；已建成的62家、1 700公顷标准化水产养殖场取得了良好的经济、社会和生态效益。

2. 水产品质量安全监管能力明显提升 完善了养殖池塘档案渔业“二项登记、五项制度”，试行地产水产品产地证明制度，确保了直供市场地产水产品可追溯。在崇明、奉贤、青浦、金山等4区（县）18镇设立村级水产监管员288名，涉及养殖面积8 666.7公顷。在2009年试点基础上大力推行地产养殖水产品“准出”制度，102家水产养殖场通过审核、公示，取得水产行业协会颁发的准出证明。全年抽检各类地产水产品样品661件，仅检出1例不合格，合格率达到99.8%。

3. 渔业安全生产监管水平有效提高 2010年上海地区共发生渔业安全生产事故8起，当事船舶8艘，伤残1人，失踪4人，沉船2艘，直接经济损失233万元。渔业安全生产形势总体处于平稳、可控状态。完成渔业船舶检验755艘（次），船用产品检验8 709件（套），工厂认可11家，进出港签证3 653艘（次），签证率提高了70%以上。加强对船员培训，共举办各类安全业务知识培训班20期，培训渔民1571人。海洋捕捞渔船标准化更新改造工作顺利推进，计划建造的12艘35.5米标准化渔船、6艘20米标准化渔船已全部完成。横沙一级渔港建设取得重大进展，水上工程基本完成。渔港渔船安全救助信息服务系统基本建成。全市已有686艘渔船安装了自动识别避碰系统（AIS）船载终端设备，328艘渔船安装了卫星监控和通信终端设备，35个港口（码头）视频监控点建设完毕。沿海4座AIS基站已基本建成；1个市级监控指挥中心和4个区（县）级监控分中心也已建成并投入运行。《上海市渔港和渔业船舶安全管理办法》已经市政府常务会议审议通过，并于2010年3月1日正式实施。

4. 渔业科技和保险工作取得重大进展 渔业科技入户工作成效显著。在全市6个示范区（县）培育了240个科技示范户，示范总面积800公顷，辐射带动养殖户2 182户，辐射面积2 800公顷。科技示范户生产效益明显，平均增产11%，平均节本4%。渔业科研取得丰硕成果。东海水产研究所主持的“大洋金枪鱼资源开发关键技术及应用”获得国家科技进步奖二等奖；上海海洋大学等单位主持的“中华绒螯蟹育苗和养殖关键技术的研究和推广”项目获得上海市科技进步奖一等奖；上海海洋大学承担的“坛紫菜良种的选育和推广应用”和东海水产研究所承担的“东、黄海渔业资源可持续利用关键技术研究与应用”获得上海市科技进步奖二等奖；素有“江南第一名鱼”的松江鲈鱼经本市水产科技人员的长期努力，人工繁育技术取得突破。水产产、学、研结合更加紧密。在已批复建设的200多家标准化水产养殖场（良种场）遴选了28家设施较好、管理较规范、有一定技术基础的养殖场（良种场）与7家科研院所的33位专家教授进行了产、学、研对接。制定了《上海市渔业科技发展纲要（2010—2020年）》和《上海河蟹现代农业产业技术体系建设总体目标与重点任务》，为渔业持续健康发展和科技水平的不断提高提供了重要保障。淡水养殖保险工作取得突破，完成投保面积 13 926.7 公顷，保费 4 672.92 万元，超额完成年初 12 000 公顷的工作目标。在青浦区试点运行南美白对虾养殖互助保险并取得明显成效，青浦区南美白对虾养殖保险简单赔付率从 2009 年的 100.47% 降低到目前的 56.41%。

5. 渔业产业结构更趋合理 以区域特色为主的“三虾一蟹”产业体系框架基本建立。同时常规鱼类养殖逐步向名特优水产品养殖转变，全市名特优水产品养殖面积达 14 953.3 公顷，占全市养殖面积的 59.24%。远洋渔业健康发展。“开利”轮圆满完成我国首次“南极海洋生物资源开发利用项目”南极磷虾探捕任务，共加工冻磷虾产品 818 吨。“开欣”、“开利”和“开顺”轮又于 2010 年 12 月继续赴南极执行探捕项目，上海远洋渔业南极磷虾生产性探捕项目实施走在全国前列。休闲渔业加快发展。“观赏鱼进渔家”项目顺利推进，在金山区的山阳和漕泾共 11 户渔民家中进行了“七彩神仙鱼养殖进渔家”项目试点并取得成功，渔民户均年增收约 3 万元。以“缤纷水族，和谐生活”为主题第五届上海国际休闲水族展览会举办，共有 106 家企业参展，吸引 20 000 多人观展，展出约 2 000 多种各类观赏鱼。现场交易达 400 多万元，达成贸易合作意向约 5 000 多万元。青浦区淀山湖第二届捕捞节期间，约有 3 000 名市民共同目睹了“万鱼欢腾大捕捞”盛况。“浦东观赏鱼种源基地”项目顺利推进，目前一期工程已通过市级验收，二期工程已开工。

6. 渔业行政执法管理和生态资源养护工作得到加强 完成《上海市渔业发展“十二五”规划》编制工作。全面完成全市渔业捕捞许可证换证工作。加强水生野生动物经营利用管理工作。制定《渔业成品油价格补助专项资金管理暂行办法实施细则（试行）》并经市政府批准，由市农委会同市财政局联合行文发布。2006—2010 年共计 4.1 亿元渔用柴油补贴资金发放到渔业生产企业和渔民手中。认真做好鳗苗整治工作和长江禁渔期管理工作，确保渔业资源得到保护，使渔场稳定、长江深水航道畅通。认真开展海洋伏季休渔工作，实现了“船进港、人上岸、证集中、网入库”的管理目标。积极做好渔区管理工作。加强打击电捕鱼力度。全面贯彻《中国水生生物资源养护行动纲要》，加大渔业资源增殖放流力度。全年市、区两级财政（包括涉渔工程生态修复资金）、中央财政共投入增殖放流苗种采购资金 1 102.86 万元，分别在黄浦江上游、淀山湖、长江上海段等水域放流各类苗种 10 251.1 万尾（只）。2010 年共抢救大型中华鲟、野生海龟、江豚、海豚等野生保护动物 6 尾（只）。经市政府批准，上海渔港监督局（上海渔业船舶检验局）继市渔政处后成为参照《公务员法》管理的行政执法类事业单位。中华鲟保护区管理处参照《公务员法》申报工作也在有序进行。

【重点渔业市（县）基本情况】

上海市重点渔业区（县）基本情况

区（县）	总人口（万人）	渔业总产值（万元）	水产品总产量（吨）	其中				养殖面积（公顷）	
				近海捕捞	远洋捕捞	内陆捕捞	内陆养殖	内陆	市外基地养殖
崇明县	68.9	154 112.26	63 147	17 260		607	45 123	5 677.9	51 593.9
奉贤区	51.88	87 121.28	29 900	630		1 359	27 911	4 336.1	1 185.6
浦东新区	268.6	53 471.74	21 609	3 155		41	18 369	4 352.1	1 853
青浦区	45.9	48 808.9	24 996			1 691	23 305	3 958.4	299.7
金山区	51.65	42 825.9	17 605	486	2 155	807	14 157	1 905.3	
松江区	55.9	16 369.3	8 035			641	7 394	1 094.2	

【大事记】

[1]1 月 21 日，位于上海长兴岛上的横沙国家一级渔港正式开工建设。上海市人民政府副市长胡延照，上海市委农办、市农委主任孙雷、副主任邵林初，上海市长兴岛开发建设管委会常务副主任姜亚新，农业部东海区渔政局副局长宋志俊，农业部渔业船舶检验局副局长沈建荣以及本市有关部门领导出席开工仪式。

[2]3 月 10 日，由农业部东海区渔政局、上海公安边防总队、交通部上海海事局、上海市农委共同主办的

"迎世博、保平安、促和谐"长江口水上专项联合执法行动起航仪式在上海海事局外高桥码头举行。农业部副部长牛盾、交通运输部副部长徐祖远、公安部边防局吴建森少将、上海市副市长胡延照等出席并致辞。市委农办、市农委主任孙雷出席起航仪式。

[3]6月6日,本市举行主题为"同享世博精彩,共建生态文明"的2010年长江水生生物增殖放流活动。共放流中华鲟(2龄)20尾,松江鲈鱼(3厘米)12 000尾,鲢鳙2 000千克,青蛤2 000千克,沙蚕200千克,翘嘴红鲌10 000尾。

[4]7月24日,以"生命长江"为主题的"世博会长江水生生物养护宣传周"在世博园拉开序幕。农业部部长韩长赋、副部长牛盾、总经济师陈萌山,上海市人民政府副市长胡延照、世界自然基金会亚太事务主任钟·米赛乐(Jon Miceler)先生、中国科学院院士曹文宣等出席了启动仪式。

[5]10月15—17日,以"缤纷水族,和谐生活"为主题的2010第五届上海国际休闲水族展览会成功举办,共有106家企业参展,吸引2万多人观展。展出约2 000多种各类观赏鱼,现场交易达400多万元,达成贸易合作意向约5 000多万元。

[6]12月1日,"中国渔政31001"船经严格考核、公正评选和广泛公示,荣获农业部授予的"渔业文明执法窗口单位"称号。

[7]12月10—13日,第五届上海国际渔业博览会成功举办。上海市副市长艾宝俊出席开幕式,并参观各地水产企业展台。

(上海市水产办公室 田胥青)

江苏省渔业

【概况】 2011年,江苏渔业克服了前期低温多雨自然灾害和小龙虾事件等不利因素影响,在国家各项惠渔政策和总体经济形势的带动下,渔业经济呈现出产量增、效益增、收入增的良好态势。全省水产养殖总面积达746.66千公顷,实现水产品总产量460万吨,渔业产值807亿元,渔业经济总量1 305亿元,渔民人均纯收入达到11 106元,分别比上年增长2.9%、3.9%、12.1%、12.2%和12.5%。

1. 高效设施渔业建设 大力实施鱼池标准化改造工程,制订出台了《江苏省池塘标准化改造建设规范》,对苏南、苏中和苏北池塘标准化改造进行规范和分类指导。全省新建改造池塘73.33千公顷,其中新建改建标准化池塘36.66千公顷。大力培育优势主导产业,河蟹、小龙虾等高效特色品种养殖面积扩大,新增小龙虾养殖面积23.3千公顷,达到86.66千公顷,比上年增长36.8%。大力实施水产良种工程,新认定国家级水产原种场1家,省级良种场3家。全省已形成以20家省级以上原(良)种场和74家省级良种繁育场、培育场为主,1 000家以上市、县(市、区)级水产良种生产单位为辅的水产苗种生产体系,有力促进了渔业健康稳定发展。2010年全省高效渔业面积达到378.6千公顷,设施渔业总面积达到142.6千公顷,分别占全省养殖总面积的51.6%和19.1%。

2. 渔业产业化经营 积极创建国家级和省级渔业龙头企业,引导龙头企业与渔(农)户建立紧密型利益连结机制,增强辐射带动作用,促进互惠互利,实现双赢,2010年新增18家省级渔业龙头企业。扎实推进渔民专业合作经济组织发展,全省经工商登记的渔民专业合作组织比上年新增765个,总数达到2 158个,参合比例有新的提高。进一步加大市场开拓力度,组织企业参展了第八届中国国际农交会、第八届江苏名特优水产品(上海)交易会等,提高了江苏渔业在国内外市场的占有份额与品牌知名度。外向型渔业发展加快,全省渔业产品出口达4.76亿美元,同比增长27%。

3. 现代渔业产业园区 2010年1月1日,江苏省政府办公厅印发了《关于推进现代农业产业园区建设的通知》,决定从2010年开始,用3年左右时间,建设一批产业特色鲜明、科技含量较高、物质装备先进、运行机制灵活、综合效益显著的现代农业产业园区。据此,2010年江苏省首批认定了23家省级现代农业产业园区,省财政在省级现代农业生产发展资金中,专门安排1亿元,通过"以奖代补"的方式给予扶持。其中盱眙、金坛、相城、赣榆等4家现代农业产业园区是以渔业为主体的省级现代农业产业园区。

4. 水产品质量安全 推进水产标准化,全年共组织制(修)订地方标准20多项,建设完成省级标准化示范区5个。认真实施无公害水产品产地认定和产品认证制度,推荐通过无公害水产品99个。全省无公害水产品、绿色食品(水产)、有机水产品"三品"总数达到1 500多个。按照农业部的统一部署,组织了江苏省2010年深化水产品质量安全专项整治行动,重点开展了全省水产苗种专项整治活动。在全国率先推进水产品产地质量安全适宜性评价工作,妥善处置了小龙虾等质量安全突发事件。进一步加强了水生动物防疫防控工作,新建9个县级水生动物疫病防治站。重点加强了上海世博会、广州亚运会期间水产品质量监管工作,落实了驻点监管等措施,保障了水产品的安全供应,受到农业部的表扬。加强水产品质量监测,全年共监测水产品样品2 000多个,合格率达98.73%以上,比上年提高0.8个百分点,质量安全水平稳步提高。

5. 渔业科技进步 大力推进渔业科技创新,青虾、斑点叉尾鮰、小龙虾、泥鳅、刀鱼等品种的选育、遗传育种、驯化与繁殖等有了重大突破。强化了成果转化与示范推广,新品种“太湖1号”良种青虾推广总面积4.2千公顷。积极争取农业部小龙虾、河蟹两个国家级公益性行业科研专项在江苏实施,奠定了江苏这两个品种创新水平在全国的领先地位。加强了科技创新与成果转化平台建设,认真组织实施渔业科技“三新”工程,强化了人才培养与成果管理,渔业科技成果获农业部全国农牧渔业丰收奖一等奖1项,二等奖3项。渔业科技入户工程扩大到全省55个渔业重点县实施,成为江苏省渔业科技在全国农业科技方面的知名品牌。

6. 科技入户5周年 江苏渔业科技入户自2005年实施以来,在各级有关部门的共同努力下,通过政府科技补贴、专家科技帮扶、县乡科技服务等形式,初步构建了“专家组—技术指导员—科技示范户—辐射带动农户”的科技成果转化新机制,受到广大渔民和科技人员的普遍欢迎。5年来,全省科技入户示范面积不断扩大,2010年达到68.86千公顷,辐射带动面积330千公顷,养殖效益逐年稳步提高。5年来,培训示范县(市、区)专家、指导员8 000余人(次),培养、锻炼了一大批基层渔业技术人员队伍。参加、接受培训的示范户累计达120余万人(次),提高了广大养殖人员的科技素质。5年来,通过技术服务、物化补贴,渔(农)民得到了实实在在的实惠。5年累计向示范户发放各种物资补贴2 400多万元,科技刊物100多万份。

7. 生态渔业 坚持实施禁渔、休渔制度。2010年全省海洋伏休渔船达到7 523艘。加大渔业资源增殖放流力度,全省共举办各类水生生物增殖放流活动57次,比上年增加22次,投入资金4 700万元,共放流各类苗种13.81亿尾(只)。加强水生野生动物保护和水产种质资源保护工作,全省已建立16个国家级水产种质资源保护区。大力推进生态健康养殖,全省创建的农业部水产健康养殖示范场总数已达156家。进一步加强太湖流域水产养殖综合整治,长荡湖网围养殖整治工作全面完成,池塘循环水养殖工程实施面积达7千公顷,氮磷排放下降40%以上。

8. 长江禁渔 4月1日起,长江江苏段进行了为期3个月的春季禁渔。继续严格管理刀鱼捕捞,全省共核发703张刀鱼特许捕捞证。专项捕捞时间调整为长江江阴大桥以下江段自3月1日至4月30日,江阴大桥以上为3月15日至5月14日,比上年缩短10天。禁渔期间,全省共组织执法检查710次,查获违禁捕捞渔船195艘(次),取缔迷魂阵17 066米、深水张网49口,查处电捕器具31套(台),没收非法捕捞渔获物776.5千克,行政处罚94人(次),刑事处罚4人(次)、罚款17万余元。禁渔期间共落实财政补助资金312.87万元,低保和受补助渔民4 793人。

9. 港口和渔业船舶管理 2011年9月29日,江苏省十一届人大常委会第十七次会议,审议通过《江苏省渔业港口和渔业船舶管理条例》,并从2011年1月1日起实施。《江苏省渔业港口和渔业船舶管理条例》分总则、渔业港口规划与建设、渔业港口经营与管理、渔业船舶管理、渔业船舶安全生产与救助、法律责任和附则等7章,共53条。条例适用于江苏省行政区域和管辖海域内的渔业港口规划、建设、维护、经营、管理和渔业船舶设计、修造、使用、管理等。《条例》的出台,将与《渔业法》、国务院《渔港水域交通安全管理条例》等法律、行政法规配套实施。对于加强江苏渔业港口和渔业船舶管理,保护渔业港口和渔业船舶所有人、经营者的合法权益,保障渔业港口和渔业船舶从业人员的人身、财产安全,促进江苏渔业可持续发展具有重要意义。

10. 水域滩涂养殖使用权制度建设 截至2009年底,全省13个省辖市中有9个市的渔业养殖规划已经当地政府批准出台。县级渔业养殖规划出台率(含已经政府批准)85%,基本出台率(含上报政府待批)98%。全省共发放养殖证3.5万本左右,持证(包括集体水域签订的承包合同)生产面积占全省养殖总面积的92%左右。2010年12月24日,江苏省政府办公厅转发江苏省海洋与渔业局《关于稳定水域滩涂养殖使用权推进水域滩涂养殖发证登记工作的意见》。明确提出,到2011年6月30日前,全面完成省、市、县(市)各级水域滩涂养殖规划编制或修编工作,规划内的水域滩涂养殖发证登记率达到100%。

11. 渔业安全生产 2010年初,江苏海洋渔业生产事故频发,引起省委、省政府高度重视。为进一步强化海洋渔业安全生产管理,确保海洋渔业安全生产形势平稳好转,江苏省政府决定利用夏季休伏期间,从6月11日至9月15日全面开展专项整治工作,彻底整顿海洋渔业安全生产秩序。通过为期3个月的专项整治,摸清了海洋渔船数量,渔船挂靠租金关系得到清理。落实了安全生产责任制,完成了渔船安全监管信息系统建设,编组出海生产制度得到全面实施,安全生产事故起数和人数得到有效控制。2010年,全省共发生9起安全事故,死亡(失踪)21人,事故起数和死亡(失踪)人数控制在省安委会下达的年度指标以内。

12. 渔政执法管理 渔政管理体制进一步理顺，全省新增12家渔政机构纳入参照《公务员法》管理或全额拨款序列。有2个单位获得“全国渔业文明执法窗口单位”称号。加强了海洋伏休、长江禁渔、封湖休渔执法管理。开展了“护渔”以及水产品质量安全执法等专项执法行动。加强了中日、中韩、朝韩敏感水域渔船管理，参加了中美北太平洋联合执法活动，维护了国家权益。据统计，2010年全省共查处各类案件1.4万起，罚没款总额3 000万元，比2006年分别减少37%和26%，渔业生产秩序明显好转。

13. 渔业互助保险 积极拓展渔业政策性互助保险，2010年全省渔业互保保费首次超过5 000万元大关，达到5 069.6万元，同比增长64.27%。其中，参保渔船7 173艘，保费收入1 541.60万元，同比增长47.40%；参保渔民127 666人，保费收入3 528.00万元，同比增长72.91%；争取财政补贴1 378.22万元，同比增长87.57%；为全省渔民渔船提供风险保障110.38亿元，同比增长68.15%。2010年度，共向渔民支付经济补偿金1 473.70万元，同比增长244.26%。

【重点渔业市(县)基本情况】

江苏省重点渔业市(区、县)基本情况

市 (区、县)	渔业总产值 (万元)	水产品总产量 (吨)	其中				养殖面积(公顷)	
			海洋捕捞	海水养殖	内陆捕捞	内陆养殖	海水养殖	内陆养殖
启东市	511 900	341 389	204 339	104 955	5 124	26 971	25 786	11 800
赣榆县	499 371	382 834	116 901	177 454	1 195	87 284	17 296	5 462
如东县	386 200	260 300	53 505	153 348	6 883	46 564	48 994	8 000
兴化市	335 761	246 026			10 614	235 412		32 188
高邮市	270 240	152 048			6 250	145 798		25 395
泗洪县	238 381	95 941			22 970	72 971		15 707
吴江市	200 118	76 335			2 490	73 845		22 026
高淳县	190 368	40 807			2 545	38 262		8 447
大丰市	180 226	150 456	15 016	56 200	15 002	64 238	18 463	8 928
建湖县	147 652	90 101			10 719	79 382		9 846

【大事记】

[1]2月4日，江苏省海洋与渔业局在南京召开全省海洋与渔业工作会议，总结2009年工作情况，研究部署2010年工作任务。江苏省委常委、副省长黄莉新到会并讲话，省委副秘书长胥爱贵、省政府副秘书长杨根平和省委农工办、省人大农委等部门领导到会指导。省海洋与渔业局局长唐庆宁作工作报告。会上，江苏省人力资源和社会保障厅、江苏省海洋与渔业局还联合表彰了全省海洋与渔业工作先进集体和先进个人。

[2]3月9日，由江苏省海洋与渔业局和宿迁市人民政府共同主办的首届骆马湖放鱼节正式启动。宿迁市委书记、市人大常委会主任张新实、省海洋与渔业局局长唐庆宁、副局长吴以桥，宿迁市委常委、秘书长田洪等参加了启动仪式。

[3]2010年3月25日，江苏省省长罗志军在省政府专题听取了省海洋与渔业局唐庆宁局长关于全省海洋与渔业工作情况的汇报。重点了解了海洋综合管理、渔业经济发展、渔(农)民增收、行政执法、队伍建设等情况，并做了重要指示。

[4]4月29日，江苏省海洋与渔业局在南京召开全省海洋渔业安全生产紧急会议，通报近期发生的安全事故情况，研究分析当前面临的新形势、新任务，部署加强海洋渔业安全生产工作。

[5]5月18—19日，农业部渔业局在江苏省举办了克氏原螯虾(俗称淡水小龙虾)产业技术研讨活动。

[6]6月6日，由长江渔业资源管理委员会、江苏省海洋与渔业局、南京市政府联合主办的2010年长江水生生物增殖放流活动在南京举行。此次活动共放流各种长江土著苗种500多万尾(只)。其中包括“四大家鱼”、胭脂鱼、暗纹东方鲀、细鳞斜颌鲴、中华绒螯蟹

等品种。

[7]6月11日，江苏省政府在盐城市召开专题会议，部署开展海洋渔业安全生产专项整治工作。江苏省副省长、省安委会主任史和平，省政府副秘书长韩庆华、杨根平，省安监局局长王向明，省海洋与渔业局局长唐庆宁，省安委会成员单位负责人及沿海有关市政府分管负责人、14个县(市)政府主要负责人参加会议。

[8]7月16日，江苏省海洋与渔业局在南京召开各市海洋与渔业主管局局长座谈会。总结交流2010年上半年全省海洋与渔业工作情况，分析海洋与渔业发展形势和存在的主要问题，研究部署下半年工作。

[9]7月21日，农业部副部长牛盾，农业部渔业局局长、中国渔政指挥中心主任李健华一行，在江苏省海洋与渔业局局长唐庆宁、苏州市人民政府副市长周玉龙、江苏省海洋与渔业局副局长沈毅等陪同下，专程到江苏省太湖渔管办、吴中区现代渔业示范园视察渔业工作。

[10]11月21—22日，江苏省海洋与渔业局在盐城召开会议，提出抓住江苏沿海开发上升为国家战略机遇，在沿海地区打造千亿元级现代渔业产业。重点是组织实施“万千百十工程”，即对万艘海洋捕捞渔船实施标准化改造，发展千家渔业合作经济组织，新建百万亩水产养殖基地、改造百万亩老化池塘、培养百家年产值超亿元的渔业龙头企业，开发河蟹、贝类、紫菜、对虾、小龙虾、海珍品等十多个优势主导种类，最终建成年产值超千亿元的现代渔业产业。省政府副秘书长杨根平到会并作重要讲话，省海洋与渔业局局长唐庆宁作工作部署。

[11]12月16日，江苏省人大常委会农业和农村工作委员会、省海洋与渔业局联合召开贯彻实施《江苏省渔业港口和渔业船舶管理条例》座谈会。江苏省委常委、副省长黄莉新，省人大常委会副主任丁解民，农业部渔业船舶检验局局长柳正出席会议并讲话。江苏省人大农委主任宋家新主持会议，省海洋与渔业局局长唐庆宁具体部署了《条例》实施工作。

[12]12月29日，经省政府领导同意，江苏省海洋与渔业局、江苏省安全生产监督管理局在南京联合召开全省海洋涉渔“三无”船舶清理整治工作会议，贯彻落实省政府办公厅《关于转发省海洋与渔业局、省安监局全省清理整治海洋涉渔“三无”船舶工作实施方案的通知》(苏政办发[2010]145号)精神，全面部署清理整治海洋涉渔“三无”船舶工作。

(江苏省海洋与渔业局　赵　钧　钱林峰)

浙江省渔业

【概况】 2010年，浙江省转变渔业发展方式，大力发展水产养殖主导产业、远洋渔业和涉渔二、三产业，渔业经济呈现较好的发展势头。据初步统计，全年渔业经济总产值1 336.3亿元，比上年增长8.2%，其中，渔业产值522.2亿元，比上年增长19.9%。经农业部渔业局核定，2010年全省国内渔业产量461.4万吨，同比增长7.4%，总体趋势是稳步上升，增幅明显；远洋渔业产量达到19.4万吨，同比增长21%；渔民人均纯收入13 350元，同比增长11%。

1. 水产养殖 以“生态渔业建设三大行动计划”为载体，充分发挥科技引领和渔技推广重要基础作用，在粮食主产区引导种粮大户因地制宜开展稻田养鱼(虾、泥鳅等)，支持欠发达地区发展“稻田鱼”、“清水鱼”等文化传承型渔业。在内陆江河湖库增殖放养滤食性鱼类，在沿海地区推行紫菜、羊栖菜、贻贝等养殖和贝藻鱼混养，扩大渔业发展空间，有效改善渔业水域生态环境，形成鱼水共生的良性循环格局，提升水产养殖主导产业。整合中央及省级专项资金7 300万元，在水产养殖相对集中区域，重点建设一批布局科学、装备先进、技术领先、经营机制完善、产业化水平高的现代渔业示范园区，对88个省级现代园区建设项目进行重点扶持。全年水产养殖产量179.8万吨，比上年增长3.7%，养殖产值294.4亿元，比上年增长7.1%。

2. 海洋捕捞 2010年海洋捕捞生产自然条件好于上年。春汛海洋捕捞气候相对适宜，资源丰盈，作业时间长；受渔业柴油补贴政策的影响，海洋捕捞渔船更新改造速度加快，进一步向大型化方向发展，综合捕捞能力显著增强。全年海洋捕捞渔船24 462艘、总吨位190.5万吨、总功率346.6万千瓦，平均单船吨位、功率比上年增长2.6%和1.7%。全年国内海洋捕捞产量282.1万吨，比上年增长5.8%。开展《浙江省海洋捕捞业优化转型升级对策研究》课题，组织人员赴沿海各地深入调研，利用现有统计数据进行了深入分析研究，并多次咨询科研院所专家和相关研究人员，形成了课题报告，为下步海洋捕捞转型升级工作打下了基础。

3. 水产加工 以技改创新和名牌战略为核心，推进水产品精深加工产业升级，提高综合竞争力。全年水产品加工总量212.44万吨，同比增长5.7%，水产品加工产值403.8亿元，同比增长7.1%。到2010年底，全省共有水产加工企业2 198家，比上年增加65个，水产冷库、冻结、冷藏、制冰等加工能力总体维持上年规模。在稳定粗加工的基础上，坚持以市场为导向，通过引进新的装备和工艺，开发加工新产品，提高产品附加值，水产精深加工品种比上年有较大幅度的增长。增幅较大的有鱼糜制品 11.5 万吨（同比增长 49%）、藻类加工品 1.6 万吨（同比增长 13.1%）、珍珠加工品 875 吨（同比增长 72%）。

4. 市场流通 发挥协会等中介组织作用，积极搭建产销对接平台，成功举办了 2010 年浙江渔业博览会（绍兴）。鼓励企业实施品牌战略，组织开展了水产鲜活品、水产加工品、"水产品双十大品牌"评选推介活动。组织企业参加第八届中国国际农产品交易会、第十五届中国国际渔业博览会、上海国际渔业博览会、浙江省农业博览会等展会，为推荐精品、打响品牌、拓展市场空间、扩大浙江水产品社会影响起到良好作用。国内贸易市场交易活跃，水产品出口贸易创历史新高。全省水产品出口数量 45.2 万吨，比上年增长 3.7%，出口贸易额 17.1 亿美元，比上年增长 19.6%；规模以上水产品交易市场成交水产品 363.9 万吨，比上年增长 5.3%，成交额 431.4 亿元，比上年增长 12.2%。其中，2010 年海水产品出口贸易额 12.9 亿元，同比增长 18.5%，淡水产品出口贸易额 4.2 亿美元，同比增长 23.3%；鲟鱼鱼子酱加工出口效益日益显现；淡水珍珠加工出口复苏迹象明显，贸易额达到 2.5 亿美元（同比增长 26.3%）；海水产品出口中冰鲜鱼出口增幅最大，同比增长 28.3%。

5. 休闲渔业 扶持省级休闲渔业基地创建，全年完成 14 个省级示范基地建设，使全省省级休闲渔业示范基地达到 103 家。成立了省休闲观赏渔业协会，着手开展休闲渔业旅游点星级评定工作。支持宁波、杭州等地举办的锦鲤、金鱼、热带鱼等展会和比赛，扩大社会影响。成功举办了"三门中国青蟹节"、"中国开渔节"等具有浙江地方特色的休闲渔业节庆活动，进一步提高全省休闲渔业的知名度，丰富渔文化内涵。到 2010 年底，全省已有休闲渔业经营主体 1 310 个，比上年增长 4.1%；从业人员 14 829 人，比上年增长 9.2%；全年总投资 24 亿元，比上年增长 15.2%；接待游客 1 453.4 万人，比上年增长 59.6%；创造休闲渔业总产出 11.8 亿元，比上年增长 16.2%。

6. 初级水产品质量安全管理 进一步加强水产品质量源头管理和日常监控，强化安全整治和督促指导，有效提升了全省初级水产品质量安全水平，全省未发生重大水产品质量安全事件。27 家部级水产健康养殖示范场通过创建验收，239 家水产养殖单位通过了无公害产地认定，392 个水产品通过了无公害产品认证。设立了 100 个贝类监控点和 24 个水质监测点，形成了贝类养殖区划型方案和评估报告。在全省 11 个市的 68 个县（市、区）建立 377 个水产养殖病害测报点，完成了全省 44 372 家水产养殖单位（户）和 728 家水产育苗单位数据库的更新和完善。全年安排抽检养殖、捕捞水产品 3 171 批（次）、9 870 个样品，水产养殖投入品 202 个批（次），涵盖了海、淡水养殖的鱼、虾、蟹、贝和爬行类。检测项目包括禁用药物和保鲜剂、重金属、致病菌及环境污染指标，抽检产品批（次）合格率为 99.68%。

7. 渔业经营主体培育 大力培育新型渔业经营主体，全年新认定 12 家省级骨干渔业龙头企业；鼓励支持养殖大户、渔业企业等以各种形式创建渔业专业合作社，扶持省级示范性合作社建设生产基地、推行标准化生产和打造品牌。全年组织各市、县（市、区）渔业主管局推荐上报，并经组织审核和网上公示，新认定 25 家省级示范性渔业专业合作社。

8. 鱼塘标准化改造 自 2006 年起，以杭州、嘉兴、湖州、绍兴等渔业主产区和宁波、温州、台州、舟山等海淡水养殖区为重点，按照"生态、健康、循环、集约"的要求，对水产养殖塘实施规模化、标准化、生态化建设和改造。改造一批桑基、果基、草基等老鱼塘，新建一批荒滩地新鱼塘，完善一批规模化连片鱼塘及配套设施。2010 年全省完成标准鱼塘建设改造 1.66 万公顷。"十一五"期间累计投入 30 亿元（其中省级专项资金 1.5 亿元），建设改造标准鱼塘 8.5 万公顷，为渔（农）民年新增效益近 11 亿元，超额完成了省政府确定的"十一五"100 万亩标准鱼塘建设改造计划。改造后的标准鱼塘经济、生态和社会综合效益显著。

9. 标准渔港建设 加强标准渔港建设的督察工作。5 月份下达《浙江省标准渔港 2010—2012 年分年度建设计划》，并以此作为今后 3 年对各市、县（市、区）考核的依据。10 月份召开了第四次全省标准渔港建设工作会议，省委常委、副省长葛慧君出席会议并讲话。2010 年全省标准渔港建设工作顺利进行，实际在建项目 39 个（其中续建项目 21 个，2010 年新开工项目 18 个），至 12 月底已完工项目 9 个，其中 3 个已办理交工验收并投入试运行。全年累计完成投资 44 746 万元，完成年度计划的 77.24%。

10. 进一步完善渔业船舶安全救助信息系统建设 全年新增 1 776 套卫星船位信息终端设备、1 602 套 AIS 设备。截至 2010 年底，全省已有 16 081 艘 136 千瓦以上渔船安装了卫星船位信息终端设备，19 403 艘 44 千瓦以上渔船安装了自动识别系统终端设备

(AIS)。新增AIS基站3座,沿海AIS信号覆盖范围比上年又向东扩展了30海里。目前全省共有AIS基站23座,基本满足了对近海渔船和沿海商船航道航线监控的要求,提高了信息系统运行的可靠性。同时对全省所有AIS基站进行了一次全面的维护,保证了全省渔业AIS信号的有效畅通。为加强小型渔船的管理,鼓励有条件的地方开展44千瓦以下渔船纳入信息系统管理的试点工作。计划在全省范围内实施安全救助信息系统终端设备全覆盖工程,全面提高渔船管理的信息化、现代化水平。

11. 渔业安全生产监管　全省渔业安全生产监管工作以"安全生产年"和"渔业平安县"创建活动为载体,以有效防范、坚决遏制重特大事故为目标,加强渔业安全管理队伍建设,落实安全管理生产责任,治理渔船事故隐患,进一步完善管理措施,创新管理手段,夯实管理基础,确保渔业安全生产形势总体稳定。全省全年共发生渔船水上生产安全事故132起,死亡(失踪)渔民124人,直接经济损失1 926.6万元,各项指标分别比上年下降1.5%、2.4%、5.1%,均控制在省政府下达的指标范围内。

12. 渔业资源增殖放流　组织编制《浙江省水生生物增殖放流"十二五"规划》,制定出台《浙江省渔业资源增殖放流项目与资金管理办法》。调整浙江省水生生物资源增殖放流领导小组成员,建立放流行政监督小组和技术监督小组,进一步规范水生生物增殖放流工作。全年共投入增殖放流资金3 863.4万元,其中中央财政1 125万元、省级财政1 173万元、市(县)财政1 178.47万元、其他资金386.93万元。放流各类水产苗种7.19亿尾,其中海洋苗种4.11亿尾、淡水苗种3.08亿尾。组织建设国家级和省级水产种质资源保护区各1个、省级水生生物增殖放流区4个。

13. 捕捞许可管理　双边渔业协定有关水域的入渔管理进一步加强。2010年,共办理申请入渔韩国管辖水域渔船309艘,申请入渔中韩暂定措施水域渔船1.1万艘;申请入渔日本管辖水域渔船85艘,申请入渔中日暂定措施水域渔船1.1万艘。制订《浙江省海洋捕捞渔船拆解监督管理办法》,切实加强海洋捕捞渔船拆解工作,防止出现新"三无"渔船,维护渔业生产秩序。严格渔业捕捞许可,审批海洋捕捞渔船制造、更新改造和购置等约1 000艘(次),核发捕捞许可证2 300余本。抓好2010年海洋捕捞专项证管理工作,核发浙北渔场梭子蟹定刺网作业专项证251本、鳗苗捕捞专项证226本和5艘定置张网监测船专项特许申请。

14. 渔业船员管理　规范渔业船员培训考试工作,拟定《浙江省渔业船员考试管理办法》;完成渔业船员培训教材和题库的编撰,注重船员实际操作能力;努力推进职务船员无纸化考试系统建设,为建立渔业职务船员管理奠定基础;严肃考风考纪,组织了一支40多人的渔业职务船员适任证书考试监考队伍,并采取异地监考的方式。进一步加大渔业船员培训力度,努力提高渔业船员业务技术素质。全年共培训渔民3.2万人,其中省级组织三等及以上渔业职务船员适任培训24期4 913人。

15. 渔业科技与推广　继续推行以深化落实责任推广制度、健全内部规章制度、建立规范工作程序、建设有序站貌环境为主要内容的规范管理工作。依托全省推广体系,建设了1个省级、8个市级、36个县级共45个水生动物防疫实验室,另有丽水、临海、三门等3个水生动物防疫机构获当地批准。组织开展推广人员培训活动,有326人获得上岗证书。遴选确定并发布了9个主推品种和4项主推技术,继续组织全省推广系统联合开展推广行动。全省共组织实施各类示范推广项目945项,建立科技示范户3 338户,推广总面积9.5万公顷,实现新增产量5.4万吨,新增产值14.5亿元。同时选定了稻鱼共生、设施养殖、底增氧养殖、虾鳖混养等新型养殖模式等项目。通过制订分类实施方案,建立57个省级示范点,开展了重大关键技术的集成创新和示范推广工作,形成了一大批新型生产模式和技术。继续在全省11个市、69个县(市、区),建设388个监测点,对28个养殖品种开展病害测报,及时发布监测结果分析和预警报告。

16. 渔民技能培训与技术服务　全年累计举办各类培训班885期,共培训渔民77 578人(次)。其中举办渔业实用新技术培训班642期,培训渔民45 957人(次);渔业行业职业技能培训班243期,培训渔民31 621人(次),有27 839位渔民培训后取得了相关职业技能资格证书。同时根据农业部有关文件要求,举办渔业行业高技能人才培养"金蓝领计划"培训班10期,培训中、高级以上人才601人(次)。

17. 渔业行政执法　伏休期间共参检渔政船18艘(次),总航程6 339海里,航时511小时。登检渔船345艘,查获伏休期间在浙江省管辖海域捕捞生产的北方籍渔船7艘(次),查处本省违反安全规定的渔船76艘,确保伏休大局稳定,秩序良好。开展"护渔2010"专项行动,全省沿海各级渔政机构共进行海上、港口检查2 038次,出动渔政船624艘(次),参检人员11 650人(次),检查渔船18 647艘,查获2 347艘。积极参与国家渔业权益维护。根据东海区渔政局的统一安排和部署,组织渔政特编船队参加专属经济区巡航、

35度线管理和打击非法捕捞执法检查6航次,参检人员117人(次),航程2 698海里,航时195小时。登检渔船58艘,查获违规渔船6艘。据统计,全年共组织渔政特编船队查处各类渔业违规案件137件,罚款1 184 817元。督办各地查案318起。

18. 渔业政策性互助保险 2010年全省互保费总量2.59亿元,同比增长17%,其中参保渔船14 067艘,参保渔民125 031人,承载风险保额420.63亿元,同比增长35%。全省处理赔案5 880起,为受灾渔民支付理赔款9 537.31万元,同比增长13%。在抓好政策性互助保险这根业务发展主线的同时,按照"稳定主业、多元发展"的方针,以推动互保费率调整政策顺利实施为重点,保稳定、促发展,采取多项措施服务渔民。一是及时调整展业政策,主动下调渔船和雇主责任互保费率10%,为参保渔民节省2 200万元的互保费开支,同时新增渔船全部责任和综合附加第三者伤亡责任、附加渔具、附加机损责任等新险种,为渔民会员承担更多风险保障。二是进一步完善无理赔奖励政策,将无理赔发放形式从现金补发改为直接在应收保费中扣减。2010年发放无理赔奖励金1 809.56万元。三是继续深挖潜力,努力通过多种渠道筹措资金,增加贷款覆盖范围,新增了舟山、普陀、定海、温岭和苍南、玉环、瑞安、平湖等共8个市(县),合计发放贷款5 846万元。

【重点渔业市(县)基本情况】

浙江省重点渔业市(县、区)基本情况

市(县、区)	总人口(万人)	渔业总产值(万元)	水产品总产量(吨)	其中					养殖面积(公顷)	
				海洋捕捞	海水养殖	内陆捕捞	内陆养殖	远洋渔业	海水养殖	内陆养殖
象山县	53.71	488 183	582 024	447 821	115 189		10 985	8 029	10 774	2 758
宁海县	60.5	151 712	141 354	9 262	126 961	209	4 922		15 249	2 073
奉化县	48.21	109 463	117 286	105 419	8 350	889	2 628		2 089	1 889
慈溪市	103.52	119 813	45 386	4 345	13 907	1 698	25 436		5 322	7 009
洞头县	12.74	77 354	142 541	129 444	13 097				2 935	
苍南县	127.59	161 560	197 994	168 094	22 649	1 071	6 180		5 449	2 659
平阳县	86.26	47 434	57 596	49 868	5 011	933	1 784		1 530	1 641
瑞安市	118.75	64 660	102 137	94 742	4 817	702	1 876		1 542	1 008
乐清市	122.49	111 210	74 499	8 115	60 744	533	5 107		9 789	2 455
定海区	69.66	71 443	89 926	60 546	9 415		5 039	14 926	1 748	1 349
普陀区		460 208	600 250	455 639	35 785		3 080	105 746	2 818	600
岱山县	19.14	266 608	320 029	309 781	9 424		824		1 460	225
嵊泗县	7.97	142 197	301 013	220 308	79 586			1 119	1 787	
玉环县	41.47	206 319	261 437	171 019	88 006	216	2 196		6 674	656
三门县	42.6	181 642	201 055	16 265	180 872	431	3 487		12 862	971
温岭市	118.45	458 897	489 759	421 215	61 080	250	7 214		5 410	1 897
临海市	115.47	105 200	115 412	92 176	10 340	2 937	9 959		1 400	3 052

注:总人口系2009年底数。

【大事记】

[1]1月8日,浙江省海洋与渔业局在杭州召开全省海洋与渔业工作会议。省政府茅临生副省长到会作重要讲话。赵利民局长作会议工作报告。

[2]2月5日,省委常委、副省长葛慧君在省政府副秘书长陈龙等领导陪同下到省海洋与渔业局视察工作。在听取省海洋与渔业局赵利民局长的工作汇报后,葛副省长充分肯定了近年来海洋与渔业工作成绩,对今后一个时期全省海洋与渔业工作提出了要求。

[3]3月9日,国内首家省级渔业船舶交易服务中心——浙江省海洋渔业船舶交易服务中心成立大会暨授牌仪式在上虞市举行。农业部渔业局局长、渔政指挥中心主任李健华出席会议并向中心授牌。农业部东海区渔政局李富荣局长和省海洋与渔业局赵利民局长到会并讲话。

[4]3月11日,省委常委、副省长葛慧君一行在绍兴市调研农业农村工作期间,视察了该市生态渔业园区,并要求各级有关部门要进一步加大扶持力度,运用先进科技,实施规模养殖,打造品牌产品,不断提升绍兴水产养殖业竞争力。

[5]3月21日,台湾省渔会理事长黄一成先生应邀访问省海洋与渔业局。赵利民局长、陈宗尧副局长等参加了会谈。双方就开展浙台渔业对接与交流以及远洋渔业、水产养殖、台湾秋刀鱼精深加工等方面的问题进行了交流、磋商,并达成了广泛共识。

[6]4月15—21日,赵利民局长率领由局属有关处(室)和部分市、县(区)海洋与渔业主管局领导组成的考察组,赴江苏、山东、辽宁三省考察学习海洋与渔业工作。

[7]4月26日,省委常委、副省长葛慧君专题听取了省海洋与渔业局关于全省标准渔港建设有关情况的汇报。要求各级政府必须高度重视,狠抓落实。

[8]5月22日,省委书记赵洪祝在省海洋与渔业局《关于对省领导就建议加快我省国内捕捞渔船更新改造所作批示办理情况的函》上作出批示:"海洋渔业是海洋经济的重要组成部分,确需从长计议,扎实做好"。

[9]5月31日,以挪威北挪威省省长欧德·埃里克森为团长的北挪威代表团一行访问省海洋与渔业局。赵利民局长会见了代表团。双方就海洋环境保护、自然灾害防御、水产养殖等问题进行了广泛交流。

[10]6月5日,马尔代夫驻华大使阿哈迈德·拉帝夫一行访问省海洋与渔业局。俞永跃副局长等会见了外宾。

[11]6月10日,浙江省海峡两岸经济文化发展促进会和台湾工业总会共同举办的2010年台湾·浙江经贸文化合作论坛在台湾台北圆山大饭店召开。赵利民局长代表浙江渔业经济学会与台湾省渔会黄一成理事长签署了《渔业交流与合作备忘录》。

[12]7月6—7日,省人大常委会程渭山副主任一行在省海洋与渔业局赵利民局长、俞永跃副局长等陪同下,调研水产种子种苗工程建设情况。程渭山副主任充分肯定了近年来水产种子种苗工程建设取得的成绩,同时针对下一步发展提出了四点指导性意见。

[13]8月23日,省委常委、副省长葛慧君在赵利民局长关于《推行政策性渔业互助保险、构建渔业安全生产风险保障机制》的报告上作出批示:"海洋捕捞渔业风险较多,推进政策性渔业保险很有必要。省海洋与渔业局提出的几个问题在研究农业政策性保险时予以统筹考虑。"

[14]8月23日,省委常委、副省长葛慧君在省海洋与渔业局报送的《我省渔船安全救助信息系统作用进一步显现》专报上作出批示:"很好,此信息系统作用发挥得不错。望不断完善其功能,为海上渔民作业安全提供更多服务。"

[15]8月23日,副省长、温州市委书记陈德荣一行到省海洋与渔业局座谈。赵利民等局领导和有关处(室)负责人出席。双方就温州围填海管理、重点项目建设和南麂岛自然保护区管理等有关问题进行了沟通和交流。

[16]9月24日上午, 2010年(三门)中国现代渔业发展论坛举行。农业部原副部长、中国渔业协会会长齐景发,农业部渔业局副局长陈毅德以及来自全国各地的渔业专家、学者、渔业行政管理者和企业代表共200余人参加了此次论坛。省海洋与渔业局俞永跃副局长到会并致词。

[17]9月26日,第四届三门中国青蟹节正式拉开序幕。本届青蟹节由省海洋与渔业局、省旅游局、台州市人民政府共同主办,三门县委、县政府承办。省委常委、宣传部长茅临生宣布活动开幕。农业部原副部长、中国渔业协会会长齐景发,省海洋与渔业局局长赵利民等领导出席了开幕式。

[18]9月28日上午,2010年浙江省渔业博览会在绍兴柯桥国际会展中心东门外广场举行。省委副书记夏宝龙宣布博览会开幕;省委常委、副省长葛慧君,农业部原副部长、中国渔业协会会长齐景发,省海洋与渔业局局长赵利民及绍兴市(县)有关领导到会致辞。来自国内外的嘉宾、客商等1 000余人参加了本次开幕式。

[19]10月29日,农业部渔业局李健华局长赴定海干览镇西码头中心渔港调研。省海洋与渔业局局长赵利民、舟山市副市长刘宏明等领导陪同。

[20]11月2日,省海洋与渔业局赵利民局长在杭州会见日本长崎县水产部次长荒川敏久等一行。双方交流和探讨了渔业合作、海洋渔业资源保护、渔业资源

增殖放流政策等问题。

[21]12 月 7 日，农业部韩长赋部长在省政府郑继伟副省长、陈龙副秘书长等领导陪同下专程赴浙江北极品水产有限公司考察指导工作。

[22]12 月 8 日，省委常委、组织部部长蔡奇到省海洋与渔业局指导工作。

（浙江省海洋与渔业局　方康保　谢雷宁）

安徽省渔业

【概况】 2010 年，全省渔业部门克服春季低温和夏季洪涝灾害等不利因素影响，积极发展水产健康养殖，加强渔业基础设施建设和渔业资源保护工作，加大水产品质量安全监管，扎实推进水产跨越工程，渔业经济稳步发展，主要经济指标稳步增长。全省水产养殖面积 53 万公顷，同比增加 2 万公顷，全年水产品产量 193 万吨，同比增长 5.4%，较“十五”末增长 8.7%（2008 年调减 30 万吨，按可比口径增长 25.6%）。渔业经济总产值 420 亿元，同比增长 17.4%，较“十五”末增长 90.9%。渔民人均纯收入 7 731 元，同比增长 3.5%，较“十五”末增长 58%。

1. 主要工作与成效

（1）全面推进水产健康养殖。一是加快池塘标准化改造。在连续两年实施池塘生态修复示范项目带动下，全省池塘标准化改造进程显著加快。全年精养池塘改造面积 27 500 公顷，新开挖池塘 5 600 公顷，总投资达 4.51 亿元，其中财政资金 2 310 万元。二是创建健康养殖示范场。在巩固提高 100 个市级以上健康养殖示范场的基础上，又创建了 32 个部级示范场。三是推广池塘、湖泊、水库、稻田生态养殖新技术，发展生态健康的水产养殖业和环境友好的水产增殖业，提高水面利用效率，促进渔业可持续发展。全省河蟹、黄鳝、小龙虾、泥鳅、水库有机鱼等名优品种生态健康养殖面积超过 33 万公顷。

（2）着力推进水产大县建设。把实施水产跨越工程作为年度工作的重要抓，着力推进水产大县建设。印发了《安徽省水产大县创建年度考评标准》（试行），先后召开 3 次现场交流会议，推广先进典型，年末组织考核。据统计，年产量 3 万吨、产值 5 亿元以上的 32 个水产大县水产品总量、渔业经济总产值占全省的 60% 以上。建设部、省级健康养殖示范场 70 个，省级良种场 19 个，良种覆盖率达 80% 以上。

（3）切实抓好水产品质量安全管理。根据农业部及省农委的统一部署，以保障上海世博会水产品安全有效供给为重点，加强水产品质量安全专项整治和执法管理。一是及时下发了《做好 2010 年上海世博会期间水产品安全有效供给的通知》、《加强春季水产品质量安全监管的通知》和《开展水产苗种生产质量安全督察的通知》等一系列文件，明确了水产品质量安全整治执法重点和责任。二是分南、北两片召开全省供沪水产品质量安全监管现场会，具体落实供沪养殖水产品质量安全监管措施，规范要求，明确职责。三是结合“渔业科技服务年”、“阳光工程”和新型农民培训等活动，深入开展水产品质量安全知识培训，加强技术指导，规范养殖生产。四是根据水产品质量安全监管重点和重点生产区域，加强对合肥、巢湖、安庆、六安、池州、马鞍山等生产大市质量安全整治执法工作的督察指导。五是加强水产品质量安全监督抽查。在农业部统一抽检的基础上，依托省渔业环境监测中心，组织对 17 个市养殖基地、良种场、批发市场进行 3 次水产品质量安全例行监测。全省水产品质量保持较好水平，在农业部两次和省农委 3 次例行产地质量安全监督抽查中，水产品合格率分别为 99.2% 和 99.8%。

（4）大力开拓水产品市场。各级政府、渔业主管部门和龙头企业十分重视水产品市场开拓，通过交易会、推介会等多种形式宣传推介安徽名优水产品。一是各级渔业部门和水产龙头企业充分利用中国安徽（合肥）农业产业化交易会平台，展示展销、招商合作；渔业局借机邀请参会的外省水产龙头企业老总，召开邀商、推介对接会，全面宣传安徽水产，努力提高本省对接企业的知名度和水产品牌的影响力，展示安徽现代渔业发展新貌和名优水产精品。二是省农委分别与合肥市政府共同主办了第九届龙虾节、与马鞍山市政府共同主办第二届石臼湖螃蟹节、与巢湖市政府在北京共同主办首届巢湖大闸蟹（北京）推介会等。三是省渔业协会与《中国水产市场导刊》合作，编辑出版《皖江渔业》，在长三角地区水产品批发交易市场、高档宾馆酒店以及全国各地渔业主管部门，广为发送。四是组织河蟹养殖企业参加第四届“丰收杯”全国河蟹大赛，安庆市皖宜季牛水产公司和望江县武昌湖生态渔业公司获得大赛最高奖——3 个“最佳口感奖”中的两个。这些活动有力地提升了“皖字号”名优水产品的影响力和知名度，促进了安徽与长三角地区为重点的广泛渔业合作。

（5）积极推进水产产业化经营。一是培育壮大龙头企业。一大批社会资本投资渔业，水产龙头企业由规模养殖、良种繁育不断向水产品流通贸易、加工出口和休闲服务等二、三产业延伸。企业规模壮大、经营领域拓展、产品质量和品牌效应提升。全年新增省级水产龙头企业 8 家，全省省级以上产业化龙头企业达到 30 家。二是发展水产品加工流通业。全省年加工鲜活水产品突破 12 万吨，水产品加工、流通产值达 125 亿元。明光永言公司与合肥工业大学食品与生物工程学院开展校企合作、联合攻关，在鱼糜加工上取得重大突破，鱼糜加工工艺和产品质量达到国际要求。水产品批发市场建设又有新发展，池州市兴建了杏花村水产品批发大市场；东至县动工兴建安徽长江水产品批发市场。三是休闲渔业蓬勃发展。全省以鱼以水为特色的休闲、旅游场所过千家，年产值超 10 亿元。

(6)扎实开展水生生物资源养护。一是举办大型增殖放流活动。省农委与省环保局、发改委、省财政厅等部门和有关市（县）政府在长江、淮河、巢湖、新安江等水域分别举行了 5 次大规模的增殖放流活动，共增殖放流苗种 1.48 亿尾、大鲵等珍稀水生动物 32.58 万尾。二是进一步规范了增殖放流管理。各级渔业主管单位在渔业资源增殖放流工作中，认真执行放流苗种检验、社会公证、资料建档等相关规定，放流工作规范化、正规化。三是加快水产种质资源保护区建设。批准建立了 7 处省级水产种质资源保护区，创建了 4 个国家级保护区。至此全省共建有省级以上水产种质资源保护区 24 处，其中国家级 13 处。四是积极开展水生野生动物保护“科普宣传月”活动。7 月在全省开展了一系列以“关爱水生动物，从我做起”为主题的水生野生动物保护“科普宣传月”活动。五是开展渔业资源监测与增殖放流效果评价。全省建立了长江、淮河、新安江三大水系渔业资源监测网点，开展渔业资源监测与增殖放流效果评价。自 2010 年 1 月始，对三大水系可能涉及的渔业品种资源实施全年 36 次定点监测，旨在积累基础数据和本底资料。与中国水科院淡水渔业研究中心合作，在巢湖和长江安徽段开展鱼类标志放流，为科学研究评价放流效果提供参考依据。

(7)强化依法管理。认真贯彻落实渔业法律法规，强化依法管理。一是加强禁渔期和特许捕捞管理。实施为期 3 个月的长江安徽段春季禁渔工作。在禁渔期、特许捕捞管理期实行分段驻守执法管理、组织跨界执法、与海事部门联合执法等措施，取得良好效果。同时，在全省 162 处、36 万多公顷湖泊、水库、河流等水域实施禁渔期、禁渔区制度。二是加强养殖权证制度建设。全省已有 78 个县(市、区)级人民政府、1 个市级人民政府和 2 个跨市界大型湖泊出台了《养殖水域滩涂规划》。县(市、区)政府批准规划出台率为 75%；发放养殖证 10 898 本，核发养殖水域滩涂面积 239 682 公顷，占养殖总水面的 45.3%。认真贯彻落实农业部《关于稳定水域滩涂养殖使用权推进水域滩涂养殖发证登记工作的意见》，及时印发了《关于稳定水域滩涂养殖使用权加快推进发证登记工作的通知》，对近两年实施养殖证制度的目标任务、时间进度和换发新证作了具体要求与部署。

(8)渔业安全生产常抓不懈。按照省农委部署，认真贯彻落实中央、国务院、省委、省政府关于加强安全生产工作的一系列指示精神和工作部署，采取扎实有效措施，深入开展渔业安全生产工作。一是强化行政指导和监督。省农委召开了全省渔业安全生产工作会议，对全省渔业安全生产工作进行了部署。省农委与各市渔业行政主管部门签订了安全生产目标管理责任书，制定渔业安全生产工作目标考核办法和标准，加强安全生产指导。省农委相继下发了《关于印发 2010 年全省渔业安全生产工作方案的通知》、《关于印发安徽省 2010 年渔业“安全生产年”活动实施方案的通知》、《关于开展全省“平安渔业示范县”创建活动的通知》等一系列文件。二是完善各项规章制度。建立和完善各项信息报送、责任追究、预警预报制度和安全生产台账、档案制度，逐步建立生产安全事故鉴定和评估机制。三是认真组织排查事故隐患，落实各项措施，实现了全年生产事故总量、死亡人数和直接经济损失“零增长”的总目标。

2. 存在的主要问题

(1)基础设施投入严重不足。精养鱼塘等渔业基础设施老化严重。全省连片鱼塘 15.3 万公顷，其中有 12.7 万多公顷淤积严重，配套简陋，养殖效益、质量控制难度很大。

(2)养殖收益空间进一步受到挤压。种苗、饲料、人工等成本性投入价格较上年增加二成左右，养殖成本不断提高。水产品价格只是稳中略增，养殖收益空间进一步受到挤压。

(3)渔政执法难度较大。渔政执法体制不顺，机制不健全，管理手段滞后，严重影响了水生生物资源养护、水产养殖业执法和水产品质量安全监管。特别是在机构改革中，相当部分县（区）渔政执法机构未能实现参照《公务员法》管理，队伍不稳、经费不足、执法不力。

(4)渔业安全生产存在隐患。渔业安全生产监管责任重大，但资金缺乏、装备落后，渔民受利益驱使，冒险作业现象普遍，存在不少监管死角和事故隐患。

【重点渔业市(县)基本情况】

安徽省重点渔业县(市、区)基本情况

县(市、区)	渔业总产值(万元)	水产品总产量(吨)	其中		内陆养殖面积(公顷)
			养殖产量	捕捞产量	
居巢区	288 499	31 406	21 335	10 071	4 208
枞阳县	224 503	78 000	71 500	6 500	25 333
庐江县	192 000	41 490	37 090	4 400	10 670
宿松县	189 058	73 820	66 990	6 830	49 330
当涂县	187 700	66 071	58 756	7 315	13 000
肥东县	175 075	43 509	26 957	16 552	5 797
明光市	153 090	69 047	62 174	6 873	16 355
望江县	152 985	58 400	49 211	9 189	23 333
无为县	142 108	57 908	50 822	7 086	15 468
天长市	140 600	59 500	55 300	4 200	12 446

注:1. 以产值取前10位

2. 渔业数据采集于2010年渔业统计年报

【大事记】

[1]1月13日,省农委召开了全省渔业安全生产工作会议,邀请农业部船检局、安徽省安监局和地方海事局领导出席会议。大会传达了全国渔业工作会议精神,部署2010年渔业安全生产工作。会议提出要确保全省渔业生产事故总量、死亡人数和直接经济损失三项指标“零增长”的总体目标,努力构建和谐平安渔业。

[2]1月19—20日,在全省农村、农业工作会议上,赵颖南总农艺师代表省农委与各市农委签订了2010年渔业安全生产目标责任书。

[3]2月1日,安徽省农委召开巢湖渔业管理联席会议。会议围绕巢湖渔业资源和生态环境保护,加强沿湖各市、县(区)渔业主管部门及渔政执法机构的联系和协调,进一步提高执法效能,切实做好巢湖渔政管理工作等进行了全面研究部署。

[4]3月3日,安徽省政府办公厅就切实做好2010年长江禁渔期管理工作,向沿江各市、县人民政府以及省政府有关部门发出通知。通知要求:加强组织领导,认真执行禁渔期制度;突出工作重点,强化禁渔管理;加大增殖放流,加快修复水域生态环境;关心渔民民生,维护社会和谐稳定。

[5]4月20日,安徽省农委在明光市召开全省供沪加工水产品质量安全监管现场会。贯彻落实农业部《关于做好上海世博会期间水产品安全有效供给的通知》和全省供沪农产品质量安全监管工作会议精神,确保供沪养殖和加工水产品的质量安全。

[6]6月6日,安徽淮河流域首次大规模同步增殖放流鱼苗2 000万尾。本次放流包括淮南市、蚌埠市、阜南县、明光市、凤阳县和五河县。整个放流活动由省农委统一部署,统一实施。

[7]6月17日,安徽省3个部门联手打击非法建造海洋渔船行为。针对近期浙江岱山县等沿海地区一些不法渔船建造中间商和海洋捕捞企业(户),在没有国家建造许可的情况下,采用租赁船台或企业合作等方式,在安徽沿江部分企业非法建造“三无”海洋渔船的情况,安徽省农业委员会、省国防科学技术工业办公室和省安全生产监督管理局3部门发出联合通知,要求依据《中华人民共和国渔业法》和安徽省实施《渔业法》办法,严厉打击违法建造海洋渔船活动,保护人民群众生命财产安全和渔业资源。

[8]7月10日,由安徽省农委渔业局、合肥市畜牧水产局联合举办的第四届龙虾经济发展论坛在合肥举行。本次论坛以坚持“优质、高效、生态、安全”为宗旨,以“发展龙虾经济,推广稻虾连作”为主题,围绕龙虾产业发展,邀请了国内龙虾产业发展研究领域的知名专家,交流发展经验和最新科研成果,研讨产业政策,促进交流合作,共商振兴大计。省农委总农艺师赵颖南、省农委渔业局局长刘国友、合肥市政府副市长江洪、市政府副秘书长李博平、市畜牧水产局局长胡宏同

等有关领导出席论坛并讲话。

[9]7月15日,农业部渔业局副局长陈毅德深入安徽池州市贵池区抗洪抢险一线检查指导渔业抗灾救灾工作。

[10]7月20日,由安徽省农委渔业局和合肥市畜牧水产局共同主办的安徽省"水生野生动物保护科普宣传月"活动启动仪式在合肥市海洋世界举行。

[11]7月18日,安徽首次在"三江"(新安江、富春江、钱塘江)源头的黄山市休宁县流口镇大鲵自然保护区内的沿河流域,将800尾大鲵放归自然,以保护"三江"上游流域生态环境。本次放流活动由安徽省农委渔业局、黄山市农委和休宁县人民政府共同主办。放流规格为20厘米的子一代大鲵800尾,放流苗种由黄山休宁县珍稀水生动物研究所提供。

[12]9月29日,2010年中国安徽·当涂石臼湖螃蟹节开幕。

[13]10月25—27日,安徽省人大执法检查组一行在省人大常委会委员、农业与农村工作委员会主任桂梅生的率领下,开展《渔业法》执法检查。

[14]11月13日,安徽省委副书记王明方在省人大关于检查《安徽省实施〈中华人民共和国渔业法〉办法》贯彻实施情况的报告上批示:此报告对于促进渔业快速、健康、持续发展颇有价值。请在谋划"十二五"渔业发展规划中认真吸纳。

[15]10月30日上午,2010年安徽无为首届长江特色水产节在安徽无为县开幕。农业部渔业局副局长陈毅德,农业部乡镇企业局副局长欧阳海洪,农业部产业政策与法规司副司长王乐君,农业部市场与经济信息司副司长李昌健,农业部畜牧业司副司长王俊勋,上海海洋大学校长潘迎捷,省农委主任张华建等数百人参加了开幕式。

[16]11月12日,第四届"丰收杯"全国河蟹大赛在上海海洋大学举行。本次大赛共有来自江苏、安徽、江西、山东、上海等河蟹主产区的20多家河蟹企业参赛。安徽省由省渔业协会组织7家企业参赛。经专家评比,望江县武昌湖生态渔业公司、安庆市皖宜季牛水产养殖公司和上海松江区水产良种场3家企业选送的河蟹荣获大赛最高奖——"最佳口感奖"。

[17]12月30日,中国渔业协会授予宣城市宣州区水阳镇"中国幼蟹之乡"称号。

(安徽省农委渔业局　王建勋　王永东)

福建省渔业

【概况】 2010年,全省渔业经济总产值达1 495.94亿元,比增25.2%;增加值797.25亿元,比增25.3%,占全省GDP的5.55%。渔民人均纯收入9 168元,比增10.58%,比全省农民人均纯收入高出1 741元。全省水产品总产量587.42万吨,比增3.1%。

1. 水产养殖 积极推进水产良种繁育基地建设,重点扶持建设了一批结构优化、布局合理和管理规范的苗种基地。已批复下达2 525万元资金建设现代渔业苗种繁育基地16家。继续开展水产苗种专项整治,通过建立苗种场数据库基本掌握了全省苗种场数量、育苗品种、苗种生产能力等情况,逐步实现苗种数据库动态管理的规范化。着力实施农业部水产健康养殖示范场创建工作,2010年农业部批准公布福建省第五批创建单位20家。标准化水产养殖池塘建设改造进展顺利,全年完成4 350公顷,投入各类资金约2.24亿元。着力推进水域滩涂养殖证制度建设,2010年全省30个县已完成养殖水域规划编制,完成水域滩涂养殖发证6 482宗。

2. 海洋捕捞 在巩固太平洋、印度洋公海大洋作业和印度尼西亚、缅甸等过洋性作业的基础上,加大新渔场的开发力度,拓展了莫桑比克海域渔场,全省远洋渔船达到186艘。全省远洋渔业总产量18.51万吨,比2009年同期增长10.39%,总产值16.64亿元,同比增长35.10%。

3. 水产品加工 优化企业发展环境。石狮市着力破解水产加工企业在融资、用地、用工方面的难题,组织企业成立行业担保协会,成立专项扶持基金,鼓励企业进行项目研发和技术创新。加大企业资金扶持力度。全年下达水产产业化龙头企业补助专项资金490万元;扶持现代农业(渔业)省级配套资金水产加工项目17个,补助资金1 000万元;下达海洋与渔业加工重点项目3个、资金120万元。推进品牌建设。围绕水产品区域优势品种,大力实施品牌带动战略,鼓励具有独特优势和地域特色水产品争创自主品牌,扩大名牌产品的市场地位和市场占有率。全省新评中国驰名商标2个,省名牌产品30个,24个水产品入选省著名商标。连江县被授予"中国鲍鱼之乡"称号,定海湾丁香鱼、漳港海蚌申报国家地理标志产品保护。福建腾新食品股份有限公司等4家企业被评为全国农产品加工业示范企业。全年共下达省级渔业地方标准制(修)订任务9项,发布实施渔业地方标准11项。《龙须菜养殖技术规范》等5个项目获得2010年福建省标准贡献奖。2010年水产品加工产值达362.99亿元,出口创汇达26.83亿美元。

4. 水产品质量监管 完善水产品质量安全检测体系。省海洋环境与渔业资源监测中心获国家批准筹建农业部渔业产品质量监督检验测试中心（东南沿海）；扶持7个设区（市）海洋与渔业局加快水产品质检站建设。漳州市水产品质检站通过省级计量认证，全省已有3家市级检测站获得省级以上计量认证；4个县级水产品质检站建设项目获得国家批准，3个已完成初步设计；2009年获批的5个县级水产品质检站建设项目中4个已基本完工。适时开展水产苗种药物残留监督抽查，抽检合格率为84.2%；产地水产品抽检合格率为98.3%，水产品批发市场抽检合格率为95.7%。加大对水产养殖环节药物残留超标生产单位的查处力度，从源头上保障水产品质量安全。全省共立案查处各类案件12起，销毁“问题”苗种280多万尾，并处罚金8.62万元。全省共认定无公害水产品产地69个、2 500多公顷，认证产品85个，产量2.71万吨；完成复查换证产地35家、11 460多公顷，产品41个，产量1.9万吨。

5. 休闲渔业 充分挖掘海洋渔业休闲旅游度假的巨大市场潜力，组织各地积极创建水乡渔村，推动休闲渔业加快发展。与省旅游局联合组织评审，共公布2批水乡渔村19家。福建水乡渔村创建逐步呈现投资规模增大，渔文化挖掘深入，休闲渔业领域拓展，社会认同度高的特点。

6. 外向型渔业 闽台两岸交流合作逐步深化。组织福建渔业经贸考察团赴台交流，闽台两地相关企业签订了10个涵盖水产加工、渔业贸易、远洋渔业等方面的合作项目。成功举办海峡（福州）渔业周暨渔业博览会，本届规格上升为农业部和福建省人民政府共同主办。台湾渔业主管机构组织了专门的参访团和参展团，是迄今为止台湾方面组织参加祖国大陆渔业活动人员最多、规模最大的一次，也是台湾水产品首次大规模到大陆的展销活动。本届渔业博览会标准展位510个，订货成交额达40多亿元。随着国际市场对水产品需求的逐步恢复，以及对台水产品贸易的大幅拉升，2010年水产品出口达52.63万吨，同比增长39.8%，出口创汇达26.83亿美元，增长73.99%，占全省农产品出口创汇的54.2%。

7. 科技推广 围绕渔业低碳技术、水产繁育技术研究、渔业设施研发、水产病害防治技术研究、水产品质量安全检测技术等领域，积极开展科技自主创新。2010年共有80多项成果通过省（部）级鉴定或验收，6项科技成果获2010年度省科学技术奖，其中一等奖1项，二等奖1项，三等奖4项。努力推进渔业科技入户。积极构建全省渔业科技入户技术指导工作网络，形成“省级专家—县级专家—技术指导员—科技示范户—辐射带动渔户”的科技成果转化快速通道。开展渔业科技入户示范工程，主推花蛤、坛紫菜、大弹涂鱼、草鱼等7个优势品种以及相关的防病、高产与无公害养殖技术，培育1 146名科技示范户，辐射带动约21 460名养殖户。

8. 防灾减灾 继续实施海洋与渔业防灾减灾“百千万工程”建设。全省在建、扩建和已建中心渔港7个，一级渔港12个，二级渔港45个，渔船就近避风率从“九五”末的30%提高到60%。2010年开工建设了9个验潮站，基本完成了33个验潮站警戒潮位值的重新核定和海堤岸线的高程测量任务。海洋灾害预警预报和防灾减灾决策服务能力进一步提高，在防抗台风、风暴潮期间，为各级政府开展防灾减灾、转移渔船及海上人员提供技术支撑与服务。完成海上渔业安全应急指挥系统建设，全省3万多艘海洋捕捞渔船都安装了船用安全终端，通过系统已经成功实施海上渔业安全救助42起，被救渔船36艘，获救渔民370多名，挽回直接经济损失数千万元。

9. 渔业安全管理 落实渔业安全生产目标责任，将工作任务层层分解下达，督促各级渔业部门层层签订安全生产目标管理责任状。完善渔业安全管理制度建设，制定《福建省渔业船舶安全管理暂行办法》，将渔船船东船长主体责任和安全生产监督管理“一岗双责”相结合，强化渔业安全生产主体责任。开展一系列渔业安全教育整顿活动，通过组织渔船安全生产专项整治行动、全省渔业安全生产大检查、渔业“安全生产月咨询日”活动等方式，对违法行为起到很大威慑作用，取得了较好成效。平安渔业系列活动成效明显，以“平安渔业示范县”和“文明渔港”创建活动为抓手，努力增强地方政府对渔业安全生产管理工作的重视，促进了安全生产责任的落实。2010年“全国文明渔港”创建活动中，厦门高崎闽台中心渔港、泉州祥芝中心渔港光荣当选。开展渔业安全生产主体责任活动，全省44千瓦以上渔船覆盖率达到65.8%。建设推广渔船自动识别系统。为全省近1万艘中大型渔船配备AIS船载终端，截至2010年12月31日，全省沿海各地已安装AIS船载终端共计8 993套，占应安装渔船总数的96.8%。

10. 渔政执法 加大护渔行动力度，落实港口巡查、水上巡查、水产养殖场所巡查、海洋岸线巡查、无人岛巡查等五项制度，集中精力开展好“打非治违”工作。结合“护渔2010”行动，积极组织港口和海上执法检查，以检查渔船标识、渔船证书证件、“三无”船舶、“三证不齐”渔船、渔业船舶修造厂和沙滩造船厂等为重点，有针对性进行宣传教育和集中打击。全省共组织开展“打非治违”港口和海上专项检查1 778次，出动渔政执法船艇835艘(次),参加专项执法行动执法人数9 422人(次),检查渔船16 121艘,检查港口940个(次),船厂394家(次),查处各类非法违法案件1 074起,罚款103多万元。

【重点渔业市(县)基本情况】

福建省重点渔业市(县、区)基本情况

市(县、区)	渔业产值(万元)	水产品总产量(吨)	其中				养殖面积(公顷)	
			海洋捕捞	海水养殖	内陆捕捞	内陆养殖	海水养殖	内陆养殖
福清市	533 383	316 511	21 002	216 462	0	79 047	11 925	5 136
平潭县	393 873	361 021	181 147	179 684	0	190	4 833	86
连江县	997 529	675 207	285 024	382 663	784	6 736	13 090	613
秀屿区		407 170	75 120	330 832	527	691	9 585	322
霞浦县	327 078	298 208	99 162	198 466	5	575	16 642	101
惠安县	240 972	255 493	123 781	128 540	1 000	2 172	4 516	499
石狮市	275 226	370 294	339 283	30 713	0	298	1 153	37
龙海市	304 918	345 491	110 825	146 201	4 977	83 488	4 513	4 484
漳浦县	380 082	334 761	57 283	237 639	3 696	36 143	13 174	3 006
东山县	313 763	298 092	149 332	140 450	0	8 310	6 345	463

【大事记】

[1]8月27日,福建省渔业行业协会正式成立,选举产生了第一届理事会,并与台湾地区中华娱乐渔船协会签署缔结友好协会协议书。

[2]9月5~6日,农业部公布了全国首批20个"文明渔港",厦门高崎闽台中心渔港和石狮市祥芝中心渔港名列其中。

[3]9月28日,2010年海峡渔业周暨第五届海峡渔业博览会在福州国际会展中心隆重开幕。活动组织的标准展位超过500个,并单独设立台湾专馆,这是台湾水产品首次大规模到大陆参加展销活动。

[4]10月19日,闽粤两省在厦门签署海上渔政管理协作协议。这是两省首次签署跨海区域协作协议,也是我国渔政省际间跨海区域的第一份合作协议。

[5]11月4日,由厦门市政府、中国水产学会、福建省海洋与渔业厅联合主办的中国(厦门)第二届国际休闲渔业论坛在厦门举办,吸引了近200名国内外专家、学者、行政管理人员和企业代表的参与。

[6]12月17日,福建省首次在福清放流100尾人工繁育的娃娃鱼,以改善水域生态环境,促进渔业可持续发展。

(福建省海洋与渔业厅 廖信宁 刘 颖)

江西省渔业

【概况】 2010年,全省渔业经济继续保持良好的发展态势。主要呈现"四增一平":一是渔业生产规模稳定增长。全省水产品产量215.34万吨,同比增加13.84万吨,增长6.8%,全省养殖面积42.55万公顷,同比扩大0.84万公顷。二是渔业产值持续增长。全省渔业产值277.94亿元,同比增加26.56亿元,增长10.6%。三是渔民收入平稳增长。全省渔民人均纯收入达到7 620元,同比增加574元,增长8.2%。四是水产品出口创汇大幅增长。全省水产品出口创汇2.21亿美元,同比增加0.57亿元,增长34.8%。水产品价格保持平稳。全省水产品市场零售价格指数、批发价格指数和塘边起水价格指数分别较上年上涨3.71%、4.54%和1.99%。不仅低于全国水产品批发市场综合平均价上涨8.5%的水平,而且在所有农产品价格大幅上涨的情况下,水产品价格基本保持平稳,对平抑农产品市场价格起到重要作用。

1. 抗洪救灾 2010年6月,江西省遭受了罕见的特大洪涝灾害,强降雨导致四大河流发生流域性大洪水或特大洪水。在洪灾的肆虐下,全省渔业遭受重创,受灾面积达36万公顷、成灾面积为14.6万公顷,其中冲毁池塘5.4万公顷,大水面6.12万公顷。毁坏网箱

4.8 万个，渔船沉没 333 艘，损坏渔船 1 082 艘，冲毁渔港码头、防波堤、护岸和道路分别为 3 064 米、73 240 米、16 290 米、91 000 米，造成直接经济损失达 26.11 亿元。面对严重洪灾，全省各级渔业部门迅速投入到抗洪救灾及灾后重建工作中。一是迅速成立了渔业抗洪救灾及灾后重建领导小组，实行灾情日调度和 24 小时值班制，公布救灾工作人员电话。二是编印下发《渔业救灾技术指导要领》等资料 1 万余份，先后多次派出专家组深入灾区一线指导抗灾救灾工作，全省还组织了千名水产技术人员深入灾区送科技入户。三是筹集资金 950 万元为重灾区调拨水产苗种近 2 亿尾以及修复受损渔业繁殖设施，帮助渔民尽快恢复生产。四是结合渔业科技入户，启动科技救灾培训等。

2. 现代渔业项目建设 中央财政支持现代农业水产项目是近年来在江西省实施的最大的水产基础设施建设项目。这一项目的实施，不仅得到了各级政府和渔业行政主管部门的高度重视，而且极大地促进了全省水产健康养殖的发展。按照中央财政补贴一点、项目县整合配套一点、经营者自筹一点的方法，强力推动了滨湖重点渔区“三万工程”（即万亩以上连片标准化池塘、亩均销售额和养殖户人均纯收入超万元）和丘陵地区“千万万工程”（千亩以上连片标准化池塘、亩均销售额和养殖户人均纯收入超万元）的实施，取得了良好的经济、社会和生态效益。2010 年中央财政用于支持江西省现代渔业项目建设增加至 7 000 万元，比上年增加 3 000 万元，改造了标准化鱼池 2 500 多公顷、改扩建良繁场 9 个。通过对比分析，池塘改造后养殖效益显著，平均每 1/15 公顷产量增加 330 千克、增收节支 1 700 元，实现了当年投入当年收回成本。

3. 水产品加工 在进一步稳定烤鳗加工，加快发展鱼片、小龙虾、珍珠系列产品和传统特色产品加工的基础上，2010 年通过省级龙头企业——江西东海水产食品有限公司引进并建设了全球第一条标准化淡水鱼糜及其深加工生产线。该公司的淡水鱼糜深加工产品已有两批（次）出口日本。淡水鱼深加工一直是公认的技术难题和产业发展“瓶颈”，该项技术的突破，可以有效消耗本地低端淡水鱼原料，一条淡水鱼糜加工生产线可消耗原料鱼 5 万吨，不仅可大幅提高水产品加工率和附加值，延长水产品价值链条，彻底解决大宗水产品加工、销售的难题，而且增加了渔民收入，促进了产业发展。至 2010 年底，全省水产品加工企业达到 168 家，实现产值 46.4 亿元。

4. 外向型渔业 2010 年全省水产品出口量达 1.89 万吨、出口额 2.21 亿美元，创历史最好成绩，占全省农产品自营出口额近 50%。外向型渔业产业体系基本形成。一是出口注册企业、备案注册养殖基地稳定增加。全省现有通过江西出入境检验检疫局注册的水产品出口企业 28 家，其中对美国、欧盟成功注册的分别有 13 家，对俄罗斯成功注册的有 14 家，与之配套的出口备案注册养殖基地近百个。二是企业自控能力进一步增强，产品质量安全可靠。全省所有的加工出口企业已建立了企业自检体系，对原料和产品可以进行自检和预检。养殖基地已推行了标准化养殖和 GAP 认证，加工企业均已实施了 HACCP 生产体系认证和 ISO 质量管理体系认证。2010 年全省出口水产品没有出现被召回的现象。三是有效破解欧鳗出口瓶颈。为促进鳗鱼产业健康快速发展，省渔业局落实领导帮扶责任制，指定专人，负责联络，及时了解和掌握企业存在的实际困难及问题，不仅帮助企业把好了健康养殖的关口问题，而且急企业之所急，及时协助企业解决了欧鳗出口退税、办理《允许进出口证明书》等棘手难题。四是出口产品市场稳定。出口国家和地区继续扩大，除日本市场外，还扩大到了韩国、欧盟、美国、东南亚以及我国香港、台湾等地。特别是鳗鱼产品的出口打破了完全依赖日本市场的局面。

5. 渔业产业化 一是水产龙头企业不断发展壮大，渔业产业化带动能力持续增强。至 2010 年底，全省销售 100 万元产值以上的水产企业有 1 238 家，实现产值 153.2 亿元，带动农户 21.84 万户；全省销售 500 万元产值以上水产企业有 365 家，实现产值 128.7 亿元，带动农户 15.86 万户；省级以上水产龙头企业 36 家，实现销售额 42.7 亿元，比上年同期增长 12.5%。二是渔业专业合作社稳健发展，规模不断壮大。2010 年在龙头企业的带动下，渔业专业合作也得到了稳健的发展，不仅规模在逐渐壮大，而且制度建设也逐步规范。至 2010 年底，全省渔业专业合作社有 378 家，销售额达 58 亿元。

6. 水产品质量安全 一是确保上海世博会和广州亚运会水产品供应安全。先后下发了《关于做好 2010 上海世博会农产品质量安全监管工作的通知》和《关于加强广州亚运会期间农产品质量安全监管工作的通知》。组织了相关监督检测机构对 20 家水产品企业的产品进行了抽检，共监测了 50 个样品，合格率为 100%。二是开展水产品质量安全整治宣传活动。全省各级水产部门结合各类农业培训项目及送科技下乡、街头法制宣传活动，向龙头企业、合作社、种养大户及广大群众进一步加强《食品安全法》、《农产品质量安全法》、《江西省农产品质量安全条例》等相关法律及科技知识宣传培训。三是切实抓好水产品质量安全各环节整治任务。协助农业部渔业产品质量监督检测中心(长沙)完成了2批(次)共110个水产品产地抽检任务,协助省级农产品检测机构完成水产品样品抽检任务。四是组织开展了全省性的水产健康养殖和安全用药的技术培训班。五是加强水产品质量安全执法。全省共出动执法人员6 763人(次),检查水产生产经营单位2 462家,查出问题39起,涉及金额2.42万元,已全部责令整改。

7. 渔政管理及资源养护 2010年是江西省机构改革后渔政管理职能调整的第一年。本着全面对接、有所侧重、服务渔业的宗旨,各项工作全面推进,成效显著。一是鄱阳湖及长江江西段禁渔管理圆满完成。二是增殖放流取得新突破。全省举行放流活动82次,参与人员近万人。共放流大规格夏花和冬片鱼种4.5万尾,珍稀濒危水生动物35.09万(只),经济鱼类放流达4.5亿尾,投入资金1 294.57万元。并通过签订项目任务书的形式,从渔民增收、净化水质和种群修复3个功能定位开展了人工增殖放流试点,开创了我国资源养护工作的新创举。三是5个省级水产种质资源保护区被推荐参加晋升国家级评审。水生野生动物经营利用进一步规范,审批核发经营利用许可证26份,驯养繁殖许可证9份。四是通过"渔业文明执法窗口单位"创建活动和渔政执法督察制度的全面建立,全省渔政队伍业务素质进一步提高,依法行政,服务渔业,服务渔民理念进一步强化。

8. 渔业科技 2010年水产科研与推广取得双丰收。除继续实施国家产业技术体系"大宗淡水鱼"专项外,又新增一项农业部"948"鱼糜关键技术研究项目,新参加二项农业部行业公益专项"小龙虾"、"黄鳝"等项目。还联合南昌大学获得国家"863"计划项目一项,省科技厅支撑计划一项。为加快水产产业技术开发,建立了四大技术、六大品种的十个水产产业技术研究团队,采取边研究、边示范、边推广的方式,将十大主推技术分别在全省50余个健康养殖示范场进行示范。重点是推广草鱼免疫和出口草鱼可追溯制度的建立。

9. 存在的主要问题 一是水面经营机制问题。水面是目前仅有的未进行经营权改革的国土资源,水面经营权改革始终未引起足够重视。目前大多水面是实行承包经营,并且承包期都较短,不同程度地造成生产经营的短期行为,加大了对设施、资源的掠夺性开发或使用,对维护基础设施或保护渔业资源环境极为不利。二是水产养殖方式问题。主要是养殖容量、养殖布局、养殖投饵施肥、养殖用药等问题。三是基础设施薄弱问题。由于国家投入少,加上长期以来水面承包经营者往往是只经营不投入建设,自然灾害给渔业设施造成程度不同的损毁,渔业基础设施建设严重滞后,已无法适应目前水产健康养殖和现代渔业建设的基本要求。四是资源开发与保护兼顾问题。资源的合理开发利用和保护是科学发展观的基本要求。但是,长期以来,渔业生产者由于客观因素和利益驱使,资源开发与保护问题仍较突出。五是支撑体系不健全问题。渔业支撑体系是确保渔业可持续发展的重要基础,但是由于投入和政策因素,渔业支撑体系不健全问题相当突出。主要是水生动物疫病防治体系建设严重滞后,水产品质量质检体系严重滞后。六是渔民负担问题。我国农民已实现了"零负担",而且国家对种粮农民还实行各项财政补贴,而作为渔业生产主体的渔民,还承担相应的负担。捕捞渔民要交纳渔业资源增殖费,养殖渔民要交纳水面承包费;出口养殖基地备案和出口产品检验检疫也都要渔民承担相应的费用。再加上不断上涨的生产资料,渔民增收逐年减缓,难度加大。

【重点渔业市(县)基本情况】

江西省重点渔业市(县)基本情况

市(县)	渔业产值(万元)	渔业人口(人)	水产品总产量(吨)	其中		养殖面积(公顷)
				养殖产量	捕捞产量	
鄱阳县	152 768	193 600	140 200	111 300	28 900	31 045
南昌县	105 995	58 361	122 570	103 125	19 445	10 884
余干县	152 723	62 050	121 818	102 318	19 500	26 884
进贤县	150 132	54 138	108 509	80 008	28 501	30 693
丰城市	80 815	18 476	87 815	82 005	5 810	15 933
新建县	124 649	13 900	72 600	59 600	13 000	8 000
都昌县	75 000	28 710	71 528	55 192	16 336	12 382
永修县	47 646	20 774	44 027	38 926	5 101	9 542
九江县	45 347	7 924	43 520	40 753	2 767	12 888
彭泽县	46 366	7 663	42 500	37 778	4 722	7 800

【大事记】

[1]1月19日,全省渔业工作会议在萍乡市召开。江西省农业厅毛惠忠厅长和萍乡市委书记刘和平到会并讲话。

[2]3月12—13日,财政部农业司水利处处长吕恒心在省、市、县财政及农业主管部门领导陪同下,到都昌县就江西省现代农业水产项目建设情况进行绩效考评。

[3]3月19日,江西省2010年鄱阳湖及长江江西段禁渔及增殖放流启动仪式在赣江之滨的红谷滩秋水广场举行。省委常委、副省长陈达恒出席仪式,并宣布鄱阳湖及长江江西段禁渔及增殖放流活动启动。

[4]3月30—31日,中科院院士、博士生导师曹文宣一行在江西省农业厅总经济师徐金星陪同下,参观考察了万安水电站大坝。为全面了解鄱阳湖及赣江等流域水生生物资源,为鄱阳湖生态经济区建设及湖口水利枢纽建设规划提供科学依据做调研。

[5]3月30日至4月2日,农业部渔政指挥中心副主任李彦亮、中国科学院水生所王丁研究员一行在江西省农业厅副巡视员邓建平的陪同下深入鄱阳湖区星子县、都昌县,就如何进一步开展江豚资源的保护工作进行调研。

[6]5月21日,江西省渔业局在南昌市召开了全省渔业统计淡水养殖抽样调查工作总结暨表彰大会。省农业厅副巡视员邓建平、中国水产学会秘书长司徒建通、省统计局叶德祥处长出席会议。

[7]5月26日,江西省首批20吨直供香港市场的优质草鱼顺利入港。实现了江西水产品与香港市场对接进港销售零的突破。

[8]6月10日,江西省农业厅与中国水产科学研究院共建鄱阳湖渔业研究中心签字仪式在井冈山举行。农业部党组成员、人事司司长梁田庚,中国水产科学研究院张显良院长、江西省农业厅张忠平副厅长,中国水产科学研究院党组书记王泰健,省农业厅副巡视员邓建平参加仪式。

[9]6月17—19日,农业部东海区渔政局副局长宋志俊一行"文明渔港"考评组在省渔业(渔政)局局长官少飞陪同下,对江西省候选"文明渔港"单位进行考评。

[10]6月23日,由江苏省淡水水产研究所国家级斑点叉尾鮰遗传育种中心提供的斑点叉尾鮰6组卵黄苗通过空运成功抵达峡江县。标志着该县斑点叉尾鮰杂交组合跨区域联合育种工作正式开展。

[11]6月21日,临川区唱凯、罗针、云山、罗湖四乡镇遭受历史特大洪涝。境内730多公顷养殖水域全部被淹,繁育孵化、池塘等渔业生产设施冲毁,渔业生产遭到毁灭性破坏。

[12]7月2日,江西省省长吴新雄在抚州市委书记甘良森和市长张勇陪同下,到唱凯珍珠养殖基地实地调研洪涝灾情。

[13]7月26日,农业部贯彻实施《水域滩涂养殖发证登记办法》座谈会在南昌召开。参加会议的有全国各地省级渔业主管部门领导及各海区渔政局负责人。农业部副部长牛盾出席会议并作重要讲话。

[14]7月26—27日,农业部副部长牛盾一行到宜春市和吉安市实地视察渔业工作,了解渔业生产情况。

[15]9月26日,第五届中国中部投资贸易博览会在南昌隆重开幕。农业部副部长陈晓华等出席开幕典礼。

[16]10月14—15日,由农业部黄渤海区渔政局党组成员、副巡视员蔡文仙率领的农业部"渔业文明执法窗口单位"创建工作考核工作组在奉新县渔政站进行实地考核。

(江西省渔业局 于向阳)

山东省渔业

【概况】 2010年,山东省渔业经济总量稳步发展。全省水产品总产量783.39万吨。全省渔业经济总产值达到2 375.1亿元,增加值1 101.9亿元,同比分别增长11.5%和12.6%。其中,渔业产值(一产)901.8亿元,增加值548.2亿元,同比分别增长13%和13.1%。渔业工业和建筑业产值847.7亿元,增加值279.1亿元,同比分别增长13.5%和11.8%。渔业流通和服务业总产值625.6亿元,增加值274.6亿元,同比分别增长6.8%和12.2%。渔民人均纯收入达10 416元,增长8.9%。

1. 现代渔业建设 认真组织编制和实施省政府出台的《山东省渔业振兴规划》,围绕渔业"双十工程",着力推进重点工程、重点园区、重点项目、重点企业、重点品牌建设。一是养殖主导产业加快发展。十大品牌渔业优势品种产量达到132.5万吨,产值390亿元;海参、对虾、扇贝三个品种产值分别达到130亿元、50亿元和50亿元。优势品种产业地位得到进一步巩固。新创建国家级健康养殖示范场26处、省级46处,国家级健康养殖示范区达到133处,示范区面积7万多公顷。二是渔业资源修复规模进一步扩大。全年资源修复专项总投入3.6亿元,其中省级以上财政扶持资金1.46亿元,同比增长60%;放流中国对虾、海蜇等29种水产苗种39亿单位,同比增长40%。

全省累计回捕增殖海水资源4.5万吨,创产值15.7亿元,实现利润9.6亿元,产值和利润同比分别增加12%和20%。淡水增殖放流不断扩大,全年投入1 175多万元,投放优质水产苗种8 870万尾(只),同比增长50%。新建立水产国家种质保护区5处,新增加省级7处,保护区面积增加1.2万公顷;全省已建立省级以上水产种质资源保护区46处,保护区面积达到23.8万公顷。三是远洋渔业成为最大亮点。全省从事远洋渔业生产渔船522艘,共从事13个项目,实现产量18.6万吨,产值22.5亿元;特别是336艘赴朝鲜东部海域作业渔船,累计实现总产量10万吨、总产值12亿元,取得了良好经济效益。四是两个市场开拓向纵深推进。水产品加工业呈现精深化、高档化和国内外市场并举的良好态势,扩大国内市场成为水产品加工企业的战略转变。在西安、济南等地举办了大规模的推介活动,扩大了山东优质水产品的影响,进一步拓展了市场。全省实现水产品进出口231万吨、62.7亿美元,同比分别增长13%和19.5%;进口水产品130万吨、23亿美元,分别增长15.4%和21.7%;出口水产品101万吨,创汇39.7亿美元,同比分别增长10%和18.3%。其中,本地水产品加工出口增长36.4%。

2. 水产品质量安全 围绕渔业"双十工程"建设,以"十大"渔业品牌为重点,不断强化质量监管措施和工作力度,深入开展了水产品质量安全整治。一是加大质量监督抽查力度。全年全省共计安排各类抽检20批(次),监测样品总计1 575个;苗种、产地和市场水产品检测合格率分别为93.7%、97.6%和89.2%,苗种总体合格率同比提高10.4个百分点。二是确保国家重大活动水产品安全供应。重点加强了供世博、供亚运定点水产品养殖基地的层层监管,抽检合格率100%,保障了水产品按需供应和质量安全。三是渔业标准化稳步推进。认真实施水产品质量安全提升工程,组织制定19项渔业地方标准,省级地方标准达155项。加强了标准示范推广,建立省级渔业标准化示范基地24处。已建立省级以上标准化示范基地87处,示范面积30.2万公顷,占养殖总面积的44%。四是稳步推进无公害产品一体化认证和地理标志登记保护。共认定无公害农(渔业)产品产地217个,认证无公害水产品552个,产品产量34.69万吨。完成地理标志登记保护产品7个,登记保护面积157万公顷。

3. 科技兴渔 海洋与渔业重大科研项目深入实施。全省各类在研项目302项,取得渔业科技成果60多项,获得省(部)级以上科技奖励24项。海参、大菱鲆、中国对虾、海带等品种的优良品系选育获得新进展。中草药替代抗生素防治鱼病技术、海水工厂化循环水养殖技术、黄河三角洲刺参池塘生态养殖新模式等取得新成果。科技平台建设进一步加强。经科技部批准的国家贝类工程技术中心落户本地,农业部海水鱼鲆鲽遗传育种中心建设稳步推进。新认定省级以上原(良)种场17处,总数达到54处,原(良)种繁育量达到1 000亿单位,繁育能力明显提高。渔业科技入户工程深入实施。省级科技入户示范县达到31个、市级13个,主导品种示范面积1.18万公顷,主导品种和主推技术入户率达到95%以上;总产量10万吨,产值16.2亿元。平均单产和效益分别比上年增长8%和10%以上。辐射推广面积6.13万公顷,产量32万吨,产值47.6亿元。

4. 渔业基础建设 深入推进生态标准化池塘改造整理工程,省级财政资金投入8 800万元,同比增长32.3%。新改造完成池塘3 700公顷,工厂化养殖车间4.5万平方米,辐射带动改造2.5万公顷,整理改造后的生态标准化池塘平均提高养殖单产1.5吨/公顷以上。基本建设整体推进,全年争取立项的渔政渔港、渔业原(良)种、疫病防治等5大类26个基本建设项目,总投资1.55亿元,其中省级以上基本建设专项补助资金7 838万元,保障了渔业十大基础工程建设全面实施。莱州三山岛渔港和龙口渔港初步设计得到批复,山东省全面完成了国家"十一五"渔港规划重点项目任务。

5. 法制建设与执法管理 一是积极维护渔民合法权益。省政府召开了全省养殖发证登记工作动员部署会,下发了《关于做好养殖水域滩涂发证登记工作的通知》,加快推进了养殖水域滩涂规划编制、水域滩涂养殖发证登记工作。努力稳定养殖水域滩涂使用权,全省养殖证发证率提高了10个百分点,总量达到7 300余本,确权面积达到38.7万公顷。二是认真开展渔业专项执法行动。适应渔业管理新形势,着力抓好涉外渔业管理和渔业安全生产,维护了行业发展秩序。开展"护渔2010"海洋渔业执法行动,全省共检查渔船2.4万余艘,查处违规渔船1 460余艘(次),有力打击了非法捕捞行为。省政府召开了全省渔业安全生产暨伏季休渔工作会议,对重点渔船、重点时段、重点区域加强管控,伏季休渔取得良好效果。切实加强涉朝韩敏感水域渔船管理,对违规渔船和责任人给予严肃查处,有效遏制了越界捕捞行为;全年未发生涉朝韩敏感水域渔船违捕事件,维护了国家外交大局。三是狠抓水产品质量安全执法。编印了《水产养殖与水产品质量安全执法手册》,认真组织开展了水产苗种监督抽查阳性样品的执法工作。对43家违规生产单位作出行政处罚，不合格苗种销毁率达到100%，案件执行率达100%，有力打击了在渔业养殖生产中肆意使用国家禁用渔药的违法行为。

6. 平安渔业 一是扎实开展渔业"安全生产年"活动。完善"预先防控、应急联动、隐患治理"机制，认真做好预警预防、隐患治理、专项整治工作，严查事故隐患。二是信息化建设取得重要进展。全年为近7 000艘44千瓦以上渔船配备了AIS防碰撞终端；为赴朝鲜东海岸作业的336艘渔船安装了卫星定位系统；在沿海建设完成了13座AIS接收基站。山东渔船AIS防碰撞自动识别网络已建成并投入使用。三是加强应急救援能力建设。与交通运输部北海救助局、北海第一救助飞行队开展了海上渔船遇险应急救援联合演练，检验了队伍。加强应急救援志愿船队伍建设，全省已发展应急救援船2 148艘。全省渔业安全形式总体稳定，安全事故与死亡(失踪)渔民同比分别下降33.3%、60%。四是大力推进渔业互保。全年实现保费总收入1.6亿元，同比增长45.64%。为发生事故的入保会员支付赔款4 938.3万元。五是强化全省渔船渔港安全监督检查。全年共实施安全检查2 575次，检查渔港5 424处(次)，检查渔船3.7万艘(次)，发现并整改渔船安全隐患2 399艘(次)，及时消除了渔船安全隐患，严防重特大安全事故的发生。

7. 渔业发展中的问题 受近海渔业资源持续衰退影响，山东省近海水域生产力严重下降的局面尚未得到有效遏制。渔业基础建设依然十分薄弱，渔业发展的空间正在受到挤压，渔业资源环境退化的状况仍然没有根本改变。渔民的地位和权益亟需重视和维护。水产品质量安全、渔业生产安全管理基础还不牢固。

【重点渔业市(县)基本情况】

山东省重点渔业市(区、县)基本情况

市(区、县)	总人口(万人)	渔业总产值(万元)	水产品总产量(吨)	其中		养殖面积(公顷)	
				海洋捕捞	海水养殖	内陆养殖	海水养殖
荣成市	67	1 213 156	1 044 800	424 800	607 280	950	27 399
长岛县	4.3	500 364	365 583	119 835	245 748	0	46 667
威海市环翠区	31.9	289 490	336 480	130 120	206 360	0	7 900
莱州市	85.9	270 040	326 130	130 144	194 967	1 269	36 696
文登市	65	311 862	326 059	149 825	158 287	974	9 623

【大事记】

[1]1月，山东省沿海地区出现了1967年以来同期最严重的海冰冰情。此次海冰灾害范围广、冰层厚、持续时间长，对海上生产、交通运输和渔业安全生产造成了较大影响。据不完全统计，渔业受灾人口达9.5万人，受灾面积14万多公顷，损失水产品20余万吨，造成直接经济损失22亿元。灾情发生后，全省海洋与渔业系统迅速行动，密切监视，采取得力措施组织抗灾救灾，保障了渔民群众生产生活，最大限度地减少了灾害影响。

[2]8月18日，山东省政府发布《关于实施蔬菜等五大产业振兴规划的指导意见》。其中《山东省渔业振兴规划》提出了生产贡献、产业贡献、营养贡献和生态贡献四大发展新目标。

[3]9月，山东省人大常委会听取审议省政府关于加强海洋管理和发展现代渔业情况的报告。省人大常委会充分肯定全省现代渔业工作，对报告提出的进一步提高对渔业和渔民的认识，积极探索渔业体制机制创新，大力推进渔业基本建设和加强渔业执法队伍正规化建设等意见和建议给予支持。

[4]9月26日，新建成的山东省海洋与渔业抗灾救灾中心暨水产品质量检测中心正式启用。该中心于2007年12月18日正式开工，2008年12月主体封顶验收，总建筑面积近1.5万平方米，总投资8 000余万元。建成后，该中心信息化、智能化水平显著提高，将大大提高水产品质量检测和病灾防治水平，促进全省渔业健康发展。

[5]10月，省政府发出通知，在全省范围内全面开展渔业基本情况调查。开展渔情调查是一次重大省情调查，将全面摸清全省渔业基础生产条件，综合分析评价渔业发展现状，为各级政府制定农业和农村经济发展规划提供科学依据。按照要求，渔情调查从2010年11月1日开始，到2011年5月31日结束。调查范围涉及渔业养殖、捕捞、加工、流通、休闲等一、二、三产

业;调查对象包括所有进行渔业生产经营活动的行政村、渔业生产经营单位和行政事业单位。

(山东省海洋与渔业厅　高贤忠　龙　强)

河南省渔业

【概况】 2010年,河南省水产业发展态势良好,全省生产鱼苗61.5亿尾,投放鱼种44.8亿尾,新开挖鱼池2 200多公顷,改造鱼池1.6万公顷。水产养殖面积达26万公顷,比上年增加0.8万公顷,增长3.2%。名优水产养殖面积达到10.6万公顷;全省水产品总产量99.4万吨,比上年增加6.5万吨,增长7%。全省渔业经济总产值达到162.4亿元,比上年增加16.9亿元,增长11.6%;农(渔)民收入有较大幅度的增长,全省渔民人均纯收入达到7 016元,比2009年增加961元,增长15.9%。

1. 水产品质量监督管理 制定《河南省2010年深化水产品质量安全专项整治实施方案》,全面部署水产品质量安全监督管理工作。重点就养殖证、水产苗种生产许可证的持证情况、养殖生产记录情况和水产养殖用药情况进行检查,同时下发了2万份水产养殖生产记录本。专题召开全省水产品质量安全监管工作会议,传达贯彻全国水产品质量安全监管工作会议精神,通报水产品质量安全大检查情况。全年共开展产地水产品抽检3次、100个样品,重点抽查无公害养殖基地、健康养殖示范场的主要养殖鱼类。同时还集中抽检了17个水产苗种场、49个样品,检测结果全部合格。从投入品方面加强监管,着力排查水产品质量安全隐患。

2. 水生生物资源养护 一是开展全省春季禁渔活动。对河南省境内黄河、淇河、汉江干支流河道、水库等天然水域实施春季禁渔。二是开展增殖放流活动。三门峡、安阳、开封、济源、周口、驻马店、洛阳、信阳、商丘、南阳先后开展了经济物种增殖放流活动,并对苗种进行检测、种质鉴定和标志放流,确保生态安全。2010年全省增殖放流活动开展40多次,投入放流资金2 600多万元,共放流经济鱼类6 800多万尾、大鲵1 700尾、黄缘闭壳龟250只。三是开展水生野生动物保护"科普宣传月"活动,启动仪式7月20日上午在郑州举行。

3. 船检工作 一是加强渔船检验机构建设。郑州、洛阳、商丘、信阳、三门峡、安阳、南阳、济源8个省辖市和7个县级渔业船舶检验机构已通过国家渔业船舶检验局资质认可。二是积极开展船用产品检验工作,对每批产品按要求进行了监测检验,并发放产品合格证书。三是开展渔业船舶检验。为解决大部分机动渔船证书不齐全,无法享受国家补贴资金的问题,省渔业船舶检验局组织具有渔业船舶检验资质的郑州、洛阳、安阳、三门峡、商丘和信阳等检验处在完成本辖区检验任务的基础上,对其他机动渔业船舶进行全面检验,共发放3 810个船检证。

4. 渔业安全生产检查 为全面贯彻《国务院办公厅关于加强渔业安全生产工作的通知》,落实农业部2010年"安全生产年"活动方案,组织了多次全省范围的安全生产大检查,各地高度重视,全年渔业生产无重大安全事故发生。

5. 积极创建健康养殖示范场 2010年全省共向农业部推荐上报健康养殖示范场26家,21家通过验收合格。同时认真开展无公害水产品产地认定、产品认证工作。全省共认定无公害产地107个,认证无公害产品104个。

6. 组织开展渔业科技下乡入户活动 召开全省渔业科技专家座谈会,成立渔业科技服务工作领导小组和渔业科技服务专家组,分期、分批下乡进行技术指导和举办各种类型的培训班。实施渔业科技入户工程,通过科技示范,培育1 000多个渔业科技示范户,辐射带动1万多个养鱼户。先后组织10多批省内科研、技术推广专家,定期深入渔户进行技术指导和培训。

7. 制定全省"十二五"现代渔业发展规划 根据省政府《关于编制现代产业体系规划的通知》,为加快现代农业产业体系建设,充分发挥渔业在建设小康社会中的重要作用,在认真总结渔业"十一五"规划实施情况的基础上,结合河南省水产业发展实际,组织编写了《河南省"十二五"现代渔业发展规划》,提出了现代渔业的发展思路、方向和重点。规划到2015年水产品总产量达到160万吨,渔业总产值300亿元,渔民年人均纯收入11 000元。

8. 精心做好第八届农交会参展工作 第八届中国国际农产品交易会2010年10月在郑州举办。全省共有29家水产企事业单位参加了本届农交会,共参展水产品65种,其中鲜活名特优水产品23种,水产加工品42种。南阳市长江渔人实业有限公司"渔人"牌锦鲤、河南省康源生态渔业有限公司"滋品源"牌黄河甲鱼等6个产品获中国水产品流通加工协会颁发的"金奖产品"称号。河南省水产局被大会组委会办公室授予"优秀组织奖"。

9. "十一五"水产业发展成就显著

(1)2010年全省水产养殖面比"十五"末的2005年增加2.9万公顷、增长13%;水产品总产量增加47.7万吨、增长92.3%;渔业经济总产值增加85.9亿元、增长112%；全省渔民年人均纯收入增加3 346元、增长91.2%。

(2)水产业成为农村经济发展的支柱产业。发展水产业成为各地促进农业结构调整、增强农业发展后劲、增加农民收入的重要举措。“十一五”期间全省有20多万农户依靠发展水产业脱贫致富。

(3)增长方式进一步转变,水产业得到全面发展。抓名特优新养殖品种的引进,优化养殖品种结构,既注重规模的扩大、产量的增加,又更注重质量和经济效益的提高。抓水产良种场的升级改造,提高良种生产能力,扩大良种覆盖率。抓重点项目实施,提高水产养殖的科技含量,带动水产行业技术水平的提升。抓渔用药物、苗种、饲料监管,加快无公害水产品产地的认定与管理,提高水产品品质与质量安全。抓宜渔荒废资源开发,挖掘、提高现有水面的增产潜力,走健康养殖、可持续发展之路。抓水产养殖病害防治体系、渔业环境监测体系的建设,做好病害测报、疫病预防工作。抓二、三产业发展,更加注重水产品加工和外向型渔业的发展,提高水产品的附加值。

(4)支撑体系不断加强,生产水平进一步提高。完善水产苗种供应体系,兴建、改造了一批水产良种场和苗种繁育场,已建成河南省黄河鲤鱼良种场等15个省级水产原(良)种场。全省拥有水产苗种场64个,年生产优质水产苗种51.8亿尾。水产品市场信息体系建设初具规模,建有农业部定点水产品批发市场2个,各类水产品批发交易市场51个,初步形成了省、市、县三级水产品市场销售网络,在拉动市场供求和水产品价格调节方面发挥着日益重要的作用。水产科研和技术推广体系不断加强,“十一五”全省承担省(部)级科研项目20多项,推广实用技术50多项,培训渔业从业人员20多万人(次)。

(5)特色水产业发展迅速,经济效益逐年增加。积极适应市场需求,在抓好大宗水产品生产的同时,大力发展名特优水产品,逐步形成并不断扩大具有本地特色的养殖品种和优势区域。沿黄黄河鲤产业带、沿淇河淇鲫产业带、豫东黄河故道河蟹产业带和豫南青虾、黄鳝产业区等初具规模。黄河鲤、淇河鲫、河蟹、小龙虾、黄鳝、青虾、泥鳅、黄河甲鱼等名优水产品种发展迅速。养殖面积达到6.6万多公顷,占全省养殖面积的30%,产值占总产值的50%以上。

(6)水产二、三产业迅速发展,规模不断扩大。全省渔用饲料厂发展到100多家,年生产能力120多万吨,年产值15亿元。水产品加工企业发展到22家,生产加工品50多种,加工能力4万余吨,产值8亿多元。出口9 000多吨,创汇5 000多万美元。建有大型观赏鱼市场2个,观赏鱼品种达500个,年产值近5亿元。全省涉渔休闲、观光、度假、垂钓企业3 000多家,经营利用水面5万多公顷,直接安置就业人员5万多人,年接待游客1 600多万人(次)。全省休闲渔业年产值20多亿元,其中渔民从中直接获益约5亿元。

(7)资源管理走向规范化,资源养护取得新成效。全省各级水产部门积极行动,认真贯彻落实《中国水生生物资源养护行动纲要》,在黄河干流及主要支流、淮河、淇河、大中型水库等重要水域,开展禁渔活动,增殖养护渔业资源。加大鱼类人工放流力度,“十一五”全省累计放流各类水产苗种20亿尾(粒),放流水域基本覆盖了境内黄河流域、海河流域和长江流域,有力地促进了渔业资源的恢复和生态环境的改善。

(8)强化监管,水产品质量不断提升。加强无公害基地建设,大力发展无公害水产品、绿色水产品。全省共认定无公害水产品生产基地107个,认证无公害产品104个,无公害水产品生产基地面积达9万多公顷。大力开展水产品药物残留的专项整治活动,强化水产品质量监管,让群众吃上放心鱼。

(9)渔政船检管理工作全面开展。加大渔业生产安全监管,提高渔政执法水平。“十一五”全省共查处偷鱼、毒鱼、电鱼、炸鱼等违法案件以及处理水域污染事故8 000多起,挽回经济损失6 000多万元,为渔业经济发展保驾护航起到了重要作用。渔船检验机构建设加快,编制、经费都有增加,完成了全省3 810艘机动渔船的检验登记,对一些造船厂进行了资质认定,船用产品管理走上正规。

【重点渔业市(县)基本情况】

河南省重点渔业县(区)基本情况

县(区)	总人口(万人)	渔业总产值(万元)	水产品总产量(吨)	养殖面积(公顷)
中牟县	68.4	64 140	69 030	3 304
固始县	160.4	75 601	55 600	11 579
潢川县	80.8	66 758	39 000	10 200

（续）

县(区)	总人口(万人)	渔业总产值(万元)	水产品总产量(吨)	养殖面积(公顷)
商城县	73.1	45 596	34 189	8 421
汝南县	80.3	31 388	32 500	12 611
信阳市平桥区	79.3	49 976	30 400	6 919
罗山县	71.9	40 328	20 000	8 696
光山县	82	46 703	27 830	8 190
郑州市金水区	115	94 471	25 522	1 486
淮阳县	134.6	23 514	23 984	5 590

（河南省水产局　孙国勇）

湖北省渔业

【概况】 2010年，面对现代渔业建设的新形势和严重洪涝灾害带来的新挑战，湖北水产系统创新发展理念，转变发展方式，实施发展战略转型。全省水产业呈现出结构趋优、集约发展、质效提升的良好发展态势，实现了大灾之年夺丰收保增收的目标。全省水产养殖面积65.67万公顷，同比增加0.7万公顷，增长1%；水产品产量达到353万吨，同比增加20万吨，增长6%；渔业产值达到458亿元，同比增加45亿元，增长10.9%；全省渔民人均纯收入达7 700元，同比增加500元。渔业为全省农民人均增收贡献达28元。全省水产加工企业220家，加工能力超过90万吨，实现加工出口3.56万吨，创汇2.3亿美元(含转口)。

1. 产业发展

(1)水产大县创建和板块基地建设。在水产大县和板块基地，推进精养鱼池生态修复和改造升级工作，完成新建高标准板块基地5.67万公顷，改造精养鱼池1.67万公顷，新建出口原料基地1万公顷，完成农业部生态修复项目14个。全省主要板块基地实现了“集中连片规模化、鱼池鱼舍标准化、道路交通网络化、供水排水机电化、养殖生产专业化、养殖模式高效化、产地产品无公害化、生产加工营销一体化”的“八化”格局。集中连片板块达33.33万公顷，总产量超过240万吨。

(2)打造水产品牌。遵照湖北省省长李鸿忠关于抓好“一鱼一虾一蟹”品牌创建工作的指示精神，湖北把整合全省资源、打造水产品牌作为转变发展方式、提升发展质效的重要切入点。按照“成立一个协会、制定一个章程、规范一套程序、统一一个标准、注册一个商标”的“五统一”模式，着力打造了“楚江红”小龙虾、“梁子”牌梁子湖大河蟹和“洪湖渔家”生态鱼三大水产品牌。以在北京钓鱼台国宾馆举行“楚江红”小龙虾品牌新闻发布会为起点，相继成立了省小龙虾产业协会、河蟹产业协会和渔业产销协会等三大协会。通过举办第二届中国湖北(潜江)小龙虾节、中国荆州淡水渔业展示交易会、梁子湖大河蟹展示交易会以及媒体强势宣传，使湖北三大主导水产品牌在国内外的知名度迅速提高。“楚江红”小龙虾、“梁子”牌梁子湖大河蟹和“洪湖渔家”生态鱼三大品牌在第八届中国国际农产品交易会上荣获金奖。市场销售价格同比上涨20%，仅江夏“梁子”牌梁子湖大河蟹出口香港就达500吨，全年小龙虾出口创汇达到1.2亿美元。

(3)水产品加工。积极引导优势产品向重点基地集中、龙头企业向加工园区聚集、基地生产与龙头企业配套。洪湖、潜江两地水产加工园区列入省级农产品加工示范园区建设范围，集聚规模以上水产加工企业分别达到20家左右，加工产值分别达到20亿元和18亿元。在两大园区带动下，武汉、宜昌、鄂东三个水产品加工园区正在加快发展。确定以水产品精深加工为主攻方向，重点抓好淡水鱼和小龙虾废弃料综合开发利用，全省水产精深加工取得了新的突破。多家龙头企业开发的甲壳素及其衍生产品、鱼胶原蛋白、水解氨基酸、鲟鱼鱼子酱等高附加值精深产品实现批量生产，初步形成以常规加工为基础、精深加工为核心的产业链条。

(4)渔业灾害。2010年，湖北省遭遇了20多年少见的暴雨洪涝灾害，全省水产养殖受灾面积11万公顷，损失成鱼和鱼种29万吨，受灾养殖户达到23.8万户，直接经济损失超过25亿元。面对严重灾情，各级水产部门迅速反应，积极应对，采取一系列有效措施，组织开展抗灾救灾。8月4日，省水产局在江夏区召开全省水产恢复生产抗灾夺丰收动员大会，部署水产抗灾保规划、保目标、保增收工作。争取省政府及时下拨1 000万元水产救灾专款,出台了贴息贷款等强力扶持政策,帮助渔民尽快恢复生产。各地按照领导包片、专家驻点、结对帮扶的要求,组织投入抗灾救灾劳力40万人(次),投入恢复生产物资3.35亿元,修复受损渔业机械6.5万台(套),消毒养殖水域10万多公顷,调剂补投种苗27.5亿尾,落实水产养殖户贴息贷款11亿元。

2. 水产品质量安全

(1)生态健康养殖。新建部级水产健康养殖示范场32家、省级20家,使湖北部级健康养殖示范场达到144家。长阳、沙洋、公安、洪湖等标准化示范县建设深入推进,成功经验在全省得到推广。省水产局还统一编印了《湖北省水产标准化健康养殖生产过程记录簿》2万册,发放到全省养殖大户手中。努力做到养殖过程有记录、操作有规程、养殖有标准。标准化健康养殖的带动辐射面不断扩大,渔民标准化健康养殖意识得到加强。

(2)质量安全监管。治标与治本有机结合,水产品质量安全保障有力。一是及时处置突发事件。针对"小龙虾导致肌肉溶解"和"多省长江野生鱼被检出含环境激素,可致性早熟"报道,及时成立应急小组、制定应对预案,组织开展质量安全状况摸底调查,并召开新闻通气会,公布抽样检测结果,为媒体正面报道提供了客观依据,避免对小龙虾产业造成实质性的冲击,保住了小龙虾产业发展难得的良机。二是抓好专项整治。组织开展水产苗种和水产品质量安全专项整治活动,以自查、督促检查和交叉检查形式,对主要的苗种场和养殖基地进行了整治。从部(省)级抽检结果看,全省水产品抽检合格率达97.7%,世博会和亚运会期间的供沪、供粤水产品检测合格率100%。

(3)无公害认证。组织开展无公害水产品生产标准、操作规程等技术培训400多期,培训渔民、技术人员8万人(次)。全年完成无公害产地认定641个,有效使用无公害认证产品总数达到1 021个。

3. 资源养护

(1)禁渔工作。落实禁渔管理制度,连续9年实现了禁渔期"江中无渔船、岸边无网具、市场无江鱼"的管理目标。首次开展的小龙虾禁捕工作稳步推进,各地强化监督检查,做到令行禁止,使野生小龙虾资源得以繁衍生息。多种形式开展渔业执法宣传。组织开展了"生命长江"、"媒体看禁渔"、"中华鲟世博游"、"渔业执法文明窗口单位"创建、"五五"普法宣传等活动。

(2)增殖放流。2010年,全省共放流经济鱼类5.7亿尾,同比增长5%。放流中华鲟、胭脂鱼等保护物种9万尾。并在增殖放流效果评价、"四大家鱼"标志放流、全人工中华鲟子二代放流、三峡两坝间放流等方面实现新突破。形成了政府引导、部门实施、社会参与的良好氛围。

(3)种质资源保护。新增国家级水产种质资源保护区6个、水生生物自然保护区1个。使湖北水产种质资源保护区达到19个,其中国家级17个。全省人工养殖大鲵突破60万尾,年苗种生产能力过10万尾,大鲵产业走上保护与开发并重的发展之路。水产部门还参与了7个大型涉渔工程项目的环境影响评价,生态补偿机制初步建立。

4. 渔业科技

(1)依靠科研院所助推产业发展。为充分发挥科技的支撑作用,提高水产业科技含量,省水产局开创性地与华中农业大学、中科院水生所等在鄂水产科研教学单位建立了务实战略合作机制。先后联合举办了淡水鱼加工、水产发展两个高级研讨活动。在全省建立了20多个良种繁育、健康养殖和病害防治科研示范基地。为水产部门培训、培养了一批技术和管理人才。

【重点渔业市(县)基本情况】

湖北省重点渔业市(县)基本情况

市(县)	总人口(万人)	渔业总产值(万元)	水产品总产量(吨)	其中		养殖面积(公顷)
				养殖产量	捕捞产量	
洪湖市	90.03	377 087	352 793	332 787	20 006	53 728
仙桃市	148.16	382 702	284 348	12 658	271 690	35 081
监利县	139.67	357 452	240 709	224 695	16 014	34 074
沙洋县	60.72	199 376	147 597	142 840	4 757	22 934
汉川市	109.09	142 869	137 212	120 977	16 235	19 345

（续）

市(县)	总人口（万人）	渔业总产值（万元）	水产品总产量（吨）	其中		养殖面积（公顷）
				养殖产量	捕捞产量	
公安县	102.20	160 623	120 707	109 437	11 270	18 419
钟祥市	102.80	162 669	121 004	109 282	11 722	19 622
天门市	162.14	171 893	111 945	110 093	1 852	13 602
石首市	62.62	105 173	112 795	103 469	9 326	14 877
潜江市	66.37	152 000	92 283	87 396	4 887	10 321

【大事记】

[1]1月6—9日，联合国粮农组织官员、中国水产学会、农业部渔业局等领导和专家，对梁子湖捕捞渔业抽样调查试点工作进行评估考察。

[2]1月18日，全省水产工作会议在武汉召开。全省各地水产主管部门负责人参加了会议，省农业厅副厅长王兆民、省水产局局长徐汉涛等出席会议并讲话。

[3]3月，农业部公布了第三批57个国家级水产种质资源保护区，湖北丹江口市鲌类水产种质资源保护区名列其中。该保护区总面积1万公顷，其中核心区3 000公顷，试验区7 000公顷。

[4]3月2日，省水产局在武穴组织举行渔业科技入户暨水产品质量安全科普下乡启动仪式。活动现场培训渔民近1 000人，赠送技术资料5 000册。

[5]3月3日，湖北省政府向全省颁发通告，公告规定每年9月1日12：00至12月31日12：00为小龙虾禁捕期。禁止在省内长江、汉江和湖泊、水库等天然水域捕捞小龙虾。在非禁捕期内，禁止使用网眼规格小于1厘米的网具捕捞小龙虾。对违反规定者，将按有关法律法规给予处罚。

[6]3月12日，湖北省梁子湖管理局在梁子湖水域成功实施了第五批拆围。此次拆围共涉及围栏12处，面积550公顷。拆围期间，梁子湖管理局还同步开展了增殖放流活动。梁子湖已完成了57处、面积3 025公顷的拆围工作。其中，第一批拆除11处面积585公顷，第二批拆除13处面积439公顷，第三批拆除12处面积612公顷，第四批拆除18处面积1 063公顷。第五批拆围结束后，共完成省委、省政府确定拆围面积的85%。

[7]3月24日，全省2010年长江水生生物资源养护工作会议在武汉召开，各市（州）及部分重点县（市、区）的水产主管部门和渔政负责人参加了会议。省水产局局长徐汉涛出席会议并讲话。

[8]3月27日上午，中科院水工程生态研究所、水生生物研究所与武汉百瑞生物技术有限公司共同完成的湖北省重点科技攻关计划项目"全雄性黄颡鱼的研究"，在武汉通过了湖北省科学技术厅组织的专家鉴定。该品种性状稳定，生产速度快，规格整齐，养殖效益明显。

[9]4月8日，省农业厅在省水产局召开干部职工大会，宣布省委决定：任命王兆民任省水产局（中华人民共和国湖北渔政渔港监督管理局、中华人民共和国湖北渔船检验局）局长、党委书记，免去徐汉涛省水产局（中华人民共和国湖北渔政渔港监督管理局、中华人民共和国湖北渔船检验局）局长、党委书记职务。

[10]4月12日，湖北省省长李鸿忠主持召开省政府常务会议，听取小龙虾产业发展有关情况的汇报，审议并原则通过《湖北省小龙虾产业发展规划（送审稿）》。会议决定从2010年开始连续三年，每年安排6 000万元专项资金，支持小龙虾产业发展。

[11]4月21日，副省长赵斌、省政府副秘书长梅祖恩一行到省水产局专题调研水产工作。在听取省农业厅党组成员、副厅长，省水产局局长王兆民关于水产发展情况汇报后，赵斌副省长对全省水产业近年来取得的成绩给予了高度评价，对省水产局刚调整的新一届班子制定的水产发展思路给予了充分肯定，并寄予了很高的期望。对于水产业下一步如何发展，赵副省长作出8点重要指示。

[12]4月27日，由咸宁市人民政府主办的咸宁市2010年长江增殖放流大型活动在咸宁江段潘家湾码头举行。

[13]4月28日，省委常委张昌尔、副省长赵斌主持召开甲壳素发展专题会议。研究支持甲壳素产业发展，落实"四个一"工作措施，做大做强小龙虾产业。

[14]5月11日，湖北省第一批赴华中农业大学参加水产知识更新培训班的技术人员全部结业，获得了

由劳动保障和人力资源部和农业部共同颁发的《专业技术人才知识更新工程培训证书》。

[15]5月14—16日，湖北省水产局与华中农业大学共同主办了首届全国大宗淡水鱼加工技术与产业发展研讨会。省农业厅副厅长、省水产局局长王兆民出席了论坛开幕式并作了重要讲话。

[16]5月22日，由长江渔业资源管理委员会、湖北省水产局、长江水产研究所、中共石首市委、石首市人民政府主办，石首市水产局、石首市渔政监督管理局承办的2010年长江“四大家鱼”原种亲本首次标志放流活动在长江石首段举行。

[17]5月27日，省水产局、长江三峡集团公司和宜昌市政府联合在宜昌西陵长江大桥水域举行长江三峡至葛洲坝两坝间水域经济鱼类增殖放流活动。现场将长吻鮠5万尾、“四大家鱼”95万尾放流长江。

[18]6月18日，湖北省农业厅、潜江市人民政府在北京钓鱼台国宾馆举行第二届中国湖北(潜江)龙虾节新闻发布会。全国政协副主席阿不来提·阿不都热西提，农业部副部长陈晓华，湖北省政协副主席陈柏槐，全国政协常委、农业部市场与经济信息司司长钱克明，湖北省农业厅厅长祝金水，农业部渔业局副局长陈毅德，中共潜江市委书记朱汉桥，湖北省农业厅副厅长、省水产局局长王兆民等出席新闻发布会。人民日报、中央电视台等30多家新闻媒体的近50名记者参加了新闻发布会。全国政协副主席阿不来提·阿不都热西提向潜江市授“中国小龙虾之乡”匾牌；农业部副部长陈晓华、湖北省政协副主席陈柏槐向潜江市授“中国小龙虾加工出口第一市”匾牌。

[19]6月22日，“5万吨淡水水产品综合深加工暨5万吨冷链仓储物流”项目奠基典礼在江夏区国家农业科技产业园举行。武汉市委副书记涂勇，市委常委、副市长张学忙以及省市相关部门负责人参加奠基仪式。

[20]6月29日，湖北省小龙虾产业协会(筹)会员代表大会在武汉召开。会议选举产生了协会理事，监事，正、副会长，常务理事，监事长。协会选举郑玉林为会长。大会审议通过了《湖北省小龙虾产业协会章程》,《湖北省小龙虾产业协会聘任执行会长、名誉理事建议名单》、《“楚江红”牌小龙虾品牌管理办法》和《“楚江红”牌小龙虾核心企业名单》。

[21]7月2日，由湖北振源生物科技有限公司生产的鱼蛋白肽功能饮料成功走入市场。该公司利用俄罗斯专利技术，从淡水活鱼中提取鱼蛋白肽，制成鱼蛋白肽功能饮料，破解了长期困扰鄂州市水产品深加工的难题。

[22]7月14日下午，潜江市召开华山水产咨询委员会专家座谈会。中国化学会甲壳素学会会长、首席专家、武汉大学教授杜予民等12名专家组成的专家团队参加座谈会。

[23]7月15日，湖北省水产局和华中农业大学共同签署了产业发展与科学研究合作协议。省水产局全体领导班子成员和相关处(室)负责人以及华中农业大学水产学院、食品科技学院等院系负责人和专家教授出席了签约仪式。

[24]7月18日，湖北省水产局和武汉市农业局联合在武汉东湖海洋世界，举行2010年全省水生野生动物保护“科普宣传月”活动启动仪式。湖北省水产局副局长郑国蓉、武汉市农业局巡视员陈炼涛分别向东湖海洋世界授“湖北省水生野生动物科普教育基地”和“武汉市水生野生动物救护中心”牌匾。

[25]8月24日上午，省委常委张昌尔一行深入仙桃名特水产苗种繁育基地，就匙吻鲟、长江胭脂鱼、斑点叉尾鮰苗种的繁育情况进行了调研。

[26]9月17日，全省50多家河蟹养殖企业、养殖大户及河蟹产业科研院所、技术推广单位在武汉市江夏区组建湖北省河蟹产业协会，旨在整合资源，打造湖北河蟹精品名牌。

[27]9月19日，中国科学院水工程生态研究所在武汉成功举行了全人工繁殖中华鲟子二代标记放流活动。省农业厅副厅长、水产局局长王兆民出席放流活动。

[28]9月21日，湖北省水产局组织在洪湖市召开湖北省渔业产销协会(筹)会员代表大会，推出“洪湖渔家”生态鱼品牌。会议完成了各项议程，选举组建了协会组织机构，审议通过了协会章程。

[29]10月6日，湖北省副省长赵斌就当前农业生产和水产养殖加工等到潜江市调研。省农业厅副厅长徐能海，省农业厅副厅长、省水产局局长王兆民，潜江市市长张桂华陪同了调研。

[30]10月12日，由中国水产流通与加工协会、湖北省水产局、荆州市人民政府主办的2010年中国荆州淡水渔业展示交易会在荆州市开幕。农业部副部长牛盾，农业部渔业局局长李健华，省人大常委会副主任罗辉，副省长赵斌，省政协副主席陈柏槐，省政府副秘书长梅祖恩，省农业厅厅长祝金水，省农业厅副厅长、省水产局局长王兆民、省政府参事徐汉涛等领导出席开幕式。本届展示交易会共举办了荆楚十大水产名菜评选与展示、“中国淡水渔业第一市”授牌、“洪湖渔家”生态鱼品牌发布会、淡水渔业发展科技论坛、淡水渔业展示交易、经贸洽谈与项目签约等系列活动。

[31]10月11—12日，农业部副部长牛盾、农业部渔业局局长李健华一行在省农业厅厅长祝金水，省农业厅副厅长、水产局局长王兆民，省政府参事徐汉涛等陪同下，对湖北水产进行了考察。

[32]10月18—22日，第八届中国国际农产品交易会在郑州市举办。展会期间，湖北水产展区成为中央电视台等新闻媒体聚焦点。湖北“楚江红”小龙虾、“梁子”牌梁子湖大河蟹、“洪湖渔家”生态鱼、“康晋”牌鱼酱等4个品牌荣膺第八届中国国际农交会最高奖金奖。同时，湖北水产展团共实现销售额395万元，合同成交额1.5亿元，意向协议交易额2亿元。

[33]10月20日，全国渔业政务信息与宣传工作会在武汉召开。来自全国各省、自治区、直辖市及计划单列市渔业行政主管部门的渔业政务信息与宣传工作的负责人参加了会议。农业部渔业局副局长崔利锋、全国水产技术推广总站副站长王德芬、农民日报社副总编吕明宜等出席了会议并讲话。省农业厅副厅长、省水产局局长王兆民出席会议并致欢迎辞。湖北省水产局被评为2009—2010年度渔业政务信息工作先进单位。

[34]10月22日，国家质量监督检验检疫总局在北京召开“云梦鱼面”地理标志产品保护专家审查会。申报小组对专家组就“云梦鱼面”申请地理标志产品保护的名称、保护范围、产品质量特色及其与当地自然、人文因素的关联性等方面的质询进行了精心答辩，一次性通过了专家组的技术审查。

[35]10月26日，省水产局和省农业机械化办公室在武汉市汉南区联合召开全省推广微孔纳米增氧技术，促进水产生态健康养殖现场会。省农业厅副厅长、省水产局局长王兆民和省农业厅党组成员、省农业机械化办公室主任吴庆峰作了重要讲话。从2011年起，全省各县（市、区）将进入补贴目录的微孔纳米增氧设施纳入农机购置补贴重点产品范围，推进水产健康养殖增产增效。

[36]10月27—29日，由湖北省水产局和华中农业大学联合主办的全省水产发展首期高级研讨班成功举行。全省15个市（州）、26个县（市）的水产主管部门、推广站和国家级健康养殖示范场的主要负责人作为学员参加了此次研讨活动。

[37]11月，由黄梅县水产局和中科院水生生物研究所合作研究的“黄梅青虾良种工厂化繁育及集约化养殖技术”荣获湖北省重大科学技术成果证书。

[38]11月5日，湖北省委常委张昌尔、省政协副主席陈柏槐在省农业厅副厅长、省水产局局长王兆民等领导的陪同下专程到武汉市新洲区考察高龙水产食品有限公司。

[39]11月6日，中国第二届国际和海峡两岸甲壳素研讨会暨第七届甲壳素科学技术会议在潜江市隆重举行。湖北省人大常委会副主任罗辉，省人民政府副省长赵斌，省人民政府副秘书长梅祖恩，省农业厅副厅长、省水产局局长王兆民等省直部门代表，潜江市市委、市人大、市政府、市政协领导等出席开幕式。来自美、英、俄、韩等18个国家和我国台湾、香港的专家及300多名国内外学者参加会议。

[40]11月16—17日，全省水产品质量安全工作会议在武汉召开。会议推广了仙桃市“分片包干、网络监管”、监利县“监管措施到户、技术措施服务到人”和鄂州市“聘请村组干部为监管指导员”等做法和经验。带动全省水产养殖的质量监管措施更加细化具体，监管工作更加扎实到位。

[41]11月18日，湖北天峡鲟业公司召开新闻发布会，宣布该公司注册的“天峡”商标正式被国家工商总局认定为“中国驰名商标”，宜昌市工商局党组书记兰礼义代表国家工商行政管理总局向湖北天峡鲟业公司董事长蓝泽桥授予了“中国驰名商标”标牌。这是继“土老憨”商标之后，宜昌市荣获的第二个水产品“中国驰名商标”称号。

[42]11月23日，湖北省委常委、组织部长侯长安率省直单位负责人调研了丹江口水产业。

[43]11月24日，投资1 100万元兴建的中国水产科学研究院长江水产研究所中华鲟保育和增殖放流中心通过工程竣工验收。中华鲟保育和增殖放流中心位于荆州市荆州区后湖港水库旁，自然环境宜人，水质好，适合中华鲟的繁育。

[44]12月14日，省农业厅副厅长、省水产局局长王兆民主持召开了省水产局推进3个水产品牌建设座谈会，专题研究落实湖北省委书记李鸿忠关于唱响湖北水产“一鱼一虾一蟹”三大品牌的指示，部署2011年推进“楚江红”小龙虾、“梁子”牌梁子湖大河蟹和“洪湖渔家”生态鱼3个水产品牌建设工作。

[45]12月23日，黑尾鲌规模繁育基地在武汉市建成。武汉水产科研所是国内唯一对黑尾鲌进行系列研究的单位，已建成全国唯一的国家级鲌鱼良种场。

（湖北省水产局　田厚孝　王小燕）

湖南省渔业

【概况】 2010年，湖南渔业围绕基础设施建设、水产健康养殖、渔业产业经营、质量安全监管、捕捞渔民解困、渔业资源养护等六个重点，加快转变发展方式，渔业生产形势总体较好。全年水产养殖面积39万公顷，水产品总产量198万吨，渔业总产值210亿元，较上年分别增长1.83%、5.29%和5.58%。湖南渔业发展的主要特点有：

1. 渔业养殖结构进一步调整优化 全省根据资源和地域特色，着力打造“一县一品”、“一乡一品”、“一村一品”的区域特色经济。通过办点示范等方式，带动相关优势产业发展，全省渔业养殖结构明显改善。2010年，全省名特优水产养殖面积21万公顷，占全省养殖总面积的55.7%，产量达130万吨。常德的珍珠、益阳的斑点叉尾鮰、郴州的银鱼和虹鳟等占到了全省单个品种产量的60%以上。全省初步形成了特色明显的“五大优势产区、三大示范走廊”。五大优势产区是：环洞庭湖的名特水产生态养殖区，湘中湘南的池塘精养区，大中城市郊区的优新品种养殖和休闲旅游垂钓区，丘陵山区的稻鱼生态养殖区，大中型水库的网箱养殖、银鱼养殖区。三大示范走廊是：长沙望城的百里休闲渔业示范走廊、华容至南县的名贵鱼养殖示范走廊、汉寿至安乡至鼎城的名特水产养殖示范走廊。一大批水产大市、水产大县加快发展，益阳市获得了“中国淡水鱼都”的称号。

2. 突出渔业基础设施建设 一是加大养殖池塘改造力度。将鱼塘改造升级纳入正常化，标准化轨道，制定了《全省养殖池塘升级改造建设规划》。各地制定优惠政策，采取适当延长鱼塘承包期的办法，稳定和完善承包责任制，鼓励群众投入鱼塘改造。组织实施22个养殖环境生态修复工程项目，带动了全省养殖池塘的标准化升级改造。完成老化池塘改造1.2万多公顷，新开挖池塘0.17万公顷。二是加大种苗体系建设力度。新实施了6个水产良种场改扩建项目。组织开展水产苗种生产专项整治，全省共检查水产苗种生产场141个，发放技术资料35 000份，举办执法人员培训班5期。严格执行水产苗种生产许可证制度，检查和更换水产苗种审批许可证467本。全省96.7%的苗种生产单位做到了持证生产，年产优质苗种370亿尾。

3. 大力推进水产健康养殖 按照农业部要求，组织开展了农业部水产健康养殖示范场创建工作。经过自愿申报，考察筛选，积极创建，严格考核，46个水产养殖场被农业部授予部级“水产健康养殖示范场（区）”。46个场涵盖水面6 530多公顷，年产鲜鱼3.1万吨，产值5.5亿元。组织对农业部第一批、第二批示范场进行了复查，确保了示范场的创建质量。在示范区的示范、辐射和带动下，各地大力推广水产健康养殖、循环生态养殖、名特优品种仿生态养殖、鱼病综合防治等水产养殖新技术。全面推进渔业“三项登记制度”，规范养殖行为，加快推进了养殖方式转变。同时，加大养殖权证制度建设，制定了《全省养殖水域滩涂规划编制方案》，并将水域滩涂养殖证制度建设列为全省渔业工作的重点之一。已发放养殖证48 128本，发证水面28.19万公顷，有3个市、47个县（市、区）颁布了水域滩涂养殖规划。

4. 积极推进渔业产业化经营 完善渔业经营体制，积极推进渔业水面使用权合理流转，大力发展渔业大户和现代渔业企业，全面推进渔业产业化进程。组织召开了全省河蟹产业发展专家座谈会，研究制定了《湖南省河蟹产业发展规划》。组织举办了益阳市首届水产品博览会暨大通湖大闸蟹美食旅游节。全省渔业规模养殖户3.5万户，规模加工企业达97个，水产品加工量6.1万吨，年加工产值10亿元。益华水产、洞庭水殖、东江鱼、顺祥水产等骨干龙头企业的生产规模不断扩大，辐射带动能力不断增强。益阳的益华水产采取“龙头＋基地＋农户”的市场化运作模式，发展斑点叉尾鮰加工，带动发展养殖大户5 000多户，年创汇2 000万美元以上。全省加大水产品市场流通体系建设，长沙西长街、岳阳洞庭鱼都、常德桥南、澧县澧州等水产品市场的年交易量均在20万吨以上。

5. 不断强化水产品质量安全监管 严格水产品质量安全监控计划，全年抽检样品600个，合格率100%。加强无公害水产品建设与管理，认定无公害水面37.9万公顷，认证无公害水产品222个，绿色水产品36个，有机水产品35个。加强水产行业标准和技术规范的制定。先后制定发布水产品地方标准和养殖技术规范30多个，提高了渔业生产标准化水平。完善了27个县级水生动物疫病防治站的建设，加强了水产养殖病害测报工作。目前，全省共设立了7个测报站，28个测报点，测报面积扩大到了1.2万公顷，涉及养殖种类15个。组织开展水产养殖专项执法行动，加大水产投入品和水域环境监管力度，严厉打击渔用兽药、饲料和水产苗种的制假、售假行为，净化了水产品投入市场，提高了水产品质量安全水平。

6. 积极开展渔业资源养护 一是积极开展专业捕捞渔民解困工作。2010年省委、省政府将渔民解困工作扩大到了湘、资、沅、澧“四水”流域，将全省所有专业捕捞渔民全部纳入解困对象。通过一系列有力举措，全面解决了专业捕捞渔民上岸定居和生产生活困难问题。二是积极开展渔业资源养护工作。全省各级政府和部门进一步加大渔业资源的养护力度。省财政安排渔政基础设施经费1 500万元，渔业资源养护经费960万元，有力地推动了渔政执法管理，渔业水域生态保护和渔业资源养护。全省禁渔水域由原来的洞庭湖区扩大到湘、资、沅、澧"四水"流域。洞庭湖禁渔期提前至3月10日实施，比农业部统一要求的禁渔时间提前了21天。积极组织开展鱼类人工增殖放流，全年共组织放流活动90多次，投入增殖放流资金2 903万元，放流各类鱼类、水生生物约2亿尾。三是加大渔政综合执法力度。全省共组织渔政执法统一检查行动168次，查获违禁捕捞船360艘(次)，行政处罚374人(次)。进一步加强了东洞庭湖、南洞庭湖江豚、鳜鱼、黄颡鱼、三角帆蚌等国家级水产种质资源保护区的建设。加大了野生资源和驯养繁殖单位的日常监管力度，全年共审批发放水生野生动物特许证件532个。积极组织开展了渔业水域污染事故调查与技术鉴定。共调查处理天然水域渔业污染案件4起，养殖水域渔业污染案件14起，为天然水域水生态保护和渔民合法权益的保护发挥了积极作用。

【重点渔业市(县)基本情况】

湖南省重点渔业市(县、区)基本情况

市(县、区)	渔业总产值(万元)	水产品总产量(吨)	其中		养殖面积(公顷)
			养殖	捕捞	
沅江市	119 472	110 237	95 934	14 303	9 840
华容县	157 265	106 957	89 735	17 222	16 330
湘阴县	128 057	102 986	94 360	8 625	13 150
南　县	111 549	95 702	84 556	11 146	19 790
安乡县	84 060	74 865	73 295	1 570	10 900
鼎城区	112 756	65 540	62 780	2 760	12 760
汉寿县	68 414	64 388	59 438	4 950	20 450
衡阳县	61 388	56 550	54 578	1 972	5 750
衡南县	51 716	50 787	49 984	803	6 420
祁东县	51 415	49 060	47 538	1 522	4 190

【大事记】

[1]3月10日，湖南洞庭湖春季禁渔工作正式启动。禁渔时间为3月10日12时至6月30日12时，较往年提前了21天。长江湖南段禁渔时间为4月1日12时至6月30日12时。禁渔范围为洞庭湖全湖水域和长江华容县塔市驿伍马口至临湘市白沙洲183公里江段水域。

[2]4月22日，农业部与湖南省人民政府在常德市联合举办主题为"增殖生物资源，造福湖区人民"的水生生物增殖放流活动。向洞庭湖放流青、草、鲢、鳙、草龟、中华鳖、胭脂鱼等经济和珍稀濒危生物亲本、苗种1 000万尾。农业部副部长牛盾、湖南省政府徐明华副省长参加了放流活动。

[3]4月25日，由湖南省水产科学研究所主持的"湘华鲮驯化及人工繁殖技术研究"项目通过湖南省科技厅组织的成果鉴定。该项目系统研究了湘华鲮资源与生态特征，建立了湘华鲮驯养繁殖技术。"一种野生湘华鲮诱导驯化技术"获得国家发明专利，在湘华鲮资源与生态、消化系统组织学与消化酶活性、幼鱼耗氧与呼吸代谢率、人工配合饲料等方面填补了湘华鲮基础研究的空白。

[4]5月5日，湖南省畜牧水产局与长沙、株洲、湘潭三市人民政府在株洲市联合举办2010年湘江长株潭段水生生物增殖放流活动。共向湘江投放青、草、鲢、鳙"四大家鱼"大规格鱼种和国家二级保护物种胭脂鱼鱼种200多万尾，向天然水域放流鱼类亲本50组。省人大常委会副主任蔡力峰出席放流活动。

[5]7月30日，全省专业捕捞渔民解困工作会议召开。省委、省政府决定，渔民解困工作将从洞庭湖区扩大到湘、资、沅、澧"四水"流域。省委书记周强出席会议并作重要讲话。周强强调，坚持不懈地保障和改善民生，推进专业捕捞渔民解困工作，是各级党委、政府和各级干部义不容辞的重大责任，要在巩固洞庭湖区渔民解困工作成果的基础上，把推进"四水"流域渔民解困作为当前重要的民生工作，务求取得实实在在的效果，以实际成效赢得人民群众的信赖和拥护。省

委常委、省委秘书长、省洞庭湖区捕捞渔民解困工作领导小组组长杨泰波主持会议。省长助理、省财政厅厅长李友志在会上作了工作报告。

[6]8月22日,全国首家大鲵生物科技馆在张家界大鲵自然保护区开馆。中国大鲵生物科技馆采用先进的声、光、电互动多媒体展示手法,集科普、旅游、艺术于一体,揭开大鲵神秘面纱,普及大鲵保护知识。

[7]10月3日,全国政协副主席、全国工商联主席黄孟复在省政协副主席、省工商联主席何报翔陪同下视察省大鲵救护中心。

[8]10月24日,由益阳市人民政府、湖南省旅游局、省畜牧水产局和省湘菜产业促进会共同主办的中国·益阳首届水产品博览会暨大通湖大闸蟹美食旅游节在益阳市奥林匹克体育公园举行开幕式。副省长徐明华宣布节会开幕。

[9]10月24日,中国水产品加工与流通协会副会长崔和将"中国淡水鱼都"的匾牌授予益阳。位于中国第二大淡水湖洞庭湖畔的益阳水域广阔,水产资源丰富,拥有115种鱼类资源,其中经济鱼类30多种。

(湖南省畜牧水产局 林益平 何 平等)

广东省渔业

【概况】 2010年,广东省渔业总产值1 660亿元,比2005年增长63.9%,年均递增10.3%;水产品产量738万吨,总产值728亿元,分别比上年增长5%和7.1%;水产品出口额达20亿美元,比2005年增加6.6亿美元,约占全省农产品出口额的1/3;渔民人均纯收入达9 977元,同比增长7.6%。

1. 建设现代渔业 广东省在推进现代渔业建设方面取得长足进展,得到农业部的充分肯定,特指定省海洋与渔业局作为全国渔业系统的唯一代表,在2010年底召开的全国农业工作会议上作典型发言。

(1)实施转产转业议案。2010年2月,广东省人大常委会审议通过第二阶段沿海渔民转产转业议案经费5亿元。计划淘汰渔船2 300艘、功率11万千瓦,解决渔民安居5 000户,扶持建设现代渔业产业化基地100个、渔民专业合作社200个。省财政对渔民安居每户补助由1.15万元提高到1.5万元,2010年下达了1 996户建设计划和资金。

(2)发展深水网箱养殖。编制《广东省深水网箱养殖发展规划》,省财政设立深水网箱产业发展专项资金,于6月23日在湛江特呈岛启动广东省深水网箱产业园建设项目,广东省副省长李容根出席启动仪式并讲话,推动了全省深水网箱产业的发展。

(3)推进振兴南珠产业。6月23日,广东省召开振兴南珠产业研讨会,副省长李容根到会讲话,认真总结广东南珠产业发展情况,分析存在问题,谋划振兴南珠产业的发展思路。提出实施振兴南珠产业项目。2010年省财政安排资金1 000万元,开展珍珠贝提纯复壮和良种选育、养殖环境修复与容量控制、建设珍珠城、珍珠深加工技术研究等。

(4)加快良种体系建设。全省水产苗种场共有2 157个,占地面积1.13万公顷。其中已发证2 094个,持证率为97.1%。批复5个省级良种场建设项目,对3个省级良种场进行资格验收。农业部在兴宁、斗门、番禺、武江、清新、阳春、吴川、惠来8县(市、区)开展水产良种亲本更新试点,项目资金160万元。

(5)加强基础设施建设。省财政安排现代标准鱼塘建设补助资金1.6亿元,支持东西两翼和粤北山区开展池塘整治改造。到2010年底,全省共有33个养殖场(区)被农业部认定为农业部水产健康养殖示范场(区),面积达1.5万多公顷。

2. 行业综合管理 2010年,为推动广东渔业实现可持续有序发展,全省渔业主管部门在行业综合管理方面做了大量工作且取得显著成效。

(1)推进养殖证制度建设。截至2010年底,全省共核发养殖使用证91 576本,持证生产面积38.2万公顷,占应发证面积的86.1%。全省各地养殖水域滩涂规划已通过本级政府批准的有17个地级以上市,52个县(市、区)。

(2)加强罗非鱼行业管理。由广东、海南、广西和福建4个地方水产行业协会共同发起,和主要养殖企业协商,制订了《罗非鱼出口行业自律工作方案》,并于2010年1月正式公布。成立罗非鱼加工出口自律工作委员会领导小组,2010年广东省为召集人,负责发布罗非鱼收购及出口指导价,协调行业问题并监督执行情况。

(3)做好渔业捕捞许可管理。广东省海洋与渔业局建立并启用广东省海洋捕捞渔船"双控"管理数据库,从2009年7月开始部署进行"09版"海洋捕捞许可证换证工作。到2010年底,全省已换发渔业捕捞证36 538艘渔船,完成换证进度97.6%。

3. 水产科技推广 2010年,广东积极实施科技兴渔战略,通过科技创新和提高渔业公共服务水平,为渔业发展提供了强大的技术支撑。

(1)加强与科研院校合作。省海洋与渔业局局长郑伟仪带队于2月24日拜访中山大学校长黄达人及有关学院领导专家,座谈建立局校联合机制,推进政、产、学、研一体化;并于12月下旬与中山大学共同主办第一届全国石斑鱼类繁育与养殖产业化论坛。省水生动物疫病预防控制中心与中国水产科学研究院珠江水产研究所共建鱼病医院，于7月13日举行签字仪式。

(2)罗非鱼项目获国家科技进步奖。在2010年1月召开的国家科技奖励大会上，由上海海洋大学和广东罗非鱼良种场等单位共同完成的"罗非鱼产业良种化、规模化、加工现代化关键技术创新及应用"项目获得国家科技进步奖二等奖。广东罗非鱼良种场是国家级水产良种场，专门从事罗非鱼选育种及苗种生产技术研究，在罗非鱼苗种生产技术上取得两项国家级发明专利。其选育的"新吉富"罗非鱼拥有自主知识产权，并注册了"广特超"商标，在全国得到广泛推广，品牌效益显著，有力地促进了广东罗非鱼产业的发展。

(3)实施渔业科技入户示范工程。2010年共扶持建设9个省级渔业科技入户示范县，于3月开始在各个示范县统一开展"春雷2010行动"，组织技术培训、技术讲座、现场技术咨询解答等一系列活动，为渔民提供服务。培育渔业科技示范户900户，辐射带动1.8万户。举办技术培训班26期，累计培训技术指导员、示范户8 500人(次)，发放各类技术资料、小册子15 000份。全省示范户养殖产量与效益平均增长10%以上。

(4)发布渔业主导品种和主推技术。广东省水产技术推广总站于4月上旬发布了2010年渔业主导品种和主推技术。渔业主导品种为"新吉富"罗非鱼、南美白对虾、鳗鱼、鳜鱼、中华鳖、鲈鱼、青石斑鱼、澳洲宝石鲈、异育银鲫、斑点叉尾鮰等10个；主推技术分别是微生物调控的水产健康养殖新技术、简易棚膜增加温土池养鳖技术、鳗鲡标准化生产技术、南美白对虾高位池健康绿色养殖技术、鳜鱼高产饲养技术等5项。

(5)加强水产技术培训工作。省海洋与渔业局联合中共广东省委党校，于7月16日至8月1日举办首期全省水产技术推广系统行政管理(站长)培训班，培训了全省地级以上市和18个渔业重点县的水产技术推广站长；并分区举办了3期水产技术推广骨干培训班，每期培训50多人，时间20天，共培训基层水产技术推广骨干160人。开展社会公益性技能培训，2010年完成转产转业渔民技能培训1 200人，阳光工程项目培训7 560人，渔业船员4 300人，渔业行业就业准入制度实施培训118人。省海洋与渔业局与省妇联还于6月24—28日在肇庆市联合举办水生生物病害防治员妇女培训班，培训了50位女性学员。

(6)加强水生动物疫病预防控制。广东省水生动物疫病预防控制中心新址于7月13日揭牌。省海洋与渔业局于9月20日召开罗非鱼链球菌病流行风险分析与对策研讨会。于12月24日召开全省水生动物疫病防控与监测工作会议。湛江市水生动物防疫检疫实验室于12月26日获得省质量技术监督局组织的计量资质认证，这是全国首家获得资质认证的地市级水生动物防疫检疫实验室，标志广东省水生动物疫病预防控制精准监测工作迈上新台阶。

4. 对外渔业经济技术合作 由广东广远集团公司与中大康乐公司、香港万佳海鲜企业公司和菲律宾SANTEH公司共同投资，在菲律宾苏比克湾建设深水网箱养殖基地，建成了10米×10米的方型网箱共70多个。养殖的成鱼陆续运回广东和香港市场销售，并于2月5日在珠海举办中菲渔业合作项目首批成鱼返销仪式。由广东省饶平金航网箱科技开发公司与文莱FARZHENZA公司合资成立的海洋生物公司，于5月在文莱摩拉港举行中文合作深水网箱养殖基地启动及海上放苗仪式。合作公司累计投入资金600多万元，深水网箱的规模扩大到40只。为加强与菲律宾和文莱的渔业技术交流与合作，省海洋与渔业局承担了农业部交办的中国与东盟渔业养殖技术培训班，于5月26日至6月2日在省大亚湾水产试验中心举办，菲律宾和文莱有关渔业官员和企业技术人员近20人参加了养殖技术培训。6月28日至7月3日，由农业部国际交流服务中心主办、省海洋与渔业局协办的中澳水产养殖加工与贮运技术培训班在广东省惠州市惠阳区举办。中澳渔业界官员、专家以及来自我国各省的渔业技术人员、企业代表近60人参加。

5. 水产品质量安全 2010年，广东水产品质量安全监督管理最大亮点是确保了广州亚运会(亚残运会)水产品安全有效供给和质量安全零事故。全年省级抽检水产品合格率95.7%，比2009年提高1.5个百分点，水产品兴奋剂检测合格率100%。农业部肯定广东亚运期间水产品质量安全保障工作，并指定省海洋与渔业局作为全国唯一的渔业主管部门在全国农产品质量监管工作会议上介绍经验。省海洋与渔业局举办第一期无公害渔业产品内检员培训班，来自全省281家水产品生产企业的管理和技术人员共324人参加培训。广东省渔业地方标准《鲜活淡水鱼质量安全要求》通过专家审定。推荐湛江虹宝水产开发有限公司的虹宝ZJRAINBOW牌冻虾仁等32个产品为广东省名牌产品(含复审的22个产品)。

6. 渔业安全生产 2010年，全省共实施救助行动120次，成功救助渔民376人、渔船107艘，挽回经济损失944.5万元。全省海洋渔业系统有效防范了"康森"、"灿都"、"狮子山"、"凡亚比"、"鲇鱼"等台风。各级海洋与渔业主管部门认真落实有关部署，严格按照“渔船百分之百回港，渔排人员百分之百上岸”的要求，尽最大的努力减轻台风灾害的损失，没发生因台风致渔业从业人员死亡事故。省海洋与渔业局应急管理办公室获得“全国防汛抗旱先进集体”荣誉称号。

广东省渔业安全生产通信指挥系统建设全面铺开，省指挥中心基本完成建设，全省管理指挥软件平台已初步开发完毕，各子系统功能模块已基本实现；各市(县)分中心建设进展顺利。帮助渔船配备气胀式救生浮，配置渔船防碰撞系统终端，建设IC卡管理系统，实施海难救助，帮助渔民挽回经济损失。2010年全省山洪、台风频发，尤其是11号强台风“凡亚比”，使粤西渔业生产蒙受严重损失。省海洋与渔业局紧急启动防灾减灾应急预案，下拨救灾经费180万元，并组成4个工作组，由局领导带队深入灾区第一线，指导群众做好抗灾复产工作。

进一步发挥共建海洋预报台的预警预报作用，不断完善海难救助和防台风应急预案，健全预警应急机制，全力开展防台风工作，将人员伤亡和财产损失降到了较低水平。提高安全救助工作的规范化、科学化水平，全力开展海难救助，共处理海难救助108起，救助渔民361人，救助渔船102艘，挽回经济损失944.5万元。

7. 渔业资源环境保护 积极开展渔业资源环境保护工作，为渔业发展营造了一个较为理想的外部环境和条件。

(1)推动生态补偿。积极应对海域重大污染事故的损害索赔工作，对2010年发生的“宏浦35”与“亚洲香港26”碰撞污染案和“FRONTIER HACHI”与“STEAD FAST”碰撞污染案，及时组织海洋渔业资源损失评估以及相关证据收集和应诉工作。全年共有12个海洋工程建设项目签订了海洋生态补偿协议，总额达300多万元。

(2)人工鱼礁建设。全省人工鱼礁建设在礁区科学选址、质量监督、资金管理、效果监测等方面有了更进一步的改进和创新。2010年，全省共有13个礁区施工建设，完成制作礁体4 698个，总空方146 785立方米，截至2010年底，全省已建成人工鱼礁区24座。

(3)人工增殖放流。广东省人民政府和农业部联合，于2010年6月6日在阳江市海陵岛举办2010年南海生物资源增殖放流暨第三届广东休渔放生节活动，社会各界人士万余人参加。农业部部长韩长赋对广东省通过举办休渔放生节活动，促进海洋生态环境与渔业资源保护的做法给予充分肯定。在阳江主会场举行活动的同时，全省各地也举办了放生活动。全省共放生各类鱼虾贝苗1.688亿多尾，价值3 831万元。

(4)养殖污染源普查。2008年，广东省组织开展了全国第一次污染源普查，经过两年努力，对全省7类水产养殖污染源进行检查，包括规模化水产养殖场和养殖专业户12万个、养殖面积31.7万公顷。国务院第一次全国污染源普查领导小组办公室、环境保护部、国家统计局和农业部联合发布了《关于表彰第一次全国污染源普查先进集体和先进个人的决定》，授予广东省海洋与渔业局为先进集体和优秀技术报告一等奖，授予局资源环境管理处刘思远和赵明辉为先进个人。

(5)水生野生动物管理。全年共办理驯养繁殖证473份、经营利用证949份、运输证21份、上报农业部进出口审核函件等39份，征收水生野生动物资源保护管理费140万元。对34家已停止养殖的养殖户(主要为个人养殖)收回并注销《驯养繁殖证》，对177家已关闭或已不经营利用水生野生动物的单位(主要为酒店)注销《经营利用许可证》。

(6)科普宣传月活动。水生野生动物保护科普宣传月活动以“关爱水生动物，从我做起”为主题，于7月18日在广州海洋馆举行启动仪式。国际野生动物保护学会、大学社团及志愿者、游客等约1 000人参加。联合香港海洋公园保育基金、香港渔农自然护理署、澳门民政总署举办了2010年粤港澳中华白海豚绘画比赛。

8. 渔政执法管理 主动协调省编办、省财政厅等部门，跟踪、落实市(县)机构改革指导意见和3个省属执法基地机构设置。省编办正式批复新增设粤东、粤西、粤中3个正处级省属执法机构，新增行政执法专项编制78名，核定船员编制241名。

(1)提高渔业执法装备水平。广东渔政执法装备建设工作从原来执法船(艇)单项建设迈向执法基地码头、大吨位执法船、飞机等海、陆、空装备全面建设。2010年，全省执法装备建设总投入近5亿元，是过去10年总投入的2倍。新建执法船6艘，在建船艇13艘，其中11艘海监船艇、2艘渔政船。在建执法基地码头1个，配置海监执法车27辆，购买无人直升机1架。

(2)开展护渔系列执法行动。组织开展以规范渔船标识为重点的“护渔2010”海洋渔业执法行动，全面完成了44千瓦以上渔船标识整治工作。先后组织开展“护渔2010—1”北部湾海域巡航护渔行动、“护渔2010—2”休渔执法行动、“护渔2010—3”休渔开捕执法行动、“护渔2010—4”粤港联合执法行动，有效整合执法力量，切实提高了执法成效。全年共出动执法船(艇)5 525艘(次)，执法人员43 957人(次)，检查渔船71 296艘(次),罚款1 139万元,没收各类“三无”渔船99艘,查获电鱼案件756宗,没收电线近2万米,没收电鱼机183部。

(3)参与专属经济区巡航。共调派了7艘渔政船执行南沙、北部湾、西沙、台浅专属经济区巡航13航次,出航206天,航时1 140小时,总航程10 200海里。查获国内违法渔船5艘,国外违法渔船9艘(其中扣押1艘,驱赶8艘),圆满完成了巡航任务。中国渔政44061船首次代表国家执行南沙海域护渔巡航及守礁任务,被授予“南沙卫士”光荣称号。

【重点渔业市(县)基本情况】

广东省地级市渔业基本情况

市别	总人口(万人)	渔业总产值(亿元)	水产品总产量(万吨)	其中				养殖面积(万公顷)	
				海洋捕捞	海水养殖	内陆捕捞	内陆养殖	海水养殖	内陆养殖
广州	1 033.4	64.3	44.1	3.8	4.1	5.1	31.1	0.4	2.5
深圳	891.2	11.3	3.1	2.6	0.3	0	1.2	0.2	0.1
珠海	149.1	1.7	19.7	1.2	2.6	0.2	15.7	1.9	1.6
汕头	510.7	2.4	40	16.4	16.6	0.3	6.7	1.1	0.4
佛山	598.6	23.8	56.4	0	0	0.7	55.7	0	4
韶关	325.5	2.6	6.9	0	0	0.3	6.6	0	2
河源	348.9	1.9	3.9	0	0	0.2	3.7	0	0.7
梅州	507.4	5.7	9	0	0	0.8	8.1	0	1.4
惠州	397.2	6.6	14.3	2.5	4.9	0.1	6.8	0.4	1.7
汕尾	340.6	7.7	56.3	26	26	0.3	4	2	0.7
东莞	635	5.5	7.7	1.2	0.6	0.1	5.8	0.1	1
中山	251.7	4	33.9	0.3	2	0.1	31.5	0.2	2.2
江门	420.1	115.8	67.3	10.4	23.4	1.2	32.3	2.6	4.2
阳江	275.7	37.3	97.5	34.8	52.6	0.7	9.3	2.4	1.5
湛江	763.1	121.3	104.6	29	62.6	0.6	12.4	6.2	3.2
茂名	620.2	48.8	79.2	15.4	41.2	0.4	22.2	1.6	2.1
肇庆	413.7	18.7	32.9	0	0	0.6	32.3	0	3.1
清远	408.8	1.2	9.9	0	0	0.2	9.7	0	1.7
潮州	257.9	11.2	18.4	3.3	10.3	0.3	4.5	0.6	0.6
揭阳	649.1	7	14.5	5.6	1.9	0.4	6.6	0.2	0.8
云浮	275.8	2.9	9.4	0	0	0.1	9.3	0	0.8

注:人口数据来源于《广东年鉴2011年》,渔业数据来源于广东省海洋与渔业局编《广东省2011年渔业统计年报》。

【大事记】

[1]2月6—8日,农业部副部长牛盾率领农业部渔业局局长李健华等到广东调研山区现代渔业。先后深入韶关、清远山区,慰问了基层渔政执法干部,在北江进行增殖放流活动,走访当地渔民并慰问贫困渔民家庭。

[2]2月22日,广东省副省长李容根一行到省海洋与渔业局专题调研,视察省淡水名优鱼类繁育中心,对省海洋与渔业局工作取得的成绩给予充分肯定。

[3]4月8日,广东省两艘300吨级渔政船(中国渔政44601、中国渔政44602)交船暨入列仪式在珠海市举行。两艘渔政船总投资4 800万元,中央和省财政资金各占一半。

[4]5月5日,清远市碧水蓝天休闲渔业有限公司

在北江河畔开业。这是广东省首家内河经营休闲渔船的公司,集休闲垂钓、观光渔业、商务洽谈于一体。定做了一批新型玻璃钢豪华休闲渔船,首批3艘在开业时即投入使用。

[5]5月21日,广东放生协会召开首次会员代表大会,讨论并通过协会章程,选举产生理事会组成人员,并于6月6日在第三届广东"休渔放生节"大型放生活动上举行成立仪式。

[6]6月3—4日,李容根副省长率省政府办公厅、财政厅、海洋与渔业局等部门有关负责同志赴惠州市调研人工鱼礁建设有关情况,研究部署下一步工作任务。

[7]6月5—7日,农业部部长韩长赋出席2010年南海生物资源增殖放流暨第三届广东"休渔放生节"主题活动之后,视察了广东省渔业基础设施建设和产业发展、动物疫病防控等情况。

[8]6月7日,中国水产流通与加工协会授予茂名市"中国罗非鱼之都"称号。

[9]9月4日,中共中央总书记、国家主席、中央军委主席胡锦涛在深圳特区考察期间走访了罗湖区南湖街道渔民村社区,希望渔民村社区百尺竿头更进一步,努力建成文明和谐社区。1984年邓小平在深圳考察时曾走访该村,如今,渔民村已经成为一个现代化社区。

[10]9月25日,茂名市因强台风"凡亚比"减弱环流西移遭遇200年一遇的特大暴雨,渔业损失严重。至9月28日10时,全市949公顷养殖池塘漫顶或塘基被冲毁,逃鱼4 871吨,渔业经济损失5 648.4万元。广东省副省长林木声率队于9月26日连夜赶赴茂名市灾区,实地视察灾情,并看望在高州水库进行抢险救灾的渔政队伍、渔民群众。国庆节后上班第一天,省海洋与渔业局立即召开局务会议,决定派出以局领导为组长的3个工作组,带领有关人员及专家,赴灾区指导渔业救灾复产重建工作。

[11]11月22日,全省淡水渔业工作会议在清远市召开,李容根副省长出席会议并讲话。全省21个地级市和渔业重点县渔业主管部门负责人参加会议。会议总结了广东省"十一五"时期淡水渔业工作经验,研究部署"十二五"时期淡水渔业发展新思路、新措施,力求推动全省淡水渔业事业实现新一轮大发展。

[12]12月28日,中国水产流通与加工协会名誉会长张延喜将"中国对虾之都"的牌匾授予湛江市。

[13]12月30日,由广东省人民政府主办,省海洋与渔业局、省外经贸厅、湛江市政府承办的广东省首届海洋经济博览会在湛江国际会展中心开幕。中共中央政治局委员、广东省委书记汪洋出席开幕式并宣布广东省首届海洋经济博览会开幕。广东省省委副书记、省长黄华华等领导出席并致辞。开幕式现场还举行了海洋项目经贸合作签约仪式,当场签订213个项目,金额达417亿元。

(广东省海洋与渔业局　姚国成　钟小庆)

广西壮族自治区渔业

【概况】 2010年,渔业经济继续保持平稳较快增长。全区水产品产量达275.51万吨,比上年增长5.23%。水产养殖总面积221 669公顷,同比增长1.76%。

1. 主要工作与成就

(1)抓好渔业基础工作,确保产业稳步发展。一是以强基惠农行动为载体,夯实产业发展基础。通过在全区范围内开展强基惠农春季大行动,宣讲党的路线方针政策、培训推广发展特色渔业和水产健康养殖技术、落实渔业产业政策、提供水产种苗信息或帮助解决水产种苗问题、开展池塘标准化改造示范、创建水产健康养殖示范场、监测与防控水产养殖病害、强化水产品质量安全监管等。为促进渔业发展方式转变和渔业经济稳步增长夯实了基础。二是加强调研工作。就产业发展布局、休闲渔业、渔业产业扶持政策等问题,进行调研和考察学习。三是科学制定产业发展规划。先后组织编写了《广西"十二五"渔业发展规划》、《广西"十二五"罗非鱼产业发展规划》、《广西"十二五"对虾产业发展规划》、《广西"十二五"龟鳖产业发展规划》、《广西"十二五"远洋渔业发展规划》等,为广西渔业的健康持续发展指明了方向。四是加强水产原(良)种体系建设。全区共扶持建设水产良种繁育场和保种场近20个,选育各种良种苗种新品系5个,生产各种良种苗种近24亿多尾(只);推荐评定国家级良种场2家,组织认定自治区级水产良种场7家;在水产原(良)种储备开发工作上,罗非鱼耐寒快长良种选育、广西土著品种驯养繁育,都取得了一定成效。五是组织开展池塘标准化改造示范。在全区组织实施19个池塘标准化改造示范项目,完成280多公顷池塘改造任务。据统计,全年新增养殖面积3 840公顷,改善和修整低产池塘6 600多公顷,改造稻田养鱼2 000公顷。通过池塘标准化改造挖掘潜力、提质增效,新增养殖产量6.5万吨、产值6.5亿元。

(2)抓好规范管理工作。一是规范水域滩涂养殖权制度建设管理。加强对水域滩涂养殖证功能、申领程序、条件要求等内容宣传的力度,组织开展规划修订或编制工作。二是积极核发养殖证。全区已核发水域滩涂养殖证6 830本(其中全民水域5 393本、集体水域1 435本），总发证面积6.75万公顷。三是更新养殖证核发专项工作设备。四是抓好水产苗种生产管理。全面完成了全区水产苗种场录入全国苗种生产单位数据库工作，向全区登记在案的符合生产条件的812个水产苗种场核发了苗种生产许可证，发证率达100%。

（3）抓好优势特色渔业，促进产业快速发展。一是以罗非鱼、角鳖等优势特色品种养殖为重点，推进内陆渔业发展。二是以做强大蚝和对虾产业为抓手，深化海洋渔业开发。

（4）抓好产品质量安全，保障产业健康发展。一是大力倡导实施水产健康养殖。全区共申报创建并备案的养殖场有98家，获自治区级“水产健康养殖示范场”称号的有39家，新增获得农业部“水产健康养殖示范场”称号的挂牌单位32家。二是建立健全水生动物疫病防控体系。在全区开展重大水生动物疫病监测，设精准测报点122个、常规测报点83个，全年监测38个品种，测报面积1 100多公顷。在全区8个市开展水生动物疾病远程诊断网络平台建设，完善病害远程诊断网络，取得了较好的效果。三是协助抓好水产品质量监管工作。组织完成了全区5 000多个水产养殖单位信息核对录入工作。定期检测产品药物残留，全年共抽检水产品18种、水产苗种9种、样品1 410批（次），产地水产品合格率99.2%，水产苗种检测合格率为100%。

2. 主要特点

（1）结构调整成效明显，产业布局更加优化。2010年全区渔业产业结构进一步优化，三个产业的比例为70.6∶8.6∶20.8，其中二、三产业产值分别达30.00亿元和72.80亿元，远远快于第一产业的增长速度。

水产品加工业发展较快。全区有水产品加工厂215家，其中有15家水产品加工企业通过HACCP体系国际认证、10家获得出口欧盟注册、5家通过ISO系列认证。全年水产品加工量达50万吨，加工产值22亿元，水产品出口量6.9万吨，出口值2.4亿美元。

渔业生产结构进一步优化。近海捕捞强度得到有效控制，渔民转产转业成效显著。全区海洋生产渔船1.14万艘、31.78万总吨、75.77万千瓦，海洋捕捞产量为66.30万吨，保持零增长。

水产养殖业发展迅猛，水产养殖产量达197.11万吨，占全区水产品总量的71.65%，捕捞与养殖的产量比例为1∶2.5，养殖业成为渔业生产发展的主要力量。

渔业生产布局进一步优化。目前，全区渔业已基本形成了明显的优势水产品、特色水产品产业区或产业带的发展格局。形成了养殖、加工、流通为一体的产业发展模式。

（2）渔业基础设施日趋完善，发展条件不断巩固。全区建设了罗非鱼、南美白对虾、斑点叉尾鮰、近江牡蛎、“四大家鱼”、马氏珠母贝等一批主要养殖品种的原（良）种场，以及水产引（育）种中心和南美白对虾遗传育种中心。水生动物疫病防治体系建设不断加强，至2010年全区已建县级水生动物疫病防治站28个、县级疫病测报点205个。渔港建设不断完善，全区现有大小渔港21个，其中中心渔港5个、一级渔港5个、二级渔港3个、内陆重点渔港1个。启动了池塘标准化改造工程，养殖基础条件不断改善。

（3）优势特色养殖蓬勃发展，助农增收效果显著。2010年，渔业十大特色品种产值占渔业产值的58.8%。一是优势水产品养殖在原有基础上得到了稳固发展。二是庭院特色养殖业发展势头迅猛。三是“特优新”品种养殖成为新的增长点。桂西北地区发展亚冷性鱼类养殖已成一定的规模；桂西北地区的禾花鲤稻田生态养殖在传统养殖基础上得到了进一步发展；其他“特优新”品种如光倒刺鲃、倒刺鲃、刺胸蛙等品种养殖也很有地方特色。

（4）大水面开发有了新的突破。一是养殖理念有了改变，许多养殖户改变了以往网箱养殖投喂人工饲料的做法，采取生态养殖或保水养殖发展网箱养殖，减少了养殖污染。二是养殖方式有了改变，一些养殖户改以往小型网箱养殖为大型或特大型生态网箱养殖，经济效益非常可观。三是养殖品种有了改变，从传统的“四大家鱼”转向单性罗非鱼、斑点叉尾鮰、鲫鱼、加州鲈、大口鲶、建鲤等品质好、抗病强、生长快、效益好的优势品种。

（5）海水养殖生产“独树一帜”，海洋捕捞出现新特点。海水养殖突出发展几个品种、几种养殖方式，取得明显的经济效益。一是利用中低产虾塘改养大弹涂鱼、金鲳鱼、鲈鱼、篮子鱼、真鲷等鱼类。二是利用沿海滩涂发展方格星虫（沙虫）养殖。三是发展金鲳鱼、军曹鱼、黑鲷、鲈鱼、美国红鱼等名贵海水鱼类深海网箱养殖。海洋捕捞方面出现新特点，一是渔船出航率较高，基本在95%以上。二是外海捕捞效益显著，南海渔场海龙等高价值渔获物的比例提高；到西沙渔场开展捕捞的渔船，对渔具进行改造，改拖网为加粗网绳的灯光罩网，获得价格比较高的红鱿鱼等渔获物。

（6）水产品质量安全保持较高水平。全区初步建立起以农业部渔业产品质量监督检验测试中心（南宁)、广西渔业病害防治环境监测和质量检验中心为骨干的水产品质量安全及病害检验监测体系。已挂牌国家级水产健康养殖示范场75个,总面积6 600多公顷,辐射带动健康养殖面积达2万公顷。共发布实施地方渔业标准76项,认定无公害水产品产地166处,认证无公害产品252个。2010年,共抽取水产品样品1 410批(次),其中产地样品1 310批(次),苗种100批(次)。检测合格率为98.1%,其中产地水产品检测合格率为99.1%,水产苗种检测合格率为100%。

3. 存在问题

(1)基础条件建设力度不够。池塘标准化改造示范面太小;产业扶持政策争取工作缓慢;水产良种体系建设相对滞后。

(2)养殖证制度建设工作推进慢。一是养殖证核发协调工作难度大;二是培训工作滞后,影响了养殖证制度建设推进工作。

(3)水产品质量安全监管工作难度大。一是千家万户分散和小规模的生产方式,产品质量安全监管难以兼顾全面。二是体制机制不顺畅,产品质量安全监管工作成本相对加大而成效相对减小。三是监管手段落后,监管队伍人员不足、技术装备差,难以达到预期效果。

【大事记】

[1]11月8—9日,与中国水产流通与加工协会、国家罗非鱼产业技术体系研发中心(中国水产科学研究院淡水渔业研究中心)联合举办了第七届罗非鱼产业发展论坛。同时,还成功举办了罗非鱼加工产品和广西特色水产品活体展示活动。

[2]11月8—11日"水产院士广西行活动"在广西顺利举行。活动得到了中国工程院的大力支持,中国工程院农学部派出6名水产院士、2名首席专家组成的院士分团,前来广西考察调研,为广西现代渔业发展提供了强大的智力支撑。

[3]11月20日,由农业部农村经济研究中心、广西生产力学会、自治区水产畜牧兽医局联合举办了广西水产畜牧名特优产品展示暨水牛文化节。组织开展了80多种名特优水产品活体展示活动,成功举办了广西首届龟鳖大赛。活动期间农业部领导、院士、首席专家莅临指导。活动取得了巨大成功,参加签约的经济合作投资项目75项,总投资64.3亿元。充分凸显了广西水产畜牧业名特优产品的优势和特色,提升了水产畜牧业的形象和地位。

(广西壮族自治区水产畜牧兽医局 廖 毅 曾辉材)

海南省渔业

【概况】

1. 发展思路 海南省渔业在推进国际旅游的大背景下,2010年海南渔业继续推进发展方式五大转变:一是以外延扩大再生产逐步向内涵扩大再生产转变;二是水产品生产以捕捞为主逐步以养殖为主转变;三是以淡水养殖为主,逐步向海水养殖为主转变;四是以近海捕捞为主逐步向外海远洋捕捞为主转变;五是水产品从由初级加工为主逐步向水产品综合利用为主转变。走出一条从陆到海,从浅到深,从水面到水底,从第一产业为主到一、二、三产业协调发展的现代渔业路子。

2. 主要成效 2010年海南渔业受到有气象记录以来的最大一次洪灾冲击,通过采取多项措施顽强抗灾,渔业经济总体上仍然保持增长态势。一是渔业经济总体增长。全省水产品总产量160万吨,较上年增长0.6%。全省渔业经济总产值259亿元,较上年增长13%。二是渔业经济结构趋于优化。全省渔业经济一、二、三产业比重为67∶27∶6,第一产业比重较上年下降4.5个百分点,第二、三产业比重较上年上升2.8个和1.7个百分点。三是渔民收入保持稳步增长。全省渔民人均纯收入9 398元,较上年增加574元,增长6.5%。

(1)科技兴渔。一是推进渔业科技进村入户。省水产研究所、省水产技术推广站集中培训基层渔技人员3万人,培育科技示范户1 000户,辐射带动2万渔户。二是加强水生动物疫病防控。建立了主要养殖品种罗非鱼、对虾、石斑鱼、卵形鲳等品种的病害测报网点;在全省18个市(县)设立测报点,开展养殖病害疫情监测,分析防控措施;由省水产技术推广站牵头,对全省水产养殖病害进行跟踪和汇总,每月定期发布水产养殖病害测报信息,及时向社会公开养殖疫情。三是实施陆域池塘综合改造工程,发展集约化精养模式。全省改造池塘2 667公顷,鱼虾贝藻养殖由粗养模式向精养模式转变,单位产量提高2倍。

(2)渔业基础设施。一是渔港项目建设进展顺利。三亚崖州中心渔港、儋州白马井中心渔港、乐东岭头一级渔港建设,分别完成投资4亿元、1 330万元、1 350万元,累计分别完成总投资的52%、31%、35%;清澜中心渔港第一季度开工建设,完成投资1 150万元,累计完成总投资的25%。琼海潭门中心渔港概算总投资6 228万元,截至2010年底,项目主体工程基本完成,码头、护岸及航道疏浚工程已全部完成并投入使用。东方八所中心渔港项目总投资5 570万元,完成工程量95%。昌江海尾一级渔港项目总投资3 508万元,累计完成投资约2 100万元。文昌清澜一级渔港项目概算总投资4 358万元,完成动工准备工作。二是现代渔业项目建设有新的发展。续建和新建5个现代渔业基地:文昌潭牛万亩罗非鱼健康养殖基地、临高深水抗风浪网箱养殖基地、海口三江湾万亩罗非鱼健康养殖基地、儋州罗非鱼健康养殖基地、定安罗非鱼健康养殖基地。三是新建两个水产原(良)种场建设项目:2010年农业部批准建设海南文昌市鲍鱼良种场和陵水县金鲳鱼良种场建设项目,9月份均已完成设计审批工作,项目建设全面启动。

(3)海洋捕捞。按照"压小船造大船闯深海"的发展路子,控制和压缩近海捕捞,发展壮大外海、远洋渔业生产。限制对资源造成破坏的作业方式,发展资源节约型作业方式。采取财政补助、贴息、群众合股等形式,发动渔民"造大船,闯深海",采取"公司+渔民"或捕捞渔民合作社等组织化程度较高的形式,组织渔船开发西中南沙等海洋捕捞。2010年安排造船补助资金280万元,扶持渔民建造大中型渔船28艘;组织三亚江海远洋渔业有限公司与马来西亚国家渔业财团开展民间远洋合作,继续扶持前两年派出的4艘渔船在吉兰丹州、关丹州一带海域从事远洋捕捞作业。

(4)水产养殖。全省共有养殖面积54 207公顷,水产养殖产量50.3万吨,同比增长12.3%。全省水产养殖产值43.78亿元,其中海水养殖产值27.78亿元,淡水养殖产值16亿元,分别同比增长4.8%和7.5%。主要做法:第一,推进水产养殖业向规模化、集约化、标准化发展。继续扶持罗非鱼精养和深水抗风浪网箱养殖,全省罗非鱼精养面积达10 000公顷,全省投放深水网箱1 476口,比2009年底新增400口。临高已成为全国最大的深水网箱养殖基地。全省开发水库精养面积2 467公顷,产量2.9万吨,产值3亿元,产值比粗放型的水库养殖增加了6倍以上。策划全省池塘标准化改造工程,编制了全省池塘标准化改造实施方案,向省政府申请专项资金4.35亿元,计划用5年时间,完成全省16 667公顷低产旧池塘标准化改造。积极推行健康养殖,全省通过农业部第一批验收的健康养殖示范场17家。第二,水产养殖业持续较快发展。一是罗非鱼养殖占据全省水产养殖的半壁江山。全省罗非鱼养殖产量26.7万吨,罗非鱼产量占全省养殖产量的52%。二是对虾养殖情况良好,产量9.5万吨。三是石斑鱼养殖异军突起,产量已占海水鱼类养殖产量的60%,成为海水养殖的新亮点。四是新品种、新模式有所突破。异枝麒麟菜养殖、文昌的花鳗养殖、琼海的巴沙鱼养殖等新品种成为各市(县)养殖业的亮点。临高的海参育苗和养殖也有所突破。

(5)水产品加工与流通。全省拥有水产品加工出口企业34家,全部通过HACCP验证,其中18家企业还获欧盟注册,全省水产品加工出口企业年加工能力68万吨。2010年全省水产品出口量11.3万吨、出口额4.033亿美元,分别较上年增长2.1%和12.6%。出口的国家和地区从2006年的31个,发展到2010年的63个。在遭受特大洪灾冲击下,海南水产品出口逆势增长,位居本省地产品出口第一位。主要做法:建立了国内主要水产品博览会平台7个;国际主要水产品博览会平台5个。大力开发国内外市场,先后组织企业参加美国波士顿国际水产品博览会、大连国际渔博会,获得出口订单320多份,总量4万吨,金额2亿美元。举办海南优质水产品北京市场推介活动、2010年海南—环渤海经贸活动和泛珠大会等渔业交流和贸易活动,扩大了海南水产品在国内市场的占有率。

(6)水产品质量安全。2010年,农业部对海南省15个市(县)进行2次产地水产品质量安全监督抽查,共抽取对虾、罗非鱼和鲷科鱼类样品200个,检测合格率达100%;2次供沪水产品抽样,抽取35个水产品样品,合格率为100%;7次抽查抽取水产品样品425个,送农业部指定的质量检验中心检测,检测结果合格率97.5%。主要做法:一是推进无公害水产品产地认定和产品认证一体化和渔业标准化工作。2010年全省有6家企业的10个水产品获得无公害产品认证,认证面积67公顷;建立了国家级和省级渔业标准化示范区2个,制订了4项省级与地市级渔业标准。二是开展水产品质量安全培训和宣传。印制了《水产品质量安全手册》12 000本、《禁用药物清单》14 000份,下发全省各地渔业主管部门与养殖基地组织宣传培训。三是加强水产品质量安全监管。省海洋与渔业厅每季度、各市(县)每月、每乡镇每周开展经常性的水产品质量安全监查,促进了水产品质量安全工作常态化。

(7)增殖渔业资源。一是抓好伏季休渔管理。从5月16日至8月1日,全省9 896艘应休渔船按时进港休渔两个半月。派出执法船(艇)332艘(次),执法人员2 945人(次),在港口陆上、水域和出海通道构筑三道防线层层把关,实现了"船进港、网封存,人上岸,证集中"的休渔管理目标。二是广泛开展渔业增殖放流。2010年6月,在海口市、临高县、东方市、陵水县、琼海市、儋州市、琼中县举行渔业资源增殖放流活动。安排渔业资源增殖放流项目资金650万元,共投放斑节对虾苗、紫红笛鲷苗、红鳍笛鲷苗、卵形鲳鲹苗、草鱼苗、鳙鱼苗、鲢鱼苗、鲮鱼苗、白蝶贝苗等9个品种的经济鱼类、虾类和贝类苗种10 313.2万尾,是本省近十年来渔业资源增殖放流投放苗种数量最多的一年。三是加强水生野生动物保护。全省渔业执法部门共组织水生野生动物保护执法检查238次,发放各类宣传资料和水生野生动物挂图4 000多份。2010年6月,在琼海市潭门镇联合举行"珍爱海龟、保护海洋"为主题的南沙海域保护海龟专项执法行动,共查没并放生海龟110多只。开展珍稀濒危水生野生物种的救护工作。在三亚、东方、万宁、海口市近海成功救护搁浅的宽吻海豚3头、鲸鱼2头,在琼海市、临高县等附近海域成功救助15只海龟。

(8)护渔执法。一是加大维权护渔力度。把打击北部湾抢劫和西沙的维权护渔作为专属经济区巡航的重点。渔政巡航11个航次,总航程5 902海里,驱赶外国渔船22艘,抓扣外国渔船5艘,维护了正常的渔业生产秩序和海洋权益。中国渔政46013船获得了农业部渔政指挥中心、农业部南海区渔政局授予的"西沙卫士"称号。二是加强渔政执法检查。对重点地区、重点海域采取渔业监察总队与市(县)渔政力量联合执法,全省开展港口行动455次,检查渔船22 968艘,责令整改2 927项。组织海上专项行动145次,出动执法渔政船224艘(次)。查处违规使用禁用渔具的渔船79艘,没收渔获物3 550千克,没收渔具49片。三是开展涉外渔业安全培训。开展对南沙、北部湾渔民进行涉外渔业安全生产知识、渔业法律法规等培训,全省共培训四等和三等职务船员910人,涉外渔民培训1 300人。

(9)防灾抗灾。2010年全省渔业发生安全生产事故12起,渔民死亡12人。渔业安全形势总体较好。一是加快构建海洋与渔业公共安全支撑体系。编制了《海南省海洋观测网建设发展总体规划(2011—2020年)》,投入500万元建设了涵盖气象及海洋基础资料实时接收、风暴潮及海浪数值预报、会商的省级风暴潮、海浪灾害应急管理技术支持系统。二是增强渔业安全保障能力。投入350万元为渔船配备3 500个救生筏;启动"海南省海洋渔业安全生产北斗卫星导航通信系统工程"项目,从2010年开始,用3年时间为本省6 000艘大中型海洋捕捞渔船安装北斗卫星导航终端,提高渔民出海安全保障。三是落实安全生产责任制。推行市(县)渔业部门与乡镇、村(居)委会、船东船长签订《安全生产责任状》,把渔业安全监管工作目标、任务、职责层层分解,形成一级抓一级,层层抓落实,做到"千斤重担众人挑,人人身上有指标"。四是广泛开展海洋防灾减灾与渔业安全生产培训和宣传,举办9期渔船救生筏自救互救、渔船渔排消防、海上救助培训和演练,参加培训渔民1 000多人,观摩群众上万人。全省召开各类渔业安全生产座谈会25次,举办各类安全培训班92期。五是开展安全隐患排查治理执法行动。重点对渔船通信、救生、消防等安全设备,以及职务船员配备情况、编队跟帮生产情况进行排查治理。全省各级渔业部门开展渔业安全生产执法行动46次,共检查渔船2 658艘,查出隐患261项,现场整改197项,到期整改64项。六是加强海上救助工作。全年渔业海上救助52起,调派渔业执法船(艇)62艘(次),组织渔船参与自救互救35起,参与渔船103艘(次),成功救助渔民500多人,挽回经济损失2 000余万元。七是抓好渔业互助保险工作。全年保费收入2 198.32万元,首次突破2 000万元。其中渔民海上人身意外伤害保险111 962人(份),保费收入1 119.18万元;5 787艘渔船参加渔船保险,保费收入1 079.14万元;理赔渔船51艘,理赔渔民人身意外保险、附加医疗108人,共计赔付789万元。有效提高了渔船安全风险保障,促进了渔区和谐稳定。

2010年10月,海南省遭遇了有气象记录以来的最大的洪涝灾害,全省海洋与渔业系统采取多项措施救灾。一是发动多方力量,全力开展抢险救灾。迅速启动海上救助联动机制,省海洋渔业厅、省海上搜救中心、南海救助局、边防等部门快速组织海上救助,迅速转移渔船渔民避险,组织渔民开展自救互救行动,把损失降到最低程度。二是帮助渔民解决恢复生产资金。省政府安排灾后渔业救助资金7 100万元用于水产苗种生产、养殖、捕捞和加工等急需项目,省海洋与渔业厅安排100万元用于灾后渔业生产技术指导、打捞沉没渔船和港池疏浚等项目。三是全面修复受损的渔业生产设施。四是加强技术指导和服务,确保灾后生产科学有序开展。五是加快水产苗种生产。组织有育苗能力的种苗场加快苗种生产,组织受灾较重的苗种场开展自救,发动未受灾的良种场全力支持受灾地区的苗种供给。同时从广东、广西等地调入亲鱼和苗种,缓解了灾区的苗种供应难题。

(10)存在的主要问题。一是海洋捕捞业的发展需求与国家现行船网工具总量控制制度存在矛盾,导致本省渔船数据库无法正常运行,渔船管理难以有序开展,压小船造大船开发外海捕捞受到制约。二是小型渔船安全生产监管难。全省机动捕捞渔船2.6万艘、总功率107.1万千瓦,44千瓦以下的占85%,船型小，设备简陋，适航条件差，作业区域分布广，流动性大，安全生产监管难。三是渔业安全生产形势严峻，渔民安全生产意识不够强，渔船作业海域广阔，救助难度大。

【重点渔业市（县）基本情况】

海南省重点渔业市（县）基本情况

市（县）	总人口（万人）	渔业总产值（万元）	水产品总产量（吨）	其中			养殖面积（公顷）	
				海洋捕捞	海水养殖	内陆捕捞	海水	内陆
临高县	71 724	402 773	368 434	329 708	32 032	844	1 348	1 306
儋州市	119 368	402 428	337 302	264 272	40 177	3 955	2 324	4 462
文昌市	45 293	248 064	165 500	27 998	24 547	785	3 004	7 409
陵水县	25 373	84 628	84 800	73 015	8 521	9	450	588
琼海市	20 460	118 039	75 755	38 389	5 953	2 374	772	2 971

【大事记】

[1]1月，省水产研究所“宽额鲈人工育苗技术研究与推广示范”项目获2009年国家海洋成果创新奖。

[2]3月，三亚市“深水抗风浪网箱养鱼技术推广与示范”项目获海南省科学技术一等奖。

[3]3月14—16日，海南省海洋与渔业厅组织全省12家水产品加工企业代表60多人，带着海南水产品在美国波斯顿参加国际水产品展销会。

[4]4月1日，中国渔政南沙巡航护渔联合编队在三亚起航。农业部渔业局局长李健华出席起航仪式并发表重要讲话。南海区渔政局、东海区渔政局，广东、广西、海南海洋与渔业主管部门代表以及新闻媒体200多人参加起航仪式。这次南沙巡航护渔联合行动由农业部统一部署，中国渔政指挥中心统一调度南海区渔政局“中国渔政311”船和东海区渔政局“中国渔政202”船组成跨海区渔政船编队，于4月1—30日赴南沙联合执行巡航护渔任务。

[5]4月16日，海南省海洋与渔业厅承办的海南省首届“农垦杯”农村实用人才实用技能竞赛以及罗非鱼开片技能决赛在海口泉溢食品有限公司举行。

[6]6月22日，海南省海洋与渔业厅与交通运输部南海救助局在广州签署《海上搜救应急联动合作协议》。

[7]7月15日17时，受台风“康森”影响，海南近海海域、南海及北部湾海域不同海区将出现大浪到狂浪灾害，海南省海洋预报台发布南海海浪Ⅱ级警报（橙色）和风暴潮Ⅲ级警报（黄色）。这是海南省首次启动海浪灾害Ⅱ级（橙色）和风暴潮灾害Ⅲ级（黄色）应急响应。

[8]11月2—4日，海南省18家水产品加工企业参展大连国际渔业博览会。省海洋与渔业厅在大连组织海南优质水产品购买指导会，美国、巴西等30多个国家和地区的客商现场签订58份订单。

[9]11月10日，海南省海洋与渔业厅与海南北斗星通公司在海南迎宾馆举行“海南省海洋渔业安全生产北斗卫星导航通信系统工程”项目合同签约仪式。计划用3年时间为本省6 000艘大中型海洋捕捞渔船安装北斗卫星导航终端。

[10]12月22日，省水产研究所高级工程师陈积明等7名科研人员、2名潜水员从琼海潭门港起航，前往西沙中沙进行为期8天的渔业底播增殖和渔业资源调查活动。底播增殖将在中沙实验区投放鱼类苗种约3万尾、贝类苗种5万粒、藻类苗种10万株。

（*海南省海洋与渔业厅　邓韶勇*）

重庆市渔业

【概况】

1. 主要指标完成情况　2010年全市水产品总产量完成22.4万吨，同比增长9.8%，渔业经济总产值45.6亿元，同比增长13.2%，渔业经济发展明显提速。渔民人均纯收入6 461元，高出全市农民人均纯收入24.3%，同比增幅16.2%，渔业比较效益优势凸显。

2. 主要工作及成就

(1)突出重点，“双保”计划实施顺利。狠抓商品鱼基地建设，实施了“5+3”计划，即在5个区（县）启动建设了一批相对集中成片、面积分别达到66.7公顷的商品鱼养殖基地,在3个区(县)开展了大面积创高产示范区建设项目,组织西南大学、市水产技术推广站、市水产科学研究所分别与项目区(县)合作共建了3个高产示范样板区。全市池塘养殖面积新增3 200公顷,增产2.9万吨。深入推进"稻鳅双千"工程,建设了2 000公顷稻鳅示范养殖基地和5个泥鳅苗种繁殖基地。探索出了稻田养殖小龙虾、蟹等特色小水产品的养殖模式。"保供给,保增收"的"双保"计划实施顺利。

(2)开拓创新,生态渔场建设全面启动。与中国水产科学研究院长江水产研究所合作完成了《重庆市三峡库区天然生态渔场建设规划》并先后通过了国家级专家组评审和市政府审批。推动市政府出台了《关于加快推进三峡库区天然生态渔场建设的意见》,确定了三峡库区天然生态渔场建设的"54321"发展思路。重庆市政府举办了三峡库区天然生态渔场建设启动仪式。三峡库区天然生态渔场建设引起了社会各界的广泛关注。首批8个配套良种场建设项目已经开始实施。三峡工程的生态和增收功能开始被发掘和拓展。

(3)深挖潜力,夯实现代渔业产业基础。推行渔业产业规模化。2公顷以上的规模化池塘养殖面积新增1 466.7公顷,达到12 666.7公顷。推行健康养殖方式和实施科技示范项目。新创建了2个部级健康养殖示范场,面积1 333公顷,推广高效健康养殖技术面积1万余公顷,实施名特优水产品养殖13 333公顷。开展鱼菜共生试验,平均1/15公顷增收1 000元以上。引导养殖业主积极申报"三品一标"认证。新增无公害水产品产地认定2 600公顷,新增无公害产品认证20个,申报了2个地理标志认证。

(4)发挥优势,特色渔业发展势头强劲。引导"两翼"地区农户发展特色经济性鱼类流水养殖和珍稀濒危水生生物驯养繁殖,扶持主城近郊农户发展以观赏鱼养殖为依托的都市休闲渔业。"两翼"地区特色经济鱼类亲本保有量达2万千克,苗种繁育量突破2亿尾。全市开展大鲵驯养繁殖的业主新增30家,投资规模上千万的业主达4家。主城郊区观赏鱼年产销量达到了5 000万尾,同比增长25%,休闲渔业水面占养殖总水面比重达到40%以上。

(5)多措并举,资源养护能力显著增强。完成了保护区基本建设工作,组织对7个涉渔工程项目进行了渔业资源影响环评。长江上游鱼类保护区调整方案获得了国家环评委员会专家的全票通过,探索出了在发展中保护渔业资源的新模式。放流水生生物苗种6 000万尾。禁渔期间,行政处罚65人(次),罚款9.38万元,移交公安机关处理2起,基本实现了"船入港,网入库,江中无渔船,市场无河鱼"的禁渔目标。启动了全市大鲵驯养繁殖情况调研工作。

(6)综合治理,渔业生产安全形势稳定。狠抓责任落实、基础工作、教育培训、安全督促和隐患整改等,实现了市政府下达的安全生产管理目标,受到了市政府领导的表扬和农业部渔政指挥中心的表彰。2010年,对全市范围内的"三无渔船"、"四无船员"进行了清理整顿。累计组织安全生产督察行动6次,覆盖30多个区(县),检查渔船3 858艘(次)。重庆市渔民意外伤害保险工作正式纳入了中国渔业互保协会体系。全市已有5 462人办理了入会手续。

(7)努力争取强渔惠渔政策支持。重庆市政府继2009年出台加快渔业发展的政策后,2010年又出台了加快重庆市三峡库区天然生态渔场建设的政策。重庆市已安排给渔业发展的财政资金达到了5 400万元,同比增加4 400万元。未来10年,重庆市安排给三峡库区天然生态渔场建设的资金累计将达到15亿元。市政府同意把三峡库区天然生态渔场建设纳入"两翼"农户"万元增收工程"各项优惠扶持政策适用范围。部分区(县)也出台了加快本地渔业发展的优惠政策。涪陵区、垫江县、云阳县等对业主按照不同生产方式给予每1/15公顷100～1 000元不等的补助,每年渔业投入又将增加约1 000万元。

(8)讲求科学,行业管理方式快速转变。建立和完善了水面普查、成品油补助、水产品产地质量抽检对象3个数据库和中国渔政指挥系统3个功能模块。组织召开了全市养殖证制度建设工作会,贯彻落实了《水域滩涂养殖发证登记管理办法》。2010年,全市新出台水域滩涂规划的区(县)12个,新办养殖证1 615本,涉及水面3 733.3公顷,养殖者的权益有了新保障。

3. 主要问题 一是渔业基础条件依然落后。尤其是池塘老化问题较为突出。二是渔业从业人员总体能力偏低。渔业从业者文化水平和业务技能偏低,渔业公益服务机构队伍建设滞后是制约渔业快速健康发展的重要因素。三是渔业抗风险能力依然薄弱。2010年发生的多起暴雨、雷电、大风天气导致渔业受灾严重,水产品产量损失3万吨,经济损失3.85亿元。

【重点渔业市(县)基本情况】

重庆市重点渔业区(县)基本情况

区(县)	总人口(万人)	渔业总产值(万元)	总产量(吨)	其中		养殖面积(公顷)
				内陆捕捞	内陆养殖	
永川区	110.34	54 867.4	19 793	95	19 698	4 905
合川区	154.27	28 036.91	17 485	400	17 085	2 601
长寿区	90.1	23 366.19	15 914	363	15 551	11 975
涪陵区	114.51	25 922.15	12 853	1 243	11 610	2 697
万州区	172.82	32 240.76	13 845	340	13 505	4 592
江津区	149.16	21 548.38	12 565	893	11 672	4 005
巴南区	87.5	23 495.98	10 742	566	10 176	2 415
璧山县	62.52	15 536.42	9 389	98	9 291	1 863
铜梁县	82.73	17 722.03	9 360	984	9 360	2 905
开　县	161.57	13 433.69	9 151	505	8 646	4 776

【大事记】

[1]1 月 10 日,重庆市农委印发了《重庆市农业委员会关于加强 2010 年禁渔管理工作的通知》(渝农发〔2010〕21 号)。对天然水域禁渔工作作了明确的规定,这标志着 2010 年春季禁渔工作全面启动。

[2]1 月 24 日,全国水产技术推广工作会议在重庆市召开。农业部渔业局副局长陈毅德到会并讲话,重庆市农委主任夏祖相出席会议并致辞。

[3]4 月 12 日,中国渔政指挥中心副主任居礼一行到永川区检查指导渔政及禁渔期工作。

[4]4 月 22 日,重庆市农业委员会召开全市渔业工作会。市委农工委书记张季出席会议并讲话,市农委副主任吴纯作主题报告。

[5]4 月 22 日,重庆市农委、重庆市江北区人民政府联合举办 2010 年重庆市水生生物增殖放流活动启动仪式,拉开了重庆市 2010 年水生生物增殖放流的序幕。启动仪式上放流水生生物 920 万尾。

[6]5 月 6 日,6 月 18 日,7 月 4 日,7 月 8 日,7 月 16 日重庆市先后出现 5 次暴雨、大风、雷电等灾害性天气。涪陵、潼南、垫江等 22 个区(县)渔业受灾严重。因灾损失水产品 3 万吨,受灾面积 21 500 多公顷,经济损失 3.85 亿元。

[7]6 月 30 日,重庆市农委组织编制的《重庆市三峡库区天然生态渔场建设规划》通过了由中科院院士曹文宣、袁道先等 9 位专家组成的评审组的评审。

[8]7 月 2 日,重庆市农委组织召开了全市渔业水面普查工作会。

[9]8 月 9 日,重庆市政府第 78 次常务会议审议通过了《关于加快推进三峡库区天然生态渔场建设的意见》。

[10]8 月 26 日,重庆市政府印发了《重庆市人民政府关于加快推进三峡库区天然生态渔场建设的意见》(渝府发〔2010〕85 号)。决定采取有力措施,加快推进三峡库区天然生态渔场建设。

[11]8 月 26—27 日,重庆南方大口鲶原种场通过国家级原种场复查。

[12]10 月 22—24 日,全国渔业污染事故调查鉴定上岗资格培训班在重庆举办。来自贵州、河北、四川、湖北及重庆等地的渔政、技术推广部门的 230 多名学员参加了培训。

[13]10 月 29—30 日,南方渔业学术论坛第二十六次学术交流大会在重庆隆重举行。来自江苏、安徽、湖北、四川、湖南、云南、福建、江西、广东以及重庆的近 260 名专家、学者及渔业科技工作者参加了会议。

[14]11 月 9 日,西南大学对重庆市三峡库区增殖放流鱼类进行挂牌标记,并对放流水生生物进行了组织采样,用于建立放流物种微卫星 DNA 指纹档案。

[15]11 月 11 日,重庆市三峡库区天然生态渔场建设启动仪式在涪陵、合川、江津、长寿、忠县、开县、彭水等 7 区(县)同步举行。重庆市市长黄奇帆出席了主会场涪陵区的启动仪式并讲话。启动仪式上人工放流水生生物 400 万尾。

[16]12 月 9—10 日,重庆市农委组织召开了全市养殖证制度建设工作会。全市 40 个区(县)渔业行政

主管部门分管领导，负责水域滩涂养殖证发放登记工作的部门负责人，具体经办人员共140人参加了会议。市农委副主任吴纯出席会议并讲话。

[17]12月10日，重庆市农业委员会组织召开了渔业成品油补助工作座谈会。全市40个区（县）渔业行政主管部门分管领导参加会议，重庆市财政局有关负责人出席会议。

[18]12月14—15日，重庆市农委副主任吴纯带队赴中国三峡集团公司对接推进三峡库区天然生态渔场建设有关工作。

（重庆市农业委员会渔业发展处　程　渝　妙晓东）

四川省渔业

【概况】 2010年，全省水产系统坚持以推进现代渔业建设为主攻方向，以确保水产品安全有效供给和农（渔）民持续稳定增收为主要任务，着力推进灾后恢复重建，加快水产改革与发展，全面落实各项工作措施，促进了水产经济平稳较快发展。全省水产品总产量稳步增长，达到105.06万吨，比上年增产4.93万吨，增长4.92%。全省人均水产品占有量达到12.83千克，比上年增加0.53千克，增长4.3%。全省渔业经济平稳较快发展，总产值达到215.79亿元，比上年增加14.59亿元，增长7.25%。全省农民人均渔业收入321.88元，比上年增长7.25%，人均增收21.77元。全省渔民人均纯收入7 321.69元，比上年增加390.25元，增长5.63%。

1. 水产养殖

（1）水产养殖面积稳步增加。2010年，全省水产养殖面积达到18.32万公顷（不含稻田养鱼面积），比2009年增加0.42万公顷，增长2.34%。稻田养殖面积31.44万公顷，与2009年持平。

（2）各类水产养殖产量继续保持增长态势。全省水产养殖产量达到99.26万吨，比2009年增产4.9万吨，增长5.19%，占总产量的94.48%。其他养殖产量达到0.84万吨，比2009年增加0.08万吨，增长10.66%，占养殖产量的0.85%。

（3）传统常规养殖品种（青鱼、草鱼、鲢鳙和鲤鱼）产量持续增长，占总产量的比重略有上升，名优鱼养殖和特色渔业平稳发展，比重略有下降。2010年常规品种产量75.5万吨，比上年增加4.52万吨，增长6.36%，占总产量比重71.86%，比上年增长0.97个百分点；名特优水产品产量29.56万吨，比上年增加0.41万吨，增长1.41%，占总产量比重达到28.14%。

（4）苗种生产能力稳步增强。全省生产水花鱼苗159.32亿尾，比上年增产13.62亿尾，增长9.35%。

2. 水产科技 科技兴渔取得新成绩，科技对水产经济发展的贡献率持续提升。2010年，水产养殖平均单产每公顷达到4 222千克，比上年增加74.56千克，增长1.80%。稻田养鱼平均每公顷单产达到671千克，比上年提高54千克，增长8.75%。

3. 水产品质量安全 深入宣传贯彻《食品安全法》，切实加强水产品质量安全监管工作。一是认真组织开展水产品药物残留监测监管工作。配合农业部水产品质量监督检验测试中心在成都、内江、资阳、眉山、乐山5个市的水产批发市场、农贸市场、超市开展水产品药物残留抽检，产地抽检合格率达到95%以上。二是发布并实施了23项水产地方标准，创建了国家级水产养殖标准化示范县5个。三是大力推进无公害水产品生产基地建设和无公害水产品认证，全省无公害水产品生产基地达到200个、面积6万多公顷，无公害水产品达到622个。

4. 水产产业化 推进水产产业化经营取得新成绩。2010年，全省水产龙头企业达到267个。其中，国家级2个，省级4个，市（州）级45个，县（区）级216个。各类专业合作经济组织达到413个，其中省级示范组织达到27个。

5. 新农村水产示范村 新农村水产示范村建设快速推进。按照省委、省政府成片推进新农村建设的决策部署，全省水产系统积极行动，找准水产发展与新农村建设成片推进的结合点，全力开展新农村水产示范片建设。通过抓点示范，突出优势特色，整合资金项目，整体推进，成片发展，取得了明显成效，涌现出一大批以水产业为支撑产业的新农村建设成片推进典型。全省新农村水产示范村达到521个，示范片面积1万多公顷，涉及农户10万户，辐射带动面积5万公顷，带动农户44万户。示范村人均渔业产值达到4 000元，农民人均从渔业获得的收入占到了总收入的40%。

6. 渔业资源保护 一是切实落实春季禁渔期制度。禁渔期间，全省各级政府发布文件通告134个、召开会议191次、领导参加禁渔活动287次、拨付专项管理费121.32万元；组织电视报道547次、电台报道459次、报刊宣传241篇、发放宣传资料31万余份、张贴标语6 017幅、出动车（船）宣传3 659次；组织统一检查行动1 873次，参加执法人员1.56万人（次），查获违禁捕捞作业渔船585艘，取缔迷魂阵网1.17万米。查处电鱼器425台，查处炸渔案件1起，查处毒鱼案件64起，没收违法渔获物4 568千克，查处违法销售渔获物3 127千克，没收"三无"船只60

艘,行政处罚557人,罚款31.11万元;向渔民支付低保和生活补助费220.91万元,享受低保人数523人,享受生活补助人数428人。二是大力开展鱼类人工增殖放流活动。全省共向天然水域投放鱼苗1.36亿尾、鱼种2.4万千克,投入资金2 458万元。三是狠抓水下工程涉渔影响补救工作。共有18个水电工程项目签订了涉渔影响补救措施协议,落实补救资金4 000余万元。四是加强鱼类自然保护区建设。已建立2个国家级、3个省级、2个市(州)级、2个县级鱼类自然保护区和14个国家级、7个省级水产种质资源保护区。

7. 地震灾后重建 基本完成渔业灾后恢复重建任务。汶川特大地震渔业灾后恢复重建纳入国家规划项目,完工率达到99%,完成重建投资7.22亿元(其中,中央资金1.5亿元)。实现了三年任务两年基本完成。

【重点渔业市(县)基本情况】

四川省重点渔业市(县、区)基本情况

市(县、区)	总人口(万人)	渔业总产值(万元)	水产品总产量(吨)	其中		养殖面积(公顷)
				捕捞产量	养殖产量	
仁寿县	158.4	80 783.00	27 750	24	27 726	6 923
东坡区	85.5	140 713.00	23 670	127	23 543	2 674
泸　县	107.7	29 562.00	23 440	572	22 868	2 756
武胜县	85.2	25 078.00	14 662	525	14 137	2 881
安岳县	159.5	21 248.00	19 213	1 341	17 872	3 898
双流县	96.6	137 950.00	19 000	100	18 900	2 020
简阳市	145.7	23 626.00	17 930	1 044	16 886	4 449
资中县	131.3	35 530.00	17 373	985	16 388	2 814
巴州区	136.7	190 350.00	17 200	1 065	16 135	3 300
三台县	147.8	33 591.00	16 817	440	16 377	4 298

【大事记】

[1]1月21日,全省天然水域春季禁渔动员会议在成都召开。省水利厅副厅长刘俊舫出席会议,并对做好春季禁渔工作提出了具体要求。会议由省水产局局长卿足平主持。

[2]2月1日,省水利厅副厅长刘俊舫,省水产局局长卿足平,省水产局党委书记、副局长陈方元分别带队检查了成都、德阳两市的春季禁渔工作。

[3]2月27日,四川省委常委、副省长钟勉对全省水产工作作出重要批示:要加快转变水产业发展方式,优化水产品区域布局,突出发展优势水产品,大力建设规模化标准化水产基地,着力创新带动农民持续增收的利益联结机制,不断提升产业化经营水平。

[4]2月27日,全省水产工作会议在成都召开。省水利厅党组书记、厅长冷刚出席会议并作重要讲话。省水利厅党组成员、副厅长刘俊舫主持会议,省水产局局长卿足平作工作报告。

[5]3月15—17日,省水产局局长卿足平、副局长何强一行到达州、大竹、广安、南充等地水产基地,调研水产渔政工作。

[6]3月23日,全省水产工作座谈会在成都召开,分析研究渔业生产形势,听取推进参照《公务员法》管理改革工作情况,部署下一阶段工作。省水利厅副厅长刘俊舫出席座谈会,省水产局局长卿足平主持会议。

[7]3月29—30日,农业部渔业局在成都召开全国水产品批发市场信息员培训会。全国28个省(自治区、直辖市)的80家水产品批发市场信息定点采集单位派员参会。

[8]3月29—30日,省水产局联合自贡市水务局,在大安区团结镇土柱村开展了放心渔用物资下乡进村宣传周活动。

[9]3月29—31日,省水利厅副厅长刘俊舫、省水产局局长卿足平、副局长何强和省渔政船检港监处、水产技术推广总站负责人一行,考察了陕西省汉中市的大鲵资源保护与开发情况。

[10]4月7—8日,农业部副部长牛盾、农业部渔

业局局长李健华来川调研水产工作。

[11]4月8—10日，农业部东海区渔政局局长、长江渔业资源管理委员会副主任李富荣，长江渔业资源管理委员会办公室主任赵依民等对南充、广安两市禁渔工作进行了检查。

[12]4月27日，省水利厅副厅长刘俊舫深入到什邡市、绵竹市水产养殖基地实地考察，调研渔业灾后恢复重建情况。

[13]5月6—7日，省水利厅副厅长刘俊舫深入到眉山市长吻鮠良种场、东坡区名优水产种苗基地、青神县沙溪河流域水产标准化健康养殖示范区进行了实地调研。

[14]5月13—14日，省水利厅副厅长刘俊舫到乐山市犍为县、市中区调研水产工作。

[15]5月26日，省水产局局长卿足平带领局办公室、生产处、科教处、省水产技术推广总站负责人到通威水产科技园调研，与通威集团和通威水产科技园区负责人、水产专家进行了座谈，对水产科技工作提出了明确要求。

[16]6月3—5日，农业部派出专家组对农业部渔业环境及水产品质量监督检验测试中心（成都）进行扩项考核评审。考核结果全部合格。

[17]6月6—7日，农业部长江渔业资源管理委员会、四川省水产局及四川省珍稀鱼类国家级自然保护区管理局宜宾管理处、泸州管理处，在宜宾、泸州长江水域共同举办了世博会水生生物养护增殖放流活动。此次活动共放流国家一级保护水生野生动物达氏鲟500尾、国家二级保护水生野生动物胭脂鱼4万尾、省重点保护水生野生动物岩原鲤5万尾、长江特有鱼类长薄鳅4 000尾、中华倒刺鲃8万尾。

[18]6月14日，省水产局召开渔业灾后恢复重建工作座谈会，了解各重灾地区渔业恢复重建工作进展情况，并就加快重建工作进行安排部署。

[19]7月9日，全省水产工作座谈会在成都召开。省水利厅副厅长刘俊舫出席会议并讲话，省水产局局长卿足平总结了上半年水产工作并就下半年工作进行了部署。省水产局副局长何强主持会议。

[20]7月17—18日，四川省达州、巴中、广安、南充等市遭受暴雨袭击，引发洪涝灾害，渔业遭受损失。

[21]7月18日，全省水生野生动物保护“科普宣传月”活动启动仪式在成都海洋馆举行。省政府副秘书长赵学谦出席启动仪式并讲话，省水利厅副厅长刘俊舫主持启动仪式。

[22]7月26日，省水产局局长卿足平主持召开局机关中层以上干部会议，传达全国农业厅局长座谈会议精神。

[23]8月4日，省水利厅副厅长刘俊舫、纪检组组长徐亚莎一行到四川省长吻鮠原种场检查指导工作。

[24]8月10日，四川省委书记、省人大常委会主任刘奇葆在自贡市大安区团结镇土柱村观赏鱼繁育基地视察时指出：随着经济社会的不断发展和人民生活水平的不断提高，观赏鱼产业作为高效农业、观光农业、环保农业、文化农业的代表，是一个极具市场潜力的非常好的朝阳产业。

[25]8月10日，省水产局局长卿足平带省局有关部门负责人，深入到德阳市广汉、什邡、绵竹的渔场、渔业重建项目工地检查渔业灾后重建工作进展情况。

[26]8月11—12日，省水产局局长卿足平在广安市水务局副局长卢俊强、南充市水务局副局长蒋秀琼的陪同下，深入到武胜渔港、武胜双星乡龙岩村、蓬安县龙蚕镇卿家坝村水产示范村、高坪区东观镇五彩湖基地调研。

[27]8月25—26日，省水产局局长卿足平率副局长何强、总工漆乾余及有关部门负责人，到长宁县龙头镇竹洞村的长江上游珍稀特有鱼类自然保护区驯养救护中心项目建设现场，调研项目建设推进工作。

[28]9月6日，省水产局召开中层以上干部会议，传达学习四川省委书记刘奇葆、省长蒋巨峰在全省深入实施西部大开发战略工作会议上的重要讲话精神。

[29]9月6—13日，省水产局局长卿足平、副局长何强及有关部门负责人、四川农业大学相关专家到甘孜州雅江、理塘、稻城、乡城、得荣五县，对沿途的大渡河、雅砻江、金沙江流域的鱼类资源及保护工作开展了调研。

[30]10月15日，由省水产局主办、宜宾市人民政府和市水务局承办的四川省2010年长江珍稀特有鱼类增殖放流活动在宜宾“三江口”地标广场举行。此次活动共向长江投放达氏鲟6 300尾，胭脂鱼11万尾，岩原鲤5万尾。

[31]11月19日，四川省水产学会第八次会员代表大会在成都召开。会议审议通过了第七届理事会工作报告和财务报告，推举四川省水产学会第八届理事会名誉理事长，选举产生了理事长、副理事长、秘书长、常务理事、理事。

[32]11月18—19日，省水产局在成都召开了全省渔业互保工作动员及业务培训会议。

[33]11月23日，全省新农村建设水产发展经验

交流现场会在自贡市隆重召开。四川省委常委、副省长钟勉强调,水产业是大农业的重要组成部分,是推进新农村建设的重要支撑产业。要着力抓好五个方面的工作:一是进一步加快转变水产发展方式,二是进一步发展特色优势水产品,三是进一步促进水产产业化经营,四是进一步加强水产品质量安全工作,五是进一步加强水产科技推广工作。

[34]11月24—26日,四川省水产局在成都召开了全省渔业船舶证书换发工作会。全省各地水产渔政机构和船检机构负责人80余人参加了会议。

[35]10月25—27日,农业部渔政指挥中心副主任李彦亮等一行到宜宾、泸州检查了长江上游珍稀特有鱼类国家级自然保护区内涉水工程影响渔业资源情况和保护区生态补偿建设项目落实情况。

[36]12月14日,法国安盟保险公司中国区总经理在成都市水务局、彭州市水务局和当地政府有关部门的见证下,将17万余元的保险赔付金送到了彭州市水产养殖户肖平手上。这是成都将水产养殖纳入政策性特色农业保险试点以来发生并兑现的首例保险,也是四川首例水产养殖保险理赔。

[37]12月24日,省水产局召开会议,传达学习中央农村工作会议、全国农业工作会议和渔业工作会议精神,研究部署2011年工作。会议要求,把握发展机遇,坚定工作思路,突出工作重点,落实工作措施,确保"十二五"工作开好头、起好步,推动水产经济又好又快发展。

(四川省水产局 仁 青 郑华章)

贵州省渔业

【概况】 2010年,全省渔业系统按照中央和省委、省政府的要求,认真落实科学发展观,紧紧围绕建设现代渔业、提高渔业经济效益、增加农民收入等三个方面,突出重点、扎实工作,推动了全省渔业的持续发展。

1. 主要渔业经济数据 2011年,渔业生产持续发展。全省淡水养殖面积29 855公顷,水产品产量8.79万吨,分别比上年增长17.0%和9.5%;其中,养殖产量7.6万吨,捕捞产量1.2万吨。渔业产值12.3亿元,比上年增长11.8%。渔业经济规模稳步扩大,产业地位继续加强。

2. 产业发展的主要举措、成就及特点

(1)大鲵、冷水鱼等特色养殖发展迅猛,特色渔业效益明显。一是充分发挥资源优势,发展大鲵养殖。2010年,全省32个县(市、区)建成大鲵驯养繁殖基地超过110个,比2009年增加1倍,其中,养鲵量超过500尾的有44个,大鲵养殖面积达7.8万平方米,大鲵苗种繁殖基地5个,比2009年增长20%;全省大鲵产值近3亿元。二是大力发展冷水鱼养殖。2010年共生产鲟鱼苗5万~10万尾,产量120吨;冷水鱼产值约2 000万元。三是在贵阳、遵义建设观赏鱼养殖基地26.6公顷,年产观赏鱼500万尾,产值500多万元。

(2)积极推行生态健康养殖。一是在全省20个县(市)推广不投饵网箱养殖鲢鳙鱼,面积达130万平方米。二是调整养殖结构,改传统的常规品种向名特优品种方向发展,名特优品种养殖比例上升至1/3以上。三是开展水产健康养殖示范区创建工作,2010年,全省已有21个水产养殖场被评为农业部"水产健康养殖示范场"。

(3)行业管理的质量和水平不断提高。认真贯彻落实《渔业法》、《贵州省渔业条例》等法律法规,切实加强对渔业的管理。加强了养殖水域规划的编制,制定了水产苗种管理、养殖证制度、质量安全监管等制度,坚持寓服务于管理之中。清理规范渔业行政许可,坚持依法行政,不断强化渔业行政执法、资源环境监测保护、水生野生动物管理、禁渔期、渔船监管等管理措施。开展了乌江库区渔业污染事故调查处理工作。加强水产品质量安全监管。2010年,全省水产品产地药物残留抽检合格率达100%,水产品市场药物残留抽检合格率90%,比上年进一步提高。

(4)以项目为载体,加大渔业投入。2010年,在22个渔业企业实施大鲵养殖项目,在20个县实施大水面健康养殖项目,加快了渔业品种和技术更新,促进了增产增效;在22个县实施捕捞渔民转产转业等项目,有效地保护了渔业资源和生态环境;加强渔港建设、渔政船(艇)装备、水产原(良)种场及水生动物防疫体系等建设,改善了渔业服务的基础条件。2010年,共争取中央财政投入655万元,省级财政项目500万元,同比分别增加了1倍。对发展渔业生产、加强渔业管理、增加农民收入创造了有利条件。

3. 存在的主要问题

(1)上半年一些地方遭受严重干旱,给渔业生产造成影响,大水面养殖、稻田养鱼等因灾损失较大。

(2)渔业产业化程度还不高,综合生产能力不强。

(3)渔业资源及生态环境保护任务艰巨。一些地方局部水域过度开发,一些地方渔业水域污染较为严重。

【重点渔业市(县)基本情况】

贵州省重点渔业市(县)基本情况

市(县)	渔业总产值(万元)	水产品总产量(吨)	其中		养殖面积(公顷)
			捕捞产量	养殖产量	
兴义市	13 496	9 640	1 267	8 373	252
遵义县	11 580	8 272	365	7 907	1 788
安龙县	8 078	5 770	1 081	4 689	387
罗甸县	4 411	3 151	488	2 663	486
息烽县	4 202	3 001	22	2 979	1 391

【大事记】

[1]1月7日,中国渔政指挥中心副主任李彦亮到遵义县乌江库区指导工作。

[2]1月28—29日,全省渔业专业会议在贵阳召开。

[3]2010年3月,贵州乌江水电开发有限公司向省农委缴纳渔业资源补偿费150万元。2009年3月28日,该公司下属思林电站下闸蓄水导致乌江下游江段水位骤降,造成繁殖高峰期鱼类和其他水生生物搁浅,渔业资源遭到严重损失,省农委依法责成该公司对造成的渔业资源给予补偿。

[4]3月19日,铜仁地区行政公署以铜署发(2010)14号文印发了《铜仁地区行政公署关于加快梵净山大鲵特色产业发展的意见》。

[5]3月28日,毕节地委委员、行署副专员苑茱深入金沙县安底、后山两个乡镇的大鲵养殖场检查灾情,指导生产自救。

[6]6月14日,5月初开始乌江库区息烽、金沙、遵义三县辖区出现大规模死鱼现象,农业部长江中上游渔业生态环境监测中心派出专家组赴现场开展调查,认定黄磷中毒是导致该次大面积死鱼的直接因素。

[7]7月8—9日,全国集中研究内陆渔政执法艇有关工作座谈会在贵阳召开。中国渔政指挥中心副主任居里出席会议。

[8]8月23日,中国渔业互保协会在贵阳召开2010年全国渔业系统行政、执法及科研人员综合保障计划总结暨推广会。省农委总畜牧师龙鳌出席会议并致辞。

[9]10月12日,全省水域滩涂养殖证工作会议在贵阳召开。

(贵州省渔业局 王骥 杨湘菊)

云南省渔业

【概况】

1. 主要指标完成情况 2010年全省水产养殖面积达10.8万公顷(稻田养鱼面积不计入水产养殖面积),与上年持平。水产品总产量达48.2万吨,比上年增加5.2万吨,增幅12%。渔业经济总产值达82.9亿元,比上年增加14.7亿元,增幅22%。其中渔业产值56.2亿元,比上年增加8.8亿元,增幅19%。水产品加工3.6万吨,比上年增加0.6万吨,增幅12%。

2. 主要工作及成效

(1)积极争取政策与资金支持,营造渔业发展良好的外部环境。云南省政府批准《云南省渔业发展规划(2010—2020)》。省委书记白恩培在普洱调研时强调,全省"十二五"规划,也要把渔业的发展作为一个重点。省委、省政府高度重视渔业发展,为渔业发展营造了良好的政策环境。为全面总结"十一五"期间渔业发展情况,科学谋划"十二五"渔业发展,编制了《云南省渔业发展第十二个五年规划》,已形成初稿。全年共争取中央和省级资金2 700多万元投入渔业。其中中央资金1 528万元,主要是资源养护、县级水生动物病害防治站建设、渔用燃油补助等;省级资金1 200万元,主要是财政预算资金1 000万元和救灾资金200万元。发放渔业柴油补贴资金为136万元。

(2)积极引进水产品龙头加工企业,推进渔业产业化经营进程。云南新海丰食品有限公司在墨江、富宁县分别建设各6万吨的罗非鱼加工厂已开工建设,带动库区网箱养鱼发展。浙商集团投资兴建的西双版纳纳君纳水产有限公司已举行开工奠基典礼,厦门同安源水水产有限公司与双江县人民政府签署了罗非鱼产业一体化综合开发投资意向书。全年实现水产品加工出口13 600多吨,出口创汇2 240多万美元,其中罗非鱼10 000吨、1 500万美元,银鱼及小型鱼类3 600多吨、740万美元。

(3)加快推进渔业增长方式转变,努力提高渔业素质和效益。一是加强水产标准化养殖设施建设。省级财政资金安排780万元建设40个优质水产品基地县,建设16.6公顷库区网箱,标准化改造中低产池塘1 600公顷,建成9个水产苗种基地、3公顷冷流水池塘、300公顷稻鱼工程设施。二是推广电站库区网箱养鱼技术、池塘高产生态健康养殖技术、稻田养鱼示范工程技术等。三是做好以苗种生产许可证、养殖证和水产养殖记录为主要内容的水产品质量安全监管制度建设,从源头保证水产品质量安全。到2010年11月,全省已发放养殖证8 520本,覆盖养殖面积3.64万公顷,占全省养殖面积的63.4%,发放县数93个,占全省129个县的72%。经县(市)级政府批准的《养殖水域规划》有19个。四是继续开展水产品质量安全整治。开展了2次产地水产品质量监督抽查,合格率98%;4次大中城市水产品质量例行监测,合格率90%,较上年提高2个百分点。五是圆满完成节能减排任务。

(4)加强渔业资源养护和渔业水域环境保护,奠定渔业发展的基础。2010年,全省各级渔业行政主管部门加大增殖放流力度,积极筹措资金1 815.21万元,其中,中央财政转移支付增殖放流项目320万元、地方财政投入921.85万元、社会集资465.16万元,资源补偿108.2万元。全省共投放各类鱼苗6 685.39万尾,其中,淡水经济鱼类6 242.09万尾、珍稀濒危鱼类443.3万尾。种类除"四大家鱼"、鲤鱼、鲫鱼等经济鱼类外,还有珍稀濒危鱼类滇池金线鲃、大头鲤、细鳞鱼以及抗浪鱼、高背鲫、叉尾鲶、丝尾鳠、抗浪白鱼、云南倒刺鲃、抚仙四须鲃、等地方土著品种。

(5)加强渔政管理,构建平安和谐渔业。经过多年的努力,《云南省渔业条例》通过省政府常务会议审议,正在向省人大报批。组织开展"文明执法窗口单位"创建活动,下发了《云南省2010—2012年全国"渔业文明执法窗口单位"创建活动实施方案》,推荐滇池渔政处和澜沧县渔政大队参加评选,澜沧县渔政大队被评选为2010年全国"渔业文明执法窗口单位"。按照省政府法制办和农业厅法规处的要求,对渔业处负责行使的22项行政处罚进行了细化。组织开展渔业安全生产系列活动。按照国务院、省政府和农业部的部署,下发了《关于继续开展渔业"安全生产年"活动的通知》,并认真及时报送活动月报表。根据农业部、国家安全生产监督管理总局有关文件精神,协调省安全生产监督管理局联合下发了《关于开展"平安渔业示范县"创建活动的通知》。全省渔业生产继续保持平安和谐发展的良好局面,没有发生渔业安全生产事故。

3. 主要亮点 2010年,全省渔业部门在省委、省政府的领导下,战胜百年不遇的干旱灾害,取得渔业发展的好成绩,为"十一五"划上圆满的句号。主要亮点,一是各级党委、政府重视渔业发展,政策环境进一步优化。二是推进渔业产业化经营,发展外向型渔业有进展。2010年,全省水产品加工原料鱼达35 000多吨,出口量达到13 000多吨,创汇2 200多万美元。水产品加工量的大幅增加,水产品加工企业的入驻落户,拉动了水产养殖的快速发展。三是资源养护力度加大,社会认知感加强。

4. 存在的主要问题

(1)渔业的地位没有提到应有的高度。2008年以来,省委、省政府领导对渔业的重视程度越来越高,但稳定、有力、长效支撑渔业发展的机制体制并没有形成,云南省还没有出台过一个加快渔业发展的意见和配套的政策措施。相关部门也没有把渔业放到突出的位置给予支持,有利于渔业发展的政策支撑和体制机制没有实质性的突破。

(2)渔业投入严重不足的局面没有改变。长期以来,投资渠道单一,投入总量不足,全省各级财政每年用于渔业发展的投入不到2 000万元。

(3)水产养殖区域受到严重挤压。城镇化建设对水产养殖区域的征用、占用,使得传统水产养殖区域退出;生态建设使得渔业功能退出;水功能的重新确定和划分使得养殖区域减小,一些中小型水库、坝塘禁止从事水产养殖;由于水污染造成原有养殖区域不再适合水产养殖而退出。

(4)推动渔业发展的人才力量薄弱。从基层水产技术推广队伍来看,乡镇一级水产技术推广机构仅有90个,过去成立的26个重点县镇级水产站均合并成为综合农科站。从渔业从业人员来看,70%以上是初中以下文化程度。渔业专业合作经济组织建设落后,全省仅有52个与渔业有关的专业合作社,对渔业生产组织化程度的提高拉动作用十分有限。

(5)库区渔业开发难度较大。主要表现在两个方面,一是库区水面权属不明晰。使得当地渔业部门和企业不敢放手发动群众开展水产养殖,当地政府对办理养殖证也心有疑忌,群众的养殖权益难以有效保护。二是群众生产发展资金缺乏。电站淹没区多为贫困地区,群众缺乏足够的资金建设养殖设施、购买水产苗种、饲料,制约了水产养殖的快速发展,而原料供应不足,又影响到加工厂的建设和投产。

【重点渔业市(县)基本情况】

云南省重点渔业市(区、县)基本情况

市(区、县)	总人口(万人)	渔业总产值(亿元)	水产品总产量(吨)	其中		养殖面积(公顷)
				捕捞产量	养殖产量	
罗平县	54.7	52 492.00	26 000	2 681	23 319	3 667
景洪市	48.22	18 868.00	15 542	302	15 240	1 932
景谷县	31.08	16 909.07	15 004	313	14 691	1 655
富宁县	40.14	28 750.00	14 800	2 000	12 800	3 094
大理市	64.05	20 492.50	13 101	7 026	6 075	462
勐海县	33.42	14 148.00	12 600	223	12 377	1 117
石屏县	29.77	13 752	10 640	21	10 619	4 010
思茅区	25.89	11 849.60	10 256	74	10 182	2 714
麒麟区	70.1	16 881.50	10 249	59	10 190	1 898
宣威市	134.2	13 352.79	9 327	1 120	8 207	1 915

(云南省农业厅渔业处 鲍 宏)

西藏自治区渔业

【概况】 全区各级农牧部门克服渔业机构不健全、没有专职渔业管理人员等困难,坚持把渔业资源保护作为首要任务,积极开展增殖放流工作,在湖泊继续实施禁渔措施,加强水产种质资源保护区建设,不断推进渔业管理工作。全区水产品产量500吨,与上年持平,其中捕捞产量428吨,养殖产量72吨。渔业生产产值1 113.6万元。

1. 水产养殖 受历史、生活习惯的影响,本地群众没有鱼类养殖的习惯。现从事水产养殖的都是区外渔民。当地渔业主管部门鼓励他们做大规模,提升效益,协助他们编制农业综合开发建设项目,争取国家有关部门支持。

2. 渔业资源保护 一是积极开展鱼类增殖放流工作。针对尼洋河、拉萨河鱼类资源利用过度情况,在加强渔政执法工作的同时,积极开展当地鱼类增殖放流工作,此项工作得到了农业部渔业局的大力支持。2010年安排60万元用于放流异齿裂腹鱼,自治区农牧厅也安排15万元用于当地鱼类增殖放流。2010年全区共放流鱼苗52.5万尾,放流鱼类品种包括异齿裂腹鱼、拉萨裂腹鱼、拉萨裸裂尻、尖裸鲤、黑斑原鮡5个种类,对资源增殖发挥了积极作用。二是积极开展巴松错特有鱼类国家级水产种质资源保护区申报工作。西藏地处高原,生态环境独特,许多鱼类资源都是西藏特有的。巴松错是西藏林芝地区工布江达县境内的一重要湖泊,湖泊海拔3 460米,湖面面积37.5平方公里。该湖泊分布6种西藏特有鱼类,其中包括自治区一级重点保护鱼类——尖裸鲤。在农业部渔业局的指导和大力支持下,首次向农业部申报了巴松错特有鱼类国家级水产种质资源保护区项目,标志着西藏水产种质资源保护工作迈出了新步伐。

3. 湖泊禁渔 认真核实新闻媒体反映非法捕捞经营鱼类行为。为加强高原湖泊鱼类资源保护,从2002年开始,对湖泊鱼类实行禁捕措施,一直持续至今。2010年10月,一新闻媒体反映西藏浪卡子县某餐馆在羊卓雍湖非法捕捞经营鱼类。该报道引起国家领导和农业部高度重视,明确批示要求严肃查处。经各级渔业主管部门核查,所在乡派出所、相关村委会证实,新闻媒体反映的情况与实际情况完全不符。这也从另一方面验证湖泊禁渔措施的效果。

4. 存在的问题 西藏渔业管理工作成效明显，但存在问题依然十分突出。主要表现在：一是自治区、地、县三级都没有单独的渔业管理机构，也没有专职管理人员；二是渔业投入严重不足，没有专项资金。

【大事记】

8月6日，全国农业援藏工作座谈会在拉萨召开。农业部部长韩长赋、副部长危朝安等部领导及农业部各司(局)领导参加了座议会。农业部渔业局局长李健华对加强西藏渔业资源保护，特别是水产种质资源保护区建设提出了要求。

(西藏自治区农牧厅畜牧草原水产处　蔡　斌)

陕西省渔业

【概况】 2010年，陕西省渔业局转变工作作风，狠抓关键措施的落实、确保年度目标任务的完成。扎实开展调查研究，进一步理清发展思路，解放思想，群策群力，全力谋划全省渔业“十二五”发展，取得了显著的成效。

全年渔业经济总产值达到27.255 6亿元，增长25.2%。其中渔业产值19.874 6亿元，水产品总量为6.037 3万吨。全省水产养殖面积(含稻田养殖面积)3.983 8万公顷，产量5.613 8万吨。渔民人均纯收入7 351元，劳均纯收入2.342万元。

1. 渔业结构调整 通过对陕西渔业发展状况、资源特点、发展前景和对策进行全面深入的调查研究，研究确定将开发利用大鲵资源为陕西今后一段时期渔业经济的增长点。11个有关大鲵自然保护区的建成、大鲵原生态、仿生态和全人工繁育技术的日臻成熟和陕西大鲵种苗繁育数量、人工养殖数量均超过全国总量一半以上的优势，在“十二五”期间将形成超百亿元产值的新兴产业，为陕西渔业做大做强奠定了重要基础。明确了以发展大鲵养殖业、都市休闲渔业和名优水产品养殖业为重点的陕西特色渔业思路，休闲渔业、观赏渔业等成为新的增长点。在巩固现有产业基础上，有效转变增长方式，对全面指导“十二五”全省渔业发展和提升渔业经济发展质量和增加效益将产生重大影响。

2. 基础设施建设 多方争取渔业发展资金，编报农业部水产良种场建设、病害防治体系建设、渔业资源修复等基础性渔业建设项目50多个。15个财政补助项目、2个水产良种工程、6个重点水生动物疫病防治站建设项目得到农业部支持，共落实渔业资金5 591万元，其中中央财政专项961万元、中央预算内基建资金630万元、省财政专项资金1 000万元、省水利厅安排3 000万元。编制完成《全省渔业“十二五”发展规划》和8个子规划，《实施七大工程促进农民增收水产养殖发展规划》全面启动。渔业行业管理进一步规范，渔业法律法规日臻健全，基本形成全面承担全省渔业行业管理和服务工作的机构体系。省、市、县现有渔政监督管理机构63个，配设着装渔政检查员1 350名；渔业技术推广机构76个，职工总数987人。完成了2个渔业工程建设领域突出问题的专项治理，审查批复完成“洛南大鲵自然保护区”、“榆林横山水产良种场”、“汉中黄颡鱼良种场建设”等项目的初步设计。开展了2006—2009年度中央投资在建渔业项目自查，完成了部分在建渔业项目的竣工验收。2010年共组织各类渔业发展项目50个，充实农业部渔业发展项目库，并筛选成熟项目申报立项，多方争取渔业项目资金。拟定新增渔业发展资金投资计划，加强在建项目督促与检查，开展了“十一五”期间渔业项目和财政资金审计自查，规范渔业在建项目管理，使渔业基础设施建设得到加强。

3. 水产苗种生产 一是开展水产苗种场普查登记，全面摸清水产苗种场的基本情况；二是开展水产苗种场执法检查，检查苗种场是否持证生产，检查苗种场的生产记录、用药记录和销售记录是否完备，检查苗种场是否存在违法违规用药情况和违法销售行为；三是开展水产苗种药物残留抽检，认真落实《水产苗种管理办法》，加强苗种生产的全过程管理。从怀卵亲体选育、苗种孵化到育成等进行监督管理，确保优良苗种投放市场。全省共生产水花9.1亿尾，其中尼罗罗非鱼0.27亿尾。全年生产稚龟1.8万只，稚鳖16万只。

4. 水产品质量安全 对全省9个市的产地和主要城市市场上的水产品质量安全进行了抽检，抽检样品148个，检测参数5项，总平均合格率为95.3%。推进无公害健康养殖示范，全省推荐上报健康养殖示范场15家、无公害产品认证18个，审查批准无公害水产品产地认定10个，完成无公害水产品复查认证18个，认证产品46个，认定的无公害产地水面194.07公顷。全省9个地市均有了无公害产地和产品。西安、安康、商洛等市大水面养殖和围栏、网箱养殖面积不断扩大，健康养殖和无公害认证稳步推进。安康市重点发展大水面渔业和大鲵养殖，网箱养鱼达到16 000箱40万平方米，当年新增10 000箱。渭南市近年在黄河滩新建养鱼池塘超过500多公顷。渔业饲料质量检测中心配合渔政执法，在全省范围内对渔业饲料生产企业进行质量抽检、质量跟踪、监督检测，及时掌握了全省渔业饲料的质量状况和动态，对控制有害物质残留起到了监督保证作用，为水产品质量安全提供了保障。在养殖重点区域进行渔业饲料质量抽查抽检，对不合格的产品现场销毁后要求相关企业限期整改。强化职能职责，积极开展渔药、鱼饲料专业知识培训和科技咨询服务活动。选派专家参加渔政人员培训讲座4次，专门辅导渔药、鱼饲料基本常识和安全监管方法，提高了基层渔政人员对渔药鱼饲料质量监管的基本技能。

5. 渔业生态环境保护 加强生态环境保护和修复，大力开展水生生物增殖放流，累计放流经济鱼类1 467万尾、大鲵6 000多尾。汉中市被农业部授予"中国大鲵之乡"称号，汉中市大鲵养殖场发展到1 000多处。太白县湑水河水生野生动物自然保护区晋升国家级保护区已通过终审，2个种质资源保护区得到农业部批准，新批准大鲵驯养繁殖场18个、经营利用许可3个。11个有关大鲵的自然保护区建成，大鲵原生态、仿生态和全人工繁育技术日臻成熟，陕西大鲵种苗繁育数量、人工养殖数量均超过全国总量一半以上。"十二五"期间将形成超百亿元产值的新兴产业，为陕西渔业做大做强奠定了重要基础。扩大重点水域污染监测范围，参与了渭河华县、洛河上游、丹江等水域污染事故调查，完成年度渔业环境与水产养殖病害新闻公报发布。在全国污染源普查工作中成绩显著，省渔业局获国务院污染源普查办公室、环境保护部等四部门表彰的"污染源普查先进集体"称号。

6. 水生生物病害检测防治 在10市24个测报点对7个主养品种进行了8个月的病害监测，获得有效数据3 000余个，分析汇总，及时上报，对鱼类病害流行防治进行预警预报。并编制完成《陕西省2010年水产养殖病害防治状况公报》，提高了社会公众对水产品质量安全的重视和有效监督。加强实验室硬件建设和技术人员能力培养，防疫检疫中心实验室顺利通过省级计量认证复审。陕西省列入全国病害预警预报网，填补了西北地区空白。加强违禁药物检查和苗种检疫。2010年未发现违禁药物使用情况。全省共生产安全鱼苗6.57亿尾，检疫鱼苗20批(次)、2.6亿尾，合格率96%以上。全省共检疫增殖放流的各类水产苗种11批(次)、600万尾。及时应对突发事件，对华县赤水河石油污染、白水县林皋水库及丹江丹凤段死鱼事件快速响应，认真调查，研究分析，提出对事件的应急处置方案。

7. 渔业技术推广 研究和应用推广渔业技术。大力开展渔业"科技服务年"活动，深入推进渔业科技入户工程，多次开展学术交流活动，加快技术推广和成果转化步伐。先后组织科技下乡入户300多人次，宣传50多场，技术培训30余期，发放资料5万多份。池塘健康养殖、鲟鳟鱼养殖、大中型水库渔业综合开发技术等3个重点项目推广取得了初步成效。积极申报科研项目28个，6个被国家有关部门立项。"秦岭细鳞鲑人工繁殖试验"取得突破性进展，获得渔业科技进步奖4项。加强项目管理和技术指导，市(县)水产站抽调科技干部抓点示范，认真组织实施，通过年终抽查验收，实施效果较好。池塘健康养殖技术推广项目完成面积1 000多公顷，纯收入2 254.6万元；鲟鳟鱼名优品种养殖示范推广项目，完成面积1.05万平方米，每平方米产鱼21.6千克，纯收入236.76万元；大中型水库渔业综合开发技术推广项目，完成面积1万余公顷，纯收入5 505.6万元。对现有的15个国家级水产健康养殖示范场加强规范管理，落实"五项制度，两项登记"，建立养殖档案，起到了良好的示范带动作用。全省先后引进倒刺鲃、超级鲤及乌克兰鳞鲤3个新品种，生长情况良好。全省各级水产站开展科技下乡活动600余人(次)，指导科技示范村120个，抓科技示范户1 100余户，示范覆盖率达到54%。举办各类技术培训班100多期，培训6 000余人(次)，发放各类技术资料、无公害养殖记录手册等2.86万份，渔业科技宣传覆盖全省90个县(区)。

8. 渔业船舶检验 渔业船舶制度化、规范化管理制度建设稳步推进。开展小型渔业船舶试点检验推广和检验发证工作，试点检验完成小型渔业船舶166艘，登记发证247艘，渔船监管率达到90%以上。对渔船界定、登记权限和工作程序等方面深入研究，开展省渔船检验管理局机构换证审验，修订了《陕西省渔船检验与发证实施细则》，完成了《陕西省渔业船舶检验监督管理办法》立法调研，渔船检验管理工作进一步规范。

9. 平安渔业建设 推进执法和"平安渔业"建设。强化渔政执法队伍建设，宝鸡市渔政监督管理站获全国"文明执法窗口单位"称号。强化渔业安全生产管理，加大安全隐患排查治理，开展了渔业安全大检查，没有发生安全事故。规范水生野生动物驯养繁殖及经营利用，推行大鲵等水生野生动物行政许可证年度审验制度，加大对水生野生动物经营利用情况的监督检查力度，严厉打击和查处各类渔事违法行为。全省查处渔业违法案件200多起，挽回直接经济近700万元。强化渔业安全生产管理，开展了渔业安全大检查活动，督导排查了渔业安全生产隐患。

【重点渔业市(县)基本情况】

陕西省重点渔业地区基本情况

地区	总人口(万人)	渔业产值(万元)	水产品产量(吨)	养殖面积(公顷)
汉中	351.3	98 775	12 834	6 227
西安	837.5	54 842	8 058	1 916
安康	265.7	32 453	8 232	9 156
渭南	543	26 913	10 543	3 606
宝鸡	376.25	13 838	4 390	2 936

【大事记】

[1]1月18日,全省"十二五"渔业发展规划编制工作座谈会在西安召开,省水利厅副巡视员左占清出席会议并讲话,渔业局局长刘兴连参加会议。

[2]2月6日,省水利厅直属水产单位领导干部工作座谈会在西安召开。省水利厅副巡视员左占清出席会议并作了重要讲话。各水产单位负责人分别对本单位2009年目标任务完成情况、工作亮点、工作措施以及2010年工作要点进行了交流、汇报。

[3]2月9日,渔政执法人员对西安市辖区内2个大型水产品批发市场进行了专项执法检查。重点对海产品、淡水鱼、冷冻水产品中氯霉素、孔雀石绿等违禁药物残留进行了抽样检查。省水利厅厅长王锋要求全省各级水利部门要围绕建立水产品质量安全长效机制,着力抓好五项措施的落实,推进渔业生产持续健康发展,确保广大市民水产品消费安全。

[4]3月24日,由省水利厅与安康市人民政府联合举行的百万鱼苗增殖放流活动在安康市瀛湖正式启动。此次放流活动共投资200多万元,投放鱼苗400万尾。

[5]3月24—25日,全省渔业工作会议在安康召开,省水利厅厅长王锋出席会议并作了重要讲话。渔业局局长刘兴连主持会议,安康市市长方玮峰致词,省水利厅副巡视员左占清作了工作报告。

[6]5月5—8日,渔业局局长刘兴连对渭南渔业发展进行为期3天的调研活动。

[7]5月31日至6月1日,农业部水生野生动植物保护办公室邀请有关专家在汉中召开了"中国大鲵之乡"命名专家评审会。与会专家在实地考察大鲵繁育基地、查阅档案、听取汇报、现场质疑的基础上,认为汉中市符合《水生野生动物之乡命名管理办法》有关规定,同意授予汉中"中国大鲵之乡"称号。

[8]6月4日,英国皇家动物研究所所长凯林海姆、实验室主任斯蒂文D、博士海伦,在陕西省渔业局局长刘兴连等陪同下,对陕西陇县秦岭细鳞鲑国家级自然保护区进行了实地考察,并召开座谈会。

[9]6月8—9日,全省水产品质量安全形势分析会在西安召开。陕西省水利厅副巡视员左占清出席会议。

[10]6月22日,由黄河流域渔业资源管理委员会、省水利厅、渭南市人民政府联合举办的百万鱼苗增殖放流活动在黄河洽川段吴浮桥举行。放流品种有黄河鲤鱼、乌鳢、黄河鳖、鲇鱼,100多万尾土著鱼回归黄河。农业部渔政指挥中心督导处处长杨靖、黄渔委办公室主任王守文,省水利厅副巡视员左占清,渭南市副市长郭伯权,河阳县政府领导以及甘肃、河南、山东省代表参加了放流活动。

[11]6月22日,省水利厅副巡视员左占清,带领省渔业局、渔业公司领导到省新民水产良种场调研和指导工作。

[12]6月23日,农业部黄渔委办公室主任王守文一行对黄河陕西段韩城市、渭南市渔业行政执法情况进行检查。

[13]6月24日,渭南市白水县林皋水库发生死鱼事件。省水利厅副巡视员左占清立即召开紧急会议,启动临时应急预案,指派相关人员进行现场调查。同时要求各级渔业行政主管部门加大对养殖环节的监督管理,指导养殖户科学喂养,防止渔业事故发生。

[14]7月23日,省水利厅直属渔业系统召开2010年上半年工作总结会议。省水利厅副巡视员左占清出席会议。

[15]8月20日,丹江干流商洛段发生死鱼事件。接到报告后,省渔业局立即电话通知商洛市渔政站对死鱼进行深埋和无害化处理,防止附近村民食用死鱼,并严禁死鱼流入市场和餐馆。同时渔业局组织省水产品质检中心和省水生动物疫病防疫中心技术人员赴现场对死鱼河段水质和死鱼肉质进行检测。结果显示,铜、锌超标。经调查了解,死鱼事件是一家冶炼企业化

学品泄漏所致，商洛市渔政站委托相关部门对渔业损失进行评估，要求责任方赔偿经济损失。

[16]9月3—8日，全国水产技术推广总站魏宝振站长一行5人来陕调研基层技术推广体系改革建设与病防检疫工作开展情况。

[17]9月22—24日，农业部副部长牛盾一行3人来陕西检查指导渔业工作。省水利厅副巡视员左占清以及省渔业局、西安市有关领导陪同。

[18]10月28—31日，全省渔政执法人员暨渔业统计培训班在宝鸡市举办。省水利副巡视员左占清在开班仪式上作了重要讲话。培训培训内容包括渔业法律法规、渔船油价补助和渔业统计软件操作、鱼药鱼饲料检测、渔业水域污染事故调查处理及评估、渔业生态补偿处罚、水产疫病防治与技术推广等。

[19]11月1日，陕西省环保厅和陕西省水利厅联合在宝鸡市召开新闻发布会，发布2010年陕西省渔业生态环境状况及养殖病害防治状况公报。省水利厅副巡视员左占清出席发布会。陕西省渔业生态环境符合渔业水质评价标准，总体保持稳定，水产养殖病害危害程度比上年有所下降，主要养殖品种发病率及死亡率较上年小幅降低，渔业经济损失有所减少，全年无重大疫病发生。

[20]11月3—4日，首届全国水生野生动物保护论坛在陕西汉中举行。论坛主题为"关爱水生动物，保护生态环境"。

（陕西省渔业局　余东勤　魏美乐）

甘肃省渔业

【概况】 2010年，甘肃省各级渔业部门以提高效益促进农民增收为目标，以结构调整为重点，大力发展特色渔业，加强渔业资源保护，全省渔业工作持续稳定发展。全省水产养殖面积达1.26万公顷，水产品总产量达1.23万吨，同比增加300吨，增长2.5%；渔业产值1.87亿元，同比增加600万元，增长3.3%。

1. 水产养殖 一是引进和自繁、培育鲤鱼、草鱼、花白鲢等苗种6 000多万尾，同比增长10%以上。同时积极抓好鲑鳟鱼良种选育和扩繁，全省共生产鲑鳟鱼发眼卵1 000多万粒，基本上满足了各地养殖场（户）的生产需要。二是受疫病影响，鲑鳟鱼主产区永昌、临泽、永登的鲑鳟鱼养殖户损失较大，截至2010年底，共死亡鲑鳟鱼562吨。组织召开了全省鲑鳟鱼疫病处置分析座谈会，在永登、永昌举办两期鲑鳟鱼健康养殖培训班，组织永登鲑鳟鱼养殖户到山东、北京等地参观学习，积极恢复鲑鳟鱼生产。三是积极开展水产品健康养殖示范场创建工作，对第一批、第二批农业部水产健康养殖示范场进行了复核验收，检查督促其建立养殖档案，完善养殖制度。对第五批示范场制定了验收方案，准备验收。四是从7月底到8月中下旬，酒泉、平凉、庆阳、天水、陇南、甘南等市州陆续遭受暴雨洪涝灾害，造成养殖设施损毁，池塘淤积，养殖鱼类大量逃逸、死亡。据统计，全省渔业受灾面积350多公顷，死亡、逃逸各种鱼类793吨，造成直接经济损失2 426.5万元。五是落实惠渔政策，鼓励和支持渔民使用先进适用的渔业机械，提高机械装备水平。为全省养殖户采购渔业机械132台，其中增氧机55台、投饲机77台，养殖农户享受财政补贴5万多元。

2. 渔业科技 一是大力开展技术骨干培训。全年共举办2期大宗淡水鱼健康养殖实用技术培训班，培训基层渔业技术推广的负责人、专业技术人员及养殖场（户）生产技术管理人员200多人。二是组织实施了"池塘健康养殖创新技术应用"示范项目，设立10个示范点，示范面积200公顷，推广面积600多公顷。项目实施效果显著，养殖品种优良率和养殖成活率达到90%，养殖生产成品率达到95%，产品质量安全合格率达到100%，每1/15公顷产值达到10 000元，利润达到2 000元。三是积极开展水产养殖规范用药科普下乡活动，发放《国家标准渔药及其使用技术》、《水产养殖规范用药培训教材》及《水产养殖用药指南》等技术资料共600多份。公布2名国标渔药使用技术咨询专家和6名国标渔药使用技术咨询指导员的有关信息和联络方式，为广大水产养殖者提供国标渔药相关信息、使用方法、注意事项、渔药质量管理及使用的相关法规和标准。四是认真开展水产养殖病害测报工作，在全省12个测报区域70个测报点对16个养殖品种开展病害监测，监测面积2 000公顷。在鲑鳟鱼疫病发生地区抽样送样检测3次。召开了疫病防控专题会议3次。全年共印制《甘肃渔业病害简报》7期。

3. 渔政管理 一是继续强化禁渔管理。制定下发了《甘肃省农牧厅关于在全省自然水域继续禁渔的通知》，规定从2010年10月1日起至2015年9月30日，在全省内陆河水系、长江水系和黄河水系继续实施为期5年的禁渔，禁止捕捞自然水域内所有渔业资源物种。二是由黄渔委牵头，在甘肃、青海、四川开展了由各级渔业行政主管部门及其渔政管理部门配合的为期15天的打击非法捕捞专项执法行动。通过广泛宣传和巡逻执法，有效减少了黄河非法捕鱼现象。三是在武威市举办了河西片区渔业行政执法人员岗前业务培训班。共培训28名业务人员,考试成绩全部合格。四是认真开展渔业安全特别是渔业船舶监管工作,完成了全省渔船和渔政执法船的检验工作,并受宁夏方面的邀请,完成了8艘渔政船的检验工作。积极组织渔政执法和渔船检验人员对全省渔业船舶进行了拉网式检查,排除了渔船安全隐患,为渔业船舶安全生产奠定了良好的基础。五是认真贯彻落实农业部关于渔业安全生产的各项部署,在全省范围内开展渔业安全生产执法检查5次。落实了渔业安全生产的各项措施,强化渔业从业人员的安全教育,积极预防各类事故的发生。六是举办了全省渔政管理指挥系统操作员培训班。已开展和完成了渔业行政执法人员、养殖证、水生野生动物保护管理、渔政船注册、渔政基础设施等子系统基础数据录入工作。全省部分养鱼市(县)完成了水域滩涂养殖规划的编制工作,其中5个市、32个县的规划通过了同级政府审批。全省水域滩涂养殖发证657件并全部录入系统,发证面积8 069.76公顷。

4. 资源保护 一是制订了《甘肃省水生生物资源增殖放流规划(2010—2015)》和《黄河上游特有鱼类国家级水产种质资源保护区建设规划》(2010—2015年),确定了今后一个时期甘肃省渔业资源增殖放流的基本思路、基本原则,以及渔业种质资源保护区建设的总体规划。二是永宁河、白龙江和洮河3个特有鱼类水产种质资源保护区被批准为为国家级水产种质资源保护区。康县、秦州两个大鲵自然保护区被省人民政府批准为省级自然保护区,渭源县水生野生动物湿地保护区、武山县秦岭细鳞鲑省级自然保护区已经省人民政府批转省环保厅承办。漳县秦岭细鳞鲑省级自然保护区已经省政府同意上报农业部,将晋升为国家级自然保护区。三是积极开展水生生物资源增殖放流工作。全年共投入放流苗种资金420多万元,组织大规模的渔业增殖放流活动20次,大鲵增殖放流活动2次。共向自然水域投放各种经济鱼类3 332万尾(只)、大鲵2 400尾。放流苗种全部实行了招标、鉴定、检疫,放流数量进行了公证,放流工作逐步规范化。四是2009—2010年,新增水生野生动物驯养繁殖场(户)20家,增办水生野生动物驯养繁殖证22本,办理水生野生动物特许利用许可证8本。水生野生动物保护管理工作有序开展。

5. 水产品质量安全 一是按照农业部要求,制定了《2010年甘肃省深化水产品质量安全专项整治实施方案》,确定了专项整治的指导思想、目标任务、重点品种、重点区域和主要单位,提出了专项整治的具体工作措施。二是完成了甘肃省《产地水产品质量安全监督抽查生产单位数据库》修订完善工作,建立了甘肃省《水产苗种质量安全监督抽查生产单位数据库》。全省有523家养殖生产单位和44家水产苗种生产单位纳入了信息化管理。三是认真抓好供上海世博会水产品质量。督促市(县)对辖区内的水产品流向开展摸底调查,建立专门的供沪水产品生产单位信息档案,加强了供沪水产品生产单位监管,实行供沪水产品生产单位产地准出管理。四是组织开展了水产苗种生产和质量安全督察活动,重点检查了水产苗种生产许可证制度落实和质量安全监管情况,生产、用药、销售记录情况,特别是对水产苗种专项整治工作中发现问题的整改情况进行了重点检查。对查出的问题按照属地管理原则督促市(县)渔政机构认真查处。五是开展了鲑鳟鱼产品质量安全监督抽查工作,组织省农产品质量安全监督管理总站对酒泉、张掖、武威、嘉峪关、甘南、临夏、天水、陇南、平凉的34家鲑鳟鱼养殖场(户)进行了质量安全抽检。主要检测孔雀石绿的药物残留情况,抽检的样品数占到全省总养殖户数的30%左右。六是配合山西省水产品质量安全检测中心,开展了农业部下达的2010年两次水产品质量安全监督抽查工作,抽检虹鳟、鲤鱼、草鱼等样品66个,检测合格率达到100%。

6. 渔业法制化建设 一是按照地方法规修订权限和程序,积极开展调研,参照有关法律法规,提出了《甘肃省实施〈中华人民共和国渔业法〉办法》修订意见稿,着重增加了涉渔工程环境影响评价和禁渔处罚方面的内容。甘肃省第十一届人民代表大会常务委员会第十七次会议审议通过了修订意见,完成了《甘肃省实施〈中华人民共和国渔业法〉办法》立法修订工作。二是对现行有效的渔业法律、法规、规章中具有行政处罚自由裁量权的执法依据逐一进行认真梳理,在此基础上,着手对自由裁量权的运用范围、行使条件、裁量幅度等进行细化分解。共涉及法律、法规、规章2部,梳理细化量化条款7项,全部职权经细化量化后划分为33个处罚档次。

7. 基础设施建设 加强了渔业项目的申报和管理,全年共向农业部申报水产良种体系建设项目3个,水生野生动物自然保护区项目3个,财政项目4类25个。对张掖、酒泉等地的渔业项目进行了检查,对2009年以来第四批中央扩大内需渔业项目开展了旬报工作。截至2010年底,共争取水产良种项目1个,增殖放流项目1个,渔业养殖基地建设项目1个,县级水生动物防疫站续建项目3个,渔政指挥系统二期建设项目1个,渔业补助项目9个。中央资金达900多万元。

【重点渔业市(县)基本情况】

甘肃省重点渔业市基本情况

市	水产品总产值(万元)	水产品总产量(吨)	养殖面积(公顷)
张 掖	2 610	1 662	1 253
酒 泉	1 400.54	1 566	1 500
白 银	1 706.5	1 559	166.9
临 夏	2 275.36	1 445	6 344
兰 州	2 082.64	1 380	133
天 水	2 735.82	1 020	127
陇 南	1 500	1 035	2 000
平 凉	1 226	965	103
金 昌	1 002	358	407
定 西	1 064.45	690	55

【大事记】

[1]1月25日,甘肃省渔业技术推广总站与中国水产科学研究院东海水产研究所合作完成“西部内陆湖库亚冷水性鱼类规模化繁育和养殖技术研究与示范”项目。在亚冷水性鱼类(鲟鱼和白斑狗鱼)的技术研究方面取得了重大突破,在鲟鱼人工孵化和放牧式养殖、白斑狗鱼子二代繁育等技术领域的研究达到了国际先进水平。发明的白斑狗鱼孵化器获得国家专利。

[2]2月23日,甘肃省2010年深化水产品质量安全专项整治实施方案出台。方案确定了三大工作目标,明确了三大整治重点,安排部署了六项整治任务。

[3]3月18日,甘肃省敦煌市建成全省最大的鲑鳟鱼繁育基地,引进企业投资9 800万元,建成鲑鳟鱼繁育中心3 500平方米、商品鱼养殖基地13 600平方米、生产加工车间300平方米。被农业部确定为高寒冷水鱼良种基地。

[4]3月31日,甘肃省渔业技术推广工作会议在兰州召开。省农牧厅副厅长王亨通出席会议并讲话。

[5]4月12日,甘肃省继续开展“渔业文明执法窗口单位”创建活动实施方案出台,方案明确了创建活动的组织领导,提出了创建活动的范围及条件,确定了创建活动的考核内容。

[6]5月6日,甘肃省兰州市祁连冰川冷水鱼研究所在兰州举行挂牌仪式。兰州祁连冰川冷水鱼研究所的成立,为进一步提升祁连冰川高寒冷水鱼的科研水平,做大做强冷水鱼产业将起到积极的推动作用。

[7]5月7日,甘肃省农牧厅发出了《关于开展2010年水产苗种生产和质量安全检查活动的通知》。安排部署了全省水产苗种质量安全检查工作。

[8]6月6日,由农业部黄河流域渔业资源管理委员会、甘肃省农牧厅、兰州市人民政府共同主办的黄河兰州段水生生物增殖放流活动在兰州市举行,近500人参加了增殖放流仪式。共向黄河兰州段投放鲫鱼50万尾、黄河鲤150万尾。

[9]6月21日,甘肃省副省长郝远、省政府副秘书长张翀等对甘肃省水产科学研究所的冷水鱼科研工作进行了视察调研。

[10]6月28—29日,甘肃省水生生物资源养护工作座谈会在陇南市康县阳坝召开。陇南市副市长曹成章、甘肃省农牧厅副厅长王亨通出席会议,全省渔业系统主要负责人和有关水生生物自然保护区管理机构、水产种质资源保护区管理机构的负责人参加会议。

[11]6月29日,由甘肃省农牧厅和陇南市人民政府联合主办的大鲵人工增殖放流活动在陇南市康县阳坝举行。活动共投放幼鲵3 000尾。

[12]7月6日,中国渔政管理指挥系统2010年第一期培训班在兰州开班。农业部渔政指挥中心巡视员张铭羽出席开班仪式。

[13]7月8日,黄河上游渔业联合执法检查动员会在兰州召开。农业部黄河流域渔业资源管理委员会办公室主任王守文、甘肃省农牧厅副厅长王亨通出席会议,四川、青海、甘肃省渔业行政主管部门的负责人参加会议。

[14]7月21日,甘肃省人民政府批复建立甘肃秦州大鲵省级自然保护区。这是省政府批准建立的第5

个省级水生生物自然保护区，也是全省第3个大鲵省级自然保护区。

[15]8月26—27日，甘肃省休闲渔业现场会议在永靖县召开。农牧、畜牧、水利部门分管渔业的负责人以及重点渔业龙头企业负责人，共计80多人参加了会议。

[16]9月29日，甘肃省人民代表大会常务委员会发布34号公告，公布了新修订的《甘肃省实施〈中华人民共和国渔业法〉办法》。

[17]9月30日，《甘肃省农牧厅关于在全省自然水域继续禁渔的通知》出台。规定从2010年10月1日起至2015年9月30日，在全省内陆河水系、长江水系和黄河水系继续实施为期5年的禁渔，禁止捕捞自然水域内所有渔业资源物种。

（甘肃省农牧厅渔业处　李　琦）

青海省渔业

【概况】 2010年，全省渔业工作以渔业生态环境保护为重点，积极发展养殖渔业，渔业资源保护得到进一步加强，沿黄水库以网箱养殖为主的养殖渔业呈现出良好的发展势头。全年水产品产量达到2 480吨，养殖投产面积近4万公顷。

1. 封湖育鱼 2010年，继续贯彻落实省政府封湖育鱼《通告》和全省封湖育鱼工作会议精神，加大渔业资源保护力度，全省封湖育鱼工作取得明显成效。一年来，通过各有关单位的共同努力，采取抓源头、路上堵、查市场等措施，分别在产卵期、冰封期和明水期集中开展专项联合执法行动。全年共查处涉渔案件23起，没收网具2 700盘，暂扣汽车15辆、摩托车11辆，没收渔获物1.3吨。办理刑事案件7起，依法判刑12人，罚款11万元。由于工作措施得力，有效遏制了破坏渔业资源的违法行为。

2. 增殖放流 2010年，共向青海湖流域、黄河流域放流鱼苗830万尾。

(1)青海湖裸鲤增殖放流。通过政府组织，群众参与等方式，配合青海湖景区管理局以及刚察县观鱼放生节、海晏县沙雕节，放流青海湖裸鲤鱼苗700万尾。自2002年至2010年共向青海湖投放裸鲤鱼苗5 500万尾。经2010年年底监测，青海湖裸鲤资源量恢复到30 120吨。

(2)花斑裸鲤、黄河裸裂尻鱼增殖放流。根据青海省水生生物经济物种增殖放流实施方案，于7—8月间，先后在贵德黄河段、苏只、公伯峡水库放流花斑裸鲤、黄河裸裂尻鱼苗130万尾。

3. 极边扁咽齿鱼人工繁殖首获成功 2010年，共采集极边扁咽齿鱼鱼卵48.7万粒，孵化培育鱼苗13.6万尾，通过池塘培育，长势良好。这是青海省人工孵化繁育土著鱼类取得的又一成果。

4. 冷水鱼养殖推广与养殖示范 一是继续开展高白鲑繁育工作。从俄罗斯引进高白鲑发眼卵890万粒、凹目白鲑发眼卵350万粒，共孵化出高白鲑鱼苗800万尾、凹目白鲑鱼苗320万尾。7月初，陆续投向龙羊峡、拉西瓦、南门峡、东大滩等水库，进一步推动了水库深水资源的开发利用。二是开展三倍体虹鳟鱼养殖示范。从美国引进三倍体虹鳟鱼发眼卵20万粒，经苗种培育先后提供给龙羊峡、李家峡、苏只水库水产养殖企业和个体养殖户进行网箱示范养殖。

5. 项目执行情况 完成了青海省高白鲑良种场建设，并通过省级验收。项目共完成鱼池改造3公顷，进排水管道2 070米，沙石道路3 360平方米，输电线路610米，绿化面积4 100平方米。新建鱼苗孵化车间300平方米。每年可提供400万尾高白鲑鱼苗。

6. 水利水电工程对水生生物影响环评工作 2010年，开展了青海省引大济湟工程规划环评、鱼类资源调查与影响评价工作。分别在湟水河干流、宝库河、大通河、北川河等水域实地考察采集鱼类样品和水生生物进行分析检测，了解渔业资源变化情况，科学分析引大济湟工程对水生生物，特别是鱼类资源的影响，提出了相应的整改措施和补偿方案。编制完成了《青海省引大济湟工程规划环评鱼类调查与影响评价报告》。

7. 培训工作 2010年，共组织开展基层渔业管理、养殖技术、病害防治等培训班12期，培训520人(次)。其中，组织赴外地考察学习养殖技术的10人(次)；参加网箱养殖技术培训的50人次；渔业管理、养殖技术和病害防治的460人(次)。其中55人获得职业资格证书。

8. 病害测报 2010年，在2市6县重点渔区设立21个病害测报点，测报面积达到323公顷，比2009年增加了60多公顷。4—10月开展养殖病害测报工作，及时掌握养殖病害发生情况，控制疫病流行，减少养殖生产损失。

9. 分子生物学实验研究 一是与青海大学合作完成了“黄河裸裂尻鱼冷适应主要相关蛋白酶的分子进化特征及其生态学意义项目”中细胞色素氧化酶、肥胖蛋白等基因编码序列的克隆工作。二是开展了黄河裸裂尻鱼、花斑裸鲤种质档案研究工作。完成了花斑裸鲤的形态学进行可数性和可量性状的测定分析，同时开展了黄河裸裂尻鱼的同工酶测定分析。

10. 观光渔业 西宁市、海东地区、海南藏族自治州等地区观光渔业蓬勃发展，截至2010年底，养殖户以发展到数十户。绝大多数群众性的养殖鱼塘，进行集养殖、垂钓、休闲、观光、餐饮为一体的综合开发。传统单一的养殖模式，正转向极具发展前景的休闲观光渔业。养殖户综合经营收入比单纯养殖增加了4倍。

11. 沿黄群众网箱养殖 "十一五"期间，沿黄龙羊峡、李家峡、苏只、公伯峡等大型水库群众网箱养殖迅速发展，至2010年底，网箱养殖面积达到33 463平方米。养殖品种主要是虹鳟鱼、金鳟鱼、三倍体虹鳟、目笋白鲑及哲罗鲑等。2010年虹鳟鱼产量达到514吨。

12. 水产品质量检测前期工作 从2010年开始启动了水产品质量检测工作，召开专题会议研究布置具体工作，并制定本年度水产品质量安全监测工作实施方案。组织实验室专业技术人员到天津、北京、郑州等地渔业生态环境监测中心，进行水产品质量检测的专项考察和学习培训。重点培训了水产品质量检测前处理方法、相关大型仪器设备操作规程、熟悉相关检测项目等。通过政府采购购置了部分水产品检测设备。检测项目包括氯霉素、土霉素、四环素、孔雀石绿、五氯苯酚、六六六、滴滴涕、多氯联苯、大肠菌群等。

13. 水生动物防疫检疫 2010年，对58个市场的420户经营水生动物及其产品的固定、零售经营户进行调查、登记、建档。全年共检查水生动物20 000吨，检查出病害水生动物10 000余千克。

【大事记】

[1]1月15日，青海省农牧厅副厅长祁生援主持召开全省养殖渔业座谈会。

[2]1月16日，祁生援副厅长带队赴共和县的下社、尕日拉村，刚察县的泉吉、新泉村调研青海湖裸鲤保护情况。

[3]2月5日，祁生援副厅长主持召开沿黄水库养殖座谈会。会议研究确定了养殖的主推品种为高白鲑、虹鳟鱼、螃蟹等，并确定李家峡顺鑫公司为青海湖裸鲤网箱试验养殖单位。

[4]3月10日，由青海省农牧厅副厅长赵念农主持，对省渔业局编制"十二五"发展规划进行了评审。省渔业局局长钟强汇报了从规划的编制到征求意见和修改的整个过程。农业部的专家和有关领导对青海省渔业发展"十二五"规划提出了宝贵的修改意见。并一致同意，通过审查。

[5]7月9—15日，省渔业局副局长于立忠陪同黄渔委办公室主任王守文，以及甘肃省渔业局、四川省渔政处一行15人，对黄河河南段、甘肃玛曲段、四川若尔盖段国家级水产种质资源保护区建设情况全面考察。同时调查沿黄水电建设对渔业资源的影响。

[6]7月11日，2010年青海湖裸鲤增殖放流活动在刚察县举行。青海省省委书记、省人大常委会主任强卫出席并参加放流活动。

[7]8月2日上午，青海省副省长邓本太一行在省农牧厅赵念农、张文华副厅长陪同下前往青海湖裸鲤救护中心视察工作。

[8]8月8日，农牧厅副厅长祁生援主持在贵德县举行2010年鱼类增殖放流活动。现场放流黄河土著鱼类花斑裸鲤40万尾。

[9]12月13日，青海省副省长邓本太主持召开青海湖封湖育鱼工作领导小组会议。农牧厅副厅长祁生援汇报了第四次封湖育鱼工作情况。会议决定继续对青海湖实施第五次封湖育鱼。

[10]12月29日，青海省人民政府发布《关于继续对青海湖实行封湖育鱼的通告》。封湖育鱼期自2011年1月1日至2020年12月31日。

（青海省渔业局 朱安福）

宁夏回族自治区渔业

【概况】

1. 主要渔业经济情况 2010年，全区渔业经济继续保持快速健康的发展态势，顺利实现"十一五"各项目标任务。全区水产养殖面积40 426公顷，比上年增长21.41%。全区水产品产量12万吨，比上年增长20%。渔业经济总产值18.6亿元，从渔农民人均纯收入6 560元。全区人均水产品占有量19千克。

2. 产业发展的主要举措、成就及特点

（1）产业规模不断扩大，渔业在农业中的地位更加突出。"十一五"期间，全区水产养殖面积、水产品产量连续5年保持两位数增长。2010年，全区水产养殖面积比"十五"末的2005年增长130%；水产品产量比2005年增长106%；渔业经济总产值比2005年增长98%；从渔农民人均纯收入比2005年增长37%。渔业已经发展成为农业农村经济中一个不可替代的区域性特色优势产业。

(2)渔业功能不断拓展,渔业发展空间更加广阔。“十一五”期间,自治区党委、政府以新的理念和思路破解渔业发展难题,充分发挥渔业在农业农村经济发展、生态保护、观光休闲、文化传承的综合优势,把以水产养殖为主,水生植物种植、水上休闲旅游等协调发展的“适水产业”作为现代渔业发展的重要突破口,强力推进。特别是2009年以来,在全区示范推广稻蟹生态种养技术,实现了“一水两用,一地双收”,提高了土地产出率和资源利用率。2010年,全区示范推广稻田养蟹3.6千公顷,水生植物规模化种植0.7千公顷,休闲观光渔业场点达到198家。渔业开始由单纯的生产型产业向生态型产业、旅游文化型产业延伸和拓展。

(3)健康养殖全面推进,水产品质量安全监管更加有力。“十一五”期间,面对我国农产品质量安全出现的各种挑战,全区各级渔业部门积极应对,不断加大工作力度,全区水产品质量安全水平不断提高。水产养殖投入品使用监管制度、水域环境监测制度、生产日志制度不断完善。2010年,全区共开展无公害水产养殖水体环境监测13.3千公顷,设置水产养殖病害测报点55个,测报面积3千公顷。水生动物病害监控和防治率达到95%以上;全年检测水产品、苗种、水质、饲料样本411个,检测参数3 120个,合格率100%;外调苗种检疫率90%以上。建立完善了水产品质量安全监督抽查生产单位数据库,对全区1 331户规模养殖户纳入档案管理,重点监控,在农业部产地水产品质量安全两次例行抽检中,药物残留合格率均达到100%。全区共创建农业部水产健康养殖示范场38个,认定无公害水产品基地面积25.3千公顷,认证无公害、绿色水产品82个。

(4)渔业科技水平不断提高,科技对产业的支撑和引领作用更加明显。“十一五”期间,先后组织实施了国家自然基金、自治区科技攻关、自治区自然基金等一批重大项目。开展了湖泊湿地渔业水域环境调控、适水产业生态模式、黄河鲶人工繁育及高效养殖等研究开发,示范推广了一批养殖新品种和水产健康养殖、鱼类病害预测预报与综合防治、生态渔业、稻田养蟹等先进适用技术。2010年,加强名优鱼类健康养殖、良种繁育、稻蟹生态种养、大水面生态修复等主推技术的集成、示范与推广。全区落实水产健康养殖技术大面积推广13.3千公顷;繁育各类水产苗种6.95亿尾,全区苗种自给率达到60%,水产良种化率达到58%;培育渔业科技示范户1 100户,培训技术人员、从渔农民1.4万人(次)。主养草鱼项目、河蚌育珠项目分获自治区科技进步奖二、三等奖。

(5)基础建设不断加强,渔业支撑保障体系更加完善。“十一五”期间,国家及自治区不断加大对渔业的投入,加强渔业基础设施和支撑保障建设。渔业质量安全体系、水产原(良)种体系、渔政执法体系更加完善。截至2010年,国家及自治区投入渔业的各类项目资金达到8 000余万元,建设完成自治区渔业“三检”中心、8个县级水生动物疫病防治站和一批自治区及市(县)级水产原(良)种场。配备渔政执法车14辆、渔政执法快艇14艘,全区水产品质量检测能力、良种生产能力、渔政现代化装备水平明显提高。

(6)渔业生态保护取得新进展,可持续发展理念更加深入。建立和完善了黄河宁夏段休渔制度和渔业资源增殖放流制度。建设了黄河卫宁段兰州鲶国家级水产种质资源保护区、黄河青石段大鼻吻鮈国家级水产种质资源保护区。启动了沙湖、星海湖水生生物自然保护区建设项目。西吉震湖特有鱼类国家级水产种质资源保护区获农业部批准。全区国家级水产种质资源保护区达到3个。2010年,共向黄河及爱伊河等水域增殖放流黄河鲤、黄河鲶等经济鱼类4 678万尾,举办大型增殖放流活动6次。其中,自治区人民政府与农业部联合举办的黄河吴忠段大型渔业增殖放流活动取得圆满成功,引起了媒体和社会各界的广泛关注,产生了良好的社会效果,形成了政府主导、各界支持、社会参与的良好氛围。截至2010年,向黄河及沙湖、星海湖、阅海湖等重点湖泊水域累计投放各类经济鱼类2.5亿尾,渔业向“资源节约、环境友好”的可持续发展迈出了实质性步伐。

3. 存在的主要问题

(1)产业基础比较薄弱。渔业投入不足,部分养殖池塘老化严重,渔业生产力下降。

(2)渔业科技创新能力不强。专业技术人员不足,科技成果的储备及有效供给不足。

(3)水产养殖、运销及加工龙头企业规模小,数量少,类型单一,产业链条短,产品附加值低。

(4)渔业支撑保障体系不健全。原(良)种体系不配套,苗种自给率低,水生动物防疫检疫、检验体系亟待加强,渔政执法体系不完善。

(5)水域生态修复工作还需加强。受水体环境、鱼类投放比例、养殖密度等综合因素影响,一些湖泊湿地不同程度地出现水域荒漠化、富营养化的趋势,有的还比较严重。

【重点渔业市(县)基本情况】

宁夏回族自治区重点渔业市(县、区)基本情况

市(县、区)	总人口（万人）	渔业总产值（万元）	水产品总产量（吨）	其中		养殖面积（公顷）
				捕捞	养殖	
贺兰县	19.27	52 086.28	30 202	58	20 144	7 048
平罗县	28.84	39 886.3	27 669	50	27 619	10 506
青铜峡市	27.01	19 539.17	12 560	22	12 538	4 254
永宁县	21.15	17 978.59	9 371	3	9 368	1 467
金凤区	22.6	14 949.33	7 210	7 210	2 618	
中卫市城区	38.74	13 062.52	6 856	6 856	1 901	
大武口区	26.26	10 384.08	6 675	6 675	3 493	
兴庆区	48.39	9 761.64	4 708	4 708	1 689	
灵武市	23.7	5 538.17	3 560	3 560	1 002	
中宁县	32.4	5 513.21	2 659	20	2 369	1 834

【大事记】

[1]2月10日,针对宁夏春节前普降大雪,自治区农牧厅渔业局及时印发《关于切实加强春节期间渔业管理工作的紧急通知》,要求各地高度重视雪天防范应对工作,加强指导,确保渔业生产安全;同时加强春节期间水产品质量安全的监管。

[2]3月10日,全区渔业工作会议在银川召开。会议传达了全国农业工作会议渔业专业会议精神;表彰了2009年度全区渔业工作先进单位和先进个人;签订了2010年渔业工作目标责任书,总结了2009年全区渔业发展的成绩和经验,安排部署了2010年的重点工作。自治区农牧厅党组成员、副厅长黄全福做了题为《全面实施百万亩适水产业发展规划,奋力推进全区渔业经济再上新台阶》的主报告。

[3]3月23日,自治区农牧厅根据农业部要求,印发《关于建立健全水产品质量安全监督抽查生产单位数据库的通知》,要求各地补充完善产地水产品抽检数据库和建立苗种生产单位数据库。

[4]3月26日,自治区农牧厅渔业局印发《关于开展2010年农业部"水产健康养殖示范场"创建活动的通知》。安排布置2010年宁夏创建第五批示范场,以及开展对第一、二批示范场复查等工作。

[5]4月8日,自治区农牧厅渔业局印发《关于开展水产苗种检疫、鉴评工作的通知》。要求各地广泛开展水产苗种相关法律法规的宣传贯彻,并做好水产苗种及商品鱼检疫、鉴评等工作,确保水产苗种生产安全有序进行。

[6]4月19日,根据农业部办公厅要求,自治区农牧厅安排部署"渔业文明执法窗口单位"创建活动,要求各地高度重视,切实加强渔政机构和队伍建设,加强渔政管理工作,积极开展"渔业文明执法窗口单位"创建活动,全面做好渔业行政执法督察;并制定《宁夏2010—2012年"渔业文明执法窗口单位"创建活动实施方案》。

[7]4月21日,根据农业部要求,自治区农牧厅安排部署2010年渔业"安全生产年"活动,并制定了渔业安全生产检查实施方案。

[8]5月7日,自治区农牧厅组织召开稻田养蟹现场会。自治区农牧厅党组书记、厅长赵永彪,党组成员、副厅长马明、黄全福,党组成员、首席兽医师晁向阳出席现场会。黄全福主持现场会,赵永彪作了重要讲话。

[9]6月17日,自治区政府主席王正伟到贺兰县就现代农业进行调研,并专门考察了稻田养蟹情况。

[10]7月5日,宁夏制定了《渔业资源增殖放流实施方案》,明确了2010年全区渔业资源增殖放流的指导思想、主要目标、基本原则、组织机构、实施内容、放流活动安排、工作进度等。并对各地提出要求:一是抓好放流水域渔政管理,二是积极推行禁渔期制度管理,三是积极开展放流效果评价,四是加强对苗种供应单位的监督。

[11]7月6日,自治区党委副书记于革胜、自治区政府副主席郝林海、主席助理屈冬玉在自治区农牧厅、发改委、财政厅、科技厅等有关部门领导的陪同下,对

现代渔业进行了调研。

[12]7月20日，按照农业部的要求，自治区农牧厅安排布置渔业统计监督检查工作，明确了检查对象、内容以及时间和上报材料等。

[13]7月30日，自治区农牧厅与银川市人民政府举行2010年黄河银川段渔业资源增殖放流活动，共向黄河放流黄河鲤等经济鱼类400万尾。

[14]7月30日，由自治区农牧厅和兴庆区人民政府联合主办，自治区渔政局与兴庆区农牧局共同承办，在银川市兴庆区鸣翠湖举行增殖放流仪式。向鸣翠湖放流鲤鱼、鲢鱼、鳙鱼等300万尾。

[15]8月3日，自治区农牧厅党组成员、副厅长黄全福与福建省海洋与渔业厅副厅长李祥春在福州市签订水产业合作发展协议。今后几年，两地将在水产新品种、养殖技术，特别是在鱼种繁育方面开展广泛深入的技术交流与合作。

[16]9月19日，由农业部渔业局、宁夏回族自治区农牧厅、宁夏吴忠市人民政府共同举办的2010年宁夏渔业资源增殖放流活动，在吴忠市举行。共向黄河及其附属湖泊水域放流黄河鲶、黄河鲤、鲢鳙鱼等700万尾。

[17]9月19日，宁夏召开全区适水产业工作会议。自治区农牧厅厅长赵永彪分析总结了近年来适水产业发展经验，提出了下阶段的目标任务和工作重点。自治区政府副主席郝林海出席会议并做重要讲话。

[18]9月28日，为了扎实推进渔业"安全生产年"活动。自治区农牧厅渔业局印发《关于加强秋冬季渔业安全生产工作的通知》。要求各地一要加强领导，组织安全生产专项检查；二要落实安全责任，避免重特大事故发生；三要深入开展"安全生产年"和"文明执法窗口单位"创建活动，构建渔业安全生产管理长效机制。

[19]11月11日，宁夏回族自治区人民政府办公厅下发了《关于进一步加快全区适水产业发展意见的通知》(宁政办发[2010]168号)。《意见》明确了今后几年全区适水产业发展的指导思想、基本原则、目标任务和重点工作。《意见》的出台将有力推进宁夏适水产业提质、扩量、增效，加快实现传统水产养殖业向现代生态渔业转变。

[20]11月19日，宁夏中卫市渔政监督所被农业部授予2010年"渔业文明执法窗口单位"称号。

[21]11月25日，宁夏西吉震湖特有鱼类国家级水产种质资源保护区被农业部批准为第四批国家级水产种质资源保护区。

[22]12月16日，宁夏平罗水产协会等10家水产养殖场通过农业部第一、二批水产健康养殖示范场复查。

[23]12月20日，由宁夏水产技术推广站等单位主持的"主养草鱼综合技术试验示范推广"项目获自治区科技进步奖二等奖；由宁夏水产研究所等单位主持的"宁夏三角帆蚌繁育、珍珠培育及蚌鱼混养技术研究"项目获自治区科技进步奖三等奖。

（宁夏回族自治区农牧厅渔业局　王登科　刘　巍）

新疆维吾尔自治区渔业

【概况】 2010年，新疆水产品总产量101 063吨，同比增加6 026吨，增长6.3%；养殖面积73 289公顷，同比减少144公顷，降低0.25%；渔业经济总产值14.26亿元，同比增加2.98万元，增长26.4%。渔民人均纯收入8 441元，同比增加641元，增长8.2%。

1. 加大水产品质量安全监管力度 制定了《自治区水产品专项整治行动实施方案》并组织实施。在全疆范围内继续开展水产品质量安全、水产苗种质量安全专项整治行动，切实加强水产苗种质量安全和水产品质量安全监督抽查，认真排查水产品质量安全隐患。全年共开展水产品专项整治行动5次，出动执法人员450人(次)。对重点苗种场、无公害水产品产地、生产企业、主要销售区进行摸底调查，对生产记录、用药记录、销售记录、防疫措施等进行了认真检查。乌鲁木齐市、克拉玛依市是检查重点。这两个市对水产品批发市场、农贸市场、超市等流通环节进行了专项检查，重点检查水产品市场准入制度落实情况、水产品质量安全检测机构实施检测情况、水产品质量安全报告制度执行情况等。要求水产品经营单位建立检测报告单，检测不合格水产品记录及退市台账等档案，实现水产品质量安全追溯，严禁不符合水产品质量安全标准的产品上市交易，确保管辖区大中型水产品批发市场全部纳入监测范围。通过专项整治，未发现违法违规行为，产品抽检合格率为100%。

2. 水产养殖 积极转变发展模式，养殖品种不断丰富，名优水产品的比例逐年加大。团头鲂、罗非鱼、虹鳟鱼、加州鲈、鳜鱼、中华绒螯蟹、南美白对虾等养殖已形成规模。尤其是河蟹养殖规模不断扩大。各地积极引进资金、技术，学习外地先进经验，通过技术承包、股份合作等多种形式，池塘、稻田、水库、湖泊内的河蟹养殖都获得成功，养殖技术日趋成熟。新疆特有土著经济鱼类的养殖也快速发展，白斑狗鱼、河鲈、额河银鲫、丁鲹等养殖产量有了进一步的提高。全区名优水产品产量35 182吨，占养殖产量的36%。养殖品种不断优化,既提高了养殖效益,也满足了人们对不同层次水产品的需求。

3. 继续实施养殖业增长方式转变行动 通过实施"渔业科技入户"工程、水产养殖规范用药科普下乡活动,推广渔业主导品种与主推技术。培育科技示范户217户,带动辐射养殖面积5 067公顷,举办各级健康养殖培训班21期,培训人员1 400人。示范户在生产过程中遇到了问题,技术人员都会及时赶到养殖户的池塘边,通过观察、询问,分析问题根源,提出解决方案。同时技术人员定期打电话与示范户联系,随时掌握养殖生产情况,解决实际问题。

4. 加快水产品健康养殖示范区建设步伐 对健康养殖示范场的申报材料认真审查,逐一核实,同时,加强了养殖示范场创建活动的跟踪调查,真正发挥示范场的示范辐射和带动作用。截至年底,新增国家级水产健康养殖示范场9个,自治区级健康养殖示范场17个。2010年无公害水产品产地认定15个,面积2 000公顷,产品认证60个。并对已获证的单位进行了复查。

5. 依法强化水生生物资源养护,促进渔业可持续发展 继续组织开展向博斯腾湖、乌伦古湖、赛里木湖、额尔齐斯河、伊犁河等天然水域的渔业资源增殖放流活动。全年放流各类鱼苗1.1亿尾,投入资金3 451万元。农业部与新疆维吾尔自治区人民政府联合在博斯腾湖开展水生生物增殖放流活动,取得圆满成功。期间,投放国家Ⅰ级保护水生野生动物新疆扁吻鱼3万尾,并首次在放流鱼体内注入PIT电子标识,以便了解其生长情况,掌握放流效果。同时在其他地、州增殖放流新疆特色经济鱼类白斑狗鱼、梭鲈、丁鲹,江鳕、高体雅罗鱼、高白鲑、河鲈等濒危及经济鱼类。对保护新疆特有野生经济鱼类资源,恢复其种群数量将起到积极的作用。

6. 加强渔政管理,强化队伍建设 一是加大了重点湖区、河流的禁渔期、禁渔区管理。通过采取陆地驻守巡查,河内、湖内快艇巡查的方式,取得了良好的效果。二是加大了对水生野生动物的保护和管理力度,新疆的水生野生动物特许利用工作已基本走向正规。三是积极组织渔政执法人员,深入天然湖区、河道进行检查,依法严厉查处偷捕、滥捕的违规者,尤其在节假日和双休日期间进行密集的渔政执法检查,对渔业违法者给予了有效的震慑,确保了天然湖区、河道水生动植物的安全。四是不断加强渔政执法队伍的自身建设,组织开展各层次渔业行政执法培训班7期,培训人员320人。努力提高渔政人员的政治素质和执法水平,增强执法人员的办案能力和工作效率。五是坚持将加强渔船规范化管理和维护正常渔业生产秩序作为渔政执法工作的重点。

7. 加强渔业船舶管理工作,共建"平安渔业" 依法强化渔业船舶的安全监管。自治区水产局组成工作组,行程7 000余公里,对9个地、州(市)的27个重点县、市进行现场检查,排查处理渔业船舶安全隐患,并建立了全疆渔船基本信息数据库。同时认真落实国家支渔惠渔政策,严格做好渔船燃油补贴发放工作,燃油补贴全部核发到渔业企业和渔民手中。结合全疆水产"安全生产月"活动,开展"安全设备送上船"活动,全疆共计发放救生衣1 400件。加强渔业风险保障体系建设,中国渔业互保协会新疆办事处正式成立。

8. 深入开展渔业科研推广工作 围绕渔业优势资源养护和合理开发、名特优品种人工繁育技术研究、渔业科技成果转化、适用技术推广普及、水利水电工程环境影响评价等,进一步实施科技兴渔战略。争取国家、自治区科研推广项目11项,执行水利水电工程环境影响评价项目10项,延续执行科技推广及其他项目10项。通过新技术新模式的推广应用,使科技成果有效地转化为现实生产力,为渔业增效、渔民增收提供了技术支撑。

9. 加强水产品外销平台建设,实施水产品品牌战略 按照自治区农村工作会议精神,积极开展水产品外销平台建设工作。配合自治区党委农办编制完成《新疆农产品市场指导目录》,对进一步拓展水产品外销具有很强的指导作用。组织区内水产企业参加广州、上海、郑州、北京等地展销会。充分展示、推介新疆有机水产品牌,为水产品外销做好服务和引导工作,获得自治区人民政府表彰。

10. 切实加强项目和资金监督管理 各地渔业部门切实加强项目和资金的监督管理,按照国家及农业部有关规定和要求,完善了全区项目竣工验收制度,严格增殖放流等财政专项资金的使用,确保资金使用效果。

11. 进一步发展水利渔业 各级渔业行政主管部门已将水库渔业作为新的经济增长点来抓。伊犁、乌鲁木齐、昌吉、阿勒泰、喀什地区积极开展大中型水库增殖放流工作。尤其是伊犁河建管局在山口水库建设了鱼类增殖保护站,新建20公顷池塘用于放养各类鱼苗。累计放流高白鲑、虹鳟、鲤鱼、鲢鱼等大规格鱼种300吨。通过捕捞测定水库投放鱼类生长迅速,增殖效果明显。昌吉回族州依托水利基础设施建设,发展土著鱼类、特色冷水鱼的养殖,效益十分明显。

12. 出口创汇 2010年,水产品加工出口情况良好。博湖县蓝翔食品水产有限公司,依托博斯腾湖有机鱼生产基地,扩大水产品精深加工规模,生产冷冻池沼公鱼888吨,烤制品147吨,罐头制品50吨。实现销售收入1 412万元。

13. 存在的问题 一是渔业投入不足,渔业基础设施薄弱,鱼池老化,主养品种种质退化。二是水产技术推广体系不健全,科技队伍人员断层现象严重。三是水生动物疫病防疫及水产品质量监管职能与队伍状况不相适应,渔业水域环境和水产品质量安全监测体系不健全。四是渔业生产规模化、产业化程度不高,产业竞争力不强,优势资源转换进程缓慢。五是市场体系建设与开拓相对滞后。

【重点渔业市(县)基本情况】

新疆维吾尔自治区重点渔业市(县、区)基本情况

市(县、区)	渔业总产值(万元)	水产品总产量(吨)	其中		养殖面积(公顷)
			养殖	捕捞	
昌吉市	18 166	9 030	9 030		1 200
博湖县	11 076.64	9 020	2 781	6 239	1 880
伊宁县	6 594.9	7 192	7 192	485	
福海县	6 013.27	4 200	3 212	988	8 911
乌鲁木齐县	7 434.34	4 130	4 130	430	
呼图壁县	4 858	3 900	3 900	733	
米东区	5 838.26	3 200	3 200	168	
伊宁市	2 793	3 100	3 100	191	
温宿县	4 190.26	2 911	2 911	240	
莎车县	3 327.66	2 642	2 502	140	3 155

【大事记】

[1]3月2日,召开了自治区水产工作会议。自治区人民政府副主席钱智、主席助理王世江到会并做了重要讲话。

[2]5至6月,自治区水产局组成两个工作组深入南北疆开展调研,对全疆渔业发展现状、态势及问题进行调查分析,形成初步意见。

[3]8月6—15日,中国水产科学院院士、专家一行30余人 赴新疆调研,考察特色渔业发展现状,为新疆渔业发展献计献策。

[4]8月17日,农业部与新疆维吾尔自治区人民政府联合举办的新疆水生生物增殖放流活动在博斯腾湖举行。农业部副部长牛盾、新疆维吾尔自治区人民政府副主席钱智、农业部渔业局局长李健华、新疆维吾尔自治区主席助理王世江出席此次活动。

[5]9月10日,全国农业援疆工作座谈会在乌鲁木齐市召开。出席会议的领导有农业部部长韩长赋、副部长危朝安,新疆维吾尔自治区党委副书记杨刚、自治区政府副主席钱智。来自农业部及直属单位、国家有关部委、对口援疆农口部门、新疆生产建设兵团和新疆维吾尔自治区相关单位以及新闻媒体等代表,共200余人参加会议。

(新疆维吾尔自治区水产局 杨小蕾)

大连市渔业

【概况】 2010年,大连市渔业系统推进产业结构调整,加快现代渔业建设,渔业经济运行质量和效益保持较好发展态势。全年水产品产量193.1万吨,比上年减少17.6%;完成渔业经济总产值562.1亿元,完成渔业经济增加值278.1亿元,分别比上年增长17.3%、17.2%;实现渔业产值275.5亿元,比上年增长16.8%,其中苗种产值34.2亿元,比上年增长18.3%;出口水产品42.8万吨,比上年增长8.2%;出口贸易额15.3亿美元,比上年增长16.7%。

1. 招商引资持续推进 2010年,大连市海洋与渔业局加大招商引资力度。全市新上海水养殖、水产品加工、休闲渔业、渔港改造等项目95个,累计引进外来资金27.06亿元,实际到位22亿元。其中,3个外商投资项目增资额363.5万美元,实际到位363.5万美元。全市完成海洋渔业引进内资项目92个,总投资26.56亿元,实际到位金额21.5亿元。

2. 渔业基础设施建设不断加快 积极争取国家、辽宁省两级海洋与渔业部门和大连市人民政府支持，继续加快基础设施建设步伐。棉花岛综合执法码头建成投入使用，500吨级渔政船开工建造，三山岛管理站综合执法楼完成主体工程。积极落实市政府2010年新农村建设为民办实事中的10座渔港维修项目建设，已完成小型渔港维修17座，为6座渔港配备了渔港动态监视系统。大连高新园区龙王塘渔港荣获首批"全国文明渔港"称号。

3. 渔业管理监督力度加大 加大渔业管理力度，开展专项整治行动。加强休渔期(每年6月1日到9月1日)管理，出动渔政执法人员314人(次)，车辆46台(次)，执法船14艘，全市共查获违规渔船614艘，比上年减少27.3%，收缴罚没款534.35万元，比上年减少34.2%，休渔秩序明显好转，伏季休渔制度更加深入人心。开展港口执法检查行动和渔船安全检查工作，全市共参加港口执法检查行动416人(次)，检查港口(自然港湾)528座(次)，检查渔船2 869艘(次)，对21艘渔船予以扣港处理。清理取缔"三无"(无船名船号、无船舶证书、无船籍港)渔船44艘。严格实施渔船法定检验，全市各检验机构共检验各类渔业船舶25 266艘(次)。2010年，共参加200海里专属经济区巡航11次，航行7 500余海里，登临检查渔船138艘，圆满完成了上级下达的巡航任务。

4. 渔业公益性服务继续完善 落实国家渔业扶持政策，为渔业产业发展服务。全市渔民人身险入会20 694人，医疗险入会渔民12 134人；船舶险入会渔船2 032艘，政策性船舶险渔船入会2 834艘。中央财政补贴296万元，金州新区财政补贴配套19.6万元，大连高新区财政补贴15.7万元。全市渔业机动渔船共发放燃油补贴2.39亿元，比上年增长78.3%。进行渔船安全信息终端设备试点，实现渔船避碰和远程监控。在26条大功率渔船上安装了北斗船位导航监控设备；为395艘渔船配备了AIS自动识别避碰系统，试点工作进展顺利；配套1 130台渔用对讲机；老铁山、龙王塘、大黑山、高丽城、海洋岛5座基站已启动建设。为长海县、开发区和高新技术园区的30艘渔船安装船舶自动识别系统；为高新技术园区的25艘渔船配备全球定位监控设备、安装北斗渔船定位系统或短波定位系统。在上年第一批救生筏已经基本配备到船的基础上，以中小型捕捞船和渔业运输船为主开始发放第二批1 000个气胀式救生筏。参加"7·16"事故清理海上油污污染渔船的清洗验收工作。全市11个清洗验收点，共清洗验收渔船1 924艘，并对47艘参加海上清污过程中受损渔船和清洗不合格渔船所需补偿费用进行了评估。全市共有1 418艘渔船实施节油措施，比上年增长23.3%，其中1 150艘渔船使用燃油添加剂，268艘渔船安装了节油器。

5. 人工增殖放流规模 2010年，大连市海洋与渔业局积极与相关主管部门沟通，取得财政支持，资金投入和放流苗种数量实现大幅增长。投入1 700万元，比上年增长61.0%；全年共放流对虾、海蜇、梭子蟹、鳙鱼苗种16.7亿尾(个)，比上年增长84.9%。为科学评估增殖放流效果，聘请辽宁省海洋水产科学院为技术支撑单位，制定了《2010年大连市增殖放流效果跟踪调查与评价方案》，按照3%比例选取300艘样本渔船填报《渔捞日志》，并在7个县(区)设立15个监测点，通过回捕统计调查、放流苗种生物学测定和生长分析、渔民问卷调查等，对放流效果进行科学评估。2010年全市增殖放流生物回捕产量2 350吨，产值1.67亿元，实现投入产出比为1:10。

6. 海洋牧场建设 继续抓好海洋牧场示范区建设项目，推进以海洋牧场建设工程为主要形式的区域性综合开发。国家新批准兔岛海洋牧场示范区，使全市海洋牧场示范区达到6个。此次获批的项目由大连市海洋与渔业局作为项目的组织管理单位，市海洋渔业指挥部负责项目具体协调和落实工作。大连天川水产养殖有限公司作为项目建设单位，辽宁省海洋水产科学研究院、大连海洋大学作为项目技术支持单位。3～5月，制定了《大连市兔岛海洋牧场示范区建设项目实施方案》，6月份，对兔岛示范区建设实施方案进行专家论证。8月份依据实施方案开始人工鱼礁建设招投标。9～11月，开始人工鱼礁建造投放。截至2010年，全市累计投入资金6.8亿元，建设42处人工鱼礁区。重点推进长海县海洋牧场建设工程，全县新建深水生态渔场2处，新建人工鱼礁区8处，新改造海底面积1.7万公顷，投放人工鱼礁11万个，沉船11艘，投石41万立方米，网吊224万个，下沉浮筏0.8万台。

7. 水产养殖

(1)海水养殖。继续调整生产布局，优化品种结构，突出健康养殖和精品渔业。全市新上水产健康养殖项目63个，刺参自然海域生态育苗、毛蚶筏式养殖等健康养殖技术相继通过验收。全市范围内推行裙带菜、海带菜、鼠尾藻等贝藻间套养2 000公顷；推行虾、参、蜇、贝"一水多用"立体养殖3 000公顷；推广杂色蛤吊养200公顷，毛蚶筏式笼养300多公顷，刺参网箱养殖600余箱。全市海水养殖面积达到49.2万公顷，比上年增长36.7%；完成海水养殖产量125.8万吨，比上年减少15.2%；实现产值(不含苗种)179亿元，比上年增长21.4%；鱼、虾、贝、藻、参、蜇6大类30多个品种的苗种实现产值34.2亿元，比上年增长18.3%。

(2)水产健康养殖示范场建设。2010年，积极争取资金，全力推进健康养殖。农业部、辽宁省和市财政累计投入资金2 600万元，吸引社会投资14亿元。2010年新建水产健康养殖示范场63家，市级以上示范场累计达到271家，其中部级示范场73家、省级示范场130家，市级示范场78家。

(3)水产养殖业管理。2010年启动了新版养殖证发放的准备工作。组织全市规模水产苗种专项整治执法行动两次，抽检水产苗种检疫215批(次)，全年组织开展育苗室技术员、质检员培训3期，累计培训近400人(次)。

(4)水产原(良)种场建设。2010年，组织建设省级刺参、皱纹盘鲍、黄海胆良种场3个，大连市省级良种场达到21个。全市引进加拿大、美国、日本等地虾夷扇贝亲本2吨(8 500枚)，引进韩国栉孔扇贝15吨，引进加拿大巨扇贝500组、岩扇贝1.5吨(4 530枚)，作为贝类种质杂交改良或养殖品种储备。

8. 水产品加工 继续扶持做大龙头企业，加快推进水产品加工结构调整。全市有水产加工企业719家，比上年增加182家；加工能力153万吨；完成水产品加工产量111.2万吨，实现水产品加工产值157.4亿元，比上年增长19.8%。出口水产品42.8万吨，出口贸易额15.3亿美元，分别比上年增长8.1%、16.7%。

9. 水产品质量安全监督检查 按照2010全市水产品质量安全监控计划，大连市海洋与渔业局加强对水产品质量的安全监督检查，全年共抽检水产品1 222样次，检测呋喃类、氯霉素、重金属、贝毒等8 000多项(次)。禁用渔药检测合格率98.5%。在农业部2010年对本市海参、鲍鱼、对虾、牡蛎4次专项抽查以及对重点批发市场的4次例行监测中，共抽检产地水产品93个，药物残留检测合格率100%，市场水产品120个，合格率97%。

【重点渔业市(县)基本情况】

大连市重点渔业市(区、县)基本情况

市(区、县)	渔业总产值(万元)	水产品总产量(吨)	其中		养殖面积(公顷)	
			海洋捕捞	海水养殖	海水	内陆
庄河市	732 980	436 627	81 634	348 277	54 785	640
普兰店市	396 070	198 644	36 847	157 337	18 879	6 137
瓦房店市	228 850	120 386	63 777	54 609	16 176	1 941
金州区	171 019	182 611	55 913	126 698	12 703	
旅顺口区	208 000	177 868	62 619	114 270	26 099	
甘井子区	96 198	72 142	59 319	10 641	4 275	
开发区	116 184	133 327	13 143	119 727	17 519	
中山区	38 126	37 263	33 152			
长兴岛	55 049	34 598	18 930	15 668	8 584	
高新园区	99 155	91 021	29 062	61 959	2 137	
长海县	547 207	387 965	99 393	229 245	324 304	
花园口区	65 050	35 031	15 478	19 463	6 185	188

【大事记】

[1]7月16日，大连新港油区海域发生油污事件。7月19—26日，大连市海上清污全面展开。全市海洋渔业系统在市委、市政府的领导下，累计出动渔船7 476艘(次)，清污人员24 380人(次)，成为海上清污取得决定性胜利的主力军，使受污染海域重现蔚蓝，海水水质达到国家Ⅱ类标准。

[2]12月5日，根据《辽宁省推进农业产业化经营若干政策》和《辽宁省农产品深加工项目固定资产投资财政补助资金管理暂行办法》的文件精神，大连市海洋与渔业局集中组织筛选，确定了8个10亿元以上的渔业产业化项目。

(大连市海洋与渔业局 张则飞)

青岛市渔业

【概况】 全年坚持"护海兴渔"工作理念，以规模化、标准化、生态化为方向，着力建设现代渔业发展示范区。全年完成海洋产业总产值达 1 600 亿元，比上年增长 7%；实现水产品产值 115 亿元，同比增长 9.5%；渔业经济总产值 350 亿元，同比增长 4%；渔民人均纯收入 13 800 元，同比增长 8%。

1. 现代渔业建设 大力发展规模化标准化池塘养殖、工厂化集约养殖、深海网箱养殖，集中规划建设了 10 处渔业示范基地建设。全市完成连片改造养殖池塘 200 多公顷，全市标准化池塘养殖达到 3 000 公顷。海参养殖面积达到 3 000 多公顷，对虾养殖突破 6 000 多公顷。以组织实施市人大《关于加强人工鱼礁和海洋牧场建设的议案》(7 号议案）为契机，大力推进人工鱼礁和海洋牧场建设。继续实施渔业资源修复工程，积极开展水产苗种认购，引导社会资金投入，加大对虾、梭子蟹、牙鲆、梭鱼等优势品种放流力度。共争取各级资金 1 400 多万元，完成放流数量 6 亿单位，分别比上年增长 55% 和 20%。重点推进渔船报废、捕捞渔民转产转业，组织实施渔船网具标准化改造，积极调整近海捕捞结构和作业方式，全年压减渔船功率 1 106 千瓦。推进渔船"拆旧建新、并小建大"，加快大功率渔船的更新改造和建设，新建 110 千瓦以上渔船 120 艘。重点扶持海参、对虾、贝类、大宗鱼类等养殖品种加工企业做大做强，加大水产品宣传促销和推介力度，组织企业参加渔业品牌推介会、农产品交易会，引导企业扩大对外贸易。

2. 渔业基础建设 坚持"服务渔业、服务渔民"的宗旨，争取加大基础投入，提高渔业资源管护能力，不断改善渔业支撑保障条件。推进品牌渔业建设，大力开展水产苗种和养殖生产专项整治，完成水产品产地抽检 392 批（次），水产品综合合格率达到 100%。组织"青岛市十大渔业品牌"、"青岛市十佳水产养殖（加工）品牌"评选创建活动，着力打造青岛市当地优势水产品品牌。加大渔业科技推广，大力实施科技兴渔"双十工程"和科技入户"双百行动"。积极推广 10 个主导品种和 10 项先进技术，遴选 100 名科技指导员和 100 个科技示范户，加快渔业科技成果向企业、渔区转化。强化渔政管理，全面落实 2010 年全市伏季休渔管理工作，落实管理责任，完善工作措施，高标准、高质量抓好年度伏季休渔管理工作。加强渔船年审工作，规范捕捞许可管理，共年审渔船 5 211 艘，年审功率 15 万千瓦，实现年审率 100%。实施"平安渔业工程"，加快海上安全装备工程实施，投资 400 万元为全市 44 千瓦以上渔船配备了 AIS 防碰撞系统装备，为小功率渔船配备了新型渔用对讲机。认真落实渔业燃油补贴政策，向渔民发放补贴资金 6 851 万元，已累计发放 3.47 亿元。大力落实政策性渔业保险制度，全市渔民入保率达 95%，人均投保额度达到 20 万元。

3. 渔业执法 坚持依法管海、依法护渔，推进依法行政，严格行政执法，提升海洋管护能力。组织开展"海盾"、"碧海"、"蓝箭"等专项执法行动，从严查处海砂资源盗采、违法违规围填海、破坏海洋自然保护区及无居民海岛等案件，共查处海洋违法行为 19 起。结合"护渔"专项行动，加强对"三无"渔船的督促检查，加大非法渔具监督管理，全年查处违规渔船 206 艘（次）。积极开展水产品质量安全执法工作，对全市 400 多家苗种生产单位进行了检查，确保水产品安全供给。

【重点渔业市（县）基本情况】

青岛市重点渔业市（区）基本情况

市（区）	水产品总产量（吨）	渔业总产值（万元）	其中			养殖面积（公顷）	
			海洋捕捞	海水养殖	内陆养殖	海水	内陆
青岛市	3 507 864	1 120 026	264 065	812 642	43 319	40 101	16 182
黄岛区	59 806	29 998	4 165	25 683	150	2 972	215
崂山区	91 286	70 002	43 238	26 764		1 544	
城阳区	2 067 079	274 998	56 423	216 738	1 837	10 008	1 766
胶州市	160 379	128 002	32 002	86 574	9 426	3 137	2 295
即墨市	335 682	295 001	65 002	227 999	2 000	12 733	1 174
平度市	13 530	11 001			11 001		3 800
胶南市	584 118	300 019	63 235	228 884	7 900	9 707	2 229
莱西市	10 147	11 005			11 005		4 703

【大事记】

[1]1月15日,胶南市拟新建16条钢壳大功率渔船,建造手续获省海洋与渔业厅批准,总功率2 352千瓦。

[2]2月1日,青岛市启动了渔船船东小额贷款业务。该业务由山东省渔业互保协会在城阳区试点,与中国渔业互保协会合作,委托青岛银行具体运作,为参加渔业互保协会的会员进行小额贷款。

[3]4月1日,“胶州湾蛤蜊”获农业部颁发的地理标志保护登记证书,成为青岛市第一个水产品类地理标志产品。

[4]4月8日,青岛市组织9家水产渔业企业的部分名特优产品参加2010年西安·山东十大渔业品牌推介会。推介会期间,共签订合同5份,合同金额7 600多万元。

[5]5月6日,农业部2010年贝类监控计划在胶南市正式展开,采样组到灵山湾贝类养殖区开展“划型”采样工作。

[6]5月22日,在农业部组织的2010年第四次农产品地理标志专家评审会上,胶南市渔业协会申报的“泊里西施舌”通过专家评审。“泊里西施舌”是胶南市首个通过农产品地理标志评审的水产品。

[7]6月24—29日,由青岛市海洋与渔业局组织,中国海洋大学、黄海水产研究所、中国科学院海洋研究所、山东省海水养殖研究所等科研单位联合举办的青岛渔业“科技服务活动周”举办。主要目的是倡导推广“节能减排、低碳渔业”新观念,推广优质养殖品种与健康养殖技术,普及科学用药知识,推动现代渔业健康发展。

[8]6月30日,青岛市水产养殖疾病远程会诊系统通过专家验收。该系统由青岛市投资100万元,建设会诊站点18个,包括1个市级中心站,8个县级区域站和9个企业终端站。

[9]7月10日,青岛开发区渔政人员和群众将一条搁浅江豚放归大海。该搁浅的江豚长约2米,重150千克左右,是国家二类保护动物。

[10]7月18日至8月17日,青岛市启动水生野生动物保护“科普宣传月”活动。主题是“关爱水生动物,从我做起”。

[11]8月3—7日,青岛市海洋与渔业局与青岛农业大学农业合作社学院联合在城阳举办渔民专业合作社培训班。各市(区)分管局长及全市渔民专业合作社负责人共80余人参加了培训。

[12]8月27日,胶南市积米崖渔港和崂山沙子口渔港被农业部授予“全国文明渔港”荣誉称号。

[13]9月1日,青岛金乌贼良种场通过省级水产良种场验收,成为我国首家金乌贼良种场。

[14]10月1—30日,青岛市城阳区首届钓鱼节、第二届全国“紫水晶浩涛杯”钓鱼竞技比赛和第一届“特奔杯”全国钓鱼抛竿赛分别在流亭西女姑山垂钓基地和河套宝君成垂钓基地举办。

[15]11月5日,青岛市渔业基本情况调查和养殖发证登记工作会议在市级机关会议中心召开。

[16]11月14日,由青岛鲁海丰食品集团公司出资建造的4艘382千瓦以上的铁壳远海渔船在山东黄海造船厂正式下水首航。

[17]12月17日,由青岛市海洋与渔业局、青岛市文化广电新闻出版局、青岛市广播电视台联合主办,青岛动漫创意产业协会承办的“蓝色青岛·海洋渔业杯”动漫大赛系列活动圆满结束。

(青岛市海洋与渔业局 孙云潭 于 晓)

宁波市渔业

【概况】 2010年,全市水产品总产量97.78万吨,比上年增长4.07%;实现渔业总产值100.6亿元,比上年增长8.51%;渔业经济总产值219.9亿元,比上年增长0.5%;渔民人均纯收入16 254元,比上年增长9.49%。

2010年,全市共有海洋捕捞机动渔船6 408艘,总功率72.15万千瓦,主要从事对拖、单拖、拖虾、帆张网、灯光围网等各种捕捞作业。全年海洋捕捞总产量58.17万吨,比上年增长4.0%;海洋捕捞总产值41.98亿元,比上年增长7.92%。淡水捕捞全年产量8 124吨,比上年增长5.86%;实现产值12 314万元,比上年增长17.46%。2010年,宁波市共有31艘远洋渔船在外作业,产量35 796吨,产值32 847万元,分别比上年增长60%和100%。

2010年全市水产养殖总面积为61 660公顷,比上年减少1 330公顷。由于各地大力推广南美白对虾大棚养殖、池塘立体混养和套养技术,有效增加了单位池塘综合养殖产量,在养殖面积减少的情况下,养殖产量仍保持相对稳定。2010年全市海水养殖产量27.10万吨,比上年减少1.37%;淡水养殖产量8.12万吨,比上年增长7.62%。由于水产品价格上涨,养殖产值平稳增长。2010年全市海水养殖产值达36.30亿元,比上年增长1.9%;淡水养殖产值达15.72万元,比上年增长17.35%。

至年底,全市休闲渔业基地发展到122家,总投资达30 949万元,涉渔经营面积内陆池塘1 565公顷

(23 475亩),并有10家单位被评为省级“渔家乐”特色经营点(户),6家单位被评为省级休闲渔业示范基地。全市休闲渔业总产值达21 815万元,比上年增长5.7%。连续推出“中国开渔节”、“宁波(明凤)甲鱼文化节”等多台大型渔业休闲活动,中国锦鲤拍卖中心等一批大规模休闲渔业项目动工建设。全年休闲渔业接待游客总人数286.10万人(次)。渔文化研究工作进一步开展,渔文化网站于9月1日开通。成立渔文化书画院和渔文化乐园等,渔文化产业创意园建设得到有序推进,组建了设计创意团队,设立江东区青少年创意基地。开发渔文化工艺品,新增陶艺产品16种、工艺绣花鞋花饰20多种。

2010年争取到中央财政支持水产养殖业专项资金2 500万元,确定21个项目为中央财政支持宁波水产养殖池塘标准化建设项目,建设规模700公顷。出台《关于做好中央财政支持我市现代农业生产发展资金水产养殖产业项目竣工验收工作的通知》和项目验收评分标准。全市各地积极推进保温大棚和工厂化设施建设,延长养殖季节,提高资源利用率和单位面积收益率,保证产品质量安全。目前已推广保温大棚182公顷;底充氧技术1 448公顷;工厂化养殖近10万立方米。同时,全市13个中央财政支持的设施渔业项目动工建设。大力推广生态养殖模式,截至2010年全市已推广渔—牧—草循环轮作196公顷,渔—草轮作169公顷,并摸索总结出生态鳖套养、海水池塘海蜇与南美白对虾轮养等传统生态养殖模式。

宁波水产品出口在继2009年下半年从国际金融危机的低谷走向恢复性增长后,2010年迎来一个快速增长年。据宁波市海关提供的数据:2010年,宁波市出口水产品18.08万吨,创汇5.19亿美元,同比分别增长11.37%和38.3%。从国际市场看,市场结构在缓慢调整,新的市场开发初见成效。从出口品种看,五大主导产品即冷冻鱼糜、金枪鱼、活鳗、活鱼、鱼加工等增长强劲,价格比上年有较大幅度回升,出口总额达2.65亿美元,占全部出口额的51%,增幅均在50%以上。从出口企业看,水产龙头企业在市政府技改扶持政策的推动下,结构调整初见成效,精深加工正在形成规模,效益开始显现,全年增幅较大。

2010年全市苗种生产规模与上年基本持平,生产品种仍以梭子蟹、南美白对虾、河蟹、鲫鱼等为主。全年共育出各类虾苗88.13亿尾、鱼苗4.66亿尾、蟹类29 235千克。岱衢族大黄鱼繁育工作进展顺利,共繁育F_1代三批共计17万尾。鄞州区在成功繁育大鲵的基础上投入400万元扩建大鲵养殖基地;江北区投入800万元建造500余平方米大鲵仿生态鱼池和人工繁殖鱼池,引进45对种鲵准备开展人工繁育。

2010年度,宁波市开展了以产业结构调整为依托,节能新技术的引进推广为重点,构建节能型产业体系为目标的渔业节能工作,取得了一定效果。从2006年至今,完成市级以上池塘改造面积4 600多公顷,并继续推广大棚养殖及底充氧技术。2010年全市有33艘捕捞渔船列入报废拆解,核减功率1 400余千瓦;全市180千瓦以上的1 400余艘捕捞渔船安装柴油节能装置,延长伏休期半个月,大大减少了渔业柴油消耗量。据初步统计,全市渔业万元增加值能耗下降9.9%。

2010年是宁波实施渔业“科技入户”工程建设的第五个年头,以梭子蟹、南美白对虾、网箱鱼类及甲鱼等地方特色优势品种为主推对象,重点推广生态、高效、健康水产养殖技术。新建渔业“科技入户”示范户100户,示范面积300多公顷,示范户养殖产量和经济效益得到进一步提高。养殖病害测报工作继续推进,设置病害测报点70个。测报品种包括南美白对虾、三疣梭子蟹、青蟹、七星鲈鱼、大黄鱼和甲鱼等主导养殖品种,测报疾病达50余种。以送科技下乡服务为契机,组织专家到现场开展科技巡回服务145场(次),利用短信平台发送信息87 459条,解答养殖户各类问题756条(次)。梭子蟹等主养品种安全高效技术示范与推广获得象山科技进步奖三等奖,2名病害测报员获浙江省“优秀科技特派员”称号,1名病害测报员获浙江省农业成果转化推广奖。

继续加强水产品质量安全管理。全市累计完成地产水产品抽检样品617批(次),抽检合格率98.5%;配合农业部渔业局在产地抽检水产品86批(次),抽检合格率100%。制定《2010年宁波市深化初级水产品质量安全整治实施方案》,全市共出动检查执法人员1 455人(次)。检查养殖场489家,抽检样品714份;检查苗种场93家,抽检样品60份;检查渔船98艘,抽样样品156份。责令整改48家,行政处罚2家。加强上海世博会、广州亚运会期间水产品质量安全管理工作,准确掌握供沪(粤)水产品生产单位的基本情况,建立供沪(粤)水产品安全追溯机制,并与其签订食品安全承诺书。及时开展供沪(粤)水产品专项检测,其中供沪水产品抽检30批(次),抽检合格率96.7%;供粤水产品抽检18批(次),抽检合格率100%。2010年新认证无公害水产养殖基地40家,无公害水产品62个,新增7家农业部健康养殖示范场。

进一步强化渔业安全生产管理工作。投入安全基础保障及渔业日常安全监管经费6 000余万元。继续以象山、奉化为试点,开展渔业船舶从业人员准入登记。加大培训宣传力度,利用伏季休渔期组织开展安全示范船、文明老大评比活动。2010年市政府将完善渔港渔船安全救助信息系统列入"为民实事工程"。系统主控软件已开发完成并在市、县、乡镇(公司)各级41个监控中心投入运行,形成覆盖石浦、桐照两个国家级重点渔港和其他主要渔业码头的宁波市渔船进出港管理网络。建成AIS基站5座,安装AIS助航避碰终端3 344套,安装船载卫星信息终端2 512套,建设渔山、南韭山雷达站各一座,形成覆盖全市主要管辖海域的雷达监控网。全面推进渔船安全救生设施的配置,加大渔业船舶检验力度,推进渔港避风锚地安全配套建设。

海监渔政执法力度得到加强。共组织开展7项专项执法行动,并配合中国海监开展了2010年度浙江联合执法。全年共进行执法检查632次,参加检查人员2 645人(次),查处各类违规案件568件,罚款1 200余万元。全年巡航35航次,历时245天,航程15 600海里。协调救助行动52起,出动渔政船33艘(次),成功救助遇险渔业船舶23艘(次),救助渔民98人,投入救助经费50余万元,挽回经济损失560万元。加强重点海域水面巡护,世博会和亚运会期间共出动执法船只270艘(次),执法巡航累计188天,航程4 620海里,派出巡航执法1 350人(次),圆满完成世博会、亚运会期间水上安保任务。

【重点渔业市(县)基本情况】

宁波市重点渔业县(市、区)基本情况

县(市、区)	渔业总产值(万元)	水产品总产量(吨)	其中			养殖面积(公顷)	
			海洋捕捞	海水养殖	内陆养殖	海水养殖	内陆养殖
象山县	488 183	582 024	447 821	115 189	10 985	10 774	2 758
宁海县	151 712	141 354	9 262	126 961	4 922	15 249	2 073
奉化县	109 463	117 286	105 419	8 350	2 628	2 089	1 889
慈溪市	119 813	45 386	4 345	13 907	25 436	5 322	7 009
余姚市	63 020	29 793	1 712	194	25 592	30	5 507
鄞州区	39 750	25 549	2 445	4 681	8 886	1 013	4 815

【大事记】

[1]5月28日至6月2日,由宁波市海洋与渔业局主办、宁波市水产行业协会承办的宁波水产品成都推介活动在成都成功举行。

[2]3月11—12日,以也门哈德拉毛省省长萨利姆·艾哈迈德·赛义德·哈姆巴希为团长的也门政府海洋渔业代表团一行到象山考察当地海洋渔业经济发展情况,重点了解世界银行贷款"中国沿海资源可持续开发项目"象山项目的运作情况。

[3]11月18日,根据《交通运输部、农业部水上安全管理合作备忘录》的要求,市海洋与渔业局与宁波海事局正式签署《宁波海事局、宁波市海洋与渔业局共建海上安全与救助联合机制备忘录》。

[4]12月6日,国家安监总局局长骆琳一行考察宁波渔业安全生产管理工作。

(宁波市海洋与渔业局　殷建军　刘御芳)

厦门市渔业

【概况】 2010年,厦门渔业主管部门继续调整产业结构,努力转变渔业经济增长方式,以渔业增效,渔民增收和可持续发展为目标,坚持以市场为导向,以科技为动力,走都市化渔业经济发展道路,统筹城乡发展,推进城乡经济一体化进程,全面完成全市渔业生产的各项任务。全市水产品总产量3.79万吨,同比增长2.99%;水产品加工产量10.72万吨,加工产值17.88亿元,同比分别增长33.83%和50.50%;水产品出口量8.01万吨,出口额20 930万美元,同比分别增长100.75%和123.37%;水产品交易量9.75万吨,交易额33.36亿元,同比分别增长1.46%和2.05%。全市水产行业总产值42.84亿元,同比增长21.50%。全年渔民纯收入10 721元,同比增加3 238元,增长43.27%。

1. 休闲渔业发展 一是继续推动小嶝休闲渔村项目。指导小嶝休闲渔村获得"水乡渔村"称号。已接待游客近3万人、产值500万元。二是推动五缘湾垂钓基地的建设。目前建成基地水域面积1.5万平方米,人工鱼礁1.2万平方米,水上浮动钓台260平方米。三是促成厦门市休闲垂钓协会成立,成为全国首家休闲垂钓行业组织。四是举办第二届中国(厦门)国际休闲渔业论坛。由厦门市人民政府、中国水产学会、福建省海洋与渔业厅联合举办、厦门市海洋与渔业局承办的第二届中国(厦门)国际休闲渔业论坛于11月3—5日在厦门召开。参加本届论坛的领导和国内外专家代表共200余人,以“发展休闲渔业,创建和谐生活”为主题,从管理、学术、运营等多层次、多角度,对当前休闲渔业发展的现状、存在的问题及未来发展趋势进行深入探讨,为今后引导和促进世界休闲渔业的开拓、发展提供丰富的经验借鉴。

2. 海洋捕捞 全市海洋捕捞产量0.74万吨,同比增长27.59%。全市机动渔船1 912艘比上年1 941艘减少29艘。渔船功率24 952千瓦,比上年的22 429千瓦增加2 523千瓦。

3. 水产品加工与综合利用 一是领导重视,经常亲临生产一线,帮助解决水产企业急需。局分管领导亲自带领渔业处相关人员深入水产加工企业进行调研,与水产加工企业面对面交谈,详细了解加工生产情况,力所能及解决问题,协调相关部门帮助解决相关问题。二是整理编制最新涉渔政策。将《涉渔产业政策规定选编》打印500册分送到水产企业和渔民,为水产加工企业做好服务保障工作。三是积极推进名牌发展战略。通过多渠道、多形式向水产加工企业宣传灌输“品牌”发展益处,增强企业业主“品牌”意识。2010年华顺民生和同安源水获“福建省名牌产品”和“厦门市优质品牌”称号。

4. 实施“放心”水产品工程 一是以水产苗种质量安全为重点。开展全市苗种场拉网式检查,逐户进场核实,2个育苗场被农业部授予“水产健康养殖示范场”称号。二是加强水产品质量安全检测力度。除了完成上级监督抽查182批(次)外,厦门市海洋与渔业局还自行监测抽检201批(次),合格率98.11%。三是加强水产品质量执法检查。共出动执法人员3 380人(次),检查水产养殖场441家、批发市场经销店402家(次)。查处批发市场药物残留超标水产品5千克,发出整改通知书10份,处罚款1.1万元。四是加强水产品质量安全宣传培训力度。共举办培训班12期、1 800人(次),分发宣传材料1万多份(册)。

5. 渔业安全生产 一是扎实做好各项渔业安全专项整顿。通过开展渔业安全生产、伏季休渔监管、“护渔2010”行动、打击非法捕捞以及安全检查等专项执法行动,强化安全生产意识。共开展海上执法检查493航次,出动执法人员3 510人(次),检查渔船1 182艘(次),办结渔业案件152起,罚款金额184 550元。处罚电鱼案11起,没收“三无”渔船8艘。通过强有力的执法监管,有力地保障了渔业安全生产秩序。二是抓好突发事件警示教育,提高安全生产认识。1月11日晚翔安区发生村民夜间从事生产造成意外落水事件,经过全面细致的调查,对主要责任人违章进行夜间生产且船员未穿救生衣问题进行严肃教育,并予以500元行政处罚。同时举一反三以该案例作为警示材料进行宣传,提高渔民安全防范意识,防止此类事件再次发生。三是完善渔船安全软硬件配套,提高保障水平。按照上级的部署要求,2010年初,厦门市海洋与渔业局率先在全市所有大功率渔船上配备船舶海上自动识别系统AIS避碰设备,建立渔商船间的联系渠道,大大提高渔船的安全设施保障水平。四是开展全面安全大检查,消除安全隐患。采取市区两级渔业部门联合或与边防、公安部门联合等多种方式,对全市渔船、渔港、渔业企业开展大检查。共组织27次专项检查行动,出动执法人员562人(次),检查渔船1 125艘(次),对7艘存在违反安全规定行为的渔船当场予以纠正,处罚违规渔船8艘(次),罚款15 800元,另有2艘渔船扣证待处理。五是确保防台风安全。2010年,影响厦门的台风4个,较大的2个,各级主管部门均能按照防台风预案组织人员防御台风,确保渔船和人员生命财产安全。

6. 支渔惠民政策 一是开展渔工和渔船政策性保险。按照省海洋与渔业局有关规定,积极争取市财政的配套资金,为厦门市符合条件的渔船和渔工进行保险。2010年共办理渔工续保3 500人、渔船36艘,保费约69万元。全部完成应保任务,完成情况排在全省前例。同时,帮助渔民办理理赔手续10件,获得经济补偿20.64万元,解决了渔民燃眉之急。二是继续为捕捞渔民配发手持定位终端手机。在2008年配发1 913台的基础上,2010年又增加配备35台,目前全市已持有定位手机1 948部,占全部应配置渔船的100%。三是继续发放渔业船舶燃油补贴。严格按照条件发放,规范发放程序,杜绝违规行为。与市财政局联合制定发放方案,已全部完成2009年度第二、三批燃油补贴资金580.959 1万元的发放工作。四是开展伏季休渔渔民生活补助。为解决伏休期间渔民生活问题,厦门市率先在全省实行伏休生活补助(按城市最低生活标准)。2010年因增加单层刺网渔船伏休对象,共发放渔民生活补助178万元。

7. 渔业资源保护 一是开展水生生物增殖放流活动。2010 年已在厦门海域开展增殖放流 10 批(次),投放平均规格 5.97 厘米真鲷 77.97 万尾、6.07 厘米黑鲷 105.83 万尾。投放平均尾重 25.30 千克中华鲟 300 尾,投放全长 1 厘米长毛对虾 2 040 万尾,投放全长 1 厘米文昌鱼 13.85 万尾。超额完成农业部下达的任务。二是严格执行伏季休渔制度。2010 年伏休渔船共 1 102 艘,比 2009 年增加 816 艘,休渔渔民 2 400 人,比上年增加 1 599 人,但仍做到"船进港、网入库、证集中、人上岸"。三是制定《厦门海域水生生物增殖放流物种名录》(首批)。进一步规范了水生生物增殖放流活动。四是起草制定《厦门市渔港及渔船污染物废弃物集中处理办法》。

8. 渔港渔船管理 2010 年进村入户共办理渔业船舶年度检验 1 908 艘,占当年应检渔船 1 916 的 99.58%;五等船员考试发证 306 人,五等职务船员证书审换证 289 人,四等职务船员证书审换证 50 人,三、四等职务船员任离职签证 71 人(次)。办理船舶登记 12 艘、渔业船舶注销登记 211 艘、变更登记 11 艘、新版海洋捕捞许可证换发 1 206 艘(大中型捕捞渔船 8 艘、小型捕捞渔船 1 198 艘)。办理渔工保险续保 3 900 人、渔船保险续保 39 艘,办理船舶进出渔港签证 4 603 艘(次)。出海巡查 213 航次,出动执法人员 3 248 人(次),查处各类违法违规船舶 56 艘(次),行政处罚 7 艘(次),收缴违规作业网具 25 张。拆除厦金航道内浮标等定置设施 93 个。厦门市于 2010 年 5 月开始对所有在册渔业船舶进行实船核查,并根据核查结果变更相关数据并打印证书。目前全市所有在册渔业船舶均已配发 IC 卡,功率 44 千瓦以上渔业船舶均已安装随船卡。

9. 存在的主要问题

(1)渔业经济发展所需保障不足。一是高崎渔港管理体制不明确,至今未能充分发挥作用。二是流通领域由于政策层面的原因依然受到限制,对台湾活鱼储运等项目停滞不前。三是加工企业受大环境影响发展参差不齐。烤鳗业因活鳗持续上涨,虽然出口量增加,但出口单价增长幅度不大,出口烤鳗企业维持艰难。

(2)水产养殖业发展空间受限,导致厦门水产种苗业的发展仍然处于原始单一的状态。苗种业仍然以南美白对虾为主,一虾独大。高新、高优品种虽有但很少,尚无法形成一个产业群体。

(3)水产品出口原料较缺乏。随着出口形势好转,水产加工企业订单越来越多,由于厦门市外海捕捞与养殖萎缩,外地收购困难,原材料竞争激烈,加工原料难以保证,水产加工企业不敢下较多订单,影响企业持续发展。

(4)开展渔船手持定位终端的配备工作,为全市渔民配备 1 948 台手持定位终端。但是,手持定位终端先天不足,要更换,其资金缺口大。

【重点渔业市(县)基本情况】

厦门市(区)渔业基本情况

市(区)	渔业人口(万人)	渔业产值(万元)	水产品总产量(吨)	其中			养殖面积(公顷)	
				海洋捕捞	海水养殖	内陆养殖	海水养殖	内陆养殖
厦门市	70 583	63 590	37 940	7 364	17 717	12 859	3 594	1 587
同安区	930	13 272	4 139		420	3 719	70	241
翔安区	60 150	20 179	18 684	1 332	14 614	2 738	3 246	178
集美区	6 188	13 902	5 113	494	426	4 193	126	702
海沧区	2 678	9 989	4 546	80	2 257	2 209	152	466
思明区	637	6 248	5 458	5 458				

【大事记】

[1]1 月 28 日,厦门市渔业协会召开理事会暨迎新春座谈会。

[2]2 月 26 日,2010 年厦门市渔业工作会议在公务码头召开,厦门市海洋与渔业局局长蔺海清到会并作了重要讲话。

[3]3 月 5 日,厦门市海洋与渔业局召开全市渔业安全工作会议。

[4]4 月 13 日,厦门市休闲垂钓协会成立,成为全国首家休闲垂钓行业组织。

[5]4 月 22 日,厦门市中华鲟放流及赠港仪式在厦门旅游码头举行。

[6]4月26日,2010年伏季休渔工作会议在公务码头召开。

[7]5月7日,“十二五”都市渔业发展规划立项论证会在厦门公务码头召开。

[8]5月13日,2010年增殖放流采购在厦门市公物采购招标公司招标,中华鲟由厦门松浩实业有限公司中标,长毛对虾、真鲷、黑鲷、文昌鱼苗由厦门市水产良种繁育场中标。

[9]6月8日,结合“世界海洋宣传日”,厦门市海洋与渔业局在厦门东部海域的五缘湾内湾投放平均规格6.5厘米真鲷苗30.636万尾、7.5厘米黑鲷19.32万尾。

[10]6月25日,厦门市海洋与水产学会第五次会员代表大会召开。会议选举产生厦门市海洋与水产学会第五届理事会,赵晓武连任理事长,黄美珍当选常务副理事长,蔡锋、张钒、柯才焕、宋振荣和张曼琦当选副理事长,张曼琦兼任秘书长。选举产生常务理事21人,理事41人。

[11]7月22日,受农业部渔业局委托,全国水产原种和良种审定委员会组织专家,对国家级厦门鹭业罗非鱼良种场自2005年验收挂牌以来的工作情况进行了复查,并通过了复查。

[12]8月18日,厦门市高崎闽台中心渔港被评为第一批“全国文明渔港”。

[13]8月28日,台湾水产品第一次从大嶝对台小商品市场进入内地,品种为石斑鱼,重量4吨。

[14]9月9日,瓦努阿图农业部部长史蒂文·卡尔萨考一行4人,到厦门同安源水水产有限公司参观考察。

[15]11月3—5日,由厦门市人民政府、中国水产学会、福建省海洋与渔业厅联合举办、厦门市海洋与渔业局承办的第二届中国(厦门)国际休闲渔业论坛在厦门召开。参加论坛的有省内外嘉宾共200余人。听取了10位专家学者演讲,与会代表还到厦门市小嶝岛休闲渔村现场参观、学习、体验。

[16]11月5—7日,由厦门市海洋与渔业局、湖里区政府主办,市水产技术推广站、湖里区文体局、厦门市休闲垂钓协会、市钓鱼协会、市真德文化传媒有限公司承办的两岸三地垂钓比赛在厦门举办。来自两岸三地钓鱼选手84人、27个队,其中港、澳、台10个队、30人参加。

[17]12月1—8日,由中国海峡两岸农业协会、厦门市海峡两岸农业交流合作协会、厦门市渔业协会等单位主办的2010年海峡两岸(台湾)农渔业对接会在台湾台南县走马濑农场召开。来自渔业界专家、学者、渔会、团体等人员200多人参会。

[18]12月17日,厦兴龙水产种苗有限公司水产养殖场、厦门翔安区金海水产苗种场被授予农业部“水产健康养殖示范场”称号。有效期自2011年1月1日至2015年12月31日。

(厦门市海洋与渔业局 许金练 郑 斌)

深圳市渔业

【概况】 全市渔业系统调整渔业发展策略,结合实际提出打造都市精品渔业的发展思路,以构建“生态、健康、安全、高效、平安”渔业为目标,重点开展渔业生态环境保护,水产品质量安全管理,全力推动无公害水产品基地建设与远洋渔业发展,推动资源节约、环境友好型渔业结构的调整,以创新的理念开展工作,取得了较好的成绩。2010年全市渔业经济总产值64 364万元,水产品总产量35 130吨,养殖水产品产量5 026吨,海洋捕捞产量30 104吨。渔民人均纯收入8 893元。

1. 全力推进远洋渔业发展,力争将深圳打造成华南地区重要的远洋水产品生产、加工和交易集散中心
一是制定《深圳市远洋渔业专项经费管理暂行办法》,为远洋渔业的健康发展奠定坚实基础。远洋渔业受自然风险和市场风险的双重制约,具有投资大、风险大的特点,发展远洋渔业即开发世界海洋资源,保护本国、本地区的近海渔业资源及生态环境,既是企业行为,又是政府行为,离不开政府强有力的支持。由于随着城市化进程的推进,特别是深圳市海洋产业的高速发展以及城市景观建设的需要,近海渔业发展空间受到严重制约。因此,深圳市一直积极努力探讨出台扶持远洋渔业发展的政策。通过努力,深圳市农业和渔业局联合有关单位起草制定的《关于加快海洋产业发展建设海洋强市的若干意见》、《关于扶持远洋渔业发展若干规定》已于2008年12月3日召开的深圳市海洋经济工作会议上正式出台。2009年6月,出台了《深圳市远洋渔业专项经费管理暂行办法》。全市具有远洋渔业资格的企业已达到5家,远洋渔船91艘。二是抢抓机遇,建设世界一流的远洋渔业基地。深圳作为我国最靠近南海及太平洋岛国的经济发达的现代化城市,完全有能力建设世界最先进的渔港。深圳市远洋渔业基地已完成初步规划选址,基地建设前期工作正在紧锣密鼓开展。深圳市远洋渔业基地建成后将为全市居民饮食结构的改善、升级提供坚实保障,甚至满足珠三角地区6 000万人口对高端海产品的需求。同时利用区位优势、消费市场优势和基础设施优势,力争在

5～10年内升级为环太平洋重要的优质海产品集散平台。

2. 积极鼓励异地养殖，不断拓展渔业发展空间 为打造都市渔业，开辟一条适合深圳渔业发展的道路，深圳市农业和渔业局适时提出"走出去"的发展战略，鼓励、引导和支持深圳渔业企业向外发展，在深圳市外建立水产品生产基地。至2009年已在市外建立了水产品基地91个，面积1.46万公顷，水产品回运深圳销售达15万吨，占全市水产品供应量60%左右。市外水产品生产基地大规模的建设，不仅成功引导了深圳水产养殖业向无公害、专业化和产业化方向发展，而且通过从源头抓起，有效地保证了深圳水产品质量的安全和水产品市场的稳定。

3. 扎实抓好水产品质量安全管理，确保全市水产品质量消费安全 虽然深圳是一个水产养殖面积很小的城市，却是水产品消费大市，产品质量安全管理涉及基地的源头、产品消费的终端。按照农业部渔业局和广东省海洋与渔业局关于开展水产品质量专项整治工作要求，制定深圳市水产品质量安全专项整治方案，明确整治目标，细化整治内容。以养殖证、种苗生产许可证持证情况，生产日志建立情况，水产养殖用药情况，水产品药物残留问题，基地回运产品质量监控等为整治重点，加大抽检力度，强化监管工作，药物残留检测合格率为99.3%以上，确保了水产品质量消费安全。

4. 加强水生生物资源养护，促进渔业可持续发展 一是加大水生生物资源增殖放流力度，转变增殖放流方式，由政府主导逐步转为"政府引导、市民参与"的群众活动。市民通过捐款或捐献放流苗的方式参与渔业资源增殖放流活动，全社会对海洋生态资源保护的热情和自觉爱护海洋环境的意识明显增强，取得较好的社会效益。全市各级财政、爱心企业及个人共投入渔业资源增殖放流资金356万元，组织投放各类海洋增殖苗种5 564万尾(粒)。放流品种主要包括海水鱼苗、鲍鱼苗、虾苗、扇贝等，放流地点主要分布在大鹏湾、深圳湾、珠江口等海域。二是人工鱼礁建设工作走在全省前列。至2009年，2.65平方公里的杨梅坑人工鱼礁区已建设完成；广东省第一座开放型2.54平方公里的鹅公湾人工鱼礁区正在建设中，这将为全省乃至全国开放型人工鱼礁建设积累经验；2.15平方公里的东冲—西冲人工鱼礁区已完成项目立项工作。深圳市人工鱼礁建设正在按规划稳步推进。

5. 积极推进"安全生产年"各项工作，强化渔业安全生产监督管理 一是召开全市渔业安全生产会议，总结渔业安全生产工作的经验和存在的不足，层层签订《渔业安全生产管理责任书》，落实安全责任。二是制定《深圳市2010年渔业安全生产年活动工作方案》，扎实开展渔业安全生产执法、治理和宣传教育"三项行动"。结合深圳市渔业安全生产工作会议精神，重点对渔船通信、救生、消防、信号等安全设备配备及使用情况、船员配备及其安全技能实际操作情况、渔港安全基础设施配备及运行情况、安全生产责任制及突发事件应急值班和处置措施落实情况等进行全面深入排查。三是认真做好休渔期、台风季节渔港、渔船安全的前期准备工作，做好渔港、渔船的安全管理。在防御"浪卡"、"莫拉菲"和"巨爵"台风时，严格落实值班、风情汇报、电话通知记录等制度，层层落实责任，在台风袭击深圳市期间，未发生渔民生命和财产损失的情况。

6. 积极落实渔船柴油补助政策 为了把惠及广大渔民群众的补助资金及时发放到渔民手中，做到公平、公正、透明，深圳市农业和渔业局成立了渔用柴油补贴工作领导小组，并积极与财政部门沟通制定补助方案，与渔政支队、各区渔政大队认真核算渔船数量、功率，并在报纸、渔港码头进行公示。力争做到准确、及时。

7. 渔政管理

(1)进一步加强水产品质量执法管理。深圳渔政支队找准水产品质量安全执法突破点，对生产记录不全的5个生产单位发出整改通知书，立案调查3家水产苗种检测结果超标的公司，并按规定给予处罚。水产品质量安全管理执法工作取得突破。

(2)休渔工作顺利实施。全市1 116艘渔船(其中港澳流动渔船717艘、本港渔船399艘)按要求安全、顺利地实施休渔。休渔期间加大打击违规捕捞行为，特别针对少数不法分子利用小竹排进行长笼网作业的现象，开展专项行动，查获各类违法船舶67艘，没收竹排14个、长笼网1 560张23 000多米。

(3)进一步规范休闲渔船管理。按照《广东省休闲渔业管理试行细则》，对准备从事休闲渔业的39艘渔船加强现场检验，对"高龄、高危"且无法通过整改达标的渔船，明确禁止从事休闲渔业。逐步规范休闲渔船管理，开展一系列打击渔船非法载客专项行动，在广播电台滚动播出安全通告，有效遏制渔船非法载客的发展势头，保障游客安全。

(4)大力开展专项执法。全市渔政船出航2 233天(次)，渔政快艇出航6 650小时，检查渔船9 692艘(次)、养殖渔排200处。查处违章渔排520平方米，查处"三无"渔船110艘，整改隐患14处。查处渔船违规案件455宗，罚款27.244万元。

(5)切实抓好渔业安全管理。24 小时待命,随时出动,积极搜救,参与出海搜救 68 次,搜救人员 35 人,救助渔船 9 艘,挽回经济损失 50 多万元。早抓、早防、早部署,积极应对台风及其他灾害性天气,实行领导带班、值班科长负责、值班人员坚守岗位的 24 小时值班模式,成功抵御了"浪卡"、"莫拉菲"等台风,无人员伤亡,并将损失减少到最低。充分利用休渔期间开展消防救助宣传、演习和职务船员培训工作,尝试"三加一"培训模式,将消防救助与防台风宣传教育工作贯穿其中,并将其作为培训考核的一项必备指标,培训港澳流动渔民和本地渔民 820 人次,船东船长 436 人(次)。

8. 港澳流动渔民管理 深圳市港澳流动渔民工作以做好港澳流动渔民服务工作为中心,努力构建港澳流动渔民现代渔业。在深圳市注册的港澳流动渔船有 1 045 艘,人口 3 348 人,渔船总数比上年增长 0.8%。流动渔民在深圳市交售鱼货约 3.4 万吨,同比增长 3.3%;全年缴交渔业资源增殖费、渔港建设费 106.14 万元,依法纳税 3 000 多万元;每月雇请渔工 1 700多人(次),为广东省渔区解决了部分闲散劳动力就业问题,也为全市水产品加工、流通环节提供了 3 000个就业岗位;对生活困难的流动渔民拨出近 5 万元困难补助;处理流动渔民工伤保险 48 宗,及时将 19 万多元工伤保险赔偿金送到渔民手中;对依法休渔的渔船补助 106.8 万元,对符合上半年渔业油价补贴的 548 艘捕捞船拨付补贴 19 87 万元。

【重点渔业市(县)基本情况】

深圳市重点渔业区基本情况

区	总人口(万人)	渔业总产值(万元)	水产品总产量(吨)	其中		养殖面积(公顷)	
				海洋捕捞	海水养殖	内陆养殖	海水养殖
龙岗区	432.5	12 058.92	6 933	3 529	2 780	85	874
宝安区	317	9 726	840	840	827	360	843
南山区	100	3 950	11 584	6 310	5 274		20

【大事记】

[1]5 月 8 日,深圳市政府与中国农业发展集团总公司签订《战略合作框架协议》,为深圳市远洋渔业基地的规划、建设,特别是引进国内远洋渔业大型龙头企业共同参与深圳市远洋渔业基地规划、建设及产业发展方面起到了重要作用。

[2]5—6 月份,深圳市农业和渔业局组织了专家组、资料档案组、产品回运组联合检查,对 108 个水产基地、45 家企业采取重点抽查与随意抽查相结合的方式,开展水产品生产基地大检查。对检查中发现的问题,采取有力措施认真整改。

[3]5 月 12 日,召开全市渔业安全生产会议,总结渔业安全生产工作的经验和存在的不足,层层签订《渔业安全生产管理责任书》。

[4]6 月 6 日,广东"休渔放生节"暨深圳市渔业资源增殖放流活动在龙岗区南澳街道办事处杨梅坑举行。

[5]6 月 22 日,《深圳市远洋渔业专项经费管理暂行办法》正式印发,为贯彻落实远洋渔业扶持政策,促进深圳市远洋渔业快速发展奠定了坚实基础。

[6]7 月 18 日,"国际海洋日"暨深圳渔业资源增殖放流活动在蛇口举行。

[7]11 月 3 日,深圳市副市长张思平主持召开会议,对深圳市远洋渔业基地选址问题进行了专题研究。根据《关于研究我市远洋渔业基地选址方案有关问题的会议纪要》,市政府原则同意宝安新渔港作为深圳市远洋渔业基地建设的首选地址。

(深圳市农业和渔业局 袁振江)

新疆生产建设兵团渔业

【概况】 2010 年,新疆生产建设兵团各级渔业部门认真贯彻落实农业部及兵团党委各项决策部署,围绕"抓住水产品质量安全一条主线,发挥鱼类资源、水域环境、市场空间 3 个优势,突出特色鱼类、休闲渔业 2 个特色、实现渔业增效、职工增收 1 个目标"的发展思路,加快渔业资源养护和特色优势资源开发利用,加快养殖品种结构调整,积极推进健康养殖,提高水产品质量安全水平,确保水产品市场有效供给,保持了渔业稳定发展的态势。2010 年,兵团养殖水面 3.3 万公顷,同比增长 1.5%;水产品总产量 2.65 万吨,同比增长 12.4%;渔业产值 3.04 亿元,同比增长 24.59%。人均水产品占有量10.30千克,同比增长12.45%。繁育各类鱼苗8.11亿尾,生产各类鱼种2 893吨。

1. 水产品质量管理 统筹部署,采取多项措施,全面提高兵团水产品质量安全水平。主要有:根据农业部及兵团文件要求,制定了《兵团2010年深化水产品质量安全专项整治实施方案》。为加强兵团水产品质量安全监管,全面提升渔政执法人员综合素质,积极推进兵团水产品无公害认证工作的全面开展。5月4日至8日,兵团水产局联合兵团农产品质量安全中心举办了一期渔业行政执法暨无公害水产品内检员综合培训班,来自各师及兵直相关单位的渔政及渔业技术人员90余人参加了学习,并取得了农业部颁发的无公害水产品内检员合格证。加强农八师等重点产区的水产品质量的督察和抽检工作,保障水产品质量安全。

2. 水生生物资源增殖放流 9月18日,兵团2010年渔业资源增殖放流仪式主会场在农一师塔里木灌区水利管理处多浪水库举行,并在农八师大泉沟水库、农九师乌什水水库、农十师顶山水库设立分会场。此次活动分别向农一师的多浪水库、农八师的大泉沟水库、农九师乌什水水库、农十师顶山水库等4个放流点投放鲢、鳙、草、鲤、鲫及河鲈、丁鲹等各类鱼种450万尾,投入资金340万元,以期恢复了水库渔业资源。

3. 苗种管理 认真开展苗种安全生产专项联合检查。6月28日至7月2日,与自治区水产局组成兵地联合检查组,分别对伊犁、博州等地和兵团农四师、农五师的苗种生产进行了专项检查,确保了水产品苗种质量。6月8日,兵团农八师大泉沟水产苗种场正式挂牌新疆首家自治区级水产良种场,兵团水利局副巡视员刘长明、自治区水产局局长古力努及有关部门领导出席了揭牌仪式。

【渔业油价补助】 根据《渔业成品油价格补助专项资金管理暂行办法》的要求,兵团、师水产局认真组织符合油价补助条件的渔业生产者完成了补助申请、初核、汇总、公示、补助发放工作。兵团渔业油价补贴工作已于2010年11底完成,补贴用油量316吨,补贴金额45万元。

【重点渔业生产单位基本情况】

新疆生产建设兵团重点渔业师基本情况

单位	总人口(万人)	渔业产值(万元)	水产品总产量(吨)	其中		养殖面积(公顷)
				养殖	捕捞	
农一师	29.21	4 644	3 369	3 369		8 529
农二师	19.46	3 079	2 713	2 713		711
农四师	22.07	3 869	3 904	3 834	70	687
农八师	58.73	4 578	5 027	5 027		2 747
农十师	7.51	6 048	3 916	3 743	173	9 667

【大事记】

[1]6月8日,兵团农八师大泉沟水产苗种场正式挂牌新疆首家自治区级水产良种场,兵团水利局副巡视员刘长明、自治区水产局局长古力努及有关部门领导出席了揭牌仪式。

[2]9月18日,由新疆生产建设兵团水产局组织的增殖放流主会场活动在兵团农一师塔里木灌区水利管理处多浪水库进行。2010年兵团分别向农一师的多浪水库、农八师的大泉沟水库、农九师乌什水水库、农十师顶山水库四个放流点投放鲢、鳙、草、鲤、鲫及河鲈、丁鲹等各类鱼种450万尾,投入资金340万元。

(新疆生产建设兵团 王雪梅)

全国渔业重点事业单位

农业部渔政指挥中心

【渔政执法】

(1)专属经济区巡航工作。2010年,专属经济区巡航的重点是围绕南沙、西沙、钓鱼岛等敏感海域维权护渔,防止我渔船进入涉朝韩敏感水域非法捕捞。为此,指挥中心进一步组织和加强了港口和海上巡航执法力度,强调要突出抓好重点海域、重点时段、重点对象的监管,遇到突发情况,严格按有关应急预案进行处置,同时推进并建立军队与中国渔政海上行动协调配合机制。全年累计巡航291航次,航程24万海里,登临检查渔船3 121艘(次),其中外国渔船83艘(次)。根据南海局势的新变化,及时调整南沙巡航护渔工作思路,采取为我南沙生产渔船伴航式护渔方式,调动并指挥巡航渔政船500多艘(次)为南沙渔船提供现场保护。先后7次与外国22艘武装舰艇正面周旋,成功解救已被外方控制的我南沙渔船12艘、渔民100多人,并掩护近百艘渔船脱离险境。一定程度上扭转了以往我南沙渔船被外方任意抓扣的不利局面,保护了渔民生命财产安全。与有关部门建立协调工作机制,共同加强西沙管控,有力打击外籍渔船在我西沙海域的侵渔活动。稳步推进北部湾渔业联合监管工作。钓鱼岛"撞船事件"发生后,根据外交部的部署,组织了东海区、南海区和黄渤海区的6艘渔政船赴钓鱼岛开展四批(次)9航次的维权护渔工作。巡航覆盖了钓鱼岛及其附属岛屿的所有海域,巡航面积23 380平方公里,航程13 000余海里。为防止我渔船非法进入涉朝韩敏感水域,抽调相关部门20多艘渔政船组成应急执法船队不间断巡航,保证了海上形势总体平稳可控。

(2)重大渔业执法行动。2010年是农业部组织实施"护渔"系列执法行动的第5年,重点是强化渔船标识管理工作,注重强化整合渔政、港监、船检力量,开展交叉检查,督促工作开展。协调国家工商行政管理总局有关部门,继续联合开展电脉冲非法捕捞专项整治工作。继续开展长江禁渔管理行动和北太平洋公海渔业执法活动。在北太平洋查获了1艘无国籍的非法流网作业渔船。经过调查取证对2009年查获的在北太平洋公海非法从事流网作业的渔船进行处理并结案。加强水产养殖与水产品质量安全执法。印发了《关于全面推进水产养殖与水产品质量安全执法工作的指导意见》,组织修订了相关执法培训教材,督促各级渔政执法机构全力组织执法活动。确保水产苗种和产地水产品抽检阳性样品案件查处率达到100%。

【渔业事件应急处置】

(1)渔业应急管理法规和制度建设。完成了《中华人民共和国渔业船舶水上事故报告和统计规定》的修订工作并颁布实施。继续推进《渔业海上交通事故调查处理规则》的修订工作。启动了《渔业船舶水上安全突发事件应急预案》的修订工作。

(2)渔业安全突发事件应急处置工作。继续强化24小时应急值班和领导带班制度,有效应对台风和渔业船舶重大险情以及涉朝韩敏感水域、钓鱼岛水域和南沙水域重大涉外突发事件。1~12月共处理重大事故和险情30起、较大事故和险情76起、重大涉外突发事件10起。开展渔船水上安全突发事件应急救助演练,进一步提高渔业安全管理水平,推进"平安渔区"建设。全年共协调各级渔政渔港监督管理机构组织渔业力量参加海上救助1 020起,救助渔船1 582艘、商船等非渔业船舶18艘,救助渔民5 995人,救助其他遇险人员93人,挽回经济损失4.46亿元。

(3)渔业海事纠纷调处工作。拓宽渔业海事纠纷处理渠道。在8个重点渔区的渔港监督机构加挂"中国海事仲裁委员会渔业争议解决中心(××地方)办事处"牌子,推动渔业海事仲裁顺利开展。

【水生野生动物保护管理】

(1)自然保护区建设管理。2010年经国务院批准新建立1个国家级水生生物自然保护区,国家级保护区建设数量达到16个。3个申报晋升国家级的省级自然保护区通过了评审。加强对保护区内工程建设项目的监督管理,开展专项检查,并对3起违规工程进行调查处理。做好水生生物自然保护区建设规划的编制,积极争取国家有关部门的支持,加大对保护区扶持力度。

(2)珍稀濒危水生动物放流。组织在长江、黑龙江流域等水生生物重要栖息地和自然保护区内,放流中华鲟、鲟鳇鱼、胭脂鱼、松江鲈鱼、海龟、大鲵等珍稀濒危水生动物1 300多万尾。做好《珍稀濒危水生动物放流规划》的修改、完善和组织实施工作。组织制订了中华鲟、黑龙江鲟鳇鱼、大鲵、胭脂鱼等珍稀濒危水生动物增殖放流技术规范。

(3)国际履约及水生野生动物特许经营利用管理。出席濒危物种国际贸易公约(CITES)第十五次缔约国大会,积极推动水生野生动植物保护国际合作与交流。加强特许利用和进出口审批管理,2010年共办理水生野生动物特许利用等行政审批408件。开展对海洋馆和水族馆等展演场馆水生野生动物驯养展演活动的管理。在全国组织开展水生野生动物保护"科普宣传月"活动,包括香港在内的我国各地海洋馆、水族馆、保护区、救护中心等100多家单位参加了活动。建立和完善水生野生动物及其产品的鉴定制度和鉴定体系,为执法和司法提供依据。组织成立了全国海洋珍稀濒危野生动物救护网络。

【渔政信息化管理】

(1)渔业安全监管信息系统建设。组织制订并出台了《渔业船舶船载北斗卫星导航系统终端技术要求》、《渔船自动识别系统设备技术要求》、《渔船通导设备配备标准》、《全国渔船安全监管信息系统平台建设规范和标准》和《渔港视频监控系统建设规范》。各地渔业安全监管信息化建设进一步深入,福建、海南、广西、上海等地积极争取财政投入,开展监管系统建设。集中组织维护全国海洋渔业安全通信网岸台,有效提高了渔船安全通信保障能力。据统计,2010年,全国海洋渔业安全通信网岸台共处理遇险、求救信号2 297次,救助船舶779艘(次),救助人员4 167人(次),挽回经济损失26 968万元。播发气象、航行报警34 857次。

(2)中国渔政管理指挥系统建设。2010年中国渔政管理指挥系统扩展了管理软件功能,保障了主要业务管理软件的正常运行。系统录入的各类渔业基本数据信息不断增多,已达到50多万条。指挥系统二期建设项目已批复,项目总投资2 356万元,主要用于增加内陆信息站点建设、开发部分软件、提高系统安全性能等。

【渔政队伍建设】

(1)渔政队伍规范化建设。继续推进基层渔政机构纳入或参照《公务员法》管理和自收自支单位整改工作。以"渔业文明执法窗口单位"创建活动为契机,通过制定《2010—2012年"渔业文明执法窗口单位"评选办法》和《"渔业文明执法窗口单位"创建活动实施方案》,把规范化建设的目标要求融入创建活动中。2010年评选出34个文明执法窗口单位。在全国渔政系统内公布了各地渔政机构参照《公务员法》管理的进度和尚未整改的自收自支单位情况,要求加快对自收自支单位的整改。全国已有10个省(自治区、直辖市)自收自支单位完成整改。起草了《渔业执法督察工作程序和规范》,逐步建立渔业执法督察工作机制,执法督察工作有序开展。

(2)渔政基础设施建设。就执法证管理、制服管理和渔政装备的标识使用管理等方面起草或修订了相关的规章制度,确定了渔业执法船标准船型,建立全国渔政执法船舶数据库。对2009年渔政艇建设项目进行建造监管,完成了对2008年渔政艇项目的检查验收和2010年渔政艇的招投标工作。

(农业部渔政指挥中心　易　林　陈　杨)

农业部渔业船舶检验局

【概况】 2010年,农业部渔业船舶检验局紧紧围绕农业部中心工作,根据全国渔业工作会议和全国渔业船舶检验工作会议的工作部署,严格履行技术监督职能,认真谋划渔业船舶检验重点工作思路,全面推进渔业船舶监督检验及渔机监督检验工作。在已经开展检验业务工作的29个省(自治区、直辖市)中,初步统计受检渔业船舶达到58万艘,检验率达到80%;认可渔业船舶修造企业达到1 054家,渔业船舶设计单位达到113家;船用设备类产品检验达到50万台(件)。在保障渔民生命财产安全,保障水域环境、促进渔业持续健康发展方面发挥了积极作用。

【重点工作】

(1)围绕平安渔业建设,开展渔船及船用产品质量安全大检查。按照国务院办公厅及农业部办公厅关于渔业安全生产的总体要求,全国各级渔业船舶检验机构结合"安全生产年"的要求,在加强渔船及船用产品日常监督检验工作基础之上,开展质量安全大检查。一是对老旧渔船等适航状况差的船舶,从抓检验工作程序、检验工作质量及船舶修造企业的监督管理入手，通过一线验船师检验监督，扎实开展大检查活动，并及时总结、分析存在的问题，将大检查情况报告农业部安委会。二是通过对渔船最基本的海上安全应急遇险通信设备开展质量抽检活动，以此带动全国渔船船用产品质量监督上台阶，进一步抓好渔船安全设备检验质量关，促进船用产品抽检检测制度形成。

(2)集思广益探索新思路，全面谋划新时期船检发展之路。为认真谋划新时期船检工作，广泛开展工作调研，积极听取意见和建议，进一步理清工作思路。一是组织召开了"十二五"检验装备建设规划编制座谈会，与全国检验系统的专家共同商讨船检工作思路。根据会议确立的规划编制思路、建设重点，及时将渔船检验装备建设"十二五"规划编制上报农业部渔业局和发展计划司。二是召开了部分沿海渔船检验局局长座谈会和全局理论中心组学习会，认真分析船检工作当前面临的新形势和新问题。特别是现代渔业建设和船舶工业发展对船检工作提出的新要求，对"十二五"期间渔业船舶检验发展思路进行了探讨。三是联合9所国内知名船舶、海洋院校以及部分中央渔业事业单位、多家渔业船舶行业科研、设计、检测、装备制造单位在北京召开了渔业船舶安全与节能工程研讨会。会议从渔船安全技术状况评价研究、渔船节能技术及标准化发展研究等方面探讨了我国渔业船舶安全及节能工程工作。此次研讨会为全面客观评价我国渔船安全技术状况，深入分析我国渔船节能技术状况，推进渔业船舶装备现代化建设从理论上迈出了坚实的步伐。同时，探索标准船型评价推广思路，研究制定了"安全、节能、环保、经济"标准渔船船型评价推广工作方案，为下一步开展船型评价工作打下理论基础。四是学习研究农机补贴政策，积极开展渔机补贴工作。受农业部渔业局委托，组织专家分析论证渔机纳入农机补贴的重点和方向，提出了渔机纳入农机补贴的产品目录、标准和范围，及时上报了农业部渔业局。

(3)加强队伍建设，提高履职服务能力。加强全国船检系统队伍建设，提高队伍依法履职的能力和水平，是农业部领导对船检工作提出的要求。在充分调研和征求意见的基础上，采取有效措施，加强船检队伍建设，全面提高依法履职服务能力。一是在山东省举办一期上岗资格考试培训班，为沿海部分地方检验机构和近几年尚未取得验船师资格的人员提供一个取得上岗资格的机会。并首次采用计算机无纸化考试，为明年大规模上岗资格培训摸索有效经验。二是与交通运输部船级社在上海合作举办渔业船舶检验管理高级研讨班。通过部委间联合开展培训的形式，起到相互借鉴交流，达到促进验船师培训工作和提高渔船检验管理工作水平的目的。三是抓住"中国渔政310"载机渔政船和"南锋"渔业科学调查船的建造检验机会，以高度的政治使命感和责任感，围绕提高船舶的安全性，适时组织中高级验船师进行现场交流，拓展检验思路，为我国海洋维权执法和扩展渔业资源服好务，提高依法履职服务现代渔业的能力。全年共培训了160名验船人员，其中初级人员100人，中高级人员60人。

(4)推进法规建设，明确船检法定职责。按照《农业部办公厅关于印发〈农业部规章和规范性文件清理工作方案〉的通知》要求，利用法规清理的有利时机，切实推进技术法规建设。一是结合"十二五"规划编制的契机，对渔业船舶检验适用的多部国际公约、议定书进行了梳理，对我国多部法律、法规中涉及渔船检验的法定职责作了进一步的明确。二是对船检局职能范围内规章和部发规范性文件进行全面清理，特别是针对当前非法建造渔船的严重事件，修改了《渔船修造厂认可办法》(该修订办法已由2010年第11号部令公布实施)。对违反有关渔船管理规定的企业提出了处罚规定。三是积极完善渔船检验技术法规，确立了渔船检验工作规范程序、检验标准。

(5)推进远洋渔船检验管理创新，完善检验工作机制。在实施远洋渔船检验计划管理的基础上，增强境外检验点支撑作用，探索建立政府服务境外延伸平台，完善远洋渔船检验管理工作机制，不断提高远洋渔船检验工作质量。一是以建立检验质量保障机制、检验结果可追溯制度和重点船舶全程技术状况跟踪与技术服务机制为重点，强化远洋渔船现场检验监督管理，使检验与服务贯穿于船舶生产作业全过程。二是组织开展远洋渔船船舶技术状况预检及自查活动，推动企业建立健全质量管理体系，切实落实远洋渔业企业安全生产的主体责任。三是检验服务进企业，提前把检验计划发送给远洋企业，使企业更清楚地掌握所属船舶所在检验计划情况，合理安排检修。

(6)积极参与国际渔船管理事务，国际交流与合作不断深入。一是伴随着渔船检验事业的发展，逐步加强了与国际海事组织的密切联系。面对《国际渔船安全公约1993年议定书》生效压力，组织开展了中日韩三方关于渔船公约研讨会。结合我国渔船管理情况提出积极、合理提案，维护我国渔船权利。二是积极参与国际渔船安全性推荐标准的研究工作，逐步树立了我国在国际海事界的重要地位。三是加强了与周边国家和地区的船舶检验业务的交流与合作，促进地区间的船舶安全管理和船舶技术的健康发展。

(7)深入开展创先争优活动，打造"三型"队伍。

按照农业部创先争优活动的统一部署和要求，紧密结合船检局工作实际，及时研究制定了创先争优活动实施方案，提出了“强化组织基础、提高队伍素质、立足本职岗位、服务船检事业”的争创主题。把创先争优和日常工作融为一体，全力打造学习型党组织、制度型机关、和谐型集体。

【存在的问题】 当前，我国的渔船检验事业已进入了一个新的发展阶段。一是面临着新形势，即船检工作是渔船安全管理的第一关，是节能减排的第一环，船检工作越来越受到重视；二是出现新问题，即部分渔船不符合政策要求不能检、也无法检，检验人员技术水平差、检验手段落后以至检不了；三是提出了新的要求，即随着责任追究的深入，渔船检验一定要实船检验、登船检验，确保检验到位；四是国际海事公约法律对渔船安全不断提出了新的挑战。在新的发展阶段做好百万艘渔船法定检验工作是一个长期、艰巨和繁重的工作，许多突出问题，需要引起高度重视。

(1)全国渔业船舶安全技术状况形势严峻，需要全面评估。我国大量渔船船龄老化严重，渔船技术装备相当落后，捕捞装备缺乏安全技术设计，船型混杂，存在较大安全隐患，与发达国家及船舶工业的发展状况相比具有相当大的差距。由于对全国渔业船舶安全技术状况仍没有一个最基本的技术评价体系，从一定程度上制约了渔船安全管理水平的提高和渔船工业技术的提升。

(2)渔船检验基础建设薄弱，技术监督检验检测装备缺位。渔业船舶检验机构自成立以来，我国渔船检验技术监督检验检测装备建设一直以来是空白。由于各级检验机构基础设施建设长期没有投入，检验装备远远无法满足渔船检验队伍技术监督的需要。检验人员的检验手段落后，仍处于“眼看、耳听、手摸、锤子敲”凭经验的初级检验阶段，与现代造船及检验技术不相适应，严重影响检验质量。

(3)队伍建设有待加强，技术监督力量严重不足，技术水平和能力很弱。由于重视不够，缺少培训投入，当前验船师队伍不稳定，人员老化，人才流失严重。大量的验船师对现代船舶工业知识、先进的船舶设计建造技术及国际公约缺少学习机会，知识结构亟待更新。由于渔船验船师长期缺少培训和提高业务能力的机会，与交通运输部船验机构及其验船师水平的差距在不断加大。

(4)渔船检验法制建设亟待加强。当前渔船检验工作质量监督考评体系尚未建立，渔船检验工作机制与当前渔船检验的实际状况不相适应；验船人员依法行政观念淡漠或缺失现象严重，与依法检验的阳光许可要求还不相适应，渔船检验法制建设亟待加强。

(农业部渔业船舶检验局　罗建军)

农业部黄渤海区渔政局

【伏季休渔】 2010年的伏季休渔管理，按照农业部的统一部署，结合黄渤海区的新情况、新特点，黄渤海区渔政局提出了管理的“三个重点”，即重点加强涉朝韩敏感水域及丹东、威海地区的管理，重点加强伏休中、后期的管理，重点加强赴朝鲜东海岸作业渔船、异地靠港休渔渔船、科研特许捕捞渔船和集团性、规模型船队的管理。还专门组建了一支海上执法特别行动队，集中力量打击集团性、群体性和带头违规行为，严厉查处了一批违规渔船，确保了伏休大局稳定。

【涉外渔业管理】 面对复杂多变的周边形势，黄渤海区渔政局按照中央和农业部的统一部署，从讲政治、讲大局的高度出发，全力做好涉外渔业管理工作。特别是将涉朝韩敏感水域管理作为全局工作的重中之重抓紧、抓实、抓好。在“天安号”事件和朝韩延坪岛炮击事件发生后，第一时间启动了应急预案，组织了26艘渔政船在海上设立了控制防线，24小时不间断地加强巡航管理。并与海警等部门建立了联合监管机制。为更好地做好涉外渔业管理工作，黄渤海区渔政局从入渔管理入手，提高了入渔渔船申请门槛，实行了“一证一书一标志”的新管理措施。全年入渔1 737艘，入渔率为96%。同时海上设立了50艘信息船，派出9名渔政检查员随渔船出海作业，深入一线了解和掌握作业情况，为有针对性地开展海上管控工作提供了重要依据。根据2009年黄渤海区渔政局与韩国西海地方海洋警察厅签署的合作协议，2010年6月在烟台成功举行了首次中韩联席会议，与韩国海警部门形成了比较稳定的沟通与交流机制。2010年全海区涉外违规案件比2009年减少了23%，是《中韩渔业协定》实施以来下降幅度最大的一年。按照中韩执法会谈有关内容，黄渤海区渔政局与韩国成功交接6艘(次)涉韩违规作业渔船。

【钓鱼岛海域和北太平洋巡航护渔管理】 按照农业部统一部署，2010年10月14日至11月5日，黄渤海区渔政局派出渔政118船与中国渔政202船组成巡航编队，历时23天成功执行了钓鱼岛巡航护渔任务，有效维护了国家海洋渔业权益，保护了我渔民的生命和财产安全。7月20日至8月27日，中国渔政118船同中国渔政202船组成巡航编队，圆满完成了2010年北太平洋公海渔政巡航管理任务。本次巡航历时39天，巡航895.5小时，航程7 685海里，观察记录渔船137艘(次)，登临检查慰问渔船5艘(次)。

【整治跨界定置渔业专项行动】 近年来，定置渔业跨界作业日趋增多，引起渔场属地渔民的强烈不满，在一些地区还引发了群体上访事件，严重影响了渔区的和谐稳定。为此，4月初，黄渤海区渔政局在广泛调研的基础上，组织渔政执法力量并联合海警、边防和海事部门，开展了为期一个月的专项检查。这次行动中，全海区各级渔业主管部门共组织专项检查48次，出动渔政船639艘(次)，登临检查渔船2 680艘(次)，查处跨界定置作业违规渔船400余艘。定置网渔船跨界作业势头得到了有效遏制。

【渔政队伍建设】 2010年是黄渤海区渔政局的“能力建设年”，为了提高干部职工“掌握政策、依法行政、应急处理和运用现代技术”四项能力，大力开展了学习与培训，制定了“能力建设年”活动实施方案。围绕着“能力建设”这一主题，举办了“领导课堂”专题讲座和各类培训班，邀请了农业部办公厅、财务司、渔政指挥中心和我国驻韩使馆的工作人员及韩国海警作了专题讲座。安排了8名同志到农业部机关挂职学习。16人(次)参加了农业部组织的公务员培训，相当于每位干部一年内至少接受了3次以上各类专业知识的再学习。为了检查学习效果，还进行了干部能力测试和公文、读书心得评比等活动。有力地促进了“能力建设年”活动的深入开展和干部职工能力素质的提升。

在加强能力建设的同时，2010年黄渤海区渔政局还首次全面推行了岗位目标责任制。出台了《岗位目标考核办法》，局领导班子成员和各部门负责人，面向全体干部职工立下了“军令状”。每位干部职工的岗位目标都上墙公示，大家相互监督。全局上下形成了一个比学习、比工作、比贡献的良好氛围。

【渔业资源养护和增殖放流工作】 圆满完成了渤海三湾国家级水产种质资源保护区和黄河上游特有鱼类国家级水产种质资源保护区的勘界立标。首次在黄河流域组织开展了渔政联合执法行动。在黄渤海和黄河流域组织开展了16次示范性的增殖放流活动，放流牙鲆、梭子蟹等苗种1 200万尾(只)，黄河鲤等苗种330万尾(只)。据统计，全海区共投入增殖放流资金近2亿元，放流各类苗种近百亿尾(只)。从资源勘测和秋汛生产情况看，效果显著，仅中国对虾产量就高达7 000余吨，创近20年来新高。

(农业部黄渤海区渔政局　李延森　李宛璐)

农业部东海区渔政局

【专属经济区渔政巡航】 2010年，在认真总结以往巡航经验的基础上，合理安排航次任务，有效提高了专属经济区渔政巡航的针对性和有效性。全年共组织专属经济区渔政巡航103航次，累计巡航天数1 028天，航时7 522小时，航程86 346海里。巡航中观察记录外籍船舶81艘(次)、我国渔船1 142艘(次)，登临检查外籍渔船9艘(次)、我国渔船860艘(次)，查获违法渔船357艘(次)。其中，登临检查和观察记录外籍渔船数为历年之最，有效维护了我专属经济区的海洋渔业权益和渔业生产秩序。同时，根据中央和农业部统一部署，全面开展了钓鱼岛海域维权护渔工作。根据农业部渔政指挥中心要求，首次派遣渔政船赴南沙海域重点渔场开展护渔巡航，出色地完成了维护我南海主权权益，保护我渔民生命财产安全的任务。

【世博会水上安保】 作为上海世博会水上安保渔船管控成员单位，东海区渔政局积极采取多项举措，为上海世博会的举办营造平安和谐氛围。一是积极发挥对上海周边地方渔业行政主管部门的宣传、指导、督促、协调作用，加强对上海周边地区可疑渔船的核查和应急处置。二是通过“构建长江口和谐渔区联席会议”机制这一平台，会同苏浙沪三地相关职能部门，加强对长江口渔场的巡逻值守。三是向渔民广泛宣传保护海底光缆、保障世博会信息畅通的理念，派遣渔政船常驻光缆管线保护区域值守，及时阻止、劝离靠近海底光缆、管线生产的渔船。四是积极组织、协调公安、边防和海事部门加强对重点海域和江段的安全防范，对从事渔业生产经营的“三无”和“三证不齐”船舶开展专项整治行动，确保了世博会期间周边水上环境的平安和谐。

【伏季休渔管理】 一方面延续往年好的做法，进一步完善伏季休渔动态管理制度和休渔渔船首报制度，着力提高伏休管理的针对性。另一方面积极创新督察方式，进一步强化监管。伏休期间，海上共组织开展7次联合执法行动。陆上分3次共派出12个督察组，对东海区沿海26个区(县)的伏季休渔监管工作进行了督察。为真实了解各地伏季休渔监管实情，东海区渔政局还首次派员进行暗访。此外，就渔民反映强烈的灯光敷网要求调整伏休时间和刺网全面休渔问题，组织开展了重点调研。广泛听取渔政部门、科研机构和渔民代表的意见和建议,并经认真梳理后,向农业部渔业局提出了相关建议,发挥了参谋助手作用。总体来说,2010年的伏休前期开局良好,中期大局稳定,后期开捕有序。

【"护渔2010"海洋渔业执法行动】 2010年,东海区"护渔"行动以整治渔船标识、取缔电脉冲捕捞作业、查处违反伏休规定等重大违法行为为重点。全年共组织开展7次"护渔2010"海上联合执法行动,查处各类违规渔船152艘(次)。同时组织3次陆上督察、1次暗访,并派员参加了农业部渔业局组织的"护渔"行动交叉督察。通过开展海陆联合检查和督察,"护渔"行动取得了积极成效。东海区渔船规范化标识有较大改观,违法渔业活动得到进一步遏制,合法渔民的生产权益得到有效保护。

【执行中日、中韩渔业协定】 2010年,在继续加强涉外渔业培训教育,加大涉外违规案件查处力度的同时,着力强化双边渔业协定的执行。一是组织召开东海区涉外渔业管理工作会议,全面总结了中日、中韩渔业协定实施以来东海区涉外渔业管理工作。深入分析了当前周边涉外渔业管理形势和面临的主要问题,并就今后一个时期的涉外渔业管理工作作了部署。二是继续做好中日暂定措施水域作业渔船电子标志牌监管系统使用维护工作。三是加强了对中日、中韩渔业协定暂定措施水域的巡航管理,基本实现了中日渔业协定暂定措施水域巡航的全覆盖。

【北太平洋渔政巡航管理】 2010年的北太平洋公海渔政管理,首次实现了由随美国海岸警卫队舰船的中国渔政执法官员、中国渔政船执法编队以及中国渔政观察员三支执法力量的共同管理。在派员随美国海岸警卫队"JARVIS"舰执行中美渔业海上联合执法任务的同时,于7月21日至8月20日,由中国渔政201船与黄渤海区渔政局中国渔政118船组成联合编队,前往北太平洋公海执行渔政巡航任务。期间,我渔政船执法编队与美国海岸警卫队"JARVIS"舰密切协作,共同完成了中美北太平洋公海联合巡航和相关演习,并首次查获涉嫌从事大型流网作业的不明国籍渔船"URAL I"。此外,还继续派遣渔政观察员随有关生产单位渔业运输船赴北太平洋公海执行渔政观察任务,为渔政船执法编队开展针对性巡航提供信息支持。

【渔业安全管理】 进一步加大了渔业安全管理的力度。一是进一步加强渔民安全宣传教育培训工作。一方面协助农业部渔业局制作发放了渔船防碰撞警示图,另一方面继续推进东海区海洋机动渔船船东船长安全管理培训工作,积极推进"平安渔业"建设。二是深入开展渔业安全生产督察。督促各地切实加强、改进管理手段和方式,提高渔业安全监管的效果。三是大力推广应用现代信息通信技术。东海区渔业安全救助信息系统建设正在形成"政府统一领导、主管部门推进、渔民群众支持"的良好局面。四是积极协助农业部开展"文明渔港"创建活动。东海区共有6个渔港获得首批"全国文明渔港"称号。

【渔业应急保障】 加强对东海区渔业安全通信网和应急值班网的管理。通过对省、市、县三级百余家渔业部门和机构值守情况的抽查,促进了各地值守情况的改善,保障了网络通信畅通,应急突发事件处置质量和效率也有了较大提高。在加强渔业安全通信网和应急值班网管理,确保通信畅通的同时,在海上发生险情时,积极组织开展海难救助,全力挽救渔民生命财产。据统计,2010年东海区共组织开展渔业海难救助556起,救助渔船674艘、渔民3 555人,挽回直接经济损失约1.96亿元。

【资源保护区建设和管理】 积极创新,就东海区国家级水产种质资源保护区建设和管理,进行了多方面的探索,并在全国率先成立了东海带鱼和吕泗渔场小黄鱼银鲳两个国家级水产种质资源保护区管理委员会。经农业部人事劳动司批复同意,东海区渔政局南通站、沈家门站分别加挂水产种质资源保护区管理处牌子,为保护区管理工作的正常开展提供了组织保障。同时,通过建章立制推进保护区建设和管理工作,着手编制了保护区管理与建设规划以及保护区管理办法。此外,保护区生态环境监测和保护区巡航执法等工作也已正式启动。

【渔具渔法准入制度】 根据农业部要求,积极组织协调东海区渔业主管部门及科研院所,认真开展渔具渔法相关工作。一是率先成立了东海区海洋捕捞渔具渔法管理专家委员会。二是根据2009年的渔具渔法调研资料,组织有关专家研究编制了《东海区海洋捕捞渔具准用目录》初稿,并经专家委员会论证通过,为下一步实施渔具渔法准入制度迈出了关键的一步。

【生态修复】 2010年,正式启动了以国家级水产种质资源保护区生态修复为核心内容的新一轮生态修复工作，共投入资金280余万元，放流岱衢族大黄鱼、日本黄姑鱼、厚壳贻贝、黑鲷、曼氏无针乌贼受精卵等4 963.6万尾(粒)。2010年的生态修复工作主要有以下特点：一是由海区局与浙江省共同实施保护区的生态修复工作，确立了今后保护区资源养护与生态修复工作由海区局与地方渔业行政主管部门联合实施的模式。二是生态修复实施区域扩大，覆盖了整个东海带鱼国家级水产种质资源保护区，保护的鱼种更多。三是生态修复的途径进一步拓展。以往主要以投放鱼苗为主，单纯注重渔业经济效益和渔民增收，现注重鱼苗放流和具有较高生态价值的贝藻类放流相结合，并辅以藻场修复和投放鱼礁。

【渔业环保】 2010年，首次开展了涉海工程渔业环保和生态补偿措施落实情况调查工作。通过调查基本摸清了2006年以来东海区各地涉海工程的数量、分布及生态补偿措施的落实情况。此举为今后进一步加强海洋渔业资源和生态环境保护，推进涉海工程渔业环评和生态补偿措施全面落实，维护渔业合法权益奠定了基础。同时，积极参与做好涉渔环评工作，全年共参加环境影响评审会7次，涉及6项工程，反馈1个规划征求意见。在污染事故调处方面，继续开展2009年“1101”伊朗籍“ZOORIK”轮沉船溢油事故、2009年“507”温州外海“DESH RAKSHAK”轮与“闽龙渔2802”船碰撞导致燃油泄漏事故对渔业资源损害的索赔工作。

【长江水生生物养护系列活动】 2010年，长江渔业管理委员会以上海世博会的举办为契机，积极推动生命长江理念的宣传。与农业部水生野生动植物保护办公室、上海市农业委员会、世界自然基金会、中国水产科学研究院东海水产研究所合作，共同组织开展了以“生命之球”世博会展览、长江水生生物增殖放流、江湖连通和生态调度、世博会长江水生生物养护宣传周、百名院士签名倡议、“保护长江，有我一个”万人签名等为主要内容的“中华鲟世博游——世博会长江水生生物养护系列活动”。历时184天，共吸引超过250万人(次)参观长江水生生物养护展。既丰富了世博会的展示内容和内涵，又深化了生命长江理念的宣传，取得了良好的社会反响和效果。

【长江渔业管理与生态环境保护】 一是整合力量，加强长江渔业执法监督管理。在加强长江特编船队管理的同时，组织开展了长江禁渔期监督管理、长江口专项捕捞品种管理及打击非法捕捞专项整治行动等。二是创新思路，推进长江渔业资源与环境监测、保护工作。在资源与环境监测、保护区建设、涉渔工程环境影响评价、灌江纳苗和生态调度等方面做了大量开创性的工作。三是完善长江渔业资源管理委员会运行机制，确立了长渔委年会与专家咨询委员会议分开的新做法。委员会年会着重研究长渔委今后一段时间的重点工作，专家咨询委员会着重对委员会提出工作建议和技术方案。

【渔业理论研究】 在组织完成农业部渔业局下达和自定的研究课题的同时，围绕现代渔业建设、渔民权益保障、渔业生态建设、渔船管理和渔港建设等主题，在东海区范围内组织开展了论文征集和评选活动。并与福建省海洋与渔业厅、泉州市人民政府共同举办了第二届东海渔业论坛，为东海区渔业政策理论研究和实践探索提供了良好的交流平台，有效促进了东海区渔业管理工作。此外，在研究成果转化方面，继续大力推进渔船交易市场建设试点工作。目前，渔船交易市场建设试点工作已在浙江沿海全面开展。

【渔政干部培训】 一是根据农业部渔政指挥中心要求，继续配合做好《2011—2015年渔政干部培训发展规划》的修订和完善工作。二是在农业部渔业局和渔政指挥中心领导下，承担了全国渔业行政执法岗位培训教材的修订工作。成立了教材编写工作委员会，组织有关专家编制了新编教材大纲，并完成了部分教材初稿的编写工作。三是先后完成了渔业行政执法岗位培训、长江上游渔业行政执法和环境影响评价培训研讨等任务，培训学员共计344人(次)。

【渔业行政督察】 结合《渔业行政执法督察规定(试行)》的实施，在建立督察队伍、明确督察重点、开展专项督察方面做了大量的工作。一是印发了《关于加强东海区渔业行政执法督察工作的意见》，明确了督察工作的主要原则、工作内容和工作方式，确定了督察工作重点。目前，东海区沿海各省级和地市级渔业行政主管部门都已建立了渔业行政执法督察机构，明确了分管领导、责任部门和具体联络人。二是以渔船标识整治、伏休期间渔民举报、海区移交案件、涉外渔业违法案件和其他重大渔业违法案件的查处为重点，开展专项督察，推动各地依法行政、文明执法。三是组织开展2010年东海区渔业行政执法文书规范化制作评查活动，以规范执法文书为抓手，推进东海区渔业行政执法督察工作。

（农业部东海区渔政局　许太伟　朱庆捷）

农业部南海区渔政局

【南海维权护渔】

(1)全方位加强维权护渔。主动作为,创新方式,扩展区域,成绩显著。共组织执行维权护渔任务60航次、1 302天,登临检查渔船415艘(次),驱赶外国渔船66艘(次),处罚外国渔船5艘(次),没收外国渔船1艘,没收渔获物300千克。现场解救被周边国家抓扣我渔船9艘(次),保护我渔船安全生产200艘(次)。

(2)从4月1日起连续3次派出护渔编队开展伴随式南沙巡航护渔,在南沙西南部我传统疆界线内海域持续开展护渔行动,为我国渔船提供生产现场保护和服务,积极探索维权护渔新方式。

【南沙守礁及渔业管理】

(1)南沙护渔行动常态化后,渔政船面对护渔和守礁两大艰巨任务,渔政船与人员的调配周转严重不足。为此,南海区渔政局继续加强思想政治教育,要求干部职工以高度的责任感和强烈的事业心做好南沙美济礁守礁工作。除调派250吨级的中国渔政308船赴南沙守礁外,还积极整合省(自治区)优势力量,协调指派广西、广东等多艘渔政船参与南沙守礁。

(2)针对周边国家有组织、有预谋地在南沙海域大肆抓扣我渔船渔民,南海形势日益严峻的实际,一是继续坚持落实中央的南沙战略决策。加强南沙渔业生产组织工作,全年赴南沙生产渔船达446艘。二是处理南沙涉外事件,加强管理。虽然周边国家在我传统疆界线内仍然频繁袭击、抓扣我南沙生产渔船,但由于我南沙护渔行动以及外交交涉的有效配合,救援工作快速、准确、畅通、有效,保障了我生产渔船的安全。三是继续组织扩大美济礁网箱养殖。组织投放鱼苗6万多尾,年底已部分上市,取得了初步的经济效益。

【北部湾维权护渔及实施双边渔业合作协定】 保障中越渔业协定平稳实施,加大北部湾监管力度。一是进一步加强了北部湾日常监管,在原每天1艘渔政船巡航的基础上,增加到每天2艘以上渔政船,建立快速报警反应机制以应对紧急突发事件。二是针对年初外国船只武装盗抢的情况,与公安部海警北部湾指挥部等部门协调,进一步加强北部湾渔政海警联合监管。三是加强对外情况通报与交涉,要求外国加强对本国渔船的教育和监管。四是中国渔政、越南海警开展北部湾第五次联合检查。五是配合中越渔委会做好渔委会第七届年会筹备会议及第三次入渔谈判工作。通过努力,北部湾海上治安秩序和渔业安全生产形势明显好转,较为平静,渔民赴北部湾生产的信心不断增强。

【西沙监管】 针对外国渔船在西沙海域侵渔活动愈演愈烈的严峻态势,采取日常值班与专项行动相结合的方式继续加强西沙海域监管,并成立了由南海区渔政局牵头相关协作单位的前方指挥部开展联合监管。为妥善处理外籍渔船侵渔案件,全面提高应急处置能力,拟定相关应急预案和实施细则,经报批后实施,进一步保障了涉外渔业管理的规范和高效。全年开展西沙日常监管和专项行动10次,出动渔政船16艘(次),累计巡航268天;观察记录侵渔渔船38艘(次),查处和扣押侵渔渔船6艘(次),没收侵渔渔船1艘,罚款29.3万元;驱赶侵渔渔船34艘(次)。

【南海伏季休渔】 2010年南海区休渔渔船28 527艘,比2009年减少6.16%。南海区渔政局对休渔工作早动员、早部署,采取印发休渔通告和《休渔工作动态》等多种方式加大宣传力度。派出工作组开展伏季休渔督察和渔业安全大检查,确保2010年南海伏季休渔平稳、平安。渔业资源有所恢复,渔民群众较为满意。

【渔业安全生产管理】

(1)督促各级渔业部门周密部署渔业安全生产工作,开展安全生产监督检查,有效遏止渔业重大安全事故发生。妥善处理海上渔船预警、报警信息,组织拟定《渔业船舶船载北斗卫星导航系统终端技术要求》并通过审定。

(2)继续做好渔业突发事件的处置工作,组织指挥渔政船和渔船参与海难救助。做好渔业互保工作,及时为渔民及渔船灾后理赔,港澳流动渔船财产保险取得了历史性突破。全年发生渔业海难事故122起,死亡(失踪)112人,经济损失2 499.5万元。调动渔政船(艇)166艘(次)、组织渔船188艘(次)进行海难救助,投入经费630.91万元,救助遇险遇难渔船231艘、渔民953人,挽回经济损失1.39亿元。

【渔业资源和生态环境保护】 积极主动支持和参与各地增殖放流工作。积极推进保护区申报与管理工作,推动建立北部湾国家级水产种质资源保护区管理站。落实防城港钢铁项目生态修复工程,开展保护海龟专项行动。据统计,全海区新增保护区6个,建设人工鱼礁、增殖放流等资金投入8 500多万元,放流鱼苗等8.5亿尾。开展资源监测调查,完善海洋捕捞信息动态采集网络。继续开展中越北部湾共同渔区渔业资源联合调查和北部湾湾口渔业生产调查。

【珠江流域渔业管理】

(1)组织开展流域资源与生态的基础性研究工作。完成珠江中下游渔业资源与生态监测项目、珠江流域捕捞业基本数据统计工作。形成《珠江流域实施禁渔期制度相关问题的调查报告》,做好珠江实施禁渔期制度筹备工作。组织协调珠江流域的渔业资源增殖放流,尝试与广西水产畜牧兽医局、桂林市人民政府和柳州市人民政府建立共建共管机制,共同爱护漓江和柳江,养护水生生物资源。中国渔政307船联合广西、广东渔政船(艇)首次进行珠江流域的巡航执法行动,取得好的效果。

(2)经国务院批准,2011年正式开始在珠江流域实施禁渔期制度。2010年11月,农业部在珠海召开珠江禁渔期制度工作会议,研究和部署2011年禁渔工作。

(农业部南海区渔政局 林 甦)

中国水产科学研究院

【概况】 2010年是完成"十一五"任务、谋划"十二五"发展的关键之年,也是贯彻实施中国水产科学研究院中长期发展规划的重要一年。在农业部党组的领导下,各项工作取得了新的成绩。

1. 科研项目与成果产出 2010年,全院共争取新上科研项目700余项,合同总经费达2.15亿元。在国家"863"计划、支撑计划、产业技术体系及行业科研专项等重大科技计划中担负了主体任务,进一步强化了在水产科研领域的主导地位。2010年,全院共获得48项各级科技成果奖励,"大洋金枪鱼资源开发关键技术及应用"和"半滑舌鳎苗种规模化繁育及健康养殖技术开发与应用"两项成果荣获2010年度国家科技进步奖二等奖,是"十一五"以来水科院连续第五年获得国家级成果奖励。全院有6个水产新品种通过了国家级审定,是历史上新品种产出最多的一年;获得专利授权124项,其中发明专利59项;申报软件著作权17项;发表学术论文1 149篇,其中SCI和EI收录论文179篇;出版各类专著18部。

2. 科技支撑与公益服务 为服务产业发展和支撑行业管理做了大量卓有成效的工作。唐启升院士等首倡,提出"碳汇渔业"新理念,并通过举办高层次的工程科技论坛等积极推进发展蓝色低碳产业。针对行业的重点工作,组织全院力量积极开展渔业资源增殖放流与效果评价、人工鱼礁生态增殖技术示范、池塘生态养殖和标准化改造技术示范等工作。圆满完成我国首次南极磷虾探捕调查项目,促进了我国远洋渔业向新领域迈进。协助农业部渔业局组织开展了养殖水产品质量安全风险隐患分析评价工作。圆满完成上海世博会、广州亚运会水产品质量安全监测工作。对欧盟、日本等20个国家的26项通报及时组织评议,为我国政府和企业有效应对国外水产技术性贸易壁垒提供科学依据。组织专家积极为渔业应对寒潮海冰灾害、长江流域暴雨和海南特大洪灾等提供技术支撑。以有力的措施、高水平的专家队伍,积极参加农业部"百日科技服务行动",举办技术讲座和培训班460多场(次),培训人员超过2万人(次),扶持示范户320余户。

3. 开放办院与国际交流 在农科教结合、产学研协作方面,牵头启动了淡水养殖产业技术创新战略联盟和海洋渔业资源捕捞与养护产业技术创新战略联盟;与南京农业大学、中国热带农业科学院、浙江万里学院、江西省农业厅、新疆水产局、通威股份有限公司签订合作协议;新建立了一批院(所)级科技示范县、示范基地。在国际交流与合作方面,共签订6项国际合作协议,新上国际科技项目16项,项目经费折合人民币542万元,均较上年有大幅增长。针对第三世界国家的技术培训和技术援外工作取得新成绩,全年共为42个国家培训技术人员102人,为促进水产领域"南南合作"作出了贡献。缪为民和闵宽洪获"中国援外奉献奖"银奖。全院有9种科技期刊入选核心期刊,其中《中国水产科学》影响因子和综合评价指数均列我国水产类学术期刊首位。

4. 财政支持与条件建设 全院基建立项总投资规模首次过亿,我国第一艘自主研发的渔业科学调查船"南锋号"圆满完成首航,长江水产研究所武汉研究中心正式建成,珠江所水产动物疫苗中试基地成为我国首家符合兽用生物制品GMP要求的水产疫苗生产车间。全院财政资金争取工作取得新进展,2010年财政基本支出经费总量达1.8亿,其中获追加预算1 180多万元。在老干部经费、调查船运转费、受灾设施恢复等经费争取方面取得了新突破。珠江水产研究所首次被列入定员定额试点单位对院属各单位改善人员经费结构性不足问题具有重要意义。在农业部重点实验室体系建设中,院属各单位及共建单位共获得海洋渔业和淡水渔业两个"学科群"的综合性重点实验室、8个专业(区域)性实验室和11个野外科学观测试验站。为加强在渔业科研体系建设中的主体地位打下了基础。

5. 人才队伍建设 加强领导班子和干部队伍建

设,完成了5个所的领导班子调整,有10位同志分别走上正所和副所级领导岗位。高层次人才队伍建设取得新进步,面向社会公开聘任了新一届23位首席科学家,作为全院的学科带头人发挥引领作用。王清印和陈雪忠获"全国优秀科技工作者"称号,江世贵、程家骅、马爱军入选"新世纪百千万人才工程"国家级人选,马爱军获"中国青年科技奖",李卓佳获"农业技术推广贡献奖",孔杰获"山东省有突出贡献中青年专家"称号。科技人才队伍结构进一步优化,科研人员中,35岁以下青年科研人员比例、博士学位比例、硕士学位比例较往年有明显提高,分别达到39%、13.7%和21.8%。获批新增南海水产研究所和长江水产研究所2个博士后科研工作站。

【黄海水产研究所】

(1)科研项目与成果。共主持、承担课题360余项。包括"973"计划8项,国家科技支撑计划21项,"863"计划项目36项,国家自然科学基金对外合作与交流项目1项,国家自然科学基金项目44项,农业部公益性行业科研专项10项,"948"引进计划4项,标准制(修)订项目31项,国际合作项目7项。在研课题合同总经费达3.5亿元,累计到位经费8 650余万元。新上项目134项(不包含冰灾应急项目),新上项目合同总经费4 392万元。获各级科技成果奖励7项,其中,"半滑舌鳎苗种规模化繁育及健康养殖技术开发与应用"获国家科技进步奖二等奖。有3项科技成果通过了科技成果鉴定,34项课题通过了验收。申请专利63项,授权20项。发表各类科技论文281篇,其中SCI收录69篇,EI收录3篇,出版专著5部。

(2)成果转化与科技服务。组织科技人员下乡50多次,主办和参与举办各类培训班30多次,培训基层科技人员约1 100人,发放各类资料2 500余册。面对黄海北部和渤海遭遇几十年未遇的冰灾袭击,立即组织科技人员奔赴受灾的山东、辽宁的沿海区域,根据冰灾状况,迅速编写了抗灾减灾的实用手册,向辽宁、山东、天津、河北等渔业主管部门和企业发放《应对冰灾渔业实用技术手册》。与天津立达集团签订了共建"十二五"天津立达工厂化海水养殖示范园区协议,与江苏中洋集团共同建立院士工作站。"四技服务"收入达到600万元,科技成果转化已成为企业利润增长点的重要措施。

(3)学术交流与国际合作。本年度科研人员出国(境)25批(次)、43人(次)。全年共接待内宾40余批(次)、400余人;外宾6批(次)、26人到所访问、交流。承担国际合作项目3项,主办、承办和协办大型学术会议8次。

(4)人才队伍建设。有1人入选"百千万人才工程"国家级人选、1人获中国青年科技奖、1人获山东省"有突出贡献中青年专家"称号、1人获国家外国专家局"友谊奖"、9人被聘为中国水产科学研究院首席科学家。新增博士生导师2人、硕士生导师1人。2名青年科技人员获国家基金委留学基金资助,1人获劳动与人力资源部留学人员科技活动项目择优资助。在所实习研究生总数168人,其中博士生16人;新招收研究生105人,其中博士9人;培养毕业研究生67人,其中博士12人。在站博士后12人,新招收博士后4名,培养出站博士后5人。

(5)科研条件建设。编制了黄海水产研究所基本建设中长期发展规划,编制入库项目19项,预算资金约7亿元。农业部水产品质量安全监督检验中心建设项目、海洋寡肽类水产饲料添加剂科技成果转化2个项目顺利通过专家验收。正在实施修缮购置项目20项,其中9项已通过验收。

【东海水产研究所】

(1)科研项目与成果。新上课题项目97项,其中主持88项、参加9项。包括国家科技支撑计划子课题2项、"973"计划子课题3项、行业科研专项子课题3项、国家自然科学基金3项、国家和部级其他项目15项、标准制(修)订项目6项、国际合作项目3项、省级计划项目11项、其他项目计划51项。在研课题累计254项,合同经费达11 540.10万元。年度新上项目合同总经费3 947.64万元,到位经费2 953.85万元。通过验收项目31项,通过鉴定2项。获奖3项(次),包括国家科技进步奖二等奖、上海市科技进步奖一等奖、甘肃省科技进步奖二等奖各1项。发表论文226篇,其中SCI/EI收录31篇,核心期刊125篇。出版专著2部。申请发明专利36项,授权14项;申请实用新型专利16项,授权26项;授权软件著作权2项。

(2)科技服务与合作。派遣科技人员50人(次)深入河北沧州、甘肃酒泉、江苏启东、海南、云南、上海崇明等地区,以现场服务、咨询、培训等方式开展渔业科技服务活动。共举办培训活动7场,培训渔民2 250余人。扶持渔业示范户300余户,发放科技资料2 000余册。与江苏省赣榆县签订共建赣榆海洋资源综合利用研究院协议;江苏启东科技(中试)示范基地已获江苏省科技厅批准立项。

(3)学术交流与国际合作。全年主持、主办及承办学术活动24项,共派出48人(次)参加各类国际学术会议,先后邀请国外专家10人(次)来所开展学术交流。

(4)人才队伍建设。招聘各类人才22人,包括应届毕业生16人,社会人才2名,博士后4人。现有博士生导师3人,硕士生导师30人。在读研究生115人,其中博士研究生8人。博士后工作站招收博士后研究人员4名,已有3名顺利出站。

(5)科技条件建设。在建基本建设项目3项。农业部贝类产品质量安全监督检验中心建设项目通过验收。修缮购置项目17项,国家拨付资金1 325万元。

【南海水产研究所】

(1)科研项目与成果。共主持和参加各类科研项目282项,全年在研项目合同经费达10 801.16万元,到位经费3 536.22万元。新上项目109项,新上项目合同经费3 028.02万元,到位经费2 377.49万元。结题验收项目38项。获各类成果奖10项,其中省(部)级以上奖励4项。发表学术论文363篇,其中SCI收录14篇,EI收录14篇,核心期刊发表论文140篇。出版专著6部,其中主编2部。共申请专利37项,获得授权专利17项,其中发明专利9项,实用新型专利8项。发布广东省水产标准11项。

(2)科技支撑与服务。组织专家140多人(次)在粤北、粤西、珠三角和海南、广西、福建、江苏及浙江等地开展科技下乡活动13次,培训渔业从业者5 300多人,派发技术资料8 400多份。组织科技人员参加了“广东科技下乡春雷2010行动”的系列活动和海南省三亚市第六届“科技活动月”活动。依托所属热带水产研究开发中心建设的海南省“农业科技110”三亚市水产服务站,深入海南遭受强台风灾区一线,及时为养殖业救灾和减灾复产提供科技支撑。完成质检中心承担的农业部及广东省水产品质量安全监控5大类6项任务,检测样品数1 143个,提供数据约7 500个,出具检验报告1 143份。圆满完成中越北部湾共同渔区渔业资源联合调查两个调查航次共104站(次)海上调查及样品分析和数据处理任务。建立了1个院级示范县、6个示范基地。

(3)学术交流与国际合作。主办和承办全国和区域性学术会议24次,国际学术交流会议12次,小型学术研讨会议50多次;组织参加国际、国内各类学术交流活动53次共238人(次)。组织赴国外参加国际学术交流和考察15人(次);接待8个国家的专家学者23人(次)。主办的《南方水产》改名为《南方水产科学》,先后被美国《化学文摘》(CA)等7种重要检索系统收录。

(4)人才队伍建设。江世贵研究员入选“百千万人才工程”国家级人选,3人被聘为水科院首席科学家。新录用了10人到所工作,其中博士后2人、博士5人、硕士2人、本科1人。成功申报建立博士后工作站,全所博士生导师5人,硕士生导师49人。在所博士生和硕士生共124人。

(5)科研条件建设。在建5个基建项目中,4项已通过竣工验收。“南锋”号渔业科学考查船已完成首航,其项目调整概算问题也已得到批复,总投资调整为9 285万元,增加投资概算1 302万元。在建的2009年度4项修缮购置项目已按计划全部完成。

【黑龙江水产研究所】

(1)科研项目与成果。承担在研课题94项,合同总经费达7 547.17万元,新上项目39项目,合同经费2 575.27万元。获各级科技成果奖励3项,其中黑龙江省科技进步奖、黑龙江省农业科技进步奖、中国水产科学研究院科技进步奖各1项。发表科技论文95篇,其中SCI收录论文5篇、核心期刊发表62篇。

(2)成果转化与科技服务。共派出50多人(次)深入东北三省推广健康养殖及新品种养殖技术,增派养殖、病害和育种专家赴四川地震灾区进行现场指导。培训渔民300多人(次),发放科技资料600份。承担的农业科技成果转化项目执行进展良好,有1项通过验收。与辽宁省宽甸县和新疆额尔齐斯河管理局签订了合作协议。

(3)人才队伍建设。引进博士2人,选派1人赴国外学习。与中国海洋大学、上海海洋大学签订了联合培养博士后科研人员协议书,目前已有3位博士后在站工作。现有博士生导师1人,硕士生导师17人,在所研究生50余人。

(4)科研条件建设。松浦基地搬迁还建工作进展顺利,淡水鱼类基因组研究中心建设项目完成前期工作。完成2011年修缮购置项目网上申报工作,共申报5个项目,经费合计1 382万元。组织开展2010年进口仪器设备的申报审批工作,进口设备28台(套),共计521.5万元。

【长江水产研究所】

(1)科研项目与成果。主持、承担课题90项,合同经费达7 157.9万元,年度到位经费2 140万元。新上科研课题43项,项目合同总经费860.9万元。通过验收项目13项,结题科研项目52项,获科技成果奖励3项。发表学术论文58篇,其中SCI收录论文19篇。申报专利10项,授权3项。1个新品种通过了国家级审定。

(2)科技支撑与服务。立足公益服务,承担河南、山西两省2010年水产品质量安全例行监测、农业部下达的2010年第一次产地水产品质量安全监督抽查以及地方政府和社会委托检测任务。开展渔业科技入户和新型渔民培训,共派出人员100人(次),举办技术培训、现场指导、专题讲座、技术咨询活动31场(次),培训渔民近900人(次),发放技术资料11 000余份,扶持示范户56户。

(3)国际合作与学术交流。成功承办了2010年度中国水产科学研究院内陆渔业学术研讨会、中国淡水渔业发展科技论坛、长江流域渔业资源与环境监测网络培训会等。有10余人先后赴美国以及香港特别行政区参加鱼类行为学研究方法考察,为香港海洋公园提供技术咨询服务等活动。

(4)人才队伍建设。危起伟、杨德国成为享受政府特殊津贴的专家。有10名中青年科研人员在职攻读博士学位,8人在职攻读硕士学位。3人出国进修。新录用人员3人,其中博士1名,博士后1名。

(5)科研条件建设。完成了"农业部渔用药物残留及饲料质量安全监督检验中心建设项目"等7项基本建设项目,以及直属单位和转制单位设施设备修缮购置项目等年度目标,采购仪器设备200多台(套)。武汉研究中心投入使用。

【珠江水产研究所】

(1)科研项目与成果。新上各类科研项目52项,项目合同总经费1 271.53万元,其中国家级项目4项、省(部)级项目19项、地方和其他项目29项;在研项目累计达151项,合同经费达6 994.26万元,本年度到位经费1 100.04万元。全年完成项目22项,其中通过验收项目14项,成果鉴定3项,结题5项;获奖励10项,其中省(部)级奖4项。申请专利11项(其中发明专利8项),授权专利3项,获软件著作权5项;出版专著1部,全年共发表各类研究论文91篇,其中SCI/EI收录8篇,核心期刊发表61篇。

(2)成果转化与科技服务。举行了3次大型的科技培训活动,参加广东省科技厅主办的大型科技入户活动3次,派出科技人员110人(次),举办各类技术培训58场(次),培训渔民5 900人(次)。组织编写《淡水龟高效养殖技术一本通》、《广东省罗非鱼产业技术路线图》等渔民需要的通俗易懂的培训教材。与佛山市南海区、中山市海洋与渔业局等签订了科技合作协议。

(3)学术交流与国际合作。牵头组织并承办了由水科院发起的渔药产业技术创新战略联盟启动会。举办了12场学术交流活动,累计近500人(次)参与;全年累计参加国内外学术会议15次,32人(次),提交论文或报告14篇。举办所内讲座12次,参加人数累计690人(次)。

(4)人才队伍建设。1人被聘为水科院新一届首席科学家。全所研究生导师31名,其中博士生导师3人,招收研究生20人,在所研究生36人。

(5)科研条件建设。在建项目共5项,其中完成"水产动物疫苗中试基地建设"、"高要水产种质工程基地建设"、"农业部淡水种质种苗质量安全监督检验中心建设"和"热带亚热带鱼类遗传育种中心建设"等4个基建项目的建设任务,并通过了农业部组织的竣工验收。完成2010年度修缮购置项目11项的申报工作,累计金额7 511.5万元。

【淡水渔业研究中心】

(1)科研项目与成果。中心共主持和承担各类科研项目176项,在研课题合同总经费9 647.8万元,年度到位经费2 604.13万元。新上项目46项,合同总经费1 604.1万元,年度到位经费995.3万元。共完成科研项目52项,通过验收13项,通过成果鉴定3项,结题37项。获奖成果10项,获奖数量创历年新高。其中"青虾良种的培育及产业化示范推广"获全国农牧渔业丰收奖一等奖。发表学术论文119篇,其中SCI收录11篇,核心期刊发表51篇。出版专著4部。申报专利31项,其中,发明专利28项、实用新型专利3项,获得授权专利12项。获得计算机软件著作权4项。

(2)成果转化与科技服务。以苗种、病害防治及健康养殖技术为重点,组织专家现场进行讲座及技术指导。2010年举办培训班50个,培训渔民5 000人(次),建立科技示范农户(基地)15户。在农业部渔业"科技服务年"科技示范市江阴市建立了面积20公顷的蟹、虾健康养殖示范区,举办技术培训共计13场,参加人数1 200多人(次),赠送技术资料1 200多份。

(3)学术交流。共主办和承办大型学术会议12次,其中国际性会议3次。接待52批(次)国内外来宾416人(次)。完成8批共20人(次)派出任务。接待来自44个国家、地区和国际组织的外宾137人(次)到中心培训、访问和学术交流。

(4)国际培训与国内教育。成功举办国际班4期,来自53个国家的学员97名参加了培训。缪为民研究员、闵宽洪研究员被商务部授予中国援外奉献奖银奖。举办水科院系统业务骨干英语强化培训班1期,培训学员22名。顺利完成无锡渔业学院本科生、研究生本学期的培养和毕业论文答辩以及成教学员面授等工作。积极推进水科院研究生中心筹建工作。

(5)人才队伍建设。共录用应届毕业生10名,其中博士3人、硕士6人。选拔9位高素质年轻科技人员担任中层干部和处(室)助理岗位。水产养殖学博士二级学科点升级为水产学科一级学科点。新增硕士生导师4名,现有博士生导师3名,硕士生导师16名;新招博士研究生3名、硕士研究生27名,目前在读博士、硕士研究生77人。共招收2名博士进站工作。

(6)科研条件建设。"长江流域鱼类遗传育种中心"、"农业部长江下游渔业资源环境重点野外科学观测试验站"和"罗非鱼遗传育种中心"等建设项目通过验收。

【渔业机械仪器研究所】

(1)科研项目与成果。承担各类科研课题137项,在研项目合同经费3 729.35万元,到位经费1 591.54万元。新上项目112项,合同经费1 833.28万元,年度到位经费1 285.665万元。通过验收项目7项。获水科院科技进步奖1项。申报专利40项,获专利授权18项。发表学术论文58篇,获软件著作权2项。

(2)科技支撑产业。执行"中国渔船渔机温室气体减排潜力研究"项目,为渔业减排提供技术支撑;执行"我国渔船船用产品检测机构现状调研与需求研究"项目,为检测需求提供技术支撑;构建远洋渔船研究平台,提升支撑产业技术的水平。

(3)学术交流。举办国内会议5次,科研讲座6次,参加人数540人(次),提交报告或论文151篇。接待外宾5人(次)。

(4)人才队伍建设。"生命之球"养殖维生系统项目组获上海市委农办"服务世博、奉献世博"的先进集体称号,项目负责人获市委农办"服务世博、奉献世博"的先进个人称号。1名世博园区志愿者获园区"世博之星"称号,2名世博园区志愿者获四平街道"优秀世博志愿者"称号。新录用硕士8人、博士1人。有3人被大连海洋大学聘为硕士生导师,2人被聘为中国海洋大学兼职教授。

(5)科研条件建设。编报水声实验室房屋修缮等8个2010年度修缮购置专项实施方案获批复,总投资为780万元。完成了2011年度水体净化技术实验室仪器设备购置等5个修缮购置项目的申报,已获批复,总预算为743万元。在建项目"渔机所渔业装备技术综合实验楼"通过竣工验收。

【渔业工程研究所】

(1)科研工作。新上项目2项,滚动项目2项,承担农业部行业标准编制项目2项。完成的"振冲碎石桩复合地基在渔港重力式码头工程的应用研究"获得水科院科技进步奖二等奖。在中文核心期刊上发表各类文章6篇。

(2)技术支撑与服务。受委托积极组织农业部建设项目初步设计评审会,共评审渔港渔政船等各类项目30多个,并按时提交了评审报告。完成全国44个省级良种、防疫、保护区、渔政渔港项目中央投资及地方配套资金到位、完成、实物工作量等旬报统计工作项目信息收集工作。

(3)国际合作。派技术人员进驻援南非农业(渔业)技术示范中心项目现场。援埃及苏伊士运河大学渔业水产教室与培训中心项目进入施工阶段。承担商务部援纳米比亚水产品中心项目启动,正在做前期准备工作。

(4)人才队伍建设。新录用人员3名,其中博士研究生1人、本科生2人。有4名在职人员攻读硕士学位,其中1人已取得硕士学位。

(中国水产科学研究院 孙慧武)

全国水产技术推广总站

【体系建设与改革】 全国水产技术推广总站先后对河南、广东进行责任渔技制度实施情况的调研,于5月份在杭州组织召开了全国责任渔技制度研讨会。6月份下发《全国责任渔技制度推广研讨会纪要》,大力推广浙江省责任渔技制度的典型经验,有力地促进各地水产技术推广机构推广工作和推广人员的科学化、规范化管理。湖南省在新一轮省级事业单位改革中,省畜牧水产技术推广站成建制的参照《公务员法》管理,14个市(州)站全部启动了改革,已有4个站完成了参照《公务员法》管理报批手续。江西省主动参与乡镇农技综合服务站改革与建设,在20个试点县的乡镇加挂了水产站牌子,提升了水产推广服务的影响力。

【推广体系】 2010年,全国水产技术推广机构12 794个,其中,水产独立机构3 605个,综合站9 189个。推广机构实有人数为36 992人,其中,技术人员为26 572人。全国水产技术推广机构单位性质:行政性事业单位有112个,全额拨款事业性单位9 221个,差额拨款事业性单位2 296个,自收自支事业性单位1 165个。

【科技入户】 2010年,继续组织水产技术推广人员大力开展渔业科技入户工作。江苏省共有55个县参加渔业科技入户工程,投入1 852万元,培育示范户2.3

万户，示范面积达6万余公顷，示范户满意率达到97%以上。广东省统一开展科技入户示范工程大型活动——“春雷2010行动”，组织了技术培训、技术讲座、技术咨询等一系列活动。山东省渔业科技入户向深度和广度扩展，已培育示范户8 700户，辐射带动6.75万户，主导品种示范面积1万多公顷，主导品种和主推技术入户率达到95%以上。安徽省水产科技人员深入生产第一线，每名水产技术人员联系10个养殖户，累计指导示范户2 000多户。

【技术示范】 大力开展池塘微孔增氧等健康养殖技术示范工作，2010年全国池塘微孔增氧面积达5万多公顷。与黄海水产研究所合作中国对虾“黄海2号”健康养殖，在辽宁、河北等6个中国对虾主产区建立了健康养殖技术示范区500余公顷，形成了5种适合不同区域的高效、生态、健康养殖模式。各地水产技术推广机构大力推广新技术。天津市开展稻鳖生态养殖、水生蔬菜和鱼虾生态养殖、盐田生态养虾及环境控制技术等，为全市发展节能、环保、低碳、可循环水产养殖提供了多种适用模式。河北省围绕全省对虾产业、内陆设施渔业等产业发展的瓶颈问题，重点实施了“养殖对虾病毒病控制技术创新与集成示范”、“内陆节水型设施渔业养殖技术集成与示范”等5个项目。浙江省组织开展联合推广行动，组织全省推广系统建立示范基地和示范户，推广主导品种和主推技术。全省组织实施各类示范推广项目945项，并将新型高效生态养殖模式和技术进行总结提炼，形成了100个典型案例。福建省组织开展渔业“五新”(新品种、新技术、新肥料、新渔药、新机具)技术推广，安排专项经费220万元，组织实施36个推广项目。由江西省站牵头组织编写的《现代标准化鱼池改造定型手册》，作为全省鱼池改造设计的参考手册，全面推动了池塘改造工作。宁夏推广稻蟹生态种养取得突破，实现水稻增产、河蟹丰收。新疆在推广德国镜鲤、白斑狗鱼、伊犁裂腹鱼等名特优品种方面取得新的进展。

【质量监控】 全国各级水产技术推广机构始终围绕保障水产品质量安全，不断探索技术服务形式和内容。北京市水产技术推广站编制了《北京市水产品质量安全体系建设规划》和实施方案，目前该规划和实施方案已列入北京市发改委的发展规划。辽宁省通过“请进来，走出去”的方式，不断提高水产品质量安全检验检测水平。北京、浙江、江苏、安徽等地都全部完成了水产品质量安全抽检、水产品药物残留检测、养殖投入品抽检、渔业环境监测等任务。内蒙古、辽宁、吉林、黑龙江、甘肃等地在无公害水产品认证、产地认定方面也取得新成效。上海市、广东省水产技术推广站积极参与确保世博会、亚运会水产品质量安全工作。此外，全国水产技术推广总站与中国水产学会联合在广西、江西等8省(自治区、直辖市)举办了水产养殖规范用药科普下乡系列宣传和技术指导活动，全国开展规范用药科普下乡活动的省(自治区、直辖市)已扩大至28个。全年共培训规范用药指导员400人，技术人员1 100多人(次)，免费发放相关技术资料上百种、30余万份。水产品养殖全程质量监控技术示范试点扩大到了10个省40个县，养殖品种达39个，监测面积2 000余公顷。

【病害防治和防疫检疫】 2010年，全国水产技术推广总站从水生动植物疫情监测、预警、应急处置、检疫等4个环节全面加强了疫病防控工作。依托4 000多个基层监测点，对85个养殖品种的100多种病害进行全年有效的监测。完成了鲤春病毒血症、对虾白斑综合征等专项监测和斑点叉尾鮰疫病的流行病学调查。对罗氏沼虾、虹鳟鱼突发疫情的应急处理及时到位，疫情应急处置机制运转正常。推广了水生动物疾病远程诊断辅助服务。各地也把水生动植物疫病防控工作作为一项重要公益性职能加以落实。河北省水产技术推广站下发通知，对鲤春病毒血征、对虾白斑综合征开展监测。针对平山县、涿鹿县虹鳟鱼养殖场首次发现虹鳟鱼急性胰坏死病，立即启动应急预案，使疫情得到了控制。江苏省水产技术推广站指导32个渔业重点县水生动物防疫站实验室建设，并对实验室相关人员进行技术培训。福建省水产技术推广总站建立了水产养殖病害季度分析会制度，通过多种信息平台发布“白点病”等预警信息。湖南省在长沙、湘潭、岳阳、怀化等地实施水生动物产地检疫，通过建立检疫登记和备案制度，积极探索检疫新方法。甘肃省水产技术推广站针对虹鳟鱼疫病，开展了严密监控，将防控前移，取得很好效果。宁夏水产技术推广站全年共检疫苗种287批(次)、13个品种。

【水产苗种】 全国水产技术推广总站联合江苏省淡水水产研究所、黄海水产研究所及四川、江西、湖北、安徽等4个省级水产技术推广站继续开展联合育种工作。浙江省水产技术推广总站编制了水产种苗“十二五”发展规划，加强了以国家级和省级良种场建设为龙头、规模化优质种苗繁育基地为骨干的良种生产体系建设。河北省水产技术推广站加强水产苗种质量安全控制，对全省重点苗种生产企业的水产苗种药物残留进行了专项抽检。陕西省水产技术工作总站在苗种生产季节,组织科技人员深入生产一线,开展苗种检疫,加强指导监督,全年检疫鱼苗20批(次),检疫增殖放流苗种11批(次),保证了放流效果和生态安全。云南省水产技术推广站积极参与省水产苗种生产许可证制度的落实,在2009年水产苗种生产情况普查的基础上,2010年全省发放许可证315本,覆盖了全省水产苗种生产单位。

【渔民培训】 各级水产技术推广体系依托新型渔民培育、转产转业、"金蓝领"等培训计划,开展了多种形式的渔民技术培训。广东省联合省委党校举办全省站长培训班,全面提升推广站站长领导能力;在全省成功举办了3期业务骨干技术培训班,每期培训时间达20多天。山东省扎实开展以全体渔业劳动力为对象的"阳光培训"工程,全年培训新型渔民1.4万人。四川省按照省渔业高技能人才培养"金蓝领"计划,共培训、鉴定各类专业人员500多人(次)。并组织各级水产技术推广机构,积极与相关企业密切合作,在全省范围巡回开展现代水产养殖技术培训。

【养殖渔情采集】 2010年,全国水产技术推广总站全面推进淡水池塘养殖渔情信息采集工作,进一步完善了养殖渔情形势分析的会商机制。建立了信息采集应急系统,增强了统计软件的数据分析功能,并启动了海水养殖渔情信息采集工作。湖北、河北、浙江、湖南等省还完善了渔情信息的专家分析系统。

【信息服务】 2010年,全国设立网站693个,手机信息服务用户达61万户。广东省与中国移动公司合作开通了手机渔情信息服务平台,利用全省水产技术推广网络优势,及时获取和发布基层动态信息,得到了广大养殖户的好评。福建省利用手机短信平台、科技入户、远程教育等方式,为渔民提供苗种、养殖管理、病害防治、防灾减灾等方面的技术服务。

【抗灾救灾】 2010年,各级水产技术推广机构积极投入抗灾救灾工作。福建省水产技术推广总站在应对"6·13"特大洪灾期间,积极组织全省各级推广力量,在深入一线指导救灾工作的同时,及时收集汇总受灾养殖户对苗种和消毒剂等渔用物资的需求,联系省内外有关生产单位,做好供求对接服务。湖北省水产技术推广中心面对洪涝灾害,组织编写渔业救灾复产技术资料,并成立了4个专家组,深入基层进行勘灾调研,指导抗灾复产。贵州省水产技术推广站面对百年不遇的旱灾,组织全省水产技术人员成立技术服务小分队,深入到灾区,指导农民生产自救。广西水产技术推广总站开展了鱼苗赠送活动,将1 200多万尾优质罗非鱼苗赠送给受灾养殖户。

【示范基地】 全国水产技术推广机构拥有示范基地3 338个,其中省级推广机构拥有46个,地级推广机构拥有272个,县级推广机构拥有1 645个,乡级推广机构拥有1 375个。全国水产技术推广机构拥有示范基地面积达224 229公顷,其中省级推广机构基地面积1 318公顷。全国水产技术推广机构拥有育苗水体1 501万立方米,其中省级推广机构拥有育苗水体20万立方米。

【国际交流】 2010年,全国水产技术推广总站在水产疫病控制、节能环保、水产健康养殖等方面继续加强与有关国家的技术交流与合作。广东站积极拓展国际合作的工作新思路,与秘鲁就对虾饲料引进和对虾养殖技术进行交流合作,与马来西亚、菲律宾签订了罗非鱼养殖协议,与柬埔寨长江水产有限公司签订了渔业捕捞和养殖技术合作协议等。黑龙江站在鲟鱼、高白鲑等冷水性鱼类养殖方面与白俄罗斯开展技术交流。

(全国水产技术推广总站 张梅兰)

社　会　团　体

中国水产学会

【支撑服务工作】

1. 积极推进渔业统计信息化建设

(1)筹建全国渔民家庭收支调查户档案系统。为了推进渔业统计工作信息化建设,在2009年建立全国渔业统计人员信息系统基础上,学会着手开发全国渔民家庭收支调查户档案系统。该系统的建立,将更便于了解调查户情况,实时掌握渔民家庭收支变化情况,为领导决策提供第一手资料。

(2)完善全国渔业统计人员信息库。积极加强与各省级渔业行政主管部门沟通,完善信息库。全国已经有8 412名渔业统计人员录入了个人信息。通过统计人员信息库的建立,拓展了统计工作人员的联系渠道,加快了信息沟通,有利于稳定统计队伍。

2. 圆满完成了2009年年报数据汇总工作

(1)对2009年年报数据进行会商。截至2010年3月,年报数据上报工作结束后,针对各省上报数据进行了严格审核,将各省本年度数据与上年数据进行了逐一对比,对波动超过正负10%的数据指标逐一分析,并将结果及时与各省沟通,要求提交书面说明。为进一步保障统计数据质量,4月初学会在北京召开了2009年度渔业统计会商会,经过反复校对,年报数据质量得到了明显提高。

(2)对2009年度全国渔业统计数据进行了集中汇总。2010年4月初在福州市召开了2009年度全国渔业统计年报汇总会。会议对2009年全国渔业统计数据进行集中汇总,同时对当前渔业统计的制度与方法进行研讨,安排部署2010年渔业统计工作。各省渔业统计人员还结合本省波动较大指标进行了仔细分析和研究。对于符合生产实际情况的指标波动,给予了具体分析和说明;对于不符合生产实际情况的指标波动,及时进行了修改。

3. 开展全国渔业统计培训　为切实加强渔业统计工作人员队伍建设,提高渔业统计人员的素质和渔业统计工作质量,2010年在海南、广西、陕西共举办了4期全国渔业统计人员培训班,总计300多人参加了培训。培训班对《统计法》和《统计违法违纪处分规定》、渔业统计报表制度、渔业统计指标解释、《渔业统计工作规定》及《全国渔业统计人员管理系统》等进行了详细讲解。

4. 进一步完善和推进水产品批发市场信息体系建设

(1)加强信息员培训,提高信息员的业务水平。3月份在成都召开了信息采集定点水产品批发市场信息员培训会。就《农业部水产品批发市场信息采集管理办法》进行了解读。现场演示了如何使用新的信息采集系统报送信息,详细介绍了报送品种的选择办法和具体操作办法,并根据工作经验总结介绍了市场信息分析报告撰写方法和基本格式。针对信息员提出的实际操作过程中遇到的问题进行了现场答疑。

(2)强化省部联动,拓展信息平台。2010年初,在福州召开了省级水产品批发市场信息工作会,听取了全国水产品批发市场信息采集体系软件开发介绍,学习了广西水产畜牧兽医局建设广西水产品批发市场信息采集体系经验,并就优化现有的信息采集体系提出了意见和建议。学会就省级信息采集体系的建设工作提出具体方案,并按照省部共建,信息共享的原则争取农业部和各省级渔业主管部门的支持并列入下年的信息体系开发计划。

(3)认真做好水产品批发市场信息采集系统日常工作。目前信息采集定点水产品批发市场增加到80家,信息采集系统也从以前的每周报送两次改为每日报送,并增加水产品日成交量报送。目前,水产品市场信息采集工作运行平稳,质量不断提升,市场信息发布及时,社会影响力不断扩大,信息员队伍基本稳定,素质整体提高。2010年共有80家市场报送信息,报送价格信息14 312次,是2009年的3.7倍;报送价格条目246 315条,是2009年的4.2倍;品种成交量条目210 105条,是2009年的9.3倍;市场月成交情况信息517次,市场动态480篇。新成立的市场分析专家组,共撰写分析文章100多篇。

(4)完善采集系统。在上年工作的基础上,上半年着重对信息采集系统进行完善,维护信息采集系统数据,修正错误数据;对价格指数进行可比性修正,并完成《水产品批发市场信息采集系统需求分析》报告。下半年,主要是优化信息报送过程,完善指数体系,价格指数可比性修正,完善采集品种,优化走势图和查询表格生成,增加综合价格计算,优化报送次数统计,增加分数统计等。

5. 进一步加强渔业国际贸易研究 作为农业部渔业局对外贸易跟踪研究专家组的日常工作联系单位,认真组织渔业国际贸易跟踪研究专家组的专家针对当前渔业国际贸易特点和热点问题,讨论2010年度渔业国际贸易研究计划和重点研究内容。设立"我国水产品来进料加工业面临的困境及对策研究"、"水产品出口贸易对渔业产业的带动作用"、"中国水产品出口贸易良性发展的战略研究"、"自贸区建设对中国水产品贸易的影响"等7个课题,组织有关专家研究。

为把握市场运行和贸易情况的脉搏,及时反映欧盟、美国、日本等全球主要水产品市场及我国水产品市场与贸易的情况,每月出版一期水产品市场与贸易监测报告,分发给全国渔业行政主管部门,以及渔业国际贸易跟踪研究专家组成员。

6. 积极推进WTO渔业补贴谈判和中日韩自贸区联合研究工作 加强对WTO渔业补贴研究,积极参与谈判,进一步维护了我在渔业补贴领域的权益。2010年,3次派员参与前方谈判。在主会议外,谈判期间还安排多次双边和多边谈判,特别是与印度、巴西和墨西哥等发展中成员双边谈判富有成果,并促成我与巴西、印度以及墨西哥联合提案一份,有力地维护了我渔业补贴的核心利益。

积极参与中日韩自贸区研究。中国水产学会派员赴韩国参加了中日韩自贸区联合研究首轮会议。此次会议确定了联合研究的内容将包括货物、服务贸易、投资、经济合作及规则制度等。

【科普惠渔工作】

1. 成功举办2010年"水产科技周"活动 学会联合中国水产科学研究院黄海水产研究所、青岛市海洋与渔业局和集美大学等单位,于5月15~21日分别在南方和北方两地开展"水产科技周"活动。北方的活动以黄渤海区域为中心,以科研项目辐射带为着力区,专家们奔赴山东、天津、辽宁等地,就水产健康养殖和疾病防控举行了5次讲座。培训基层技术人员400余人,发放技术资料400余册,积极实施科技入户。南方的活动以厦门地区为中心,活动由集美大学学生会员工作站承办。活动中,重点推广最新科技成果,普及最新的科学知识。通过科技讲座、现场指导等交流活动,帮助和指导渔民解决水产养殖中遇到的技术问题。

2. 继续开展水产养殖规范用药科普下乡活动 学会和全国水产技术推广总站联合发起并组织实施的水产养殖规范用药科普下乡活动,连续开展了4年。从2007年的4个省(自治区、直辖市)扩大到2010年的21个省(自治区、直辖市)。规范用药科普下乡活动有着十分重要的意义。一是落实农业部有关科技下乡和农产品质量安全管理工作部署的具体行动;二是为农民办的实事好事,对养殖生产者进行全面的科学用药知识的普及和宣传,提高养殖者的业务水平和生产技能;三是向水产养殖生产者和基层水产技术人员介绍国外用药规定和市场监管要求,有利于提高出口水产品的质量安全水平;四是为广大渔药生产者、渔药经营者、水产养殖者、各级水产技术推广人员和各级渔业行政工作人员提供了一个信息交流和沟通的平台。活动的内容包括发放资料、专题讲座、设立咨询站互动答疑、现场指导、技术培训等多种形式,深受广大渔民群众欢迎,取得了很好的社会反响。

【贯彻全民科学素质提高纲要】

在中国科协的支持下,在农业部渔业局的指导下,认真贯彻全民科学素质纲要要求,积极开展落实行动,创新活动形式,丰富活动内容。近年来,努力创新工作思路,建立科普作家、科普志愿者队伍和科普讲团,注重全国科普教育基地建设。围绕社会热点,开展了"保护长江水生动物、共建和谐家园"、"共创健康和谐生活—水产科普教育系列活动"、"保护水生生物多样性,促进水生生物自然和谐"等主题活动,举办了"健康生活—享受美味水产品展览"、"观赏鱼文化欣赏"等一系列富有成效的面向社会、贴近生话的科普展览,为广大市民和青少年提供了实践与体验、学习与展示的平台。由于工作成绩突出,2010年,学会连续获得了两项大奖。一是在中国科协最近公布的2009年"万名科技专家讲科普"活动评审结果中,学会的水产专家科普讲师团获得了"全国优秀报告团"光荣称号,是唯一受到表彰的全国性学会。二是学会作为全国科普工作先进集体受到了科技部、中宣部、中国科协联合表彰。该奖是为表彰《全民科学素质行动计划纲要》实施以来在科普工作中做出重要贡献的组织和个人而设立的重要奖项,等级高,影响面大,是学会成立以来所得到的级别最高的奖项。

【统计抽样调查项目】

(1)山东“莱州海洋捕捞普查抽样调查”项目顺利结束。按照农业部与FAO的协议(08/112/195),中国水产学会和FAO合作,选择在山东省莱州市开展海洋渔业抽样调查。通过开展渔村和渔船的框架调查,逐步掌握了莱州市海洋渔业的结构信息。根据项目协议书,2010年1月10—13日在青岛市召开项目终期评估研讨会,项目通过验收。

(2)“湖北省梁子湖内陆捕捞抽样调查”项目圆满完成。为探索内陆捕捞渔业统计数据的收集方式方法,改善全国内陆捕捞渔业统计指标奠定基础,提高内陆捕捞渔业统计信息质量,经多次沟通协商,农业部与FAO签订了“湖北省梁子湖内陆捕捞抽样调查”项目合同,项目由学会组织实施。在湖北省水产局的大力支持下,按照项目实施工作计划,湖北省梁子湖渔业管理局认真组织开展了样本船捕捞数据收集工作。2010年1月,在样本数据采集中期,学会与FAO在湖北省武汉市召开了湖北省梁子湖内陆捕捞抽样调查中期评估研讨会。2010年5月在完成梁子湖数据采集工作之后,根据项目合同,2010年6月7~8日,在湖北省武汉市召开项目终期评估研讨会。会上专家对项目所取得的成果评价很高,FAO官员也给予了充分的肯定。项目顺利通过验收。

(3)启动“江苏太湖捕捞渔业统计抽样调查”项目。为进一步探索湖北梁子湖的抽样方法在我国其他内陆捕捞类型渔业统计中应用的可行性,FAO项目官员建议继续在我国其他湖泊进行试点。经学会与江苏省海洋与渔业局协商,并组织专家组到江苏省太湖进行考察,认为在太湖开展内陆捕捞统计抽样调查试点非常适合。经请示农业部有关主管司(局)同意,2010年1月28日中方与联合国粮农组织驻华代表处签署了“江苏省太湖捕捞渔业统计抽样调查”项目协议(合同协议号为282/2009/LOA)。根据项目协议,学会与江苏省太湖渔业管理委员会进行了详细的工作商谈,制定了具体实施工作计划,2010年6月10~11日,学会与FAO在江苏省苏州市召开了江苏省太湖捕捞渔业统计抽样调查项目技术磋商会,正式启动该项目。

(中国水产学会 范玉华)

中国渔业协会

【概况】 2010年,中国渔业协会以深入学习实践科学发展观为契机,围绕服务渔业,促进产业发展为主线,进一步解放思想,开拓创新,取得了工作成效。

1. 顺利完成换届工作 2010年5月18日,中国渔业协会第三次全国会员代表大会在北京召开。会议审议通过了二届理事会工作报告和财务报告;选举产生了由165人组成的中国渔业协会第三届理事会和新一届会长、副会长、秘书长和常务理事。齐景发会长对新一届理事会工作提出了新的要求,希望协会工作要紧紧围绕渔业工作重点,充当好“三种人”,即企业利益的代言人、政府发展经济的合作人和促进产业发展的带头人;做好“三方面服务”,即为企业服务、为政府服务和为社会服务。

2. 拓展服务领域,做好服务工作 加强信息交流与传播,进一步提升《渔业文摘》的排版、印刷质量。丰富会刊的文化内涵,增加了“休闲渔业”和“分会动态”等栏目。对网站进行重新改版,扩大影响力,并推出了中国渔业电子商务网,为广大会员提供更为丰富、实用的信息服务。

3. 开展与日韩渔协的合作,扩大对外交流范围 2月与日本水产会在北京召开2010年中日民间渔业协议会,就中方渔船在日紧急避风、保险金和慰问金、及赴日垂钓游等问题进行了磋商。6月和11月与韩国水产会分别在上海和北京召开中韩民间渔业协议会,就中韩海事案件、渔船作业安全、《中韩民间渔业安全作业议定书》画册编印、共同水域资源管理等问题进行了磋商。并组织地方渔业社团负责人参会,给两国民间渔业团体牵线搭桥。7月,齐景发会长率团赴东京参加2010年中日韩民间渔业协议会。就三国渔船海上安全作业、水产资源的恢复和管理、水产资源的可持续利用、水产食品安全对策及卫生管理、渔业经营效率化、WTO渔业等问题进行了深入的探讨并广泛交流了意见。

4. 主动作为扩大协会影响力 2010年中国渔业协会继续打造具有品牌效应和创新性的大型活动,着力扩大自身的行业影响。5月与通威集团共同举办主题为“健康养殖与渔业可持续发展”的通威渔业科技论坛。9月与浙江三门县人民政府、上海海洋大学中国渔业发展战略研究中心、浙江省海洋与渔业局共同举办2010年(三门)中国现代渔业论坛。论坛以休闲渔业发展为主题,探讨了休闲渔业的现状和发展趋势、品牌建设、发展模式、政策实践等问题;交流了各地发展休闲渔业的经验。

12月初,与宁波市海洋与渔业局、宁波市鄞州区人民政府共同主办了首届“中国甲鱼节”。以振兴甲鱼产业、倡导健康生活为主题,开展了主题研讨、特色比赛、品种展示、放流等活动。12月底,与广东省中山市人民政府、广东省海洋与渔业局在中山市古镇镇举办首届“中国水族名品展”。首次将水族与园艺有机结合,推动水族文化的普及。

5. 筹备组建休闲垂钓协会 依照相关法律、法规,制定了一系列协会内部管理制度;收集整理了全国6 000多家钓具行业、1 964家钓场和几十家国内外垂钓组织的资料;与上海海洋大学合作,建立钓具实验室;与“四海垂钓”频道、地方钓鱼协会和有关垂钓俱乐部建立了联系;确定了协会秘书处的办公地点。

【龟鳖产业分会】

(1)开展了首届“中国名鳖”评选活动。经过评委会对参评企业的鳖种从生物学特征、营养成分、肉质等方面逐项打分,并对参评企业资质严格把关。最终,在全国众多参评企业中8家胜出,荣获“中国名鳖”称号。

(2)针对性地开展调研活动。组织对广西钦州市的名龟产业、“渔娘”工程进行调研并提交调研报告,引起钦州市和自治区主管部门的重视。对安徽省旌德县汪国友养殖场赔偿不到位的情况进行调研,与有关部门沟通后促使落实赔偿政策。对江苏宝应县“宝应湖”牌中华鳖如何将名牌做强做实,向有关部门推荐。对山西黄河鳖养殖状况进行调研,对维护地方优势品种,发展龟鳖产业提出了建议。对河南固始县生态养殖的经验进行调研,与河南省水产局交换了意见。对广东、广西金钱龟、拟水龟产业进行了考察,提出了建立名龟种质资源库的建议。

(3)建立信息网络,稳步推进分会工作。通过与各省渔业部门和企业沟通,建立了40人的信息员队伍,为在2011年开创龟鳖产业信息新局面奠定基础。做好了《中国龟鳖》信息期刊的印发准备工作。

【河豚鱼分会】

(1)开展活动打造品牌。为对接上海世博会,打造“河豚美食”的品牌,河豚鱼分会于4月在江苏省南通市海安县举办了第三届南通江海美食节暨首届中国海安河豚节。中国渔业协会授予海安县“中国河豚之乡”的称号。

(2)召开会长工作会议。会议通报了河豚鱼生产、销售情况、国内外产业动态及政府部门在河豚鱼管理上的政策措施。

【河蟹分会】

(1)主要工作。组织有关专家对安徽省当涂县大陇乡申报“中国河蟹之乡”进行了考察、评审。并授予大陇乡“中国河蟹之乡”荣誉称号的铜牌和荣誉证书。召开了河蟹分会第二届第二次理事会议。会议由常务副会长兼秘书长林建华主持,李国平会长到会并作了重要讲话。组织有关专家组对苏州市吴中区东山镇、吴江市七都镇、安徽省五河县沱湖乡、山东省垦利县永安镇申报“中国河蟹之乡(镇)”的申请进行了考察、评审。分别授予了“中国河蟹之乡(镇)”的铜牌和荣誉证书。

(2)服务会员能力显著提高。10月由河蟹分会主办,民权县人民政府承办的中国(民权)第四届河蟹美食文化节暨2010年中国(民权)河蟹生态养殖高层论坛、养殖能手大赛在河南省民权县成功举办。10月下旬,为了宣传贯彻农业部《水产苗种管理办法》,向各会员单位下发了《关于开展全国河蟹苗种生产重点产区调研和推荐优质河蟹苗种生产企业》的通知。11月,河蟹分会与南昌市农业局、江西进贤县人民政府主办了2010“军山湖杯”第九届鄱阳湖螃蟹节。

【水族分会】

(1)积极举办各种活动扩大分会影响。2010年,水族分会与广东省水族协会共同主办了第十届锦鲤大赛以及第三届中国锦鲤(若鲤)大赛。在2010年中国国际宠物水族用品展览会上与《水族世界》杂志社等单位合作主办了中国水族名人论坛。与古镇镇政府合作,积极筹备举办首届中国水族名品展。

(2)举办年会,扩大会员队伍。在广东中山市古镇镇举办了中国渔业协会水族分会2010年年会及论坛,80多名会员代表参加了年会。常务副会长王德芬主持了会议。代表们听取并审议了林毅会长所作的水族分会工作报告和财务报告。选举通过了增补9名副会长、24名常务理事、5名理事的程序。通过这次增补进一步壮大了水族分会的会员队伍,扩大了副会长,常务理事单位的涵盖领域及行业代表性。本次年会还选举永诚世纪展览(北京)有限公司总经理姚晓辉担任水族分会秘书长。

(3)积极服务会员。运用分会的影响力,支持和帮助广东、上海、辽宁和天津等地的水族行业协会开展工作。努力扩大地方水族产业的知名度和影响力,帮助水族设备生产企业开拓市场和协调部分企业间的矛盾。增强交流,加强水族文化的宣传和普及。如与中央电视台合作举办水族箱造景比赛;积极筹备成立全国锦鲤鱼友会、龟友会等爱好者团体。

【远洋渔业分会】

(1)加强分会内部建设。先后召开理事会、会员大会,选举产生了新一届理事会。根据行业发展和实际工作需要,对分会秘书处机构设置及其岗位配备进行了调整,完善了行文、会议等工作制度及财务、人事管理制度。结合行业协调服务实际工作,开展"创先争优"活动。顺利通过国家审计署、民政部、农业部的各项审计、检查。

(2)总结经验,强化指导,促进交流。远洋渔业分会已建立和完善了 11 个专业工作组的组织、交流工作。企业间协作程度有了较大提高,生产经营管理得到了有效规范,企业海上纠纷不断减少。通过推广普及先进的生产技术,有效解决了单一企业面临的渔场渔汛难寻、渔具渔法技术难以掌握的困难,提高了经济效益。充实和完善了中国远洋渔业信息网站的平台建设,定期发布以金枪鱼、鱿钓技术组为主的渔场渔汛综合技术分析报告,定期或不定期收集并发布国外业界信息动态,为企业提供优质信息服务。

(3)加强行业调研,反映企业呼声。及时反映企业诉求,组织邀请行政管理和船检部门,深入重点渔区进行现场调研指导协调,协助解决行政审批中遇到的问题,较快恢复了渔船更新、改造、新增渔船的审批工作。针对海关对物资出入境管理出现的新情况、新要求等,及时派出工作组,协调企业正确理解远洋渔业政策,规范企业行为;进一步疏通海关部门,做出及时、合理的解释,减轻了海关和企业双方的压力

(4)疏通渠道,积极争取政府扶持。两类观察员和产品出入境证件所需经费将由国家给予 51% 以上的补贴,使近 40% 的企业得到了商务部的"境外投资补贴"近 2 亿元。

(5)注重开拓创新,协调服务企业。协调服务企业解决印度尼西亚项目经营的单一企业难以解决的政策性、企业间的问题,使印尼项目的渔船规模逐步上升到 130 多艘。恢复开拓了朝鲜东海岸远洋渔业项目,整治了该项目多年来无序发展、入渔许可证费用高的状况。

【鮰鱼分会】

(1)完成换届。10 月下旬,在湖南益阳召开了中国渔业协会鮰鱼分会第二次全国会员代表大会暨斑点叉尾鮰产业发展论坛。会议审议通过了第一届理事会工作报告和财务报告;选举产生了新一届理事会领导成员,会长、副会长、常务理事、理事及秘书长。讨论了 2011 年工作重点,修改了《鮰鱼分会工作细则》。同时召开了斑点叉尾鮰产业发展论坛。

(2)积极发展会员,提供服务。采取多项措施,多方做工作,加强信息服务。重新登记会员并在原有老会员的基础上扩大了养殖、苗种企业以及科研单位入会。

(3)深入调研,摸清产业情况。重点走访了四川鮰鱼养殖大区——眉山市,以及湖南、湖北、安徽等几家大型鮰鱼加工企业。通过调研,了解了鮰鱼苗种、养殖到加工发展的基本状况和存在的突出问题。当前企业最关注的是美国即将出台的新法案对我国鮰鱼加工出口的新规定。由于新法案对我国鮰鱼出口条款苛刻,将对我国鮰鱼产业影响很大。

(中国渔业协会 林 毅 胡 柳)

中国渔业互保协会

【概况】 2010 年,全国共承保渔民 85 万人、渔船 7. 14 万艘,收取互保费 8. 03 亿元,同比分别增长 11%、12% 和 29%,提供风险保障 1 300 亿元;全年共为 653 名死亡(失踪)渔民、3 014 名伤残渔民、5 685 艘受损渔船支付赔偿金 2. 81 亿元。

(1)展业。协会在做好常规的沿海渔民人身和渔船财产保险的基础上,不断挖掘新的业务增长点。一是着重加强了对内陆地区工作的指导和督促。要求各地成立专门机构、确定工作人员、开展业务培训、明确目标任务、迅速开展业务,逐步建立以省办事处为核心的内陆渔业互保管理体制。部分省级渔业行政主管部门已陆续出台了推进渔业互保发展的指导性文件。协会也已对吉林、湖南、安徽、湖北、重庆、江西、新疆、内蒙古、四川等地开展了业务培训,并同时召开工作动员和部署会议,大大促进了内陆互保业务工作的开展。二是继续推动水产养殖保险业务的开展。在连续两年成功与大连獐子岛渔业集团签署海水增养殖产品保险协议的基础上,加强沟通,顺利完成 2010 年协议续约。山东省东营市池塘养殖海参保险、浙江省嵊泗县深水网箱养殖保险继续开展。为尽快建立水产养殖保险业务的分保和再保平台,协会先后与中汇国际保险经纪公司、瑞士再保险集团、法国安盟保险成都分公司商谈再保或共保合作。并在农业部渔业局的支持下,顺利拿到了国家外汇管理局允许协会换汇支付再保险费的批文。三是大力推动港澳流动渔民渔船保险业务开展。广东省港澳流动渔民办公室和协会南海区办事处联合发文,要求港澳流动渔船必须参加互助保险。四是河北、广西两地首次争取到省级财政补贴支持,大大推动了渔业互助保险业务的发展,其中河北省互保费突破 1 500 万元、广西突破 2 000 万元。

(2)理赔。理赔工作是会员服务的最后一道窗口,既关乎渔民利益又关乎协会利益。2010 年,协会加强了重特大案件的调查力度:在年初黄渤海发生历史少见的冰冻灾害后,为掌握渔船损失情况和原因,协会及时派员赴现场调查勘验;对 2010 年发生的两起水

产养殖险案件，虽然损失金额较小，但协会高度重视，第一时间赴獐子岛、东营现场调查勘验，积累养殖险理赔第一手资料；2009 年 6 月 20 日，广西北海 8 艘赴南沙作业渔船被外国无理抓扣，2010 年 9 月 16 日，协会与南海区渔政局共同召开赔付现场会，当场发放赔款 583.6 万元；10 月，海南省遭受重大暴雨洪涝灾害后，协会立即启动突发理赔事件紧急预案，赴灾区实地勘验定损，已为 17 艘全损渔船、3 名死亡渔民支付赔款 309 万元；11 月 11 日，“辽大甘渔 15103”船在返航途中突遇大风，导致渔船沉没，10 名船员落水失踪，协会于 11 月 16 日在大连召开现场赔付会，预付赔款 200 万元。这也成为协会最大一起人险赔案。

在快速调查、处理、赔付重大事故的同时，为帮助渔民进一步提高安全生产意识，2010 年先后出版了介绍起网机安全操作的宣传画册《网机猛于虎》和侧重于船长生产安全要领的《船长职业安全手册》两本书。为进一步方便渔民报案，开通了全国理赔报案电话；为规范运作，提高工作效率，保证赔款全额按时到达渔民手中，启动了银行转账支付赔款服务；为使理赔工作程序化、规范化、标准化运作，协会在全国报送的近 200 个案例中选择了 80 个典型案例编印了《渔业互助保险理赔案例选编》。

(3)服务。一是为更好开展代理涉韩违规渔船交付担保金业务，协会组团赴韩国相关部门考察，并邀请了西海地方警察厅一行来访，加强交流、增强信任。二是“渔业系统行政执法科研人员团体意外伤害互保”的影响不断扩大，承保对象越来越广。三是针对中小型渔船船东贷款难的问题，在启动小额贷款服务的基础上，会同有关地方机构在广西、福建、山东、浙江、河北等地累计发放贷款 3 200 万元(获得银行配套资金 2 000万元)。并与山东省海洋与渔业厅、农行山东省分行共同签署了《委托贷款合作协议》，成为完善渔业互保服务体系，构建银保联动机制的重大举措。

(4)政策性保险。2010 年是开展中央财政渔业互助保险保费补贴的第三年，由于前两年宣传到位、措施有力，得到了渔民群众的普遍认可和欢迎，试点业务平稳发展。2010 年，中央财政保费补贴试点地区累计承保渔船 19 720 艘、渔民 21 707 人，共收取互保费 20 034万元，落实中央财政保费补贴资金 1 548 万元。

为落实农业部部长韩长赋做出的“畜牧水产养殖保险应更快发展”的批示精神，协会与农业部政策法规司、渔业局组成调研组，于 8 月上中旬赴福建、湖北两省开展了水产养殖保险调研并形成调研报告。协会还起草了《关于申请开展水产养殖互助保险中央财政保费补贴试点工作的请示》，得到了农业部领导的批示同意。

【加强班子建设】 一是继续完善理事长办公扩大会议研究决策事项的工作机制，坚持重大问题集体决策。加强理事会、秘书处、监事会的沟通和协调，着力形成决策权、执行权、监督权既相互制约又相互协调的权力结构和运行机制。二是制定了领导班子理论中心组学习制度，以切实加强领导班子的思想政治建设，不断提高领导班子的理论水平和业务能力。三是形成领导班子成员定期调研制度。调查研究、掌握情况对科学决策至关重要。班子成员利用各类出差机会带领同志们开展实地调研，听取基层工作者和渔民群众的意见和建议，了解诉求和问题，并形成调研报告供决策参考。

【加强制度建设】 一是根据已经印发执行的《理事会工作规则》和《监事会工作规则》，秘书处集中力量修订了《秘书处工作规则》，以使秘书处工作制度化、规范化、科学化，进一步提高工作质量和效率。二是为深入贯彻党的十七届四中全会精神，不断提高党员干部队伍素质，协会出台了《推进建设学习型组织实施方案》。三是加强财务制度建设，新出台了《办事机构会计核算办法》和《协会办事机构财务报账管理规定》，不断提升各级机构财务管理水平。四是研究建立由理事长、副理事长、监事会主席、秘书长和各地方分管领导、主要负责人参加的联席会议制度，以进一步加强全系统民主议事能力和科学决策水平。

【加强队伍建设】 一是加强基层机构建设和管理，新批设内陆基层机构 120 家，对内陆业务的顺利开展奠定了基础。二是加强对协会现有工作人员的教育培养工作，2010 年选送 18 名同志参加中国人民大学研究生课题班学习；同时积极开展职称评定工作，有 2 名同志评上中级职称、6 名同志被评上初级职称。三是为改善基层机构办公条件，提高工作效率，协会共为基层机构购置交通工具和办公设备补贴 200 多万元。四是为做好渔业互保专门人才的培养，在协会联合大连海洋大学共同开办的“船舶(渔业)保险”大专班上设立奖励助学基金。五是为加强全系统队伍建设，协会在烟台培训基地共举办三期业务工作培训班，共有全国各级机构的近 400 名学员参加培训。

【加强文化建设】 协会一直以来积极倡导建设学习型组织。协会提出了“面向书本、面向实践、面向基层、面向群众”学习的具体要求。通过长期有效、扎实细致的创建活动，目前读书、研究、宣传已经成为协会建立学习型组织的三大特色。

(1)读书。协会确定每年“4·23”世界读书日和“五四”青年节之间为读书周活动,开展系列读书活动。“五四”期间举行的青年读书交流演讲比赛成为协会特色读书活动,得到在京渔业系统各单位的好评。2010年协会还组织8名青年赴大连、宁波、北海、琼海的重点渔港学习锻炼。演讲比赛充分提高了青年人的读书水平和口头表达能力,培育了青年人理论联系实际和艰苦奋斗的优良作风。

(2)研究。协会高度重视调查研究工作,鼓励带着问题学习,带着题目调研。先后完成了《政策性保险在我国海洋捕捞业风险保障中的作用》、《关于将渔业互助保险纳入中央财政保费补贴的建议》、《将渔业纳入国家政策性农业保险保费补贴的现实意义》、《关于我国渔业保险事业的历史沿革与展望》等调研报告和汇报材料,分送有关领导和部门。对《协会中长期发展规划(初稿)》和《渔业保险组织制度研究》进行修改补充,目前已形成征求意见稿。对“安徽省淡水渔业风险与保险”、“辽宁省、山东省渔业航标互助保险调研”等课题进行了评审;“海南省水产养殖保险需求调研”、委托辽宁省水产苗种管理局开展的“辽宁省水产苗种养殖渔业互助保险调研”已完成课题报告。

(3)宣传。2010年宣传信息工作紧紧围绕全国渔业互助保险中心工作,增强针对性和主动性,客观真实反映工作动态,有力地促进了全国渔业互助保险工作的深入开展。一是宣传信息工作力度明显加大,报送数量明显提高。各地对宣传信息工作高度重视,积极报送稿件,大部分被协会网站采用。二是宣传信息工作交流平台畅通,报送质量进一步提高。协会利用培训、网络等平台,增强交流报送渠道,各地稿件针对性更强。三是宣传信息工作载体日渐丰富,报道力度不断增强。

【创先争优活动】 自开展创先争优活动以来,协会认真贯彻落实中央、民政部和农业部的部署要求,围绕“立足岗位争优秀、科学发展我先行”的活动主题,积极开展“比创新促党建、比学习促提升、比规范促发展、比奉献促服务”活动,努力建设“学习型、研究型、服务型、创新型”社会组织。为社会组织如何加强党的建设、创新工作模式、发挥党员作用进行了有益实践。8月27日,协会作为全国农业社团的唯一代表在民政部创先争优活动座谈会上进行了工作汇报;9月28日,中央创先争优活动领导小组召开全国社会组织创先争优活动推进会,协会作为唯一的全国社会组织代表在大会上做了典型交流发言。2010年,协会被民政部评为全国新社会组织深入学习实践科学发展观活动先进单位。协会党支部被农业部评为先进基层党组织。

(中国渔业互保协会 杨 斌)

中国水产流通与加工协会

【概况】 2010年,中国水产流通与加工协会以关注产业发展中出现的新问题、新情况为工作重点。以服务会员企业为核心,紧密团结广大会员单位,加强凝聚力,充分发挥自身的优势,认真履行反映诉求、规范行为的职能,为扎实推动水产流通与加工与整体渔业产业的和谐发展作了大量的工作。

完成政府各项委托任务,做好行业服务工作:2010年,协会秘书处接受了来自农业部、商务部、卫生部、发改委等主管部门委托的多项任务,并圆满完成。

1. 开展全国水产加工产业现状普查 为全面了解当前我国水产加工业发展状况,为制定“十二五”水产加工产业规划提供依据,受农业部渔业局委托开展全国水产加工产业现状普查。在搜集大量资料的基础上,制定了周密细致的调查方案,采取问卷调查和重点水产品加工区域、大型水产加工企业现场走访等形式,在各省渔业主管部门的积极协助下,在相关行业协会和会员企业的大力支持下,完成了《全国水产加工产业现状普查报告》。

2. 协助审核输欧海洋捕捞产品合法性证明 2010年是欧盟要求输欧海洋捕捞产品出具合法性证明的第一年,为确保欧盟实施IUU管理条例后,我国输欧水产品贸易的正常进行,协会自2010年1月1日起承担农业部渔业局委托的输欧海洋捕捞产品中来进料和近海捕捞产品的合法性证明的文件初审及送达工作,协助展开核查,并及时将相关信息汇总报农业部渔业局,同时将有关IUU渔船、欧盟管理变更、《条例》修订等情况及时通报我国水产品输欧企业。2010年,共协助渔业局为220余家企业的13 000多批(次)产品办理了相关证明,期间及时应对欧盟提出的协助核查9次。为做好此项工作,在青岛、杭州举办了两期水产品输欧IUU审核总结与培训会议,到会企业代表200多人,会议针对企业所关心的问题,就国际贸易形势、国际范围打击IUU的情况,对今后长远的影响等方面做了评估和分析。同时就日常办理《加工厂声明》、《合法捕捞证明》的填写要求、注意事项对参会代表进行了统一培训。

3. 开展水产加工机械享受农机补贴调研 为了促进水产加工业的进一步升级,提高我国水产品加工产业的竞争力，争取国家财政资金支持，使水产品初级加工产业机械设备享受合理的补贴，根据农业部渔业局部署，开展了水产加工行业加工机械购置补贴产品调查。综合各省相关行业协会和会员企业的反馈信息，将需要纳入补贴的水产加工机械种类、名称、年需求量、加工机械单价等相关信息进行统计整理，主管部门以调查情况为依据，进行了2011年水产品初级加工机械设备争取扶持项目汇总和申报。

4. 协助做好有关标准的制定 根据卫生部发布的食品添加剂使用标准、食品中污染物限量标准、食品工业用加工助剂使用原则和规定等食品安全国家标准征询意见稿，向各会员企业及专家征询意见，对现行水产品所有标准进行摸底，并以协会名义对现行标准中需要强制执行、缺失、存在矛盾和急需制（修）定的标准和内容提出建议，并上报卫生部。

根据农业部渔业局征求《中小企业划型标准规定》意见，积极与会员企业沟通，并结合水产加工产业现状调查获得的数据，提出了修改中小企业界限建议，将企业年营业收入从1亿元提高到2亿元，建议纳入到中小企业范围内，这样水产中小企业的范围将扩大，更多的企业能获得国家针对中小企业的各种优惠和扶持政策，不仅有助于水产加工企业发展，也有利于促进整个水产行业的健康发展。

5. 完成了水产品流通环节质量安全调研 按照农业部渔业局的要求，对流通环节的水产品质量安全情况进行了调研。调研以水产批发市场经营的企业为对象，围绕水产品流通环节中的运输、分销、冷链配送、市场销售等环节的水产品安全问题，对各环节可能影响水产品质量安全的行为和因素进行了明查和暗访，基本摸清了流通环节水产品质量安全的隐患所在，并形成《水产品流通环节质量安全问题调研报告》，为主管部门提供了参考依据。

6. 跟踪监测全国水产市场价格行情 继续加强重点水产品的市场走势和品种分析，并根据季节变动对监测品种进行及时调整，实时掌握国内主要流通水产品的走势和动态。完成了《我国水产品流通链构成及价格形成机制》调研报告，填补了针对国内水产品流通领域缺乏研究的空白，为会员单位经营决策参考。

7. 参与《"十二五"农产品冷链物流发展规划》编制及相关工作 5月，发改委召开了《"十二五"农产品冷链物流发展规划》讨论会议，通过征询各地相关水产行业协会和会员企业的意见，完成了对水产行业冷链物流发展规划的整理工作，并提交了《我国水产品冷链物流发展现状和政策建议》报告。7月份《农产品冷链物流发展规划（2010—2015年）》正式公布实施，协会及时转发会员单位，并积极与相关部门沟通协调争取支持。

8. 参与《产业结构调整指导目录（2005年本）》修订 受发改委委托，针对《产业结构调整指导目录（2005年本）》涉及水产品的条目提出修订意见。在向各地水产行业协会、会长单位以及水产专家发出了征询意见函的基础上，从水产行业宏观方面，如水产品保鲜、物流、市场建设、水产品加工类别、原料供应等方面给予建议。在征求各方意见后，根据《关于修订产业结构调整指导目录有关工作安排》、《产业结构调整指导目录（2005本）》、《促进产业结构调整暂行规定》、《关于抑制部分行业产能过剩和重复建设引导产业健康发展若干意见的通知》及轻工业调整和振兴规划等相关文件，完成了修订工作，形成最终修改意见报送发改委产业协调司。

9. 完成中国罗非鱼产品供应链可持续发展项目 与商务部世贸司合作完成了国际可持续发展研究中心（IISD）执行的"中国罗非鱼产品供应链可持续发展研究"、"全球鳕鱼产品供应链可持续发展研究"项目。该项目得到了瑞士经济事务局（SECO）与英国国际发展部（DFID）的资助，研究报告得到了国外专家的肯定。本项目旨在通过对罗非鱼、鳕鱼产业可持续发展的研究，为国际社会制定相关政策提供重要理论依据，树立我国罗非鱼、鳕鱼产业在全球良好经营模式和可持续发展管理理念。

10. 启动了水产行业信用评价工作 协会7月份获得了商务部、国资委行业信用评价资质，于当年8月正式启动水产行业企业信用评价工作。并严格遵循"公平、公正、公开"的原则，按照"自愿申报、科学评价、动态管理"的规范来运作，首批30多家大型水产企业获得A级以上信用等级。

11. 树品牌扩大影响，助企业拓展市场 近几年来，协会一直以帮助会员企业拓展国内外市场为主要工作，并取得了新的成绩。

（1）继续协助会员开拓国际市场。①组团参加2010年美国波士顿国际海产品展览会。②组团参加2010年东京国际海产品博览会。③组团参加欧洲国际水产品展览会。

（2）牵头应对贸易壁垒。为使我国对虾产品输美摆脱不公平的反倾销贸易壁垒，重新回到美国市场，2009年底，应多家会员企业要求，对虾分会为中国对虾产业应诉方，正式启动了我国输美暖水虾"日落复审"应诉工作。2010年初，动员了广东、海南、浙江、福建的35家企业参与了应诉，自筹了此次应诉的前期基本费用，并确定美国律师事务所代理此次应诉。期间，完成的主要工作有：向美国国际贸易委员会（ITC）递交了启动调查通知的实质性回复；进行了中国对虾出口企业在美关联公司应诉企业调查；赴美与美方律师沟通；收集、分析并整理我国2004—2010对虾产品的进、出口贸易量及贸易额等相关数据；聘请中方嘉润道和律师事务所介入复审应对工作，进一步充实我国复审应对工作的力量。在湛江召开了对虾“日落复审”应对企业座谈会，动员并辅导企业填写美国ITC发布的《日落复审调查问卷》；组织与会的企业代表、专家以及会同中、美律师共同研究第二次行业申诉报告，主张对我方有利的论点及论据。委托美方律师向美国国际委员会提交了经协会与律师团队艰苦努力完成的35份我国对虾企业的《日落复审调查问卷》英文稿。寻找、收集为行业抗辩等数据的整理工作。

（3）协助会员企业开拓国内市场。2010年，为切实落实国家继续实施的“扩大内需”政策，协会以“吃优质水产品、享受健康生活”为主题，开展了一系列的全国名优水产品市场推广活动。为企业建立销售渠道、开拓国内市场、扩大品牌影响提供了广阔平台。

12. 搭建交流平台，积极促进行业间的交流与合作

（1）2010年4月19—21日，协会湛江市举办了第二届中国国际对虾产业发展论坛。来自国内外养殖、饲料、苗种、加工、贸易企业、科研院所等单位的380多位代表参加了论坛。

（2）6月25日，在烟台召开了2010年海参产业发展战略研讨会。与会代表就促进海参产业健康发展进行了研讨和交流。

（3）11月8—9日，协会和广西壮族自治区水产畜牧兽医局、国家罗非鱼产业技术体系在南宁共同主办第七届罗非鱼产业发展论坛，共有来自国内外近350名代表参加了会议。

（4）11月3日在大连召开了首届中国海参产业发展高峰论坛，来自政府主管部门领导、专家、企业代表近300人参加了论坛。

（5）积极加强国际渔业合作交流。①5月份举办了中、挪水产品可追溯体系交流会；②6月份组织会员企业参加商务部举办的赴挪威、意大利、立陶宛等三国商务考察活动；③9月份在上海世博会组织召开了中国—印度尼西亚渔业双边贸易洽谈会；④9月份在昆明参加了第一届中国—东盟行业合作会议；⑤12月1日参加了俄罗斯联邦举行的马加丹州经贸投资推介会。

（中国水产流通与加工协会　崔　和）

政　策　法　规

农业部办公厅关于印发《2010年渔业“安全生产年”活动实施方案》的通知

（2010年4月7日）

2009年，各地各单位认真贯彻落实农业部通知精神，组织开展了渔业“安全生产年”活动，渔业安全生产工作取得积极成效。为进一步加强渔业安全生产工作，根据国务院关于继续深入开展2010年“安全生产年”活动的总体部署，农业部制定了《2010年渔业“安全生产年”活动实施方案》。现印发给你们，请结合本地实际贯彻落实。

《2010年渔业“安全生产年”活动实施方案》为全面贯彻《国务院办公厅关于加强渔业安全生产工作的通知》（国办发〔2008〕113号）精神，根据《国务院办公厅关于继续深入开展“安全生产年”活动的通知》（国办发〔2010〕15号）和《国务院安委会关于认真贯彻国办通知精神，扎实做好继续深入开展“安全生产年”活动各项工作的通知》（安委办〔2010〕6号）要求，在2009年工作基础上继续深入开展渔业“安全生产年”活动，扎实推进“平安渔业”建设，进一步加强渔业安全生产工作，制定本方案。

一、指导思想和工作目标

以党的十七大精神为指导，深入贯彻落实科学发展观和《国务院办公厅关于加强渔业安全生产工作的通知》精神，坚持“安全第一、预防为主、综合治理”方针和属地管理原则，按照国务院“安全生产年”活动要求，扎实开展渔业安全生产执法、渔业安全生产治理和渔业安全生产宣传教育“三项行动”；切实加强渔业安全生产法制体制机制、渔业安全生产保障能力和渔业安全生产监管队伍“三项建设”。进一步加大渔业安全生产工作力度，努力构建渔业安全生产长效机制，预防和减少重特大事故，保障渔民群众生命财产安全，实现全国渔业安全生产形势稳定好转。

二、工作重点

（一）加强渔业安全生产宣传教育工作。继续深入开展渔业安全生产宣传教育活动，加强宣传教育和舆论引导工作，充分利用各种媒体，采取多种形式，切实提高宣传效果。结合“安全生产年”、“安全生产月”和伏季休渔宣传活动，营造全社会特别是渔区干部群众关心、支持并自觉参与渔业安全工作的良好氛围。上年，农业部已将渔业船员纳入了农村劳动力转移“阳光工程”培训范围，在8个沿海省和两个内陆重点省开展试点，取得了较好效果。2010年，农业部将扩大“阳光工程”渔业船员培训范围，各地要高度重视，加强与有关部门沟通协调，落实培训计划，认真组织好培训工作。同时，继续开展渔船船东和船长专项培训，制订培训计划，创新培训方式，加强监督检查，增强培训效果。重点加大水上安全生产基本技能培训力度，积极开展以防风、避浪、防雾、安全避让和海上自救互救等为主要内容的渔业安全培训和宣传教育活动，切实提高渔民、特别是船东和船长的安全防范意识和安全技能。

（二）加强渔业安全生产基层基础工作。认真贯彻落实国务院办公厅《关于加强渔业安全生产工作的通知》精神，深入推进“平安渔业”建设工作进程。进一步加强渔业安全生产基层基础建设工作，在全国范围内启动“平安渔业”示范县创建活动，明确创建标准，组织各地积极开展创建活动，争取各级地方政府加大对渔业安全生产工作的重视和支持力度。为切实提高渔港安全管理和安全生产工作水平，农业部启动了“文明渔港”创建活动，计划2010年推荐考核一批“文明渔港”。各地要高度重视、积极参与，组织动员渔港所在地基层政府和各地渔港监督管理机构广泛参与创建活动，引导和支持渔港加强监督管理，完善管理制度，改善渔港环境，改进服务和管理水平，切实提高渔港防灾减灾及安全生产水平。同时组织好考核推荐工作，严格按农业部要求及标准和规定的时限，组织申报、考核和推荐工作，确保考核、推荐工作的质量和水平。以此为契机，加大宣传力度，引起社会广泛关注和有关部门重视，加大渔港建设投入力度，完善管理机制，全面提升渔港建设和管理水平。

（三）加强渔业安全生产监督检查和应急处置工作。进一步明确渔业安全监管机构及职责，充实渔业安全监管队伍，切实履行职责，加强监督检查和应急处置工作。加强渔业安全生产监督检查制度化建设，针对渔业生产特点和气候、灾害规律以及安全生产有关规定，建立渔业安全生产督察检查制度，形成监督检查工作长效机制，进一步完善24小时应急值班制度和领导带班制度。以渔业企业、渔港码头、渔船集中停泊点等场所为重点，加大安全隐患排查整改力度。认真组织开展渔业安全生产执法专项行动，做好汛期、台风及重大节假日期间的安全检查和应急值班工作。结合日常渔政执法行动，依法查处各类渔业安全生产违法违规行为。组织落实做好2010年护渔行动、船名船号专项整治行动，渔政渔港监管机构密切配合，做好港口检查和海上检查，对不按规定标写船名船号、悬挂船名牌的限期改正，对擅自涂改船名船号、使用无效船名船号和冒用他船船名船号的渔船按有关规定查处。

（四）加强渔业安全生产管理部门间合作。针对近期商船与渔船碰撞事故频发，给渔民生命财产造成重大损失的情况，认真落实农业部和交通运输部签署的《水上安全管理合作备忘录》，加强与海事部门合作，分析事故原因，采取有针对性的措施，坚决遏制碰撞事故多发趋势。加强渔民宣传教育，认真落实瞭望值班和防碰撞制度，并向重点渔区发放《东海区渔船防碰撞警示图》，预防和减少渔船与商船间的碰撞事故。为切实提高渔民防碰撞意识，在事故多发区域与海事部门开展联合巡航，向广大渔民群众发布航行通告和预警信息，突出抓好渔民防碰撞知识技能培训，支持鼓励渔船防碰撞系统的研发和推广应用，采取切实措施预防和减少渔船碰撞事故的发生。

（五）加强渔船渔港安全基础设施建设。加大渔业安全生产投入力度，继续强化渔船渔港安全基础设施的建设和管理，加强对航标、渔港监控设备、环保消防设施等配套设施的建设维护，提升渔船渔港的安全保障能力。加快推进渔船自动识别系统（AIS）和安全监控系统建设，总结各地建设经验，制定系统建设标准和规范，加强渔船与商船相关设备的信息互通，切实发挥系统的作用。加快海洋渔业安全通信网建设，加大岸台维护力度，加强渔船通信终端设备配备，提升渔船安全通信保障能力。继续在沿海地区开展渔船救生设备配备补助工作，推广应用气胀式救生筏等装备，提高渔船抵御海上风险的能力。

（六）加强渔业安全生产法律法规和制度建设。进一步健全和完善渔业安全生产、防灾减灾和事故统计报告制度以及渔船、渔港和渔业船员管理等方面的法律法规和规章制度。加快制订事故预防和控制、应急救援和处置等方面的技术标准和渔船、渔机、网具、养殖机械、渔业通信导航及防灾救生等渔业装备安全标准，完善渔业安全生产操作技术规程。积极推动《渔船登记办法》、《渔业船舶水上生产安全事故报告和调查处理规则》等修订工作。加强对渔业安全生产法律法规的监督执行，把渔业安全生产逐步纳入法制化、规范化轨道。

三、工作要求

（一）统一思想，加大宣传力度。继续深入开展“安全生产年”活动是党中央、国务院加强安全生产工作的重要举措，各级渔业行政主管部门要充分认识当前渔业安全生产工作面临的严峻形势和继续深入开展渔业“安全生产年”活动的重要意义。充分利用广播、电视、报纸等各种媒体，加大宣传力度，营造重视渔业安全生产工作的良好氛围。

（二）加强领导，组织督促检查。各级渔业行政主管部门要切实加强对渔业安全生产工作的组织领导，主要领导要切实担负起领导责任，亲自研究部署，分管领导要深入一线督促指导，研究解决实际工作中遇到的问题，加强对重点渔区、重点企业的监督检查，确保渔业安全生产目标任务、政策措施贯彻落实到位。

（三）落实责任，完善机制体制。建立和完善渔业安全生产长效机制，贯彻落实渔业安全生产工作目标责任制，逐级分解目标责任，明确责任分工，层层落实责任，确保完成各项目标任务。要建立健全渔业安全生产工作信息通报制度和安全生产隐患排查治理信息统计报送制度，明确工作联系人，按本方案要求，及时通报各地渔业“安全生产年”工作开展情况，认真总结安全生产隐患排查治理工作经验、有效做法和存在问题，提出下一阶段工作安排及有关建议，及时掌握各地工作动态。认真填报安全生产隐患排查治理情况统计表和安全生产执法行动情况统计表，于每月3日前将统计表、每季度结束后3日内将安全生产隐患排查治理总结材料报农业部渔业局。并于每季度末和年底前将本季度和本年度的渔业“安全生产年”有关工作完成情况报农业部渔业局。

中华人民共和国农业部令
第9号
(2010年5月24日)

水域滩涂养殖发证登记办法

第一章 总 则

第一条 为了保障养殖生产者合法权益,规范水域、滩涂养殖发证登记工作,根据《中华人民共和国物权法》、《中华人民共和国渔业法》、《中华人民共和国农村土地承包法》等法律法规,制定本办法。

第二条 本办法所称水域、滩涂,是指经县级以上地方人民政府依法规划或者以其他形式确定可以用于水产养殖业的水域、滩涂。本办法所称水域滩涂养殖权,是指依法取得的使用水域、滩涂从事水产养殖的权利。

第三条 使用水域、滩涂从事养殖生产,由县级以上地方人民政府核发养殖证,确认水域滩涂养殖权。县级以上地方人民政府渔业行政主管部门负责水域、滩涂养殖发证登记具体工作,并建立登记簿,记载养殖证载明的事项。

第四条 水域滩涂养殖权人可以凭养殖证享受国家水产养殖扶持政策。

第二章 国家所有水域滩涂的发证登记

第五条 使用国家所有的水域、滩涂从事养殖生产的,应当向县级以上地方人民政府渔业行政主管部门提出申请,并提交以下材料:

(一)养殖证申请表;

(二)公民个人身份证明、法人或其他组织资格证明、法定代表人或者主要负责人的身份证明;

(三)依法应当提交的其他证明材料。

第六条 县级以上地方人民政府渔业行政主管部门应当在受理后15个工作日内对申请材料进行书面审查和实地核查。符合规定的,应当将申请在水域、滩涂所在地进行公示,公示期为10天;不符合规定的,书面通知申请人。

第七条 公示期满后,符合下列条件的,县级以上地方人民政府渔业行政主管部门应当报请同级人民政府核发养殖证,并将养殖证载明事项载入登记簿:

(一)水域、滩涂依法可以用于养殖生产;

(二)证明材料合法有效;

(三)无权属争议。

登记簿应当准确记载养殖证载明的全部事项。

第八条 国家所有的水域、滩涂,应当优先用于下列当地渔业生产者从事养殖生产:

(一)以水域、滩涂养殖生产为主要生活来源的;

(二)因渔业产业结构调整,由捕捞业转产从事养殖业的;

(三)因养殖水域滩涂规划调整,需要另行安排养殖水域、滩涂从事养殖生产的。

第九条 依法转让国家所有水域、滩涂的养殖权的,应当持原养殖证,依照本章规定重新办理发证登记。

第三章 集体所有或者国家所有由集体使用水域滩涂的发证登记

第十条 农民集体所有或者国家所有依法由农民集体使用的水域、滩涂,以家庭承包方式用于养殖生产的,依照下列程序办理发证登记:

(一)水域、滩涂承包合同生效后,发包方应当在30个工作日内,将水域、滩涂承包方案、承包方及承包水域、滩涂的详细情况、水域、滩涂承包合同等材料报县级以上地方人民政府渔业行政主管部门;

(二)县级以上地方人民政府渔业行政主管部门对发包方报送的材料进行审核。符合规定的,报请同级人民政府核发养殖证,并将养殖证载明事项载入登记簿;不符合规定的,书面通知当事人。

第十一条 农民集体所有或者国家所有依法由农民集体使用的水域、滩涂,以招标、拍卖、公开协商等方式承包用于养殖生产,承包方申请取得养殖证的,依照下列程序办理发证登记:

(一)水域、滩涂承包合同生效后,承包方填写养殖证申请表,并将水域、滩涂承包合同等材料报县级以上地方人民政府渔业行政主管部门;

(二)县级以上地方人民政府渔业行政主管部门对承包方提交的材料进行审核。符合规定的,报请同级人民政府核发养殖证,并将养殖证载明事项载入登记簿;不符合规定的,书面通知申请人。

第十二条 县级以上地方人民政府渔业行政主管部门应当在登记簿上准确记载养殖证载明的全部事项。

第十三条 农民集体所有或者国家所有依法由农

民集体使用的水域、滩涂,以家庭承包方式用于养殖生产,在承包期内采取转包、出租、入股方式流转水域滩涂养殖权的,不需要重新办理发证登记。采取转让、互换方式流转水域滩涂养殖权的,当事人可以要求重新办理发证登记。申请重新办理发证登记的,应当提交原养殖证和水域滩涂养殖权流转合同等相关证明材料。因转让、互换以外的其他方式导致水域滩涂养殖权分立、合并的,应当持原养殖证及相关证明材料,向原发证登记机关重新办理发证登记。

第四章 变更、收回、注销和延展

第十四条 水域滩涂养殖权人、利害关系人有权查阅、复制登记簿,县级以上地方人民政府渔业行政主管部门应当提供,不得限制和拒绝。水域滩涂养殖权人、利害关系人认为登记簿记载的事项错误的,可以申请更正登记。登记簿记载的权利人书面同意更正或者有证据证明登记确有错误的,县级以上地方人民政府渔业行政主管部门应当予以更正。

第十五条 养殖权人姓名或名称、住所等事项发生变化的,当事人应当持原养殖证及相关证明材料,向原发证登记机关申请变更。

第十六条 因被依法收回、征收等原因造成水域滩涂养殖权灭失的,应当由发证机关依法收回、注销养殖证。实行家庭承包的农民集体所有或者国家所有依法由农民集体使用的水域、滩涂,在承包期内出现下列情形之一,发包方依法收回承包的水域、滩涂的,应当由发证机关收回、注销养殖证:

(一)承包方全家迁入设区的市,转为非农业户口的;

(二)承包方提出书面申请,自愿放弃全部承包水域、滩涂的;

(三)其他依法应当收回养殖证的情形。

第十七条 符合本办法第十六条规定,水域滩涂养殖权人拒绝交回养殖证的,县级以上地方人民政府渔业行政主管部门调查核实后,报请发证机关依法注销养殖证,并予以公告。

第十八条 水域滩涂养殖权期限届满,水域滩涂养殖权人依法继续使用国家所有的水域、滩涂从事养殖生产的,应当在期限届满60日前,持养殖证向原发证登记机关办理延展手续,并按本办法第五条规定提交相关材料。因养殖水域滩涂规划调整不得从事养殖的,期限届满后不再办理延展手续。

第五章 附 则

第十九条 养殖证由农业部监制,省级人民政府渔业行政主管部门印制。

第二十条 颁发养殖证,除依法收取工本费外,不得向水域、滩涂使用人收取任何费用。

第二十一条 本办法施行前养殖水域、滩涂已核发养殖证或者农村土地承包经营权证的,在有效期内继续有效。

第二十二条 本办法自2010年7月1日起施行。

农业部关于公布“全国文明渔港”(第一批)的通知

(2010年8月20日)

为加强渔港建设和管理工作,农业部于2009年5月印发了《农业部关于开展文明渔港创建活动的通知》(农渔发〔2009〕18号),部署开展全国文明渔港创建活动。各地渔业主管部门及其渔港监督机构按照要求,围绕“制度健全、管理规范、运行安全、环境整洁、服务优良”的目标,组织开展文明渔港创建活动,有力推动了渔港建设、管理和服务工作,取得了积极成效。通过各地申报、省级渔业主管部门初评和农业部组织复核评审、公示,农业部确定辽宁省大连市高新园区龙王塘渔港等20个渔港为第一批“全国文明渔港”,现予公布(名单见附件)。开展文明渔港创建活动是加强渔港监督工作、提高渔港渔船管理水平和推进“平安渔业”建设的有力抓手,农业部今后将每三年组织一次“全国文明渔港”考评。获得“全国文明渔港”称号的渔港,要组织年度自查,并于每年年底前将自查报告报农业部备案,农业部视情组织抽查;在新一轮考评中须按照最新标准进行复评,合格的重新公布。对工作严重滑坡、群众意见大,或者出现重大安全生产责任事故、不符合考评标准的,农业部将撤销其“全国文明渔港”称号。各级渔业主管部门及其渔港监督机构要进一步加强领导,广泛动员,继续高度重视并积极组织开展文明渔港创建活动,切实加强渔港建设和管理工作,为促进现代渔业建设作出积极贡献。

附件:“全国文明渔港”(第一批)名单

辽宁省 大连市高新园区龙王塘渔港
大连市大连湾渔港

河北省 唐山市丰南区黑沿子中心渔港
乐亭县中心渔港

山东省 荣成市沙窝岛渔港
青岛市崂山区沙子口渔港

青岛市胶南市积米崖中心渔港
天津市 滨海新区塘沽北塘渔港
江苏省 如东县洋口国家中心渔港
启东市吕四中心渔港
浙江省 舟山市普陀区沈家门中心渔港
宁波市象山县石浦中心渔港
福建省 厦门市高崎闽台中心渔港
石狮市祥芝中心渔港
广东省 汕尾市汕尾渔港
阳江市闸坡中心渔港
汕头市海门渔港
广西壮族自治区 北海市电建渔港
海南省 琼海市潭门渔港
文昌市清澜渔港

农业部关于实行珠江禁渔期制度的通知

(2010年10月21日)

珠江生物资源丰富,是我国南方水生生物资源的基因库和全国重要淡水渔业生产基地。近年来,随着珠江流域经济社会的快速发展,珠江生物资源及其生存环境承受的压力不断加大,珠江生物资源持续衰退,生态环境不断恶化,生物多样性和渔业的可持续发展受到严重威胁。为养护珠江生物资源、保护生物多样性、促进珠江渔业可持续发展和生态文明建设,根据《中华人民共和国渔业法》有关规定和国务院于2006年印发的《中国水生生物资源养护行动纲要》要求,经国务院同意,决定自2011年起实行珠江禁渔期制度。现就有关事项通知如下:

一、珠江禁渔期制度的主要内容

(一)禁渔水域范围。珠江在江西、湖南、广东、广西、贵州和云南六省(自治区)的干流、重要支流及通江湖泊。珠江干流包括西江上游的南盘江、红水河、黔江、浔江和西江下游;支流包括东江、北江、柳江(含融江)、桂江(含漓江)、郁江(含邕江)和北盘江;通江湖泊包括抚仙湖、星云湖、异龙湖、杞麓湖和阳宗海。珠江入海河口水域界限由广东省渔业行政主管部门确定、公布,并报农业部备案。各省(自治区)可根据本地实际,将其他相关河流、湖泊纳入禁渔范围。

(二)禁渔时间。每年的4月1日12时至6月1日12时。各省(自治区)可根据本地实际,在执行统一禁渔规定的基础上,适当延长禁渔时间。

(三)禁止作业方式。禁渔期间在禁渔水域范围内禁止所有捕捞作业。国家级水产原种场因采捕珠江天然水产苗种、有关科研单位进行珠江渔业资源调查研究确需进行捕捞的,须经省级渔业行政主管部门核准后报农业部审批。

二、大力开展宣传教育工作

实行珠江禁渔期制度,养护珠江生物资源,是贯彻落实科学发展观、促进生态文明建设的重要举措,是实现水生生物资源可持续利用、维系水域生态平衡的有效措施。沿江各级人民政府要切实提高对实施珠江禁渔期制度重要性的认识,充分利用各种媒体和途径,加强对社会各界尤其是渔民群众的宣传教育,讲明实行珠江禁渔期制度在保护水生生物资源和生态环境、服务地方经济社会发展、实现渔业生产节本增效等方面的重要作用,使制度在沿江、湖区家喻户晓,争取广大渔民群众和社会各界的理解、支持和配合。

三、切实做好制度的组织实施和执法管理

沿江各级人民政府要建立政府统一领导、渔业(渔政)部门为主管理、有关部门密切配合的禁渔管理机制,确保禁渔期制度顺利实施。要加强渔政队伍建设,加大渔政执法经费、装备和设施建设投入,加强执法人员培训,不断提高渔政队伍的依法行政能力。各级渔业行政主管部门和渔政队伍要自觉遵守《渔业行政执法六条禁令》,增强服务渔业、服务渔民意识,主动会同有关部门制定切实可行的实施方案,做到严格执法、公正执法、文明执法。要在禁渔期组织对渔民的法律法规和专业技能培训等活动,丰富渔民生活,提高渔民再就业能力。同时,积极开展增殖放流活动,扩大放流规模,做好渔业资源监测和禁渔效果评价工作。

四、妥善解决好禁渔期间困难渔民的生活问题

从海洋伏季休渔和长江禁渔期制度实行情况看,由于开捕后资源好转和禁渔期间节约柴油等成本,渔民全年总收入有提高。但在禁渔期内渔民收入将有所减少,部分渔民生活可能会出现困难,特别是完全以捕鱼为生的“连家船”渔民。为此,农业部将会同各地渔业部门加大禁渔期间水生生物增殖放流力度,增加渔业资源,争取开捕后渔民有更好的收入。相关地方人民政府要认真落实好渔用油价补贴政策,同时将符合条件的困难渔民纳入当地最低生活保障范围或给予必要的生活困难补助,

保障渔民基本生活需要，缓解渔民在禁渔期间的生活困难。实行珠江禁渔期制度涉及面广、管理难度大、任务艰巨，希望沿江各级人民政府高度重视，有关部门积极配合，社会各界理解支持，切实保障珠江禁渔期制度顺利实施。

农业部关于公布2010年渔业文明执法窗口单位的通知

（2010年11月22日）

根据农业部关于开展2010年渔业文明执法窗口单位创建活动的部署，全国各级渔政机构积极开展创建活动，在规范执法行为、转变工作作风、服务渔业渔民等方面取得了新的成绩。为进一步加强渔政队伍建设，推进渔政执法工作，经严格考核评审并社会公示，农业部决定授予河北省黄骅市渔政船检港监站等34个渔业行政执法机构“2010年渔业文明执法窗口单位”称号，现予以公布。希望获得上述称号的单位进一步严格要求，履行职责，继续发挥好示范带头作用。各级渔业行政执法机构要以身边的窗口单位为榜样，推进参照《公务员法》管理工作，不断提升服务质量和执法能力。各级渔业行政主管部门要进一步贯彻落实科学发展观，加强对渔业文明执法窗口单位创建活动的领导，完善渔政工作体制机制，提高依法行政能力，推动渔政队伍规范化建设。

附件：2010年渔业文明执法窗口单位名单

河北省黄骅市渔政船检港监站
辽宁省长海县渔政管理所
吉林省延边朝鲜族自治州渔政渔港监督管理站
黑龙江省富锦市渔政渔港监督管理局
中国渔政31001船（上海市渔政处）
江苏省连云港市渔政监督支队
江苏省太仓市渔政管理站
浙江省兰溪市渔政站
浙江省龙游县渔业行政执法大队
安徽省安庆市大观区渔政渔港监督管理站
安徽省巢湖渔业管理局渔政执法大队
福建省厦门市中国渔政同安区大队
江西省奉新县渔政管理站
山东省蒙阴县渔政监督管理站
山东省羊口渔政管理中心站
河南省信阳市渔政渔船检验监督管理局
湖北渔业船舶检验局梁子湖检验站
湖北省武汉市洪山区渔政船检港监管理
湖南省株洲市渔政监督管理站
广东省渔政总队南沙大队
广东省渔政总队廉江大队
广西壮族自治区崇左市渔政渔港监督管理站
海南省海口市渔港监督处
重庆市江北区渔政渔港监督管理所
重庆市垫江县渔政渔港监督管理站
云南省澜沧县渔业行政执法大队
陕西省宝鸡市渔政监督管理站
甘肃省张掖市渔政管理站
青海省刚察县渔政管理局
宁夏回族自治区中卫市渔政监督所
新疆维吾尔自治区博尔塔拉蒙古自治州渔政管理总站
中国渔政116船（黄渤海区渔政局）
中国渔政202船（东海区渔政局）
中国渔政311船（南海区渔政局）

农业部办公厅关于深入推进依法行政加强渔政队伍规范化建设的通知

（2010年11月18日）

为贯彻落实《全面推进依法行政实施纲要》和2010年国务院召开的全国依法行政工作会议精神，切实提高渔政队伍依法行政能力和整体素质，现就进一步加强渔政队伍规范化建设有关事项通知如下：

一、集中开展自收自支渔政机构整改工作

目前我国2 800余个渔政机构中有178个是自收自支性质，虽然所占比例不到7%，但经费自收自支直接导致“以罚没款维持人员工资和机构运转”、“以罚代管”等情况的发生，使执法的目的和方式与依法行政的要求严重背离，必须采取有效措施加以改正。自收自支渔政机构要积极进行整改，执行收支两条线和罚缴分离制度。有关渔业行政主管部门要积极向政府和有关部门汇报，争取指导和支持，促进渔政机构经费纳入同级财政预算，争取在2011年底前全部解决自收自支问题。各省级渔业行政主管部门要建立分管领导负责的督察协调机制，开展

专项调研,采取有效措施,督促自收自支渔政机构按期整改完毕。

二、切实推进渔政队伍参照《公务员法》管理

目前全国渔政机构中还有60%以上未参照公务员法管理。根据《中华人民共和国公务员法》及《关于事业单位参照〈公务员法〉管理工作有关问题的意见》(组通字〔2006〕27号)精神,渔政机构参照《公务员法》管理依据充分,目前国家和省级的渔政机构均已参照《公务员法》管理,工作难点和重点主要在市、县两级渔政机构。各省级渔业行政主管部门要高度重视渔政机构参照《公务员法》工作,从落实依法行政和规范渔业执法主体出发,结合实际,就辖区内渔政机构执法人员录用规则、岗位职数职责、培训考核制度、执法问责机制等方面提出指导意见,督促渔政机构加强自身建设。要向省级政府专题汇报,并与同级编制、人事、财政部门沟通协调,争取政策支持,加大推进力度。要加强对市、县级渔政机构的指导和帮助,对条件成熟、态度积极的渔政机构给予重点扶持,以点带面促进渔政机构参照《公务员法》管理工作的开展。

三、认真落实渔政队伍建设相关规范要求

根据依法行政要求和行业执法特点,统一渔业执法工作规范,是提升队伍形象、增强凝聚力、规范执法行为的必要举措。当前,要切实做到统一渔业行政执法证管理、统一渔业行政执法文书格式、统一中国渔政标志、统一渔政执法装备标识、统一着装标准五方面的规范要求,同时要着力规范全国渔政机构名称,理顺渔政管理层级关系。农业部已在2007年全国渔政工作会议上提出规范不同层级渔政机构名称的指导意见,并将颁布"五统一"相关标准。各省级渔业行政主管部门要增强责任意识,认真学习领会有关文件精神,切实贯彻落实。要按照"五统一"要求和机构命名规范,督导基层渔政队伍落实到位,以此为抓手加强队伍规范化建设,树立渔政队伍良好形象。

四、积极创新体制机制提高渔政执行力

提高渔政队伍贯彻执行政策法规和上级指示的能力,是确保渔业管理政令畅通、上下一致的前提条件。要坚持激励与监督并重的队伍建设机制,继续深入开展渔业文明执法窗口单位创建活动,认真落实《渔业行政执法六条禁令》和《渔业行政执法督察规定》。要坚持行政处罚与行政许可相分离以及相对集中渔业行政处罚权的执法体制改革方向,明确渔业行政处罚主体资格并依法授权,切实做到权责明晰、依法执法。要坚持严格规范的渔业执法人员资格管理制度,明确进人用人标准,制订规划全员培训,创新培养模式提高渔政人员学历水平。培养政治坚定、业务过硬、作风优良的执法人员队伍,不断提高服务质量和执法能力。要进一步探索建立省级或地市级以下渔政机构垂直管理体制,实行地市级以下渔政负责人任免需征求省级渔政机构意见的制度。渔政队伍规范化建设是一项长期任务,涉及面广、情况复杂。各级渔业行政主管部门及其渔政机构要从贯彻落实科学发展观和依法行政要求出发,高度重视,切实推进,在各级政府领导下积极开展渔政工作,加强渔政队伍规范化建设,为建设现代渔业保驾护航。

渔业经济统计

一、经济核算

全国渔业经济总产值、增加值
（按当年价格计算）

单位：万元

指　　标	2010 年		2009 年		2010 年比 2009 年增减（±）	
	产值	增加值	产值	增加值	产值	增加值
渔业经济总产值	**129 294 761.03**	**59 041 156.58**	**114 451 251.43**	**50 918 972.34**	**14 843 509.60**	**8 122 184.24**
1. 渔业	67 517 986.55	37 900 880.84	59 373 731.55	33 371 189.08	8 144 255.00	4 529 691.76
其中：海水养殖	16 506 007.59	9 767 742.83	14 003 860.72	8 424 715.49	2 502 146.87	1 343 027.34
淡水养殖	31 403 444.15	17 399 709.59	27 593 122.63	15 255 212.09	3 810 321.52	2 144 497.50
海洋捕捞	12 721 296.60	6 876 575.66	11 553 834.84	6 233 803.41	1 167 461.76	642 772.25
淡水捕捞	3 132 667.50	1 864 608.81	2 945 301.50	1 742 706.39	187 366.00	121 902.42
水产苗种	3 754 570.71	1 992 243.95	3 277 611.86	1 714 751.70	476 958.85	277 492.25
2. 渔业工业和建筑业	30 888 002.93	11 213 165.80	26 796 411.59	8 929 973.60	4 091 591.34	2 283 192.20
其中：水产品加工	23 586 028.87	8 635 369.01	20 265 994.15	6 641 285.35	3 320 034.72	1 994 083.66
渔用机具制造	1 382 114.09	468 804.40	1 137 598.45	368 117.08	244 515.64	100 687.32
其中：渔船渔机修造	826 957.17	260 252.28	676 445.64	205 711.06	150 511.53	54 541.22
渔用绳网制造	448 080.22	167 358.22	369 622.08	125 519.41	78 458.14	41 838.81
渔用饲料	3 025 299.83	994 203.08	2 897 865.65	1 006 219.04	127 434.18	－12 015.96
渔用药物	126 505.19	39 476.83	108 650.61	45 690.93	17 854.58	－6 214.10
建筑业	1 074 429.49	328 619.06	962 053.92	358 486.98	112 375.57	－29 867.92
其他	1 693 625.46	746 693.42	1 424 248.81	510 174.22	269 376.65	236 519.20
3. 渔业流通和服务业	30 888 771.55	9 927 109.94	28 281 108.29	8 617 809.66	2 607 663.26	1 309 300.28
其中：水产流通	25 171 409.00	7 435 240.21	22 918 413.73	6 356 709.96	2 252 995.27	1 078 530.25
水产（仓储）运输	1 541 063.87	619 559.50	1 659 458.36	610 079.03	－118 394.49	9 480.47
休闲渔业	2 112 454.56	979 784.48	2 157 791.48	962 626.34	－45 336.92	17 158.14
其他	2 063 844.12	892 525.75	1 545 444.72	688 394.33	518 399.40	204 131.42

各地区渔业经济总产值、渔业产值
（按当年价格计算）

单位:万元

指标	2010 年		2010 年比 2009 年增减(±)		渔业产值占农业产值比重(%)
	渔业经济总产值	其中:渔业产值	渔业经济总产值	其中:渔业产值	
全国总计	**129 294 761.03**	**67 517 986.55**	**14 843 509.60**	**8 144 255.00**	**9.30**
北　京	202 991.75	128 702.83	14 168.49	13 042.43	3.50
天　津	697 582.55	517 567.00	73 053.55	27 828.00	15.80
河　北	1 766 249.53	1 485 015.07	380 149.68	347 348.85	3.30
山　西	49 883.22	40 665.24	-1 951.75	321.88	0.60
内蒙古	183 310.83	138 266.09	16 180.75	9 664.86	0.90
辽　宁	10 497 834.00	5 655 350.00	1 367 852.00	757 579.00	15.80
吉　林	273 996.47	190 722.35	21 217.12	10 693.49	1.40
黑龙江	646 037.70	555 349.70	43 783.50	64 331.70	2.10
上　海	698 143.00	552 462.48	1 369.00	4 402.48	18.30
江　苏	13 097 680.00	8 047 037.00	1 453 491.77	684 729.00	18.70
浙　江	13 415 820.00	5 376 189.00	1 463 436.00	875 382.00	24.00
安　徽	4 204 348.30	2 951 834.64	625 474.72	360 420.90	10.00
福　建	14 959 448.68	7 014 469.79	3 010 947.21	1 116 697.96	29.20
江　西	5 090 250.00	2 779 409.00	-962 169.00	265 605.00	13.40
山　东	23 751 321.09	9 018 366.92	2 445 254.52	1 039 264.68	12.70
河　南	1 517 601.00	797 329.00	143 153.00	62 441.00	1.20
湖　北	9 308 372.00	5 080 787.00	1 246 139.00	365 389.00	13.10
湖　南	2 473 878.24	2 326 965.00	484 922.24	441 665.00	6.10
广　东	16 163 605.01	7 639 169.00	1 700 272.85	844 001.54	19.70
广　西	3 543 317.00	2 577 567.13	531 608.57	305 288.42	9.10
海　南	2 592 669.00	1 886 206.00	308 632.00	252 306.00	21.13
重　庆	456 130.29	291 979.95	52 684.55	23 891.61	2.70
四　川	2 157 870.71	1 292 424.52	145 893.77	23 662.99	3.20
贵　州	123 457.00	116 128.00	12 841.00	12 186.00	1.40
云　南	543 417.07	361 847.97	58 121.53	46 560.75	2.70
西　藏	1 516.60	1 113.60	-114.40	186.60	0.20
陕　西	272 556.81	198 746.23	125 798.81	123 406.23	0.50
甘　肃	18 680.21	14 133.78	2 835.61	1 961.18	0.10
青　海	1 235.80	1 235.80	265.80	265.80	0.10
宁　夏	186 683.28	97 532.46	20 808.82	10 001.65	2.60
新　疆	142 673.89	127 214.00	29 973.89	26 314.00	0.70
中农发集团	256 200.00	256 200.00	27 415.00	27 415.00	

各地区渔业经济总产值(一)
(按当年价格计算)

单位:万元

地 区	总 计	一、渔业产值			
		合 计	海水养殖	淡水养殖	海洋捕捞
全国总计	**129 294 761.03**	**67 517 986.55**	**16 506 007.59**	**31 403 444.15**	**12 721 296.60**
北 京	202 991.75	128 702.83		99 516.22	9 389.00
天 津	697 582.55	517 567.00	37 920.00	386 783.00	64 951.00
河 北	1 766 249.53	1 485 015.07	509 279.97	423 443.67	391 720.03
山 西	49 883.22	40 665.24		37 733.79	
内蒙古	183 310.83	138 266.09		97 845.11	
辽 宁	10 497 834.00	5 655 350.00	2 735 966.00	1 199 077.00	1 137 743.00
吉 林	273 996.47	190 722.35		154 407.19	
黑龙江	646 037.70	555 349.70		426 729.20	
上 海	698 143.00	552 462.48		376 312.90	140 600.00
江 苏	13 097 680.00	8 047 037.00	947 744.00	5 522 507.00	853 868.00
浙 江	13 415 820.00	5 376 189.00	1 091 385.00	1 473 893.00	2 566 490.00
安 徽	4 204 348.30	2 951 834.64		2 236 914.41	
福 建	14 959 448.68	7 014 469.79	3 160 811.92	1 248 434.69	2 177 533.04
江 西	5 090 250.00	2 779 409.00		2 138 526.00	
山 东	23 751 321.09	9 018 366.92	4 191 922.70	1 527 490.09	2 593 198.53
河 南	1 517 601.00	797 329.00		670 243.00	
湖 北	9 308 372.00	5 080 787.00		4 127 221.80	
湖 南	2 473 878.24	2 326 965.00		2 130 350.00	
广 东	16 163 605.01	7 639 169.00	2 544 500.00	3 785 600.00	950 700.00
广 西	3 543 317.00	2 577 567.13	797 451.00	984 915.00	591 844.00
海 南	2 592 669.00	1 886 206.00	489 027.00	282 020.00	987 060.00
重 庆	456 130.29	291 979.95		246 477.74	
四 川	2 157 870.71	1 292 424.52		1 063 094.56	
贵 州	123 457.00	116 128.00		87 904.00	
云 南	543 417.07	361 847.97		302 238.00	
西 藏	1 516.60	1 113.60		453.20	
陕 西	272 556.81	198 746.23		182 468.60	
甘 肃	18 680.21	14 133.78		13 568.63	
青 海	1 235.80	1 235.80		1 235.80	
宁 夏	186 683.28	97 532.46		80 200.14	
新 疆	142 673.89	127 214.00		95 840.41	
中农发集团	256 200.00	256 200.00			256 200.00

各地区渔业经济总产值(二)
(按当年价格计算)

单位:万元

地　　区	一、渔业产值		二、渔业工业和建筑业		
	淡水捕捞	水产苗种	合　　计	水产品加工	渔用机具制造
					小计
全国总计	**3 132 667.50**	**3 754 570.71**	**30 888 002.93**	**23 586 028.87**	**1 382 114.09**
北　京	6 203.78	13 593.83	27 663.18	7 411.52	
天　津	12 957.00	14 956.00	19 299.73	367.00	8 100.00
河　北	100 556.33	60 015.07	187 175.22	164 099.22	9 409.00
山　西	1 312.60	1 618.85	1 833.54		
内蒙古	30 406.65	10 014.33	16 550.85	16 550.85	
辽　宁	72 936.00	509 628.00	2 649 363.00	2 212 008.00	90 362.00
吉　林	25 757.39	10 557.77	59 981.00	59 501.00	30.00
黑龙江	79 682.60	48 937.90	23 975.00	15 050.00	
上　海	9 287.10	26 262.48	137 571.52	121 113.11	16 221.41
江　苏	459 297.00	263 621.00	1 753 223.00	1 138 059.00	124 635.00
浙　江	90 000.00	154 421.00	4 770 401.00	4 038 439.00	235 591.00
安　徽	537 893.79	177 026.44	322 125.45	172 147.73	77 171.96
福　建	155 029.54	272 660.60	4 851 195.92	3 629 914.00	128 014.00
江　西	417 283.00	223 600.00	1 471 241.00	1 050 000.00	10 104.00
山　东	160 723.03	545 032.57	8 476 707.41	6 505 726.12	578 058.91
河　南	42 024.00	85 062.00	199 401.00	35 172.00	2 071.00
湖　北	458 580.20	494 985.00	1 475 373.00	1 276 937.00	10 956.00
湖　南	38 595.00	158 020.00	109 213.65	93 383.19	997.00
广　东	137 300.00	221 069.00	2 890 179.67	2 078 024.58	67 248.91
广　西	97 381.00	105 976.13	456 247.61	413 965.57	721.00
海　南	17 099.00	111 000.00	596 377.00	523 191.00	20 578.00
重　庆	25 605.07	19 897.14	63 095.80	703.96	1 469.90
四　川	91 896.80	137 433.16	244 458.48	7 400.82	5.00
贵　州	14 512.00	13 712.00	1 835.00	87.00	115.00
云　南	24 882.00	34 727.97	44 468.10	24 783.00	
西　藏	660.40				
陕　西	8 649.01	7 628.62	11 613.10		255.00
甘　肃		565.15	221.00	190.00	
青　海					
宁　夏	197.92	17 134.40	22 881.50		
新　疆	15 959.29	15 414.30	4 331.20	1 804.20	
中农发集团					

各地区渔业经济总产值(三)
(按当年价格计算)

单位:万元

地　区	二、渔业工业和建筑业					
	渔用机具制造		渔用饲料	渔用药物	建筑业	其他
	渔船渔机修造	渔用绳网制造				
全国总计	**826 957.17**	**448 080.22**	**3 025 299.83**	**126 505.19**	**1 074 429.49**	**1 693 625.46**
北　京			18 054.66	187.00	2 010.00	
天　津		8 100.00	5 060.73	5 772.00		
河　北	5 268.00	2 595.00	12 742.00		321.00	604.00
山　西			173.26	1 605.28	55.00	
内蒙古						
辽　宁	66 544.00	16 913.00	130 175.00	7 657.00	176 475.00	32 686.00
吉　林		30.00	110.00		340.00	
黑龙江			8 455.00	470.00		
上　海	16 221.41					237.00
江　苏	70 062.00	37 470.00	353 726.00	28 528.00	34 787.00	73 488.00
浙　江	140 372.00	78 486.00	291 903.00	3 164.00	82 056.00	119 248.00
安　徽	2 230.19	64 941.77	52 527.37	722.77	6 493.45	13 062.17
福　建	86 594.00	41 420.00	279 718.00	1 261.00	36 538.00	775 750.92
江　西	2 147.00	7 957.00	350 000.00	5 554.00	47 858.00	7 725.00
山　东	391 675.46	138 934.45	160 804.01	36 552.06	557 373.46	638 192.85
河　南	84.00	1 987.00	158 134.00	3 920.00	50.00	54.00
湖　北	2 753.00	8 203.00	97 978.00	7 480.00	78 936.00	3 086.00
湖　南	366.00	631.00	10 574.00	2 665.06	983.40	611.00
广　东	27 775.41	33 973.80	670 164.74	4 309.14	44 790.18	25 642.12
广　西	708.00	13.00	40 061.04	1 095.00	395.00	10.00
海　南	13 456.00	5 406.00	48 643.00	1 695.00	962.00	1 308.00
重　庆	645.70	824.20	57 593.94	442.00	2 681.00	205.00
四　川	5.00		224 441.38	12 611.28		
贵　州		115.00	1 633.00			
云　南			19 634.00	51.10		
西　藏						
陕　西	50.00	80.00	7 697.20	651.50	1 300.00	1 709.40
甘　肃					25.00	6.00
青　海						
宁　夏			22 881.50			
新　疆			2 415.00	112.00		
中农发集团						

各地区渔业经济总产值(四)
(按当年价格计算)

单位:万元

地 区	三、渔业流通和服务业				
	合 计	水产流通	水产(仓储)运输	休闲渔业	其 他
全国总计	**30 888 771.55**	**25 171 409.00**	**1 541 063.87**	**2 112 454.56**	**2 063 844.12**
北 京	46 625.74	10 702.70	2 924.80	32 893.24	105.00
天 津	160 715.82	8 351.37	6 709.00	20 936.45	124 719.00
河 北	94 059.24	56 242.00	8 092.00	15 100.24	14 625.00
山 西	7 384.44	5 292.90	313.00	1 768.54	10.00
内蒙古	28 493.89	11 884.91	2 477.62	14 131.36	
辽 宁	2 193 121.00	1 762 982.00	145 228.00	234 453.00	50 458.00
吉 林	23 293.12	14 048.00	1 722.00	7 384.12	139.00
黑龙江	66 713.00	37 475.00	4 653.00	23 524.00	1 061.00
上 海	8 109.00	3 680.00		4 429.00	
江 苏	3 297 420.00	2 715 601.00	79 028.00	290 009.00	212 782.00
浙 江	3 269 230.00	2 839 724.00	157 355.00	117 819.00	154 332.00
安 徽	930 388.21	727 703.41	41 879.40	91 705.68	69 099.72
福 建	3 093 782.97	2 676 570.47	152 034.50	30 835.00	234 343.00
江 西	839 600.00	749 800.00	33 800.00	45 000.00	11 000.00
山 东	6 256 246.76	4 191 724.05	606 737.85	390 067.48	1 067 717.38
河 南	520 871.00	451 027.00	752.00	67 709.00	1 383.00
湖 北	2 752 212.00	2 354 332.00	87 572.00	302 175.00	8 133.00
湖 南	37 699.59	27 022.92	2 398.85	6 368.40	1 909.42
广 东	5 634 256.34	5 321 847.74	64 316.84	222 878.00	25 213.76
广 西	509 502.26	439 187.63	21 028.83	3 299.76	45 986.04
海 南	110 086.00	84 113.00	5 025.00	2 329.00	18 619.00
重 庆	101 054.54	70 199.05	5 942.21	20 225.01	4 688.27
四 川	620 987.71	386 396.35	88 778.30	130 817.38	14 995.68
贵 州	5 494.00	3 849.00	227.00	1 292.00	126.00
云 南	137 101.00	111 918.00	10 482.00	14 641.00	60.00
西 藏	403.00	233.00		170.00	
陕 西	62 197.48	47 420.08	2 697.20	10 282.20	1 798.00
甘 肃	4 325.43	1 613.00	434.60	2 247.83	30.00
青 海					
宁 夏	66 269.32	56 375.42	6 932.70	2 450.35	510.85
新 疆	11 128.69	4 093.00	1 522.17	5 513.52	
中农发集团					

各地区渔业经济增加值(一)
(按当年价格计算)

单位:万元

地　区	总　计	一、渔业增加值			
		合　计	海水养殖	淡水养殖	海洋捕捞
全国总计	**59 041 156.58**	**37 900 880.84**	**9 767 742.83**	**17 399 709.59**	**6 876 575.66**
北　京	63 772.43	42 059.88		34 412.24	730.00
天　津	284 900.83	247 774.00	18 480.00	185 021.00	31 725.00
河　北	1 015 873.29	922 523.49	320 578.34	266 546.65	246 577.45
山　西	7 562.34	5 581.85		4 992.22	
内蒙古	98 839.17	77 760.21		51 727.83	
辽　宁	5 492 307.00	3 582 808.00	1 752 715.00	735 144.83	724 946.00
吉　林	63 369.79	53 931.11		41 399.83	
黑龙江	293 139.35	265 932.95		208 670.58	
上　海	160 572.89	127 066.37		86 551.97	32 338.00
江　苏	6 094 550.00	4 451 620.00	540 214.00	2 982 154.00	542 790.00
浙　江	4 607 805.00	3 091 358.00	693 881.00	905 428.00	1 371 193.00
安　徽	2 138 425.42	1 755 138.77		1 309 166.88	
福　建	7 972 514.96	3 887 614.60	1 766 412.18	697 684.74	1 216 909.13
江　西	2 598 970.42	1 945 586.30		1 496 968.20	
山　东	11 018 976.81	5 482 184.64	2 990 582.63	790 971.27	1 345 776.06
河　南	699 004.00	527 285.00		453 920.00	
湖　北	4 561 402.10	3 139 943.10		2 576 518.00	
湖　南	1 603 711.41	1 514 622.00		1 384 728.00	
广　东	5 075 599.33	2 589 722.00	791 710.00	1 347 098.00	310 416.00
广　西	1 923 640.56	1 529 994.51	542 266.68	620 496.45	269 289.02
海　南	1 601 041.00	1 397 011.00	350 903.00	208 112.00	760 414.00
重　庆	273 315.54	220 918.46		190 157.39	
四　川	1 010 677.73	725 826.06		592 097.56	
贵　州	80 200.00	76 170.00		57 333.00	
云　南	120 207.61	82 621.11		57 461.00	
西　藏	747.00	565.00		190.00	
陕　西	54 895.81	50 083.41		47 840.72	
甘　肃	7 098.98	6 652.36		6 374.38	
青　海	833.60	833.60		833.60	
宁　夏	50 825.07	38 057.16		30 957.25	
新　疆	42 905.14	38 163.90		28 752.00	
中农发集团	23 472.00	23 472.00			23 472.00

各地区渔业经济增加值(二)
(按当年价格计算)

单位:万元

地 区	一、渔业增加值		二、渔业工业和建筑业		
	淡水捕捞	水产苗种	合 计	水产品加工	渔用机具制造 小计
全国总计	**1 864 608.81**	**1 992 243.95**	**11 213 165.80**	**8 635 369.01**	**468 804.40**
北 京	3 008.36	3 909.28	5 133.45	974.45	
天 津	6 118.00	6 430.00	5 107.18	73.00	3 159.00
河 北	63 297.56	25 523.49	55 996.63	45 904.37	3 316.20
山 西	342.94	246.69	446.20		
内蒙古	20 583.60	5 448.78	8 657.87	8 657.87	
辽 宁	45 872.82	324 129.35	1 040 270.00	932 947.00	25 347.00
吉 林	9 463.24	3 068.04	7 222.42	6 798.42	18.00
黑龙江	38 964.79	18 297.58	7 192.50	4 515.00	
上 海	2 136.03	6 040.37	31 641.45	27 856.02	3 730.92
江 苏	238 834.00	147 628.00	629 310.00	423 213.00	38 817.00
浙 江	63 345.00	57 511.00	948 391.00	780 694.00	66 645.00
安 徽	344 783.18	101 188.71	136 292.73	73 004.29	30 083.93
福 建	86 637.89	119 970.66	2 602 389.09	1 960 153.56	55 046.02
江 西	292 098.10	156 520.00	435 044.12	315 000.00	3 536.40
山 东	83 904.10	270 950.58	2 791 258.87	2 117 033.13	192 331.81
河 南	29 735.00	43 630.00	46 509.00	15 869.00	845.00
湖 北	286 613.10	276 812.00	595 352.00	528 088.00	5 675.00
湖 南	25 121.00	104 773.00	64 584.68	54 321.36	648.40
广 东	56 638.00	83 860.00	1 379 010.39	1 050 119.59	34 734.93
广 西	47 716.69	50 225.67	139 799.96	131 466.52	245.50
海 南	12 530.00	65 052.00	164 683.00	143 537.00	3 947.00
重 庆	22 066.52	8 694.55	13 351.00	433.12	417.29
四 川	57 796.79	75 931.71	75 386.01	2 011.18	2.00
贵 州	9 686.00	9 151.00	928.00	44.00	58.00
云 南	11 838.00	13 322.11	17 649.70	12 185.00	
西 藏	375.00				
陕 西	240.59	2 002.10	1 501.00		200.00
甘 肃		277.98	22.00	19.00	
青 海					
宁 夏	74.81	7 025.10	8 832.26		
新 疆	4 787.70	4 624.20	1 203.29	451.13	
中农发集团					

各地区渔业经济增加值(三)
(按当年价格计算)

单位:万元

地区	二、渔业工业和建筑业					
	渔用机具制造		渔用饲料	渔用药物	建筑业	其他
	渔船渔机修造	渔用绳网制造				
全国总计	**260 252.28**	**167 358.22**	**994 203.08**	**39 476.83**	**328 619.06**	**746 693.42**
北京			3 540.00	75.00	544.00	
天津		3 159.00	988.36	886.82		
河北	1 727.85	1 109.95	6 373.94		142.92	259.20
山西			70.15	321.05	55.00	
内蒙古						
辽宁	18 620.00	5 007.00	24 493.00	2 192.00	42 081.00	13 210.00
吉林		18.00	66.00		340.00	
黑龙江			2 536.50	141.00		
上海	3 730.92					54.51
江苏	19 594.00	12 143.00	119 974.00	10 878.00	9 490.00	26 938.00
浙江	38 600.00	23 271.00	55 320.00	537.00	19 472.00	25 723.00
安徽	1 189.14	28 894.79	21 847.39	257.19	3 148.46	7 951.47
福建	37 235.42	17 810.60	148 250.54	668.33	19 365.14	418 905.50
江西	751.45	2 784.95	98 000.00	1 832.82	14 357.40	2 317.50
山东	122 906.36	47 846.95	54 910.14	10 519.53	175 264.43	241 199.83
河南	24.00	821.00	28 906.00	860.00	10.00	19.00
湖北	1 334.00	4 341.00	30 267.00	3 366.00	27 213.00	743.00
湖南	238.00	410.40	6 873.10	1 733.00	611.67	397.15
广东	11 045.45	19 096.48	269 028.41	1 626.82	15 104.80	8 395.84
广西	239.20	6.30	7 514.54	426.40	146.00	1.00
海南	2 706.00	346.00	16 224.00	562.00	85.00	328.00
重庆	258.49	153.80	11 301.14	192.79	965.24	41.42
四川	2.00		71 115.65	2 257.18		
贵州		58.00	826.00			
云南			5 448.60	16.10		
西藏						
陕西	50.00	80.00	772.20	99.80	220.00	209.00
甘肃					3.00	
青海						
宁夏			8 832.26			
新疆			724.16	28.00		
中农发集团						

各地区渔业经济增加值(四)
(按当年价格计算)

单位:万元

地　区	三、渔业流通和服务业				
	合　计	水产流通	水产(仓储)运输	休闲渔业	其　他
全国总计	**9 927 109.94**	**7 435 240.21**	**619 559.50**	**979 784.48**	**892 525.75**
北　京	16 579.10	792.13	2 318.96	13 420.76	47.25
天　津	32 019.65	3 202.25	4 034.00	10 500.40	14 283.00
河　北	37 353.17	17 961.48	2 754.11	5 587.98	11 049.60
山　西	1 534.29	969.21	66.50	495.58	3.00
内蒙古	12 421.09	3 878.70	1 380.67	7 161.72	
辽　宁	869 229.00	682 871.00	59 285.00	102 154.00	24 919.00
吉　林	2 216.26	394.46	43.00	1 773.80	5.00
黑龙江	20 013.90	11 242.50	1 395.90	7 057.20	318.30
上　海	1 865.07	846.40		1 018.67	
江　苏	1 013 620.00	777 413.00	25 972.00	126 677.00	83 558.00
浙　江	568 056.00	424 172.00	40 457.00	43 926.00	59 501.00
安　徽	246 993.92	142 442.45	17 735.54	42 843.97	43 971.96
福　建	1 482 511.27	1 284 753.82	66 895.18	16 034.20	114 828.07
江　西	218 340.00	187 450.00	10 140.00	18 000.00	2 750.00
山　东	2 745 533.30	1 763 992.84	263 309.11	228 108.45	490 122.90
河　南	125 210.00	99 226.00	214.00	25 276.00	494.00
湖　北	826 107.00	640 530.00	29 029.00	153 560.00	2 988.00
湖　南	24 504.73	17 564.90	1 559.25	4 139.46	1 241.12
广　东	1 106 866.94	971 339.66	38 970.02	89 571.38	6 985.88
广　西	253 846.09	218 306.25	9 154.15	1 889.08	24 496.61
海　南	39 347.00	32 745.00	2 831.00	1 886.00	1 885.00
重　庆	39 046.08	25 929.63	2 671.10	8 417.99	2 027.36
四　川	209 465.66	109 381.83	34 983.69	58 471.43	6 628.71
贵　州	3 102.00	2 270.00	115.00	654.00	63.00
云　南	19 936.80	13 264.00	1 077.00	5 589.00	6.80
西　藏	182.00	110.00		72.00	
陕　西	3 311.40	718.20	90.20	2 353.00	150.00
甘　肃	424.62	128.00	21.60	270.02	5.00
青　海					
宁　夏	3 935.65	116.60	2 676.02	945.84	197.19
新　疆	3 537.95	1 227.90	380.50	1 929.55	
中农发集团					

全国渔民人均纯收入

单位:元

地　区	2010 年	2009 年	2010 年比 2009 年增减(±)	
			绝对量	幅度(%)
全　国	**8 962.81**	**8 165.66**	**797.15**	**9.76**
北　京	11 624.00	11 260.92	363.08	3.22
天　津	13 700.00	13 188.94	511.05	3.87
河　北	8 500.00	8 300.00	200.00	2.41
山　西	5 266.71	5 239.93	26.78	0.51
内蒙古	7 225.00	6 535.62	689.38	10.55
辽　宁	12 300.00	11 500.00	800.00	6.96
吉　林	5 563.91	5 330.12	233.80	4.39
黑龙江	6 160.00	5 800.02	359.98	6.21
上　海	14 400.05	13 335.00	1 065.05	7.99
江　苏	11 110.63	9 872.00	1 238.63	12.55
浙　江	13 350.00	12 022.00	1 328.00	11.05
安　徽	7 730.91	7 467.93	262.98	3.52
福　建	9 167.93	8 290.75	877.18	10.58
江　西	7 620.00	7 046.00	574.00	8.15
山　东	10 416.00	9 565.04	850.96	8.90
河　南	7 016.00	6 055.00	961.00	15.87
湖　北	7 700.00	7 200.00	500.00	6.94
湖　南	5 800.00	5 500.00	300.00	5.45
广　东	9 698.00	9 412.02	285.98	3.04
广　西	12 172.91	7 613.29	4 559.61	59.89
海　南	9 397.56	8 823.59	573.96	6.50
重　庆	6 461.01	5 560.50	900.51	16.19
四　川	7 321.69	6 931.44	390.25	5.63
贵　州	1 942.59	1 689.40	253.19	14.99
云　南	4 323.28	4 051.21	272.07	6.72
西　藏				
陕　西	7 350.95	7 355.26	-4.32	-0.06
甘　肃	2 406.07	2 243.42	162.65	7.25
青　海				
宁　夏	6 560.22	5 950.00	610.22	10.26
新　疆	8 440.52	7 803.26	637.26	8.17

各地区渔民家庭收支调查(一)

单位:万元

地区	一、全年总收入	(一)家庭经营收入	1. 出售水产品	2. 家庭其他经营	(二)工资性收入	1. 渔业	2. 其他行业
全国总计	**187 957.44**	**166 074.07**	**152 678.76**	**13 395.31**	**11 845.90**	**7 007.96**	**4 837.94**
北京	355.37	320.36	294.59	25.77	31.21	14.20	17.01
天津	3 585.60	3 254.80	3 204.50	50.30	312.20	281.40	30.80
河北	2 682.84	2 487.56	2 288.60	198.96	74.97	36.21	38.76
山西	140.24	117.78	108.78	9.00	2.30		2.30
内蒙古	286.85	276.60	259.20	17.40	9.60		9.60
辽宁	22 881.11	21 366.40	20 095.18	1 271.22	694.81	536.30	158.51
吉林	525.85	475.23	450.76	24.47	43.50	35.00	8.50
黑龙江	1 481.06	1 481.06	1 182.57	298.49			
上海	11 474.43	9 054.45	8 943.45	111.00	2 229.00	2 059.00	170.00
江苏	16 556.62	14 755.03	13 965.58	789.45	1 030.04	195.95	834.09
浙江	15 713.52	13 470.19	12 633.80	836.39	1 075.57	381.65	693.92
安徽	5 418.83	5 071.22	4 646.81	424.41	150.64	64.71	85.93
福建	13 833.07	11 696.95	10 887.91	809.04	1 193.44	592.58	600.86
江西	3 124.19	2 912.55	2 551.06	361.49	123.23	46.05	77.18
山东	21 741.37	19 636.22	18 203.27	1 432.95	1 171.68	548.40	623.28
河南	1 361.81	1 327.11	1 272.10	55.01	27.71		27.71
湖北	9 175.05	8 699.01	7 479.16	1 219.85	201.60	29.80	171.80
湖南	2 406.05	2 079.26	1 890.58	188.68	87.36	22.77	64.59
广东	26 986.62	23 346.95	20 621.05	2 725.90	1 571.94	1 210.03	361.91
广西	6 028.35	5 369.54	4 685.04	684.50	168.30	53.54	114.76
海南	9 117.34	7 654.00	7 592.00	62.00	311.00	265.00	46.00
重庆	1 490.00	1 443.00	1 306.00	137.00			
四川	1 638.84	1 526.30	1 399.61	126.69	69.80	2.68	67.12
贵州	128.15	125.49	117.78	7.71	1.66		1.66
云南	901.58	876.29	786.41	89.88	12.72	1.31	11.41
西藏							
陕西	6 613.30	5 045.00	3 876.00	1 169.00	1 196.00	598.00	598.00
甘肃	1 060.90	1 006.84	801.72	205.12	22.96	8.16	14.80
青海							
宁夏	286.13	276.72	264.22	12.50	7.46	3.52	3.94
新疆	962.37	922.16	871.03	51.13	25.20	21.70	3.50

各地区渔民家庭收支调查(二)

单位:万元

地 区	一、全年总收入							
	(三)财产性收入	1. 利息/股息/红利	2. 租金收入	3. 土地或水面转包收入	4. 土地征用补偿	5. 其他财产性收入	(四)转移性收入	1. 家庭非常住人口寄回或带回
全国总计	**1 759.61**	**460.06**	**337.42**	**352.33**	**253.85**	**355.95**	**6 276.82**	**1 312.16**
北 京	1.30	0.50		0.80			2.50	2.30
天 津	8.60	4.60		1.00		3.00	2.00	
河 北	3.84	0.69	0.95	0.20		2.00	108.47	
山 西	0.11	0.11					18.05	
内蒙古							0.40	
辽 宁	148.40	39.59	21.83	67.04	3.10	16.84	223.08	31.63
吉 林	2.10		1.00	0.80		0.30	1.52	
黑龙江								
上 海	63.25	10.15	21.30	28.70		3.10	106.73	
江 苏	204.81	70.89	24.61	62.14	8.33	38.84	459.10	79.65
浙 江	241.66	93.08	67.81	20.42	29.32	31.03	763.11	73.78
安 徽	61.42	8.13	16.75	16.23	1.30	19.01	92.84	42.57
福 建	186.45	85.89	26.67	16.89	44.96	12.04	670.42	88.11
江 西	17.85	7.12	2.18	5.37	1.67	1.51	65.49	48.58
山 东	194.15	29.60	53.51	37.68	20.04	53.32	563.99	127.43
河 南	2.30			1.30		1.00	3.49	0.80
湖 北	31.43	10.80		6.40	0.80	13.43	175.16	124.88
湖 南	72.23	8.48	7.25	5.40	42.20	8.90	106.48	72.47
广 东	355.74	55.70	64.33	32.17	77.58	125.96	1 129.80	298.29
广 西	84.09	6.21	4.59	44.77	17.08	11.44	306.06	14.86
海 南	35.00	19.00	11.90			4.10	1 105.74	9.00
重 庆								
四 川	22.81	4.98	9.09	4.24	4.50		19.93	10.99
贵 州							1.00	1.00
云 南	7.77	0.54	3.60	0.66	2.97		2.81	2.02
西 藏								
陕 西							339.70	278.70
甘 肃	13.00	4.00				9.00	8.10	5.10
青 海								
宁 夏	0.29		0.05	0.12		0.12	0.85	
新 疆	1.01					1.01		

各地区渔民家庭收支调查(三)

单位:万元

地区	一、全年总收入					二、全年总支出	(一)生产费用支出	1. 家庭经营费用支出
	(四)转移性收入				(五)其他收入			
	2. 亲友赠送	3. 救济金/救灾款/抚恤金	4. 生产补贴	5. 其他转移性收入				
全国总计	**126.50**	**110.24**	**4 209.38**	**518.54**	**2 001.04**	**150 554.37**	**123 120.00**	**118 206.99**
北　京	0.05		0.15			288.00	251.58	239.04
天　津				2.00	8.00	3 034.90	2 823.20	2 767.40
河　北		2.00	106.47		8.00	2 175.34	1 770.61	1 716.64
山　西			18.00	0.05	2.00	100.92	83.03	78.75
内蒙古			0.40		0.25	304.22	227.19	211.99
辽　宁	10.47	4.40	136.56	40.02	448.42	20 193.19	17 481.08	17 220.59
吉　林	0.78		0.56	0.18	3.50	451.19	387.76	360.72
黑龙江						1 174.45	1 026.24	1 020.24
上　海	0.20	2.50	47.20	56.83	21.00	9 828.00	9 050.50	8 830.50
江　苏	14.98	12.56	337.46	14.45	107.64	12 639.51	10 141.66	9 808.70
浙　江	26.13	6.45	628.59	28.16	162.99	13 216.87	9 979.67	9 502.54
安　徽	3.73	1.93	37.81	6.80	42.71	4 475.50	3 424.96	3 261.98
福　建	12.54	19.98	488.68	61.11	85.81	12 304.61	9 159.10	8 716.81
江　西	2.20	2.20	10.26	2.25	5.07	2 666.75	2 158.30	2 062.25
山　东	13.99	4.35	381.12	37.10	175.33	17 720.61	14 770.98	14 013.81
河　南			1.84	0.85	1.20	1 162.78	999.37	992.32
湖　北	13.70	0.60	18.65	17.33	67.85	6 694.53	5 215.64	5 041.44
湖　南	7.05	3.12	14.29	9.55	60.72	1 885.20	1 350.97	1 315.04
广　东	9.53	46.53	631.38	144.07	582.19	18 798.27	15 735.25	14 868.36
广　西	3.76	0.38	282.54	4.52	100.36	4 951.72	3 738.14	3 622.45
海　南	3.50	0.24	1 000.00	93.00	11.60	6 565.70	5 664.70	5 303.70
重　庆					47.00	1 160.00	855.00	855.00
四　川	3.69		5.25			1 389.08	1 199.70	1 190.73
贵　州						101.16	78.13	78.13
云　南	0.20		0.57	0.02	1.99	795.75	693.23	677.90
西　藏								
陕　西			61.00		32.60	4 662.20	3 221.00	2 879.00
甘　肃		3.00			10.00	696.00	622.20	591.70
青　海								
宁　夏			0.60	0.25	0.81	273.85	237.69	234.89
新　疆					14.00	844.07	773.12	744.37

各地区渔民家庭收支调查(四)

单位:万元

地区	二、全年总支出							
	(一)生产费用支出							
	1. 家庭经营费用支出							
	(1)渔业生产支出	①燃料及冰费用	②雇工费用	③饲料及苗种费用	④其他生产支出	(2)固定资产折旧支出	渔业固定资产折旧	(3)其他家庭经营费用支出
全国总计	**106 845.57**	**22 470.61**	**11 474.40**	**62 301.92**	**10 598.64**	**4 520.07**	**3 683.17**	**6 841.35**
北　京	231.61	6.15	32.88	171.52	21.06	2.28	1.57	5.15
天　津	2 683.10	131.20	212.30	2 133.50	206.10	61.00	56.10	23.30
河　北	1 614.07	360.36	184.98	947.13	121.60	52.99	44.30	49.58
山　西	74.92	5.30	6.28	55.16	8.18	3.83	2.33	
内蒙古	184.93	11.45	13.85	127.86	31.77	12.71	12.62	14.35
辽　宁	15 472.75	2 660.83	2 386.62	9 037.56	1 387.74	635.44	475.30	1 112.40
吉　林	297.43	18.62	52.47	196.88	29.46	54.00	53.82	9.29
黑龙江	889.61			889.61				130.63
上　海	8 668.00	933.00	688.00	6 417.00	630.00	111.00	93.30	51.50
江　苏	8 897.44	980.04	640.42	6 474.41	802.57	436.21	358.37	475.05
浙　江	8 815.38	2 179.64	972.01	4 379.86	1 283.87	277.65	222.59	409.51
安　徽	2 746.52	160.61	427.01	1 866.77	292.13	140.37	127.43	375.09
福　建	7 565.50	3 491.90	1 014.26	1 553.79	1 505.55	520.50	394.97	630.81
江　西	1 747.71	77.15	50.13	1 338.60	281.83	90.88	58.60	223.66
山　东	12 944.58	2 888.94	1 283.97	7 773.49	998.18	452.11	311.42	617.12
河　南	969.48	0.05	12.60	884.88	71.95	3.01	2.53	19.83
湖　北	4 475.80	299.60	480.80	3 516.00	179.40	153.34	142.70	412.30
湖　南	1 246.81	51.14	31.85	1 112.94	50.88	20.43	15.14	47.80
广　东	12 771.16	3 618.23	1 424.25	6 140.70	1 587.98	742.21	625.64	1 354.99
广　西	3 191.88	1 364.22	291.90	1 379.80	155.96	164.88	150.64	265.69
海　南	5 080.00	2 890.00	950.00	880.00	360.00	220.00	210.00	3.70
重　庆	757.00			757.00		12.00	10.00	86.00
四　川	1 114.42	35.28	17.36	968.79	92.99	16.61	9.74	59.70
贵　州	71.79	3.40	1.15	63.00	4.24	6.34	6.30	
云　南	647.78	17.50	69.45	536.35	24.48	6.57	4.18	23.55
西　藏								
陕　西	2 198.00	196.00	168.00	1 465.00	369.00	297.00	271.00	384.00
甘　肃	537.20	78.20	12.00	393.00	54.00	12.50	9.20	42.00
青　海								
宁　夏	230.63	5.65	15.86	200.28	8.84	1.61	0.78	2.65
新　疆	720.07	6.15	34.00	641.04	38.88	12.60	12.60	11.70

各地区渔民家庭收支调查(五)

单位:万元

地　区	二、全年总支出							
	(一)生产费用支出	(二)税费支出		(三)财产性支出	(四)转移性支出	(五)生活支出		(六)其他支出
	2. 购置生产性固定资产支出		渔业税费支出				食物支出	
全国总计	**4 913.01**	**2 163.66**	**1 886.55**	**1 691.21**	**798.85**	**18 619.76**	**10 866.82**	**4 160.89**
北　京	12.54	3.89	2.53	0.32		22.61	14.30	9.60
天　津	55.80	2.00	2.00	2.00		187.60	106.10	20.10
河　北	53.97	32.72	31.56	13.50	2.00	298.71	148.29	57.80
山　西	4.28	3.00		2.52		9.91	7.17	2.46
内蒙古	15.20					28.80	22.01	48.23
辽　宁	260.49	460.32	454.31	50.26	19.87	1 717.30	875.14	464.36
吉　林	27.04	1.50	1.50		0.13	42.65	22.05	19.15
黑龙江	6.00	42.43	36.50			105.78		
上　海	220.00	31.70	29.62	8.80	1.00	639.00	256.00	97.00
江　苏	332.96	259.56	204.10	205.74	36.91	1 635.13	977.10	360.51
浙　江	477.13	122.18	104.55	390.33	61.78	2 201.06	1 174.83	461.85
安　徽	162.98	125.96	119.66	90.76	38.67	683.59	373.36	111.56
福　建	442.29	47.29	44.05	82.40	25.96	2 388.87	1 678.42	600.99
江　西	96.05	4.35	3.79	0.16	2.28	452.04	313.85	49.62
山　东	757.17	188.75	126.21	196.01	169.70	2 000.50	965.06	394.67
河　南	7.05	37.82	37.82			112.83	67.43	12.76
湖　北	174.20	278.40	271.40	67.10	49.59	881.40	696.80	202.40
湖　南	35.93	18.27	17.63	17.57	20.12	410.85	221.01	67.42
广　东	866.89	180.29	137.91	123.73	164.99	2 253.49	1 495.97	340.52
广　西	115.69	20.31	17.27	74.91	21.52	794.72	580.99	302.12
海　南	361.00	52.00	42.00	180.00	15.00	494.00	195.00	160.00
重　庆		89.00	72.00			175.00	130.00	41.00
四　川	8.97	0.75	0.04	1.50	6.02	177.51	134.71	3.60
贵　州				5.00		14.83	11.90	3.20
云　南	15.33	3.97	3.90	32.40		55.58	41.23	10.57
西　藏								
陕　西	342.00	145.70	116.00	136.50	158.00	720.00	281.00	281.00
甘　肃	30.50	11.50	10.20	8.30	4.50	23.50	19.60	26.00
青　海								
宁　夏	2.80			1.40	0.81	31.21	20.73	2.74
新　疆	28.75					61.29	36.77	9.66

各地区渔民家庭收支调查(六)

单位:万元

地　区	三、全年纯收入	渔业纯收入	四、调查户数(户)	养殖户数(户)	五、调查户家庭总人数(人)	六、调查户家庭专业从业人员(人)
全国总计	**67 586.79**	**47 271.43**	**13 216**	**10 137**	**49 824**	**27 213**
北　京	112.44	73.08	17	17	62	35
天　津	816.20	744.70	62	57	222	99
河　北	933.48	634.88	271	160	1 137	568
山　西	58.49	31.53	6	6	39	17
内蒙古	74.86	61.65	17	16	70	38
辽　宁	5 200.20	4 229.12	801	534	2 875	1 575
吉　林	163.63	133.01	23	22	86	46
黑龙江	418.39	256.46	156	156	615	351
上　海	2 612.23	2 211.53	461	381	1 486	763
江　苏	6 488.36	4 701.62	992	780	3 602	1 961
浙　江	6 088.80	3 872.93	862	557	3 149	1 924
安　徽	2 030.89	1 717.91	359	308	1 508	860
福　建	5 068.97	3 475.97	1 200	631	5 529	2 712
江　西	1 057.59	787.01	304	267	1 385	798
山　东	7 538.81	5 369.46	1 650	1 323	6 460	3 563
河　南	331.67	262.27	80	80	364	212
湖　北	3 855.21	2 619.06	600	600	2 510	1 553
湖　南	1 072.74	633.77	310	294	1 232	717
广　东	11 937.97	8 296.37	1 400	760	4 867	2 183
广　西	2 385.59	1 378.79	350	233	1 641	891
海　南	3 761.64	2 525.00	240	60	1 460	812
重　庆	546.00	467.00	288	228	845	570
四　川	447.36	278.09	162	162	611	354
贵　州	50.02	39.69	16	13	66	33
云　南	219.71	131.86	42	42	198	102
西　藏						
陕　西	3 588.60	1 889.00	2 002	1 941	5 623	3 815
甘　肃	457.70	253.28	507	471	2 022	554
青　海						
宁　夏	51.24	36.33	13	13	62	41
新　疆	218.00	160.06	25	25	98	66

二、生　产

全国水产品总产量

单位:吨

指　标	2010 年	2009 年	2010 年比 2009 年增减(±)	
			绝对量	幅度(%)
水产品总产量	**53 730 024**	**51 164 039**	**2 565 985**	**5.02**
海水产品	27 975 312	26 815 555	1 159 757	4.32
淡水产品	25 754 712	24 348 484	1 406 228	5.78
养殖产量	38 288 351	36 216 826	2 071 525	5.72
海水养殖	14 823 008	14 052 220	770 788	5.49
淡水养殖	23 465 343	22 164 606	1 300 737	5.87
捕捞产量	15 441 673	14 947 213	494 460	3.31
海洋捕捞	12 035 946	11 786 109	249 837	2.12
远洋渔业	1 116 358	977 226	139 132	14.24
淡水捕捞	2 289 369	2 183 878	105 491	4.83
养殖产品中:鱼类	21 449 928	20 340 641	1 109 287	5.45
甲壳类	3 199 124	2 977 446	221 678	7.45
贝类	11 333 329	10 765 706	567 623	5.27
藻类	1 551 013	1 463 558	87 455	5.98
其他类	754 957	669 475	85 482	12.77
捕捞产品中:鱼类	9 869 726	9 566 571	303 155	3.17
甲壳类	2 386 634	2 346 737	39 897	1.70
贝类	909 084	954 073	-44 989	-4.72
藻类	24 662	27 617	-2 955	-10.70
头足类	658 309	643 255	15 054	2.34
其他类	476 900	431 734	45 166	10.46

各地区水产品产量(一)

单位:吨

地 区	2010年							
	总产量	1. 养殖产品小计	海水养殖	淡水养殖	2. 捕捞产品小计	海洋捕捞	远洋渔业	淡水捕捞
全国总计	**53 730 024**	**38 288 351**	**14 823 008**	**23 465 343**	**15 441 673**	**12 035 946**	**1 116 358**	**2 289 369**
北 京	63 386	50 202		50 202	13 184		8 960	4 224
天 津	344 925	310 484	14 212	296 272	34 441	15 754	9 020	9 667
河 北	1 063 300	717 761	329 308	388 453	345 539	253 292		92 247
山 西	31 700	30 869		30 869	831			831
内蒙古	113 804	83 133		83 133	30 671			30 671
辽 宁	4 303 774	3 064 322	2 314 694	749 628	1 239 452	1 007 398	175 274	56 780
吉 林	165 958	146 202		146 202	19 756			19 756
黑龙江	399 700	352 815		352 815	46 885			46 885
上 海	289 678	162 479		162 479	127 199	21 531	99 933	5 735
江 苏	4 604 429	3 692 771	785 173	2 907 598	911 658	570 354	8 941	332 363
浙 江	4 779 502	1 700 750	825 730	875 020	3 078 752	2 821 000	165 602	92 150
安 徽	1 933 118	1 617 241		1 617 241	315 877			315 877
福 建	5 869 567	3 698 658	3 038 990	659 668	2 170 909	1 908 468	180 524	81 917
江 西	2 153 405	1 860 892		1 860 892	292 513			292 513
山 东	7 838 259	5 206 661	3 962 643	1 244 018	2 631 598	2 350 888	149 814	130 896
河 南	578 550	546 200		546 200	32 350			32 350
湖 北	3 530 935	3 267 281		3 267 281	263 654			263 654
湖 南	1 980 000	1 883 332		1 883 332	96 668			96 668
广 东	7 290 299	5 637 357	2 490 688	3 146 669	1 652 942	1 429 592	94 752	128 598
广 西	2 755 053	1 971 109	877 408	1 093 701	783 944	662 954	4 119	116 871
海 南	1 494 800	480 575	184 162	296 413	1 014 225	994 715		19 510
重 庆	224 300	213 345		213 345	10 955			10 955
四 川	1 050 635	992 605		992 605	58 030			58 030
贵 州	87 900	75 838		75 838	12 062			12 062
云 南	297 757	274 636		274 636	23 121			23 121
西 藏	500	72		72	428			428
陕 西	60 373	56 138		56 138	4 235			4 235
甘 肃	12 300	12 300		12 300				
青 海	1 600	1 565		1 565	35			35
宁 夏	90 035	89 845		89 845	190			190
新 疆	101 063	90 913		90 913	10 150			10 150
中农发集团	219 419				219 419		219 419	

各地区水产品产量(二)

单位:吨

地区	2009 年							
	总产量	1. 养殖产品小计	海水养殖	淡水养殖	2. 捕捞产品小计	海洋捕捞	远洋渔业	淡水捕捞
全国总计	**51 164 039**	**36 216 826**	**14 052 220**	**22 164 606**	**14 947 213**	**11 786 109**	**977 226**	**2 183 878**
北　京	58 161	50 263		50 263	7 898		3 913	3 985
天　津	334 044	299 907	14 067	285 840	34 137	16 459	8 929	8 749
河　北	1 004 100	663 050	300 567	362 483	341 050	253 317		87 733
山　西	31 000	30 251		30 251	749			749
内蒙古	105 979	76 393		76 393	29 586			29 586
辽　宁	4 006 050	2 817 622	2 143 168	674 454	1 188 428	995 312	136 808	56 308
吉　林	165 184	145 998		145 998	19 186			19 186
黑龙江	380 700	337 551		337 551	43 149			43 149
上　海	308 986	147 867		147 867	161 119	21 865	134 486	4 768
江　苏	4 432 236	3 541 495	734 960	2 806 535	890 741	562 663	7 346	320 732
浙　江	4 403 134	1 539 281	764 565	774 716	2 863 853	2 666 376	107 134	90 343
安　徽	1 831 462	1 524 177		1 524 177	307 285			307 285
福　建	5 675 206	3 569 221	2 930 254	638 967	2 105 985	1 859 258	168 606	78 121
江　西	2 010 503	1 782 993		1 782 993	227 510			227 510
山　东	7 535 939	4 958 006	3 814 304	1 143 702	2 577 933	2 370 891	78 700	128 342
河　南	537 650	507 053		507 053	30 597			30 597
湖　北	3 338 896	3 076 742		3 076 742	262 154			262 154
湖　南	1 880 600	1 770 414		1 770 414	110 186			110 186
广　东	7 025 951	5 374 100	2 346 157	3 027 943	1 651 851	1 415 867	109 474	126 510
广　西	2 622 793	1 842 464	822 505	1 019 959	780 329	662 979	4 705	112 645
海　南	1 454 899	474 542	181 673	292 869	980 357	961 122		19 235
重　庆	203 900	194 020		194 020	9 880			9 880
四　川	1 001 317	943 638		943 638	57 679			57 679
贵　州	80 300	69 259		69 259	11 041			11 041
云　南	271 217	247 782		247 782	23 435			23 435
西　藏	500	92		92	408			408
陕　西	56 000	51 846		51 846	4 154			4 154
甘　肃	11 926	11 926		11 926				
青　海	1 400	1 360		1 360	40			40
宁　夏	81 844	81 650		81 650	194			194
新　疆	95 037	85 863		85 863	9 174			9 174
中农发集团	217 125				217 125		217 125	

各地区水产品产量（三）

单位：吨

地 区	2010 年比 2009 年增减（±）							
	总产量	1. 养殖产品小计	海水养殖	淡水养殖	2. 捕捞产品小计	海洋捕捞	远洋渔业	淡水捕捞
全国总计	**2 565 985**	**2 071 525**	**770 788**	**1 300 737**	**494 460**	**249 837**	**139 132**	**105 491**
北 京	5 225	-61		-61	5 286		5 047	239
天 津	10 881	10 577	145	10 432	304	-705	91	918
河 北	59 200	54 711	28 741	25 970	4 489	-25		4 514
山 西	700	618		618	82			82
内蒙古	7 825	6 740		6 740	1 085			1 085
辽 宁	297 724	246 700	171 526	75 174	51 024	12 086	38 466	472
吉 林	774	204		204	570			570
黑龙江	19 000	15 264		15 264	3 736			3 736
上 海	-19 308	14 612		14 612	-33 920	-334	-34 553	967
江 苏	172 193	151 276	50 213	101 063	20 917	7 691	1 595	11 631
浙 江	376 368	161 469	61 165	100 304	214 899	154 624	58 468	1 807
安 徽	101 656	93 064		93 064	8 592			8 592
福 建	194 361	129 437	108 736	20 701	64 924	49 210	11 918	3 796
江 西	142 902	77 899		77 899	65 003			65 003
山 东	302 320	248 655	148 339	100 316	53 665	-20 003	71 114	2 554
河 南	40 900	39 147		39 147	1 753			1 753
湖 北	192 039	190 539		190 539	1 500			1 500
湖 南	99 400	112 918		112 918	-13 518			-13 518
广 东	264 348	263 257	144 531	118 726	1 091	13 725	-14 722	2 088
广 西	132 260	128 645	54 903	73 742	3 615	-25	-586	4 226
海 南	39 901	6 033	2 489	3 544	33 868	33 593		275
重 庆	20 400	19 325		19 325	1 075			1 075
四 川	49 318	48 967		48 967	351			351
贵 州	7 600	6 579		6 579	1 021			1 021
云 南	26 540	26 854		26 854	-314			-314
西 藏		-20		-20	20			20
陕 西	4 373	4 292		4 292	81			81
甘 肃	374	374		374				
青 海	200	205		205	-5			-5
宁 夏	8 191	8 195		8 195	-4			-4
新 疆	6 026	5 050		5 050	976			976
中农发集团	2 294				2 294		2 294	

全国水产养殖产量（按水域和养殖方式分）

单位：吨

指标		2010 年	2009 年	2010 年比 2009 年增减（±）	
				绝对量	幅度（%）
总计		**38 288 351**	**36 216 826**	**2 071 525**	**5.72**
1. 海水养殖		14 823 008	14 052 220	770 788	5.49
按水域分	海上	7 708 505	7 398 170	310 335	4.19
	滩涂	5 485 416	5 117 752	367 664	7.18
	其他	1 629 087	1 536 298	92 789	6.04
养殖方式中	池塘	1 978 317	1 852 906	125 411	6.77
	普通网箱	324 882	324 606	276	0.09
	深水网箱	55 517	59 121	-3 604	-6.10
	筏式	4 033 368	3 880 306	153 062	3.94
	吊笼	868 094	523 294	344 800	65.89
	底播	4 019 421	3 870 594	148 827	3.85
	工厂化	114 594	102 804	11 790	11.47
2. 淡水养殖		23 465 343	22 164 606	1 300 737	5.87
按水域分	池塘	16 477 168	15 488 542	988 626	6.38
	湖泊	1 536 629	1 527 254	9 375	0.61
	水库	2 844 430	2 684 093	160 337	5.97
	河沟	742 704	697 123	45 581	6.54
	其他	621 680	604 927	16 753	2.77
	稻田养成鱼	1 242 732	1 162 667	80 065	6.89
养殖方式中	围栏	522 978	530 666	-7 688	-1.45
	网箱	1 130 855	1 069 605	61 250	5.73
	工厂化	167 235	158 946	8 289	5.21

全国海水养殖产量(一)

单位:吨

指　　标	2010 年	2009 年	2010 年比 2009 年增减(±)	
			绝对量	幅度(%)
海水养殖	**14 823 008**	**14 052 220**	**770 788**	**5.49**
1. 鱼类	808 171	767 938	40 233	5.24
其中:鲈鱼	105 951	101 971	3 980	3.90
鲆鱼	84 978	86 672	-1 694	-1.95
大黄鱼	85 808	66 021	19 787	29.97
军曹鱼	36 356	29 104	7 252	24.92
鰤鱼	16 787	19 404	-2 617	-13.49
鲷鱼	45 012	40 253	4 759	11.82
美国红鱼	52 243	49 118	3 125	6.36
河鲀	17 111	18 868	-1 757	-9.31
石斑鱼	49 360	44 155	5 205	11.79
鲽鱼	5 372	11 521	-6 149	-53.37
2. 甲壳类	1 061 096	1 016 939	44 157	4.34
虾	833 009	796 479	36 530	4.59
其中:南美白对虾	608 267	580 843	27 424	4.72
斑节对虾	56 634	60 210	-3 576	-5.94
中国对虾	45 313	44 388	925	2.08
日本对虾	54 792	50 407	4 385	8.70
蟹	228 087	220 460	7 627	3.46
其中:梭子蟹	91 050	95 788	-4 738	-4.95
青蟹	115 829	115 881	-52	-0.04

全国海水养殖产量(二)

单位:吨

指　　标	2010 年	2009 年	2010 年比 2009 年增减(±)	
			绝对量	幅度(%)
3. 贝类	11 082 321	10 530 465	551 856	5.24
牡蛎	3 642 829	3 503 782	139 047	3.97
鲍	56 511	42 373	14 138	33.37
螺	207 838	203 795	4 043	1.98
蚶	310 380	276 742	33 638	12.16
贻贝	702 157	637 373	64 784	10.16
江珧	30 955	15 369	15 586	101.41
扇贝	1 407 467	1 276 770	130 697	10.24
蛤	3 538 906	3 192 461	346 445	10.85
蛏	714 434	683 806	30 628	4.48
4. 藻类	1 541 322	1 456 469	84 853	5.83
海带	883 602	827 965	55 637	6.72
裙带菜	109 133	132 417	-23 284	-17.58
紫菜	107 235	107 475	-240	-0.22
江蓠	114 722	125 352	-10 630	-8.48
麒麟菜	6 426	6 590	-164	-2.49
石花菜	120	120		
羊栖菜	7 821	7 949	-128	-1.61
苔菜	1 115	1 060	55	5.19
5. 其他类	330 098	280 409	49 689	17.72
海参	130 303	102 159	28 144	27.55
海胆(千克)	6 169 408	6 086 131	83 277	1.37
海水珍珠(千克)	15 781	22 713	-6 932	-30.52
海蜇	59 616	62 969	-3 353	-5.32

全国淡水养殖产量

单位:吨

指　　标	2010 年	2009 年	2010 年比 2009 年增减(±)	
			绝对量	幅度(%)
淡水养殖产量	**23 465 343**	**22 164 606**	**1 300 737**	**5.87**
1. 鱼类	20 641 757	19 572 703	1 069 054	5.46
2. 甲壳类	2 138 028	1 960 507	177 521	9.05
虾	1 544 732	1 386 272	158 460	11.43
其中:罗氏沼虾	125 203	144 467	-19 264	-13.33
青虾	225 645	209 401	16 244	7.76
克氏原螯虾	563 281	479 374	83 907	17.50
南美白对虾	615 010	537 299	77 711	14.46
蟹(河蟹)	593 296	574 235	19 061	3.32
3. 贝类	251 008	235 241	15 767	6.70
其中:河蚌	95 328	88 984	6 344	7.13
螺	110 422	99 080	11 342	11.45
蚬	19 496	20 125	-629	-3.13
4. 藻类(螺旋藻)	9 691	7 089	2 602	36.70
5. 其他类	424 859	389 066	35 793	9.20
其中:龟	25 095	22 449	2 646	11.79
鳖	265 721	230 219	35 502	15.42
蛙	80 058	91 907	-11 849	-12.89
珍珠(千克)	3 108 385	3 375 429	-267 044	-7.91
6. 观赏鱼(万尾)	207 906	221 902	-13 996	-6.31

全国淡水养殖主要鱼类产量

单位:吨

指　标	2010 年	2009 年	2010 年比 2009 年增减(±)	
			绝对量	幅度(%)
青鱼	424 123	387 623	36 500	9.42
草鱼	4 222 198	4 081 520	140 678	3.45
鲢鱼	3 607 526	3 484 442	123 084	3.53
鳙鱼	2 550 848	2 434 555	116 293	4.78
鲤鱼	2 538 453	2 462 346	76 107	3.09
鲫鱼	2 216 094	2 055 478	160 616	7.81
鳊鱼	652 215	625 789	26 426	4.22
泥鳅	204 552	176 405	28 147	15.96
鲶鱼	374 093	325 268	48 825	15.01
鮰鱼	217 303	223 233	-5 930	-2.66
黄颡鱼	184 281	163 556	20 725	12.67
鲑鱼	1 433	1 448	-15	-1.04
鳟鱼	16 397	16 357	40	0.24
河鲀	2 842	2 210	632	28.60
短盖巨脂鲤	85 415	85 706	-291	-0.34
长吻鮠	17 100	17 900	-800	-4.47
黄鳝	272 939	237 034	35 905	15.15
鳜鱼	252 622	235 514	17 108	7.26
池沼公鱼	12 962	14 814	-1 852	-12.50
银鱼	18 481	17 523	958	5.47
鲈鱼	185 941	174 471	11 470	6.57
乌鳢	376 529	358 502	18 027	5.03
罗非鱼	1 331 890	1 257 978	73 912	5.88
鲟鱼	35 324	28 723	6 601	22.98
鳗鲡	213 811	214 698	-887	-0.41

各地区海水养殖产量(按品种分)(一)

单位:吨

地　区	海水养殖产量	1. 鱼类	鲈鱼	鲆鱼	大黄鱼	军曹鱼	鲕鱼	鲷鱼
全国总计	**14 823 008**	**808 171**	**105 951**	**84 978**	**85 808**	**36 356**	**16 787**	**45 012**
天　津	14 212	2 952	40	660				37
河　北	329 308	12 378	170	3 959				
辽　宁	2 314 694	44 688	1 294	25 196			2 097	
上　海								
江　苏	785 173	46 981	456	2 496				56
浙　江	825 730	34 226	10 158	130	3 090		60	3 730
福　建	3 038 990	170 308	14 511	2 468	71 710	345	3 039	16 861
山　东	3 962 643	119 722	24 529	49 391	170			1 392
广　东	2 490 688	308 128	43 511	678	10 838	25 467	10 800	14 613
广　西	877 408	27 695	8 739			212		6 187
海　南	184 162	41 093	2 543			10 332	791	2 136

各地区海水养殖产量(按品种分)(二)

单位:吨

地　区	1. 鱼类				2. 甲壳类	(1)虾		
	其中							
	美国红鱼	河鲀	石斑鱼	鲽鱼			南美白对虾	斑节对虾
全国总计	**52 243**	**17 111**	**49 360**	**5 372**	**1 061 096**	**833 009**	**608 267**	**56 634**
天　津	75	100	160	87	11 260	11 210	11 162	
河　北	8	3 176		190	20 601	19 160	10 948	
辽　宁		5 323			27 559	26 672	10 846	
上　海								
江　苏	10	165		2 212	80 824	53 200	15 224	515
浙　江	7 800	11	80	65	85 735	38 057	23 291	1 076
福　建	10 677	1 100	11 157	286	95 816	54 984	36 149	4 949
山　东	3 276	5 974	140	2 108	108 813	80 504	35 996	1 710
广　东	25 052	1 214	23 595	424	348 337	293 177	234 743	34 943
广　西	3 297		2 392		178 081	165 520	148 314	11 376
海　南	2 048	48	11 836		104 070	90 525	81 594	2 065

各地区海水养殖产量(按品种分)(三)

单位:吨

地区	2. 甲壳类					3. 贝类
	(1)虾		(2)蟹			
	中国对虾	日本对虾		梭子蟹	青蟹	
全国总计	**45 313**	**54 792**	**228 087**	**91 050**	**115 829**	**11 082 321**
天　津	8		50	50		
河　北	4 607	3 065	1 441	1 241	100	291 124
辽　宁	12 324	3 081	887	860		1 784 996
上　海						
江　苏	6 104	1 587	27 624	24 268	1 598	619 665
浙　江	2 840	3 295	47 678	21 364	24 082	661 408
福　建	3 403	7 889	40 832	15 124	23 536	2 171 544
山　东	8 069	30 831	28 309	25 714	2	3 097 399
广　东	7 958	4 870	55 160	2 356	41 478	1 766 263
广　西		174	12 561		12 561	669 299
海　南			13 545	73	12 472	20 623

各地区海水养殖产量(按品种分)(四)

单位:吨

地区	3. 贝类								
	牡蛎	鲍	螺	蚶	贻贝	江珧	扇贝	蛤	蛏
全国总计	**3 642 829**	**56 511**	**207 838**	**310 380**	**702 157**	**30 955**	**1 407 467**	**3 538 906**	**714 434**
天　津									
河　北	50		24	3 750	638		242 422	43 093	82
辽　宁	162 345	1 647		69 538	51 103		363 043	1 103 246	26 479
上　海									
江　苏	11 953		54 151	17 665	41 759		10	351 762	89 315
浙　江	112 906	400	11 706	110 801	83 276		2 142	57 055	228 454
福　建	1 456 106	41 258	2 426	37 469	69 930	17 446	8 741	288 793	193 708
山　东	566 965	7 861	16 295	10 187	332 104		714 363	1 189 015	150 442
广　东	931 945	4 780	87 332	56 131	114 394	13 509	74 740	289 009	24 934
广　西	399 210		34 058	4 189	8 953		1 963	207 650	1 020
海　南	1 349	565	1 846	650			43	9 283	

各地区海水养殖产量(按品种分)(五)

单位:吨

地　区	4. 藻类	海带	裙带菜	紫菜	江蓠	麒麟菜	石花菜
全国总计	**1 541 322**	**883 602**	**109 133**	**107 235**	**114 722**	**6 426**	**120**
天　津							
河　北	250	250					
辽　宁	264 867	173 049	82 059				
上　海							
江　苏	28 315	3 926		21 910	737		
浙　江	42 361	10 367		22 845	100		
福　建	598 225	452 096	954	51 313	54 280		
山　东	528 113	240 896	25 770	2 558	2 320		120
广　东	61 135	3 018	350	8 609	46 555		
广　西							
海　南	18 056				10 730	6 426	

各地区海水养殖产量(按品种分)(六)

单位:吨

地　区	4. 藻类		5. 其他				
	羊栖菜	苔菜		海参	海胆(千克)	海水珍珠(千克)	海蜇
全国总计	**7 821**	**1 115**	**330 098**	**130 303**	**6 169 408**	**15 781**	**59 616**
天　津							
河　北			4 955	2 128			2 299
辽　宁			192 584	59 764	2 691 356		43 041
上　海							
江　苏			9 388	199			1 498
浙　江	5 712	795	2 000	75			1 204
福　建	2 109		3 097	1 643			170
山　东		320	108 596	66 300	3 300 000		9 651
广　东			6 825	182	178 052	13 753	1 627
广　西			2 333	12		228	126
海　南			320			1 800	

各地区海水养殖产量(按水域和养殖方式分)(一)

单位:吨

地　区	海水养殖产量	按养殖水域分			养殖方式中
		1. 海上	2. 滩涂	3. 其他	1. 池塘
全国总计	**14 823 008**	**7 708 505**	**5 485 416**	**1 629 087**	**1 978 317**
天　津	14 212			14 212	11 810
河　北	329 308	258 476	54 344	16 488	35 275
辽　宁	2 314 694	1 448 429	678 357	187 908	168 899
上　海					
江　苏	785 173	124 099	494 477	166 597	284 866
浙　江	825 730	259 202	351 119	215 409	219 115
福　建	3 038 990	1 787 212	1 049 056	202 722	230 918
山　东	3 962 643	2 563 467	1 238 489	160 687	275 214
广　东	2 490 688	982 809	1 072 516	435 363	456 640
广　西	877 408	246 796	450 806	179 806	182 879
海　南	184 162	38 015	96 252	49 895	112 701

各地区海水养殖产量(按水域和养殖方式分)(二)

单位:吨

地　区	养殖方式中					
	2. 普通网箱	3. 深水网箱	4. 筏式	5. 吊笼	6. 底播	7. 工厂化
全国总计	**324 882**	**55 517**	**4 033 368**	**868 094**	**4 019 421**	**114 594**
天　津						2 402
河　北			239 360		21 690	6 984
辽　宁	1 690	1 928	642 136	26 506	984 962	24 270
上　海						
江　苏		20	111 865		380 322	8 100
浙　江	23 874	2 642	196 430	880	265 722	65
福　建	145 417	6 296	1 054 749	77 737	297 534	8 095
山　东	28 683	24 232	1 332 036	634 149	1 415 658	58 736
广　东	100 603	7 618	251 875	126 833	450 472	3 648
广　西	11 046	1 115	204 917	1 947	194 232	
海　南	13 569	11 666		42	8 829	2 294

各地区淡水养殖产量(按品种分)(一)

单位:吨

地 区	淡水养殖产量	1. 鱼类					
			青鱼	草鱼	鲢鱼	鳙鱼	鲤鱼
全国总计	**23 465 343**	**20 641 757**	**424 123**	**4 222 198**	**3 607 526**	**2 550 848**	**2 538 453**
北 京	50 202	49 948	567	11 144	4 485	2 902	12 784
天 津	296 272	244 881		22 325	45 107	11 538	100 504
河 北	388 453	361 399	347	61 078	70 534	33 063	131 599
山 西	30 869	30 514	11	6 658	5 848	3 673	8 930
内蒙古	83 133	81 339		9 907	14 424	9 761	31 992
辽 宁	749 628	681 231	1 650	53 460	92 878	62 543	242 663
吉 林	146 202	145 876	764	13 016	41 089	29 580	37 495
黑龙江	352 815	347 952		23 891	66 885	28 379	151 447
上 海	162 479	93 572	3 749	25 242	16 022	7 853	977
江 苏	2 907 598	2 190 193	69 509	380 957	460 583	216 644	133 056
浙 江	875 020	573 951	34 647	80 233	125 365	82 783	33 356
安 徽	1 617 241	1 321 838	55 943	230 145	265 043	236 946	109 171
福 建	659 668	571 368	10 976	130 387	57 385	53 344	44 062
江 西	1 860 892	1 689 843	35 597	379 015	244 617	278 498	131 767
山 东	1 244 018	1 148 353	13 803	200 531	201 168	124 004	293 805
河 南	546 200	528 605	7 018	77 981	128 361	85 648	153 928
湖 北	3 267 281	2 810 307	84 554	771 982	598 358	352 755	159 244
湖 南	1 883 332	1 821 250	58 344	544 581	397 874	269 465	154 664
广 东	3 146 669	2 806 029	30 698	611 433	212 320	331 849	118 475
广 西	1 093 701	1 065 845	10 800	230 763	197 238	140 237	126 732
海 南	296 413	286 578	1 028	8 160	7 302	6 788	5 545
重 庆	213 345	212 377	487	43 516	55 850	18 599	23 496
四 川	992 605	980 276	1 143	178 090	222 206	113 570	124 017
贵 州	75 838	75 723	69	11 465	9 761	9 847	29 425
云 南	274 636	273 185	2 257	56 709	27 629	23 214	78 054
西 藏	72	72		5			33
陕 西	56 138	56 029	162	13 652	12 864	5 012	17 857
甘 肃	12 300	12 249		3 108	1 264	770	4 141
青 海	1 565	1 491		40	21		110
宁 夏	89 845	88 975		22 148	10 804	4 230	43 487
新 疆	90 913	90 508		20 576	14 241	7 353	35 637

各地区淡水养殖产量(按品种分)(二)

单位:吨

地 区	1. 鱼类						
	鲫鱼	鳊鲂	泥鳅	鲶鱼	鮰鱼	黄颡鱼	鲑鱼
全国总计	**2 216 094**	**652 215**	**204 552**	**374 093**	**217 303**	**184 281**	**1 433**
北 京	5 503	3 884	20	698	474	108	
天 津	54 833	2 005	110	6 325			
河 北	33 115	677	104	430	80	62	58
山 西	1 013	531	15	465		9	
内蒙古	10 106	480	601	1 733	4	232	
辽 宁	86 133	12 949	21 613	51 011	426	10 276	276
吉 林	14 511	1 623	1 177	2 304	165	508	39
黑龙江	50 571	608	1 648	3 365	84	2 377	
上 海	30 383	4 199	51	11	304	88	
江 苏	530 663	162 558	50 478	12 001	21 225	14 529	
浙 江	74 419	26 210	1 250	2 424	3 137	4 746	41
安 徽	155 878	83 654	17 221	13 196	20 096	17 259	
福 建	22 047	3 568	904	6 927	2 497	2 157	13
江 西	174 672	54 077	52 357	43 123	27 241	31 133	308
山 东	121 194	14 100	7 774	32 446	867	2 082	
河 南	40 820	11 652	3 017	8 371	4 063	772	
湖 北	347 617	135 283	16 038	25 946	40 623	51 261	
湖 南	97 877	61 135	8 768	21 555	22 370	13 128	16
广 东	132 973	36 364	2 186	33 354	11 670	15 988	45
广 西	31 619	1 537	2 261	28 518	9 323	1 382	2
海 南	1 523	1 006	767	1 869			
重 庆	44 957	2 341	1 550	3 448	4 278	1 388	59
四 川	115 994	27 021	13 891	67 277	45 270	14 217	410
贵 州	3 404	530	248	2 275	2 393	291	5
云 南	18 020	292	287	2 783	533	228	63
西 藏	6						3
陕 西	3 022	395	28	461	45	15	
甘 肃	866	672	188	86	17		95
青 海	120						
宁 夏	5 705	1 359		1 053	33		
新 疆	6 530	1 505		638	85	45	

各地区淡水养殖产量(按品种分)(三)

单位:吨

地区	1. 鱼类						
	鳟鱼	河鲀	短盖巨脂鲤	长吻鮠	黄鳝	鳜鱼	池沼公鱼
全国总计	**16 397**	**2 842**	**85 415**	**17 100**	**272 939**	**252 622**	**12 962**
北京	2 089		50			163	
天津							
河北	1 080	8	34			102	4 835
山西	787			1			2
内蒙古	68						500
辽宁	4 646					1 703	3 217
吉林	135					26	2 643
黑龙江	235					438	6
上海						199	
江苏	12	1 527	4 780	255	7 521	27 090	
浙江	148	12	427	50	730	9 910	6
安徽	5	46	3 360	104	36 453	31 952	134
福建	33	371	3 605	126	630	1 383	5
江西			20 499	467	71 129	37 794	
山东	1 890		1 044		2 112	2 828	16
河南	254		330	5	1 811	430	1
湖北		50	40	770	110 694	25 140	
湖南	463		8	562	27 006	12 873	
广东	82	609	23 253	6 287	2 698	96 040	1
广西	102		26 549	745	1 414	151	
海南			1 127		384		
重庆	60		241	537	542	160	
四川	1 115			6 424	9 377	4 036	
贵州	114			703	192	49	
云南	1 701		24	33	202	36	118
西藏	20						
陕西	128	219	44	31	44	39	
甘肃	722						
青海	200						1 000
宁夏	18					7	
新疆	290					73	478

各地区淡水养殖产量(按品种分)(四)

单位:吨

地 区	1. 鱼类						2. 甲壳类
	银鱼	鲈鱼	乌鳢	罗非鱼	鲟鱼	鳗鲡	
全国总计	**18 481**	**185 941**	**376 529**	**1 331 890**	**35 324**	**213 811**	**2 138 028**
北 京		53	37	1 519	2 948		102
天 津				693			50 544
河 北	768	10	29	18 500	3 021		22 026
山 西	31	39	2	1 297	873		86
内蒙古	110		1 308	71			556
辽 宁	1 373	224	4 094	3 157	669		54 054
吉 林	127	162	476	36			326
黑龙江	838	6	107	206			4 830
上 海		359		16	36	146	67 933
江 苏	50	22 679	31 008	5 964	999	4 273	637 933
浙 江	210	15 008	42 137	2 082	1 702	3 343	144 317
安 徽	1 964	2 492	23 760	4 785	134	2 044	221 419
福 建	100	7 634	664	109 450	1 456	87 078	44 243
江 西	1 624	15 999	44 071	6 659	1 115	16 985	84 909
山 东	2 824	741	95 785	11 932	5 666		89 168
河 南	1 011	125	1 159	789	438		11 345
湖 北	2 310	2 941	27 306	6 225	6 243	150	410 460
湖 南	1 387	1 288	25 962	1 636	788		15 586
广 东	1 051	104 706	69 073	624 178	1 528	99 524	265 905
广 西	652	612	2 332	214 404	452	7	5 681
海 南			120	250 645	20	254	1 294
重 庆		325	458	2 375	298		542
四 川	1 364	8 775	6 409	3 753	5 298		2 835
贵 州	311	1 100	5	1 091	467	6	78
云 南	277	7	69	59 129	895	1	456
西 藏				5			
陕 西	81	76	92	392	35		70
甘 肃	17	5	1	51	206		48
青 海							74
宁 夏			6		10		870
新 疆	1	575	59	850	27		338

各地区淡水养殖产量(按品种分)(五)

单位:吨

地 区	2. 甲壳类						3. 贝类	
	(1)虾					(2)蟹(河蟹)		河蚌
		罗氏沼虾	青虾	克氏原螯虾	南美白对虾			
全国总计	**1 544 732**	**125 203**	**225 645**	**563 281**	**615 010**	**593 296**	**251 008**	**95 328**
北 京	80				80	22		
天 津	49 306				49 061	1 238		
河 北	16 195		827		14 818	5 831	30	26
山 西	79	8			48	7		
内蒙古	138		103		35	418		
辽 宁	7 125				6 943	46 929	14	14
吉 林	78		78			248		
黑龙江	919				30	3 911		
上 海	51 253	6 460	648		44 110	16 680	154	154
江 苏	351 197	62 520	105 214	93 779	89 493	286 736	48 701	14 528
浙 江	134 296	8 820	20 964	5 665	95 818	10 021	10 500	3 925
安 徽	131 235	3 284	41 894	85 214	837	90 184	45 510	27 975
福 建	42 808	1 140	1 160	17	39 825	1 435	29 898	5 721
江 西	73 252	630	19 725	51 687	1 210	11 657	43 909	12 953
山 东	63 698	513	4 160	7 376	51 460	25 470	2 718	1 112
河 南	9 089	580	1 878	6 606	25	2 256	810	68
湖 北	333 641	980	21 253	308 249	3 159	76 819	19 448	15 867
湖 南	9 265	392	4 402	1 656	203	6 321	22 946	8 509
广 东	261 255	38 340	2 315	4	215 185	4 650	18 051	3 448
广 西	5 053	1 315	663	238	2 193	628	3 604	416
海 南	1 060				300	234	124	
重 庆	509			379	122	33	83	4
四 川	2 634	70	156	2 335	2	201	4 105	568
贵 州	57	27	24		6	21	32	14
云 南	372	98	181	70	9	84	304	26
西 藏								
陕 西	68					2		
甘 肃	6			6		42		
青 海						74		
宁 夏						870		
新 疆	64	26			38	274	67	

各地区淡水养殖产量(按品种分)(六)

单位:吨

地　区	3. 贝类		4. 藻类(螺旋藻)	5. 其他类					6. 观赏鱼(万尾)
	其中								
	螺	蚬			龟	鳖	蛙	珍珠(千克)	
全国总计	**110 422**	**19 496**	**9 691**	**424 859**	**25 095**	**265 721**	**80 058**	**3 108 385**	**207 906**
北　京				152	35	117			29 778
天　津				847	160	362			47 331
河　北	4			4 998	3	4 864			3 194
山　西				269		269			1 257
内蒙古			1 238						9
辽　宁				14 329	5	1	13 563		
吉　林									1 655
黑龙江				33			33		
上　海				820		642			8 021
江　苏	28 850	4 293	955	29 816	1 427	22 455	1 552	407 415	39 046
浙　江	3 835	412	21	146 231	11 485	116 981	12 775	1 552	10 822
安　徽	16 088	1 155		28 474	2 567	11 342	5 428	469 711	1 891
福　建	4 128	6 816	559	13 600	173	5 044	6 485	26 000	4 337
江　西	25 864	5 092	3 846	38 385	3 170	15 334	18 877	985 300	4
山　东	1 296	134		3 779	33	3 582	12		8 086
河　南	733	9	1 821	3 619	39	3 479	98		19 046
湖　北	3 268	313		27 066	1 616	24 100	1 082	268 000	568
湖　南	13 599	221		23 550	1 264	7 820	7 856	950 407	360
广　东	6 221	845	166	56 518	1 730	31 843	7 656		16 810
广　西	2 795	206	70	18 501	1 165	15 381	657		28
海　南	124		539	7 878	102	1 061	6		
重　庆	79			343	1	130	134		4 514
四　川	3 182			5 389	101	892	3 821		6 403
贵　州	18			5		3	2		1 668
云　南	271		476	215	19	16	21		1 444
西　藏									
陕　西				39					1 126
甘　肃				3		3			2
青　海									
宁　夏									400
新　疆	67								109

各地区淡水养殖产量(按水域和养殖方式分)(一)

单位:吨

地 区	淡水养殖产量	按 水 域 分			
		1. 池塘	2. 湖泊	3. 水库	4. 河沟
全国总计	**23 465 343**	**16 477 168**	**1 536 629**	**2 844 430**	**742 704**
北 京	50 202	45 213	65	50	
天 津	296 272	287 216		4 776	1 794
河 北	388 453	251 610	12 803	111 146	6 536
山 西	30 869	18 933	917	10 682	240
内蒙古	83 133	48 811	15 490	16 549	1 753
辽 宁	749 628	577 814		87 906	4 687
吉 林	146 202	65 090	22 527	54 735	3
黑龙江	352 815	273 341	29 795	25 961	10 703
上 海	162 479	153 449	284		3 375
江 苏	2 907 598	2 013 200	234 757	68 032	238 500
浙 江	875 020	399 194	6 206	80 390	81 424
安 徽	1 617 241	928 770	340 607	141 311	98 104
福 建	659 668	438 388	4 469	143 153	34 285
江 西	1 860 892	1 010 613	263 961	449 943	58 938
山 东	1 244 018	849 112	99 988	237 613	14 951
河 南	546 200	419 660	5 905	58 295	12 728
湖 北	3 267 281	2 514 764	330 282	199 559	20 256
湖 南	1 883 332	1 422 990	110 510	180 578	26 693
广 东	3 146 669	2 881 807	11 975	185 098	14 775
广 西	1 093 701	632 008		358 200	29 419
海 南	296 413	211 406	5 097	72 711	53
重 庆	213 345	178 380		22 285	3 361
四 川	992 605	502 931	827	196 239	73 243
贵 州	75 838	12 137	99	42 867	676
云 南	274 636	166 145	4 712	65 767	2 072
西 藏	72	72			
陕 西	56 138	40 583	1 112	13 762	68
甘 肃	12 300	9 006	71	2 386	2
青 海	1 565	200	165	1 200	
宁 夏	89 845	53 907	33 739	1 012	444
新 疆	90 913	70 418	266	12 224	3 621

各地区淡水养殖产量(按水域和养殖方式分)(二)

单位:吨

地区	按水域分		养殖方式中		
	5. 其他	6. 稻田	围栏	网箱	工厂化
全国总计	**621 680**	**1 242 732**	**522 978**	**1 130 855**	**167 235**
北京	4 874				
天津	2 486				583
河北	3 203	3 155	2 440	72 154	1 314
山西	97		100	1 293	25
内蒙古		530	550	1 017	188
辽宁	24 543	54 678	3 088	51 059	1 208
吉林	3 591	256	779	3 637	154
黑龙江	7 440	5 575		742	
上海	1 664	3 707			50
江苏	128 706	224 403	64 352	87 540	16 043
浙江	70 030	237 776	25 013	12 290	79 051
安徽	34 900	73 549	220 751	91 230	3 006
福建	23 683	15 690	1 019	27 983	31 551
江西	24 576	52 861	51 652	91 426	11 940
山东	42 048	306	41 530	146 641	12 795
河南	49 113	499	2 636	47 124	1 968
湖北	13 291	189 129	67 617	125 241	1 412
湖南	52 834	89 727	24 044	105 275	354
广东	49 836	3 178	2 342	6 438	226
广西	56 065	18 009	11 708	129 780	
海南	7 146		2 232	2 145	575
重庆	3 168	6 151	290	4 381	82
四川	8 388	210 977		64 044	1 233
贵州	830	19 229	196	29 102	195
云南	3 480	32 460	466	28 884	2 398
西藏					
陕西	470	143	163	1 142	143
甘肃	834	1		16	
青海				200	
宁夏		743	10		85
新疆	4 384			71	656

全国海洋捕捞产量

单位:吨

指　　标	2010 年	2009 年	2010 年比 2009 年增减(±)	
			绝对量	幅度(%)
海洋捕捞产量	**12 035 946**	**11 786 109**	**249 837**	**2.12**
1. 鱼类	8 255 051	8 040 286	214 765	2.67
2. 甲壳类	2 043 314	2 018 924	24 390	1.21
虾	1 449 992	1 475 426	-25 434	-1.72
其中:毛虾	554 752	588 698	-33 946	-5.77
对虾	107 522	107 618	-96	-0.09
鹰爪虾	290 761	282 554	8 207	2.90
虾蛄	315 360	303 002	12 358	4.08
蟹	593 322	543 498	49 824	9.17
其中:梭子蟹	349 488	332 825	16 663	5.01
青蟹	67 151	60 704	6 447	10.62
鲟	62 851	39 779	23 072	58.00
3. 贝类	622 104	669 742	-47 638	-7.11
4. 藻类	24 636	27 598	-2 962	-10.73
5. 头足类	658 309	643 255	15 054	2.34
其中:乌贼	115 826	119 681	-3 855	-3.22
鱿鱼	365 433	351 778	13 655	3.88
章鱼	125 776	118 345	7 431	6.28
6. 其他类	432 532	386 304	46 228	11.97
其中:海蜇	216 056	223 151	-7 095	-3.18

全国海洋捕捞主要鱼类产量

单位:吨

指　标	2010 年	2009 年	2010 年比 2009 年增减(±)	
			绝对量	幅度(%)
海鳗	340 105	340 564	-459	-0.13
鳓鱼	86 743	98 656	-11 913	-12.08
鳀鱼	598 110	521 897	76 213	14.60
沙丁鱼	135 011	134 377	634	0.47
鲱鱼	21 637	21 668	-31	-0.14
石斑鱼	93 999	86 021	7 978	9.27
鲷	165 428	153 316	12 112	7.90
蓝圆鲹	562 982	539 943	23 039	4.27
白姑鱼	131 026	126 470	4 556	3.60
黄姑鱼	85 322	94 409	-9 087	-9.63
鮸鱼	41 677	35 726	5 951	16.66
大黄鱼	63 358	62 807	551	0.88
小黄鱼	406 868	372 895	33 973	9.11
梅童鱼	235 194	219 652	15 542	7.08
方头鱼	37 263	40 437	-3 174	-7.85
玉筋鱼	153 599	146 525	7 074	4.83
带鱼	1 186 841	1 172 440	14 401	1.23
金线鱼	314 922	306 456	8 466	2.76
梭鱼	156 989	127 493	29 496	23.14
鲐鱼	492 005	397 010	94 995	23.93
鲅鱼	476 208	429 057	47 151	10.99
金枪鱼	38 848	31 369	7 479	23.84
鲳鱼	364 776	373 145	-8 369	-2.24
马面鲀	204 541	209 716	-5 175	-2.47
竹荚鱼	26 251	25 311	940	3.71
鲻鱼	91 499	90 160	1 339	1.49

全国海洋捕捞产量(按海区、渔具分)

单位:吨

指标		2010 年	2009 年	2010 年比 2009 年增减(±)	
				绝对量	幅度(%)
合计		**12 035 946**	**11 786 109**	**249 837**	**2.12**
按捕捞海域分	渤海	1 068 698	1 059 564	9 134	0.86
	黄海	3 048 386	3 036 648	11 738	0.39
	东海	4 618 934	4 427 579	191 355	4.32
	南海	3 299 928	3 262 318	37 610	1.15
按捕捞渔具分	拖网	5 849 519	5 668 660	180 859	3.19
	围网	814 417	755 777	58 640	7.76
	刺网	2 679 463	2 581 583	97 880	3.79
	张网	1 559 228	1 698 996	-139 768	-8.23
	钓具	327 197	310 857	16 340	5.26
	其他渔具	806 122	770 236	35 886	4.66

全国淡水捕捞产量

单位:吨

指标	2010 年	2009 年	2010 年比 2009 年增减(±)	
			绝对量	幅度(%)
淡水捕捞产量	**2 289 369**	**2 183 878**	**105 491**	**4.83**
1. 鱼类	1 614 675	1 526 285	88 390	5.79
2. 甲壳类	343 320	327 813	15 507	4.73
虾	289 488	275 318	14 170	5.15
蟹	53 832	52 495	1 337	2.55
3. 贝类	286 980	284 331	2 649	0.93
4. 藻类	26	19	7	36.84
5. 其他类	44 368	45 430	-1 062	-2.34
其中:丰年虫	931	647	284	43.89

各地区海洋捕捞产量(按品种分)(一)

单位:吨

地 区	海洋捕捞产量	1. 鱼类					
			海鳗	鳓鱼	鳀鱼	沙丁鱼	鲱鱼
全国总计	**12 035 946**	**8 255 051**	**340 105**	**86 743**	**598 110**	**135 011**	**21 637**
天 津	15 754	8 349			443		
河 北	253 292	139 275			38 760		
辽 宁	1 007 398	551 103	871	435	102 157	1 710	88
上 海	21 531	12 202	394	108			
江 苏	570 354	341 754	8 998	3 683	1 408	1 747	
浙 江	2 821 000	1 952 559	82 423	11 606	54 284	23 245	5 104
福 建	1 908 468	1 448 938	65 225	13 548	66 008	12 728	3 297
山 东	2 350 888	1 544 599	27 900	976	292 934	13 782	252
广 东	1 429 592	1 017 061	56 348	25 948	29 565	58 287	5 200
广 西	662 954	389 776	13 728	22 717		13 453	961
海 南	994 715	849 435	84 218	7 722	12 551	10 059	6 735

各地区海洋捕捞产量(按品种分)(二)

单位:吨

地 区	1. 鱼类							
	石斑鱼	鲷	蓝圆鲹	白姑鱼	黄姑鱼	鮸鱼	大黄鱼	小黄鱼
全国总计	**93 999**	**165 428**	**562 982**	**131 026**	**85 322**	**41 677**	**63 358**	**406 868**
天 津								3 077
河 北	38				284		3 947	7 759
辽 宁	7 796	84		3 721	4 292	3 184	17 254	149 246
上 海					59	20		193
江 苏	19	84		4 462	6 437	2 009	45	30 853
浙 江	1 035	4 302	106 660	59 579	36 279	20 866	481	97 252
福 建	17 610	59 693	228 438	7 519	6 410	6 955	3 950	8 233
山 东	1 180	58		18 542	10 491	690	8 752	76 119
广 东	24 608	42 860	119 149	26 302	4 253	6 746	18 461	18 139
广 西	5 509	28 501	68 243	1 505	95	813		
海 南	36 204	29 846	40 492	9 396	16 722	394	10 468	15 997

各地区海洋捕捞产量（按品种分）（三）

单位：吨

地　区	1. 鱼类							
	梅童鱼	方头鱼	玉筋鱼	带鱼	金线鱼	梭鱼	鲐鱼	鲅鱼
全国总计	**235 194**	**37 263**	**153 599**	**1 186 841**	**314 922**	**156 989**	**492 005**	**476 208**
天　津	35			17		211	1 313	401
河　北	387		65	6 236		12 305	461	5 285
辽　宁	3 594		12 148	41 529	326	26 936	34 747	92 122
上　海	457			475			40	
江　苏	69 351	233	830	62 229		7 715	21 780	6 895
浙　江	135 909	10 349	24 232	529 633	1 661	10 033	175 671	76 028
福　建	18 533	5 158	19 182	164 638	9 847	16 524	128 056	48 873
山　东	2 413		94 139	79 619	50	41 325	77 835	184 162
广　东	3 148	9 106	1 885	132 140	84 584	22 174	28 619	26 361
广　西		48	139	31 279	36 165	10 508	13 630	2 213
海　南	1 367	12 369	979	139 046	182 289	9 258	9 853	33 868

各地区海洋捕捞产量（按品种分）（四）

单位：吨

地　区	1. 鱼类					2. 甲壳类	虾	
	金枪鱼	鲳鱼	马面鲀	竹荚鱼	鲻鱼			毛虾
全国总计	**38 848**	**364 776**	**204 541**	**26 251**	**91 499**	**2 043 314**	**1 449 992**	**554 752**
天　津		10				2 780	1 924	103
河　北		479			730	58 281	42 497	11 778
辽　宁	48	6 586	99	90	5 122	196 532	143 629	45 687
上　海		407		18		9 031	3 370	
江　苏	177	40 831	3 032		14 523	120 508	50 005	25 550
浙　江	6 521	120 636	32 053	41	12 024	695 187	569 854	220 750
福　建	3 236	56 271	59 755	8 617	15 811	289 443	162 459	56 383
山　东	708	36 174	5 465	710	1 691	299 573	256 455	116 479
广　东	12 926	54 114	57 844	3 488	21 462	221 478	142 044	46 147
广　西		11 483	29 749	406	7 887	110 179	61 843	26 841
海　南	15 232	37 785	16 544	12 881	12 249	40 322	15 912	5 034

各地区海洋捕捞产量(按品种分)(五)

单位:吨

地　区	2. 甲壳类						
	虾			蟹			
	对虾	鹰爪虾	虾蛄		梭子蟹	青蟹	蟳
全国总计	**107 522**	**290 761**	**315 360**	**593 322**	**349 488**	**67 151**	**62 851**
天　津	82		1 544	856	447	205	204
河　北	1 302	1 738	26 467	15 784	8 452	85	740
辽　宁	3 036	8 626	75 182	52 903	23 935	2 144	25 451
上　海	82	1 208		5 661	2 533		
江　苏	3 075	9 109	7 947	70 503	59 097	1 990	6 616
浙　江	16 529	161 901	68 647	125 333	70 116	3 041	14 201
福　建	17 850	36 689	32 242	126 984	74 137	12 253	4 863
山　东	4 056	41 628	73 716	43 118	28 313	608	4 946
广　东	42 458	18 980	22 760	79 434	45 799	25 143	3 331
广　西	15 717	6 725	5 234	48 336	27 134	8 166	1 963
海　南	3 335	4 157	1 621	24 410	9 525	13 516	536

各地区海洋捕捞产量(按品种分)(六)

单位:吨

地　区	3. 贝类	4. 藻类	5. 头足类	乌贼	鱿鱼	章鱼	6. 其他类	海蜇
全国总计	**622 104**	**24 636**	**658 309**	**115 826**	**365 433**	**125 776**	**432 532**	**216 056**
天　津	2 624		1 931				70	
河　北	16 893		12 081	3 394	742	5 996	26 762	20 486
辽　宁	120 126	146	52 123	1 810	34 768	7 243	87 368	28 420
上　海			120	38	51	31	178	111
江　苏	56 365	1 619	17 411	2 339	10 319	4 554	32 697	21 556
浙　江	14 763	2 110	134 792	25 172	76 355	31 729	21 589	1 715
福　建	49 885	1 132	99 252	26 223	53 702	14 180	19 818	11 649
山　东	209 677	2 362	154 429	8 518	93 812	31 616	140 248	55 580
广　东	65 946	4 886	77 315	19 447	30 753	19 322	42 906	24 343
广　西	59 373		44 140	16 271	21 637	6 004	59 486	51 339
海　南	26 452	12 381	64 715	12 614	43 294	5 101	1 410	857

各地区海洋捕捞产量(按海域分)

单位:吨

地　区	海洋捕捞产量	按捕捞海域分			
		1. 渤海	2. 黄海	3. 东海	4. 南海
全国总计	**12 035 946**	**1 068 698**	**3 048 386**	**4 618 934**	**3 299 928**
天　津	15 754	8 467	7 287		
河　北	253 292	192 577	60 715		
辽　宁	1 007 398	391 061	576 124	40 213	
上　海	21 531			21 531	
江　苏	570 354	275	504 763	65 316	
浙　江	2 821 000		203 690	2 597 690	19 620
福　建	1 908 468			1 716 721	191 747
山　东	2 350 888	476 318	1 695 807	177 463	1 300
广　东	1 429 592				1 429 592
广　西	662 954				662 954
海　南	994 715				994 715

各地区海洋捕捞产量(按渔具分)

单位:吨

地　区	海洋捕捞产量	按捕捞渔具分					
		1. 拖网	2. 围网	3. 刺网	4. 张网	5. 钓具	6. 其他
全国总计	**12 035 946**	**5 849 519**	**814 417**	**2 679 463**	**1 559 228**	**327 197**	**806 122**
天　津	15 754	1 115		8 762	129		5 748
河　北	253 292	47 716		126 897	61 101		17 578
辽　宁	1 007 398	367 447	14 000	435 371	129 126	21 543	39 911
上　海	21 531	17 440		420	3 671		
江　苏	570 354	70 090	15 457	144 763	247 781	78	92 185
浙　江	2 821 000	1 744 939	160 128	220 026	581 337	5 277	109 293
福　建	1 908 468	794 049	211 275	320 193	317 578	32 516	232 857
山　东	2 350 888	1 415 053	54 681	506 657	168 304	83 574	122 619
广　东	1 429 592	732 988	135 169	405 629	17 554	95 642	42 610
广　西	662 954	467 243	35 765	74 508	201	6 857	78 380
海　南	994 715	191 439	187 942	436 237	32 446	81 710	64 941

各地区淡水捕捞产量(按品种分)

单位:吨

地　区	淡水捕捞产量	1. 鱼类	2. 甲壳类	虾	蟹	3. 贝类	4. 藻类	5. 其他	丰年虫
全国总计	**2 289 369**	**1 614 675**	**343 320**	**289 488**	**53 832**	**286 980**	**26**	**44 368**	**931**
北　京	4 224	4 148	63	35	28			13	
天　津	9 667	5 173	1 318	1 300	18	983		2 193	
河　北	92 247	81 932	5 699	4 377	1 322	3 856		760	
山　西	831	794	7	6	1			30	30
内蒙古	30 671	29 659	890	890				122	122
辽　宁	56 780	44 302	9 698	4 021	5 677	1 004		1 776	
吉　林	19 756	19 324	269	244	25	157		6	
黑龙江	46 885	46 100	493	493		284		8	
上　海	5 735	5 430	235	210	25			70	
江　苏	332 363	191 164	61 398	46 479	14 919	68 135		11 666	
浙　江	92 150	48 927	7 428	6 240	1 188	34 095		1 700	
安　徽	315 877	207 473	66 168	57 034	9 134	34 031		8 205	
福　建	81 917	55 476	6 800	5 010	1 790	18 475		1 166	
江　西	292 513	192 966	61 721	59 112	2 609	33 579	13	4 234	
山　东	130 896	109 703	14 092	7 780	6 312	6 571	5	525	55
河　南	32 350	24 707	6 785	6 254	531	829		29	
湖　北	263 654	182 003	62 318	57 425	4 893	14 043		5 290	
湖　南	96 668	78 905	11 754	10 729	1 025	4 571		1 438	
广　东	128 598	67 938	9 123	7 017	2 106	49 773	1	1 763	9
广　西	116 871	95 055	7 691	6 600	1 091	12 668		1 457	
海　南	19 510	16 997	732	519	213	1 577		204	
重　庆	10 955	10 018	572	488	84	153		212	
四　川	58 030	52 841	4 025	3 475	550	716		448	
贵　州	12 062	10 059	1 628	1 523	105	349		26	
云　南	23 121	19 516	2 195	2 122	73	1 129	7	274	
西　藏	428	316						112	112
陕　西	4 235	4 144	53	51	2			38	
甘　肃									
青　海	35							35	35
宁　夏	190	190							
新　疆	10 150	9 415	165	54	111	2		568	568

各地区远洋渔业

单位:吨、万元

地 区	远洋捕捞产量	运回国内量	境外出售量	远洋渔业总产值	2010年比2009年增减(±)			
					远洋捕捞产量	运回国内量	境外出售量	远洋渔业总产值
全国总计	**1 116 358**	**605 344**	**511 014**	**1 191 511.01**	**139 132**	**125 931**	**13 201**	**274 397**
北 京	8 960	6 278	2 682	9 389.00	5 047	2 863	2 184	4 189
天 津	9 020	4 088	4 932	12 330.11	91	572	-481	1
河 北								
辽 宁	175 274	103 803	71 471	177 629.80	38 466	48 997	-10 531	43 376
上 海	99 933	26 338	73 595	70 853.31	-34 553	-1 497	-33 056	-36 981
江 苏	8 941	4 848	4 093	14 514.20	1 595	303	1 292	4 648
浙 江	165 602	141 054	24 548	188 230.50	58 468	58 166	302	76 158
福 建	180 524	133 645	46 879	190 957.69	11 918	-701	12 619	56 813
山 东	149 814	58 551	91 263	180 391.66	71 114	31 773	39 341	96 390
广 东	94 752	38 852	55 900	101 615.27	-14 722	-27 672	12 950	16 635
广 西	4 119		4 119	3 044.50	-586		-586	-602
海 南								
中农发集团	219 419	87 887	131 532	242554.97	2 294	13 127	-10 833	13 770

各地区远洋渔业主要品种产量

单位:吨

地区	远洋捕捞产量	其 中	
		金枪鱼	鱿鱼
全国总计	**1 116 358**	**163 362**	**367 649**
北 京	8 960	800	6 210
天 津	9 020	3 378	1 296
河 北			
辽 宁	175 274	6 956	48 179
上 海	99 933	43 425	10 966
江 苏	8 941		
浙 江	165 602	18 911	124 282
福 建	180 524	15 391	4 080
山 东	149 814	26 507	103 351
广 东	94 752	10 728	
广 西	4 119	200	
海 南			
中农发集团	219 419	37 066	69 285

三、生产要素

全国水产养殖面积(按水域和养殖方式分)

单位:公顷

指标		2010 年	2009 年	2010 年比 2009 年增减(±)	
				绝对量	幅度(%)
总计		**7 645 223**	**7 283 138**	**362 085**	**4.97**
1. 海水养殖		2 080 880	1 859 313	221 567	11.92
按水域分	海上	1 142 939	925 336	217 603	23.52
	滩涂	652 715	648 415	4 300	0.66
	其他	285 226	285 562	-336	-0.12
养殖方式中	池塘	413 838	416 383	-2 545	-0.61
	普通网箱(m^2)	17 222 380	15 328 794	1 893 586	12.35
	深水网箱(m^3 水体)	5 035 463	4 508 916	526 547	11.68
	筏式	347 190	285 284	61 906	21.70
	吊笼	98 902	49 574	49 328	99.50
	底播	848 182	772 258	75 924	9.83
	工厂化(m^3 水体)	12 612 010	12 356 762	255 248	2.07
2. 淡水养殖		5 564 343	5 423 825	140 518	2.59
按水域分	池塘	2 377 001	2 331 900	45 101	1.93
	湖泊	1 007 103	998 232	8 871	0.89
	水库	1 795 579	1 726 407	69 172	4.01
	河沟	264 126	249 674	14 452	5.79
	其他	120 534	117 612	2 922	2.48
	稻田养成鱼	1 326 113	1 339 714	-13 601	-1.02
养殖方式中	围栏(m^2)	2 512 541 715	2 584 140 703	-71 598 988	-2.77
	网箱(m^2)	143 467 336	131 415 103	12 052 233	9.17
	工厂化(m^3 水体)	25 937 210	20 614 950	5 322 260	25.82

全国海水养殖面积(按品种分)

单位:公顷

指　　标	2010 年	2009 年	2010 年比 2009 年增减(±)	
			绝对量	幅度(%)
海水养殖	**2 080 880**	**1 859 313**	**221 567**	**11.92**
1. 鱼类	78 510	83 213	-4 703	-5.65
2. 甲壳类	310 779	302 900	7 879	2.60
虾	247 068	235 990	11 078	4.69
其中:南美白对虾	133 076	127 564	5 512	4.32
斑节对虾	18 334	19 440	-1 106	-5.69
中国对虾	24 165	26 296	-2 131	-8.10
日本对虾	34 218	36 723	-2 505	-6.82
蟹	63 711	66 910	-3 199	-4.78
其中:梭子蟹	29 981	31 817	-1 836	-5.77
青蟹	26 983	30 719	-3 736	-12.16
3. 贝类	1 308 003	1 153 923	154 080	13.35
牡蛎	116 622	112 878	3 744	3.32
鲍	15 422	12 181	3 241	26.61
螺	39 246	39 484	-238	-0.60
蚶	75 714	68 799	6 915	10.05
贻贝	43 346	38 729	4 617	11.92
江珧	1 827	1 352	475	35.13
扇贝	399 705	274 590	125 115	45.56
蛤	370 949	400 465	-29 516	-7.37
蛏	63 124	59 417	3 707	6.24
4. 藻类	120 204	110 603	9 601	8.68
海带	40 029	37 625	2 404	6.39
裙带菜	8 445	8 198	247	3.01
紫菜	60 706	54 700	6 006	10.98
江蓠	5 838	5 144	694	13.49
麒麟菜	529	521	8	1.54
石花菜	7	7		
羊栖菜	1 044	959	85	8.86
苔菜	157	156	1	0.64
5. 其他	263 384	208 674	54 710	26.22
其中:海参	150 113	155 288	-5 175	-3.33
海胆	10 428	7 026	3 402	48.42
海水珍珠	5 408	5 173	235	4.54
海蜇	13 144	13 864	-720	-5.19

各地区水产养殖面积(一)

单位:公顷

地区	2010 年				2009 年				2010 年比 2009 年增减(±)			
	总面积	海水养殖面积	淡水养殖面积	池塘	总面积	海水养殖面积	淡水养殖面积	池塘	总面积	海水养殖面积	淡水养殖面积	池塘
全国总计	**7 645 223**	**2 080 880**	**5 564 343**	**2 377 001**	**7 283 138**	**1 859 313**	**5 423 825**	**2 331 900**	**362 085**	**221 567**	**140 518**	**45 101**
北　京	5 003		5 003	4 526	5 077		5 077	4 739	-74		-74	-213
天　津	41 547	3 982	37 565	30 997	41 894	4 304	37 590	29 806	-347	-322	-25	1 191
河　北	198 765	123 810	74 955	26 995	192 908	121 013	71 895	27 428	5 857	2 797	3 060	-433
山　西	14 840		14 840	1 825	14 361		14 361	1 712	479		479	113
内蒙古	108 555		108 555	15 590	105 944		105 944	15 780	2 611		2 611	-190
辽　宁	961 167	763 101	198 066	52 370	832 605	630 700	201 905	59 580	128 562	132 401	-3 839	-7 210
吉　林	273 840		273 840	27 477	230 210		230 210	26 148	43 630		43 630	1 329
黑龙江	308 789		308 789	86 947	285 980		285 980	73 491	22 809		22 809	13 456
上　海	25 250		25 250	22 094	26 271		26 271	20 881	-1 021		-1 021	1 213
江　苏	750 082	192 426	557 656	356 493	725 375	172 754	552 621	350 226	24 707	19 672	5 035	6 267
浙　江	312 856	93 905	218 951	72 060	313 968	94 514	219 454	71 898	-1 112	-609	-503	162
安　徽	528 688		528 688	186 077	509 814		509 814	174 920	18 874		18 874	11 157
福　建	231 469	137 636	93 833	34 355	223 967	133 942	90 025	33 363	7 502	3 694	3 808	992
江　西	425 462		425 462	148 619	417 056		417 056	147 199	8 406		8 406	1 420
山　东	757 673	500 946	256 727	120 912	686 203	441 403	244 800	115 677	71 470	59 543	11 927	5 235

各地区水产养殖面积(二)

单位:公顷

地区	2010年				2009年				2010年比2009年增减(±)			
	总面积	海水养殖面积	淡水养殖面积	池塘	总面积	海水养殖面积	淡水养殖面积	池塘	总面积	海水养殖面积	淡水养殖面积	池塘
河　南	209 830		209 830	80 097	204 126		204 126	76 452	5 704		5 704	3 645
湖　北	656 717		656 717	340 392	649 729		649 729	333 214	6 988		6 988	7 178
湖　南	393 981		393 981	186 770	383 000		383 000	181 037	10 981		10 981	5 733
广　东	563 411	199 258	364 153	272 038	562 158	194 766	367 392	276 055	1 253	4 492	-3 239	-4 017
广　西	221 669	51 287	170 382	76 250	217 827	50 670	167 157	75 556	3 842	617	3 225	694
海　南	54 207	14 529	39 678	22 749	53 464	15 247	38 217	22 203	743	-718	1 461	546
重　庆	76 390		76 390	41 760	52 859		52 859	28 673	23 531		23 531	13 087
四　川	183 226		183 226	97 966	179 028		179 028	96 598	4 198		4 198	1 368
贵　州	29 855		29 855	2 996	25 517		25 517	2 978	4 338		4 338	18
云　南	107 791		107 791	33 715	75 286		75 286	24 204	32 505		32 505	9 511
西　藏	40		40	40	54		54	54	-14		-14	-14
陕　西	39 838		39 838	9 543	115 663		115 663	40 101	-75 825		-75 825	-30 558
甘　肃	12 585		12 585	1 078	12 564		12 564	951	21		21	127
青　海	37 982		37 982	1 420	33 500		33 500	300	4 482		4 482	1 120
宁　夏	40 426		40 426	14 030	33 297		33 297	12 102	7 129		7 129	1 928
新　疆	73 289		73 289	8 820	73 433		73 433	8 574	-144		-144	246

各地区海水养殖面积(按品种分)(一)

单位:公顷

地　区	海水养殖面积	1. 鱼类	2. 甲壳类	虾				
					南美白对虾	斑节对虾	中国对虾	日本对虾
全国总计	**2 080 880**	**78 510**	**310 779**	**247 068**	**133 076**	**18 334**	**24 165**	**34 218**
天　津	3 982	496	3 486		3 476			
河　北	123 810	4 768	21 064	19 352	6 976		5 908	5 248
辽　宁	763 101	7 075	19 624	17 017	1 239		6 149	3 246
上　海								
江　苏	192 426	5 961	25 046	14 323	2 060	224	3 235	1 306
浙　江	93 905	5 086	30 747	15 470	6 912	487	1 159	1 324
福　建	137 636	11 670	21 044	13 565	6 654	1 901	1 597	2 866
山　东	500 946	11 620	88 576	77 256	41 731	3 155	3 600	18 841
广　东	199 258	28 419	72 382	59 967	40 965	10 391	2 517	1 096
广　西	51 287	944	19 730	18 488	15 848	1 889		291
海　南	14 529	2 471	9 080	8 151	7 215	287		

各地区海水养殖面积(按品种分)(二)

单位:公顷

地　区	2. 甲壳类			3. 贝类					
	蟹				牡蛎	鲍	螺	蚶	贻贝
		梭子蟹	青蟹						
全国总计	**63 711**	**29 981**	**26 983**	**1 308 003**	**116 622**	**15 422**	**39 246**	**75 714**	**43 346**
天　津	7	7							
河　北	1 712	1 445	133	92 964	20		100	1 592	311
辽　宁	2 607	1 116		559 238	12 326	6 721		50 185	1 905
上　海									
江　苏	10 723	10 015	198	119 717	774		14 853	5 118	6 202
浙　江	15 277	4 522	10 521	46 865	4 454	43	4 124	10 362	2 088
福　建	7 479	3 260	4 032	71 051	36 030	2 147	199	2 692	1 497
山　东	11 320	9 375	12	299 375	14 879	4 933	11 092	2 342	24 808
广　东	12 415	237	10 204	90 025	32 013	1 517	6 143	2 972	6 375
广　西	1 242		1 242	27 150	15 813		2 623	334	160
海　南	929	4	641	1 618	313	61	112	117	

各地区海水养殖面积(按品种分)(三)

单位:公顷

地　区	3. 贝类				4. 藻类				
	江珧	扇贝	蛤	蛏		海带	裙带菜	紫菜	江蓠
全国总计	**1 827**	**399 705**	**370 949**	**63 124**	**120 204**	**40 029**	**8 445**	**60 706**	**5 838**
天　津									
河　北		64 729	26 012	100	50	50			
辽　宁		227 736	123 409	4 015	14 612	7 554	6 553		
上　海									
江　苏		367	78 062	12 275	38 590	272		38 262	56
浙　江		278	6 661	16 409	10 427	904		8 272	13
福　建	566	341	13 200	12 702	33 585	15 124	657	12 887	2 971
山　东		99 362	97 437	15 441	18 757	16 060	1 225	757	13
广　东	1 261	6 713	19 183	2 083	2 983	65	10	528	2 204
广　西		179	6 361	99					
海　南			624		1 200				581

各地区海水养殖面积(按品种分)(四)

单位:公顷

地　区	4. 藻类				5. 其他				
	麒麟菜	石花菜	羊栖菜	苔菜		海参	海胆	海水珍珠	海蜇
全国总计	**529**	**7**	**1 044**	**157**	**263 384**	**150 113**	**10 428**	**5 408**	**13 144**
天　津									
河　北					4 964	3 660			1 046
辽　宁					162 552	86 624	6 012		9 654
上　海									
江　苏					3 112	101			753
浙　江			993	149	780	34			201
福　建			51		286	195			44
山　东		7		8	82 618	59 463	3 706		1 352
广　东					5 449	20	710	2 418	50
广　西					3 463	16		2 880	44
海　南	529				160			110	

各地区海水养殖面积(按水域和养殖方式分)(一)

单位:公顷

地 区	海水养殖面积	养 殖 水 域			养殖方式中	
		1. 海上	2. 滩涂	3. 其他	池塘	普通网箱(m^2)
全国总计	**2 080 880**	**1 142 939**	**652 715**	**285 226**	**413 838**	**17 222 380**
天 津	3 982			3 982	3 982	
河 北	123 810	77 046	33 881	12 883	28 072	
辽 宁	763 101	547 225	139 019	76 857	74 605	574 192
上 海						
江 苏	192 426	41 971	114 621	35 834	45 768	
浙 江	93 905	17 377	44 744	31 784	27 936	1 502 526
福 建	137 636	60 729	55 208	21 699	22 789	9 252 076
山 东	500 946	321 044	154 534	25 368	112 453	1 276 516
广 东	199 258	59 079	81 106	59 073	68 584	3 119 595
广 西	51 287	15 594	20 468	15 225	19 421	184 680
海 南	14 529	2 874	9 134	2 521	10 228	1 312 795

各地区海水养殖面积(按水域和养殖方式分)(二)

单位:公顷

地 区	养 殖 方 式				
	深水网箱(m^3 水体)	筏式	吊笼	底播	工厂化(m^3 水体)
全国总计	**5 035 463**	**347 190**	**98 902**	**848 182**	**12 612 010**
天 津					289 700
河 北		63 444		8 311	869 073
辽 宁	1 140 000	95 877	2 532	463 908	1 661 234
上 海					
江 苏	2 650	48 979		96 654	378 478
浙 江	710 749	9 617	164	21 560	136 420
福 建	357 717	28 010	3 622	14 439	3 558 472
山 东	2 418 488	82 161	85 047	191 666	5 017 628
广 东	239 207	12 676	7 103	40 033	326 673
广 西	96 363	6 426	151	10 883	
海 南	70 289		283	728	374 332

各地区淡水养殖面积(按水域和养殖方式分)(一)

单位:公顷

地　区	淡水养殖面积	水　域			
		1. 池塘	2. 湖泊	3. 水库	4. 河沟
全国总计	**5 564 343**	**2 377 001**	**1 007 103**	**1 795 579**	**264 126**
北　京	5 003	4 526	140	260	
天　津	37 565	30 997		5 705	470
河　北	74 955	26 995	4 142	41 449	1 719
山　西	14 840	1 825	2 140	10 584	96
内蒙古	108 555	15 590	41 082	47 441	4 442
辽　宁	198 066	52 370		103 363	2 709
吉　林	273 840	27 477	88 383	157 974	2
黑龙江	308 789	86 947	96 303	101 246	17 689
上　海	25 250	22 094	283		2 454
江　苏	557 656	356 493	94 087	23 144	65 903
浙　江	218 951	72 060	3 273	98 672	39 283
安　徽	528 688	186 077	202 803	83 214	44 004
福　建	93 833	34 355	800	51 630	4 913
江　西	425 462	148 619	103 703	154 188	14 824
山　东	256 727	120 912	19 656	106 736	7 016
河　南	209 830	80 097	2 460	119 299	7 701
湖　北	656 717	340 392	196 168	110 772	5 713
湖　南	393 981	186 770	89 980	115 235	733
广　东	364 153	272 038	2 427	77 509	2 339
广　西	170 382	76 250		85 360	6 540
海　南	39 678	22 749	295	16 432	1
重　庆	76 390	41 760		26 552	7 489
四　川	183 226	97 966	4 078	65 568	15 539
贵　州	29 855	2 996	125	25 358	1 124
云　南	107 791	33 715	14 046	58 668	1 303
西　藏	40	40			
陕　西	39 838	9 543	7 466	19 914	1 640
甘　肃	12 585	1 078	35	11 349	3
青　海	37 982	1 420	4 500	32 062	
宁　夏	40 426	14 030	24 238	1 073	1 085
新　疆	73 289	8 820	4 490	44 822	7 392

各地区淡水养殖面积(按水域和养殖方式分)(二)

单位:公顷

地区	水域		养殖方式		
	5. 其他	6. 稻田	围栏 (m^2)	网箱 (m^2)	工厂化 (m^3 水体)
全国总计	**120 534**	**1 326 113**	**2 512 541 715**	**143 467 336**	**25 937 210**
北京	77				
天津	393				222 240
河北	650	6 581	7 942 068	4 293 651	299 209
山西	195		50 025	58 240	11 290
内蒙古		2 401	7 233 800	15 499	11 779
辽宁	39 624	101 276	3 465 000	639 580	686 606
吉林	4		171 880	34 636	1 300 640
黑龙江	6 604	24 974		62 223	
上海	419	1 840			16 600
江苏	18 029	163 899	155 712 807	9 982 442	3 292 004
浙江	5 663	84 502	3 942 983	12 353 324	4 733 418
安徽	12 590	51 342	1 258 888 816	17 962 358	268 103
福建	2 135	19 318	103 996	1 237 134	8 067 102
江西	4 128	66 498	194 307 547	10 097 067	2 406 366
山东	2 407	208	57 142 805	31 967 509	3 377 443
河南	273	820	73 409 700	2 407 850	143 673
湖北	3 672	163 432	560 870 000	36 782 000	214 000
湖南	1 263		111 666 847	6 695 404	1 140
广东	9 840	5 527	529 648	281 467	4 402
广西	2 232	45 547	57 651 121	5 232 959	
海南	201		444 350	27 940	575 000
重庆	589	41 524	4 512 897	67 192	2 910
四川	75	314 413		1 057 404	13 000
贵州	252	116 093	1 133 129	1 218 153	9 621
云南	59	111 966	2 666 768	658 410	212 824
西藏					
陕西	1 275	365	10 675 528	299 790	1 002
甘肃	120	1		200	
青海				33 463	
宁夏		3 586	20 000		2 700
新疆	7 765			1 441	64 138

全国水产苗种数量

指　　标	计量单位	2010 年	2009 年	2010 年比 2009 年增减(±)	
				绝对量	幅度(%)
淡水鱼苗产量	**亿尾**	**3 607**	**9 816**	**-6 209**	**-63.26**
其中:罗非鱼	亿尾	216	308	-91	-29.68
淡水鱼种产量	吨	3 086 327	2 973 360	112 967	3.80
投放鱼种产量	吨	3 399 979	3 200 911	199 068	6.22
河蟹育苗量	千克	648 250	787 521	-139 271	-17.68
扣蟹	千克	35 357 492	42 625 849	-7 268 357	-17.05
稚鳖数量	万只	48 257	51 144	-2 887	-5.64
稚龟数量	万只	5 878	5 480	398	7.26
鳗苗捕捞量	千克	26 134	24 559	1 575	6.41
海水鱼苗产量	**万尾**	**445 016**	**387 441**	**57 575**	**14.86**
其中:大黄鱼	万尾	231 508	211 951	19 557	9.23
鲆鱼	万尾	32 785	30 373	2 412	7.94
虾类育苗量	亿尾	5 650	6 597	-946	-14.34
其中:南美白对虾	亿尾	4 635	4 484	151	3.37
贝类育苗量	万粒	119 844 654	123 551 127	-3 706 473	-3.00
其中:鲍鱼育苗量	万粒	500 529	347 595	152 934	44.00
海带育苗量	亿株	303	262	41	15.72
紫菜育苗量	亿贝壳	26	14	13	93.02
海参	亿头	553	518	34	6.63

各地区水产苗种数量(一)

地区	淡水鱼苗（亿尾）	罗非鱼（亿尾）	淡水鱼种（吨）	投放鱼种（吨）	河蟹育苗（千克）	扣蟹（千克）
全国总计	**3 606.63**	**216.29**	**3 086 327**	**3 399 979**	**648 250**	**35 357 492**
北　京	6.96	0.01	12 782	10 582		
天　津	23.85	0.03	15 777	24 406		112 420
河　北	26.50	0.41	21 258	34 943	10 260	9 271
山　西	2.78		3 115	4 239		
内蒙古	7.77	0.21	10 588	11 567		
辽　宁	96.00	5.00	84 941	81 639	61 950	15 289 719
吉　林	7.80		11 670	14 534		
黑龙江	9.11		43 074	36 947		
上　海	21.61		9 504	21 979	67 120	2 471 000
江　苏	418.29		307 881	405 846	496 096	8 861 670
浙　江	133.47	0.84	49 676	92 168	4 930	91 722
安　徽	330.26	0.79	257 776	298 057	166	5 584 834
福　建	25.65	7.67	14 687	27 446		6
江　西	261.58	2.46	221 042	309 017		313 872
山　东	69.00	2.00	116 347	145 525	6 361	343 902
河　南	61.48	0.14	106 744	108 436		82 005
湖　北	750.00	7.00	820 315	807 388		2 169 733
湖　南	288.32	0.16	334 449	306 527		17 260
广　东	393.69	120.76	266 531	210 138		
广　西	241.96	10.37	94 378	109 553	1 367	
海　南	63.49	50.06	7 091	8 471		
重　庆	42.69		46 494	50 834		
四　川	159.31	1.20	134 547	171 787		
贵　州	67.72	0.08	7 745	11 361		237
云　南	63.96	6.78	42 031	43 733		1 755
西　藏	0.04		19			
陕　西	9.10	0.27	7 643	13 874		
甘　肃	1.48	0.01	1 976	2 058		2 160
青　海	0.20			100		5 926
宁　夏	6.95		21 418	23 142		
新　疆	15.61	0.04	14 828	13 682		

各地区水产苗种数量(二)

地　区	稚鳖（万只）	稚龟（万只）	鳗苗捕捞（千克）	海水鱼苗（万尾）	大黄鱼(万尾)	鲆鱼(万尾)
全国总计	**48 257.27**	**5 878.18**	**26 134**	**445 016.06**	**231 508.00**	**32 785.00**
北　京	4.00					
天　津	269.00			787.00		280.00
河　北	1 570.00	1.00		3 548.00		2 192.00
山　西	51.20					
内蒙古						
辽　宁	2.00			2 254.00		1 510.00
吉　林						
黑龙江						
上　海	63.00	42.00	1 172			
江　苏	5 241.00	1 326.00	13 975	3 200.00		100.00
浙　江	15 643.00	1 488.00	3 188	7 204.00	3 847.00	
安　徽	2 059.67	306.59				
福　建	145.00	40.00	6 647	294 434.00	227 376.00	583.00
江　西	2 784.65	362.00				
山　东	1 004.00	2.00		31 986.00		27 708.00
河　南	456.37	16.30				
湖　北	4 932.00	841.00				
湖　南	3 774.90	679.81				
广　东	5 660.00	458.00	1 152	86 065.00	285.00	412.00
广　西	4 363.31	304.65		5.92		
海　南	101.00	0.40		15 532.14		
重　庆	13.54	0.06				
四　川	101.98	8.57				
贵　州						
云　南	0.20					
西　藏						
陕　西	16.20	1.80				
甘　肃	1.25					
青　海						
宁　夏						
新　疆						

各地区水产苗种数量(三)

地区	虾类育苗（亿尾）	南美白对虾（亿尾）	贝类育苗（万粒）	鲍鱼（万粒）	海带（亿株）	紫菜（亿贝壳）	海参（亿头）
全国总计	**5 650.43**	**4 634.78**	**119 844 654**	**500 529**	**303.02**	**26.27**	**552.60**
北京							
天津	131.70	121.50	200				
河北	398.60	346.90	200 000				3.60
山西	1.50	1.50					
内蒙古							
辽宁	55.00	24.00	6 916 839	19 459	10.00		227.00
吉林							
黑龙江							
上海	33.80	10.24					
江苏	130.43	94.90	210 000			1.67	
浙江	410.60	262.65	13 340 600		2.52	16.70	
安徽	151.96	0.98	101 731				
福建	2 976.19	2 890.37	85 379 624	262 590	188.50	7.89	
江西	4.30		5 772				
山东	239.00	148.00	12 951 499	131 940	101.00	0.01	322.00
河南	5.37						
湖北	227.00		77 166				
湖南							
广东	187.82	157.64	608 764	80 482	1.00		
广西	214.59	207.64	26 462	222			
海南	482.40	368.40	25 997	5 836			
重庆							
四川	0.04						
贵州							
云南	0.13	0.06					
西藏							
陕西							
甘肃							
青海							
宁夏							
新疆							

全国渔船年末拥有量

指　　标		2010 年			2009 年			2010 年比 2009 年增减（±）		
		艘	总吨	千瓦	艘	总吨	千瓦	艘	总吨	千瓦
渔船合计		**1 065 645**	**9 408 197**	**20 742 025**	**1 042 395**	**9 181 446**	**20 567 968**	**23 250**	**226 751**	**174 057**
机动渔船合计		675 170	8 801 975	20 742 025	672 633	8 595 260	20 567 968	2 537	206 715	174 057
1. 生产渔船		640 396	7 945 485	18 948 196	637 298	7 806 653	18 860 336	3 098	138 832	87 860
(1)捕捞渔船		430 991	7 055 809	16 514 271	430 835	6 866 099	16 440 831	156	189 710	73 440
441 千瓦及以上		1 560	549 038	948 369	1 570	458 991	895 932	-10	90 047	52 437
44.1～441 千瓦		65 728	4 782 227	10 133 915	68 538	4 699 935	10 068 379	-2 810	82 292	65 536
44.1 千瓦及以下		363 703	1 724 544	5 431 987	360 727	1 707 173	5 476 520	2 976	17 371	-44 533
(2)养殖渔船		209 405	889 676	2 433 925	206 463	940 554	2 419 505	2 942	-50 878	14 420
2. 辅助渔船		34 774	856 490	1 793 829	35 335	788 607	1 707 632	-561	67 883	86 197
(1)捕捞辅助船		22 881	696 036	1 296 525	22 791	634 354	1 189 403	90	61 682	107 122
(2)渔业执法船		2 089	54 076	320 816	2 165	55 453	315 962	-76	-1 377	4 854
机动渔船按船长分	24 米(含)以上	33 618	4 074 509	7 820 537	32 346	3 838 741	7 562 393	1 272	235 768	258 144
	12(含)～24 米	103 245	2 568 717	5 662 536	103 791	2 577 367	5 825 409	-546	-8 650	-162 873
	12 米以下	538 307	2 158 749	7 258 952	536 496	2 179 152	7 180 166	1 811	-20 403	78 786
非机动渔船合计		390 475	606 222		369 762	586 186		20 713	20 036	

各地区机动渔船年末拥有量

地　区	2010 年			2009 年			2010 年比 2009 年增减（±）		
	艘	总吨	千瓦	艘	总吨	千瓦	艘	总吨	千瓦
全国总计	**675 170**	**8 801 975**	**20 742 025**	**672 633**	**8 595 260**	**20 567 968**	**2 537**	**206 715**	**174 057**
北　京	25	3 921	6 045	30	3 921	6 327	-5		-282
天　津	2 468	29 411	72 176	2 645	28 165	83 076	-177	1 246	-10 900
河　北	13 127	226 663	511 558	13 817	263 462	508 857	-690	-36 799	2 701
山　西	233	515	3 558	139	394	2 617	94	121	941
内蒙古	1 326	2 647	17 991	1 175	2 604	16 416	151	43	1 575
辽　宁	45 072	765 557	1 596 003	44 302	744 621	1 565 360	770	20 936	30 643
吉　林	4 029	6 659	42 588	4 070	5 782	40 776	-41	877	1 812
黑龙江	11 621	17 046	106 496	11 620	15 713	106 716	1	1 333	-220
上　海	1 788	117 504	187 415	1 869	116 728	186 001	-81	776	1 414
江　苏	131 608	980 683	2 928 963	131 104	968 877	2 923 031	504	11 806	5 932
浙　江	50 503	2 311 109	4 297 613	51 773	2 346 712	4 401 298	-1 270	-35 603	-103 685
安　徽	30 941	320 443	419 254	30 297	325 897	416 663	644	-5 454	2 591
福　建	64 058	857 126	2 294 735	64 895	828 096	2 294 779	-837	29 030	-44
江　西	30 599	161 249	342 380	30 960	157 468	333 572	-361	3 781	8 808
山　东	75 252	1 045 341	2 298 903	70 358	927 259	2 135 002	4 894	118 082	163 901
河　南	4 909	22 728	82 199	4 972	21 073	78 197	-63	1 655	4 002
湖　北	50 587	114 145	417 952	50 582	114 097	417 717	5	48	235
湖　南	13 149	32 206	89 868	13 144	32 167	89 800	5	39	68
广　东	68 883	814 596	2 406 718	70 320	807 263	2 396 068	-1 437	7 333	10 650
广　西	27 742	359 029	973 802	28 921	317 013	978 417	-1 179	42 016	-4 615
海　南	26 518	411 142	1 156 486	25 762	399 731	1 107 434	756	11 411	49 052
重　庆	5 752	12 749	46 448	5 617	13 364	43 514	135	-615	2 934
四　川	7 340	10 047	67 020	7 396	10 192	66 818	-56	-145	202
贵　州	3 929	8 661	59 149	3 469	8 134	57 718	460	527	1 431
云　南	1 208	3 375	24 083	1 258	3 379	30 807	-50	-4	-6 724
西　藏	7	11	62	23	19	227	-16	-8	-165
陕　西	943	2 186	10 805	770	1 921	6 727	173	265	4 078
甘　肃	12	51	481	8	23	85	4	28	396
青　海	172	693	3 755	170	524	5 945	2	169	-2 190
宁　夏	14	78	1 320	12	64	1 134	2	14	186
新　疆	1 007	3 128	16 503	827	2 871	13 795	180	257	2 708
中农发集团	348	161 276	259 696	328	127 726	253 074	20	33 550	6 622

四、加工与贸易

全国水产加工情况

指标	计量单位	2010 年	2009 年	2010 年比 2009 年增减(±)	
				绝对量	幅度(%)
1. 水产加工企业	个	9 762	9 635	127	1.32
水产品加工能力	吨/年	23 884 991	22 091 650	1 793 341	8.12
其中:规模以上加工企业	个	2 599	2 558	41	1.60
2. 水产冷库	座	7 970	7 548	422	5.59
冻结能力	吨/日	490 960	499 686	-8 726	-1.75
冷藏能力	吨/次	4 081 949	3 603 577	478 372	13.27
制冰能力	吨/日	246 847	212 662	34 185	16.07
3. 水产加工品总量	吨	16 332 475	14 773 334	1 559 141	10.55
淡水加工产品	吨	2 822 823	2 279 306	543 517	23.85
海水加工产品	吨	13 509 652	12 494 028	1 015 624	8.13
(1)水产冷冻品	吨	10 048 886	9 411 169	637 717	6.78
其中:冷冻品	吨	5 529 952	4 896 807	633 145	12.93
冷冻加工品	吨	4 518 934	4 514 362	4 572	0.10
(2)鱼糜制品及干腌制品	吨	2 426 975	2 235 389	191 586	8.57
其中:鱼糜制品	吨	962 006	847 929	114 077	13.45
干腌制品	吨	1 464 969	1 387 460	77 509	5.59
(3)藻类加工品	吨	945 864	904 623	41 241	4.56
(4)罐制品	吨	243 109	220 823	22 286	10.09
(5)水产饲料(鱼粉)	吨	1 492 896	1 364 600	128 296	9.40
(6)鱼油制品	吨	38 840	24 724	14 116	57.09
(7)其他水产加工品	吨	1 135 905	612 006	523 899	85.60
其中:助剂和添加剂	吨	80 072	70 722	9 350	13.22
珍珠	千克	544 346	700 363	-156 017	-22.28
4. 用于加工的水产品总量	吨	17 783 457	18 221 834	-438 377	-2.41
其中:淡水产品	吨	4 273 275	3 936 376	336 899	8.56
海水产品	吨	13 510 182	14 285 458	-775 276	-5.43
5. 部分水产品年加工量	吨	1 417 444	1 362 740	54 704	4.01
其中:对虾	吨	462 523	430 321	32 202	7.48
克氏原螯虾	吨	168 145	150 747	17 398	11.54
罗非鱼	吨	594 200	591 870	2 330	0.39
鳗鱼	吨	112 373	113 723	-1 350	-1.19
斑点叉尾鮰	吨	80 203	76 079	4 124	5.42

各地区水产加工品总量

单位:吨

指 标	2010 年		2009 年		2010 年比 2009 年增减(±)			
					绝对量		幅度(%)	
	水产加工品总量	其中:淡水加工产品	水产加工品总量	其中:淡水加工产品	水产加工品总量	其中:淡水加工产品	水产加工品总量	其中:淡水加工产品
全国总计	**16 332 475**	**2 822 823**	**14 773 334**	**2 279 306**	**1 559 141**	**543 517**	**10.55**	**23.85**
北 京	3 790	1 290	2 907	783	883	507	30.37	64.75
天 津	616	616	1 503	613	-887	3	-59.02	0.49
河 北	139 271	12 300	139 002	13 165	269	-865	0.19	-6.57
山 西								
内蒙古	8 114	8 114	5 531	5 531	2 583	2 583	46.70	46.70
辽 宁	2 007 041	32 646	1 860 367	27 772	146 674	4 874	7.88	17.55
吉 林	10 385	10 385	10 208	10 208	177	177	1.73	1.73
黑龙江	2 025	2 025	6 614	6 614	-4 589	-4 589	-69.38	-69.38
上 海	12 373	9 681	154 167	8 533	-141 794	1 148	-91.97	13.45
江 苏	1 069 306	561 274	777 752	269 502	291 554	291 772	37.49	108.26
浙 江	2 124 413	129 748	2 009 115	127 448	115 298	2 300	5.74	1.80
安 徽	93 411	93 411	94 492	94 492	-1 081	-1 081	-1.14	-1.14
福 建	2 432 677	138 245	2 133 931	156 912	298 746	-18 667	14.00	-11.90
江 西	252 906	252 906	211 190	211 190	41 716	41 716	19.75	19.75
山 东	4 885 897	153 414	4 366 389	114 178	519 508	39 236	11.90	34.36
河 南	16 060	16 060	17 319	17 319	-1 259	-1 259	-7.27	-7.27
湖 北	674 116	674 116	525 690	525 690	148 426	148 426	28.23	28.23
湖 南	64 484	64 484	60 814	60 814	3 670	3 670	6.03	6.03
广 东	1 442 633	396 370	1 417 646	390 274	24 987	6 096	1.76	1.56
广 西	583 839	112 453	486 942	95 128	96 897	17 325	19.90	18.21
海 南	475 119	119 286	464 117	115 502	11 002	3 784	2.37	3.28
重 庆	107	107	193	193	-86	-86	-44.56	-44.56
四 川	2 178	2 178	2 614	2 614	-436	-436	-16.68	-16.68
贵 州	3 386	3 386	1 641	1 641	1 745	1 745	106.34	106.34
云 南	23 813	23 813	14 115	14 115	9 698	9 698	68.71	68.71
西 藏								
陕 西	2 640	2 640	6 280	6 280	-3 640	-3 640	-57.96	-57.96
甘 肃	50	50			50	50		
青 海			1 000	1 000	-1 000	-1 000	-100.00	-100.00
宁 夏								
新 疆	1 825	1 825	1 795	1 795	30	30	1.67	1.67

各地区水产加工品总量(按品种分)(一)

单位:吨

地 区	水产加工品总量	淡水加工产品	海水加工产品	1. 水产冷冻品	冷冻品	冷冻加工品
全国总计	**16 332 475**	**2 822 823**	**13 509 652**	**10 048 886**	**5 529 952**	**4 518 934**
北 京	3 790	1 290	2 500	3 606	302	3 304
天 津	616	616		500	500	
河 北	139 271	12 300	126 971	57 600	19 347	38 253
山 西						
内蒙古	8 114	8 114		6 338	5 788	550
辽 宁	2 007 041	32 646	1 974 395	1 314 795	607 660	707 135
吉 林	10 385	10 385		820	80	740
黑龙江	2 025	2 025		1 255	1 255	
上 海	12 373	9 681	2 692	9 726	4 245	5 481
江 苏	1 069 306	561 274	508 032	523 019	338 394	184 625
浙 江	2 124 413	129 748	1 994 665	1 624 619	1 185 631	438 988
安 徽	93 411	93 411		66 657	35 400	31 257
福 建	2 432 677	138 245	2 294 432	1 183 227	754 225	429 002
江 西	252 906	252 906		96 550	60 197	36 353
山 东	4 885 897	153 414	4 732 483	2 918 145	1 650 040	1 268 105
河 南	16 060	16 060		12 401	6 320	6 081
湖 北	674 116	674 116		288 908	94 738	194 170
湖 南	64 484	64 484		25 757	19 897	5 860
广 东	1 442 633	396 370	1 046 263	976 351	324 968	651 383
广 西	583 839	112 453	471 386	504 349	103 320	401 029
海 南	475 119	119 286	355 833	404 975	290 355	114 620
重 庆	107	107				
四 川	2 178	2 178		1 955	197	1 758
贵 州	3 386	3 386		2 411	2 411	
云 南	23 813	23 813		22 764	22 764	
西 藏						
陕 西	2 640	2 640		640	640	
甘 肃	50	50		50	50	
青 海						
宁 夏						
新 疆	1 825	1 825		1 468	1 228	240

各地区水产加工品总量(按品种分)(二)

单位:吨

地 区	2. 鱼糜制品及干腌制品	鱼糜制品	干腌制品	3. 藻类加工品	4. 罐制品	5. 水产饲料(鱼粉)
全国总计	**2 426 975**	**962 006**	**1 464 969**	**945 864**	**243 109**	**1 492 896**
北 京						160
天 津						
河 北	15 328	470	14 858		6 168	58 055
山 西						
内蒙古	88		88	1 238	450	
辽 宁	168 503	53 184	115 319	298 569	18 652	67 252
吉 林	9 545	105	9 440			
黑龙江	770		770			
上 海						
江 苏	47 743	19 007	28 736	16 074	9 571	464 500
浙 江	278 110	114 827	163 283	15 847	28 116	148 544
安 徽	16 094	6 248	9 846		2 450	8 080
福 建	466 735	252 743	213 992	334 261	39 766	274 988
江 西	125 359	39 989	85 370	1 491	4 105	17 349
山 东	652 979	240 500	412 479	266 121	37 192	317 944
河 南	886	63	823	240	233	200
湖 北	353 249	124 156	229 093		30 897	
湖 南	34 343	6 347	27 996		1 612	2 486
广 东	200 124	90 474	109 650	2 962	63 158	114 491
广 西	28 715	12 949	15 766		163	2 327
海 南	26 745	934	25 811	8 585		14 520
重 庆	107		107			
四 川	223		223			
贵 州	975	10	965			
云 南	47		47	476	526	
西 藏						
陕 西						2 000
甘 肃						
青 海						
宁 夏						
新 疆	307		307		50	

各地区水产加工品总量(按品种分)(三)

单位:吨

地 区	6. 鱼油制品	7. 其他水产加工品	助剂和添加剂	珍珠(千克)
全国总计	**38 840**	**1 135 905**	**80 072**	**544 346**
北 京		24	24	
天 津		116		
河 北	35	2 085		
山 西				
内蒙古				
辽 宁	1 960	137 310	2 105	
吉 林	20			
黑龙江				
上 海		2 647		
江 苏		8 399	155	58 600
浙 江	974	28 203	8 336	875
安 徽		130	30	15 020
福 建	17 065	116 635	4 150	
江 西	400	7 652	529	380 500
山 东	16 801	676 715	59 911	3 500
河 南		2 100		
湖 北		1 062	105	6 800
湖 南		286		73 546
广 东	625	84 922	230	5 505
广 西	960	47 325	4 497	
海 南		20 294		
重 庆				
四 川				
贵 州				
云 南				
西 藏				
陕 西				
甘 肃				
青 海				
宁 夏				
新 疆				

各地区用于加工的水产品量

单位:吨

地区	用于加工的水产品量	淡水产品	海水产品
全国总计	**17 783 457**	**4 273 275**	**13 510 182**
北京	4 479	1 538	2 941
天津	616	616	
河北	456 145	15 079	441 066
山西			
内蒙古	8 697	8 697	
辽宁	2 362 686	39 090	2 323 596
吉林	45 067	45 067	
黑龙江	2 795	2 795	
上海	13 023	10 424	2 599
江苏	1 159 031	601 882	557 149
浙江	2 531 714	164 697	2 367 017
安徽	144 037	144 037	
福建	2 623 129	218 930	2 404 199
江西	436 903	436 903	
山东	3 159 751	76 192	3 083 559
河南	38 311	38 311	
湖北	1 119 640	1 119 640	
湖南	106 573	106 573	
广东	2 140 646	656 098	1 484 548
广西	625 080	139 879	485 201
海南	753 912	395 605	358 307
重庆	330	330	
四川	5 870	5 870	
贵州	3 876	3 876	
云南	35 731	35 731	
西藏			
陕西	3 020	3 020	
甘肃	50	50	
青海			
宁夏			
新疆	2 345	2 345	

各地区水产加工企业、冷库基本情况

地区	水产加工企业			水产冷库			
	小计（个）	水产加工能力（吨/年）	其中：规模以上加工企业（个）	数量（座）	冻结能力（吨/日）	冷藏能力（吨/次）	制冰能力（吨/日）
全国总计	**9 762**	**23 884 991**	**2 599**	**7 970**	**490 960**	**4 081 949**	**246 847**
北京	5	7 685	1	211	71	24 232	116
天津	5	1 965		20	232	200 945	40
河北	262	507 666	22	237	6 046	55 984	4 608
山西							
内蒙古	37	7 190	17	35	360	2 724	291
辽宁	1 017	2 618 929	353	817	65 684	637 610	18 797
吉林	19	24 757		19	125	1 185	2
黑龙江	30	4 700		20	320	2 980	66
上海	20	50 456	4	31	1 022	11 820	376
江苏	983	1 195 323	279	995	23 500	139 239	17 454
浙江	2 198	2 369 597	369	1 396	33 008	796 835	29 255
安徽	105	147 445	53	295	9 121	21 027	618
福建	1 156	2 769 183	399	728	14 209	352 081	16 253
江西	124	158 467	38	136	1 894	20 328	909
山东	1 942	7 128 287	665	1 816	237 972	1 330 614	110 856
河南	41	43 135	4	59	761	7 185	155
湖北	216	1 151 760	124	261	54 771	64 704	16 393
湖南	97	69 020	40	89	5 710	40 194	1 824
广东	1 174	4 231 133	135	540	17 498	261 579	15 272
广西	218	941 917	51	48	2 136	69 538	2 804
海南	42	372 621	30	131	3 860	31 167	10 664
重庆	3	380	1	7	12 025	5 010	26
四川	7	28 840	3	5	90	460	13
贵州	17	5 146		12	24	218	19
云南	33	43 439	7	19	213	1 751	33
西藏							
陕西	3	2 800	1	5	35	36	3
甘肃	1	200				2	
青海							
宁夏							
新疆	7	2 950	3	38	273	2 501	

各地区水产品进出口贸易情况

单位:万美元,吨

地 区	2010 年进出口		2009 年进出口		2010 年比 2009 年增减(±)			
					绝对量		幅度(%)	
	金额	数量	金额	数量	金额	数量	金额	数量
全国总计	**2 036 390.32**	**7 160 638**	**1 605 991.05**	**6 705 449**	**430 399.27**	**455 189**	**26.80**	**6.79**
北 京	25 907.91	140 517	14 382.61	97 241	11 525.29	43 276	80.13	44.50
天 津	21 905.19	118 607	21 506.81	144 289	398.38	-25 682	1.85	-17.80
河 北	15 724.09	29 489	10 737.29	26 308	4 986.80	3 181	46.44	12.09
山 西	0.86	30	0.74	5	0.12	25	15.94	503.77
内蒙古	49.17	282	32.81	105	16.36	177	49.87	168.34
辽 宁	306 594.20	1 363 011	265 653.85	1 238 279	40 940.34	124 733	15.41	10.07
吉 林	13 904.44	74 015	13 801.39	91 758	103.04	-17 743	0.75	-19.34
黑龙江	220.42	1 054	294.79	539	-74.37	515	-25.23	95.64
上 海	60 089.79	187 935	38 392.74	149 439	21 697.05	38 496	56.51	25.76
江 苏	34 204.05	94 662	30 517.18	96 597	3 686.87	-1 935	12.08	-2.00
浙 江	179 180.55	567 026	143 162.06	558 623	36 018.48	8 403	25.16	1.50
安 徽	5 966.75	26 889	5 073.94	38 557	892.82	-11 669	17.60	-30.26
福 建	300 480.70	826 265	198 448.55	837 222	102 032.15	-10 957	51.41	-1.31
江 西	18 781.71	12 551	13 480.66	15 576	5 301.05	-3 025	39.32	-19.42
山 东	636 113.80	2 356 996	529 606.09	2 077 040	106 507.71	279 956	20.11	13.48
河 南	1 031.20	1 501	680.36	1 073	350.84	428	51.57	39.88
湖 北	14 811.96	25 557	12 862.55	24 039	1 949.41	1 518	15.16	6.31
湖 南	1 542.98	3 387	2 204.30	11 655	-661.32	-8 268	-30.00	-70.94
广 东	299 003.24	922 369	237 839.37	992 972	61 163.87	-70 603	25.72	-7.11
广 西	25 628.68	79 514	16 128.05	56 673	9 500.62	22 841	58.91	40.30
海 南	42 366.02	120 373	37 694.89	116 045	4 671.13	4 328	12.39	3.73
重 庆	1 274.74	10 522	548.62	6 457	726.12	4 065	132.35	62.95
四 川	3 248.30	20 084	4 144.28	41 954	-895.98	-21 869	-21.62	-52.13
贵 州	0.58	4			0.58	4		
云 南	27 593.06	175 828	7 982.33	77 910	19 610.73	97 918	245.68	125.68
西 藏			3.13	13	-3.13	-13	-100.00	-100.00
陕 西	391.47	559	471.31	3 668	-79.85	-3 108	-16.94	-84.76
甘 肃	22.87	140			22.87	140		
青 海	18.90	18	66.65	107	-47.75	-89	-71.64	-83.33
宁 夏	51.25	319	30.86	206	20.40	113	66.11	54.90
新 疆	281.44	1 133	242.84	1 098	38.60	35	15.90	3.20

各地区水产品出口贸易情况

单位：万美元，吨

地　区	2010 年出口		2009 年出口		2010 年比 2009 年增减（±）			
					绝对量		幅度（%）	
	金额	数量	金额	数量	金额	数量	金额	数量
全国总计	**1 382 765.70**	**3 338 837**	**1 079 543.17**	**2 965 139**	**303 222.52**	**373 698**	**28.09**	**12.60**
北　京	464.47	756	257.85	337	206.62	419	80.13	124.54
天　津	3 349.69	5 841	3 653.00	5 968	-303.31	-127	-8.30	-2.12
河　北	14 569.21	26 597	10 412.30	25 523	4 156.91	1 074	39.92	4.21
山　西	0.04		0.74	5	-0.70	-5	-94.08	-100.00
内蒙古			13.30	14	-13.30	-14	-100.00	-100.00
辽　宁	188 537.50	572 473	158 592.28	515 497	29 945.22	56 976	18.88	11.05
吉　林	6 889.73	9 950	5 010.92	10 317	1 878.81	-367	37.49	-3.56
黑龙江	62.99	392	60.91	243	2.08	150	3.42	61.69
上　海	9 028.77	11 425	9 235.69	13 720	-206.91	-2 295	-2.24	-16.73
江　苏	27 111.26	57 731	23 932.45	54 028	3 178.81	3 703	13.28	6.85
浙　江	159 169.35	442 131	127 576.13	419 027	31 593.21	23 103	24.76	5.51
安　徽	2 762.78	4 536	1 755.67	3 218	1 007.12	1 318	57.36	40.97
福　建	253 752.38	515 420	152 838.69	399 088	100 913.70	116 332	66.03	29.15
江　西	18 265.56	10 982	12 894.11	10 741	5 371.45	241	41.66	2.25
山　东	398 760.79	1 017 691	337 418.66	923 045	61 342.13	94 646	18.18	10.25
河　南	1 013.87	1 451	668.36	912	345.51	539	51.70	59.15
湖　北	14 510.23	23 759	12 743.25	23 122	1 766.98	636	13.87	2.75
湖　南	1 390.27	2 569	1 383.98	2 910	6.29	-342	0.45	-11.74
广　东	217 842.16	448 061	169 507.04	396 405	48 335.12	51 656	28.52	13.03
广　西	24 263.66	69 340	15 226.09	48 165	9 037.57	21 174	59.36	43.96
海　南	40 280.51	115 433	35 998.08	111 695	4 282.43	3 738	11.90	3.35
重　庆	0.57		1.13	1	-0.56		-49.89	-54.24
四　川	124.82	314	77.69	267	47.13	47	60.66	17.72
贵　州								
云　南	461.54	1 538	176.28	687	285.26	852	161.83	124.07
西　藏								
陕　西	5.14	3	0.13		5.01	3	4 009.84	2 703.00
甘　肃								
青　海	18.42	17	65.79	68	-47.37	-51	-72.00	-74.45
宁　夏	0.09				0.09			
新　疆	129.88	428	42.66	138	87.22	290	204.43	209.35

各地区水产品进口贸易情况

单位:万美元,吨

地区	2010年进口		2009年进口		2010年比2009年增减(±)			
					绝对量		幅度(%)	
	金额	数量	金额	数量	金额	数量	金额	数量
全国总计	**653 624.63**	**3 821 801**	**526 447.88**	**3 740 310**	**127 176.75**	**81 491**	**24.16**	**2.18**
北京	25 443.44	139 761	14 124.76	96 904	11 318.68	42 856	80.13	44.23
天津	18 555.50	112 766	17 853.81	138 321	701.69	-25 555	3.93	-18.48
河北	1 154.88	2 892	324.99	785	829.89	2 106	255.36	268.21
山西	0.82	30			0.82	30		
内蒙古	49.17	282	19.51	91	29.66	191	152.06	209.55
辽宁	118 056.70	790 538	107 061.57	722 781	10 995.13	67 757	10.27	9.37
吉林	7 014.71	64 065	8 790.47	81 442	-1 775.77	-17 377	-20.20	-21.34
黑龙江	157.43	661	233.88	296	-76.46	365	-32.69	123.47
上海	51 061.02	176 511	29 157.05	135 719	21 903.97	40 792	75.12	30.06
江苏	7 092.79	36 931	6 584.73	42 570	508.06	-5 638	7.72	-13.24
浙江	20 011.20	124 896	15 585.93	139 596	4 425.27	-14 700	28.39	-10.53
安徽	3 203.97	22 353	3 318.27	35 340	-114.30	-12 987	-3.44	-36.75
福建	46 728.32	310 845	45 609.87	438 134	1 118.45	-127 289	2.45	-29.05
江西	516.15	1 569	586.55	4 836	-70.40	-3 266	-12.00	-67.55
山东	237 353.01	1 339 305	192 187.42	1 153 995	45 165.59	185 310	23.50	16.06
河南	17.33	50	11.99	162	5.33	-111	44.46	-68.83
湖北	301.73	1 798	119.30	916	182.43	882	152.91	96.25
湖南	152.70	819	820.32	8 745	-667.61	-7 926	-81.38	-90.64
广东	81 161.08	474 308	68 332.32	596 567	12 828.75	-122 259	18.77	-20.49
广西	1 365.02	10 175	901.96	8 508	463.05	1 667	51.34	19.59
海南	2 085.51	4 940	1 696.81	4 351	388.70	589	22.91	13.55
重庆	1 274.18	10 522	547.49	6 457	726.68	4 065	132.73	62.96
四川	3 123.48	19 770	4 066.59	41 687	-943.11	-21 916	-23.19	-52.57
贵州	0.58	4			0.58	4		
云南	27 131.52	174 289	7 806.05	77 223	19 325.47	97 066	247.57	125.69
西藏			3.13	13	-3.13	-13	-100.00	-100.00
陕西	386.33	556	471.19	3 667	-84.86	-3 111	-18.01	-84.83
甘肃	22.87	140			22.87	140		
青海	0.48	1	0.86	39	-0.38	-39	-44.39	-98.70
宁夏	51.16	319	30.86	206	20.30	113	65.81	54.87
新疆	151.55	706	200.17	960	-48.62	-254	-24.29	-26.50

五、渔政管理

各地区渔政管理机构情况(按机构性质分)

单位:个

地 区	渔业执法机构	行政单位	参照《公务员法》管理单位	依照公务员制度管理单位	事业单位	其他性质单位
全国总计	**2 896**	**483**	**497**	**203**	**1 691**	**22**
部直属	5		5			
北 京	15	4	1		10	
天 津	14	2	5	6	1	
河 北	103	20	6	5	72	
山 西	68	34			34	
内蒙古	106	6	29	1	69	1
辽 宁	92	11	22	8	49	2
吉 林	62	1	4	4	52	1
黑龙江	109	24	24	31	30	
上 海	12		1		11	
江 苏	123	6	12	20	85	
浙 江	110	3	11	17	79	
安 徽	133	31	6	4	92	
福 建	85		61		24	
江 西	118	7	24		85	2
山 东	180	30	31	2	117	
河 南	178	72	4	6	96	
湖 北	118	9	18	6	85	
湖 南	130	2	40	33	54	1
广 东	102	78	10	6	8	
广 西	99	3	74		21	1
海 南	36	1	3	1	30	1
重 庆	40	2	19	2	17	
四 川	207	36	23	8	139	1
贵 州	99	10	5		83	1
云 南	157	19	10	6	122	
西 藏	8	8				
陕 西	101	12	8		78	3
甘 肃	80	10	11	6	53	
青 海	23	3	5	5	10	
宁 夏	22	17			4	1
新 疆	47	2	13	23	8	1
大 连	38	1	3		34	
青 岛	15	2	2		11	
宁 波	12		1	1	10	
厦 门	6	1	4		1	
深 圳	4	4				
新疆兵团	39	12	2	2	17	6

各地区渔政管理机构情况(按执法业务类型分)

单位:个

地区	渔政	渔监	船检	渔政渔监船检综合执法	渔政与农业执法单位合署	渔政与水产研究或推广单位合署	渔政与渔业生产单位合署
全国总计	**1 394**	**26**	**41**	**822**	**105**	**462**	**46**
部直属	1		1	3			
北京	14			1			
天津	11			3			
河北	51		1	18	15	18	
山西	57			6		5	
内蒙古	26		1	36	7	35	1
辽宁	53	8	5	1		24	1
吉林	3			46		13	
黑龙江	69		2	33		5	
上海	7			2	2	1	
江苏	44		1	64	1	11	2
浙江	35		13	47	7	7	1
安徽	45	1	3	56	1	27	
福建	52			20	2	10	1
江西	47	1		24	18	26	2
山东	128	1		35	2	13	1
河南	123	2		30		22	1
湖北	19			94	4	1	
湖南	98	1		21		8	2
广东	30			68	2	1	1
广西	31			46		18	4
海南	19		4	12	1		
重庆	4			25	5	6	
四川	125	1	1	45	9	24	2
贵州	32			22	1	44	
云南	44			24	10	66	13
西藏	8						
陕西	43			4	3	46	5
甘肃	50	1		3	4	21	1
青海	11			5	6		1
宁夏	18					3	1
新疆	42			2	1	2	
大连	9	9	8	10		2	
青岛	8	1		6			
宁波	3		1	6	2		
厦门	3			1	2		
深圳	1			3			
新疆兵团	30					3	6

各地区渔政管理人员情况

单位:人

地　区	现有人数合计	大学本科以上	大学本科	大学专科	大学专科以下	持渔业行政执法证人数
全国总计	**35 093**	**333**	**8 301**	**15 022**	**11 437**	**25 429**
部直属	865	40	278	251	296	517
北　京	152	6	75	55	16	147
天　津	215	2	81	72	60	133
河　北	995	7	263	447	278	928
山　西	400	2	81	175	142	204
内蒙古	1 180	5	290	537	348	746
辽　宁	1 605	31	414	759	401	1 349
吉　林	668	11	179	324	154	581
黑龙江	1 059	9	343	506	201	706
上　海	311	11	111	108	81	273
江　苏	2 280	18	545	955	762	1 674
浙　江	2 024	16	539	924	545	1 601
安　徽	1 344	8	247	588	501	850
福　建	1 052	2	272	355	423	785
江　西	1 024	16	213	416	379	838
山　东	2 667	14	760	1 070	823	2 161
河　南	1 662	11	287	729	635	972
湖　北	2 031	9	241	1 059	722	1 359
湖　南	1 250	9	190	575	476	832
广　东	2 096	23	525	762	786	1 551
广　西	893	1	186	413	293	733
海　南	745	4	101	221	419	415
重　庆	386	7	120	171	88	298
四　川	1 650	9	354	811	476	1 311
贵　州	586	2	110	345	129	446
云　南	1 288	7	268	613	400	1 077
西　藏	25	1	13	6	5	15
陕　西	1 628	4	220	540	864	905
甘　肃	678	10	191	281	196	319
青　海	212	3	70	91	48	199
宁　夏	172	4	81	73	14	118
新　疆	321	2	80	144	95	269
大　连	614	7	195	363	49	557
青　岛	281	2	126	74	79	130
宁　波	227	6	97	69	55	86
厦　门	209	5	65	54	85	200
深　圳	125	8	48	34	35	68
新疆生产建设兵团	173	1	42	52	78	76

六、科技与推广

全国渔业科技基本情况

1. 渔业科研机构个数	118	承担政府项目	370 619
2. 渔业科研机构从业人员(人)	7 081	地方政府资金	284 184
(1)科技活动人员	4 901	非政府资金小计	118 640
按职称分:高级职称	1 463	技术性收入	83 150
中级职称	1 582	(2)生产经营收入	86 666
初级职称及其他	1 856	(3)其他收入	89 088
按学历分:		**4. 科研机构固定资产情况**(千元)	
研究生	1 081	年末固定资产合计	1 923 466
大学	1 963	**5. 科技著述和专利申请情况**	
大专	1 033	发表科技论文(篇)	3 270
其他	824	国外发表	245
(2)生产经营活动人员	1 070	出版科技著作(种)	76
(3)其他人员	1 110	专利受理数(件)	394
3. 本年度收入(千元)	1 317 215	专利授权(件)	125
(1)科技活动收入	1 141 461	发明专利	47
政府资金	1 022 821	国外授权	1
财政补助收入	636 005	有效发明专利总数	140

各地区水产技术推广机构情况

单位:个

地 区	数量			地(市)级站		县(市)级站		区域站		乡(镇)站	
		水产站	综合站	水产站	综合站	水产站	综合站	水产站	综合站	水产站	综合站
全国总计	**12 794**	**3 605**	**9 189**	**287**	**48**	**1 581**	**590**	**86**	**220**	**1 618**	**8 330**
北 京	31	11	20	8	3	7					17
天 津	27	19	8			12		6			8
河 北	260	89	171	11		69	79	6	39	1	53
山 西	109	68	41	9	1	32	6			26	34
辽 宁	358	111	247	13		49	17	7		41	230
吉 林	60	38	22	8	1	29	21			–	
内 蒙	105	81	24	10	2	48	22			22	
黑龙江	373	111	262	10		66	5			34	257
上 海	69	17	52	8	1					8	51
江 苏	1 066	185	881	12	1	80	11	7		85	869
浙 江	517	94	423	10		57	11	4	25	22	387
安 徽	596	143	453	15	2	64	19	11		52	432
福 建	782	192	590	8	1	76	1			107	588
江 西	992	282	710	10	1	86	10	26	3	159	696
山 东	951	388	563	15	1	112	15	2	6	258	541
河 南	255	115	140	17	1	80	41			17	98
湖 北	706	387	319	13		67		4		302	319
湖 南	1 434	303	1 131	13	1	94	28		12	196	1 089
广 东	1 054	263	791	17	3	82	19	13	19	150	750
广 西	699	81	618	13	1	67	40		1		576
海 南	52	36	16	2		14	2			19	14
重 庆	327	23	304			22	17				287
四 川	809	90	719	10	8	79	48		115		548
贵 州	332	68	264	8	1	45	66			14	197
云 南	271	157	114	13	3	93	30			50	81
陕 西	146	82	64	10		71	18				46
甘 肃	81	43	38	5	8	35	27			2	3
青 海	17	5	12		2	4	10				
宁 夏	30	10	20	3	2	6	9				9
新 疆	36	21	15	7	4	12	11			1	
大 连	47	35	12			7	2			27	10
青 岛	96	18	78	1		8	1			9	77
宁 波	81	18	63			7				10	63
厦 门	11	11		1		4				6	
深 圳	4	3	1	1		2	1				
新疆生产建设兵团	10	7	3	6			3				

七、灾　害

各地区渔业灾情造成的经济损失(一)

单位:万元

地　区	1. 水产品损失					
	小计	台风、洪涝	病害	干旱	污染	其他
全国总计	**2 052 416.30**	**1 111 144.59**	**322 044.77**	**122 067.17**	**132 957.82**	**364 201.95**
北　京	95.00		60.00			35.00
天　津	1 878.00		1 360.00		518.00	
河　北	9 832.30	191.20	4 194.70	1 115.20	2 005.20	2 326.00
山　西	999.00		168.00	96.00		735.00
内蒙古	1 494.00	40.00	112.00	1 047.00		295.00
辽　宁	235 486.60	65 272.60	56 579.00		13 671.00	99 964.00
吉　林	19 013.77	14 684.64	876.85		75.40	3 376.88
黑龙江	7 406.00					7 406.00
上　海	2 849.00	50.00	2 600.00		199.00	
江　苏	64 663.00	27 792.00	18 204.00	1 525.00	10 965.00	6 177.00
浙　江	48 363.00	10 597.00	24 100.00	859.00	3 943.00	8 864.00
安　徽	95 101.47	54 474.59	10 078.49	5 782.87	10 634.38	14 131.14
福　建	130 635.00	81 840.00	25 444.00	191.00	14 828.00	8 332.00
江　西	226 234.00	169 745.00	27 151.00	5 945.00	2 019.00	21 374.00
山　东	204 817.23	37 471.00	6 413.52	2 248.70	49 637.51	109 046.50
河　南	9 809.00	7 295.00	1 617.00		391.00	506.00
湖　北	270 438.00	204 876.00	48 746.00	2 209.00	3 343.00	11 264.00
湖　南	145 945.40	96 704.00	11 817.00	22 679.00	952.40	13 793.00
广　东	197 007.91	83 492.11	54 355.03	1 772.93	11 741.04	45 646.80
广　西	40 405.50	16 176.31	8 645.99	9 328.05	152.63	6 102.52
海　南	146 132.56	144 735.15	275.80	715.60	129.65	276.36
重　庆	25 629.49	19 423.12	4 832.04	923.50	383.03	67.80
四　川	73 957.08	65 116.64	2 474.82	4 448.27	390.00	1 527.35
贵　州	7 731.00	72.00	48.00	2 646.00	4 824.00	141.00
云　南	68 092.59	4 577.95	5 296.30	56 284.05	1 734.09	200.20
西　藏						
陕　西	10 511.50	5 781.00	4 422.50	18.00	32.00	258.00
甘　肃	1 243.26	79.28	1 155.70		8.28	
青　海	120.00		120.00			
宁　夏	575.32		349.92		57.70	167.70
新　疆	5 950.32	658.00	547.11	2 233.00	323.51	2 188.70

各地区渔业灾情造成的经济损失(二)

单位:万元

地区	2. (台风、洪涝)损毁渔业设施							
	小计	池塘	网箱(鱼排)	围栏	沉船	船损	堤坝	泵站
全国总计	**465 623.42**	**234 400.94**	**82 795.74**	**13 802.16**	**8 691.00**	**10 052.98**	**35 582.75**	**4 331.88**
北京								
天津								
河北	199.00	100.00	15.00		22.00	22.00		
山西	285.00		235.00					
内蒙古	116.00	114.00	2.00					
辽宁	31 849.10	24 893.10	240.00		1 792.00	318.00		
吉林	1 912.00	1 076.00	720.00				14.00	2.00
黑龙江								
上海	180.00				80.00	20.00		
江苏	3 652.00	2 274.00	198.00	697.00	18.00	13.00	149.00	23.00
浙江	7 263.00	873.00	151.00	25.00	983.00	2 706.00	374.00	
安徽	23 007.96	6 992.50	7 244.52	3 275.77	59.00	190.68	1 608.88	101.88
福建	32 860.00	16 792.00	11 323.00	26.00	596.00	650.00	823.00	3.00
江西	68 728.00	42 127.00	7 718.00	1 653.00	28.00	192.00	7 746.00	1 846.00
山东	17 856.60	5 801.00	1 198.60	33.00	543.00	336.00	314.00	50.00
河南	4 876.00	721.00	1 830.00	245.00		430.00	50.00	
湖北	151 957.00	68 147.00	35 756.00	5 662.00	49.00	723.00	15 449.00	1 686.00
湖南	27 848.00	11 724.00	5 299.00	1 779.00	58.00	120.00	2 781.00	365.00
广东	22 023.50	10 883.95	3 179.06	154.00	946.00	294.20	3 415.84	182.00
广西	4 508.98	1 942.53	1 107.56	42.89	3.00		1 177.00	36.00
海南	39 802.18	24 311.18	3 029.00	19.00	3 482.00	3 866.00	555.00	17.00
重庆	4 756.14	4 283.97	14.00	25.50	3.00	60.10	148.83	
四川	12 485.71	8 461.61	1 157.00		29.00	72.00	636.00	
贵州	185.00	41.00	144.00					
云南	1 255.00	994.30	70.00				111.00	20.00
西藏								
陕西	4 607.00	1 610.00	2 165.00	165.00		40.00	227.00	
甘肃	217.50	207.80					3.20	
青海								
宁夏								
新疆	3 192.75	30.00						

各地区渔业灾情造成的经济损失(三)

单位:万元

地区	2.(台风、洪涝)损毁渔业设施							直接经济损失合计
	涵闸	码头	护岸	防波堤	工厂化养殖	苗种繁育场	其他	
全国总计	**3 499.97**	**4 012.00**	**7 149.95**	**5 929.55**	**3 998.00**	**14 367.65**	**37 008.85**	**2 518 039.72**
北京								95.00
天津								1 878.00
河北					18.00	22.00		10 031.30
山西					10.00		40.00	1 284.00
内蒙古								1 610.00
辽宁	1.00	1 880.00	443.00	1 235.00	200.00	450.00	397.00	267 335.70
吉林	10.00	30.00	60.00					20 925.77
黑龙江								7 406.00
上海					80.00			3 029.00
江苏	9.00		82.00	12.00		50.00	127.00	68 315.00
浙江		141.00	14.00		981.00	448.00	567.00	55 626.00
安徽	304.97		300.45	53.55	244.00	603.26	2 028.50	118 109.43
福建	32.00	484.00	240.00	287.00	106.00	303.00	1 195.00	163 495.00
江西	308.00	111.00	1 475.00	544.00	185.00	2 791.00	2 004.00	294 962.00
山东	4.00	406.00	156.00	6.00	1 205.00	1 341.00	6 463.00	222 673.83
河南	5.00			130.00		1 025.00	440.00	14 685.00
湖北	1 850.00	637.00	3 190.00	2 267.00	57.00	1 562.00	14 922.00	422 395.00
湖南	306.00	66.00	340.00	537.00		979.00	3 494.00	173 793.40
广东	604.00	140.00	541.00	610.00		857.00	216.45	219 031.41
广西			18.00	17.00		123.00	42.00	44 914.48
海南	34.00	117.00	86.00	62.00	772.00	2 842.00	610.00	185 934.74
重庆					35.00	75.84	109.90	30 385.63
四川	14.00		126.00	32.00		787.80	1 170.30	86 442.79
贵州								7 916.00
云南	18.00						41.70	69 347.59
西藏								
陕西			72.00	137.00	45.00	34.00	112.00	15 118.50
甘肃			6.50					1 460.76
青海								120.00
宁夏								575.32
新疆					60.00	73.75	3 029.00	9 143.07

各地区渔业灾情造成的数量损失(一)

地 区	1. 受灾养殖面积(公顷)						2. 水产品损失(吨)		
	小计	台风、洪涝	病害	干旱	污染	其他	小计	台风、洪涝	病害
全国总计	**1 335 768**	**674 171**	**239 061**	**93 822**	**62 754**	**265 960**	**1 700 476**	**874 503**	**295 040**
北 京	410		400			10	65		60
天 津	2 217		1 920		297		945		679
河 北	3 940	12	2 056	615	960	297	4 568	102	2 102
山 西	47		1	20		26	1 069		180
内蒙古	8 421	20	161	5 252		2 988	2 121	30	55
辽 宁	89 513	42 457	1 225		7 893	37 938	255 718	61 651	67 684
吉 林	100 581	56 299	10 486		2 935	30 861	11 218	7 791	326
黑龙江	836					836	5 990		
上 海	2 541	130	2 292		119		1 453	29	1 252
江 苏	82 524	26 221	34 585	1 556	7 460	12 702	55 525	24 366	16 747
浙 江	17 817	7 347	6 409	102	1 643	2 316	23 795	7 062	9 381
安 徽	155 078	96 267	15 407	5 882	15 794	21 728	108 088	63 102	11 536
福 建	22 289	17 290	1 922	38	1 274	1 765	107 114	80 144	14 011
江 西	135 499	103 916	25 108	2 823	918	2 734	229 809	171 842	30 518
山 东	127 646	11 176	9 597	2 857	7 662	96 354	146 488	44 950	10 941
河 南	8 852	7 021	1 597		151	83	9 156	6 173	2 002
湖 北	246 630	166 188	65 300	3 134	9 049	2 959	163 501	102 894	45 128
湖 南	105 475	41 028	25 056	16 016	829	22 546	103 994	55 748	13 083
广 东	66 544	27 996	16 015	1 304	2 634	18 595	179 992	76 654	45 416
广 西	35 645	12 110	9 138	7 741	237	6 419	51 209	20 354	10 631
海 南	17 713	17 604	40	43	3	23	77 916	77 054	34
重 庆	9 067	5 775	2 884	223	127	58	21 343	16 801	3 816
四 川	30 730	24 449	3 088	2 282	190	721	59 361	50 059	2 724
贵 州	9 185	348	107	7 585	867	278	7 731	72	48
云 南	37 591	665	2 444	33 874	489	119	62 438	3 036	5 011
西 藏									
陕 西	8 990	8 167	632	51	10	130	4 771	4 205	358
甘 肃	42	28	11		3		480	60	411
青 海	2		2				20		20
宁 夏	559		443		27	89	601		381
新 疆	9 384	1 657	735	2 424	1 183	3 385	3 997	324	505

各地区渔业灾情造成的数量损失(二)

地区	2. 水产品损失(吨)			3.(台风、洪涝)损毁渔业设施					
	干旱	污染	其他	池塘(公顷)	网箱(鱼排)(箱)	围栏(千米)	沉船(艘)	船损(艘)	堤坝(米)
全国总计	**126 560**	**122 579**	**281 794**	**162 656**	**1 477 603**	**573 515**	**598**	**2 423**	**890 974**
北 京			5						
天 津		266							
河 北	1 334	869	161	6	50		3	4	
山 西	18		871		356				
内蒙古	1 812		224	28	1				
辽 宁		23 846	102 537	21 549	240		42	127	
吉 林		73	3 028	639	36			9	175
黑龙江			5 990						
上 海		172					2	4	
江 苏	1 229	11 998	1 185	2 593	643	2 080	89	22	21 942
浙 江	123	2 213	5 016	469	450	1	10	139	6 285
安 徽	6 900	11 215	15 335	7 806	204 303	5 901	52	104	49 466
福 建	229	7 245	5 485	3 728	17 074	8	35	269	9 647
江 西	8 381	2 126	16 942	23 076	46 808	523 209	21	247	208 297
山 东	3 866	42 928	43 803	3 884	1 611	50	76	154	6 175
河 南		500	481	106	2 229	11		58	50
湖 北	2 701	3 868	8 910	56 185	1 115 634	40 211	161	701	366 358
湖 南	20 363	949	13 851	17 726	69 866	1 566	8	178	96 412
广 东	2 237	7 231	48 454	5 304	3 629	305	28	166	82 382
广 西	14 332	218	5 674	4 518	2 081	146	3		6 212
海 南	583	87	158	5 025	5 934	4	49	112	6 168
重 庆	241	411	74	2 652	16	15	5	22	14 545
四 川	4 996	339	1 243	5 915	2 036		14	103	9 543
贵 州	2 646	4 824	141	41	287				
云 南	53 369	829	193	230	70				5 200
西 藏									
陕 西	30	32	146	1 119	4 249	8		4	2 107
甘 肃		9		27					10
青 海									
宁 夏		48	172						
新 疆	1 170	283	1 715	30					

各地区渔业灾情造成的数量损失(三)

地 区	3.(台风、洪涝)损毁渔业设施							4. 人员损失			
	泵站(座)	涵闸(座)	码头(米)	护岸(米)	防波堤(米)	工厂化养殖(座)	苗种繁育场(个)	小计	失踪(人)	死亡(人)	重伤(人)
全国总计	**2 435**	**4 254**	**11 245**	**366 733**	**242 288**	**288**	**475**	**242**	**115**	**90**	**37**
北 京											
天 津											
河 北						3		14		8	6
山 西						2					
内蒙古											
辽 宁		12	1 189	5 394	947	5	5	93	76	17	
吉 林	1	5	60	1 200							
黑龙江											
上 海						1		6	4		2
江 苏	9	16		61 865	10 302		15	15			15
浙 江			739	2 020		55	5	38	10	24	4
安 徽	34	78		11 990	20 350	3	23	2		2	
福 建	1	50	299	930	455	3	12	14	10	4	
江 西	53	846	2 715	67 767	41 709	12	60				
山 东			165	154	2	125	60	8		8	
河 南		1			300		8				
湖 北	294	2 297	3 459	143 544	118 916	15	47	1		1	
湖 南	195	233	2 538	36 752	31 186		48	1			1
广 东	31	699	31	22 600	11 018		65	13	1	12	
广 西	1 800			15	3 650		25				
海 南	1	2	50	27	31	23	68	28	14	5	9
重 庆						35	6				
四 川		5		1 100	570		20				
贵 州					2						
云 南	16	10									
西 藏											
陕 西				11 350	2 850	3	5				
甘 肃				25							
青 海											
宁 夏											
新 疆						3	3	9		9	

附 录

调整后历年水产品产量对照表

单位:万吨

年份	调整前	调整后	海洋捕捞	远洋渔业	海水养殖	淡水捕捞	淡水养殖
1986	935.76	935.76	430.22	1.99	150.08	58.32	295.15
1987	1 091.93	1 091.93	479.91	6.39	192.61	64.61	348.41
1988	1 225.32	1 225.32	504.66	9.64	249.29	71.98	389.75
1989	1 332.58	1 332.58	548.33	10.71	275.73	80.78	417.03
1990	1 427.26	1 427.26	594.40	17.09	284.22	85.64	445.91
1991	1 572.99	1 572.99	644.35	32.35	333.31	100.39	462.59
1992	1 824.46	1 824.46	720.84	46.43	424.31	99.09	533.79
1993	2 152.31	2 152.31	795.53	56.22	540.23	112.07	648.26
1994	2 515.69	2 515.69	925.61	68.83	604.80	126.79	789.66
1995	2 953.04	2 953.04	1 054.07	85.68	721.51	151.02	940.76
1996	3 280.72	3 280.72	1 152.99	92.65	765.89	175.43	1 093.76
1997	3 601.78	3 118.59	1 092.73	103.70	691.66	163.45	1 067.04
1998	3 906.65	3 382.66	1 201.25	91.31	751.99	197.51	1 140.60
1999	4 122.43	3 570.15	1 203.46	89.91	851.89	197.95	1 226.94
2000	4 278.99	3 706.23	1 189.43	86.52	927.96	193.44	1 308.88
2001	4 382.09	3 795.92	1 155.64	88.49	989.38	186.23	1 376.20
2002	4 565.18	3 954.86	1 128.34	109.64	1 060.47	194.71	1 461.69
2003	4 706.11	4 077.02	1 121.20	115.77	1 095.86	213.28	1 530.92
2004	4 901.77	4 246.57	1 108.08	145.11	1 151.29	209.60	1 632.49
2005	5 101.65	4 419.86	1 111.28	143.81	1 210.81	220.97	1 733.00
2006	5 290.40	4 583.60	1 136.40	109.07	1 264.16	220.38	1 853.59
2007		4 747.52	1 136.03	107.52	1 307.34	225.64	1 970.99
2008		4 895.59	1 149.63	108.33	1 340.32	224.82	2 072.49
2009		5 116.40	1 178.16	97.72	1 405.22	218.39	2 216.46
2010		5 373.00	1 203.59	111.64	1 482.30	228.94	2 346.53

领 导 讲 话

农业部副部长牛盾在全国贯彻实施《水域滩涂养殖发证登记办法》座谈会上的讲话

（2010 年 7 月 26 日）

为贯彻落实 2010 年中央 1 号文件精神，扎实做好稳定渔民水域滩涂养殖使用权工作，2010 年以来农业部已连续作出部署。一是以部长令形式颁发了《水域滩涂养殖发证登记办法》，从法律制度上进一步保障了渔民的水域滩涂养殖使用权。二是印发了《农业部关于稳定水域滩涂养殖使用权，推进水域滩涂养殖发证登记工作的意见》（以下简称《意见》），提出了总体工作要求、目标以及具体的工作内容和保障措施。今天，农业部召开贯彻实施《水域滩涂养殖发证登记办法》座谈会，再次进行动员和部署，这充分表明农业部对养殖使用权制度建设的高度重视和决心。下面，就扎实做好稳定渔民水域滩涂养殖使用权工作，谈几点意见。

一、不断增强加快渔业权制度建设的责任感和紧迫感

我国有辽阔的海洋、江河、湖泊和滩涂、低洼盐碱荒地等资源，发展水产养殖历史悠久。改革开放以来，中央始终将水域滩涂养殖使用权制度建设作为稳定和完善农村基本经营制度、加快促进水产养殖发展的重要内容之一，并以法律的形式予以确立。《物权法》颁布后，中央又连续 3 年将“稳定渔民水域滩涂养殖使用权”作为协调推进城乡改革、增强农业农村发展活力的重要举措写入中央 1 号文件。这充分说明稳定渔民水域滩涂养殖使用权对农业农村改革的重要性，也表明了中央对水域滩涂养殖使用权制度建设的高度关注。记得 2007 年 6 月，《物权法》颁布实施不久，农业部就和全国人大农业与农村工作委员会联合在上海召开了贯彻实施《物权法》暨渔业政策座谈会，研究渔业系统贯彻实施《物权法》工作。在座谈会上我作了一个报告，阐述了对《物权法》规定渔业权的重大意义的理解和认识，部署了渔业系统贯彻实施《物权法》，全面推进渔业权制度建设工作。3 年过去了，我时常向渔业局的负责同志了解情况：各地的思想认识是否都统一了？在推进水域滩涂养殖使用权制度建设方面，各地是否总结出一些行之有效的措施和办法？据了解，这项工作近年来确实有了较大进展，成效比较明显。截至 2009 年底，全国共有 1 178个县级地方人民政府编制发布了养殖水域滩涂规划；全国已核发养殖证 37 万多本，确权水域滩涂面积 448 万公顷，发证确权率达到 65%，更令人可喜的是有一些省（直辖市）的发证率达到了 100%。但是，如果与耕地、草原、林地等承包经营权制度建设相比，我们工作的进展又稍显缓慢，社会影响力还不高，对渔民权益的保护力度还不够。应当讲，作为法定制度，水域滩涂养殖使用权比耕地、草原、林地承包经营权制度确立还要早，但 20 多年来才达到 65% 的发证率，即使发了证的地方，也还存在着养殖证没有发到真正的养殖权人手中的情况。另外，目前对水域滩涂养殖使用权的保护救济制度尚未建立，一旦养殖权人的合法权益受到侵害时往往得不到合理的补偿。我们认为，造成水域滩涂养殖使用权制度建设进展缓慢、相关制度建设不配套的原因虽然是多方面的，但关键是思想认识还不到位，缺乏紧迫感，没有摆在重中之重的位置。最近，农业部下发的《意见》明确指出，做好水域滩涂养殖发证登记工作，是法律赋予地方各级人民政府和渔业主管部门的重要职责。当前工作的总体要求和目标是：充分认识稳定水域滩涂养殖使用权的重要意义，把养殖使用权制度建设作为完善农村基本经营制度，统筹城乡协调发展，增强农业农村发展活力的重要举措，按照科学规划、确权发证、严格保护、协调可持续发展的原则，切实加强领导，强化工作措施，保护合法权益，争取到 2011 年底，养殖重点县（市、区）要全面完成养殖水域滩涂规划编制

工作,规划内的水域滩涂养殖发证登记率达到95%以上,为推进现代渔业建设提供坚实的制度保障。完成上述工作目标和任务,时间紧,任务重,责任大。我们必须进一步行动起来,努力做到思想认识真正到位,保障措施落到实处,不断增强做好工作的责任感和紧迫感。当前,我国总体已进入以工促农、以城带乡的新的发展阶段。同时,经济社会发展与人多地少、耕地资源短缺的矛盾日益突出。必须充分认识到,利用水域滩涂发展水产养殖业是有效利用国土资源,保障我国食物安全的重要举措;是统筹城乡发展,调整农业产业结构,解决农村和城镇劳动力就业、增加农(渔)民收入的重要途径。各地要以科学发展观为指导,贯彻好中央关于统筹城乡发展的战略,进一步夯实农业农村发展基础,长期稳定渔民水域滩涂养殖使用权,把广大渔民发展水产养殖业的积极性保护好、发挥好、引导好。决不能以影响工业化、城市化进程为借口拖延出台养殖水域滩涂规划;决不能因担心增加征(占)用养殖水域滩涂的困难和补偿成本而拒发养殖证。当水域滩涂使用功能、使用主体发生冲突时,要依法切实保护渔业和渔民的合法权益,落实维护社会公平正义的理念,促进社会和谐稳定。各级渔业主管部门要牢记职责,不辱使命。在地方各级人民政府的直接领导下,把组织编制养殖水域滩涂规划和养殖发证登记工作作为经常性的重点工作,摆在十分重要的位置,有计划、分步骤、有部署、有检查,采取切实有效措施,保质保量完成工作目标任务。要通过我们坚持不懈、持之以恒的工作,促进我国水产养殖业持续健康稳定发展,不断提升产业管理水平;在协助地方政府科学规划水域功能,有效预防纠纷,及时调处矛盾的同时,积极维护广大渔民群众的合法权益。

二、把握当前工作的重点和要求

水域滩涂养殖使用权制度是一项系统性的管理制度。依据《渔业法》,水域滩涂养殖使用权制度包括养殖水域滩涂规划和养殖发证登记两项内容。而依据《物权法》,水域滩涂养殖使用权作为用益物权,还应包括使用权流转、保护和救济等相关配套制度。因此,水域滩涂养殖使用权制度建设是一个长期的、不断完善的过程。当前,推进和完善水域滩涂养殖使用权制度的首要任务,是加快养殖水域滩涂规划编制和养殖发证登记工作,这是此项制度的基础工作,必须牢牢把握重点。

一是科学编制养殖水域滩涂规划。过去习惯将宜养水域滩涂面积作为水产养殖业可利用的水域资源。这从技术角度看是没有问题的,但从经济社会综合协调发展角度看又是不准确的。因为水域滩涂不可能仅由某一个产业垄断使用。而要有效协调各个产业利用水域滩涂的矛盾,就必须首先进行科学合理的功能区划。因此,《渔业法》在养殖业一章中规定了国家对水域利用进行统一规划,确定可以用于养殖业的水域滩涂。显然,只有养殖水域滩涂规划确定的范围才是水产养殖业可利用的资源基础和发展空间。编制养殖水域滩涂规划的重要性就在于它以规范性文件的形式保护了水产养殖业的这一资源基础和发展空间,同时这也是建立水域滩涂养殖使用权制度的首要前提。养殖水域滩涂规划首先要突出功能区划特性,像划定保护区那样把可以用于养殖业的水域滩涂所有区域都确定下来。在此基础上,按照可持续发展的要求,对每个区域的开发规模、养殖容量、养殖方式等予以科学规划。在规划编制中需要注意两点:一是不要编制成水产养殖业的发展规划。二是要按照中央关于保持农村基本经营制度长期稳定的政策,所编制的规划也应考虑长期稳定的要求。据了解,现在有些地方编制的养殖水域滩涂规划存在这两方面问题,因此,农业部除了要求尚未编制养殖水域滩涂规划的地区要抓紧启动编制工作外,还要求原编制的规划不符合要求的要抓紧修订。

二是加快养殖发证登记工作。根据《物权法》关于不动产物权经依法登记发挥效力、未经登记不发生效力的规定,无论是使用国家所有或者是集体所有水域滩涂从事养殖生产,都应进行登记发证,确认水域滩涂养殖使用权,但两者在发证登记程序和要求上有所区别,这在《水域滩涂养殖发证登记办法》中已有明确规定。在农业部下发的《意见》中,对做好水域滩涂养殖发证登记工作已提出了五项明确具体的要求,这里,我就不再重复了。

三、狠抓各项工作和保障措施的落实

推进水域滩涂养殖使用权制度建设的目标已经确立,各项工作内容、重点和要求已经明确,能否在近期内抓出成效,取得突破,关键是必须狠抓各项工作和保障措施的落实。农业部下发的《意见》已进行了全面部署,这里,我再强调几点。

(一)切实加强组织领导和沟通协调。编制养殖水域滩涂规划涉及众多利益,需要与其他规划相衔接,与许多部门相协调,需要广泛开展资源和环境状况调查论证,需要动用一定的人力、物力和财力作支撑。与此同时,水域滩涂养殖发证登记工作要面对各种类型的养殖生产者，政策性很强。没有强有力的组织领导，没有有效的沟通协调，是很难把工作做好、做到位的。要加强领导，周密部署，精心组织。积极主动向当地政府和有关部门汇报、宣传养殖使用权制度建设的重要性和工作计划安排，争取政府领导的重视和支持，落实保障措施。积极主动与涉海、涉水部门沟通协调，消除顾虑和阻力，求大同存小异，取得理解和共识。

（二）切实加强目标考核和督促检查。建立目标责任制，加强考核和督促检查是抓落实的有效方法。江西省的经验之一就是建立了水域滩涂养殖发证登记工作考核一票否决制。请各地按照“倒计时”方式制订工作方案和时间表，明确责任单位和责任人，加强目标考核。要加强日常的督促检查，及时给地方工作予以指导和帮助，特别是要帮助解决工作中遇到的困难和问题。农业部三个海区渔政局要强化执法检查职能，明确工作责任，制订工作方案，抓好辖区内海水养殖发证登记的督促检查工作，及时将检查情况报告部局和通报沿海省级渔业主管部门。

（三）切实提高能力建设和办事效率。各级渔业主管部门要加强对工作人员的法律法规和业务培训，认真学习《水域滩涂养殖发证登记办法》以及相关的法律法规，熟悉发证登记程序和要求，熟练养殖证信息系统操作技能，提高业务能力和办事效率。要积极主动向养殖渔民宣讲发证登记程序和要求，宣传发证登记对养殖权人保障自身权益的重要作用，鼓励养殖生产者主动申请发证登记。

（四）切实保护渔民权益和发展养殖业积极性。各级渔业主管部门在抓好重点工作的同时，要研究制定有利于推进养殖权制度建设的各项政策和保障措施，不断完善国有水域滩涂养殖使用权制度，公开、公平、公正处理权属争议，依法保障当地渔业生产者优先获得国家所有的水域滩涂养殖使用权。要纠正一些地方违背渔民意愿强行收回水域滩涂承包权，或者通过拒绝发证方式强迫渔民放弃水域滩涂使用权的做法，查处侵害渔民合法权益行为。要尽快研究建立水域滩涂占用补偿机制，根据当地实际确定补偿办法和标准。积极主动与金融部门沟通，发挥养殖证抵押功能，解决渔民筹集生产发展资金所遇到的困难。要把养殖证作为养殖生产者取得各级政府和各项支渔惠渔政策和财政支持的法定凭证，保证依法持证生产的养殖渔民权益受到保护。比如今后在养殖业的燃油补贴、养殖标准化和原（良）种体系建设等项目的立项审核中，与养殖证挂钩。要结合现代农业建设和池塘改造项目的实施，探索建立稳定的水域滩涂养殖使用权长效机制。

农业部副部长牛盾在珠江禁渔期制度部署工作会上的讲话

（2010 年 11 月 29 日）

根据《渔业法》有关规定和保护珠江生物资源与生态环境的迫切需要，经农业部会同沿江 6 省（自治区）认真研究并报经国务院同意，决定从 2011 年起在珠江流域实行统一禁渔期制度。这是贯彻落实党的十七届五中全会精神，加快建设资源节约、环境友好型社会，促进珠江流域经济社会协调发展的具体体现，是转变渔业发展方式、保护珠江生态环境、促进珠江渔业可持续发展的重要举措。下面，就推进水生生物资源养护事业，做好珠江禁渔期制度组织实施工作讲几点意见。

一、水生生物资源养护工作意义重大，近年来取得重要进展和明显成效

水生生物是水域生态环境的重要组成部分，是渔业发展的物质基础。加强水生生物资源养护，对于保护生物多样性和自然生态环境、促进渔业可持续发展及和谐社会建设具有十分重要的意义。党中央、国务院高度重视水生生物资源养护工作。党的十六届五中全会提出要“保护和合理利用渔业资源”；十七届三中全会明确要求“加强水生生物资源养护，加大增殖放流力度”；国务院于 2006 年颁布《中国水生生物资源养护行动纲要》，对水生生物资源养护工作做了全面部署。在党中央国务院和地方各级党委政府的正确领导下，在有关部门和社会各界的关心和支持下，各级渔业部门以贯彻落实《行动纲要》为抓手，全面履行职责，积极采取措施，在水生生物资源养护方面做了大量卓有成效的工作：

（一）不断强化休渔禁渔和渔船渔具管理等捕捞强度控制措施。海洋伏季休渔和长江禁渔期制度是目前我国最重要也最具影响力的两项渔业资源保护管理制度，涉及我国管辖的四大海域和整个长江流域，覆盖沿海 11 个省（自治区、直辖市）和长江流域 10 个省（直辖市）。2009 年海洋伏季休渔制度进一步调整完善后，两项制度每年涉及渔船达 16 万艘，渔民 100 多万人。2011 年即将开始实施的珠江禁渔期制度，将是我国第三个在国家层面设定的休渔禁渔期制度，也是

第二个流域性统一禁渔期制度。目前，国际上还没有我国这样大规模、全海域、全流域的大型资源养护行动。除全国性的休渔禁渔制度外，不少地方还在湖泊、水库、江河等重要水域规定了区域性休渔禁渔制度。这些大规模休渔禁渔制度的成功实施，不仅树立了我国重视资源环境保护和负责任渔业国家的良好形象，提高了社会各界和人民群众的资源环境保护意识，也取得了明显的生态、经济和社会效益。在实施休渔禁渔制度的同时，我国实行了全国统一的海洋捕捞渔船“双控”制度，对船数和主机功率进行总量控制。2009年农业部又印发了《关于加强内陆捕捞渔船管理的通知》，要求各省（自治区、直辖市）加强对内陆捕捞渔船的控制和管理。上年开始，农业部组织开展了捕捞渔具渔法调查工作，计划在深入调查研究的基础上先行制定海洋捕捞渔具准用目录，加强对渔具渔法的规范管理工作。这些措施，都是从源头控制捕捞强度的重要措施，力争多管齐下，将捕捞强度降下来，努力实现对渔业资源的可持续利用。

（二）大力推进水生生物增殖放流事业。近年来，农业部以贯彻落实《行动纲要》为契机，将水生生物增殖放流作为水域生态环境保护的重要措施，作为一项利国利民的公益事业积极推进，连续几年将增殖放流作为为农民办实事的一项内容，并请部省领导多次参加重要的增殖放流活动。争取中央财政从2009年起增设渔业资源保护财政转移支付项目，大幅增加增殖放流资金投入。地方各级政府和渔业部门积极响应，有关部门和社会各界热情支持，增殖放流活动在全国范围蓬勃开展。据统计，2007—2009年全国共投入资金11.64亿元，增殖放流鱼、虾、蟹、贝等各类水产苗种636.6亿尾，放生中华鲟、白鲟、中华白海豚、斑海豹等珍稀濒危水生动物1万多尾（头）。2010年，农业部又先后与湖南、广东、辽宁、天津、内蒙古、黑龙江、新疆7个省级人民政府联合举办大规模增殖放流活动。特别是6月6日，农业部分别与广东省和辽宁省人民政府联合举办南海、黄海生物增殖放流活动，韩长赋部长和两省人民政府领导出席；同日，全国共22个省（自治区、直辖市）在106处重点渔业水域同步举办增殖放流活动，放流水生生物苗种达30多亿尾，形成全国增殖放流活动的高潮。预计2010年全国举办的放流活动将再超千次，放流重要水生生物苗种超260亿尾。随着增殖放流规模不断扩大，其所产生的生态效益、经济效益和社会效益日益显现。据统计，2009年渤海海域中国对虾回捕产量达2 740吨，产值超过3.5亿元，2010年山东省预计中国对虾可捕量将达4 000多吨，资源量明显恢复。由于增殖放流，江苏省五大湖泊渔民人均纯收入由2007年9 240元提高到2009年11 053元，年均增加900多元。增殖放流活动期间，各地还纷纷举办环保宣传、渔文化知识普及、苗种认捐等活动，社会各界广泛参与、反响热烈。

（三）妥善应对重大水域污染事故和生态灾害事件。根据国务院统一部署，近年来农业部协调、会同当地渔业主管部门和水产科研单位，先后积极参与并妥善处理了东北松花江化工污染、广东北江镉污染、河北白洋淀污染、山东长岛油污染、大连石油管道爆炸、贵州黄磷污染、福建紫金矿业污染、吉林化工桶流入松花江等重大水域污染事故和太湖蓝藻、青岛浒苔暴发等生态灾害事件。各地通过采取污染水域应急监测、水产品质量安全检测、养殖企业或渔民生产自救、防止受污染水产品上市、评估并争取渔业损失赔偿以及积极开展生态修复等措施，在保障水产品食用安全、减少养殖企业或渔民损失和维护社会稳定等方面发挥了重要作用。渔业部门组织渔民、渔船在打捞、收集浒苔、海上溢油等方面发挥了主力军作用，做出了突出贡献。这些工作得到了国务院领导和有关部门的充分肯定。同时，各地不断健全渔业水域污染事故调查处理机制，强化应对突发事件快速反应和应急能力，加强渔业污染事故调查处理。农业部近期将下发《海洋溢油突发事件渔业应急处置工作规程》，进一步明确相关工作和程序。各地渔业部门和科研单位还坚持开展渔业生态环境监测工作。以监测数据为依托，农业部自2000年起每年与环境保护部联合发布《中国渔业生态环境状况公报》，为有关方面和社会群众及时了解渔业水域环境状况，科学指导渔业生产和管理起到了重要作用。

（四）积极推进保护区建设和涉渔工程生态补偿工作。水生生物保护区在保护水生生物资源、水域生态环境和生物多样性方面具有重要意义。为有效保护具有较高经济价值和遗传育种价值的水产种质资源的主要生长繁育区域，农业部自2007年起开展国家级水产种质资源保护区划定工作，得到了各地的大力支持。年内划定公布的国家级水产种质资源保护区将达到220处。同时，全国还建立各级水生野生动植物自然保护区200多处。这些保护区覆盖了海洋和内陆各种水域生态系统，将对数百种重要水生野生动植物及其产卵场等重要繁衍栖息水域起到重要的保护作用。为加强保护区管理，目前农业部正在研究制订《水产种质资源保护区管理办法》，有望于2011年年正式发布实施。针对近些年水利水电、水域滩涂围垦等涉渔工程建设项目大量增加、水生生物资源环境受到严重侵害的情况，各级渔业主管部门依据相关法律法规，积极参与各类涉渔工程项目的环境影响评价工作。据不完全统计,2004—2009 年渔业系统直接参与涉渔工程环境影响评价 600 多项,争取到近 30 亿元渔业资源和生态补偿资金纳入环保投资,用于受损资源生态的修复。2010 年,农业部直接参与审查涉渔工程环境影响评价项目已达 57 项,审定生态补偿项目资金约 7 亿元。这些资源生态修复措施的审定和落实,将对减轻这些工程建设项目对资源生态的破坏程度、保护和恢复水域生态环境、维护渔民权益发挥重要作用。

二、我国水域生态环境保护形势依然严峻,水生生物资源养护工作任重道远

近年来水生生物资源养护力度不断加大,部分水域的渔业资源有一定程度的恢复,资源环境保护工作取得很大成绩。但也要清醒地看到,当前水生生物资源严重衰退、水域生态环境不断恶化、水生野生动植物濒危程度不断加剧的趋势尚未根本扭转,渔获物低龄化、小型化现象依然严重,部分水域生态荒漠化问题突出,实现渔业可持续发展难度很大。造成这种状况的根本原因,与我国经济社会发展阶段有关,特别是经济社会高速发展、工业化城镇化程度不断提高、人口及富余劳动力不断增多,必然会对自然资源和生态环境造成巨大压力,造成水生生物资源衰退和水域生态环境的恶化。其中有几个具体方面比较突出。

一是水域污染。据有关监测资料,我国主要江河均遭受不同程度污染,部分重要渔业水域的总体水质达不到渔业水质标准,导致水域生态功能退化、水生生物繁殖力和存活力降低,水域生产力下降。水域污染事故频发,据《中国渔业生态环境状况公报》,2005—2009 年全国发生渔业水域污染事故 6 007 次,造成直接经济损失 15 亿元,天然渔业资源等间接损失达 237 亿元。其中,2009 年珠江流域 6 省(自治区)共发生污染事故 165 次,造成经济损失 5 600 多万元。2010 年,仅被媒体报道的就有贵州黄磷污染、福建紫金矿业污染、大连石油管道爆炸、吉林化工原料桶流入松花江等重大水域污染事件,给渔业生产和水域生态环境造成了重大破坏和损失。

二是涉渔工程建设。近年来,拦河筑坝、填海造地、交通航运和海洋海岸工程等涉渔工程建设急剧增多,造成水生生物洄游通道被截断,栖息繁衍场所受到严重影响,生物多样性发生改变。据有关资料,目前仅珠江流域已经或正在开发的水电站设施就有 1 296 座,各种蓄水工程 9.65 万座,规划可开发水电站 1 560 多座。大量的工程建设活动加之采砂、航运等其他影响,已导致中华鲟等珍稀濒危水生生物数量锐减,“四大家鱼”等主要经济鱼类资源严重衰退。

三是捕捞强度过大。我国是世界上捕捞渔船最多、捕捞渔民数量最大的国家。据专家评估,我国现有海洋捕捞能力超过资源可承受能力 30% 以上,内陆水域资源利用过度问题也十分突出。以珠江流域为例,仅在西江干流广西梧州至广东肇庆这 200 公里江段上,就有捕捞渔民 5 000 人、捕捞渔船 2 800 艘,平均每公里江段有 25 人、14 艘渔船,远超过渔业资源承受能力。同时,捕捞作业方式仍处于粗放阶段,网具选择性较差,电、炸、毒鱼等非法捕捞活动仍然存在,给渔业资源和水域生态环境造成严重损害。解决上述问题,不是短期就能完成的,也不是仅靠渔业部门就能办到的,需要靠发展观念和发展方式的根本转变、需要靠各级党委、政府的正确领导和有关部门的协力工作,需要靠全社会的共同努力。但我们不能等,必须要有所行动。我们必须要有强烈的责任感和使命感,认真履行职责,不断地把水生生物资源养护工作向前推进。2011 年即将实行的珠江统一禁渔期制度,就是我们要采取的最新行动。

三、扎实做好各项准备工作,确保首次实施珠江禁渔期制度圆满成功

珠江水系是我国七大水系之一,历史上水生生物资源种类丰富,仅鱼类就达 400 余种,其中特有鱼类 140 多种,还有中华鲟、大鲵等多种珍稀濒危水生生物,是我国南方重要的水生生物基因库和淡水渔业生产基地。近年来,受水域污染、水上工程建设和捕捞过度等因素的影响,珠江主要经济鱼类资源日益衰退,一些珍稀水生野生动物已难觅踪迹,保护珠江生物资源和水域生态环境已经到了刻不容缓的时候。党的十七届五中全会通过的“十二五”规划建议明确提出“坚持保护优先和自然恢复为主,从源头上扭转生态环境恶化趋势”。在珠江生物资源的主要繁殖期和幼体生长期实施禁渔期制度,可以大幅降低捕捞强度,减少对生物产卵群体和幼体的损害,为其提供休养生息的机会,是有效保护并逐步恢复珠江生物资源的一项重要举措。通过休渔禁渔保护渔业资源的做法我国古已有之,据《逸周书·大聚》记载,早在 4 000 多年前的夏朝就有“禹之禁”,规定“夏三月,川泽不入网罟,以成鱼鳖之长”,意思是入夏三个月时间,不能在江河湖泊里下网捕鱼,以使鱼鳖能够生长。我国现行《渔业法》明确规定禁止在禁渔区、禁渔期进行捕捞,禁渔区和禁渔期由国务院渔业行政主管部门或者省、自治区、直辖市人民政府渔业行政主管部门规定。多年来,海洋伏季休渔和长江禁渔期等一系列休渔禁渔制度的成功实

施，也为实行珠江禁渔期制度奠定了基础，积累了经验。珠江禁渔期制度的实施不仅关乎珠江流域生物资源养护，还关系着流域广大渔民群众的生产生活和社会稳定。因此，农业部对实行珠江禁渔期制度问题十分慎重，自2005年起就组织珠江流域渔业部门和科研单位开展调查研究，进行了多次评估论证，反复征求各地政府、渔业部门和渔民群众的意见。综合考虑了资源保护效果、对渔民生活的影响、渔政监督管理能力等各方面因素。在禁渔水域范围方面，只将捕捞强度比较大的珠江干流、重要支流及通江湖泊纳入禁渔范围，各省（自治区）可根据本地实际，将其他河流、湖泊纳入禁渔范围。在禁渔时间方面，将禁渔时间确定为珠江鱼类繁殖最为集中的4~5月两个月时间。珠江流域部分省（自治区）已出台的一些禁渔期规定，如果超出这一时间范围，可在执行统一禁渔期制度的基础上同时执行。尽管如此，实行珠江全流域禁渔期制度对于珠江流域各省（自治区）来说仍然是一项新的工作，涉及面广、管理任务重，需要各地政府和有关方面共同努力。就做好珠江禁渔期制度实施工作提几点要求和希望：

（一）提高思想认识，加强组织领导。沿江各地政府和有关部门要充分认识实行珠江禁渔期制度的必要性和重要意义，从贯彻落实科学发展观、转变发展方式、促进生态文明建设和渔业可持续发展的大局出发，切实加强对珠江禁渔工作的组织领导，将其作为重点工作纳入政府议事日程。有关市（县）要建立政府统一领导、渔业（渔政）部门为主、有关部门密切配合的禁渔工作机制，制订切实可行的实施方案，明确分工和管理责任，并认真组织实施。各地要做到早动员、早部署、早准备、早行动，我们抓紧时间开这个会，就是想给各地多留些准备时间，各项工作都要尽快启动。各地渔业部门和渔政监督管理机构要充分发挥职能作用，及时向政府汇报工作，争取相关部门的大力支持。农业部渔业局、渔政指挥中心和珠江流域渔业管理委员会办公室要做好组织协调工作，牵头组织好省（自治区）间的协同配合，组织开展专项执法检查和督察行动。

（二）做好宣传动员，营造良好氛围。沿江各地渔业部门要特别注意组织做好宣传教育工作，特别要加强对渔民群众的宣传教育，讲明实行珠江禁渔期制度在保护渔业资源和水域生态环境、促进渔业可持续发展、渔业增效渔民增收等方面的重要作用，讲明处理好短期利益与长期利益关系的意义。要针对渔民特点，通过多种新闻媒介，采取大家喜闻乐见、易于接受的形式开展宣传。结合中央和各地的强渔惠渔政策开展宣传。结合渔民培训工作开展宣传，切实做到家喻户晓、人人皆知，争取广大渔民群众和社会各界的理解、支持和配合，为制度的顺利实施营造良好的社会氛围。

（三）抓好监督管理，提高保障能力。沿江各级渔业部门，特别是一线执法管理人员，要增强服务意识，做到严格执法、公正执法、文明执法，同时要做好禁渔期渔船的安全管理工作，保障珠江禁渔期制度顺利实施。目前，沿江一些地区还存在渔政机构不健全、执法装备和手段落后、人员少且能力不高等问题，需要尽快从多方面加强建设，提高管理能力。近年来，农业部不断加大内陆渔政执法能力建设投入，1998年以来累计投资建设内陆渔港31个、渔政船85艘、执法艇576艘、执法车541辆。就长江禁渔等重要管理工作安排了专项补助经费，组织开展了“渔政执法文明窗口”创建活动，多次举办各级各类执法培训班，提高执法人员素质。在2011年农业部预算中，安排了部分经费补助各地的珠江禁渔管理工作，还将继续支持珠江流域的渔政装备设施建设。希望沿江各地政府也能更加重视渔政管理工作，增加渔政执法经费、装备和设施建设投入，加强执法人员培训，不断提高渔政队伍的依法行政能力。

（四）解决渔民困难，着力改善民生。实行禁渔期制度从总体和长远来看对渔民增收具有积极作用，但2个月的禁渔期对部分困难渔民生活也会产生一定影响，特别是完全以捕鱼为生的连家船渔民影响会更大。为此，农业部将会同各地渔业部门加大禁渔期间增殖放流力度，增加渔业资源，争取开捕后渔民有更好的收入。也希望沿江各级人民政府高度重视这些困难渔民的生活问题，将符合条件的纳入当地最低生活保障范围或给予必要的补助。同时，各地要组织落实好渔用油价补贴政策，尽量争取在禁渔期间将补贴资金发放到渔民手中，缓解渔民的生活困难。禁渔期间各地渔业部门要积极组织开展渔民法律法规和专业技能培训等活动，丰富渔民业余生活，提高渔民知识文化水平和其他方面的专业技能，帮助渔民在禁渔期间从事其他兼业工作，开拓其他生活门路。

（五）加强资源养护，做好效果评估。沿江各地渔业部门要利用实施珠江禁渔的有利时机，综合运用各种资源养护措施，不断提升水生生物资源养护水平。要积极开展资源增殖放流，科学制定放流方案，多方争取投入，扩大放流规模，强化监督管理，提高放流效果。要继续稳步推进珠江流域水产种质资源保护区和水生生物自然保护区设立和管理工作，有效保护重要水生生物资源及其生存环境。要采取闸口改造、建设过鱼设施、实施灌江纳苗等措施，维护珠江水系的生态完整性。通过建设人工鱼巢、种植水草、修复植被等措施，改善水生生物栖息场所。要进一步加强渔船和渔具渔法的规范管理，降低渔业捕捞强度。同时，珠江流域渔业管理委员会办公室、各地渔业部门和有关科研机构，要积极开展渔业资源调查监测和禁渔效果评估工作，掌握禁渔制度执行情况和效果，为不断完善禁渔期制度提供决策依据。

农业部副部长牛盾在全国渔业工作会议上的讲话

（2010 年 12 月 23 日）

一、“十一五”渔业发展成就显著，现代渔业建设取得重大进展

“十一五”是我国经济社会发展极不平凡的五年，渔业也经历了国内外一系列的困难和挑战。在党中央、国务院的正确领导下，全国渔业系统认真贯彻落实中央“三农”方针政策，坚持以科学发展观为指导，扎实推进现代渔业建设，圆满完成了“两确保、两促进”的目标任务，取得了令人瞩目的成就。

（一）渔业经济保持平稳较快发展，为实现农业农村经济的好形势发挥了重要作用。五年来，我国渔业经济克服了自然灾害严重、国际金融危机冲击和国内经济环境复杂多变等不利因素影响，保持了平稳较快的发展。水产品产量平均每年保持 4% 左右的增长，产品结构不断优化，质量安全水平稳步提升，有力地保障了水产品的安全有效供给。预计 2010 年水产品总产量可达 5 350 万吨，渔业经济总产值将突破 1.2 万亿元；渔民人均纯收入 8 963 元，“十一五”年均增长 8.8%，渔业在许多地方已成为农民务农收入增长的重要来源。2006 年以来水产品批发市场综合平均价格年均上涨 4.9%，没有出现大起大落，为丰富城乡居民“菜篮子”供应、稳定农产品价格总水平发挥了重要作用。

（二）强渔惠渔政策力度不断加大，产业基础和渔民民生保障进一步增强。在国家实行“工业反哺农业、城市支持农村”，加大对“三农”支持保护的大背景下，从中央到地方都加大了对渔业的投入。据不完全统计，仅中央财政支持渔业投入就比“十五”增加了 7 倍，累计达到 370 亿元，重点加强了渔政渔港、资源养护、良种繁育、疫病防控、科技推广、质量监管、安全生产等建设和与渔民生计相关的补贴。各地在渔港配套投资、渔业安全、养殖池塘标准化改造等方面也加大了投入。这些投入力度大、切入准，产生了“打基础、管长远”的效果，进一步夯实了现代渔业发展的基础。五年来，渔民民生得到各级政府的更多关注，在渔用柴油补贴、渔业保险保费补贴、困难渔民最低生活保障、“连家船”渔民上岸定居等方面都取得了实实在在的进展，为渔民谋取了实实在在的利益。尤其是中央“十一五”开始实施的柴油补贴政策，累计发放 320 亿元，这是我国历史上规模最大、渔业渔民受益最广的扶持政策，在很大程度上缓解了因燃油价格大幅上涨给广大渔民造成的生产生活压力，得到了基层和广大渔民的拥护。

（三）产业结构不断调整优化，发展能力和水平显著提升。五年来，渔业产业结构调整继续深化，产业发展更加注重提高质量和效益、更加注重资源养护和可持续利用。水产健康养殖深入推进，各地共改造老旧池塘 60 多万公顷，建设水产遗传育种中心 17 个、水产原（良）种场 312 个、县级水生动物防疫站 490 个，创建 1 771 个标准化健康养殖示范场（区），工厂化循环水养殖、深水抗风浪网箱养殖等集约化养殖方式迅速发展，养捕比例由 66 ∶ 34 发展到 71 ∶ 29。国内捕捞业保持平稳有序，作业渔船结构有所改善。远洋渔业结构继续优化，大洋性公海渔业比重由 46% 升至 58%，资源开发能力增强，启动实施南极海洋生物资源开发利用项目。水产品加工能力提高了 30%，加工质量与标准逐步与国际接轨。休闲观赏渔业蓬勃发展，成为带动渔民增收和满足居民文化消费需求的新亮点。水产品产地抽检合格率连续 5 年保持在 96% 以上，质量安全水平稳步提高。水产品出口额有望达到 125 亿美元，年均增长 9.6%，连续 11 年居我国农产品出口首位。

（四）水生生物资源养护事业全面推进，增殖放流等养护措施取得重大突破。2006 年国务院发布《中国水生生物资源养护行动纲要》，水生生物资源养护由部门工作上升为社会事业。五年来，水生生物增殖放流工作大踏步前进，全民的认识不断提高。中央和地方财政大幅增加投入，全国累计投入增殖放流资金 20.97 亿元，放流各类苗种 1 089.9 亿尾。增殖放流活动由区域性、小规模发展到全国性、大规模的资源养护行动，形成政府主导、各界支持、群众参与的良好社会氛围，生态、经济和社会效益显著。海洋伏季休渔和长江禁渔期制度得到进一步巩固和完善，珠江禁渔期制度得到国务院的批准，将于 2011 年正式实施。新建国家级自然保护区 4 个，总数达到 16 个，启动并建立国家级水产种质资源保护区 220 个。海洋牧场和人工鱼礁建设发展迅速。渔业生态环境监测体系逐步健全，

渔业水域污染查处力度不断加大,涉渔工程建设项目资源生态补偿制度初步建立。

(五)渔业综合管理能力增强,海洋维权护渔职能和作用凸现。2007年《物权法》明确了渔业养殖权和捕捞权的物权属性,农业部发布实施了《水域滩涂养殖发证登记办法》,组织开展渔业水域滩涂规划和养殖证发放工作,启动并开展水产品质量安全和水产养殖执法工作,维护和保障了渔民生产权益和渔业发展空间。"十一五"期间,农业部改革了渔业统计制度,建立了渔业基础信息采集网络,建成并广泛应用中国渔政管理指挥系统和全国海洋渔业安全通信网,大大提高了渔业管理信息化水平。新建造渔政执法船艇528艘,总数达到2 287艘,特别是中国渔政311、310等大中型船舶的入列,显著增强了我国渔政执法能力。贯彻落实国务院办公厅《关于加强渔业安全生产工作的通知》,积极推进"平安渔业"建设,进一步强化人员培训、安全生产制度、设施装备建设,事故防范和抢险救助能力不断提高,成功应对了台风、地震、冰冻、洪涝等一系列自然灾害。五年来,为适应周边形势的变化,加强周边海域维权护渔和涉外管理,与外交、军队、公安边防等建立了合作机制,在南沙、西沙、钓鱼岛维权护航和朝韩敏感水域渔船管控等行动中反应迅速、应对有力,为维护国家主权、海洋权益和渔民生命财产安全发挥了重要的不可替代的作用,得到党中央、国务院和中央军委的充分肯定。渔业部门的职能不断拓展和强化,渔业管理能力、指挥调度能力、重大突发事件应对能力不断提高,展示了渔业系统强大的凝聚力和战斗力。

可以说,"十一五"是我国渔业实现平稳较快发展、取得重大成就的五年,工作有亮点、有突破、有创新,为我国经济社会发展作出了重要贡献。在国内外形势复杂多变、自然灾害频发的情况下取得这样的成绩来之不易,关键是得益于中央重视"三农"、扶持"三农"的方针政策,得益于各级政府的高度重视和有关部门的大力支持,得益于全国渔业系统同志们的努力工作和广大渔民群众的辛勤劳动。

二、深入贯彻十七届五中全会精神,加快推进"十二五"现代渔业建设

虽然经过长期的发展积累,特别是改革开放三十多年的持续快速增长,我国渔业具备了一定的规模和水平,但距离现代渔业的要求还有较大差距,进一步发展仍面临一系列困难和挑战。从国际环境看,国际海洋管理制度日趋严格,贸易保护主义抬头,渔业"走出去"的难度加大;周边海域形势日趋复杂,海上执法和维权护渔任务日益繁重。从国内环境看,水域资源环境恶化趋势仍未有效遏制,渔业水域污染、资源衰退、水域滩涂被挤占等问题依然突出。从气候条件看,极端天气和各种灾害呈多发趋势,对渔业生产安全带来严重威胁。从生产条件看,渔业基础设施与装备建设滞后、科技支撑水平不高、生产方式和经营管理粗放,转变发展方式的难度不小。对此,我们务必保持清醒的认识,要有高度的责任感和紧迫感。

党的十七届五中全会指出,"十二五"是我国全面建设小康社会的关键时期,是深化改革开放、加快转变经济发展方式的攻坚时期。在工业化、城镇化深入发展中同步推进农业现代化是"十二五"时期的一项重大任务。根据国家"十二五"经济社会发展规划和农业部关于"十二五"农业农村工作的总体部署,结合渔业实际,"十二五"加快推进现代渔业建设,要以邓小平理论和"三个代表"重要思想为指导,深入贯彻落实科学发展观,以加快转变渔业发展方式为主线,以加快推进现代渔业建设为主攻方向,以确保水产品安全有效供给和渔民持续稳定增收为基本目标,努力构建现代渔业"五大产业体系"和"五大支撑保障体系"。着力完善有利于现代渔业发展的政策和体制机制,增强渔业综合生产能力、抗风险能力、可持续发展能力和市场竞争力,使现代渔业建设迈上新台阶,为我国经济平稳较快发展和社会和谐稳定作出新贡献。

未来五年,各级渔业部门要重点抓好以下三个方面工作:

(一)深入推进产业结构调整,着力构建现代渔业产业体系。深入推进产业结构调整,是加快转变发展方式、实现科学发展的重要途径。"十二五"期间,全国渔业在坚持和完善"以养为主,养殖、捕捞、加工并举"的发展方针,提高传统产业发展水平的同时,还要努力拓展增殖渔业和休闲渔业等新兴产业,着力构建现代渔业"五大产业体系"。

一是大力发展生态健康的水产养殖业。发展水产养殖是未来保障我国水产品安全有效供给的主要途径。要坚持以生态健康养殖为主攻方向,巩固提高池塘标准化养殖水平,推进水产养殖机械化,积极发展大网箱养殖、工厂化循环水养殖等现代化设施养殖方式,发展与水产养殖业相配套的现代苗种业、饲料工业和渔药产业,促进水产养殖向专业化、标准化、规模化和集约化发展。

二是积极发展环境友好的增殖渔业。从我国人口、资源、环境状况来看,科学发展增殖渔业是方向,有很大的空间。要与资源养护相结合,科学规划,积极抓好海洋牧场、人工鱼礁建设和增殖放流,实行"养海牧

渔”、“养水牧渔”，使其成为绿色水产品、有机水产品的重要来源，成为海洋、大江大湖生态环境保护的一个重要途径。

三是统筹发展可持续的捕捞业。要坚持走保护与合理利用相结合的发展道路，进一步在控制捕捞强度和提升产业素质上下工夫。继续坚持并完善捕捞渔船控制制度，大力推进渔船、渔机和渔具标准化，鼓励以选择性强、资源环境友好的作业方式替代对资源环境破坏严重的渔具渔法，积极推广节能减排技术。深化国际渔业合作交流，积极参与公海资源管理制度制定并发挥影响。巩固提高过洋性渔业，发展壮大公海大洋性渔业，加强新资源新渔场的探捕和开发利用，培育一批具有国际竞争力的远洋渔业企业和现代化远洋渔业船队。

四是着力发展先进的水产品加工流通业。做大做强水产品加工流通业是适应城镇化、国际化发展趋势，是提高渔业经济效益、市场竞争力和增加渔民收入的需要。要依托资源优势、区位优势，以自主创新和品牌建设为核心，不断增强产品研发能力，提高质量安全水平，促进水产加工集群式发展，形成一批技术先进、实力雄厚、辐射面广的水产加工园区。要加强批发市场建设，健全完善水产品物流体系，努力开拓国内国际市场，以市场为导向带动加工增值、流通增效、产业发展。

五是鼓励发展丰富多彩的休闲渔业。休闲渔业是拓展渔业功能、优化产业结构的朝阳产业，是吸纳就业、促进增收的重要途径。各地要按照因地制宜、合理规划、形成特色、示范带动的要求，结合城镇化进程和渔港建设、新农村建设等，积极鼓励发展休闲垂钓、观光旅游、观赏渔业、渔文化保护与开发等多种形式的休闲渔业。坚持市场化发展和规范化管理相结合，引导休闲渔业健康发展。

（二）牢牢抓住重点环节，强化现代渔业支撑保障体系。建设现代渔业要重点加强渔业设施装备建设，大力推进渔业科技创新，强化水域生态环境保护，加快渔业安全保障能力和渔政队伍建设，着力强化现代渔业“五大支撑保障体系”。

一是加强渔业设施装备建设。先进的物质装备和良好的基础设施既是现代渔业的重要标志，又是现代渔业的重要物质基础。要加强渔港建设，配套完善航标、监控系统等设施设备，提高渔港现代化水平和安全保障能力。加强渔船、渔机标准化建设，积极推动远洋渔船及装备的升级换代，加快提高水产养殖业装备水平，引导节水、节能、减排型渔船机具和养殖生产设施推广应用。健全完善渔船动态管理、安全通信等系统建设，推进数据和信息整合共享，不断提高渔业管理信息化水平。

二是推进渔业科技创新与推广。要突出抓好科技创新，切实解决关键技术问题，发挥科技的引领和支撑作用，突破渔业可持续发展中的一些“瓶颈”制约。抓好渔业科技成果转化应用，积极稳妥推进基层水产技术推广体系改革与建设，多渠道、多形式开展渔业科技服务，大力培训新型渔民。抓紧制（修）订产业发展急需的国家、行业和地方标准，加大渔业标准推广实施力度，提高渔业标准化的覆盖面。

三是强化资源环境保护措施。要深入贯彻落实《中国水生生物资源养护行动纲要》，全面强化资源养护和生态环境保护措施，坚持并不断完善休渔禁渔制度，科学规划并大力推进增殖放流和人工鱼礁建设，加快水生生物自然保护区和水产种质资源保护区建设，强化濒危物种保护管理，加强渔业水域污染防治，建立健全水生生物资源损害生态补偿制度。

四是提升渔业安全保障能力。要进一步健全水产良种繁育与水生动物疫病防控体系，加快构建水产品质量安全监测监管体系，全面推进水产养殖生产和质量安全执法监督，把好水产品质量安全关。要扎实推进“平安渔业”建设，进一步落实渔业安全生产责任制，强化渔业船舶设备检验、渔业船员培训教育和渔业安全执法检查，完善应急处置和灾害救助机制，推动建立和完善政策性渔业保险制度，切实提高渔业安全保障水平。

五是加强渔政队伍建设。要建立健全渔政机构，尽快完成“参照《公务员法》”管理，全面实行“收支两条线”，提高执法人员能力素质，加大执法装备设施建设投入，努力打造一支政治可靠、业务过硬、装备精良、执法严明的高素质渔政执法队伍。要在继续抓好渔船规范化管理、渔港监督、渔业资源和水域生态环境保护、渔业生产秩序维护、水产养殖和水产品质量执法监管等工作的基础上，积极拓展和强化新的职能，在维权护渔、维护国家主权和海洋权益等方面发挥更大作用。

（三）争取政策支持，增强自我发展能力，推动现代渔业建设顺利进行。党的十七届五中全会明确要加大强农惠农力度。我们要牢牢把握机遇，创新思路，加强谋划，积极争取，把强农惠农政策转化落实为支持渔业、惠及渔民的具体政策措施，为现代渔业建设提供更加有力的支持。

一要积极争取政策和投入。从中央“三农”方针政策出发，结合农业部提出的现代农业生产力布局和重大工程思路，立足渔业实际，积极开展调查研究，针对重点区域、重要品种、关键环节，加强重大项目、重大政策的设计和论证，争取新的政策支持。在水产健康养殖、渔政渔港建设、资源养护、渔业节能减排等关系现代渔业发展的重点领域,要争取各级政府给予更大力度的支持。同时,各级渔业部门要抓好各项强渔惠渔政策措施的落实,严格项目管理,加强政策执行和资金使用情况的监督检查,确保各项政策和给予渔民的实惠落到实处。

二要完善和创新体制机制。围绕渔业发展和管理加强法制建设,提高立法工作的主动性、预见性和可操作性。要加强渔业水域保护,积极推进水域滩涂养殖规划和养殖证制度,建立和完善水域滩涂占用补偿制度,探索设立基本养殖水域保护区。创新渔业经营管理体制机制,积极鼓励和引导有利于现代渔业发展的新型组织模式,扶持壮大龙头企业,加快建设现代渔业示范区,形成区域经济发展新优势。积极发展渔业社会化服务组织和专业合作组织,提高产业的组织化程度。

三要加强和改进渔业部门自身建设。全国渔业系统要适应"十二五"建设现代渔业的总体要求,进一步加强自身建设。要结合创先争优,进一步加强业务能力建设,牢固树立科学发展理念,坚定不移贯彻党的路线方针政策;加强学习型组织建设,围绕中心工作开展重大问题调查研究,提高对形势的分析判断能力和科学决策能力。进一步加强作风建设,发扬求真务实精神,转变工作作风,改进工作方法,坚持依法行政,狠抓工作落实,全面提高执行力,为基层和渔民群众多办实事、好事,切实解决损害渔民利益的突出问题。继续发挥渔业系统优良传统,农业部渔业局要充分发挥行业领军作用,各级渔业行政、执法、科研推广、行业协会等单位都要自觉服从大局、服务大局,充分履行职能,加强团结协作,形成工作合力,共同推动渔业事业蓬勃发展。

扎实做好2011年各项工作为"十二五"现代渔业建设开好局

农业部渔业局局长赵兴武在全国渔业工作会议上的讲话

(2010年12月23日)

一、2010年工作简要回顾

2010年全国渔业经济克服了国内外经济环境复杂多变和自然灾害严重等困难,继续保持平稳较快发展。预计全年水产品总产量将达5 350万吨,同比增长4.6%,其中养殖产量3 800万吨,同比增长7%,近海捕捞产量基本持平,远洋渔业产量102万吨,同比增长4%,有效保障了水产品供给。据监测,1~11月水产品批发市场综合平均价格16.41元/千克,同比上涨8.5%,保持总体稳定,没有大起大落,为防止农产品特别是"菜篮子"产品价格过快上涨作出了贡献。据海关统计,2010年1~10月我国水产品进出口总量549.7万吨,总额159.9亿美元,其中出口259.4万吨,出口额106.6亿美元,同比分别增长9.2%和25.5%。水产品国际贸易摆脱国际金融危机影响,呈较快增长态势,出口额将再创历史新高,全年有望达到125亿美元,同比增长16.8%。渔民人均纯收入达8 963元,同比增长9.76%,其中有8个省的渔民人均纯收入突破万元,为促进农民增收发挥了重要作用。

2010年,全国渔业系统认真落实中央和各级党委、政府的决策部署,扎实推进各项工作,取得显著成效。一是各级政府支持渔业的政策和投入力度不断加大,中央投入中仅农业部渔业局归口的基建投资和财政资金就达15.52亿元,比上年增长26.7%,落实柴油补贴107.5亿元。二是水产健康养殖全面推进,共投入池塘改造资金83亿元,改造池塘26万公顷,新创建健康养殖示范场677个;狠抓水产品质量安全监管,产地药物残留抽检合格率达到97.9%。三是资源养护取得显著进展,全年投入增殖放流资金7.1亿元,全国各地开展增殖放流活动1 700多次,放流苗种达到289.4亿尾,产生了很好的社会反响;积极推进海洋牧场和人工鱼礁建设,新设立国家级水产种质资源保护区60个;妥善应对处置重大水域污染事故,参与涉渔工程环评审查,督促落实生态补偿资金。四是渔业安全生产和防灾减灾工作深入推进,通过"平安渔业示范县"、"文明渔港"创建和十万船东船长培训,进一步夯实了渔业安全生产的基础;加大渔船安全通讯装备建设,增强应对突发事件的处置能力,积极参与救助遇险渔船和渔民,挽回直接经济损失3.9亿多元;渔业互保为76万多渔民、7万多艘渔船提供风险保障,累计赔付2.6亿元。五是渔政巡航执法、维权护渔力度空前加强,影响重大。中国渔政在完成好各项日常执法任务的同时,有效应对外国非法抓扣我渔船事件,在钓鱼岛海域开展常态化巡航护渔;在南沙开展伴随式护渔,为我国渔船提供现场保护;在黄海强化涉朝韩敏感水域管理,避免发生大规模越界捕捞事件。六是新渔场开发和公海渔业资源利用能力进一步增强，南极磷虾生产性探捕项目成功实施，南极海洋生物资源开发利用取得历史性突破。

二、2011 年重点工作

2011 年是“十二五”的开局之年，做好 2011 年工作、争取“开门红”意义重大。按照全国农业工作会议的部署和牛盾副部长的要求，2011 年渔业工作的中心任务是加快推进现代渔业建设，着力推进渔业发展方式转变，争取在现代渔业建设重要方面和关键环节上取得突破性进展，确保渔业经济持续稳定发展、渔民持续稳定增收、渔业生产安全和水产品质量安全水平稳步提高。在统筹做好各项工作的基础上，突出抓好以下重点工作。

（一）着力推进水产健康养殖，保障水产品安全有效供给

1. 加大养殖标准化创建力度。抓住国家实施新一轮“菜篮子”工程和加强农业生产能力建设的有利时机，积极争取多渠道增加投入，力争 2011 年新创建 500 个集中连片的标准化健康养殖示范场；继续大力推进养殖池塘标准化改造工程，进一步提升养殖业基础设施和装备现代化水平。同时，培育和扶持大型工厂化循环水养殖和深水抗风浪网箱养殖基地建设。农业部正在与有关部门沟通协调，争取能够启动水产健康养殖标准化创建专项，同时进一步扩大水产养殖机械纳入农机补贴名录范围，为加快推进水产健康养殖创造更有利条件。

2. 抓好水生动物防疫和水产品质量安全监管。要针对近年来水生动物疫病多发频发、养殖生产环节仍有使用违禁药物等问题，进一步加强疫病防控和质量安全监管。在继续做好水生动物疫情监测和预警预报的基础上，尽快启动水产苗种产地检疫试点，从源头预防控制水产养殖疫病。要落实渔业乡村兽医登记制度，配合做好 2011 年全国执业兽医（水产养殖）考试的各项组织工作，努力培养一支以乡村兽医为主体、执业兽医为指导的水产养殖疫病防控队伍。加快水生动物疫病防控体系建设，解决好运转经费和人员培训问题，充分发挥各级水生动物防疫站的作用。要坚持水产品质量安全专项整治和长效机制建设两手抓，继续以国内市场主销品种、出口品种和问题多发品种为重点，排查隐患风险，加大监督抽查力度，强化检打联动，保持对违法生产行为的高压态势。同时，不断完善产地水产品质量安全监督抽查机制，积极探索、推动建立水产品质量安全全程追溯和水产品市场准入制度。

3. 稳定渔民水域滩涂养殖使用权。2010 年农业部颁布了《水域滩涂养殖发证登记办法》，并召开专门会议贯彻实施，牛盾副部长在会上做了重要讲话，要求加快养殖水域滩涂规划编制和养殖权登记发证工作进度，加强渔民水域滩涂养殖使用权益保护。各地认真贯彻落实会议精神，采取多种措施开展工作，规划编制和养殖证发放取得了较大进展。下一步要及时总结经验，解决存在的难点和问题，加快推进。2011 年，农业部将适时组织开展督导检查。各地要积极研究建立水域滩涂占用补偿机制，根据当地实际确立补偿办法和标准，维护渔民合法权益。探索建立基本养殖水域滩涂保护制度和措施，切实稳定水产养殖面积。

（二）严格控制捕捞强度，促进渔业资源可持续利用

1. 切实加强捕捞渔船管理。各地要充分认识实施海洋捕捞渔船控制制度的必要性、长期性和艰巨性，毫不动摇地采取切实有效措施，强化海洋捕捞渔船管理，继续严格实施海洋捕捞渔船“双控”制度。积极推进渔船动态管理系统建设，加快建设并启用渔船检验和登记发证系统，早日建成全国统一、各个管理环节相互衔接的渔船管理数据库。针对 2010 年个别地区出现的大规模违规造船现象，各地要高度重视，切实加强非法造船源头和修造船厂等重点环节监管，加大处罚力度，发现一起查处一起，杜绝类似事件发生。各地要加快建立内陆捕捞渔船控制制度，加强规范管理，防止内陆捕捞渔船盲目无序增长。

2. 严格执行休渔禁渔制度。经国务院批准，2011 年将首次实施珠江禁渔期制度，沿江各有关省（自治区）要认真抓好落实。各地要继续抓好海洋伏季休渔和长江禁渔管理工作，确保休渔禁渔制度全面有序执行。对于个别地方和渔民提出的完善伏季休渔制度的建议，有关海区渔政局和地方渔业主管部门要认真组织调研论证，综合考虑各方面因素，提出切实可行的意见。此外，各地要高度重视休渔禁渔期间困难渔民的生活问题，积极推动将困难渔民纳入当地最低生活保障范围或给予必要的补助，为休渔禁渔制度顺利实施创造条件。

3. 重视做好渔具渔法管理工作。目前，三个海区渔政局和沿海各省（自治区、直辖市）正在开展渔具准用目录研究。农业部将成立捕捞渔具专家委员会，对海洋捕捞渔具目录进行审查，争取尽早公布一批准用目录，同时进一步完善渔具使用标准。各地要像重视渔船控制和休渔禁渔一样，重视对渔具渔法的管理，做好海洋捕捞渔具准用目录的制订、实施和执法监管工作。

（三）强化资源增殖养护，努力改善水域生态环境

1. 统筹提高增殖放流“三化”水平。要继续争取同级财政加大对增殖放流的投入，多渠道吸引社会资金，多方式引导各界共同参与，进一步扩大放流规模。各地要积极开展“休渔放生节”、“放鱼节”等各种形式的增殖放流活动，认真总结经验，为推动设立全国性的水生生物资源增殖放流节创造条件。最近，农业部印发了《全国水生生物增殖放流总体规划》，明确了未来五年我国增殖放流的指导思想、目标任务、区域布局和主要措施。各地要以此为基础，认真制定本地增殖放流实施方案并抓好落实，同时加强规范管理，提高增殖放流的规范化、科学化和社会化水平。

2. 大力推进海洋牧场建设。要继续争取政策扶持，重点在水域生态荒漠化严重和捕捞渔民转产转业需求大的海域，建设一批国家级海洋生态修复示范区和海洋牧场示范区。将人工鱼礁建设、海藻种植、增殖放流结合起来，改善水域生态环境，开辟新的渔业发展空间和渔民增收途径。

3. 认真抓好保护区建设管理和生态保护。水生生物自然保护区和水产种质资源保护区建设已纳入《全国农业生物资源保护工程规划》，近期农业部还将发布《水产种质资源保护区管理办法》，各地要按照要求加强建设和管理，特别是要抓好与保护区相关的涉渔工程建设环评工作，督促落实生态补偿措施，切实维护渔业利益和渔民合法权益。一旦发生各类渔业水域污染事故，各地要快速反应、及时介入，做好调查处理，最大限度减少污染损失，为损害赔偿和资源生态补偿提供科学依据。

（四）加强安全生产工作，提高渔业防灾减灾能力

1. 深入开展“两个创建”活动。渔业安全生产不可控因素甚多，必须警钟长鸣、常抓不懈。各地要继续组织开展“文明渔港”创建活动，强化渔港安全管理。2011年，农业部将会同安监总局组织开展全国“平安渔业示范县”考核评比工作。各地要以“文明渔港”和“平安渔业示范县”两个创建活动为抓手，加强平安渔业基层基础建设和管理工作，努力减少重特大安全事故发生。

2. 强化安全装备建设和船员管理。要争取增加投入，加快渔船安全装备建设，加快信息技术在渔业安全生产监管中的应用，推进渔船自动识别系统、救生筏等安全装备建设。继续强化与海事部门的合作，尽最大可能避免和减少安全生产事故，特别是商船与渔船碰撞事故的发生。切实抓好渔船船员培训、考试、发证工作，规范培训机构管理，提高培训质量和效果。要将船东船长安全管理专项培训作为一项经常性的工作来抓，强化船东船长安全生产主体责任意识和对他们的责任追究。组织开展渔业船员培训机构资质认定和船员持证上岗专项检查。

3. 做好渔业防灾减灾和突发事件应急处置工作。各地要密切关注天气变化趋势，及时上传下达灾害预警预报，组织好渔船回港避风、人员上岸避险和养殖设施加固，做好灾害损失情况统计报告工作，积极争取落实各类救灾资金，做到科学防灾、主动避灾、有效救灾。认真组织开展渔业互助保险中央财政保费补贴试点，积极推动开展水产养殖业保险试点，提高渔业的抗风险能力。要切实抓好各类突发事件应急处置工作，进一步完善修订《渔业船舶水上安全突发事件应急预案》，及时、全面、准确报送渔业船舶水上事故统计信息，建立月通报制度。

（五）抓好渔政执法管理，维护国家海洋权益和渔业生产秩序

1. 切实强化重点敏感海域的涉外渔业管理。当前，周边海域局势复杂多变，对渔政执法工作提出了新的更高要求。在黄海，要认真抓好涉朝韩敏感水域我渔船管控；在东海，要组织好钓鱼岛附近海域常态化巡航护渔工作；在南海，要提高生产组织化程度，逐步完善南沙伴随式巡航护渔制度，严厉打击外国渔船西沙侵渔和在北部湾盗抢我渔民网具行为。统筹各海区渔政力量，完善跨海区调度和抽调地方渔政船参加巡航机制，充实巡航船队力量，提高巡航效率。继续认真执行中日、中韩、中越北部湾渔业协定，采取切实有效措施，严防重大违规事件发生。继续开展中美北太平洋公海联合执法，树立负责任渔业大国形象。

2. 切实完成好各项重点渔政执法任务。要继续巩固并不断完善渔政与外交、公安、工商、交通等部门的沟通协调机制和渔业系统各部门及地区间联合执法机制，增强执法合力，增强管理效果。要继续推进以渔船标识整治为重点的“护渔行动”，坚决打击非法建造渔船、从事渔业生产的“三无”船舶和套牌渔船等严重违法行为，切实做好违规渔船扣港查处工作，不断巩固电脉冲整治行动成果。积极采取有效措施，及早预防、及时调处海上作业纠纷事件，严厉打击各类暴力抗法行为。全面推进水产养殖与水产品质量安全执法，尽快实现养殖执法的常态化、制度化和规范化。

3. 切实加强渔政执法队伍和能力建设。认真落实胡锦涛总书记、温家宝总理等党和国家领导同志关于加强渔政管理和队伍建设的批示精神，积极与发改委等有关部门加强沟通协调，进一步加大渔港、大型渔政船及配套码头建设力度。加快推进渔业管理的信息化数字化进程，完成中国渔政管理指挥系统二期建设，推进数据集中和信息共享，提高管理信息化水平。大力推进渔政执法机构参照《公务员法》管理，力争在2011年内解决执法机构自收自支问题。各地要落实"五统一"等渔政队伍建设规范要求，高标准高质量开展渔业文明执法窗口单位创建活动，加强渔政督察和行风建设。

（六）促进市场开发和国际合作，拓展渔业发展空间

1. 努力开拓国内国际市场。各地要统筹抓好扩大内需与促进出口两方面工作。引导养殖生产者和水产加工企业根据市场消费需求开发适销对路产品，开展品牌推介和市场营销活动，提供市场贸易信息服务。推动落实"绿色通道"、"农超对接"等政策，降低水产品流通成本。要继续落实有关部门对出口企业实行的优惠政策和补贴资金，鼓励更多企业参加各类国际水产品展销会，稳定和扩大国际市场份额。配合有关部门积极参与世贸组织等有关多边双边谈判，有效应对针对我国的贸易保护措施，为水产品出口营造更加公平有利的贸易环境。

2. 稳步发展壮大远洋渔业。积极推动远洋渔船更新改造，着力提升远洋渔业装备水平，通过政策和制度，引导培育规模大、实力强、守法规、讲诚信的远洋渔业企业，不断提高公海渔业资源开发利用能力。切实做好南极海洋生物资源开发利用项目的组织实施工作，积极稳妥组织新资源新渔场探捕开发。稳步发展双边渔业合作，努力探索新型合作模式，拓展远洋渔业发展空间，提高对国际渔业资源的实际占有率。研究完善远洋渔业管理政策和制度，强化分类指导和远洋渔业项目监管，切实做好远洋渔船船位监测工作，严格执行国家远洋渔业政策规定和国际管理规则。

3. 科学统筹国际合作和国内渔业管理。近年来，与渔业有关的一些问题在国际社会受到越来越多的关注，比如禁止底拖网作业方式、渔船及船员配置标准、打击非法捕鱼港口国措施、建立全球渔船数据库、限制渔业补贴和压缩公海捕捞配额等问题，联合国、世贸组织和有关区域渔业管理组织都在讨论，准备制订限制和管理措施，有的已经生效实施。目前，我们已按照有关国际协议要求，开展了输欧水产品合法来源认证和进口金枪鱼产品合法来源查验工作。这些问题与我国渔业发展、渔船渔港管理和水产品出口等都有密切关系。我们要给予足够重视，科学加强国内国际统筹，一方面结合我国渔业实际积极参与国际规则的讨论制订，为我国渔业发展争取空间；另一方面稳妥推进国内相关工作，促进国内管理与国际规则要求相衔接。

（七）加快渔业科技创新和推广应用，提高产业核心竞争力

1. 突出抓好关键领域科技创新。要结合国家科研计划、农业部农业行业科研专项和现代农业产业技术体系建设等有关渔业项目的实施，力争在水产新品种培育、规模化苗种繁育、健康养殖技术集成与示范、新型替代药物、疫苗和病害检测技术研发、增殖放流效果评价技术等方面取得实质进展。要着力构建结构合理、先进适用的渔业标准体系，加大标准实施力度。通过科技项目的实施，注重培养渔业科技创新领军人才，加强渔业科技创新团队建设。

2. 继续推进推广体系改革与建设。继续深入贯彻落实全国基层农技推广体系改革与建设工作会议精神，大力推进基层水产技术推广体系改革与建设工作。要主动与农业部门沟通协调，争取在筛选和推广主导品种和主推技术、培养科技示范户、建设试验示范基地、加强推广人员培训等方面，尽可能多地包含、体现渔业内容。积极争取将部分渔业重点县列为基层农技体系改革与建设示范县。各地要进一步明确水产技术推广机构的公益性定位，界定职能任务，推行渔技责任制度，创新推广方式方法，推进建立以技术推广部门为主体，产、学、研等单位广泛参与的多元化水产技术推广服务体系。继续推进渔业科技入户，大力宣传渔业科技服务典型，不断提高渔业科技服务质量和水平。

3. 积极开展节能减排。渔业节能减排工作潜力很大，但难度不小，如何抓住重点、找准切入点，将其组装成一举多效的大项目，是一项重要课题，也是重要任务。要积极开展碳汇渔业与渔业低碳技术的研究与实践，为建设资源节约、环境友好型渔业提供理论和技术支撑。希望各地和农业部船检局、水科院、各行业协会等单位充分发挥作用，积极探索，共同推进渔业节能减排工作。

（八）加强政策和法制建设，促进产业稳定健康发展

1. 进一步加强渔业重大政策研究。1985年中共中央、国务院出台《关于放宽政策、加速发展水产业的指示》，1997年国务院批转农业部《关于进一步加快渔业发展意见的通知》，这两个文件在渔业发展历程中具有里程碑意义，推动形成了两个渔业快速健康发展的历史阶段。2011年农业部准备着手调研起草一个新的政策文件，争取国务院发布，指导和促进新时期现代渔业发展，希望各地也加强调查研究，提出好的意见和建议。在政策研究工作中，要注意及时发现新情况新问题，总结好做法好经验，通过试点示范加以完善和推广。同时，积极争取高层次、权威性综合政策研究部门的参与和支持，提高研究成果的质量和政策转化率。

2. 进一步争取增加投入。中央“十二五”规划建议和几位国务院领导的批示都提出要加强渔港建设。韩长赋部长在2010年全国农业工作会主报告中也明确提出将渔政渔港建设列为“十二五”农业部要谋划实施的八大工程之一，另外在其他工程和支持政策中也有涵盖渔业的内容。我们要充分利用各种有利条件，加强与发改、财政等部门的沟通协调，积极争取在现有盘子的基础上，在渔政渔港投入方面取得重大突破；在水生动物防疫、良种体系建设、养殖标准化创建、南沙渔业开发、政策性保险、连家船渔民上岸、渔机补贴、资源养护、节能减排等方面得到更有力的支持，进一步扩大资金规模，优化投资结构。各地也要积极争取地方政府和有关部门的支持，不断增加对渔业的投入，加快项目建设进度。农业部已组织编制完成了“十二五”全国渔业发展规划和渔政渔港等相关工程规划的初稿，正在征求有关方面意见，修改完善后将按规定报批。各地各单位有什么意见建议，请及时提出。

3. 进一步推进渔业法律体系建设。2011年是《渔业法》实施25周年，农业部计划组织对《渔业法》实施情况进行调研、总结，初步定于6月份与全国人大农委和国务院法制办等单位联合召开专题座谈会，研究交流推动渔业法制建设工作。同时，积极推进渔船渔港、水产养殖、渔业船员等方面法规规章的制（修）订工作。各地也要争取利用地方立法空间和资源，加强渔业立法工作，做到国家立法和地方立法互相促进，共同推动渔业法律体系的健全完善。

农业部渔业局局长李健华在渔业安全生产暨“文明渔港”创建工作会议上的讲话

（2010年9月6日）

渔业安全生产责任重大，任务艰巨，农业部高度重视渔业安全生产工作，近几年每年都要专门召开一次渔业安全生产工作会议。今天，我们结合文明渔港创建召开渔业安全生产会议，专题研究当前渔业安全生产工作。近年来，各级渔业主管部门认真贯彻《国务院办公厅关于加强渔业安全生产工作的通知》，不断加强监管，强化宣传教育，做好应急救助，改善装备水平，努力控制重特大水上安全事故发生，做了大量扎实有效的工作。2008、2009年渔业船舶水上事故发生起数和死亡人数连续两年保持“双下降”，防灾减灾工作取得积极成效。

但是，进入2010年以来，渔业船舶水上事故频繁发生。1~8月共发生渔业船舶水上生产安全事故157起，死亡（失踪）230人，虽然事故起数有所下降，但死亡（失踪）人数却比上年同期增长42%，其中较大以上事故26起，死亡（失踪）155人，分别比上年同期增长30%和42.2%，渔业安全生产形势十分严峻，工作任务非常艰巨。根据这次会议的精神，结合下一阶段渔业安全生产工作，讲几点意见：

一、继续高度重视渔业安全生产工作，坚决遏制重大水上安全事故频发态势

渔业是高风险行业，渔业安全生产工作是促进渔业持续健康发展、维护渔民群众生命财产安全的重要保障和措施。渔业安全生产涉及方方面面，受自然因素影响大，工作对象面广量大，难度很大。造成2010年事故增加的原因，有客观方面的因素，气候异常，冬春换季期间海上强风和大雾天气明显增多，渔船因灾导致人员死亡事故增加；海上运输快速增长，导致商船与渔船碰撞事故风险明显增加；也与渔业安全生产基础薄弱、从业人员素质普遍不高、管理上还存在薄弱环节紧密相关。党中央、国务院极为重视安全生产，全社会特别是新闻媒体高度关注安全生产。比如，9月1日一艘韩国货轮撞沉一艘渔船事件，国内外媒体做了大量报道。社会和媒体不仅是对生命的关注，也是对政府所承担责任的监督。管好渔业安全生产，保护渔民生命财产安全，是我们各级渔业主管部门的重要职责，尤其是分管安全生产工作的同志责任更加重大。这些年各级渔业部门做了大量的工作，各地对渔业安全生产工作一年比一年重视，力度一年比一年大，分管安全生产的厅（局）长、负责安全生产工作的同志，任务更重了，风险更多了，压力更大了。但大家都是尽职尽责的，许多同志无怨无悔，表现了一种境界和精神。针对当前渔业安全生产的严峻形势，我们要充分认识做好安全生产工作的长期性、艰巨性、复杂性，增强紧迫感和责任感。采取有针对性的措施，既要积极应对自然风险，努力减少或避免灾害损失，也要切实落实安全生产责任制，落实各项防范措施，消除事故隐患，坚决遏制重大水上安全事故频发的态势。

二、深入开展“平安渔业示范县”和“文明渔港”创建活动，不断创新渔业安全生产工作机制

渔业安全的重点是渔船安全。渔船生产作业范围广、流动性强、管理难度大，做好安全生产工作，关键在基层。为进一步做好渔业安全生产的基础工作，构建渔业安全生产管理长效机制，农业部会同国家安全监管总局决定今明两年在全国开展“平安渔业示范县”创建活动，两部局文件已经正式下发，对有关工作做了部署。再有，从2009年下半年开始，各地按照农业部部署，广泛开展了“文明渔港”创建活动，取得了积极成效，刚才会议为获得第一批“全国文明渔港”称号的单位授了牌。我们认为，“平安渔业示范县”和“文明渔港”这两个创建活动，是当前加强渔业安全生产工作的两个抓手。两个创建活动各有侧重，一个是点，针对渔港，渔港是渔船集中停泊区，是渔业安全生产管理的重点；一个是面，针对基层政府和管理部门，是渔业安全生产管理的重要基础。开展两个创建活动，目的是通过创新工作机制和工作方式，促进安全生产责任制的落实，将渔业安全生产工作的触角延伸到渔业管理的方方面面，进一步提高大家特别是地方政府对渔业安全生产的重视。

“平安渔业示范县”创建活动2010年下半年启动，由农业部和国家安全监管总局统一部署，各地根据创建活动内容和标准在所辖地区特别是重点渔区组织开展创建活动。在此基础上，由各省、自治区、直辖市渔业和安全监管部门联合对本地区创建活动进行组织领导，对创建活动开展情况进行考核，推荐“平安渔业示范县”。2011年下半年，农业部和国家安全监管总局将在各地推荐基础上组织考核评定工作，对符合创建标准、开展创建工作成绩突出的县（市、区）授予“全国平安渔业示范县”称号。请各地渔业部门会同安监部门，积极向地方人民政府做好汇报，争取对“平安渔业示范县”创建活动的重视和支持。结合本地实际情况，制订“平安渔业示范县”创建活动实施方案，明确阶段性目标和任务，把“平安渔业示范县”创建作为工作考核内容，确保实现创建活动的目标任务。“文明渔港”和“平安渔业示范县”创建不仅是一个目标，还是一个过程，要更加关注这个过程，把大量的工作放在这个过程中，把它抓实抓好，抓出实效。同时，继续组织开展“文明渔港”创建活动，逐步提高水平，推动渔港建设、管理和安全生产工作。这次确定了首批20个“全国文明渔港”，希望这些渔港珍惜荣誉，再接再厉，把各方面工作做得更好。我们计划今后每三年组织一次“全国文明渔港”考评工作，并对已获得“全国文明渔港”称号的单位进行复核审查。农业部将在进一步完善考评程序、严格考核标准基础上，逐步建立长效机制，扩大创建活动效果。

三、突出重点，强化基础，努力破解渔业安全生产管理难题

一是深入研究商船与渔船碰撞事故多发的有关问题。商船与渔船碰撞事故多发，是当前渔业安全生产事故的突出问题。在1~8月渔业船舶水上生产安全事故中，商船与渔船碰撞事故达48起，造成渔民119人死亡（失踪），占全部事故死亡（失踪）总人数的51.7%。对此，我们必须高度重视。根据农业部与交通运输部签署的《水上安全管理合作备忘录》要求，农业部东海区渔政局、浙江、福建、山东、江苏、安徽等省渔业部门与海事部门建立了合作机制，共同采取措施，加强水上交通安全管理。今后，要深化合作领域，创新合作方式，采取切实措施，确保合作取得实效。渔船船东、船长安全管理专项培训，要以防碰撞作为重点，结合典型案例，强化船舶防避碰、锚泊时号灯号型使用等操作规程和自救互救知识培训；及时发布航行通告和预警信息，加强渔船航行作业值班等制度落实情况的监督检查，加快推进船舶自动识别系统（AIS）等装备建设，提高渔船防碰撞技术能力。在技术手段提高的同时，还要更加关注船员技术素质和管理制度的落实，在安全生产管理过程中，人还是起决定性的因素，技术手段的提高是必要的，但是不能依赖它。目前导致商船和渔船碰撞的重要因素之一，是一些商船过度依赖自动舵，忽视了值班瞭望。我们也希望交通海事部门督促商船落实海上避碰规则和值班瞭望制度，在近岸水域和重要渔业水域禁止自动驾驶并限制航速，严厉追究肇事者的责任，切实减少和避免碰撞事故的发生。

关于商船与渔船碰撞事故统计口径与控制指标是目前大家很关注的一个问题。目前无论事故责任归谁，所有商船与渔船碰撞事故造成渔民死亡的，均列入渔业船舶安全事故和死亡人数控制指标，很多省的同志认为这是不科学、不合理的，如果再依此来追究渔业部门、负责渔业安全生产人员的责任，就显得更不合情理。地方渔业部门反应强烈是可以理解的。针对这个问题，农业部正式向国家安监总局提出了调整统计口径的建议，也得到了有关方面的理解。我们将继续加强与有关部门的沟通，争取尽快有个合情合理的解决方法。

二是切实抓好渔业船员培训及相关管理制度的落实。从近期发生的几起渔业船舶安全事故原因分析可以看出,在船员培训、持证上岗和职务船员配备等方面还存在漏洞,暴露出渔业安全生产管理中的一些薄弱环节。渔船船员培训和考试发证工作是渔业安全生产工作的基础,要有质量,决不能搞形式、走过场。要根据新形势积极探索培训与考试发证相分离或合理设置的管理体制,下一步,要组织专题研究。要积极争取财政投入,加大船员培训基地建设,对渔民培训经费予以补贴。目前,各地渔业船员培训机构建设水平参差不齐,管理不规范,许多省的船员培训机构不具备基本培训条件。近年来,辽宁、山东等省重视渔船船员培训机构建设,其经验值得学习借鉴。2010年我局将根据《船员条例》和《海洋渔业船员发证规定》,开展海洋渔业船员培训机构资质认定工作,已经组织人员起草了工作方案和认定标准,征求了各地渔业部门的意见,明天还将组织海区局和沿海各省渔港监督机构的代表讨论,争取近期启动这项工作。针对渔船船员持证上岗和职务船员配备问题,近期各地要进行一次全面核查,清理纠正船员无证上岗、未按标准配员的现象。

三是加快推进渔业安全生产基础设施建设。近年来,中央和各地高度重视安全生产工作,渔业安全生产基础设施建设的投入有较大的增加,提高了渔业安全和防灾减灾能力。浙江省率先在全省范围内对渔船配备自动识别系统和卫星自动导航设备予以补贴,2009年农业部召开的全国渔业安全生产暨防灾减灾工作会议,参观了宁波市和象山县渔船安全监控体系建设,取得了很好的效果,会后各地纷纷组团前往参观学习,有力地推动了全国渔船安全装备建设水平的提高。2010年福建省全面启动渔船自动识别系统建设,上海市启动了渔船标准化建设项目,广东、山东等省也推广了渔船IC卡管理体系,这方面许多省、市、县的积极性很高。有一点要提醒大家,就是要注意系统的兼容性和标准化。渔政指挥中心、海区渔政局和各省渔业厅(局),要做好这方面的组织协调工作,实现省内、海区和全国的兼容和共享。由于长期投入不足,历史欠账多,渔业安全基础建设滞后的问题仍相当突出。2010年,针对渔港建设滞后的问题,农业部韩长赋部长给温家宝总理、李克强副总理、回良玉副总理写了专题报告,国务院三位领导同志做了重要批示,目前农业部正在积极协调有关部门落实批示精神,争取加大"十二五"时期渔港建设投入。目前,农业部正在起草"十二五"渔港建设规划、"十二五"渔政基础设施建设规划,争取中央财政增加对渔港、渔政执法、渔业安全装备建设方面的投入。希望各地也要积极争取地方财政投入,落实配套资金,加强对渔港、航标、渔船渔港监控和安全装备建设,切实提升渔业安全保障能力。

这里,还要着重讲讲加强渔船检验工作的问题。渔船检验是渔船安全生产管理的一项重要的基础性工作,有人称是渔业安全生产的第一道关,说明了其重要性。2010年5月,农业部对部船检局的班子进行了调整,新班子这段时间对现阶段我国渔船检验工作思路、目标、任务以及船检系统队伍的建设,进行了广泛的调研和深入研究。希望各地船检机构要更加支持配合部船检局的工作,共同为建设一支与现代渔业发展和安全生产管理相适应的、高素质、专业化的中国渔船检验队伍而努力。农业部渔业局和各省渔业主管厅(局)也要更加重视、支持船检工作,帮他们解决一些实际问题。船检局编制了"十二五"规划,正在积极争取将其纳入"十二五"渔政基础设施建设规划,对船检队伍的现代化建设给予必要的支持。当前,针对渔船安全生产的严峻形势,船检工作要重点加强老旧渔船、高危渔船和载员较多渔船的检验,严格按规定实施现场检验,要有严格的责任追究制度。

四是高度重视涉外渔业安全管理。近年,胡锦涛总书记等中央领导对涉外渔业事件高度重视,多次作出重要批示,要求切实保护我渔民生命财产安全。北面是朝韩水域,重点在辽宁。南面重点在南海,主要是维权护渔问题。根据中央领导同志批示精神,近两年农业部加大了专属经济区渔政巡航力度,调整南沙巡航护渔方案。黄渤海区也组织了应急执法船队,与海警执法舰艇联合开展应急执法行动,严密监管朝韩交界海域越界捕捞。下一阶段,各地渔业部门要密切关注涉外渔业管理的形势,不折不扣地执行中央决策部署,进一步密切与外交、公安边防及军队的协调配合,加大海上和港口监管力度。认真做好渔民宣传教育工作,不断提高涉外渔业管理水平,最大限度减少涉外事件发生,最大限度保护渔民生命财产安全。

另外,要继续推进政策性渔业保险工作,积极争取把渔业保险纳入中央财政政策性农业保险补贴范围。目前农业部正在努力做这方面的工作。近日,根据国务院常务会要求,农业部召集发改委、财政部、保监会、银监会等部门的同志开了一个协调会,研究农业政策相关文件,其中提出要扩大政策性农业保险的品种和范围,提到要把水产养殖和捕捞生产纳入国家农业政策性保险,把符合条件的、互助制的渔业保险也纳入补贴范围。部领导很重视渔业政策性保险工作,中国渔业互保协会近几年工作非常出色,先后被评为民政部的中国社会组织评估4A等级单位,全国"社会组织深入学习科学发展观活动先进单位"和农业部的先进基层党组织。各地渔业主管部门和渔业互保机构要利用有利时机推动政策性渔业保险事业的发展。同时要充分发挥渔业互保的优势,灾害发生后要及时将赔付资金发放到渔民手中,协助政府做好恢复生产和维护渔区稳定工作。

农业部渔业局局长李健华在全国水产品质量安全监管工作会议上的讲话

(2010年4月26日)

水产品质量安全监管是这些年渔业系统高度重视、全力以赴的一项重点工作。2008年10月,我们在长春召开了全国水产品质量安全监管工作会议。那次会议总结了北京奥运会期间水产品质量安全监管工作,针对当时"三鹿奶粉"事件的教训和严峻形势以及新中国成立60周年大庆各项安全保障措施的要求,对水产品质量安全工作进行了部署。那是一次很重要的会议,会后各项工作有序开展。时隔一年半,根据新的形势和要求,再次召开全国水产品质量安全会议。这次会议的主要任务是,认真贯彻落实全国食品安全工作电视电话会议、全国农业和渔业工作会议以及全国农产品质量安全监管工作会议精神,总结2008年"长春会议"以来的水产品质量安全监管工作,分析当前面临的形势,研究今后一段时期水产品质量安全监管工作的思路和重点。按照国务院食品安全整顿工作的总体要求,部署以水产品质量安全专项整治和确保上海世博会、广州亚运会水产品质量安全特殊保障为重点的2010年监管工作。刚才,福建、广东、北京、浙江和农业部水产品质检中心(上海)的5位同志交流了水产品质量安全监管工作,提出了很好的意见建议,值得认真研究和相互借鉴。下面,讲三点意见。

一、力求创新、扎实推进,2009年工作取得明显成效

2008年10月"长春会议"总结了奥运期间水产品质量安全特殊监管的经验,深刻吸取"三鹿奶粉"事件教训,针对监管、监测和执法方面存在的问题,提出了进一步加强水产品质量安全监管的思路和改革设想,得到了各地的积极响应和支持。2009年,在大家的共同努力下,我们对产地水产品抽检制度、信息公开与检打联动、风险隐患排查和长效监管机制等方面进行了积极的改革与探索。与此同时,全面推进水产健康养殖,扎实开展水产品质量安全专项整治工作,各项工作有亮点、有突破、有成效,较好地完成了国期间庆确保水产品质量安全的各项任务。概括起来,主要抓了六个方面工作。

一是加强行业指导,全面推动工作。在广泛调研、总结经验的基础上,2009年初出台了《农业部关于全面推进水产健康养殖加强水产品质量安全监管的意见》,从加强基础设施建设到强化制度体系创新,从规范养殖投入品管理到全面推进检打联动,提出了既有指导性、也有约束性的工作目标。各地大力实施以池塘标准化改造为重点的水产健康养殖推进行动,广泛开展"渔业科技服务年"和农业部"水产健康养殖示范场"创建活动,与质量安全专项整治和执法年活动统筹布局,相互促进,形成合力。各省级渔业主管厅(局)也更加重视质量安全工作,加强队伍建设,落实属地监管责任,加大必要的经费投入,全面推进各项工作。据了解,到目前为止,有广东、辽宁等8个省成立了专门的水产品质量安全监管处(室),这是加强水产品质量安全监管工作的有力保障。

二是突出源头整治,加强水产苗种管理。在全国范围内开展了以水产苗种为重点的水产品质量安全专项整治及督察活动,农业部先后两次共派出12个督察组赴全国20个省(自治区、直辖市)近80个县(区)开展督导检查。组织开展水产苗种场普查登记,摸清底数,大力推进水产苗种持证生产和规范管理。据统计,目前,全国共有各类水产苗种场15 306个,发放水产苗种生产许可证11 631本,持证率达87.4%。强化水产苗种执法检查,共检查苗种场15 171个,占苗种场总数的99%,基本做到逐场检查;对存在问题较严重的2 592个苗种场做出责令整改的决定,对违法用药的252家苗种场给予行政处罚,共罚款81.34万元。农业部制订并发布《水产苗种违禁药物抽检技术规范》,对辽宁、湖北、广东等10个重点苗种生产省的143个企业开展水产苗种药物残留专项抽查,依法查处并公布了其中18家药物残留超标严重的企业。

三是锐意推进改革,创新管理机制。根据"长春会议"的部署,在各地支持下,制订出台了《产地水产品质量安全监督抽查工作暂行规定》,对产地水产品抽检的抽样、检测、报告、复检、结果处理等程序和行为进行了具体规范。初步建立了近10万个生产单位基本信息的产地抽检数据库;采取公开、随机的办法确定

抽检单位；建立产地抽检结果会商制度；实行抽检结果对外公布。这些改革举措增强了抽检结果的可信度和透明度，起到了强化舆论监督和提高政府公信力，保护守法生产、惩戒违法行为的作用。此外，广东、北京、天津及河北石家庄、陕西西安等地和中国水产科学研究院、全国水产技术推广总站、中国水产流通与加工协会还分别从不同环节、不同层面开展了水产品质量安全可追溯制度和市场准入制度的研究试点工作，取得了一些初步成果。

四是严格执法检查，加强科技服务。坚持两手抓。一方面，不断总结经验，创新执法模式，改善执法手段，规范执法行为，加大水产养殖与质量安全执法检查的力度，特别是对抽检或督察行动中发现的违规企业认真督促整改、整顿和查处工作。据不完全统计，全年共出动渔业执法人员10万人(次)，检查水产企业7万家，责令近4 000家整改。对阳性样品生产单位执法查处率达到100%。与此同时，各地又组织科研推广人员下乡进村入户，积极推广健康养殖技术，普及科学防病和用药知识。共举办各类培训班近万期(次)，培训水产技术推广人员和渔民50万人(次)，发放各类科普和技术资料近60万份，培育7万多户科技示范户，辐射带动70多万养殖户。科技服务年活动形式多种多样，讲求实效，群众得到实惠、基层比较满意，科技推广人员也感到有所作为，促进了一些地方从运动式的活动到着手建立常态化的服务机制和科技人员下乡服务的激励考评制度。

五是全面摸排隐患，增强应急能力。为做到心中有数、谋划在先。组织专家制订主要养殖水产品质量安全风险隐患分析方案，针对渔药、苗种、饲料等投入品，养殖水域环境、生物毒素危害以及十多种生产和出口贸易量大、产业化程度高、影响范围广、消费者较为敏感的产品，结合产地监测和出口预警信息，逐个环节开展隐患风险分析评估。对风险可能暴发的程度、危害情况以及对产业发展、市场供给、社会稳定可能造成的影响进行深入分析，提出预警和处置意见，以便有针对性地采取整改和监管措施。为确保国庆和元旦、春节等重大节日期间水产品安全有效供给，及早下发通知，落实责任和保障措施。从市场运行监测、质量隐患排查、强化防控措施到应急处置等各项工作都做到早部署、早检查、早整改。先后派出多个督察组深入问题多发地区，力争把问题解决在基层、消除在萌芽状态。

六是整合管理资源，强化沟通协调。围绕水产品质量安全专项整治的各项任务，整合渔业系统内科研、推广、执法、检测、认证等各方面力量，各司其职，协调行动。农业部渔政指挥中心、水科院、推广总站、中国渔业报、流通与加工协会等单位动员本系统力量，在配合加强监督抽查、检打联动、摸排风险隐患、应对突发事件和探索水产品质量安全监管长效机制方面做了大量的工作，发挥了重要作用。我们还主动加强与畜牧、兽医、工商、质检等部门的沟通，对涉及渔药、饲料监管以及水产品出口贸易和市场流通中的问题，及时通报信息，加强协作，移交相关案件，共同促进水产品质量安全全方位的监管。

一年来，各地和各有关单位按照农业部的要求和部署，落实属地监管责任，细化各项监管措施，做了大量艰苦细致而且富有开创性的工作，较好地履行了职责。

经过上下共同努力，2009年水产品质量安全水平稳步提高，安全状况总体保持平稳向好的势头。综合产地监督抽查、市场例行监测两方面的数据，按可比口径计算，水产品抽检综合合格率达到97.2%，同比提高1.5个百分点，圆满完成了专项整治的目标任务。全年未发生重大水产品质量安全事件，为保障60周年国庆等大型庆典活动的顺利进行做出了应有贡献。

二、把握当前形势，进一步增强做好工作的紧迫感和责任感

食品安全问题是一个重大的民生问题，党中央、国务院历来高度重视，国内外高度关注。继2007年全国产品质量和食品安全专项整治之后，2009年和2010年又连续两年深入开展食品安全专项整顿工作，将其作为保民生、保稳定、调结构、促发展的重要内容和措施之一。2010年中央1号文件和全国人大政府工作报告都对加强农产品质量安全监管提出了明确要求，年初国务院又专门成立了高层次的食品安全委员会，中央抓食品安全决心之大、力度之大都是前所未有的。

为贯彻落实中央部署，2009年底，韩长赋部长在全国农业工作会议上强调，要把农产品质量安全作为夯实农业基础、实现农业农村经济又好又快发展的关键环节。这次全国农业工作会议明确提出两个“千方百计”和两个“努力确保”的工作目标，其中之一就是要努力确保不发生重大农产品质量安全事件。农业部传达“两会”精神时，韩部长再次强调，我国虽然是发展中国家，但解决农产品质量安全问题又必须按照发达国家的标准来执行，这是项难度很高的工作。2010年1月，在海南召开的全国农产品质量安全监管工作会议上，农业部陈晓华副部长又对2010年和今后一段时期的工作进行了部署。

尽管这两年水产品质量安全工作取得了明显成

效，但要清醒地看到，由于影响安全的因素环节较多，监管的基础还不牢固，隐患风险仍然较大。因此，要努力确保不发生重大水产品质量安全事件压力很大，我们一定要心里有数，不能有丝毫懈怠。当前，从内部环境分析，突出的问题有：

一是工作基础还比较薄弱。目前，纳入产地抽检数据库的水产养殖单位只有不到10万家(粗略分析，全国共有养殖单位约50万～60万家)，每年抽检的也就2 000来家。大量的养殖生产企业、专业合作组织以及个体经营户仍游离于监管范围之外。由于面大、量广、分散，以及渔民文化水平和组织化程度偏低，高效、安全、低毒、经济的新型替代渔药和疫苗研发滞后等原因，水产品质量安全监管的基础还不牢固；加上这些年养殖基础设施的改造建设以及良种、疫病、检测体系的投入不足，因此要全面推进水产健康养殖，确保水产品质量安全水平不断提升难度很大。

二是安全隐患较多。从生产环节监测结果看，现阶段硝基呋喃类代谢物、孔雀石绿等禁用药物检出率仍较高。近两年，辽宁、湖北、江苏、广东、河北、天津等地的个别品种中多次检出禁用药物。在苗种繁育和部分海珍品生产环节中药物残留超标问题尤其突出，主产区必须高度重视，切实防患，要全力避免再次发生类似“多宝鱼事件”。此外，贝类产品质量安全也不容乐观。在农业部组织的市场例行监测中，水产品合格率很不稳定，一直低于其他农畜产品。质检、工商等部门抽查过程中也发现如用一氧化碳对水产品发色增鲜，磷酸盐保水保鲜，海蜇中甲醛超标等问题。虽然市场监管职能不在我们渔业部门，但水产品质量出了事，必然要影响到整个产业。对于建立市场准入制度，我们应积极主动配合。从2009年农业部组织开展的主要养殖水产品风险隐患摸排结果看，苗种繁育、成鱼养殖、流通运输等环节以及饲料、兽药、养殖水域环境等都还存在着大量风险因素，极有可能导致质量安全问题。关于风险隐患问题，我们将另行向大家详细通报，在这里提醒大家务必高度关注。

三是目前对水产品质量安全问题的认识还存在差距。一些同志既有由于合格率逐年上升而产生盲目乐观、麻痹松懈的思想；也有由于监管经费不足、手段有限，协调不同部门难度大、责任重大等原因而产生畏难情绪；甚至还有个别地区敏感性、主动性不够，应对质量安全问题行动迟缓反应慢。

除了内部因素外，外部环境也对我们构成很大压力。这两年虽然没有发生大的水产品质量安全事件，但媒体对水产品质量安全的负面报道仍然不少，这些报道中，有夸大其词的恶意炒作，但有的问题恐怕在一些地方确实存在，这从一个侧面反映出我们的工作还有漏洞，管理还有不到位的地方。当前，国际金融危机尚未结束，贸易保护主义抬头，今后还有可能出现更多针对出口水产品的技术性贸易壁垒，对此我们决不可掉以轻心。

对水产品质量安全，我们既要有忧患意识，更要有攻坚克难的决心，不断增强做好工作的责任感、紧迫感，认真总结经验，完善监管制度，改善监管手段，不断提高工作水平，巩固水产品质量安全水平稳步提升的良好局面。

三、狠抓重点工作落实，扎实推进水产品质量安全监管

我们讲过，现代渔业发展面临三大安全问题，水产品质量安全是其中之一。水产品质量安全监管，不仅仅是传统意义上的行政管理，更多的是现代意义上的公共管理。提供公共物品和服务，就是要给居民提供安全感，给合法生产者提供良好的秩序和环境。发生质量安全突发事件后，又是公共危机的应对。危机处理成为我们的重要工作，要及时、妥善处置，不要引起混乱和动荡，这是我们的职责。这要求我们的思想观念、工作方法和工作机制都要跟上和适应形势的要求，全面提升危机处置能力。

今后一个时期水产品质量安全工作的总体要求是：贯彻落实党的十七届三中全会和中央1号文件精神，按照“两个努力确保”的总要求，根据水产品质量安全专项整治的部署，加强领导、落实责任、加大投入，全面推进水产健康养殖和标准化生产。要完善监管制度，强化执法手段，增强应急处置能力，全面提升监管水平。努力确保水产品药物残留监测合格率稳定在97%以上，努力确保不发生重大水产品质量安全事件。2010年要采取一切措施抓好以下重点工作：

(一)全面推进水产健康养殖。水产健康养殖是现阶段建设现代渔业的主要任务和主攻方向。大力发展标准化生产，全面推进健康养殖，是解决水产品质量安全问题的根本措施。农业部印发的《农业部关于全面推进水产健康养殖加强水产品质量安全监管的意见》，对推进健康养殖的总体思路、目标、要求和措施都做了全面的阐述。各地要结合实际，因时因地制宜，逐项抓好落实。关于2010年的工作，强调两点：一是要继续推动池塘标准化改造和健康养殖示范场创建。农业部和各地都要继续积极争取财政支持，重点抓好以水产健康养殖示范场为主体的养殖生态环境修复项目和亲本更新项目。要扶持和指导现有的示范场提高创建标准，发挥好辐射带动作用。二是要进一步加强

水生动物疫病防控工作。对重大水生动物疫病，要增强监测频率，扩大监测范围，提高预警、预报和快速反应能力，严防重大水生动物疫情跨区域大范围蔓延和影响水产品质量安全。

（二）扎实开展水产品质量安全专项整治工作。水产品质量安全专项整治是国家食品安全整顿工作的组成部分，整治的原则、目标、重点和措施农业部已经做了专门部署。这里着重强调水产苗种这一整治重点。苗种质量状况对水产养成品的质量安全水平有着重要影响，因此，在近年水产品质量安全专项整治中，农业部将其列为重点，并取得了一定成效，苗种合格率有了提升。2010年要在上年水产苗种场普查登记的基础上，严格许可制度，提高准入门槛，坚决逐步淘汰规模小、条件差、作坊式、管理薄弱的苗种生产单位。要健全完善苗种场数据库。在扩大抽检范围，继续公布不合格产品及其生产企业，依法查处并取消其生产资格等措施方面，2010年力度还要进一步加大。2009年和2010年农业部相继出台了《关于开展增殖放流经济水产苗种质量安全检验的通知》以及《动物检疫管理办法》。希望各地贯彻实施好这两项新的制度，加强与有关部门的沟通合作，切实推动水产苗种的许可生产、产地检疫和放流管理的规范化。

（三）进一步加强产地水产品质量安全抽检。产地抽检是加强产地监管、依法查处违法生产企业的重要手段。2009年出台的《产地水产品质量安全监督抽查工作暂行规定》经过一年的试行，2010年作了修订，进一步强化和完善了监督抽查结果会商和对外公布制度，保持对违法行为查处的高压态势。2009年只是公布了严重违法生产单位，2010年要加大力度，做到有违规就公布。除公布监督抽查结果外，今后各级渔业执法部门还要逐步公开对不合格产品生产单位的查处结果，接受社会的监督。这里还要强调两件事，请各省和有关单位配合。

一是由于我们现在公开检测结果，并依法对不合格产品及其生产单位查处，因此对检验报告的合法性、准确性提出了严格的要求。今后农业部将从严选择确定承担产地水产品抽检任务的质检机构，凡资质或者能力验证不合格的质检机构将不能承担农业部的抽检任务。请各质检机构切实加强内部管理，不断提高工作水平。

二是为实施随机抽检，2009年我们建立了产地抽检生产单位数据库，要求各省份将辖区的养殖单位有关信息全部录入。但现在看，数据库建设还不太理想，数据偏少，个别养殖大省甚至只报了几百家养殖场，与实际差距太大。2010年初，已再次要求各地进一步补充、修订数据库内的信息，并开始建立水产苗种生产单位数据库。希望各地重视并做好这项工作。农业部近期就要发布《水域滩涂养殖发证登记办法》，要争取今明两年基本完成发证工作。根据农业部、财政部2010年柴油补贴发放办法，以后没有养殖证一律不能享受补贴。要通过两证的发放，把养殖单位、育苗单位基本纳入管理范围。

（四）完善贝类产品质量安全管理制度。贝类由于其生物特性，极易富集有毒有害物质，发生质量安全问题的风险较一般水产品更大。1988年发生在上海生食毛蚶导致的“甲肝”事件，以及近几年发生的食用织纹螺致死、福寿螺致病等事件都与贝类卫生安全状况有很大关系。发达国家一般都对贝类制定了更加严格的质量管理措施。参照欧盟的经验，我国从2003年开始对海水贝类生产区域实施划型管理。但由于法律、资金、标准等各方面的局限，划型区域小、后续监管不到位等问题一直没有很好地解决。欧盟从1997年起禁止我双壳贝类产品向其出口，对我贝类产品出口造成了很大影响。经我多方努力，2009年欧盟专家对大连獐子岛海域贝类卫生监控体系进行了考察，虽然肯定我们的监控体系有了较大改进，但又指出在监测频率、卫生调查、实验室条件、划型后管理等方面距其要求仍有不小差距。为此，我们正组织制订《海水贝类产品卫生监测及生产区域监督管理暂行规定》，拟对贝类产品质量安全监测、生产区域划分以及划型后的管理提出一揽子的解决措施，希望各地积极参与并支持这项工作。有条件的可先行一步，安排一定资金、人员，做好贝类产品的监测、水域划型和后续监管工作，为全面推行管理制度提供经验。

上海世博会和广州亚运会举办的这两个城市传统上有生食贝类的习惯。上海、广东及周边省份要高度重视贝类产品的质量安全监管和科学、安全食用知识的宣传引导，确保贝类产品的消费安全。

（五）主动做好打基础、管长远的工作

一是要继续深入开展主要养殖水产品质量安全风险隐患排查工作。这项工作前期已投入了不少精力，先后召开了4次专家会商会，形成了初步的分析报告，基本理清了主要养殖水产品的风险隐患，但还需要进一步完善。下一步要充分利用好摸排成果，针对已经发现的安全风险隐患，进一步分析成因和症结所在，提出有针对性的整改和监管措施建议。

二是要继续完善质量安全舆情监测机制。对重要信息，要在第一时间开展核查，及时妥善应对，并尽快向上一级报告，必要时会同专家向社会公开真相，释疑解惑。同时，要依法依程序主动发布水产品质量安全监管信息，保障公众的知情权和监督权。要增强敏感性，完善风险评估机制，强化应急工作保障。做到快速反应、科学处置、信息畅通、运转高效。

三是要推动有条件的地方建立重点养殖水产品在重点地区的可追溯体系和产地准出、市场准入制度。据有关部门估计，目前实施水产品市场准入的城市已有120多个，但有多少能够真正实施还不清楚。各地要注意总结一些有效的做法，积极探索和推动水产品质量安全可追溯体系和市场准入制度的建立。

(六)深化水产养殖和质量安全执法。水产养殖和质量安全执法是近几年形势发展对我们提出的新要求，总体还处于起步阶段。前不久农业部渔政指挥中心在江苏召开了水产养殖和质量安全执法经验交流会，目前我们正在着手准备出台《关于推进水产养殖和质量安全执法工作的意见》。各地要加快建立健全渔业主管部门统一领导，以渔政机构为主，技术推广、质量检测和环境监测等机构协作配合的水产养殖与水产品质量安全执法工作机制。改善执法手段、增强执法能力，尽快实现执法管理的制度化、规范化和常态化。要继续落实水产养殖与水产品质量安全执法责任制和责任追究制。规范执法行为，完善执法监管台账、卷宗、整改复查制度和查结案件公开制度。继续探索创新执法方式，紧紧围绕养殖证和苗种生产许可证的发放、生产记录、养殖用药、水质环境、污染排放等重点环节，加大执法力度。特别是要根据专项整治的总体部署，组织开展清查、收缴水产育苗和养殖环节违法使用、贮存硝基呋喃类、孔雀石绿等禁用药物和有毒有害化合物的活动。对违规行为要坚决依法查处。此外，要积极与工商、公安等部门沟通协商，建立水产品质量安全执法部门联动机制，提高监管效率。

(七)切实加强水产科研和质量安全标准化工作。科研、推广和标准化工作是做好水产品质量安全工作的重要支撑。希望有关科研院所和院校继续抓住新型替代药物、疫苗、病害防治、药代动力、药物残留快速检测研发等关系质量安全的重要关键技术，加快攻关，早出成果、早日应用。同时，要通过渔业科技入户、健康养殖示范场等平台，加快成果转化，提高科技服务水平。要进一步加强标准化工作，抓紧制(修)订产业发展急需的国家、行业和地方标准，并加大标准化宣传贯彻实施力度。对于现行水产品质量安全标准有的不适用问题，特别是有毒有害物质、农兽药物残留限量及检测方法标准，要尽快进行清理，能够修订的要及时修订；对于不属于我们职能范围内的，要在做好资料和数据收集分析的基础上，向卫生部或者标准委提出修订标准的建议。农业部农产品质量安全监管局对有关标准化工作已做了专门部署，并与卫生等部门进行协调。要认真配合，抓好落实。

(八)努力确保世博会、亚运会期间的水产品安全有效供给。2010年，上海要举办世博会，广州要举办亚运会。上海世博会、广州亚运会社会影响面大，国际关注度高。上海、广东及有关各地对供应上海、广州市场的水产品质量安全负有重要的监管责任。

为了做好这项工作，农业部下发了《关于做好2010年上海世博会期间水产品安全有效供给的通知》，就水产品质量安全特殊保障工作进行了具体部署。前段时间农业部又派出工作组对相关工作进行了督导。从最近了解的情况看，上海市和各有关省级渔业部门已根据农业部通知的要求，做了一些摸底、对接的工作。但是，由于受到入沪水产品品种众多、地域广泛、流通方式复杂、缺乏市场准入制度等因素的制约，保证世博会期间的水产品安全有效供给还面临许多不确定因素和较大压力。上海是水产品消费量较大的城市，绝大部分水产品来自外地，因此，保障上海水产品质量安全关键还是要各地协同做好产地监管。作为特殊监管措施，我们要求，首先上海市渔业主管部门要根据要求和职责分工，积极配合有关部门，摸清市场水产品产地来源，并将摸底情况与有关省级渔业主管厅(局)对接。其次，各相关省份要采取严格的监管措施，确保产地水产品质量可靠。全国渔业系统的同志要树立一盘棋思想，加强信息的沟通和交流，强化舆情监测，一旦发生水产品质量安全事件，要快速反应、妥善处置，同时正面引导舆论，避免事态扩大和媒体炒作。正在向部里有关司局积极争取对各地实施特殊监管措施给予必要的支持。

提高认识 明确重点
切实推进渔业节能减排
工作深入开展

农业部渔业局局长李健华在全国渔业节能减排现场交流会上的讲话

(2010年10月29日)

"节能减排"就是节约能源，降低能源消耗，减少污染物排放。是国家"十一五"规划纲要提出的战略任务；是贯彻落实科学发展观、构建和谐社会的重大举措；是建设资源节约型、环境友好型社会的必然选择；是推进经济结构调整、转变发展方式的必由之路。前不久召开的党的十七届五中全会提出，要坚持把建设资源节约型、环境友好型社会作为加快转变经济发展方式的重要着力点，节能减排是其中十分重要的内容。今天，我们在这里召开全国渔业节能减排现场交流会，就是要落实贯彻国家关于节能减排的战略部署，通过总结试点工作、交流情况，进一步明确思路和对策措施，全面推进渔业节能减排工作。刚才，有5个单位的代表介绍了近年来开展渔业节能减排工作及其试点项目的执行情况，他们的做法和经验，值得大家学习和借鉴。大家还观看了渔船节能宣传片，参观了渔业节能减排试点成果展示，深受启发。下面，根据国家对节能减排的总体要求，结合产业发展实际，讲三点意见。

一、提高认识，增强做好渔业节能减排工作的紧迫感

党中央、国务院十分重视节能减排工作，“十一五”以来，连续出台一系列政策和措施大力推进。在“十一五”规划纲要中明确提出了到“十一五”期末单位国内生产总值能耗降低20%左右、主要污染物排放总量减少10%的节能减排目标。2006年，国务院发出关于加强节能工作的决定，提出了年节能率4.4%的目标，要求到“十一五”期末初步建立起比较完善的节能法规和标准体系、政策保障体系、技术支撑体系和监督管理体系。2007年和2008年先后修订并颁布实施了《节约能源法》和《循环经济促进法》两部重要法律。我国作为负责任大国，积极应对全球气候变化，在2009年哥本哈根全球气候大会上，我国政府向国际社会做出了到2020年单位国内生产总值二氧化碳排放比2005年下降40%~45%的庄严承诺。与此同时，国家财政近年来在节能重点工程和节能产品惠民工程方面给予了大力支持，进一步提升了全民节能降耗和减排的意识，强化了各级政府、有关部门、企事业单位的责任，为促进我国经济社会又好又快发展创造条件。实现节能减排目标已成为衡量落实科学发展观、加快调整产业结构、转变发展方式成效的重要标志。在这样重大背景下，我们必须充分认识到，渔业作为一个对资源和能源高度依赖、与生态环境密切关联的产业，大力推进节能减排意义十分重大。

（一）渔业节能减排是实施国家发展战略的必然要求。中国是个渔业大国，根据测算，渔业生产年耗能总量折1 754万吨标准煤，其中捕捞和养殖业占87%。捕捞业和养殖业是耗能的重点，也是渔业减排的重点，渔船废气和水产养殖污染排放问题比较突出。在能源消耗品种构成中，以渔船柴油消耗为最多，柴油消耗占全行业总能耗的70%以上，其次是电力和煤炭。在国内，捕捞业产值占国内生产总值不足0.5%，但消耗的柴油却占全国柴油消费总量的5%以上，而且捕捞业单位产值能耗水平是我国第一产业平均能耗水平的近3倍。渔业特别是捕捞业是一个高耗能产业，是国家实施节能减排战略不能忽视的重要方面。推进渔业节能减排是我们义不容辞的责任，是实现国家战略的一项重要任务。

（二）渔业节能减排是增加渔民收入的现实需要。改革开放30多年来，我国渔业经济实现了快速增长，在水产品产量产值持续增长的同时，渔船数量和捕捞强度大幅增加。到2009年末，我国机动渔船数量达到67万艘、功率2 056万千瓦。这些渔船普遍存在着船龄老化、船型机型落后、能耗高等问题。随着燃油价格的不断攀升，柴油消耗占捕捞生产成本的比例逐年增加，一般都达到70%左右，渔民增收受到严重制约。最近国家发改委决定将汽油、柴油价格每吨提高230元和220元，柴油价格每吨已达7 000多元。因此，要实现渔业可持续发展，实现渔业节本增效，不断增加渔民收入，必须积极推进渔业节能减排。

（三）渔业节能减排是推进养殖方式转变的有效途径。多年以来，我国渔业实行以养殖为主的方针，取得了很大的成绩。目前，我国水产养殖面积达到728万公顷，养殖产量3 621万吨，占全球养殖产量的70%。但是，总体上我国水产养殖业发展方式还比较落后，配合饲料使用率低，投喂鲜活小杂鱼养殖比较普遍，每年消耗的鲜活小杂鱼达百万吨，不仅损害了资源，还造成了污染。水质调控设备和养殖减排设施配备不足，排放污染问题日益突出。一些地区发展工厂化水产养殖，大量抽取地下水和大排大放，造成局部地区水资源的日益紧张，对水环境也造成不同程度的污染。这些问题，都要重视。虽然养殖业吨水产品耗能仅为捕捞业的1/7，但其是有耗也有排，我们应该从资源节约、减少排放的角度去考虑水产养殖业发展问题。要通过推进节能减排，坚持节约发展、清洁发展、安全发展，促进养殖业发展与资源生态环境相适应，推进养殖方式转变。

针对我国渔业耗能大、能源利用水平不高、节能减排形势严峻的现状，渔业系统的同志要充分认识加强渔业节能减排工作的重要性和紧迫性，把渔业节能减排工作放在更加突出的重要位置，采取更有力的措施，切实推进渔业节能减排工作。

二、总结前一段工作，继续把渔业节能减排引向深入

自2006年国务院颁布《关于加强节能工作的决定》之后，在每年召开的全国渔业工作会议上，农业部都对渔业节能减排工作提出要求。四年来，农业部以抓基础、抓试点、抓宣传为重点，着力推进渔业节能减排工作。在各地、各有关单位的支持配合下，试点工作取得了一些进展，积累了一些经验，深化了对一些问题的认识，对明确下一步工作思路、推动面上工作起到了促进作用。

（一）渔业节能减排试点工作取得了初步成效。 农业部从2008年起，连续3年共安排1 000万元资金用于支持渔业节能减排试点工作（其中部财务司900万元、部科技司100万元，均从农业生态环境专项中安排）。我们首先从抓基础调研做起，开展渔业耗能与节能分类调查，以及渔港污染状况调研，摸清全行业耗能与节能减排状况。并以渔船节能为重点，选择辽宁、山东、江苏、浙江、广东5个省进行试点，开展渔船节能宣传培训，推广渔船节能技术与节能产品，研发设计节能型渔船，示范建造玻璃钢渔船等。之后，又将试点范围从渔船节能逐步向养殖、加工和船网机具修造业拓展。开展鲆鲽类、鳗鲡、对虾养殖节能减排试点，积极推广循环水养殖。试点工作的开展，起到了较好的示范效应，取得了一定的经济、社会和生态效益，带动了地方节能减排资金的投入，推动了地方渔业节能减排工作的开展。此外，农业部还对渔业节能减排科研项目给予立项支持，把渔业重大节能关键技术与装备研究、池塘改造和生态环境修复研究两个项目列入了2010—2011年农业部公益性行业科研专项计划。以渔船节能标准体系为重点的标准体系建设也开始起步。

近年来，各地都在关注和重视这项工作。有些省把渔业节能减排作为一项新的职能列入了“三定”方案，并落实到具体处室，实行专人负责。有些省份制定了节能减排工作规划和计划，把发展玻璃钢渔船、推行船型标准化、推广节能型渔船柴油机、应用新型船舶涂料、发展循环水养殖、实施水产品加工节能技术改造等作为节能减排工作重点。同时结合海洋捕捞作业结构调整、海洋捕捞渔民减船转产和养殖池塘标准化改造等项目的实施，积极推进渔业节能减排工作，都取得了较好的效果。一些地方还出台了扶持政策，如浙江省财政每年投入近1 000万元用于支持渔船节能技术、装置、产品的示范与推广；上海市对实行标准化船型改造的渔船予以40%的补贴；青岛市对采用循环水设备的养殖企业每套补助10万元，调动了企业和渔民应用节能技术与产品的积极性。

（二）渔业节能减排潜力巨大，但工作任务艰巨。 近几年，通过开展渔业节能减排工作，特别是通过局部试点，我们初步积累了一些经验，也有一些基本的认识，感到做好渔业节能减排工作可谓潜力巨大、难度不小。从潜力讲，首先，我国机动渔船年耗柴油近800万吨，约占全国柴油消耗的5%，这些渔船普遍采用高能耗柴油机，每千瓦小时油耗比节能机型高10%以上。如果采取有力的措施，使燃油消耗下降5%以上，每年就能节油40万吨，价值近30亿元，节能效益相当可观。其次，养殖业节能减排也有很大的空间。据调查测算，如果采用精准投喂技术，可以减少养殖排放30%以上，采用工厂化循环水养殖技术，可节水达50%以上。这些说明，在渔业行业推行节能减排，不仅可以节约大量宝贵的水资源和能源，提高能源利用效率，而且有利于节本增效、增加渔民收入。由此可见，渔业节能减排大有可为。从难度讲，渔业节能减排是一个非常复杂的系统工程，既涉及观念问题，又涉及产业结构、政策、管理、技术、装备等问题。在党的十七届五中全会上，胡锦涛总书记也讲了实现节能减排任务难度较大的问题。目前渔业节能减排工作还面临着许多困难和问题，如缺乏必要的政策和专项资金支持；约束机制未建立健全，一些地方对此重视不够；科技支撑不足和法规标准体系滞后等等，都需要我们认真研究解决。

大力推进渔业节能减排工作方向正确、路子对头，但要逐步引向深入，还需要各级政府从政策、资金、技术等方面加大支持力度。从政策层面讲，我们要不断总结、深入研究，提出切实可行的财政、信贷等多渠道的扶持政策。要争取将渔业节能减排作为一个重大工程项目，列入规划预算，争取得到各级财政的支持。从工作层面讲，我们要加强对先进、适用、高效、经济的节能技术和装备的研究投入和成果推广，加强对广大渔民的宣传培训，普及节能减排知识，帮助渔民算一算节能减排的好处，使节能降耗最终与节本、增效、增收挂钩。引导渔民从“要我节能”转变为“我要节能”，使之成为自觉行动。渔业节能减排工作涉及面广，需要各单位之间的协调配合，渔业行政主管部门要组织船检、科研、教学、推广、中介等单位以及企业的力量，统筹做好渔业节能减排各项工作。

从试点以及各地开展的情况看，我国渔业节能减排工作已具备了一定基础。我们既要坚定做好工作的信心，也要看到面临的困难和问题。要在总结各地好的做法基础上，找准切入点和突破口，以点带面，下更大决

心，花更大气力，把渔业节能减排工作全面引向深入。

三、突出重点、争取支持，保障渔业节能减排工作扎实推进

为切实推进渔业节能减排工作，根据国家和农业部关于节能减排的总体部署和工作要求，结合渔业节能减排工作现状，我们正在研究起草《关于推进渔业节能减排工作的指导意见》。拟在完善和广泛征求意见后下发。对"十二五"乃至今后渔业节能减排工作，我们有一些基本的考虑和要求：

（一）明确思路，突出重点，把渔业节能减排作为一项长期的工作任务安排好、落实好。推进渔业节能减排是加快推进建设现代渔业的重要措施。我们初步考虑，"十二五"渔业节能减排工作的思路是：以科学发展观为指导，围绕建设资源节约、环境友好型现代渔业的目标，按照"突出重点、以点带面、先易后难、注重效果"的原则，以渔船节能为切入点，逐步推进养殖、加工、渔港各领域节能、节水、减排以及循环利用、综合利用工作的开展。组织和动员各方面力量，形成"政府引导、协会推动、企业支持、渔民参与"的格局。加强宣传和政策导向，推动技术创新和成果推广，强化制度建设和监督管理，推进建立节能减排长效机制和考核评价体系。通过努力，使渔业节能减排政策基本得到落实，规章制度和标准体系初步形成，全行业节能减排意识有较大提升，节能减排技术与产品广泛应用。能源利用水平有较大提高，渔业污染排放得到有效控制。

以上思路中提出的原则、目标和任务是否全面、准确、可行，还希望大家进行研究和讨论。对于大家提出的意见和建议，我们会认真研究，把合理化建议写入拟下发的《关于推进渔业节能减排工作的指导意见》中。

根据以上思路，我们计划在"十二五"期间，首先要重点抓好渔船节能工作。要在逐步推行船型标准化、对渔船进行节能技术改造的同时，对更新淘汰高耗能老旧渔船、限制建造木质渔船、发展玻璃钢渔船等问题组织调研，提出对策措施。但这些工作涉及面广、比较复杂，难度也不小。我们将通过深入研究，采取行政、经济、法律、技术等手段逐步加以推进。如发展玻璃钢渔船问题，"九五"期间，我们进行过攻关，出台过措施，但未推开，究竟是认识和政策问题，还是价格和技术问题，今后应通过采取什么措施加以推进，都要研究。又如渔船的改造也很重要，但哪个是重点，是改船型，改网具，还是改装备，如何把复杂的事情简单化，抓住关键很重要。总之，渔船节能涉及的内容很多，既包括船型机型标准化和船机桨优化匹配问题，也包括捕捞作业方式调整、节能型网具和捕捞机械问题，还包括新材料、新能源在渔船上的应用以及渔船余热利用等。这些都需要研究，要抓住关键环节进行突破，或是进行系统整合，综合加以推进。其次，要结合各地养殖池塘标准化改造和兴建工厂化养殖设施工作，大力推广循环节水、减排甚至零排放、环保生态的先进技术和装备，提高现代水产养殖业资源利用效率。

我们将在认真研究的基础上，进一步明确思路，突出重点，争取支持，推进工作。尤其是要研究争取财政支持的问题，把渔业节能减排组合成一个大项目，项目内容要思路清晰、重点突出、简便易行，要与广大渔民的切身利益紧密结合起来，就像测土配方施肥、沼气工程和标准化鱼池改造项目一样。这也是各地要认真研究和考虑的问题。我们要继续深化对渔业节能减排工作的认识，通过抓住几项关键技术和措施，达到全面推进渔业节能减排工作的目的。

（二）抓好近期工作，为"十二五"渔业节能减排工作开好局、起好步

一要加强领导，完善机制。各级渔业主管部门要切实加强对渔业节能减排工作的领导，明确职责分工，经常对渔业节能减排工作进行研究和部署，形成有人抓、有人管的局面。要探索建立渔业行政部门与船检机构、科研推广单位、协会中介、企业渔民之间相互配合支持、良性互动的机制。探索建立行之有效的渔业节能减排考核评价体系，形成约束力和推动力。

二要加强宣传，提高认识。各地、各有关单位要加强渔业节能减排宣传，充分发挥学会、协会的作用，有针对性地组织开展科普宣传和培训研讨活动，推荐介绍节能新模式、新装备、新产品、新技术，不断增强渔民的感性认识。

三要加强调研，编好规划。近几年，几个试点省在农业部专项资金的支持下，开展了渔业耗能与节能减排调查，初步摸清了本省的渔业耗能与节能减排基本情况，研究提出了对策和建议，但大多数地方还没有开展调查，底数不清，情况不明。因此，各地渔业主管厅（局）要制订工作计划，有组织地开展调查活动，摸清情况、查摆问题、分析潜力、提出对策。明确本地的渔业节能减排工作主攻方向和主要任务，并把相关内容纳入本地区"十二五"农业渔业发展规划中。农业部渔船检验局要组织船检系统及有关单位，对各地渔船标准化改造情况进行调研，对发展玻璃钢渔船问题进行研究，编制相应的建议。

四要研究政策，争取支持。将在认真总结近年来试点工作的基础上，组织有关单位研究渔业节能减排扶持与支持政策，编制渔业节能减排重大项目规划，把节能减排组装成一个大的项目，积极争取财政支持。

在争取扩大新政策的同时,利用好现有的农机补贴政策,把适宜的节能产品尽量纳入补贴目录,惠及广大渔民。各地也要研究渔业节能减排工作支持政策措施,力争将渔船标准化改造、工厂化循环水养殖推广等节能预期效果好的项目列入当地财政补贴。各地还要很好地研究,如何把渔业柴油补贴政策与推进节能减排结合好,使这一重要的补贴政策能够为推进节能减排工作发挥作用。

五要抓好试点,总结提升。2011 年,农业部将以渔船节能为重点继续做好渔业节能减排试点工作。对于承担农业部 2010 年渔业节能减排试点工作任务的单位,要加快进度,按期验收。我们希望通过试点能总结提炼出具有建设性的意见和措施建议。包括筛选和推荐出一批技术成熟、性能稳定、价格合理的新装备、新产品、新材料;摸索推荐出几种适合不同地区、不同品种的生态可控或循环水养殖模式;总结出一些节能减排的技术路线和工艺流程,争取上升为规范、标准;提出一些需要财政、信贷、税收、工商等鼓励支持和引导的政策建议。

六要抓紧攻关,早出成果。水科院及其所属科研机构、相关院校,要充分利用现有的国家、行业以及省级科研项目计划渠道,把节能减排研究作为“十二五”科研计划的重要内容,争取立项,抓紧研究,为推进节能减排提供技术支撑。全国水产技术推广总站要组织技术推广体系做好节能减排新技术、新模式示范推广工作。据了解,2010 年公益性行业科研专项即将启动,水科院渔机所作为项目牵头单位要组织各相关承担单位做好详细的方案分解工作,确定合理的技术路线,尽快启动研究。特别是节能船型研究、船型标准化和节能产品技术评价体系研究要早出成果。

专 题 论 坛

碳汇渔业与海水养殖业

——战略性新兴产业

中国工程院院士　唐启升

当前，发展低碳经济成为各国政府应对气候变化的战略选择。发展低碳经济的核心是降低大气中 CO_2 等温室气体的含量，主要途径有两条：一是减少温室气体排放；二是固定并储存大气中的温室气体。就目前的科技水平来看，通过工业手段封存温室气体，成本高、难度大，而通过生物碳汇扩增，不仅技术可行、成本低，而且可以产生多种效益。因此，生物碳汇扩增在发展低碳经济中具有特殊的作用和巨大的潜力。

研究证明，海洋是地球上最大的碳库，整个海洋含有的碳总量达到 39 万亿吨，占全球碳总量的 93%，约为大气的 53 倍。人类活动每年排放的 CO_2 以碳计为 55 亿吨，其中海洋吸收了人类排放 CO_2 总量的20%～35%，大约为 20 亿吨，而陆地仅吸收 7 亿吨。根据联合国《蓝碳》报告，地球上超过一半（55%）的生物碳或是绿色碳捕获是由海洋生物完成的，这些海洋生物包括浮游生物、细菌、海藻、盐沼植物和红树林。海洋植物的碳捕获能量极为强大和高效，虽然它们的总量只有陆生植物的 0.05%，但它们的碳储量（循环量）却与陆生植物相当。海洋生物生长的地区还不到全球海底面积的 0.5%，却有超过一半或高达 70% 的碳被海洋植物捕集转化为海洋沉积物，形成植物的蓝色碳捕集和移出通道。土壤捕获和储存的碳可保存几十年或几百年，而在海洋中的生物碳可以储存上千年。

“渔业碳汇”是指通过渔业生产活动促进水生生物吸收水体中的 CO_2，并通过收获把这些碳移出水体的过程和机制，也被称为“可移出的碳汇”，这个过程和机制，实际上提高了水体吸收大气 CO_2 的能力。渔业具有碳汇功能，因此，可以把能够充分发挥碳汇功能、具有直接或间接降低大气 CO_2 浓度效果的生产活动泛称为“碳汇渔业”。

事实上，海洋渔业碳汇不仅包括藻类和贝类等养殖生物通过光合作用和大量滤食浮游植物从海水中吸收碳元素的过程和生产活动，还包括以浮游生物和贝类、藻类为食的鱼类、头足类、甲壳类和棘皮动物等生物资源种类通过食物网机制和生长活动所使用的碳。虽然这些较高营养层次的生物可能同时又是碳源，但它们以海洋中的天然饵料为食，在食物链的较低层大量消耗和使用了浮游植物，对它们的捕捞和收获，实质上是从海洋中净移出了相当量的碳。

我国渔业具有高生产效率、高生态效率的特点，碳汇渔业在生物碳汇扩增战略中占有显著地位，在发展低碳经济中具有重要的实际意义和很大的产业潜力。发展碳汇渔业是一项一举多赢的事业，不仅为百姓提供更多的优质蛋白，保障食物安全，同时，对降低大气中 CO_2 等温室气体的含量和缓解水域富营养化有重要贡献。

我国大规模的贝藻养殖对浅海碳循环的影响明显。目前，国内海水养殖的贝类和藻类使用浅海生态系统的碳可达 300 多万吨，并通过收获从海中移出至少 120 万吨的碳。新的研究表明，在过去 20 年中，我国海水贝藻养殖从水体中移出的碳量呈现明显的增加趋势。例如，1999—2008 年我国海水贝藻养殖每年从水体中移出的碳量从 100 万吨增至 137 万吨，平均 120 万吨，相当于每年移出 440 万吨 CO_2；10 年合计移出 1 204万吨碳，相当于移出 4 415 万吨 CO_2。如果按照林业使用碳的算法计算，我国海水贝藻养殖每年对减少大气 CO_2 的贡献相当于义务造林 50 多万公顷，10 年合计义务造林 500 多万公顷，直接节省国家造林投入近 400 亿元。

很明显，海水养殖是海洋碳汇渔业的主体部分。但是，关于海水养殖业的产业性质，人们常常简单地归之传统产业。如果换个角度，能不能说它是一个战略性新兴产业呢？第一，海水养殖不仅改变了中国渔业生产的增长方式和产业结构，同时也改变了国际渔业生产的方式和结构；第二，从满足国家重大需求看，到2030年16亿人需求增加1 000万吨水产品，海水养殖将是主要的支柱；第三，从产业产出的贡献看，保障食物安全，减少 CO_2 等温室气体的排放；第四，从产业发展的科学内涵看，发展生态系统水平的海水养殖将成为现代渔业发展的突破点。前不久在中国工程院与国家发改委召开的一次咨询研讨会议上，已把海水养殖和海洋药物归到新兴的生物产业中。这样看来，海水养殖业有希望形成新的经济增长点，成为发展绿色的、低碳的新兴产业的示范。

预计到2030年，我国海水养殖产量将达到2 500万吨，按照现有贝藻产量比例计算，海水养殖将每年从水体中移出大约230万吨碳；到2050年，我国海水养殖总产量预计达到3 500万吨，其中海藻养殖产量将突破1 000万吨（干重），海水养殖碳汇总量可达到400多万吨。其中贝类固碳180万吨，藻类固碳235万吨。因此，我国碳汇渔业的发展对我国和世界食物安全和减少 CO_2 等温室气体的排放都将做出重大贡献。

关于发展以海水养殖业为主体的碳汇渔业，有四点建议：一是端正认识，强力推动海水养殖业发展，充分发挥渔业的碳汇功能，为发展绿色的、低碳的新兴产业提供一个示范的实例。二是大力推动规模化的海洋森林工程建设，包括浅海海藻（草）床建设、深水大型藻类养殖和生物质能源新材料开发等。三是尽快建立我国渔业碳汇计量和监测体系，开展针对性的基础研究，科学评价渔业碳汇及其开发潜力，探索生物减排增汇战略及策略。四是积极参与建立一个全球的蓝色碳基金，推动我国海洋固碳和碳汇渔业建设。

抢占渔业低碳经济的技术高地

中国水产科学研究院院长　张显良

随着全球气候进一步变暖，哥本哈根世界气候大会的召开，再一次敲响了有关气候变化对人类影响的警钟。同时，低碳经济、低碳技术也再度引起了世界范围的广泛关注。作为一个发展中国家，我国由于能源结构、产业结构、贸易结构、发展阶段等客观原因的存在，面临着极大的温室气体减排压力，这已是不争的事实。但无论如何，以“低能耗、低污染、低排放”为特征的低碳时代确实已经来临。中国政府已向世界公布我国温室气体减排目标：到2020年中国单位GDP二氧化碳排放量比2005年下降40%～45%，并将减排目标作为约束性指标纳入国民经济和社会发展的中长期规划。在2010年全国渔业工作会议上，农业部渔业局局长李健华在讲话中提出，要“树立绿色经济、低碳经济和循环经济的理念，使渔业发展减少对资源和能源的消耗”。2010年的渔业节能减排工作重点强调两点：一是减少碳排放，二是增加碳汇。

在低碳经济时代，中国作为海洋大国，应积极发展以海水养殖业为主体的碳汇渔业，抢占渔业低碳经济的技术高地。低碳经济发展模式是以低碳为发展方向，以节能减排为发展方式，以碳中和技术为发展方法的绿色经济发展模式。低碳经济的特征是以减少温室气体排放为目标，构筑低能耗、低污染为基础的经济发展体系。发展低碳经济的核心是降低大气中 CO_2 等温室气体的含量。就目前来说，主要是以节能降耗等措施减少温室气体的排放，以及通过工业手段或者生物固碳技术来固定并储存大气中的 CO_2。要减少或控制温室气体排放，发展低碳经济是根本，增加碳汇是弥补。

渔业在推进我国低碳经济发展的进程中将发挥很大作用。一方面，我国渔业是以养为主，且贝藻类、滤食性鱼类等养殖占据很大比例，导致渔业表现出很强的碳汇功能。也就是说，渔业生产活动促进水生生物吸收水体中的 CO_2，并通过收获把这些碳移出水体。另一方面，我国渔业作为耗能大户，污染物排放也较为严重。因此，发展低碳渔业的潜力很大。低碳渔业是低能耗、低污染、低排放的效益型、节约型和安全型渔业，是以最少的投入获得最大产出的效益型渔业，是采用各种措施将农业产前、产中、产后全过程可能对经济、社会和生态不良影响降到最低程度的安全型渔业，发展低碳渔业是我国加快推进现代渔业建设的重要内容。

低碳技术是一个非常大的概念，凡能促进能源和消费过程中更加低碳化的技术都可以认为是低碳技术。具体来讲应包括两个层面：减碳与去碳。前者是减少碳排放或实现零排放的技术，后者是二氧化碳的捕捉及储存技术。具体来说，低碳养殖是压缩养殖生产过程中能源消耗，降低排碳量，降低废水（气）排放，包括循环水养殖、深水网箱养殖、多营养层次生态养殖等；减低能耗是提高能源利用效率（单位产值能耗、单位产量能耗）的生产技术，降低渔业产品及生产资料碳足迹的品种与材料技术，包括玻璃钢渔船，标准化船型，老旧柴油机更新改造，尾气余热利用，太阳能、风能及风光互补，捕捞作业方式和渔具材料等；加大水生生物增殖放流力度，发展生态增养殖和贝藻类养殖，可有效增加碳汇。

以渔业生产的生产力水平而言,需要大力推进低碳技术,以减少温室气体排放;以渔业生产的生态效应而言,需要强化具有碳汇功能的产业,发挥生产与生态的双重作用。发展渔业低碳技术,需要以渔业生产力水平与现实条件为基础,以切实降低渔业生产碳足迹为目标,依靠科技进步,明确方向、把握重点,切实推进。

就我国渔业发展现状来看,发展低碳经济是势在必行的经济愿景,是一个长期、不断实践创新提高的过程。在把握渔业经济增长机遇和发展低碳经济、转变渔业经济增长方式的过程中,要遵循经济社会发展与气候保护的一般规律,借鉴吸收国外发展低碳经济的成功经验,立足于我国的基本国情和国家利益,走出一条协调长远利益与眼前利益,兼顾技术创新与制度创新,政府、企业和个人三方积极互动的低碳经济发展之路。

扎实做好海洋捕捞渔具渔法管理工作

农业部东海区渔政局局长　李富荣

经过半年多的筹备,在各方面的大力支持协助下,东海区海洋捕捞渔具渔法管理专家委员会终于正式成立了。委员会的各位委员将在今后的工作中认真履行职责,发挥各自的专业优势,为规范和加强东海区渔具渔法的管理,提升东海区海洋渔具渔法管理水平献计献策,作出应有贡献。

一、加强东海区渔具渔法管理的重大意义

渔具渔法是开发利用渔业资源的工具和方法,对可再生的渔业资源而言,友好的渔具渔法可以起到捕大留小、适度开发、可持续利用资源的作用,不友好的渔具渔法则起到竭泽而渔、过度开发、破坏渔业资源的作用。一直以来,东海区渔政局高度重视渔具渔法的管理工作,认真执行国家渔具渔法管理规定,做了一定的工作,也取得了一些成效。但是,从目前情况看,东海区渔具渔法的管理现状不容乐观,渔具渔法对资源破坏越来越严重,专家和群众要求加强渔具渔法管理的呼声越来越高。主要表现在四个方面:一是网目尺寸小,选择性差,损害了大量的经济幼鱼,抵消了伏休等资源养护措施的效果;二是对作业渔船携带渔具的数量没有限制,大大增加了捕捞强度,抵消了“双控”的效果;三是一些破坏资源的新渔具新渔法不断出现,没有准入条件,难以监管;四是渔具渔法名称混乱,不规范,五花八门,同一种作业方式有多种叫法,核定作业方式都困难,不利于管理。这些问题的存在,迫切需要研究采取新的措施加以解决。

加强渔具渔法的管理,不仅是贯彻落实《渔业法》和《中国水生生物养护行动纲要》的基本要求,也是有效控制海洋捕捞强度,保护幼鱼资源,推进东海区渔业可持续发展的客观要求,同时还是规范渔具渔法管理,提高海洋渔业管理水平,推进东海现代渔业建设的迫切需要。

渔具渔法管理工作涉及渔业资源管理、捕捞技术、网具技术和执法监管等方面,是一项集渔政管理与专业技术于一体的工作。要做到科学管理、科学决策,就需要有一个由渔业行政、科研部门的专家组成的咨询机构来提供技术支撑。为此,我们在各单位推荐的基础上,经认真筛选,组建了东海区海洋捕捞渔具渔法管理专家委员会。它的成立,标志着在科学推进东海区渔业资源养护工作方面又迈出了坚实的一步。

二、积极履行职责,确保委员会的高效运转

为了更好地发挥委员会和委员的作用,提高运行效率,经反复征求相关部门意见,制定了《东海区海洋捕捞渔具渔法管理专家委员会章程》。《章程》规定了委员的职责、组织机构和运行管理等内容。按照《章程》,委员会为非常设工作机构,委员全部来自管理、科研部门和高校等方面的在职专家。委员会要履行好职责,高效运转,发挥出应有作用。首先要坚持严谨的科学态度,加强调查研究,及时了解和掌握渔具渔法的新动向;其次要有强烈的事业心、责任感和使命感,切实推进东海区渔具渔法管理工作;其次必须要有奉献精神、良好的职业道德,作风正派。

三、从实际出发,稳步推进东海区渔具渔法管理工作

加强渔具渔法管理工作涉及面比较广,难度较大。东海区各级渔业行政主管部门和渔业科研部门必须高度重视,明确思路,做好分工,相互配合,从实际出发,稳步推进。

(一)先易后难,分步实施,扎实推进渔具渔法管理工作。长期以来,渔具渔法管理工作积累很多问题,可以说是千头万绪。目前,在大家的共同努力下,渔具渔法普查工作已取得了一定成效,为研究制定渔具渔法准用目录奠定了基础。下一步,要集中精神做好渔具渔法准用目录的研究工作,实质性推进东海区渔具准入制度。

开展渔具渔法准入制度工作,要充分考虑实际情况,采取先易后难、分步实施的办法稳步推进。首先,要做好《海洋捕捞渔具准用目录》制定工作,将情况清楚、意见统一的海洋捕捞渔具先行列入目录。对情况复杂、问题较多的可设立几年的过渡期。过渡期间可由有关专家和研究所加强科学研究和试验,制定渔具的标准和规格,如达不到技术标准则逐步淘汰;对破坏资源和生态严重的渔具渔法,要下决心列入禁用范畴,坚决取缔。其次,加强宣传教育,为实施渔具准入做好舆论宣传。渔具准入制度是一项全新的渔业管理政策,对渔民来讲有逐渐接受的过程,必须大力开展宣传教育工作。委员会要为准用目录的实施,提供科学的宣传材料,用科学说服广大渔民,管委会要为渔民转变渔具渔法使用观念发挥作用。其次,在条件成熟的时候,我们还要根据资源状况,进一步制定科学合理的捕捞渔具容量,实行渔具总量分类量化管理。要制定科学合理的各类捕捞渔具的数量及相互比例,实行渔具总量控制制度,严格控制或限制及取缔对资源和生态环境破坏较大的渔具,促进捕捞结构的协调。要通过法律、行政和经济手段积极引导和推广绿色环保渔具渔法。

(二)统筹兼顾,量力而行,稳步推进渔具渔法管理工作。在制定渔具渔法准用目录时,必须综合考虑渔业资源保护需要、渔民接受程度和渔业执法监管能力等因素,做到统筹兼顾,量力而行,稳步推进。我们既要从渔民长远利益出发,尽可能减少捕捞渔具对资源的破坏程度,又要考虑渔业生产实际和渔民当前可接受程度。因此,要进一步搞好相关的调查和科学研究工作,用科学道理说服渔民,同时也要多听听基层和渔民意见,问计于民。我们出台的制度只有得到渔民的理解和支持才能执行好,有可操作性才能发挥出其应有的作用。切忌操之过急,那样既不能保护好资源,又影响了我们渔业管理部门在渔区渔民中的形象,欲速则不达。

当前,渔具渔法管理比较薄弱,主要原因是国家对渔具渔法缺乏统一命名和分类标准,对作业方式的名称没有统一规范。因此,制定相关规定时要考虑到渔政执法的可操作性。捕捞渔具准用目录要依据充分、内容简洁、标准清晰,便于渔政执法人员执法检查。

(三)积极争取,创造条件,推进东海区渔具渔法的科研工作和人才建设。尽管2009年的渔具渔法调查为东海区渔具渔法管理迈出了扎实的一步,但是由于种种原因,多年来东海区甚至全国的渔具渔法的科研工作基本处于停滞状态,人才也缺乏,使这项专业性极强的工作受到严重影响。

要扎实推进东海区的渔具渔法管理工作,我们必须同时在加强渔具渔法科研和培养渔具渔法科技队伍方面下工夫。为此,东海区局将努力创造条件,争取国家项目和科研资金,逐步推进渔具渔法的科研和人才培养工作。目前,正在就渔具渔法科研工作向农业部渔业局沟通汇报,争取能申请项目经费预算,用于渔具渔法管理研究。希望各位专家一起出主意,尽快确定项目研究的重点内容,力争东海区渔具渔法管理工作能够走在全国前列。

自觉推进健康养殖
促进渔业全面协调
可持续发展

农业部渔业局养殖处　丁晓明

党的十七届五中全会和“十二五”规划纲要明确提出,要把科学发展观贯彻到经济社会发展的各个方面,更加自觉地走科学发展道路。回顾近年来我国渔业通过推进健康养殖行动获得的全面协调可持续发展新成果,我们清醒地认识到,健康养殖是转变渔业发展方式、发展现代渔业的必由之路,是我国水产养殖业发展的永恒主题。“十二五”时期实现渔业科学发展就必须继续坚持和推进健康养殖。

一、健康养殖提出的背景

1. 我国渔业发展方式第一次转变 20世纪70年代末,老一代渔业工作者凭借对发展我国渔业的满腔热情和实事求是的探索精神,在认真总结新中国成立以来渔业发展经验和教训的基础上,按照走中国特色渔业发展道路的思路,结束了渔业发展方向上的“养捕之争”,提出了“以养为主”的渔业发展方针。“以养为主”的方针受到党中央和国务院的确认并最终通过《渔业法》确立为我国渔业发展的基本方针贯彻实施。以养为主方针的提出标志着现代中国渔业发展史上发展方式的第一次转变。通过发展方式的转变,创造了我国渔业连续30年快速发展的辉煌时期。1989年,中国水产品产量跃居世界第一位;2002年中国又成为水产品出口世界第一大国。目前,中国水产品产量约占世界水产品总产量的30%,养殖产量占世界水产养殖产量的70%。中国渔业发展的成功实践也为世界渔业发展提供了经验,树立了榜样。发展水产养殖业已经成为世界渔业发展的总趋势。美国著名的生态学家布朗先生甚至将中国水产养殖业的发展与中国的基本国策之一的计划生育相提并论，是中国对世界的重大贡献。

2. 养殖业发展方式存在的突出问题 中国加入WTO（世界贸易组织）在给我国水产品开拓国际市场创造了有利条件，并借此带来我国渔业新发展的重大机遇的同时，也带来了意想不到、前所未有的严峻挑战。随着水产品国际贸易的发展，水产品质量安全事件一个接一个发生，贸易摩擦越来越多，渔业大国的形象受到极大影响。表面上，国际贸易摩擦起因是我国水产品的质量安全标准和安全保障体系落后于国际发展要求，实际上是我国在确立了以养为主的渔业发展方针后，忽视了水产养殖业本身也有一个发展方式的问题，没有根据养殖业的发展实际及时提出并实施养殖业发展方式的转变。关键是发展理念上的落后。

（1）发展理念上的落后决定了发展方式的落后。中国渔业持续快速发展了30年是不争的事实，其真正动力是养殖业的比较经济效益高。但是，养殖业的发展消耗了多少生态环境成本却不曾考虑。资源的粗放利用、环境渐趋恶化。为了发展养殖生产，养殖面积一扩再扩，养殖规模一增再增。荒滩、荒水、荒地不够用就开始蚕食耕地和农田；陆地资源不够用了又开始向湖泊、水库、近海进军。基本不考虑环境和资源的承载能力。为了提高经济效益，盲目追求高产成为生产者的普遍行为，这种行为带来的环境污染则全部抛在脑后。在落后发展理念的指导下，我国水产养殖业长期处在以大量的资源投入和环境牺牲来实现单一的生产效益。

（2）发展理念上的落后造成对产品质量安全的忽视。20世纪50年代，我国水产科技人员就总结出“水、种、饵、密、混、轮、防、管”的池塘养殖“八字精养法”，这与我们强调的健康养殖在字面上和技术措施上没有什么区别。关键是过去在贯彻“八字精养法”时是以水产品为本，必然只关注养殖水产品产量，而忽视产品质量。在防治病害方面虽然确立了预防为主的方针，由于不是以人为本，所以在研发防治病害的药物时只关注治疗效果和药物成本，不考虑药物残留以及对环境和消费者健康的影响。在消费者越来越关心身体健康的大趋势下，国家强制禁止使用部分药品之后，长期依赖使用药物防治病害的部分养殖生产者无法正常生产。一旦发病，抱着侥幸甚至铤而走险的心理使用禁用药物的行为随之发生。

面对资源环境压力和质量安全两大突出问题，经过对过去的发展理念和方式的认真反思，使我们清醒地认识到：在坚持以养为主发展方针的同时，还必须坚持逐步转变水产养殖业自身的发展方式，中国渔业才能真正实现健康、可持续发展。转变养殖业发展方式的基本要求就是以科学发展观为指导，推行健康养殖。2006年，农业部决定在全国范围内开展健康养殖推进行动。

二、健康养殖的内涵和外延

健康养殖作为一种理念，是指导养殖生产和行业发展的思想观念。健康养殖同时也是保障养殖生产和行业可持续发展的技术体系和对策措施的概括。

1. 健康养殖理念的形成 健康养殖理论和技术创立于20世纪90年代中期的养殖对虾病害防治的实践中，并不断发展和完善。因为危害养殖对虾的病害主要是一些病毒病，而现有的各种药物，包括抗生素，对病毒病是不起直接作用的。对虾一旦发病，结果必然死亡。严酷的现实逼迫科技工作者转变思路，抛弃对药物的依赖思想，不从药物防病治病入手，而是以增强养殖对虾体质、维持良好养殖生态环境为切入点。通过选育良种、研发优质饲料、调控水质和生态环境等技术措施，提高养殖对虾自身抗病能力，从而实现防控养殖对虾病害目标。实践证明这些技术措施不仅有效防控了对虾病害发生，而且保障了产品质量安全，真正实现了对虾养殖的经济、生态和社会效益的统一。因为这些技术措施是按照生物健康理论创建的，因此定义为健康养殖。之后，对虾健康养殖成功经验和技术体系在其他种类的养殖生产中推广应用，并且逐步得到提高和完善。2003年农业部发布的《水产养殖质量安全管理规定》中，对健康养殖的概念作了定义。健康养殖：指通过采用投放无疫病苗种、投喂全价饲料及人为控制养殖环境条件等技术措施，使养殖生物保持最适宜生长和发育的状态，实现减少病害发生、提高产品质量的一种养殖方式。

2. 健康养殖理念的发展 国际上一些水产养殖业规模较小的国家，行业准入严格，环保措施严厉，只要在养殖生产过程中采用健康养殖技术措施，生态环境和质量安全等问题就能够解决了。而我国在推广健康养殖技术的过程中，虽然取得很多实效，但由于养殖生产规模庞大，从业人员众多，养殖规划、行业管理和环境保护等制度不健全，极大影响养殖生产过程中的技术措施效果。推行健康养殖，需要配套完善的产前、产后社会服务体系和行业管理体系。例如良种、饲料等支撑体系，技术推广、动物防疫等服务体系，生态环境保护、生产区域规划和容量控制等行业管理系统，都是推行健康养殖的必要条件。这些条件需要全社会力量给予支持。因此，在推进健康养殖的实践中，健康养殖理念的内涵和外延不断丰富和发展。2009年，农业部《关于全面推进水产健康养殖,加强水产品质量安全监管的意见》,明确指出健康养殖必须从水产养殖业的所有环节加以推进。包括稳定水域滩涂养殖权、加强养殖基础设施建设、建立健全良种和防疫等支持体系、加强技术培训和推广、健全水产品质量安全监管制度、加强水产养殖执法监督和组织健康养殖示范场创建活动等具体措施。

3. 健康养殖的内涵和外延 从健康养殖理念的形成和发展过程,推进健康养殖的意义可以概括为:一是在生产环节推广健康养殖技术,维护养殖区域的生态环境,减少养殖病害,保障养殖生产,提高养殖产品质量。二是在全行业建立资源节约、环境友好、可持续发展的现代养殖体系,保障健康养殖技术的推广应用,促进整个养殖产业健康、可持续发展。

掌握和运用健康养殖理论和技术体系的关键就是要从以水产品为本转为以人为本。要求在制定发展水产养殖业的政策措施和保障养殖生产活动的技术对策中,都必须坚持保护生态环境、维护消费者身体健康为前提。心中有了这个前提,就能自觉推行健康养殖。

三、当前健康养殖推进工作主要内容和要求

1. 提高养殖基础设施和技术装备水平 推行健康养殖首先要有符合健康养殖要求的生产条件。健康养殖要求纠正的是盲目追求产量,支持的是在生态健康、质量安全的前提下实现高产、优质、高效目标。池塘养殖是我国水产养殖的主体方式,集约化设施养殖是今后发展的潜在方向。要按照健康养殖的要求,高标准改造池塘,改善养殖环境和生产条件,为清洁生产、提高综合生产能力奠定基础。提升工厂化养殖的循环水系统和深水网箱养殖的全套技术装备。运用新工艺、新材料改造传统小网箱。

2. 积极组织水产健康养殖示范场创建活动 树立典型、辐射带动,抓点示范、以点带面是有效的工作方法。按照"生态、健康、循环、集约"的要求,扶持示范场改造生产条件,提高装备水平;指导和督促示范场标准化生产,建立健全生产记录、用药记录、销售记录和产品包装标签制度,完善内部质量安全管理机制。强化示范场监督管理,严格创建标准,保证创建质量,增强示范带动作用,完善考核验收管理机制,实行动态管理。

3. 加强技术支撑和服务体系建设 良种、饲料和渔药等投入品生产、经营体系,技术推广和水生动物防疫体系是水产养殖的重要支撑和服务组织。继续加强遗传育种中心、国家级原(良)种场和重点繁殖场工程建设项目,建立符合我国水产养殖生产实际的水产良种繁育体系,提高品种创新能力和供应能力。加大对原种保护、亲本更新、良种选育和推广的支持力度,提高水产苗种质量和良种覆盖率。加强配合饲料的研发和生产,提高质量,增加产量,大力推广和鼓励使用高效、环保的配合饲料,提高配合饲料普及率。严格控制直接投喂冰鲜杂鱼行为。禁止在湖泊、水库、江河、海洋等天然开放性水域中施肥养殖。加快替代药物和水产疫苗的研发,逐步推广使用水产疫苗。继续实施水生动物防疫体系建设规划,加快国家、省、县三级水生动物防疫体系建设,提高水生动物疫病防控能力。逐步建立官方兽医、执业兽医和乡村兽医队伍,尽快建立和完善用药处方制度。加强县、乡两级水产技术推广机构改革建设,提高在基层的服务能力,加快推广健康养殖技术。

4. 推动专业合作组织建设 小规模的分散经营不仅不利于市场竞争力的提高,也不利于健康养殖技术推广和质量安全管理水平的提升。现有的水产养殖专业合作组织还处于发展的初级阶段,内部管理、市场竞争力、自我服务能力、带动农户能力都有待增强,需要不断加大培育和扶持力度,进一步提高组织化程度。要认真贯彻落实农业部等 11 部委(局)《关于开展农民专业合作社示范社建设行动的意见》(农经发[2009]10 号),充分认识开展农民专业合作社示范社建设行动的重要意义,明确指导思想和主要目标,落实有关规定、完善有关政策、加大扶持力度、加强培训教育和舆论宣传。促进合作社规范化建设,提高民主管理水平;促进合作社标准化生产,提高产品质量安全水平;促进合作社品牌化建设,提高市场竞争能力。

5. 加快养殖水域滩涂规划编制和养殖权制度建设 过去一直把宜渔水域滩涂资源作为渔业发展的空间和潜力。实际上任何水域滩涂都是综合国土资源,开发利用多少、允许使用方向等都得依法规划确认和使用。因此,《渔业法》规定了养殖水域滩涂规划制度,只有依法规划用于水产养殖业的水域滩涂才是养殖业发展的空间和潜力。要认真组织编制养殖水域滩涂规划并积极推动省、市、县各级政府尽快颁布,依法确认并有效保护水产养殖业发展空间,探索建立基本养殖水域滩涂保护制度。全面推进养殖权登记和养殖证核发工作,探索建立健全水域滩涂养殖权保护和救济制度,切实维护养殖渔民合法权益。

6. 全面推进水产养殖业执法监管 各级渔业主管部门及其渔政监督管理机构要切实履行法定职责,全面开展养殖水域生态环境、水产养殖生产、水产品质量安全等监督执法,推进执法工作制度化、规范化。加快建立渔业主管部门统一领导,以渔政机构为主,技术

推广、质量检验检测和环境监测等机构协作配合的水产养殖业执法工作机制。重点针对养殖证、水产苗种生产许可证、养殖投入品使用和各项记录档案建立情况,切实加大执法检查力度。

四、"十一五"健康养殖推进行动主要成效

2006年农业部"水产健康养殖推进行动"一经推出,立即受到养殖生产企业和基层渔业主管部门的积极响应以及相关部门的大力支持和全社会的极大关注。5年来,水产健康养殖推进行动成效显著。

1. 养殖池塘标准化改造工程掀起高潮 池塘养殖是我国最主要的养殖方式,承担着保障水产品有效供给的重任。现有海淡水养殖池塘共2 700多万公顷,其中约占60%的池塘因建造于20世纪80年代末和90年代初,建设标准偏低,又长期缺乏维护,达不到健康养殖对生产条件和装备的要求。增加投入,实施养殖池塘标准化改造工程成为推进水产健康养殖打基础的工作。改造工程首先从沿海部分地方财政实力雄厚的市(县)起步,到2008年中央财政转移支付项目设立现代农业发展资金将池塘改造纳入支持范围,此举进一步引导了地方各级财政配套增加对池塘改造的投入,受到财政政策的激励,养殖户的积极性高涨,掀起了养殖池塘标准化改造热潮。据不完全统计,到2010年底,全国共改造养殖池塘73万多公顷,占需要改造任务的近50%。其中,2010年改造池塘26万多公顷,总计投入改造资金83.4亿元。其中,中央财政现代农业发展资金投入3.2亿元,地方财政扶持资金投入13.1亿元。

2. 良种和防疫等技术服务体系建设更加完善 "十一五"期间,各级政府都加大了对水产良种繁育、病害防治等水产养殖业支撑体系的投入。中央支持新建遗传育种中心17个,改扩建水产原(良)种场312个,使国家级水产原(良)种场达到52个,省级达到200多个。水产原(良)种生产能力比1998年增加了1倍,原(良)种覆盖率达到了50%,增长15%。水产原(良)种体系的建设和运行,保存了40多个重要的水产原(良)种,培育了一批养殖新品种,对水产苗种生产秩序的建立和苗种质量的提高起到了重要作用。中央不断支持水生动物防疫体系建设,已投资3.37亿元,建设456个县级防疫站、1个省级水生动物疫病监控中心、3个流域水生动物疫病诊断实验室和1个国家水生动物病原库,并依托各级水生动物疫病防控机构对重点疫病开展了5 000余次抽样监测,多次有效控制疫情,水生动物疫病监测和防控能力得到逐步增强。同时,渔业科技入户和送药下乡等科普活动在各地持续开展。大力开展技术培训,辐射带动作用明显;渔业重点领域的科技创新和关键技术的推广应用取得成效,水产技术推广体系改革与建设稳步推进。

3. 养殖生产过程全程监管制度初步形成 "十一五"期间,各级渔业主管部门认真贯彻《渔业法》、《农产品质量安全法》、《兽药管理条例》、《水产养殖质量安全管理规定》等法律和规章,不断加强对养殖生产行为的监管力度。健全水域滩涂养殖使用权制度,已登记发证36万余本,发证率达63%,渔民水域滩涂养殖使用权得到进一步稳定。建立水产苗种生产许可制度,开展对1.5万余家水产苗种生产企业的普查,已颁发《水产苗种生产许可证》1.1万余本,发证率达到87%以上,苗种生产行为得到有效规范。监督企业逐步建立健全养殖生产过程、药品采购使用和产品销售"三项记录"为重点的质量安全管理制度,推动无公害、绿色和有机产品认证,全面开展水产品质量安全产地抽检。目前,无公害产品认证总数达9 978个,产量近750万吨,产地抽检合格率始终保持在96%以上,水产品质量安全管理和监控体系逐步健全。生态养殖模式和科学预防病害知识得到大力推广普及,渔用疫苗的进一步扩大研发应用范围。

4. 积极创建水产健康养殖示范场 在水产健康养殖推进行动中推出了农业部水产健康养殖示范场创建活动,鼓励一部分养殖企业、专业合作社和养殖大户按照健康养殖示范场的标准和要求,自觉加强生产条件改造,规范养殖生产操作,建立健全质量安全管理制度,率先实现健康养殖,并发挥示范作用,辐射带动周边养殖户共同实现健康养殖。组织健康养殖示范场创建活动坚持行政引导、企业自愿参加;不给特殊政策,靠创建单位自身努力;严格执行考核验收标准,不搞终身制等原则。因此,获得农业部水产健康养殖示范场称号的单位自身过得硬,其他单位也能学得了。到2010年底,全国创建健康养殖示范场数量已经达到1 771个,涉及养殖面积约79.6万公顷,产量443万吨。健康养殖示范场的产品全部获得无公害产品或绿色食品或有机食品认证。

加大水生生物资源养护力度 推进湖泊生态修复

农业部渔业局资环处 吴晓春

湖泊渔业健康发展的基础是湖泊生态,我国湖泊生态的状况令人堪忧,甚至可以说存在着湖泊生态危

机。湖泊生态危机的概念，是指湖泊受各种因素影响而导致其生态功能作用退化或消失的情况，此类湖泊亦可称为危机湖泊。湖泊的生态功能主要是物质交换、能量循环、调节气候、净化水体、维护生物多样性等。影响湖泊生态危机的因素既有自然的也有人为的，当前主要是人为因素。人为导致湖泊生态危机的因素也是多方面的，主要有：一是污染导致湖泊生态功能衰退。废水排放导致江河湖泊遭受污染，水生生物的产卵场等关键栖息场所功能退化，水生生物繁育能力下降、湖泊生产力降低，蓝藻、水华等生态灾害暴发，污染事故频发，湖泊净化功能下降，甚至消失。二是围填工程、引水工程等导致湖泊萎缩或消失。围湖造田、围湖造地和过度调水等工程建设使湖泊大量缩减。时任国家环保总局副局长祝光耀在2006年第十一届世界生命湖泊大会上指出，近50年来，中国平均每年有近20个天然湖泊消亡，西部内陆一些湖泊、海子已消失，湖北已担不起"千湖之省"的称谓。三是建闸筑坝阻隔江河与湖泊生态的有机联系。建闸筑坝阻断了洄游生物的生活史，这些生物的种群数量大大下降，处于濒危状态，有的物种甚至消失，生物多样性减少。四是过度的渔业活动导致渔业资源退化。粗放型、掠夺式的捕捞方式，造成传统优质渔业资源衰退，渔获物的低龄化、小型化、低值化现象严重，过度的和不健康的网箱、围网等养殖方式也对湖泊生态环境造成损害。

我国湖泊生态危机可以归纳为几个特征：一是危机湖泊多。许多通江湖泊受建闸筑坝的阻隔，大多数湖泊受到污染。二是危机湖泊分布广。不仅在经济发达的长江中下游有，在西南部高原和西北部干旱地区也有。三是危机湖泊增加迅猛。以污染湖泊为例，国家环保部门资料显示，近20年来，我国湖泊富营养化问题日益严重，已经达到88.6%，大中型湖泊如太湖、巢湖、滇池已处于严重富营养状态，洞庭湖、南四湖、洪泽湖、白洋淀等湖泊也出现富营养化的趋势。四是湖泊危机影响深刻。太湖等湖泊暴发的蓝藻灾害严重影响了饮用水安全；洪泽湖也存在着生态危机，2004年淮河上流几场暴雨过后，污水团长达150多公里，超过了1994年90公里的历史纪录，总量约4亿吨。污水团所经之处鱼、虾、蟹等水生生物全部死亡，渔业资源和水产养殖损失巨大。

解决湖泊生态危机是全球面对的共同课题。继1990年在杭州举办第四届世界湖泊大会和2006年在南昌举办第十一届世界生命湖泊大会之后，2009年11月第十三届世界湖泊大会在武汉召开，国际社会再次聚会中国，研究湖泊生态保护问题。湖泊危机也引起了中央的高度关注，胡锦涛总书记2009年视察淮河时，明确提出要让江河湖泊休养生息，恢复生机。

让江河湖泊休养生息，恢复生机，需要有关方面的共同努力。一是要减负，把目前湖泊已不堪的重负减下来，严格控制和减少污染排放。二是要减阻，减少大坝和闸门的阻隔，增加江河与湖泊的生态联系，可在水生生物繁育的关键季节多开闸放苗，保持必要的生态流通量，对于有的断流河流要放出必要的生态水量。三是要修复，湖泊生态危机的"根子在湖外"的观点，但同时，也要对遭受损害的湖泊采取积极的修复措施，恢复湖泊自身功能和生命活力。

让江河湖泊休养生息，恢复生机，渔业部门大有可为，一个重要定位，就是加大水生生物资源养护力度，积极推进湖泊生态修复。总体思路上，要把握建设生态文明和新农村建设的战略部署，贯彻落实中央全会关于"保护和合理利用渔业资源"、"加强水生生物资源养护，加大增殖放流力度"等指示精神，以《中国水生生物资源养护行动纲要》为指导，在开发利用湖泊水资源的同时，更加关注湖泊生态功能的恢复。要更新理念观念、创新方式方法，运用生态学原理和生态系统方法，采取积极的水生生物资源养护行动。

1. 要发挥好养护水生生物资源在湖泊生态修复中的独特功能。研究表明，我国内陆水产品种主要是滤食性鱼类（占50%）、杂食性鱼类（占26%）、草食性鱼类（占12%），水生植物及其他品种占5%，需要投喂饲料的肉食性鱼类仅占7%。主要水产品种对改善水域生态环境具有重要作用。以鲢、鳙鱼为例，鲢、鳙鱼是滤食性鱼类，以水中浮游生物为生，无需投喂饲料，其鱼肉增重部分可完全来自于水体营养物质。

2. 要运用生态系统方法养护水生生物资源。养护既包括被动性的保护内容，也有利用水生生物资源特性开展的主动性修复措施。从生态系统方面看，水生生物资源与水生态系统是不可分割的整体，水生生物是水生态系统的主体和水生态状况的标志；保护水生生物资源，必须保护水生生物栖息的水体、水域和滩涂等生态环境，必须保护水生生物的产卵场、栖息洄游通道等繁衍生长关键场所，也就是说应当完整地保护水生态系统。从管理方面来看，水生生物资源养护包括渔业资源、渔业水域生态、水生野生动植物等开发利用和保护的管理内容，既包括各项资源与生态环境保护的管理措施，也包括增殖水生生物资源、修复水域生态等主动性措施；在范畴上不仅涉及渔业、渔民、渔区，生物多样性保护和水域生态保护也涉及社会公众利益等相关方面。

3. 要采取积极有效的措施修复湖泊生态。

（1）要大力推进水生生物资源增殖放流行动。通过增殖渔业资源，补充湖泊中水生经济生物资源数量，恢复传统优质渔业资源,促进渔业增效渔民增收;通过放流滤食、草食、杂食的鱼类和蟹贝类等,消化水体中多余的营养物质,减轻水体富营养化、沼泽化等威胁;通过放流濒危物种,补偿湖泊水生生物种群数量,维护生物多样性。洪泽湖为过水性湖泊,开展增殖放流不仅对于本湖泊具有积极修复作用,也对下游高宝邵伯湖的资源补充有积极影响。

(2)大力推进生态养殖模式。湖泊养殖要建立在科学的生态容量基础上,避免过度密集的养殖,应采用科学的混养等养殖模式充分利用水体营养物质,少投饵、少投药以减少水体残留。在大量吸纳转移水体氮磷等富营养化物质的同时,减少对水体的负面影响。

(3)推进建立水生生物保护区。要在水生生物产卵场等关键栖息场所建立保护区,为水生生物生长繁育提供重点保护。要积极建立湖泊生态园区,修复已遭损害的湖泊生态,构建水生动物、水生植物丰富的水生生态系统。

(4)大力发展休闲观光渔业。发展垂钓等休闲观光渔业,积极构建人与自然和谐的生态文明景观。

(5)组织实施禁渔休渔管理制度。我国古代文明就高度重视湖泊的"休养生息",夏禹制禁令"夏三月,川泽不入网罟",周文王嘱太子"不骛泽",孔子曰"钓而不网"。实施湖泊禁渔,既是有效保护水生生物资源生长繁育的必要措施,也是传承民族文化的有效载体。

(6)推进建立生态补偿机制。建立责任主体负责制度,实施谁占用损害,"谁补偿修复"的政策,协调好开发和保护的关系,协调好上下游的关系,协调好不同利益和产业发展的关系。

4. 要着力推进湖泊现代渔业发展。在维护生态安全的条件下,湖泊渔业发展要走现代渔业的发展道路。湖泊现代渔业发展,总体上要把握经济发展全球化的大势,把握我国社会经济发展新阶段人民消费水平提高对水产品质量的新要求,把握新农村建设的有利条件,把握现代渔业建设的基本特征。一是现代湖泊渔业的目标定位要适应消费市场对水产品更新更高的要求。改变单一追求产量为注重提高效益,大力发展有机水产品和高附加值水产品。二是现代湖泊渔业的生产方式要采用生态环保和先进技术。转变粗放式的捕捞为可持续和高效益的捕捞,变高投喂、高密度的养殖为健康和生态的养殖,充分应用现代科技成果改造传统渔业。三是现代湖泊渔业发展要融入现代社会经济要素。大力发展符合现代社会休闲消费需求的垂钓、休闲观光渔业,大力发展渔文化,积极拓展渔业发展方式。四是现代湖泊渔业发展要充分吸纳社会资金投入,积极扩大市场影响,加大基础投入,提升产业能力。有必要借助社会力量,营造与现代发展方式和需求相适应的湖泊渔业。

水产养殖业保险的调研与思考

农业部政策法规司　黄延信

农业部渔业局　张　成

近年来,极端天气增多,农业灾害多发、频发、重发,对农业生产造成了严重影响。从2006年开始,作为强农惠农的新举措,中央陆续在种植业、畜牧业开展政策性保险,深受广大农牧民的欢迎。水产养殖业与种植业、畜牧业虽然具有同质性,但在保险方面却非常滞后,目前几乎是一片空白。开展水产养殖业保险的迫切性如何、难点在哪、如何开展,是目前大力推进水产健康养殖过程中急需解决的问题。

开展水产养殖业保险的必要性和紧迫性

水产养殖业是我国渔业生产的支柱。改革开放以来,我国从国情出发,确立并实行"以养为主"的渔业发展方针,使水产养殖业快速发展。2009年我国水产养殖面积接近1.1亿亩,从业人员超过1 000万人,水产养殖产量3 622万吨,占全国水产品总产量的71%、占世界水产养殖产量的70%,是名副其实的世界水产养殖大国。水产养殖业的发展改变了我国传统渔业依赖天然渔业资源的经济结构,提供了稳定、允足、优质的水产品供应,促进了农民增收和脱贫致富,并带动了休闲观赏渔业、水产品加工、储运、销售等相关行业的发展。

水产养殖业也是农业中的"三高"产业,即高投入、高产出、高风险。据统计,2009年全国各类自然灾害造成水产品损失116万吨,受灾养殖面积86万多公顷,直接经济损失152亿元。2010年5~8月,我国大部分地区遭受特大暴雨和洪涝灾害袭击,水产养殖生产损失极为严重。据不完全统计,15个省(自治区、直辖市)渔业直接经济损失共计100.2亿元(其中水产养殖业经济损失96亿元)。

虽然水产养殖业风险巨大,但是由于种种原因,与美国、加拿大、挪威、日本、韩国等水产养殖保障体系完善的国家相比,我国水产养殖业的配套保险服务体系非常滞后,养殖户基本上没有保险保障。养殖渔民"三年奔小康,一年赔精光",因灾返贫、因灾致贫的现象时有发生,甚至倾家荡产。

无论是基层干部的呼吁，还是调研中广大水产养殖户的直接反映，水产养殖小区、养殖户普遍要求开展养殖保险。为保障广大水产养殖渔民的生命财产安全、提高其抵御灾害风险的能力、促进水产养殖业持续健康发展以及渔区和谐稳定，应尽快开展水产养殖业保险，建立全国性水产养殖业风险防范体系。

水产养殖业的风险特点及开展保险的难点

通过近些年水产养殖灾害统计以及各地的反映，水产养殖风险主要来自自然灾害。淡水养殖面临的主要风险为洪涝灾害、冰冻灾害、干旱、病害、污染及人为破坏等；海水养殖面临的主要风险为台风、风暴潮、热带风暴等风灾，以及赤潮、病害等。根据《中国渔业统计年鉴 2009》的统计，2009 年全国水产养殖因台风和洪涝损失 61.6 亿元，因病害损失 34.5 亿元，因干旱损失 17.7 亿元，合计占全部直接经济损失（152 亿元）的 75%。

农业保险是保险业务中的老大难问题，而养殖保险则是农业保险中的老大难问题，水产养殖业尤甚。一是水产养殖保险标的的多样性和养殖方式的多样性；二是水产养殖风险高、损失大，赔付率居高不下；三是水产养殖保险标的生活在水中，看不见、摸不着，在发生部分死亡或流失的情况下，很难直观准确地核定损失程度，定损比较困难；四是部分投保人素质不高和保险人的技术防范手段不足，道德风险高。据联合国粮农组织（FAO）统计，1982 年到 1995 年间，原中国人民保险公司水产养殖保险完成保费 112 万美元，同期赔付 220 万美元，损失率高达 197%。

同时，困扰水产养殖业保险的另一个重要原因是，渔民群众的保费支付能力低。调研中了解到，渔民群众普遍参考政策性水稻保险，能承受的费率水平为 1% 左右。与之相矛盾的是，保证水产养殖保险正常运行的费率则高出很多。参考韩国《养殖水产品灾害保险法实施令》，对风险最低的工厂化养殖牙鲆，在承保台风、海啸和因此发生的次生疾病等指定风险时，根据不同的风险区划，费率在 3%~5% 之间。从国内来看，开展水产养殖保险规模最大的政策性农业保险公司——上海安信保险公司淡水养鱼保险，仅承保台风、暴雨、雷电等自然灾害所致泛塘和溃塘及漫塘损失，费率为 2%，附加恶劣气候泛塘、水质污染中毒、他人投毒损失责任的费率为 10%。

水产养殖业保险具有可保性的依据

正因为对开展水产养殖业保险的一些顾虑，如保险标的不好确定、勘察定损比较困难以及赔付率高等，导致商业性保险公司很少介入水产养殖保险业务。但是通过调查分析发现，这些所谓的"难题"不全是水产养殖独有的，在种植业、畜牧业保险中也都不同程度存在。因此，只要确立合理的原则和路径，水产养殖业具有可保性。

一方面，养殖场地的租金投入、海域使用金、基础设施建设投入、苗种成本、饵料投入、人工费、水电费等成本投入客观存在。在调研中了解到，一个 9 平方米的海水养殖网箱成本为 2 700 元，加上固定网箱的锚要 3 000 元左右；滩涂养殖修建围堰、水闸，内陆养殖池塘修建护坡、道路、进排水设施，每 1/15 公顷要投资 5 000 多元。福建省莆田市秀屿区养殖池塘流转租金每 1/15 公顷 1 600 元，苗种投入为每 1/15 公顷 2 000～3 000元。湖北省石首市池塘养殖早期清塘、投苗、饲料投入在每 1/15 公顷 3 000 元左右。两省石斑鱼、龟鳖等特种养殖苗种投入都在每 1/15 公顷 1 万元左右。这些都是实实在在、明明白白的投入，是要靠生产挣回来的，可以作为水产养殖保险的对象。另一方面，目前各类水产养殖合作社、行业协会等专业化组织发展迅速，在组织开展标准化生产方面发挥了重要作用，并且组织养殖户建立了生产台账、养殖日志，一旦发生灾害事故，在定损时有据可查，为发展水产养殖业保险提供了基础资料。而比较规范的专业合作社、养殖企业和规模养殖户，养殖规模大，投入多风险大，投保意愿也比较强，可先组织他们参加养殖保险，以此带动其他分散养殖户参加保险。

发展水产养殖业保险的初步设想

（一）水产养殖保险以保成本为主。水产养殖保险以保成本为主（包括标准化精养海水滩涂、淡水池塘设施投入、育苗投入等）。一是以成本为保险标的额，在发生损失后，通过保险理赔可以为养殖户提供基本的灾害补偿，让受灾户及时恢复再生产。二是可规避道德风险，并且简单易于操作，能够为拓展水产养殖保险长期发展空间积累基础。如果以养殖业产值为标的额，养殖户需要交纳较高的保险费，多数养殖户不愿承担。而且在价格下跌的过程中，容易引发部分投保人恶意造成损失后向承保人索赔，存在较大的道德风险。

（二）政府要为水产养殖户参加保险提供保费补贴。从水产养殖业风险特点和渔民保费承受能力看，开展水产养殖保险必须有政府的政策支持和保费补贴。国内外实践经验也表明，凡是涉及农业保险的，除极少数完全商业化经营外，其他的都有政府的介入，只不过介入形式和程度不同而已，有的以保费补贴、有的以颁布行政指令和行业规则、有的靠政府的权威处于中间协调等。我国从2007年开展政策性农业保险试点，对参加种植业、畜牧业保险的农户给予保费补贴。目前，政策性保险的险种不断增加，农业保险覆盖范围不断扩大，国家对保费补贴的比例不断提高。2007—2009年中央财政支付农业保险保费补贴141.7亿元。2010年财政部为实施农作物保险、能繁母猪保险、奶牛保险等保费补贴，安排预算资金103.2亿元。水产业是农业的重要产业，水产养殖业风险也大于种植业和畜牧业，但政策性农业保险保费补贴不包含水产养殖业，制约了水产养殖保险的开展，地方干部认为养殖户没有享受到国家的强农惠农政策，对养殖户是不公平的。水产养殖业保险不仅应该享受财政保费补贴，而且补贴水平应高于种植业、畜牧业。

（三）水产养殖业必须走互助合作保险道路。由于水产养殖保险具有高道德风险、高赔付率等特性，国内商业保险公司从追求赢利出发不愿意涉足，渔民普遍反映，商业保险公司是“能赚钱就干，不能赚钱就跑”、“靠不住”，不是开展水产养殖保险的合适载体。与商业保险相比，渔民群众对另一种保险组织模式——互助合作保险持欢迎态度。调研了解到，一些地方已经开始探索在渔场范围内建立互助合作基金，以便在发生灾害时帮助受灾社员，带有明显的互助合作保险的特征。

从国内现行运作的渔业互助合作保险看，1994年中国渔船船东互保协会（2007年更名为中国渔业互保协会）成立，到2009年底累计承保渔民492万人（次）、渔船29万艘（次），为渔业提供风险保障1 600多亿元；共为6 393名死亡（失踪）渔民和35 019名伤残渔民以及沉没（受损）渔船、受损渔港、网箱等渔业设施支付补偿金逾10亿元，积累风险金5亿元。协会从2004年开始探索水产养殖保险，在浙江省嵊泗县、大连獐子岛渔业集团、漳州市龙泽海产养殖有限公司提供保险，承保的养殖方式包括深水网箱养殖、底播增养殖、工厂化养殖、标准化池塘养殖等，品种包括大黄鱼、鲍鱼、虾夷扇贝、海参等，积累了一定的水产养殖保险经验。

适应水产养殖业风险大、养殖分散的特点，可以借助渔业互保协会的现有机构网络，以互助合作的形式开展水产养殖保险。一方面，由于会员（社员）之间知根知底，可相互监督，有效防范道德风险；另一方面，互助保险的保费在按规定提取管理费、按约定为受灾户提供赔偿后，结余不能分配，由全体会员（社员）所有，可有效调动会员参保的积极性。另外，互助合作保险组织作为社会团体法人，按相关规定免交营业税、所得税，可加快积累速度，提高风险保障水平。

为培育互助合作保险组织，应当加大对水产养殖专业合作社、行业协会等专业化组织的政策支持力度，加快水产养殖专业化组织的发展，充分发挥养殖专业合作社在组织养殖户参保、防灾减灾、勘查定损、协调理赔等方面的作用。同时紧紧依托水产养殖技术部门，发挥行业部门在防灾减灾、灾后定损等方面的积极作用，使二者相辅相成、相互促进。

（四）开展水产养殖业保险必须坚持全国一盘棋。水产养殖业保险本质上是灾害补偿制度，基本原理是遵循“大数法则”，集万家之财、解一家之难。作为灾害补偿制度建设，水产养殖保险不能仅仅在几个县、一两个省搞试点，还要有序地全面开展。只有动员、组织广大养殖户尽可能地参加互助保险，才能增强灾害损失的赔偿能力。我国地域辽阔，地质地理条件迥异，气候气象变化万千，全国范围内同一年份发生同一灾害的概率较低，可以调剂未发生灾害地区的结余，弥补发生灾害地区的损失。坚持水产养殖互助保险全国一盘棋原则，才能在全国更大空间内分散风险，才能为广大养殖户提供有保障的灾害赔偿。

2010年渔业大事记

1月

1日 欧盟对进入其市场的海洋捕捞产品开始实行合法性认证,按此政策我国出口欧盟的大部分海洋捕捞产品除原需出具的原产地证明、卫生证书外,还需另外出具合法捕捞证明文件。

1日 由财政部和农业部联合下发的《渔业成品油价格补助专项资金管理暂行办法》(财建[2009]1006号)开始正式实施。

4日 交通运输部、农业部联合下发《关于印发交通运输部农业部水上安全管理合作备忘录的通知》(交海发[2010]27号)。

5—7日 年初起,我国华北大部地区遭遇强冷空气天气影响,气温骤降,部分地区发生强降雪天气。为做好渔业防灾减灾工作,5日农业部办公厅下发《关于积极应对海冰灾害做好灾后恢复生产保障供给工作的通知》(农办渔[2010]6号)。6—7日陈毅德副局长带领工作组赶赴北京、天津等地考察水产品批发市场和养殖生产基地,实地了解灾情,指导有关部门做好防灾减灾和确保供应工作。

13日 农业部副部长张桃林在福建调研渔业工作,重点了解海洋渔业环境与资源有关情况。

22日 农业部向国务院报送《农业部关于渤海黄海海冰灾害应对工作有关情况的报告》。

24日 全国水产技术推广工作会议在重庆市召开,陈毅德副局长出席并讲话。

26日 农业部渔业局和交通运输部海事局联合召开加强海上船舶安全管理紧急视频会议,李健华局长通报了近期发生的渔船水上安全事故有关情况,就进一步做好海洋渔船安全管理和海冰灾害应对等工作提出具体要求。崔利锋副局长、李彦亮副主任出席会议。

26日 农业部办公厅下发《关于加强2010年长江禁渔期渔政执法检查的通知》(农办渔[2010]3号)。

27日 农业部办公厅下发《关于加强长江枯水期水生野生动物保护管理工作的通知》(农办渔[2010]4号)。

29日 农业部党组成员、中央驻部纪检组组长朱保成在海南三亚迎接南沙守礁归来的中国渔政302船并对船员进行了慰问。

2月

1日 农业部办公厅下发《关于积极应对海冰灾害做好灾后恢复生产保障供给工作的通知》(农办渔[2010]6号)。年初以来,我国黄渤海区域遭遇严重冰冻灾害,环渤海三省一市渔业特别是海水养殖业受到不同程度的损害。通知要求有关部门做好灾后恢复生产保障供给工作。

5日 首批中菲渔业合作项目养殖的40吨海鲈、金鲷成鱼返销仪式在珠海举行,农业部渔业局副局长柳正出席。中菲渔业合作是农业部自2006年起推进的重要项目,对构建南海中菲海上渔业走廊、密切两国关系有着重要意义。

8日 农业部部长韩长赋分别向正在南海美济礁执行执法任务的"中国渔政301"船和南大洋执行南极磷虾探捕任务的渔船发去慰问电,向船上渔政执法人员和探捕船员、并向所有春节期间仍坚守在工作一线的渔政执法人员和远洋渔船船员致以节日问候。"中国渔政301"船和两艘南极磷虾探捕船分别回电,对部领导的亲切关怀表示衷心感谢,并表示将以高度使命感和责任感完成好各自任务。

9日 农业部副部长牛盾在广州出席南海区渔政局南沙美济礁建礁守礁15周年纪念暨表彰大会,并为在渔政执法和南海维权护渔斗争中作出突出贡献的先进单位和个人颁奖。牛盾还考察调研了广东渔业工作并慰问基层渔政人员和渔民,李健华局长陪同。

10日 农业部下发《关于印发〈渔业统计工作规定〉的通知》(农渔发[2010]5号),进一步规范全国渔业统计工作,保证渔业统计资料的真实性、准确性、完整性和时效性。

3月

2—5日 农业部渔业局副局长柳正赴浙江就我国输

欧水产品办理合法捕捞证明工作进行调研。

4 日 农业部办公厅下发《关于开展 2010 年农业部水产健康养殖示范场创建活动的通知》(农办渔[2010]21 号),提出了 2010 年水产健康养殖示范场创建活动的工作目标、实施步骤和工作要求。

6 日 我国目前最先进的渔政执法船——中国渔政 310 船在广东湛江下水。该船总吨位 2 580 吨,长 108 米,宽 14 米,是我国目前航速最快、总体性能最先进、唯一可以配备直升机的渔政船。农业部渔业局局长李健华出席仪式。

8 日 农业部办公厅下发《关于加快渔船检验数据库建设 推进海洋渔船动态管理系统应用的通知》(农办渔[2010]25 号),要求各地加快渔船检验数据清理整合和导入工作。

9 日 农业部副部长牛盾到东海区渔政局调研并视察了中国渔政 205 船,李健华局长陪同。

9 日 国内首家省级渔业船舶交易服务中心——浙江省海洋渔业船舶交易服务中心成立大会在浙江上虞举行,李健华局长出席大会并为交易中心授牌。

10 日 农业部副部长牛盾出席在上海举行的"迎世博、保平安、促和谐 长江口水上专项联合执法行动"起航仪式,李健华局长陪同。

16 日 农业部办公厅下发《关于继续开展渔业文明执法窗口单位创建活动的通知》(农办渔[2010]29 号),部署今后几年渔业文明执法窗口单位创建活动。

24 日 农业部渔业局局长李健华率团与阿根廷渔业代表团在北京举行会谈,柳正副局长一同出席。

30—31 日 陈毅德副局长赴浙江和福建两省调研渔船节能减排工作。

30—31 日 全国渔业船舶检验工作会议在河南郑州召开,农业部渔业局副局长崔利锋出席并讲话。

4 月

1 日 中国渔政 202 船、311 船开始为期 1 个月的南沙联合巡航护渔行动,这是首次由渔政指挥中心统一调度、组织跨海区渔政船编队开展的南沙巡航。李健华局长、胡学东副主任出席在海南三亚举行的起航仪式。

1—2 日 中国工程院重大科技咨询项目"水产养殖业可持续发展战略研究"汇报研讨会在青岛召开,李健华局长出席。

6 日 农业部办公厅下发《关于印发〈2010 年渔业"安全生产年"活动实施方案〉的通知》(农办渔[2010]35 号)。要求扎实开展渔业安全"三项行动",切实加强"三项建设",努力构建渔业安全生产长效机制,预防和减少重特大事故发生。

7 日 农业部副部长牛盾出席在四川成都召开的 2010 年海区渔政局工作会议并作重要讲话,以"两手抓、两手都要硬"为题,就海区渔政局加强领导班子建设、思想作风建设和渔政执法队伍建设提出明确意见。李健华局长就各海区渔政局 2010 年重点工作进行了部署,崔利锋副局长陪同出席。

14—16 日 全国渔船管理制度改革研讨会在江西召开,会议研究今后一段时期完善海洋捕捞渔船控制制度的措施。李健华局长、崔利锋副局长出席。

10 日 农业部与交通运输部在浙江杭州联合召开防止渔船商船碰撞工作研讨会,就进一步加强合作,采取有效措施,防止与减少商船与渔船碰撞事故发生进行了研讨。崔利锋副局长出席。

14 日 农业部办公厅下发《关于开展 2010 年水产苗种生产和质量安全督察活动的通知》(农办渔[2010]41 号),决定自 4 月中旬到 6 月中旬,组织开展 2010 年水产苗种生产和质量安全督察活动。

22—23 日 牛盾副部长出席在湖南举行的世界地球日洞庭湖生物增殖放流活动并考察洞庭湖渔民上岸安居工程。崔利锋副局长陪同。

26—27 日 全国水产品质量安全监管工作会议在浙江杭州召开,会议分析了当前水产品质量安全工作面临的形势,部署了以水产品质量安全专项整治和确保上海世博会、广州亚运会水产品质量安全特殊保障为重点的 2010 年监管工作。李健华局长出席,陈毅德副局长主持会议。

26 日 2010 年黄河流域渔业资源管理委员会工作会议在烟台召开。崔利锋副局长出席。

28 日 南极海洋生物资源开发利用项目探捕总结会在北京召开。2009 年 12 月至 2010 年 3 月我国首次组织实施该项目,捕捞磷虾 1846 吨,实现了对南极磷虾的生产性探捕,在生产组织、安全环保、科学研究等方面取得了实践经验,超额完成了预定的计划任务。柳正副局长出席总结会。

5 月

5 日 农业部派遣赴南沙群岛海域执行巡航护渔任务的中国渔政 311 船、202 船返达海南三亚港,长达 35 天的 2010 年首次南沙巡航护渔任务胜利结束。柳正副局长出席迎接仪式。

10 日 纪念中国渔政指挥中心成立 10 周年暨全国渔政执法能力建设座谈会在北京举行。会议系统回顾了中国渔政指挥中心成立 10 年来所取得的工作成就,并就加强全国渔政执法能力建设、《全国渔政装备设施建设"十二五"规划》有关问题进行了研讨。韩长赋部长发来贺词，牛盾副部长出席会议并讲话，农业部原部长陈耀邦、原副部长齐景发及有关单位和部门代表出席。

17日　农业部下发《关于加强赴朝鲜东部海域作业渔船管理的通知》《农渔发［2010］16号》，要求山东、辽宁省海洋与渔业厅和大连市海洋与渔业局加强对赴朝鲜东部海域作业渔船的组织和监管，严格项目审批，切实落实安全生产和涉外事件处理责任制，加大伏季休渔期间的执法管理，坚决制止非法生产。

18日　牛盾副部长出席在北京召开的中国渔业协会第三次全国会员代表大会并发表讲话。会议选举产生了新一届理事会、常务理事会及会长、副会长、秘书长。

18日　小龙虾产业技术研讨会在江苏举办，会议就小龙虾产业发展和亟须解决的技术问题等进行了集中研讨，提出了促进小龙虾产业持续健康发展的意见和建议。陈毅德副局长出席。

20—25日　由国务院法制办、工业和信息化部、农业部、交通运输部和民航总局组成的《中华人民共和国无线电管理条例》修订工作联合调研组赴浙江、福建就渔业无线电管理工作进行调研。

21日　农业部渔业局、渔政指挥中心联合北京市农业局、怀柔区政府在怀柔水库开展增殖放流活动，共投放鲢、鳙等滤食性鱼苗10万余尾。

24日　《水域滩涂养殖发证登记办法》以农业部令于2010年第9号发布，自2010年7月1日起施行。此办法的施行将进一步规范我国水域、滩涂养殖发证登记工作，稳定渔民水域滩涂养殖使用权，更好地保障养殖生产者合法权益。

24—28日　联合国鱼类种群协定审查大会在纽约联合国总部举行，中国代表团团长——农业部渔业局柳正副局长被选为会议副主席。会议通过了加强渔业资源养护和管理、提高国际合作、强化监督和执法、促进发展中国家能力建设等四方面近30项建议。

28日　由中国水产科学研究院等主办的2010中国渔业经济专家论坛在北京召开，论坛主题是“加快推进现代渔业建设的路径与对策”。李健华局长出席论坛并作了题为《“十二五”时期我国渔业发展面临的挑战、发展思路和政策取向》的报告。

28日　农业部办公厅下发《关于做好2010年汛期渔业安全生产工作的通知》（农办渔［2010］55号），要求各地渔业主管部门加强组织领导和协调配合，提前准备部署，提高防抗能力，确保渔民群众生命财产安全，最大限度地减少台风等灾害损失。

28日　农业部办公厅下发《关于印发〈渔业统计工作考核暂行办法〉的通知》（农办渔［2010］56号）。

6月

1日　从当日12时起，我国北纬26度30分以北海域伏季休渔正式开始。此前，北纬26度30分以南海域已于5月16日12时起开始实施伏季休渔。

1日　农业部与海关总署联合发布公告（2010年第1389号），对包括蓝鳍金枪鱼在内的部分进口水产品自7月1日起启用《合法捕捞产品通关证明》。

6日　韩长赋部长、牛盾副部长分别出席农业部与广东、辽宁省人民政府联合举办的主题为“养护海洋资源、促进科学发展”的增殖放流活动，李健华局长、崔利锋副局长分别陪同。当天全国22个省（自治区、直辖市）共106处地点同步举办大规模水生生物增殖放流活动，共放流生物苗种超过30亿尾。

10日　农业部发布第1408号公告，公布新的《水域滩涂养殖证》证件样式和《水域滩涂养殖证申请表》、《水域滩涂养殖权登记簿》文本格式，自2011年1月1日启用，届时现行文本格式和证件样式废止。

12日　牛盾副部长出席农业部和天津市人民政府在海河举办的“水清·鱼跃·岸绿，共建海河家园——2010年天津市海河水生生物资源增殖放流活动”。崔利锋副局长陪同。

24日　韩长赋部长在河北考察三夏工作时，专程到唐山市乐亭县调研渔业，详细了解渔民捕捞生产收入、资源状况、休渔期间生产生活安排、惠渔政策落实等情况。陈毅德副局长陪同。

28日　牛盾副部长出席在京召开的全国水产技术推广总站成立20周年庆祝大会并作重要讲话。

29日　牛盾副部长出席在京召开的国家水生生物资源养护专家委员会工作会议并作重要讲话。会议对部渔业局组织编写的《全国水生生物增殖放流规划》进行了讨论，提出了咨询意见和建议。

30日　自5月下旬以来，安徽、福建、江西等南方多省遭受特大暴雨和洪涝灾害袭击，渔业生产特别是水产养殖生产遭受严重灾害。农业部渔业局指导、协助受灾地区各级渔业主管部门积极开展抗洪救灾工作，分批派出工作组赴重灾区实地考察指导抗洪救灾，检查灾后复产的技术服务和物资筹备工作。

7月

1日　农业部办公厅下发《关于做好渔业统计监督检查工作的通知》（农办渔［2010］72号），布置检查2008年以来的渔业统计工作开展情况。

2日　牛盾副部长出席农业部与黑龙江省人民政府联合举办的黑龙江鲟鳇鱼增殖放流活动，本次活动共放流 7 厘米以上鲟鳇鱼 40 多万尾。

5 日 农业部渔业局副局长陈毅德在京会见了韩国农林水产食品部渔业资源局局长孙在学一行，双方就韩国海域大型水母旺发问题和海参养殖技术合作等交换了意见。

8 日 农业部下发《关于稳定水域滩涂养殖使用权 推进水域滩涂养殖发证登记工作的意见》（农渔发［2010］25 号），以加快推进水域滩涂养殖发证登记工作，保障养殖生产者合法权益，促进我国水产养殖业持续健康稳定发展。

11 日 2010 年“中国航海日”庆祝大会在福建省泉州市举行，牛盾副部长出席，陈毅德副局长陪同。农业部推荐的南海区渔政局杨虾佬、江苏省如东县渔民沙佰泉因参与维权护渔、抢险救助等事迹突出，被评为全国十大“杰出船员奖”。

11 日 农业部渔业局、黄渤海区渔政局与中国水产科学研究院在山东省烟台市联合举行增殖放流活动。李健华局长出席。

12 日 农业部部长韩长赋会见随阿根廷总统克里斯蒂娜访华的阿农牧渔业部长多明戈斯一行，双方就加强两国农业合作交换了意见，并签署了《阿根廷共和国农牧渔业部和中华人民共和国农业部渔业合作协议》，同意将两国渔业合作纳入政府合作的框架，建立捕捞、加工、养殖等广泛领域的合作关系和科研、管理交流机制，建立长期的渔业战略合作关系。

18 日 全国水生野生动物保护“科普宣传月”活动启动仪式在北京举行，李健华局长出席活动并和社会各界代表共同签署了水生野生动物保护宣言。

21 日 农业部和国家安全生产监督管理总局下发《关于开展“平安渔业示范县”创建活动的通知》（农渔发〔2010〕27 号），决定今明两年在全国开展“平安渔业示范县”创建活动。

21 日 为执行联合国大会有关决议和中美两国政府间谅解备忘录，加强对北太平洋公海鱿钓作业渔船管理，中国渔政 201、118 船赴北太平洋开展为期一个月的巡航执法。巡航期间，我渔政船编队将与美国海岸警备队舰机开展联合执法。

24 日 韩长赋部长与牛盾副部长出席“世博会长江水生生物养护宣传周”活动，并到东海区渔政局视察渔政工作，亲切慰问了中国渔政 205 船渔政船员，勉励渔政执法人员不断提高依法行政能力，在服务渔业、服务渔民方面作出更大贡献。

26—27 日 牛盾副部长出席农业部在江西南昌召开的贯彻实施《水域滩涂养殖发证登记办法》座谈会，动员部署下一步水域滩涂养殖发证登记工作。

30 日 农业部办公厅下发《关于做好 2010—2011 年度南极海洋生物资源开发利用项目实施工作的通知》（农办渔［2010］83 号），对有关工作进行部署。

8 月

1 日 北纬 26 度 30 分以南海域（含北部湾）为期两个半月的伏季休渔结束。

3 日 农业部副部长张桃林出席在广州举行的中国水产科学研究院南海水产研究所“南锋”号渔业科学调查船首航仪式，陈毅德副局长陪同。“南锋”号是我国第一艘自行设计、自行建造、拥有自主知识产权的综合性海洋渔业资源与环境科学调查船，首航将赴西沙群岛附近海域执行大洋性头足类资源调查。

12 日 中越北部湾渔业联合委员会第七届年会在越南芽庄举行。农业部渔业局局长李健华率团和越南农业与农村发展部水产总局代表团举行了会谈。

12 日 农业部办公厅下发《关于为输智利水产品办理合法来源证明的通知》（农办渔［2010］89 号），即日起为输智水产品办理合法来源证明，以保障我国水产品输智贸易的正常开展。

17 日 牛盾副部长出席农业部与新疆维吾尔自治区人民政府在博斯腾湖联合举办的水生生物增殖放流活动，李健华局长陪同。当天新疆天池、伊犁河、额尔齐斯河等天然水域也举行了同步放流活动。

18 日 农业部下发《关于公布“全国文明渔港”（第一批）的通知》（农渔发［2010］33 号），正式公布第一批共 20 个“全国文明渔港”。全国文明渔港创建活动于 2009 年 5 月启动，按计划此项工作今后将形成长效机制，每 3 年组织一次考评。

21 日 中国渔政 118 和 201 船编队顺利返航，圆满完成为期 31 天的北太平洋公海渔政巡航任务。巡航期间，查获一艘不明国籍大型流网渔船，并与美国海岸警卫队举行了联合编队巡航和登临演练。

23 日 农业部办公厅下发《关于启用新版〈水域滩涂养殖证〉有关事项的通知》（农办渔［2010］92 号）。

27 日 农业部办公厅下发《关于加强金枪鱼渔业管理有关事项的通知》（农办渔［2010］93 号），要求加强管理，开拓市场，促进我国金枪鱼渔业有序发展，树立我国负责任渔业国家良好形象。

9 月

6 日 渔业安全生产暨文明渔港创建工作会议在大连召开，会议宣布第一批全国文明渔港名单，给 20 家全国文明渔港授牌。崔利锋副局长主持会议，李健华局长出席会议并讲话。

7—8 日 福建省“闽晋渔 5179”号渔船在钓鱼岛附近海域捕捞作业时，遭日本海保厅巡逻船冲撞。随后，日方强行登船检查并非法扣留我渔船和 15 名船员。当天下午外交部发言人强调，钓鱼岛及其附属岛屿自古就是中国领土，中方要求日本巡逻船不得在钓鱼岛附近海域进行所谓“执法”活动，更不得采取任何危及中国渔船和人员安全的行为。之后，外交部副部长宋涛就此事召见日本驻华大使丹羽宇一郎，晚间中国驻日本大使程永华就此事紧急向日本外务省提出严正交涉。7 日夜，中国渔政 202 船紧急驶往钓鱼岛海域巡航护渔。8 日凌晨 2 点“闽晋渔 5179”号船长詹其雄被日方以“涉嫌妨碍执行公务”为由逮捕。

8—10 日 牛盾副部长到山西太原、长治、临汾、运城等地考察调研渔业工作，李健华局长陪同。

12 日 国务委员戴秉国就日方在钓鱼岛海域非法抓扣中国渔船和船员紧急召见日本驻华大使。事发以来，外交部副部长宋涛、部长助理胡正跃、副部长王光亚、部长杨洁篪先后就该事件召见日本驻华大使。

13 日 被日方非法抓扣的 14 名中国渔民乘中国政府包机安全返抵福州。

15 日 危朝安副部长到黄渤海区渔政局视察工作，看望执法人员和船员，视察渔政执法设施建设项目。

15 日 中国渔政 202 船护送闽晋渔 5179 船返回晋江深沪渔港。

15—16 日 2010 年渔业文明执法窗口候选单位渔业执法文书评查活动在江西举行。

16 日 随着北纬 35 度至 26 度 30 分的黄海和东海海域为期三个半月的休渔结束。据统计，2010 年休渔的海洋捕捞机动渔船数达 11.35 万艘，休渔渔民约百万人，各地休渔秩序良好。

16 日 农业部办公厅发布关于加强两节期间和秋冬季渔业安全生产工作的通知。要求各地渔业主管部门组织专项检查，突出抓好渔船防碰撞，深入开展“平安渔业示范县”和“文明渔港”创建活动。

17 日 危朝安副部长到中国水产科学研究院长岛增殖实验站考察工作，要求试验站进一步加强科技创新和成果推广应用，更好地为地方渔业发展作贡献。

19 日 2010 年黄河宁夏段渔业资源增殖放流活动在宁夏吴忠举行，共向黄河及其附属湖泊水域放流黄河鲶、黄河鲤、鲢鳙鱼等 700 万尾。崔利锋副局长出席仪式并致辞。

21 日 国务院总理温家宝在纽约强烈敦促日方立即无条件释放我“闽晋渔 5179 号”船船长詹其雄。他说，如果日方一意孤行，中方将进一步采取行动，由此产生的一切严重后果，日方要承担全部责任。同日，外交部再敦促日本无条件释放中国船长。

23 日 中国渔政 201、203 船赶赴钓鱼岛附近海域执行维权护渔任务。

24 日 2010 年中国现代渔业发展论坛在浙江台州三门召开。农业部原副部长、中国渔业协会会长齐景发和陈毅德副局长出席。

25 日 凌晨 4 时，被日方非法抓扣的中国渔船船长詹其雄乘中国政府包机安全返抵福州。

26 日 以现代渔业建设为主题的第二届东海渔业论坛在福建省泉州市举行。崔利锋副局长出席并致辞。

27 日 农业部渔政指挥中心公示 2010 年渔业文明执法窗口候选单位渔业执法文书评查结果。

28 日 外交部在北京表示，希望日方停止对中方在钓鱼岛海域执法的渔政船进行干扰跟踪。

28 日 由农业部和福建省人民政府共同主办的 2010 海峡渔业周暨第五届海峡渔业博览会在福州国际会展中心隆重开幕。牛盾副部长、李健华局长出席开幕式。

29 日 我国最先进渔政船——2500 吨级中国渔政 310 建成并交付南海区渔政局使用。

29 日 农业部等四部委联合致函安徽、浙江两省人民政府，要求立即制止并严厉查处非法建造海洋捕捞渔船行为。

30 日 中华人民共和国渔政局发布关于 2011 年实施中韩渔业协定有关问题的通知，明确我国渔船进入韩国专属经济区管理水域作业、韩国渔船进入我国专属经济区管理水域作业、维护协定水域作业秩序等有关事项。

30 日 军队和中国渔政海上行动协调配合机制成立，并召开协调配合机制第一次会议。机制明确，在总参谋部与农业部之间、海军各舰队和农业部各海区渔政局之间，建立两级协调机构，作为军队与中国渔政海上行动的协调组织。

10 月

8 日 中国渔政 201、203 船顺利完成为期 16 天的钓鱼岛附近海域维权护渔任务，安全抵达中国渔政东海总队码头。

11 日 中挪渔业合作联合委员会第一次会议在北京召开，陈毅德副局长率团与会。双方就开展渔业资源养护合作研究、双边水产品贸易、打击非法渔业活动及其他国际渔业问题交换了意见。

11—12 日 牛盾副部长赴湖北仙桃、荆州考察渔业生产情况，并出席 2010 中国荆州淡水渔业展示交易会，李健华局长陪同。

14 日 中国渔政 202、118 船奉命前往钓鱼岛附近海域执行维权护渔任务，按计划本航次任务将于 11 月 5 日结束。

14—17 日 农业部渔业局派出 4 名水产养殖和病害防治方面的专家深入海南洪涝灾区开展抗灾减灾及灾后恢复生产技术指导和服务。9 月 30 日至 10 月 17 日，海南发生两次大面积持续性强降雨，对全岛渔业生产造成严重影响。

20 日 全国渔业政务信息与宣传工作会在武汉召开。会议总结了一年来全国渔业政务信息宣传工作情况，表彰了先进单位及个人，并就如何做好下一步工作进行了讨论。崔利锋副局长出席会议并讲话。

21 日 农业部发布《中华人民共和国农业部关于实行珠江禁渔期制度的通告》(农业部通告[2010]1 号)。通告决定自 2011 年起实行珠江禁渔期制度，禁渔水域范围包括珠江在江西、湖南、广东、广西、贵州和云南 6 省(自治区)的干流、重要支流及通江湖泊，禁渔时间从每年 4 月 1 日 12 时至 6 月 1 日 12 时，禁渔期间在禁渔水域范围内禁止所有捕捞作业。同日，农业部还向珠江流域 6 省(自治区)印发《关于实行珠江禁渔期制度的通知》(农渔发[2010]40 号)。

22 日 渔业统计暨经济形势分析工作座谈会在重庆召开。会议对前三个季度渔业统计工作开展情况及统计监督检查情况进行总结通报，就下一步如何加强渔业统计工作、继续提高数据质量进行研讨；同时，对前三个季度渔业经济形势进行总结，对全年渔业经济运行态势进行分析预测。

22 日 全球著名检验鉴定机构 SGS 集团在北京国际饭店向獐子岛渔业集团股份有限公司颁发了其在全球的首个碳标识，这也是中国食品行业首个碳标识认证食品。中国科协副主席、中国工程院院士唐启升，国家发改委、农业部有关部门和大连市政府的领导出席。

29 日 农业部渔业局在浙江舟山召开全国首次渔业节能减排现场交流会，李健华局长出席并讲话。

11 月

3 日 农业部、陕西省水利厅和汉中市人民政府共同主办的首届主题为“关爱水生动物，保护生态环境”水生野生动物保护论坛在陕西汉中召开。

11 日 2010 年中阿农业合作联合委员会渔业分委会第一次会议在阿根廷首都布宜诺斯艾利斯召开，李健华局长率团与会。双方就开展在海洋捕捞、水产养殖及水产品加工等方面的合作深入交换了意见。

12 日 针对 11 月份连续发生多起较大以上渔船水上安全事故的情况，农业部发出明电通知，要求沿海各地渔业主管部门深刻吸取教训、密切关注天气海浪变化、及时将预警信息通知到渔船、加强渔船安全性能检查、继续加大培训教育工作力度，减少渔业船舶水上生产安全事故特别是重大事故的发生。

16 日 牛盾副部长出席在中国渔政南海总队广州新洲基地码头举行的中国渔政 310 船入列仪式，并下达起航令，李健华局长一同出席并讲话。

17 日 危朝安副部长出席中国水产科学研究院和南京农业大学在北京举行合作协议签约仪式并讲话。按协议双方将在学科建设、重大项目设计、重大成果培育、科研成果转化、产学研协作、高层次人才培养、科技交流等方面开展全方位合作。

17 日 农业部办公厅发出《关于深入推进依法行政加强渔政队伍规范化建设的通知》(农办渔[2010]第 113 号)，要求各地集中开展自收自支渔政机构整改工作，切实推进渔政队伍参照《公务员法》管理，认真落实渔政队伍建设相关规范要求，积极创新体制机制提高渔政执行力。

18 日 中国渔政 201、310 船奉命前往钓鱼岛附近海域执行维权护渔任务，按计划任务将于 12 月 8 日结束。

19—20 日 中国工程院第 109 场工程科技论坛“碳汇渔业与渔业低碳技术”在北京召开。中国工程院副院长潘云鹤，农业部党组成员、人事劳动司司长梁田庚出席论坛并讲话，中国水产科学研究院院长张显良主持开幕式，中国工程院唐启升院士作了题为“碳汇渔业与又好又快发展渔业”的主题报告，陈毅德副局长出席论坛。

29 日 珠江禁渔期制度部署工作会在广东省珠海市召开。牛盾副部长对 2011 年珠江禁渔期制度实施相关工作进行了全面部署。广西壮族自治区人民政府陈章良副主席、贵州省人民政府禄智明副省长、云南省人民政府孔垂柱副省长以及广东省、江西省、湖南省等珠江流域六省(自治区)人民政府分管领导出席并讲话。国家工商行政管理总局、农业部有关司(局)、珠江流域六省(自治区)渔业行政主管部门、沿江重点市(州)人民政府和渔业行政主管部门以及有关水产科研机构负责同志、新闻媒体代表等共 100 多人参加会议。

30 日 农业部印发《关于公布 2010 年渔业文明执法窗口单位的通知》(农渔发[2010]43 号)，授予在渔业文明执法窗口创建活动中表现突出的 34 个渔业行政执法机构“2010 年渔业文明执法窗口单位”称号。

12 月

1—2 日 全国渔政队伍建设暨渔业文明执法窗口单位创建活动工作座谈会在安徽合肥召开。会议回顾了

"十一五"期间渔政队伍建设情况,研究部署了下一步渔政队伍建设的工作重点,为34家2010年渔业文明执法窗口单位颁发了证书和牌匾。

2日 农业部印发《全国水生生物增殖放流总体规划(2011—2015年)》,规划就2011—2015年增殖放流的指导思想、目标任务、适宜物种及水域、区域布局等提出了意见,是全国开展增殖放流工作和组织增殖放流活动的指导性规划,也是农业部增殖放流项目管理的重要依据。

3日 农业部副部长牛盾、人事劳动司冯广军副司长在农业部渔业局宣布部党组关于渔业局、渔政指挥中心领导班子成员的任免通知。免去李健华同志渔业局局长和渔政指挥中心主任职务,任命陈毅德同志为渔政指挥中心主任,任命李彦亮同志为渔业局副局长、免去渔政指挥中心副主任职务,任命肖放同志为渔政指挥中心副主任。

5日 2010年第4批赴钓鱼岛海域巡航的中国渔政201、310船编队顺利完成维权护渔任务并返航。本次巡航总航程2 386海里,完成了对钓鱼岛、黄尾屿、赤尾屿等8个岛礁的巡航,巡航面积23 380平方公里,覆盖了钓鱼岛及其附属岛屿的所有海域。

13日 针对12月以来北方海上恶劣天气造成连续发生多起较大以上渔业船舶水上安全事故的情况,农业部发布《关于加强冬季海上渔业船舶安全管理工作的紧急通知》(农明字[2010]第129号),要求各级渔业主管部门密切关注天气情况、及时发布预警信息、加强24小时值班、做好事故调查和善后处理,切实加强冬季海上渔业船舶安全管理。

13—14日 2010年海区渔政总队工作会议在银川召开,中国渔政黄渤海、东海、南海三个总队的负责同志及部分渔政船执法人员代表参加了会议。

13—14日 2010年水生野生动物保护管理工作会议在云南昆明召开。会议就如何加强水生野生动物保护管理工作进行了交流和讨论。

20日 农业部副部长牛盾、人事司冯广军副司长在农业部渔业局宣布部党组干部任命通知。任命赵兴武同志为渔业局局长。

23日 2010年全国渔业工作会议在北京召开。会议总结了"十一五"期间和2010年全国渔业发展成就,并就"十二五"渔业发展思路和2011年重点工作进行了研究和部署。牛盾副部长出席会议并讲话,赵兴武局长作了《扎实做好2011年各项工作为"十二五"现代渔业建设开好局》的主题报告,陈毅德主任主持会议。

27日 在京渔业事业(社团)单位联席会议召开,牛盾副部长出席会议并讲话,农业部渔业局、渔政指挥中心等7个单位作了汇报。牛盾副部长在讲话中总结了"十一五"渔业发展取得的基本经验,并对2011年及"十二五"期间渔业发展的方向和重点工作作了部署。

索　　引

说　明

一、本索引采用分析索引方法，按汉语拼音顺序排列，同音字按声调排列。

二、“政策法规”、“渔业经济统计”、“领导讲话”、“专题论坛”栏目中的具体内容未做索引。“各地渔业”栏目中的条目按正文照列，不参与排序。

三、索引词条后的数字表示内容所在的正文页码。

J

L

N

Q

S

T

X

Y

Z

图书在版编目（CIP）数据

中国渔业年鉴．2011/农业部渔业局主编．—北京：中国农业出版社，2011.9

ISBN 978-7-109-16084-2

Ⅰ.①中… Ⅱ.①农… Ⅲ.①渔业经济—中国—2011—年鉴 Ⅳ.①F326.4—54

中国版本图书馆 CIP 数据核字（2011）第 186723 号

中国农业出版社出版

（北京市朝阳区农展馆北路 2 号）

（邮政编码 100125）

责任编辑：丁福辉

中国农业出版社印刷厂印刷　　新华书店北京发行所发行

2011 年 10 月第 1 版　　2011 年 10 月北京第 1 次印刷

开本：787mm×1092mm 1/16　　印张：18.5　　插页：40

字数：700 千字　　定价：120.00 元

ISBN 978-7-109-16084-2

9 787109 160842 >

“十一五”渔业发展成就展

目 录

福建省海洋与渔业厅

海峡(福州)渔业周已成为闽台渔业合作交流平台

水产品精深加工

积极建设标准化养殖池塘

“十一五”期间的5年是福建省渔业经济快速发展的5年，渔业经济实力显著提高，实现了由量的扩张到以提高质量和效益为主的发展方式转变，形成了以优势主导品种养殖为主，加工、物流、远洋和休闲渔业为辅的发展格局，促进了渔业产业结构调整和渔民增收，初步建立了生态型现代渔业发展的格局。2010年全省渔业经济总产值预计1274亿元，比2005年增长40.62%，年均增长7.06%。其中：渔业产值预计618亿元，比2005年增长53.35%，年均增长8.93%，占大农业总产值的比重达29.4%，已成为大农业中的重要支柱产业。全省渔民年人均纯收入9168元，比2005年增长42.03%，年均递增7.27%，渔业已成为渔民脱贫致富的重要渠道。

“十二五”规划开局之年，福建将围绕贯彻落实《国务院关于支持福建省加快建设海峡西岸经济区的若干意见》赋予福建渔业强省建设的新定位、新目标，高标准、高起点进行精心谋划。以建设亲环境现代渔业为目标，积极实施科技兴渔、外向带动、可持续发展和依法治渔战略，促进渔业发展方式向主要依靠科技进步、自主创新、质量提高方向转变。大力发展渔业二、三产业，提升产业整体素质、效益水平和国际竞争力。做强做大养殖业、加工业、远洋渔业和休闲渔业。扩大水产品出口，加强水产品质量安全管理和渔业生态环境保护，提高资源的利用率和渔业综合效益，实现渔业的持续健康发展，不断凸显渔业在海峡西岸经济区建设中的地位和作用。

山东省海洋与渔业厅

“十一五”以来，山东坚持生态、高效、品牌渔业发展理念，大力推进渔业规模化、标准化、品牌化、外向化、科技化、产业化“六化”战略，大力实施渔业资源修复和标准化池塘改造等十大基础工程，加快建设以山东半岛为主体的现代渔业经济区。特别是2009年胡锦涛总书记作出打造山东半岛蓝色经济区的重要指示后，山东把渔业作为蓝色经济发展的主导产业来培育，有力地提升了渔业形象和综合生产能力。2010年全省水产品产量783.8万吨、渔业总产值901.8亿元、渔业增加值548.2亿元、水产品出口额39.7亿美元，分别比“十五”末增长17.8%、89.7%、62.9%、41.8%，主要指标连年位居全国首位。渔业发展方式加快转变，产业结构明显优化，科技创新能力明显增强，渔业科技贡献率达到62%。全行业质量品牌意识显著增强，以十大渔业品牌打造为引领，冠以胶东、黄河口、微山湖等商标的一批名优水产品影响逐步扩大。渔业发展为保障城乡居民生活基本需求、调整农村经济结构、增加农民收入做出了重要贡献。

海上渔船应急救援演练

增殖放流

厅长侯英民基层调研

西安十大品牌推介会

山东半岛海洋牧场

上海市农业委员会
上海市水产办公室
“参与世博、服务世博”工作取得圆满成功

全力以赴做好“参与世博、服务世博”相关工作是水产系统义不容辞的责任。按照“确保不发生渔船非法载客，确保不发生重大渔业安全生产事故”的工作要求，以“守好二条警戒路线、控好二个重点部位、管好外省来沪渔船、抓好渔业执法监管、加强部门协作联动、推进市县协同配合”为工作主线，严密落实本市内河、近海（长江上海段）、外海水域渔船和渔民管理的各项安保措施，圆满完成了世博水上安保渔船管控任务。中华鲟保护区管理处在有关单位配合下制作的“生命之球”携国宝中华鲟等长江流域珍稀水生动物在世博园国际组织联合馆全程展出，展示了上海水产的风采。

世博期间，上海水产市场购销两旺，地产水产品质量稳定安全，为保障世博食品安全有效供给发挥了重要作用。

标准化水产养殖建设是上海渔业结合实际创新发展的典范，体现了市委、市政府高度重视渔业、支渔惠渔的政策举措。近年来，按照市农委《关于推进本市标准化水产养殖建设意见》的要求，市水产办积极推进标准化水产养殖场建设。截至2009年底，共批复立项项目149个，总面积达4611.45公顷，总投资63269.62万元。

世博园展出的“生命之球”

世博水上安保渔船管控执法现场

山东渔业船舶检验局
山东渔港监督局

山东渔业船舶检验局（渔港监督局），是山东省海洋与渔业厅直属具有行政执法职能的正处级事业单位，对外全称中华人民共和国山东渔业船舶检验局（渔港监督局），业务上受农业部渔业局、渔业船舶检验局领导，下设青岛、石岛、龙口、羊口四个直属分局。代表国家对山东省行政区域内的渔业船舶及船用产品行使监督检验权，完成国家渔业船舶检验局委托的渔业船舶修造企业监管、远洋渔船检验、基层渔船检验机构监督管理等职责；代表国家负责对山东省渔港水域内的交通安全进行监督管理，并负责山东沿海水域渔业船舶之间交通事故的调查处理；承担山东省海洋与渔业厅委托的渔港管理工作。

刘克宽局长

“十一五”期间，紧紧围绕船检渔监中心工作，各项工作不断取得新突破新进展。一是积极推进并成功实现参照《公务员法》管理，队伍整体纳入省海洋与渔业综合执法队伍序列。二是完成了《山东省渔业港口和渔业船舶管理条例》的立法及山东省休闲渔业船舶管理办法等配套制度制定，渔船渔港法制建设取得重大突破。三是渔船标准化改造工作取得实质进展，已经设计出了标准化玻璃钢船型，造出了标准化玻璃钢渔船。四是开展调研、提出方案、明确措施，渔港规范化管理有了新的进展，进入实施阶段。五是山东省渔业互保协会实现独立运作，体系建设逐步完善。5年来，协会累计承保渔民39.3万人(次)，渔船2.9万艘(次)，收取保费4.9亿元，风险保障额达到457亿元，为全省渔业经济发展发挥了重要的保障。六是基本建设方面，先后完成了羊口分局、青岛分局办公楼购置，山东省海洋与渔业教育培训基地一期工程，为船检渔监事业的发展奠定了坚实的基础等。五年来，先后被农业部评为“全国渔政工作先进单位”，被山东省政府授予“山东优秀节能成果奖”，被省人事厅、省海洋与渔业厅授予全省海洋与渔业系统先进集体，被农业部渔船检验局评为“全国船检系统政务信息工作一等奖”、荣获全国渔船检验系统验船标兵单位等荣誉称号。

刘克宽局长在潍柴考察（左三）

验船师进行现场检验

日照市海洋与渔业局

农业部副部长牛盾到日照水产加工企业山东美佳集团视察

2010年山东省暨日照市渔业资源修复行动仪式在日照举行

农业部渔业局、中国水产科学院黄海水产研究所在日照举行向渔民赠书仪式

日照市举办义务放流活动

"十一五"期间，日照市海洋与渔业工作在农业部渔业局、省海洋与渔业厅等上级部门的大力支持帮助下，围绕建设山东半岛蓝色经济区和海洋特色新兴城市的部署要求，克服了国际金融危机、严重低温冰冻灾害、浒苔灾害和近海渔业资源持续衰退等不利影响，保持了良好的发展势头。2010年，全市水产业实现总产值190亿元，比2005增长45.1%；渔民人均纯收入达9243元，比2005年增长72.3%，比全市农民人均纯收入高出1739元。水产品精深加工能力和竞争能力得到较大提高。星鳗、章鱼、鱼糜、贻贝等产品加工出口量分别占全国的70%、40%、90%和50%，水产品出口创汇4.74亿美元，比2005年增长98%，分别占全市农产品出口创汇额、全市出口创汇总额的60%和21%；渔业结构深入调整，工厂化养殖面积发展到80多万平方米，是"十五"末的2倍，深水抗风浪网箱已发展到126只，比"十五"末增长了110%，浅海养殖面积发展到30万亩，是"十五"末的1.8倍。养捕比例由"十五"末的31：69调整为51：49；全市水产健康养殖快速发展，创建了1个农业部标准化健康养殖示范县，8个国家级水产健康养殖示范场、10个省级水产健康养殖示范场、1个省级标准化养殖示范区，认证无公害产地58个、产品89个，分别是"十五"末的7.25和6.36倍；"科技兴海"稳步推进，设立了"院士专家工作站"，取得海洋与渔业科技成果60多项，其中有20项获国家、省、市科技成果或获得国家专利；渔业安全基础进一步夯实，建设开通了渔业安全通讯网，在全省率先建立了捕捞渔船基本信息数据库，组织实施了"十百千万平安惠渔工程"，全市渔业安全生产形势持续平稳。2010年全市渔业生产在我市历史上首次实现了"零死亡"，全市渔业安全事故较"十五"期间同比下降了64%。

象山县海洋与渔业局

象山县居浙江沿海中部，海洋区位优势突出，海洋资源丰富，拥有海域面积6618平方公里，岛礁656个，海岸线长925公里。近年来，象山县积极推进海洋资源和海洋生态修复行动，多层次开展海洋保护宣教活动，规范海域使用管理，促进海洋生态保护，先后申报建立韭山列岛国家级自然保护区和渔山列岛国家级海洋特别保护区，成为拥有两个国家级海洋保护区的县。并积极开展海洋牧场建设和国家级海洋公园创建，将“善待海洋，就是善待人类自己”的理念体现在实际工作中。

黑龙江省渔政局

陈志超局长考察鲟鳇鱼放流站繁育车间

移动式钢结构网箱

黑龙江省天蓝、地洁、水清，渔业资源丰富，有河流1 918条，湖泊泡沼6 026个，水库679座，全省水域面积233.2万公顷，宜渔水面65.4万公顷；有鲟鳇鱼、大麻哈鱼、冷水性鱼类细鳞鱼和哲罗鱼、兴凯湖大白鱼、松花江鳜鱼和黑龙江野鲤等多个地方特色品种，为推进黑龙江特色渔业提供了丰富的水域资源和种质资源。

水产养殖业平稳发展。2010年，全省放养面积38.9万公顷，比2005年增长49.3%；水产品总产量48.1万吨，比2005年增长53.7%；渔业经济总产值实现64亿元，比2005年增长104%；渔民人均纯收入达到6 800元，比2005年增长47.8%。全省驯化养鱼池塘面积已达3.6万公顷，地产名贵优质鱼类养殖面积已达17.4万公顷，占养鱼水面的44.7%。渔业经济呈现出快速稳定的发展态势，已成为我省农业产业结构调整的重要途径之一，优势地位已基本形成。

特色养殖快速发展。依托水域资源和种质资源优势，大力发展黑龙江特色渔业，确定以抚远为龙头，以黑龙江、乌苏里江为两翼，实施“龙头带两翼”的发展战略，重点推进边境水域高产高效示范带建设。具备条件的地区，尤其是边境地区积极因地制宜的发展特色养殖。2010年，共投放3 500余个网箱，总面积达8.5万平方米，用于养殖鲟鳇鱼、黑龙江野鲤、大白鱼等地产名优鱼类，沿黑龙江和乌苏里江的利用网箱发展特色养殖示范带已初步形成。

增殖放流效果显现。截至2010年，全省已建有7个鲟鳇鱼放流站、3个鲑鱼放流站、7个水产种质资源保护区，在黑龙江、乌苏里江边境水域形成一个规模较大、水平较高、布局合理的鱼类生态保护体系。2005年至2010年，共增殖放流濒危、珍稀名贵和经济鱼类苗种27 728.3万尾，其中，国际濒危物种鲟鳇鱼138.2万尾，对鲟鳇鱼、大麻哈鱼等濒危珍稀物种资源起到了明显的涵养作用。

陈志超局长考察边境水域特色网箱养殖基地

湖北省水产局

湖北水产三艘品牌航母扬帆远航

近年来，湖北水产围绕现代渔业建设目标，切实践行“不与粮争地、不与人争水”的全新理念，深入推进“湖泊拆围、水库限养”，让千湖之省碧水长流；坚持“内涵挖潜、质效优先”的基本思路，向精养鱼池要效益，向科技创新要效益，向质量监管要效益，走生产发展、生态良好的良性循环发展之路，在“三农”工作“三化同步”中实现华丽转身，呈现出产能增强、结构趋优、质效提升、产销两旺的良好发展态势。

把资源优势转化为产业优势，把产业优势转化为市场竞争优势，是湖北水产人孜孜以求的夙愿。2010年，湖北省把整合资源、唱响水产品牌作为转变发展方式、提升发展质效的重要切入点，按照“成立一个协会、制定一个章程、规范一套程序、统一一个标准、注册一个商标”的“五统一”模式，着力打造了**“楚江红”**小龙虾、**“梁子”**牌梁子湖大河蟹和**“洪湖渔家”**生态鱼三艘水产品牌航母。先后在北京钓鱼台国宾馆举行“楚江红”小龙虾品牌新闻发布会，成立了省小龙虾产业协会、河蟹产业协会和渔业产销协会等三大协会。通过举办第二届中国湖北（潜江）小龙虾节、中国荆州淡水渔业展示交易会、梁子湖大河蟹展示交易会等活动，以及在中央和省内主流媒体讲行集中强势宣传、品牌推介营销、农超对接等一系列环环相扣的举措，使“楚江红小龙虾”、“梁子牌梁子湖大河蟹”和“洪湖渔家生态鱼”三大主导水产品牌在国内外的知名度迅速提高，并在第八届中国国际农产品交易会上荣获金奖，市场核心竞争力空前提升。

东港市海洋与渔业局

党委书记、局长：张旭

东港市海洋与渔业局党委班子成员

近海渔业增殖放流现场

张旭局长陪同省厅李汪洋厅长、丹东市局孔庆书局长等领导视察水产品加工企业

东港市海洋与渔业局是东港市主管海洋综合管理与渔业工作的行政部门。下辖东港市渔政管理处、中国海监东港市大队、东港市水产科学研究所、东港市海洋渔业指挥部、东港市水产养殖开发中心等10家单位。东港市地处中国海岸线最北端，南濒黄海，东依鸭绿江。海域面积3500平方公里，10米等深线以内浅海106万亩，滩涂36.3万亩，港湾12万亩，可利用的淡水养殖面积近10万亩。盛产三疣梭子蟹、中国对虾、菲律宾蛤仔、文蛤、海蜇等水产品品种140多个，是辽宁省重要的渔业生产基地之一。近年来，东港市渔业经济持续健康发展，海洋与渔业综合管理成效显著。先后荣获全国海域使用管理示范单位、伏季休渔先进单位，辽宁省海洋与渔业工作先进单位、渔业倍增发展优胜单位等荣誉称号。

建成了贝类底播养殖基地、港湾健康养殖基地、低盐度海参养殖基地等五大特色精品渔业基地。2010年，水产品实现总产量47.3万吨，总产值38.6亿元。渔业经济总量居辽宁省第二位。

海域管理日益规范，养殖用海确权发证率达到98%，海域使用权登记率达到100%。2010年征缴海域使用金1406万元。伏季休渔、水产苗种管理得到切实加强，有力地推进了渔业经济可持续发展。

人工鱼礁投放现场

四川省水产局

局长卿足平调研广汉市三水镇新农村水产示范村建设

米易县水产养殖基地

"十一五"以来，大力推进"优势产业带、产业化、加工流通、支撑保障体系"四大工程建设，战胜汶川特大地震等严重自然灾害，扎实落实各项工作，促进了水产经济又好又快发展。

通过五年的努力，全省渔业生产能力显著增强，名优比重稳步提升；产业链条不断延伸，专合组织迅速发展；质量安全切实加强，科技兴渔取得突破；水产投入大幅增加，灾后重建基本完成；新村建设快速推进，产业支撑地位凸显；春季禁渔扎实开展，资源养护成效明显。

泸县罗桥村新渔村

芦山县流水渔场

高坪区东观镇马曾桥村水产养殖基地

富顺县棬坝村苗种繁育基地

岱山县海洋与渔业局

局长　郁曙军

岱山县是全国重点海洋渔业县，有44个渔业村、社、公司，6.6万渔业人口，2.2万下海劳力，拥有60马力以上渔船2365艘，其中250马力以上钢质渔船1745艘。全县年海洋捕捞产量31万吨，产值25亿元。

2008年开始，岱山县积极推进渔船安全救助系统建设，全县60马力以上渔船全部安装防碰撞终端系统；185马力以上渔船安装卫星信息服务系统。衢山镇、高亭镇组建了集渔业执法检查、基础管理、宣教培训、渔业指挥等为一体的渔业综合管理中心，其他乡镇分别组建渔业指挥中心或信息中心，渔业安全工作进一步加强。

全县共有渔业专业合作社30家，其中海洋捕捞专业合作社20家、养殖专业合作社6家、加工专业合作社4家。其中5家合作社被评为全省渔业示范性专业合作社，11家评为舟山市规范化专业合作社。

岱山渔港设施日益完善。岱山（高亭）中心渔港经十多年建设初具规模，增加大型渔船泊位1000多个，1500多米渔用带成为一道亮丽的风景线。衢山中心渔港、高亭中心渔港江南段工程和长涂一级群众渔港建设如火如荼，南峰群众渔港已基本建成，渔港设施的进一步完善，为渔业生产提供有力保障。

局工作会议

大丰市滩涂海洋与渔业局

农业部有关领导视察大丰渔业工作

江苏省大丰市现有海淡水养殖面积65万亩，其中海水养殖面积42万亩、淡水养殖面积22.5万亩，水产品年产量25.5万吨，产值26亿元。大丰市滩涂海洋与渔业局是全市渔业行政主管部门。该市将积极围绕江苏省打造沿海地区千亿元级现代渔业产业战略，坚持“巩固调优一产、发展壮大二产、加快推进三产”，全力冲刺“十二五”期末大丰市百亿元渔业产业强市目标，重点完成总面积10万亩的江苏省省级现代渔业示范园区建设和斗龙港国家一级渔港建设等工程。

盐城东少紫菜交易市场交易产品展示

近年来，大丰市渔业工作得到了省级主管部门的肯定。2010年8月，江苏省委常委副省长黄莉新、省海洋与渔业局局长唐庆林、副局长沈毅等领导视察大丰市华辰渔业专业合作社；2010年11月，江苏省沿海千亿元现代渔业产业建设工作会议在大丰参观“风光鱼万亩海水养殖基地”、“盐城海瑞海洋食品有限公司”、“大丰市华辰渔业专业合作社”等3个现场。大丰市局被授予“盐城市高效渔业工作先进单位”、“盐城市渔业经济工作先进单位”、被省授予“江苏省现代渔业先进县”、“江苏省鲫鱼产业基地”等。

太平洋牡蛎养成收获

风能滩涂资源综合利用

渔粮轮作 增产增效

2000亩太平洋牡蛎养殖丰收在望

奉化市海洋与渔业局

农业部渔业局局长李建华视察桐照渔村

“十一五”期间，面对来自资源、环境、产品质量安全和市场等诸方面的挑战，奉化市海洋与渔业局始终坚持“安全第一、严格监管、强化执法、优化服务、注重基础”的工作指导原则，紧紧围绕维护渔区稳定、服务海洋经济发展和建设现代渔业三大目标，通过共同努力，渔业生产公共服务和安全保障体系逐步健全，渔业转型升级稳步推进，渔业增效渔民增收，全市海洋与渔业产业稳步健康发展，2010年被评为省海洋与渔业工作先进单位。2010年奉化全市水产品总产量117286吨，实现产值109463万元，同比分别增长7.3%和18.2%；渔民年人均纯收入达17000多元，增长8.87%。

原农业部副部长齐景发授牌桐照渔村

桐照渔港风貌

兴化市水产局

江苏省纪委书记弘强视察兴化生态河蟹高效养殖基地

兴化特色在"农"，优势在"水"，是全省河蟹、青虾、克氏原螯虾、银鲫重要产区，青虾产量是全省青虾产量的1/6、占全国青虾产量的1/10；河蟹产量、产值分别占全省的1/8、1/10。2010年，水产品总产量25.6万吨，连续21年位居全省淡水县级之首；渔业现价产值53.4亿元，农民人均纯收入来自水产业达到1581元，被表彰为"江苏省现代渔业建设先进县"，被授予"江苏省现代渔业特色产业基地"，渔业已成为全市农业和农村经济的富民支柱产业。

全年完成改造渔池10万亩，新建改造标准化池塘面积3.8万亩，新增设施渔业面积2.5万亩。建设江苏省兴化现代渔业产业园区面积1.1万亩，建成5个1000亩以上规模示范基地，创建了兴化大闸蟹集团有限公司养殖基地、双港合作社养殖基地2个农业部健康养殖示范场，全年完成高效渔业面积达到10万亩，累计高效渔业面积超过54万亩。新增2家江苏省渔业科技成果转化平台，全年共印发资料222期、58183份，培训人数2.5万人（次），新认证无公害产品3个，水生动物疫病防控中心挂牌建设。全市水产品年加工量达2万多吨，出口销售4000万美元。

省委常委、副省长黄莉新视察兴化现代渔业产业园区

省人大农经委主任宋家新率人大代表视察红膏生态园

兴化推动生态河蟹产业转型升级

泰州市微孔增氧技术推广会议在兴化召开

临高县海洋与渔业局

项目启动仪式

临高县位于海南省的西北部，濒临北部湾。全县有6个渔港，5个渔业镇，13个纯渔业村委会。渔业人口达 71724人。海上劳动力35193人。全县渔船约4396艘，总功率309115千瓦，总吨位147502吨。2010年，渔业生产总产量44.88万吨，渔业经济总产值 39.26亿元。新盈中心渔港建设项目已于2010年经国家发改委评审通过，国家支持资金5850万元，总投资9138万元。

2010年，全县深水抗风浪网箱养殖达1200口，产量1.172万吨，产值3.28亿元，并已在南沙美济礁发展60口养殖高档次经济鱼类。

2010年，全县底播贝类养殖发展2万亩（主要养殖华贵栉孔扇贝、巴菲蛤、杂色蛤、鲍鱼、文蛤等），产量1万吨，产值1亿元；对虾养殖6000亩，产量9552吨、产值22924.8万元；罗非鱼精养面积达1.5万亩，产量15000吨，产值13500万元。2010年，北方品种刺参全省首次在我县工厂化试养获得成功；2009年、2010年海南品种糙海参人工育苗相继获得成功，此二项技术项目填补了海南水产养殖的空白。

鄱阳县水产局

鄱阳湖农业综合开发有限公司水产品加工厂生产车间

鄱阳县黄鳝养殖基地

科学谋划　打造鄱阳现代渔业

渔业是鄱阳县的传统优势产业，同时也是鄱阳县农业产业中具有比较优势的产业。近年来，我县依托水域资源优势，坚持以市场为导向、大力调整渔业产业结构，努力推进渔业产业化经营，全县渔业经济得到了迅猛发展。

作为全国淡水渔业重点县、中国鄱阳湖淡水鱼之乡、江西省渔业十强之首，鄱阳境内河、湖、库水质多保持在二类以上。近年来，县委县政府立足水面资源，以市场为导向，以效益为中心，以增收为目的，充分发挥水产资源优势，大力调整农业产业结构，努力推进渔业产业化经营，水产业已经呈现出蓬勃的发展势头。

2010年水产品总产值15.1亿元、水产品总产量14.2万吨（捕捞产量2.6万吨、养殖产量11.6万吨）、养殖面积达到45万亩、水产种苗生产13亿尾；特种水产品产量达到 4.15万吨，占水产品产量的28%。渔民人均纯收入6480元。先后获得全国农牧渔业丰收奖农业技术推广二等奖、全省渔业工作先进县、全省渔业十强县、全省现代渔业项目示范县等称号。

嵊泗县海洋与渔业局

贻贝之乡授牌

增殖放流

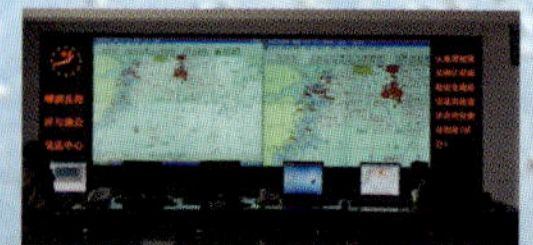
渔业指挥中心

2008年，嵊泗县全面开展北斗导航和AIS避碰两套渔船安全系统的安装建设工作。截止2010年底全县共安装北斗导航系统530套，AIS避碰系统1112台。2010年嵊泗县渔业指挥中心在海洋与渔业局正式建成并投入使用，各乡镇渔业安全监控中心也相继建成，为我县渔业生产安全提供了有力的技术保障。2009年嵊泗县率先在全省制订出台了渔业安全生产差异化管理办法，得到了省、市相关部门的高度肯定。

2008年蓝海洋牌大黄鱼等一批水产品在无公害产品认证基础上被确认为有机产品；嵊泗贻贝无公害产品被确认为地理标志集体商标；2010年8月，嵊泗县被中国渔业协会授予“中国贻贝之乡”称号。

2010年嵊泗县引进了6艘现代化大型深水围网作业渔船。并根据实际生产需要，对其经营体制作出了积极的改革创新。在专业合作社框架内探索建立了“产销联接、统一运销、集中补给、全程服务、财务规范、有序分配”的经营管理模式，效果明显。

2006年9月嵊山中心渔港竣工，2007年完成交工验收，并投入使用，解决了嵊泗县东部渔业乡镇渔船避风问题，为发展渔港经济打造鲜活水产品基地提供了平台。2009年9月嵊泗县中心渔港（新港区）获省发展改委批准立项，总投资5.0495亿，目前项目建设正在稳步有序的推进之中。

贻贝养殖——海洋牧场

宁德市海洋与渔业局

宁德市渔业经济工作紧紧围绕加快增长方式转变，推动现代渔业发展目标，渔业产量、产值创历史新高，特别是出口创汇实现2亿多美元，增幅达82%，在全市大农业中一枝独秀。

通过扶助龙头，培植品牌，落实一揽子奖惩措施，有力促进了水产品加工业的发展。全市水产品加工量11.84万吨，比增7.23%；加工产值25.26亿元，增幅达34.98%。水产品出口量达5万吨，增长66.66%，出口创汇2.2亿美元，比上年番一翻；输台水产品也大幅增长，货值达到2703万美元，比增174%。省级水产产业化龙头企业17家，省级农业产业化龙头企业4家，市级龙头企业21家，亿元产值企业达到3家；1家企业通过了欧盟认证，4家通过对美认证；涌现出“石兰牌”、“九阳牌”、“海名威牌”等10多个福建省名牌及省著名商标；紫菜精深加工产品打入韩国、日本及东南亚等国际市场。

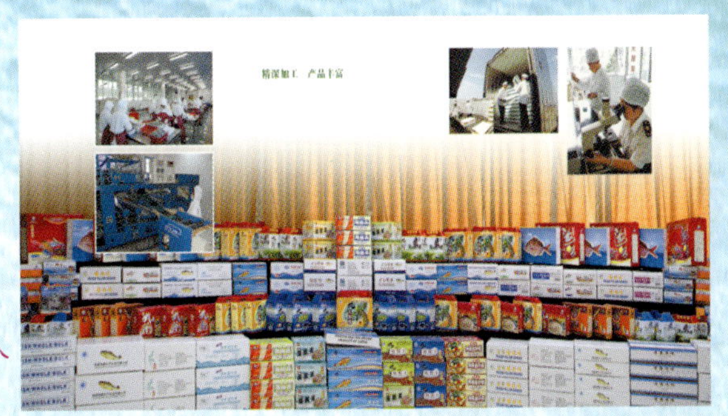

大黄鱼加工。大黄鱼养殖26万多箱，产量5.45万吨。大黄鱼等海水养殖产品及海捕产品加工出口从原来以韩国为主，扩大到欧盟、美国、日本、印度尼西亚、越南、马来西亚、菲律宾等24个国家和地区，出口货值和金额均创历史新高。

海上蓝田

外海抗风浪环保型塑胶养殖鱼排

水乡渔村

湖北省丹江口市水产局

局长 张正有

立足库区优势，发展生态渔业

“十一五”时期，是我市渔业快速发展的五年。五年来，实现了**五个零突破**（名优鱼人工孵化、有机地标品牌创建、中介组织、水产品加工、龙头企业），**四个转变**（由野生捕捞向大库投放、投饵养殖向生态循环、单品种单模式向名优品种与滤食性鱼类混养、大库养殖向精养鱼池的转变），**三个增加**（水产品产量、渔业产值、渔民人均纯收入），**两个提高**（水产业在市农业中的比重、丹江口特色水产业的知名度），**一进位**（我市水产业在全省的位次前移，2006年排第51位，2009年6月已列为全省20个水产重点县市，名列第16位）。2010年，全市水产人工放养面积17.07万亩，水产品产量6.15万吨，名特优养殖产量3.5万吨，水产品产值8.866亿元，渔民人均纯收入6200元，比“十一五”末的4.55万亩、2.51万吨、0.92万吨、1.8亿元、3500元分别增375%、286%、380%、493%、177%。

省委组织部长侯长安视察丹江口市水产业

全市渔业生产已形成生产规模化、布局区域化。先后建成关门岩10万亩鲢鳙银有机鱼基地、凉水河翘嘴鲌地理标志保护产品养殖基地，浪河口大口鲶网箱养殖基地，七里沟鲈鱼网箱养殖基地，库湾种青高产养殖基地，库塘堰精养高产养殖基地。丹江口水库35万亩水面在2005年被批准为无公害养殖示范基地，青、草、鲢、鳙、鲫、鳊、鳜等11个品种被列为无公害产品；习均大桥－习肖码头10万亩水面被列为有机鱼生产基地。丹江口翘嘴鲌列入国家地理标志保护产品，丹江口水产技术服务中心等三家企业被授予全国水产健康养殖示范场，圣水湖水产合作社被授予全省水产健康养殖示范场，均县镇水产养殖合作社被评为省级优秀合作社。市水产局连续4年被评为全省水产先进工作单位。

原省委书记罗清泉视察丹江口市水产业

丹江口翘嘴鲌地理标志保护产品

山西省水利厅渔业局　山西省渔政监督管理局
山西省渔船渔港监督检验局

山西省渔业局李俊智局长(左三)调研大鲵繁育保护基地

虹鳟鱼养殖

山西省水利厅为全省渔业行政管理职能机构，实行“一套人马、三块牌子”的运行管理体制。

改革开放30年来，在国家一系列支渔惠渔政策的扶持下，在各级政府和领导的关心支持下，经过几代渔业工作者的不懈努力，我省渔业得到快速发展，产业规模不断壮大，产品质量不断提高，综合生产能力不断增强，为促进农民增收和社会主义新农村建设做了积极的贡献。1978年到2009年，水产品总产量从719吨提高到31000吨，水产养殖面积从12000公顷发展到14361公顷，渔业产值从90万元增长到4.03亿元，水产品交易量从5000多吨猛增到近30万吨，养殖品种由单纯的“四大家鱼”，发展到30多个品种，渔民人均纯收入5240元，连续多年高于全省农民人均纯收入。养殖方式和生产经营格局由单一化向多元化方向发展，观赏鱼养殖、淤地坝养殖、网箱养殖、稻（莲）鱼生态养殖等方兴未艾，形成了国有、集体、个人一齐上的多元化生产格局。省政府相继出台了《山西省实施〈中华人民共和国渔业法〉办法》、《关于加快渔业发展的意见》和《山西省水产品质量安全管理办法》等一系列渔业法规、规章。基本建成覆盖全省的水产技术推广体系和渔政执法体系，水产品检疫检测体系建设不断加强。目前，已建成1个省级水产品质量安全检测（鱼病防治、渔业环境监测）机构，成立了3个市级水产品质量安全防疫检测机构，建成了2个县级水生动物疫病防治站。

安徽省巢湖渔业管理局

局长　陈建群

全国五大淡水湖之一的巢湖，素有“皖中明珠”、“鱼米之乡”的美称，安徽省巢湖渔业管理局是巢湖市政府直属事业单位，正县级建制，肩负巢湖渔业资源保护和增殖的重任，力促湖区渔业经济取得长足的发展。特别是“十一五”期间，以科学发展观为指导，树立全新的渔政管理理念，致力生态保护与修复，有力地保护了巢湖渔业水域生态环境，湖泊增效，渔民增收。同时狠抓渔政队伍自身建设，大力开展渔业文明执法窗口单位创建活动，在广大渔民群众中树立了良好的形象。巢湖渔政事业充满勃勃生机，几年来成绩斐然，频频获得国家及省市的嘉奖。

巢湖禁渔启动仪式

巢湖人工增殖放流

巢湖渔业管理联席会议

渔政执法巡逻

北海市水产畜牧兽医局

市委书记王小东检查指导工作

2010年是实施水产畜牧业科学发展三年计划和“十一五”规划的最后一年。一年来，面对国际金融危机冲击、渔业资源变化、自然灾害、农产品价格波动等不利因素的影响，全市水产畜牧兽医部门在市委、市政府的正确领导下，沉着应对，迎难而上，齐心协力，开拓创新，圆满完成了各项工作任务，取得了比较显著的成绩。全市水产品总产量92.53万吨，同比增长3.11%，肉类总产量12.53万吨，同比增长5.6%；全市渔业产值86.2亿元、畜牧业总产值27.26亿元，渔牧业总产值113.46亿元，同比增长9.84%。

罗非鱼加工生产线

江西万年县水产局

为全额拨款事业单位，是政府的水产行政职能部门，同时也是渔业行政执法主管部门。近年来，紧紧围绕建设“生态水产、特色水产、经贸水产、和谐水产”的发展定位和“渔业增效、渔民增收”的工作目标，大力发展现代渔业，成绩斐然。2010年，万年县被列为农业部100个渔业统计试点县；2008年以来，改造标准化鱼池4000亩；建有具备远程诊断鱼病系统的实验室；国家级池蝶蚌良种繁育场已建成并投入使用；创建农业部水产健康养殖示范场5个；获批准设立“万年河特有鱼类国家级水产种质

资源保护区”1个；国家级公益性项目淡水珍珠养殖试验示范点2个。分别于2008年、2010年两次被评为“全省渔业工作先进县”和“全市渔业目标管理一等奖”等荣誉称号。

地址：万年县政府大楼十楼　　邮编：335500

电话：0793-3669676　　传真：0793-3669676

江西省农业厅副巡视员邓建平视察万年水产工作

省渔业局局长官少飞视察万年县现代渔业项目

团结奋进的领导班子

江苏渔港局
江苏渔船检验局
辉煌十一五　发展新跨越

局长：胡永生

渔业安全生产宣传片首发仪式

中华人民共和国江苏渔港监督局、中华人民共和国江苏渔船检验局业务归口国家渔业船舶检验局、国家渔政渔港监督管理局，行政隶属江苏省海洋与渔业局。单位设在南通市，下辖4个分局、13个市处、54个县站。

该局主动服务渔业安全发展为第一要务。重点围绕“人、船、港”，深入开展渔业安全生产“三项行动”。创新渔业安全宣传培训方式，承办了全国十万海洋捕捞渔民职业安全培训启动仪式，举行了大规模船舶消防和海上救生演习，开展了全国首次省级渔民职业安全技能比赛，组织了“平安江苏渔业”大型文艺晚会，制作发放《渔业船员安全技能》光盘和《祝您平安》渔业安全生产宣传扑克牌。开展全省低质量渔船整治、海洋重点渔船普查、世博水上安保渔船管控检查。海洋渔船标识专项整治、船用产品质量整治、渔船修造企业安全防火检查等执法活动。

五年来，该局多次受到上级表彰，荣获全国渔业船舶检验系统检验标兵单位、全国渔业船舶检验机构文明单位、全国渔业海难救助先进集体、全国渔业船舶检验政务信息工作先进单位、全国渔船船东互保工作先进单位、江苏省海洋与渔业局先进单位称号。

舟山市海洋与渔业局

舟山市是美丽的“千岛之城”，是我国唯一由群岛组成的地级市，位于中国大陆海岸线的中部，长江口南侧，杭州湾外缘的东海洋面上，拥有“东海鱼仓”、“中国渔都”、“中国海鲜之都”之美誉。舟山境内海域辽阔，深水良港众多，区域面积2.22万平方公里，其中海域面积2.08万平方公里，陆域面积1440平方公里。

2010年，舟山市紧紧抓住国务院批复建立舟山海洋综合开发试验区的有利契机，召开了全市渔业大会，谋划部署了新时期现代渔业发展，提出了坚持“渔业稳市”，加快发展现代渔业，建设全国“渔业强市”的发展思路，形成了“关心渔业、支持渔业、发展渔业”的广泛共识和工作合力。全市渔业经济保持了良好的发展态势。2010年，实现全市渔业总产量131万吨，渔业经济总产出282亿元。其中，国内捕捞产量104.63万吨，产值67.25亿元；渔民人均收入保持持续增长势头，达到13800元。

局长　沈承宏

市领导观看舟山解放60周年渔业展览

全市渔业大会召开

中国水产科学研究院东海水产研究所

所长：陈雪忠

中国水产科学研究院东海水产研究所创建于1958年10月，是我国面向东海的国家综合性渔业研究机构。研究所以国家渔业发展需求为首要任务，主要开展资源保护及利用、捕捞与渔业工程、远洋与极地渔业资源开发、生态环境评价与保护、遗传育种与生物技术、水产养殖技术、水产品加工与质量安全、渔业信息与战略等研究。

2003年，东海水产研究所进入国家科技创新体系（国家非营利性科研机构）；2005年，成为我国渔业科研系统第一个通过ISO9001：2000质量管理体系认证的单位；2006年，建立了“博士后科研工作站”；2008年被批准列入“上海研究生联合培养基地”。

“十一五”期间，全所先后承担各类科研项目530余项，其中国家级项目46项，省部级项目237项。发表论文1000余篇，其中SCI、EI收录100余篇，出版学术著作8部，获授权专利近200项，其中发明专利40余项。获各类科技奖项32项，其中国家科技进步二等奖6项（主持2项），省部级科技奖励23项（主持19项）。

近年代表性成果包括：北太平洋鱿鱼资源开发利用及其渔情信息应用服务系统、大洋金枪鱼资源开发关键技术及应用、盐碱地水产养殖技术开发与推广、重要滩涂贝类养殖产业化关键技术研究示范、长江口及临近水域渔业资源保护和利用关键技术研究与应用、节能型拖网结构与网材料新工艺、鲟鱼鱼子酱产业链关键技术研究与应用、东、黄海渔业资源可持续利用关键技术研究与应用、篮子鱼全人工繁育及养殖技术研究与应用、锯缘青蟹种苗规模化生产技术开发与示范、水产食品微生物预报技术的研究与应用。

鳗鲡标志放流

国家科学技术进步奖

证　书

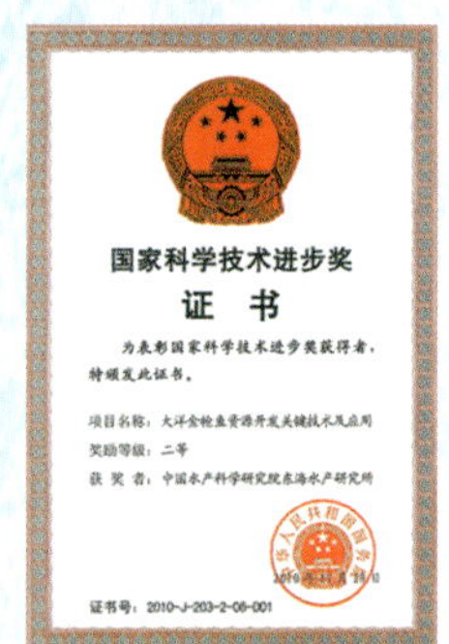

国家科学技术进步奖

证　书

为表彰国家科学技术进步奖获得者，特颁发此证书。

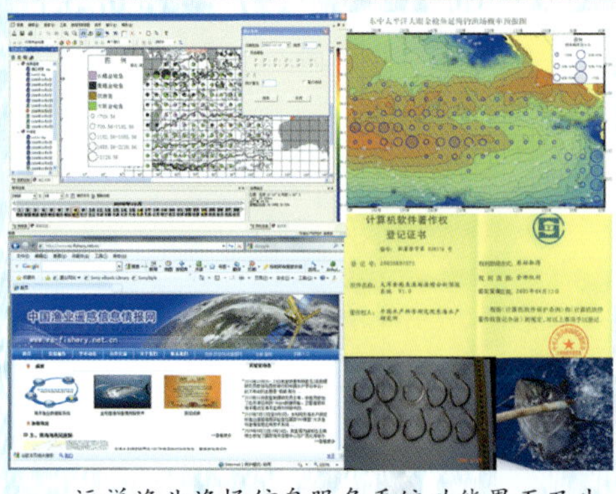

远洋渔业渔场信息服务系统功能界面及生态型钓具

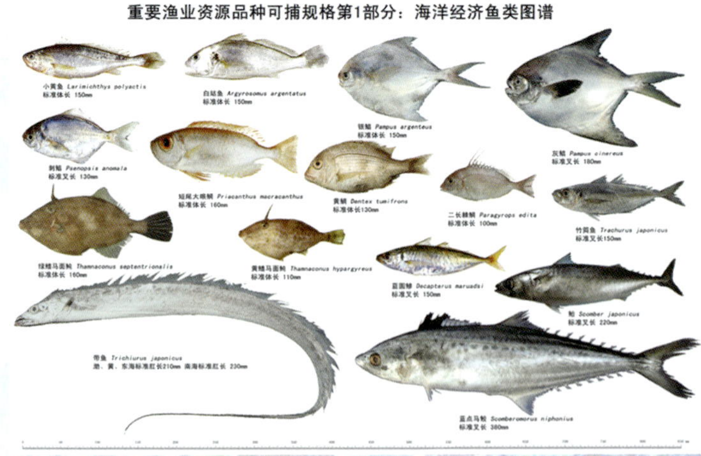

重要渔业资源品种可捕规格

中国水产科学研究院珠江水产研究所

中国水产科学研究院珠江水产研究所是国家根据流域布局在珠江流域及其相关水系中设置的国家级渔业综合科研机构，位于广州市西花地河畔。主要开展水产种质资源与育种、水产养殖与营养、水产病害与免疫、渔业资源保护与利用、渔业生态环境评价与保护、水生实验动物、城市渔业和水产品质量安全等学科研究，并已形成水产疫苗、池塘养殖、观赏鱼、渔业资源、水生实验动物等特色研究领域。草鱼出血病活疫苗（GCHV—892株）获得农业部颁发的一类新兽药证书，标志着国内外首个草鱼出血病活疫苗成功问世，预示着草鱼出血病活疫苗研究与应用进入了实质性的产业化阶段；构建了由农业部水产种质监督检验测试、新渔药临床试验、观赏鱼标准化、广东省淡水鱼类种质资源库和渔业生产力促进中心等组成的技术服务体系和水产良种、绿色渔药及观赏鱼等三大科研中试基地。

目前承担了国家“863”、国家支撑、国家自然科学基金、国家基础性和公益性等项目以及地方政府项目150余项；“十一五”期间获得科技成果奖励27项，其中国家级二等奖1项，省、部级一等奖、二等奖、三等奖各3项、5项、6项。

中华人民共和国
新兽药注册证书
证号：（2010）新兽药证字51号
新兽药名称：草鱼出血病活疫苗（GCHV-892株）
注册分类：一类
研制单位：中国水产科学研究院珠江水产研究所
根据《兽药管理条例》，该兽药符合规定，准予注册，特发此证。
发证日期：

部分繁选育品种

水生试验动物 剑尾鱼 RR–B系

转红色荧光蛋白基因唐鱼

北京市水产技术推广站

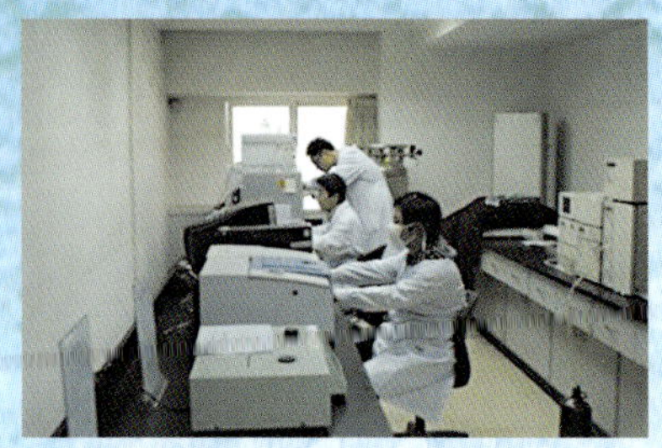
农业部渔业产品质量监督检验测试中心（北京）

海南南繁育种基地孵化车间

小务基地全景

北京市水产技术推广站引进名优品种——匙吻鲟

北京市水产技术推广站成立于1980年12月，隶属于北京市农业局，是集北京市水产技术推广站、北京市鱼病防治站、北京市渔业环境监测站、农业部渔业产品质量监督检验测试中心（北京）和渔业行业职业技能鉴定站（272号站）职能为一体的公益性事业单位。

建站以来，北京市水产技术推广站以发展都市型现代渔业为宗旨，先后承担科研、推广项目百余项，引进推广了匙吻鲟、怀头鲶、巴丁鱼、鳄龟等名优水产养殖品种50余种，累计培训养殖户10万余人（次），获得农业部、市政府颁发的科技奖励30余项。并与国内外十余个科研院所建立了长期合作关系，为北京市都市型现代渔业的发展作出了突出贡献。农业部渔业产品质量监督检验测试中心（北京）于2004年通过中国国家认证认可监督管理委员会“计量认证”和农业部的“审查认可”，获得部级质检中心的资格，能够完成73个渔业环境及产品质量标准中要求测定的检测项目。水产动物疾病检测技术中心于2008年通过北京市质量技术监督局计量认证，可以对SVCV等7项检测类别出具检测报告。此外近年来依托承担的科技项目，着力推进观赏鱼产业的发展，现已成为推动北京市观赏鱼产业发展的排头兵。举办的北京金鱼锦鲤大赛、观赏鱼进社区等活动也备受瞩目，深受广大市民的欢迎。

试验示范基地 —— 通州小务基地 成立于2001年，是集名优品种引种保种、试验示范及养殖生产于一身的综合性示范场，占地面积100亩，拥有标准化循环水养殖池塘10口，工厂化养殖及繁育车间3000平方米、综合实验室500平方米、各项配套设施齐全。自建成以来，基地先后进行了鲟鱼类、观赏鱼类、龟鳖类等数十个名特优品种的引进与养殖试验示范，同时以“基地+农户”的模式将新品种与新技术推广给郊区农户。

试验示范基地 —— 海南南繁育种基地 成立于1997年，位于海南省文昌市。基地占地120亩，有试验池塘20余口，拥有500平方米的工厂化育种车间2个及400余平方米的综合实验室。多年来，基地始终坚持以保种、育种、试验示范为工作重点，先后承担了30余个科研项目的实施，进行了淡水鲨鱼、鳄龟、佛罗里达鳖、珍珠白等20余种温热水品种的引进、养殖及繁殖工作，同时攻克了多项关键技术，累计为北京市提供优质苗种超过了5000万尾（只），为北京市名优水产养殖品种结构调整与都市型现代渔业的发展做出了很大贡献。

集美大学水产学院

集美大学于2008年获得国务院学位办批准，作为新增博士学位授予单位立项建设，水产学一级学科作为授权学科建设，立项建设3年多来，学科建设取得长足进步。

师资队伍 该学科现有教师65人，其中教授16人，副教授34人；具有博士学位的教师50人，硕士学位5人；在职攻读博士学位的教师5人，留学归国人员26人。享受国务院政府特殊津贴专家4人，入选国家级百千万人才工程1人，入选省级百千万人才工程6人，福建省杰出科技人才1人，农业部有突出贡献中青年专家2人，入选福建省高等学校新世纪优秀人才支持计划4人、厦门市拔尖人才1人。同时聘请了3个双聘院士，2个闽江学者，15个客座教授。

学科平台 学科拥有国家级坛紫菜科技特派员创业链（基地）、鳗鲡现代渔业技术教育部工程研究中心（建设中）、东海海水健康养殖农业部重点实验室（建设中）、福建省坛紫菜种质资源库、福建省水产病害防治技术研发中心、水产科学技术与食品安全福建省高校重点实验室、水产科学与技术福建省实验教学示范中心、福建省水产学研究生教育创新基地、厦门市饲料检测与安全评价重点实验室、集美大学水域环境与渔业资源监测中心、集美大学水产试验场和16个校外本科教学实习基地。

科研工作 2008年以来，共承担各级各类科研项目110项，其中国家级科研项目17项，主持国家自然科学基金项目11项，主持国际科学基金项目1项，国家“973”计划子项目1项，国家“863”计划合作项目1项，国家科技支撑计划合作项目1项；省、市级科研项目67项。合同经费共计4513.25万元；获得省部级科技奖8项，其中省级科技进步一等奖2项，二等奖3项，三等奖3项；获得厦门市科技进步三等奖1项；主编或参编专著或教材8部，译著1部；获得国家发明专利6项；发表研究论文317篇，其中SCI、EI、ISTP收录82篇。

学术交流 2008年以来，承办了一场全国性学术研讨会“海峡两岸青年科学家研讨会暨水产生物技术专业委员会学术年会”和一场国际性学术研讨会“第七届世界华人虾蟹养殖研讨会”；共邀请53个国（境）内外专家来院讲学和学术报告；教师参加国际性学术会议的共47人（次），参加全国性学术会议的有273人（次）。

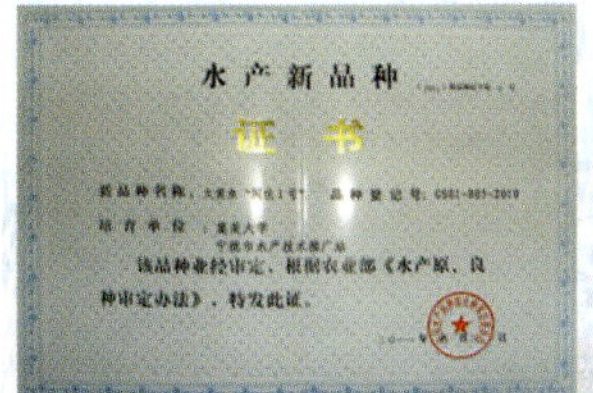

水产新品种

证书

该品种业经审定，根据农业部《水产原、良种审定办法》，特发此证。

坛紫菜新品系的推广应用

室内循环水处理系统

闽优1号

“养殖大黄鱼品质改良育种技术”课题验收现场

青海省渔业环境检测站

高原水生生物标本室

黄河上游扎陵湖渔业生态环境监测

黄河土著鱼类增殖放流活动

青海省渔业环境监测站（青海省水产技术推广中心、青海省水产养殖病害防治中心）承担着全省渔业水域环境监测、涉水工程水生生物监测及其环境影响评价，省内珍稀濒危鱼类救护、土著鱼类增殖放流，水产养殖技术示范推广、养殖新品种引进及种苗培育，渔民培训、渔业行业职能鉴定及水产技术服务，渔业科学技术研究、养殖鱼类病害检疫防疫等工作。

站属渔业环境监测病害防治和水产品质量检测“三合一”实验室于2008年通过了省级质量体系认证， 2009年获得“青海省高原水生生物及生态环境重点实验室”称号。近年来主要开展了省内长江、黄河、澜沧江等重要江河流域，青海湖、可鲁克湖等省内湖泊渔业生态环境常规监测，以及“引大济湟”调水总干渠工程等黄河流域重大涉水工程水生生物监测及环境影响评价，其中以水生生物监测评价、涉水工程水生生物环境影响评价和采用分子生物学手段对高原特有鱼类等水生生物的分类、系统发育和生物地理学的研究及遗传评价为实验室主要特色。在土著鱼类保护方面，省内珍稀鱼类黄河裸裂尻、花斑裸鲤、极边扁咽齿鱼等人工繁殖先后获得成功，并在池塘规模化苗种培育方面取得突破，年生产培育和放流上述土著鱼类鱼苗100万尾以上。在高原冷水鱼特色养殖方面，先后引进池沼公鱼、白鲑等新品种进行大水面增殖。现建有高白鲑种源基地，有年孵化培育高白鲑鱼苗1000万尾的生产能力。建有龙羊峡池沼公鱼生产基地，年产公鱼1000余吨。同时在青海境内黄河干流修建水电站形成的众多大中型水库开展虹鳟（三倍体虹鳟）、金鳟、鲟鱼等冷水鱼网箱养殖。在可鲁克湖和贵德黄河滩地开展的高原河蟹特色养殖，年产优质河蟹50吨以上。

地址： 青海西宁市南川西路129号　　邮编：810012

联系电话：0971–6259254　　传真：0971–6259254

海南省水产研究所

国家科学技术进步奖

证书

“凡纳滨对虾引种、育苗、养殖技术研究与应用”，荣获国家科技进步二等奖

始建于1958年，担负着渔业资源调查、海（淡）水养殖、海洋捕捞、水产品加工、水产遗传育种、养殖病害防治、渔业环境监测与修复、现代渔业设施研发、海洋经济等方面的研究及应用推广职能，为海洋、渔业产业发展提供技术支撑。

“十一五”期间承担国家支撑计划项目课题 4 个，“863”计划项目课题1个，对虾遗传育种中心项目1个，农业科技成果转化项目5个，“星火计划”项目3个，中央财政现代渔业项目1个，其他项目86个。科研成果有的达到国际先进水平、有的达到国内领先水平。有1项成果荣获国家科技进步二等奖；有9项获得省（部）级科技成果奖。出版专著6部，发表论文100多篇，获国家授权专利1项，申报国家专利2项。

国家级“南美白对虾遗传育种中心”项目奠基仪式

“鱼类无公害养殖技术及近岸新型网箱研制集成与示范”项目成果显著，海南已建成全国最大的深水网箱养殖基地

广东海洋大学

打造中国南方海洋教育高地

原广东省副省长、校董事会主席李容根在校党委书记刘卫国、校长何真陪同下视察学校

麦康森院士受聘仪式

潘德炉院士受聘仪式

广东海洋大学是广东省人民政府和国家海洋局共建的省属重点建设大学，是一所以海洋和水产学科为特色，理、工、农、文、经、管、法、教等学科协调发展，以应用学科见长的多科性海洋大学，是教育部本科教学工作水平评估优秀院校，是国家新增博士学位授予权立项建设单位，已有75年办学历史。学校校园占地4911亩，有三个校区：主校区、霞山校区、海滨校区。全日制在校本专科生、研究生、留学生3万余人（不含独立学院）；现有专任教师科研人员1000余人，高级职称者超过50%，有博士学位者近30%。学校设有水产学院、食品科技学院、海洋与气象学院、农学院等19个二级学院（教学部）。学校有广东省海洋开发研究中心等25个科研机构，其中经国家资质认定的计量认证机构1个，省(厅)级重点实验室7个，省级实验教学示范中心2个；有3个国家立项建设的一级学科博士点、16个硕士点，其中有一级学科硕士授权点5个；61个本科专业，其中教育部高等学校特色专业建设点5个，广东省名牌专业2个；拥有省级重点学科、省级重点扶持学科、省级人文社会科学重点研究基地。学校近五年承担国家自然科学基金、国家"973"计划、国家"863"计划、国家科技支撑计划等科研项目1250余项；获得国家科技进步奖等重大科技奖励80余项。一批科研成果的广泛推广应用有力地推动了我国南方海洋与水产事业的发展。广东海洋大学作为我国南海之滨唯一的一所海洋大学，肩负着培养高层次海洋科技人才、推进海洋科技创新、服务南海资源开发利用的历史使命。

深圳市海洋与渔业服务中心

以维护生态安全为主线　夯实深圳海洋与渔业服务基础

证　书

2010年，继续以加强海洋生态管理，维护生态安全为主线，全面落实年度各项重点工作，更好地夯实市海洋与渔业服务基础。

中心通过实施渔业资源的增殖放流，大力推进人工鱼礁建设与管理，开展人工鱼礁对海洋生态环境影响的研究，推进海洋牧场示范项目的建设，全力修复海洋生态资源。

以健康养殖，加强水生动物防疫检疫为重点，加强水产技术推广工作，狠抓养殖病害检测与防治指导，为全市水产品质量安全生产提供保障.同时，积极引进和推广刺参、美国鲥鱼、东风螺等名优新品种新技术，开拓养殖空间，提升养殖效益。加强健康养殖培训，启动渔业职务船员培训与其他培训工作。

2011年，将进一步解放思想，以人为本，提高服务水平和意识，全力加强海洋生态安全管理，推进宝安远洋渔业基地项目的前期工作，为全市海洋与渔业事业保驾护航。

实验指导

放流鱼苗从放生槽游向大海

技术培训

中国水产科学研究院黄海水产研究所

中国水产科学研究院黄海水产研究所现有在职职工348人，内有高级专业技术人员119人。其中，中国工程院院士3人，百千万人才工程国家级人选5人，享受国务院政府特殊津贴10人，省部级有突出贡献中青年专家10人。2010年在所研究生总数168人，其中博士生16人；培养毕业研究生67人（其中博士12人）；培养出站博士后7人。

2010年有1人被授予“全国优秀科技工作者”称号、1人入选百千万人才工程国家级人选、1人获中国青年科技奖、1人获山东省有突出贡献中青年专家称号、1人获国家外专局“友谊奖”、9人被聘为中国水产科学研究院首席科学家。“半滑舌鳎苗种规模化繁育及健康养殖技术开发与应用”获国家科技进步二等奖，“中国对虾‘黄海1号’技术集成与推广”获2008−2010年度全国农牧渔业丰收奖农业技术推广合作奖。

全年共主持、承担各类科研课题360余项，其中973课题4项；主持国家高技术研究发展计划(863计划)项目36项；国家自然科学基金对外合作与交流项目1项；国家自然科学基金项目44项；科技部国际合作项目4项；科技支撑计划项目21项。2010年全所有24项专利获得授权，发表各类科技论文293篇，其中SCI和EI录30篇，出版专著3部，5项科技成果通过了有关部门组织的科技成果鉴定。

中国工程院旭日干副院长到黄海所考察

天津市滨海新区科学技术合作奖

证书

为表彰天津市滨海新区科学技术合作奖获得者，特颁发此证书。

获奖者：中国水产科学研究院
黄海水产研究所

奖励编号：2010BHHZ-1

黄海所荣获天津市滨海新区科学技术合作奖

黄海所唐启升院士等参加中国环境与发展国际合作委员会2010年年会

“半滑舌鳎苗种规模化繁育及健康养殖技术开发与应用”获国家科技进步二等奖

重庆市水产科学研究所

所领导检查泥鳅繁殖

科研人员检查建鲤产卵情况

重庆市水产科学研究所坚持以科研工作为主线，以提高科研能力和水平为核心，以科研课题为重点，在以下几方面取得一定成效。

科研课题：以中国大鲵人工繁养和长江上游土著经济鱼类多样性保护、繁殖生物学和人工繁育实用技术研究为主。结合长江上游鱼类及三峡库区资源，重点开展白甲鱼、大鳍鳠、中国大鲵的系统研究。主要在鱼类物种保护、水产业集成技术、水产品安全等方面开展工作，通过成果转化、产业化示范及推广等形式，实现科研工作应有的社会价值。**科研能力建设：**成功申报获批了重庆农垦农产品质量安全监督检验站、长江上游土著鱼类研发平台建设等项目。通过这些项目建设，旨在加强科技研发基础条件，提升科技能力和水平，进一步促进科技成果转化新局面的形成。**所校企科技合作：**与西南大学、重庆文理学院、上海海洋大学合作开展科研课题6项，与地方水产企业合作开展科研课题2项。**社会公益活动：**开展万州科技扶贫工作。结合课题，开展涪陵、长寿等养殖大片科技服务和培训工作。2010年度，培训学员300多人（次）、技术服务1000余人（次）。指导三峡库区鱼类增殖放流6次，取得了良好的社会效益。

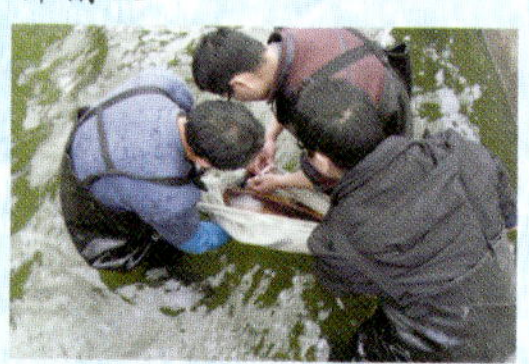
胭脂鱼人工繁殖

首次成功繁育的花䱻鱼苗

科研基地实验楼

中国水产科学研究院珠江水产研究所

淡水龟养殖产业化关键技术的研究与应用

中国水产科学研究院
科技进步奖
奖励证书

项目名称：淡水龟养殖产业化关键技术的研究与应用

获奖等级：一等

该成果通过在繁育、遗传与育种、杂交、性别控制、营养与人工配合饲料、养殖技术与病害防治、龟产品质量安全等方面的研究与探索，解决了淡水龟养殖产业化中的一些关键技术难题，促进了龟类养殖产业化发展。本研究历时十年，主要创新点有：1）建立了高效的淡水龟繁殖、孵化技术，有效提高了稚龟成活率；建立了不同地理群的分子鉴定技术，制订了种质标准，建立了省级良种场；获得了杂交种，建立了性别调控技术并获发明专利。2）研制了淡水龟人工配合饲料，建立了抗菌基因文库并鉴定了相关免疫基因，制订了淡水龟类养殖技术规范和两项国家、行业质量检测标准，为龟类产品的质量安全提供了技术保障。3）改变了我国淡水龟苗短缺的状况，推动了产业发展。项目成果获2010年度广东省科技进步二等奖、水科院科技进步一等奖。

三线闭壳龟

黄缘盒龟

黄喉拟水龟

水利部中国科学院水工程生态研究所

中华鲟子二代个体世博展出

中华鲟子二代个体进行标记

中华鲟子二代个体长江放流

中华鲟全人工繁殖技术取得重大突破

中华鲟属于大型溯河洄游鱼类，是我国国家一级保护动物，具有重要的科学和经济价值。受人类活动及河流环境变化影响，中华鲟野生资源急剧减少，现阶段，捕捞长江葛洲坝江段的野生成熟个体开展人工催产和增殖放流是这一濒危水生动物种群恢复的主要措施。近年来，随着人类活动影响加剧和栖息地质量退化，中华鲟自然繁殖规模大幅度下降，野生亲鱼数量进一步锐减，物种生存前景堪忧。

中华鲟全人工繁殖成功

2009年9月30日，经过近4年的合作研究，水利部中国科学院水工程生态研究所（简称“水生态所”）和中国长江三峡集团公司利用养殖温度可控的循环水养殖系统，采用基于低温处理诱导和周年水温过程调控的中华鲟性腺人工诱导技术方案，在淡水环境下先后成功诱导9尾中华鲟子一代个体性腺由I期发育至IV期，并选择其中的一对雌雄亲鱼开展了人工催产，获得精液600ml，成熟鱼卵4万粒，人工授精后获得受精卵2.8万粒。全人工繁殖获得成功后，水生态所采用自行研制的循环水养殖系统继续开展中华鲟子二代幼鱼培育和人工驯养工作，经过科学保育和精心养殖，驯养有1000余尾大规格中华鲟子二代个体，形成了目前中国数量最多，养殖年限最长的中华鲟子二代大规格幼鲟群体，并在中华鲟孵化率和幼鱼成活率等方面达到了国际先进水平。

中国水产科学研究院长江水产研究所

中国水产科学研究院长江水产研究所（下简称“长江所”）是我国淡水渔业综合性重点研究机构之一。

2011年初，长江所科研主体从荆州搬迁到武汉，现由武汉研究中心和荆州基地两部分组成。

目前，长江所科研主体由农业部淡水生物多样性保护和中国水产科学院淡水生态与健康养殖两个重点开放实验室组成，主要开展水产种质资源保存与遗传育种、濒危水生动物保护、渔业资源调查评估与水域生态环境监测保护、水产养殖基础生物学与养殖技术、鱼类营养与病害防治、水产品质量标准与检测等领域的应用基础和应用技术研究。设有农业部淡水鱼类种质监督检验测试中心、长江中上游渔业资源环境重点野外科学观测试验站、农业部水产种质资源保存与良种选育中心、全国水产标准化技术委员会淡水养殖分技委等8个公益服务机构；与华中农业大学、西南大学共建水产养殖学科博士点；与美国、日本等30多个国家的科研和教学机构建立了合作关系；为古巴等10多个国家提供了技术援助。建所50多年来，先后承担各类科研项目500多项，获得各类科研成果奖130多项。

随着科技体制改革的深化，长江所以“立足科研、提升创新能力，拓展空间、支撑行业发展”为宗旨，稳步推进各项工作，努力创造更大的成绩，为我国渔业发展作出更大的贡献。

中国水产科学研究院渔业机械仪器研究所

Fishery Machinery and Instrument Research Institute of Chinese Academy of Fishery Science.

中国水产科学研究院渔业机械仪器研究所创建于1963年5月，归属农业部，是中国水产科学研究院下属的专业研究所。主要从事渔业装备与工程及相关学科的应用技术研究和技术成果推广，是我国唯一的在渔业装备应用基础和集成创新方面开展综合研究与科技攻关的研究机构。

发展定位

◆国家渔业装备与工程技术研发中心

研究方向

●水产养殖工程
●海洋渔业工程
●水产品加工机械
●船舶工程
●饲料加工机械工程
●渔业装备标准化研究与产品质量检测

所内机构

★农业部渔业装备与工程重点开放实验室
★中国水产科学研究院渔业水体净化技术和系统研究重点开放实验室
★工厂化循环水养殖系统研究功能实验室
★池塘养殖工程与设施功能实验室
★水产品加工装备技术功能实验室
★渔船节能与捕捞装备研究功能实验室
★渔业装备实验中试基地
★中国水产科学研究院池塘生态工程研究中心
★国家渔业机械仪器质量监督检验中心
★农业部环保机械设备及船用产品质量监督检验测试中心
★农业部渔业机械仪器标准化技术归口办公室

循环水繁育系统

水产品加工设备

标准化渔船

地址：上海市杨浦区赤峰路63号　网址：http://www.fmiri.ac.cn　电话：021-65977260　传真：021-6597674

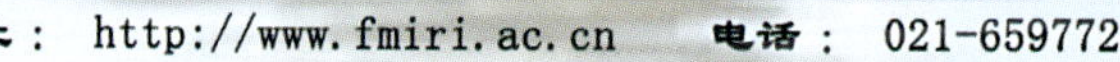

中国水产科学研究院淡水渔业研究中心

中心主任：徐跑

淡水渔业研究中心成立于1978年，是国家农业科技创新体系中集科学研究、教育培训、成果转化和信息交流于一体的综合性水产研发机构。中心成立以来，获得国家、省（部）、市级成果奖励140余项，其中国家级7项（二等奖3项、三等奖4项），省（部）级41项。发表学报级论文1200多篇，学术专著110余本。获得授权国家发明专利27项。

中心是农业部淡水渔业与种质资源利用综合性重点实验室和学科群建设依托单位，建有农业部淡水鱼类遗传育种和养殖生物学重点开放实验室、水科院内陆渔业生态环境和资源重点开放实验室。作为中心重要组成部分的亚太地区综合养鱼研究和培训中心，自1981年起连续承担国家援外技术和官员培训项目，至今已为120多个国家和地区培训了1700多名高级水产技术和管理人才。中心于1993年与南京农业大学共同成立的“南京农业大学无锡渔业学院”，现拥有水产养殖学和水生生物学2个博士、硕士学位授权点和1个水产养殖学博士后科研流动站。10多年来培养了100多名博士、硕士研究生和1000多名本、专科毕业生。

重点研究领域（学科）

水产养殖基础生物学和生物技术
种质资源保存和遗传育种
内陆水域渔业资源养护
渔业水域生态环境监测与保护
渔业重大病害灾变预警与控制
水产养殖容量和健康养殖
水产动物营养与饲料
渔业经济信息技术

培育的主要水产新品种

建鲤　“夏奥1号”奥利亚罗非鱼　“太湖1号”杂交青虾　福瑞鲤

杭州市农业科学研究院水产研究所

杭州市农业科学院水产研究所

为杭州市市属公益性事业单位，兼有国家级钱塘江三角鲂原种场、大宗淡水鱼产业技术体系杭州综合实验站等职能。主要从事鱼类规模化繁育、健康养殖、饲料营养、病害防治、水质改良等方面的科研与推广工作。“十一五”期间，累计开发钱塘江土著水产品种16个，选育杂交新品种2个，繁育各类苗种3亿余尾，提供钱塘江增值放流鱼种2000余万尾。2008年完成三角鲂原种场复审工作，2009年杂交鳢“杭鳢1号”被农业部原（良）种委员会审定为水产新品种。“十一五”期间，培训和指导水产从业人员4000余人次，推广养殖面积13余万亩次，创造经济效益3亿多元。

场　区

杂交“航 1号”

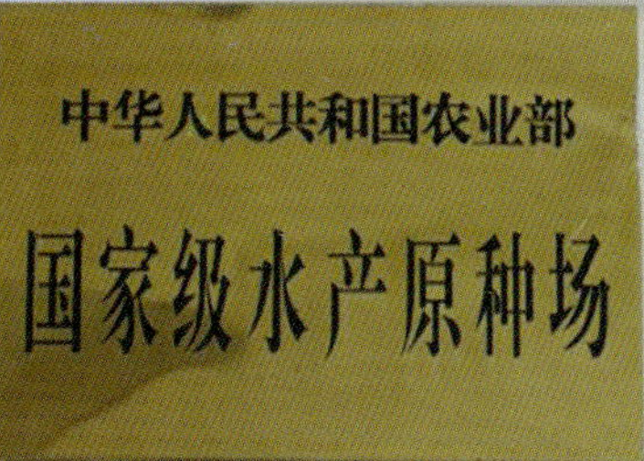

常州市武进名优水产引繁推广中心

中心位于太湖流域渔业产业带，占地面积2248亩，建有各类高标准现代化养殖池塘1035亩，智能温室大棚2048平方米。实施面积2000亩的池塘水循环养殖系统已投入全面运行。2009年中心建设完成武进水生动物疫病防治中心实验室343平方米，科研手段明显提升。2010年1500平方米的武进渔业科技研发中心大楼全面落成，其中440.6平方米的武进渔业科技博览馆全面开馆。近年来，中心分别被命名为“农业部水产健康养殖示范场”、“国家大宗淡水鱼类产业技术体系华东地区示范功能小区”、“江苏省常州黄颡鱼良种场”、“常州市现代渔业科技示范园”、“常州市渔业科普示范基地”。目前已成为长江太湖流域重要的渔业生产、科技研发、示范推广、科普教育基地。

武进渔业科技研发中心大楼

武进渔业科技博览馆

武进水生动物疫病防治中心实验室

安徽省渔业协会

安徽省渔业协会揭牌仪式

中国生态养蟹第一县
安徽省当涂县

授予安徽省合肥市

中国淡水龙虾之都

中国渔业协会
二00七年六月

中国淡水龙虾之都：安徽省合肥市

安徽省渔业协会成立于2007年4月，是由具有法人资格的渔业企业、事业单位和渔业工作者自愿参加的全省性渔业行业内联合组织。协会吸纳了全省从事渔业生产、科教、推广、水产品运销、加工、渔需物资供应等领域的代表人物。现有团体会员140多个，个人会员160多名。协会设理事会和常务理事会，第一届理事会由202人组成，常务理事会由77人组成。

协会坚持为渔业从业者服务的办会宗旨，充分发挥协会的服务、自律、协调、维权作用，努力提升安徽省渔业的整体竞争能力，促进渔业持续健康发展。一是举办现代渔业科技论坛，搭建交流、合作平台，促进了安徽现代渔业的发展。二是开展推介安徽名优水产品的各项活动，有力地提升了“皖字号”名优水产品的影响力和知名度。三是开展交流合作，与上海、台湾等地建立了合作交流机制和平台。四是推进休闲渔业发展。协会于2008年组织专家评审，确定首批60家安徽省休闲渔业示范基地，推动全省休闲渔业有序、健康、稳定、持续发展。

地址：安徽省合肥市徽州大道193号省农委办公楼四楼
电话：0551-2669110

兴化市苏兴水产养殖专业合作社联社

事理长：倪美香

兴化市苏兴水产养殖专业合作社联社地处兴化市永丰镇，成立于2010年4月，由10个农民专业合作社组成，涉及农户1200多户，成员出资总额8628.5万元。

合作联社成立之后，重点围绕以下四个方面为联社成员提供服务：一是做好优质苗种服务。二是推广应用实用技术。三是最大限度地减少饲养成本。四是拓宽销售渠道，降低销售成本，提高销售收益。

经过近一年时间的运行，已经取得了一定的效果。2010年，联社顺利注册了“苏馨”大闸蟹商标，先后被中国产品质量管理中心和中国品牌价值评估中心评为“中国优质产品”。联社的绿色食品申报已经顺利通过了检验和检测，正在审批之中。联社中的朋缘、丰源两个合作社已经获得了无公害产地和无公害农产品证书，朋缘公司还通过了国家ISO9002质量体系认证。

兰州市渔业技术推广中心
兰州市渔业监督检查站

领导班子照

中心于2006年3月24日成立，并加挂兰州市渔业监督检查站牌子，事业性质。中心继2006、2007年连续两年获得部级表彰之后，2010年又被甘肃省农牧厅评为渔业技术推广工作先进单位。

中心以队伍建设为基础、以制度建设为保障、以法律宣传为手段、以资源养护为主线、以质量监管为重点，全面加强了渔政管理工作。

在渔业技术推广方面，继续立足资源优势，加强对龙头企业的扶持力度，走产加销联合发展之路，重点促进冷水性鲑鳟鱼产业发展，促进渔农增收。

领导在标准化养殖场指导工作

领导视察渔政执法情况

中国水产科学研究院渔业工程研究所

所长：王新鸣

是我国从事渔业工程技术的专业研究机构。1978年成立于青岛，1997年经农业部批准迁至北京。现有职工41人，其中科技人员39人，高级 职称专家18人。

面向全国，主要开展渔港与渔场工程、设施渔业工程、渔业减灾、渔业信息工程的研究和行业标准规范的编制以及渔业工程的咨询。承担着农业部渔港（渔政船）项目的评审和渔港项目立项计划的核定、全国渔港建设规划的编制以及渔港、原（良）种体系建设、引（育）种中心项目的检查等任务。建所以来，取得研究设计成果140余项，其中获得国家级奖励2项，省（部）级奖励8项，院级奖励20多项。

所属北京大洋碧海渔业规划设计院，具有农林行业（渔业）甲级工程设计资质，提供渔港、冷冻及加工、工业与民用建筑、水产养殖等渔业工程的设计；渔业工程项目论证、规划与咨询服务。

所长：王新鸣（法人代表）

地址：北京市永定路南青塔150号

电话：010-68222375　传真：010-68221877　邮编：100141

北京水产有限责任公司

专业市场

物流配送

金枪鱼钓船

水产品加工车间

北京水产有限责任公司是北京水产行业的领军企业，是集远洋捕捞、水产品加工、专业市场经营及物流配送于一体的专业化国有独资企业，下属有12家全资、控股和参股企业，总资产8亿元，注册资金1.3亿元。公司前身是北京市水产局，经北京市人民政府批准，于1983年5月改为北京市水产总公司。2007年5月，与北京二商集团有限责任公司重组整合，更名为北京水产有限责任公司。

“十一五”期间，公司立足于国际、国内两个市场，积极利用两种资源，大力培育主业的经营规模和竞争优势，形成了远洋捕捞、水产品加工、专业市场经营和物流配送四大主业板块。公司经营规模逐年扩大，到2010年底，年销售收入达到3亿元，创利2000万元。

“十二五”期间，公司将以市场为导向，积极打造深海绿色产业链条，优化资源配置和产业结构，扩大主业规模，提升主业盈利能力，全面提高企业核心竞争力和经济效益；以创新为动力，努力把水产公司打造成国内水产品经营领域强势企业。

福建省连江县远洋渔业有限公司

2010年11月末卸货照片
（运输船船舱内）

福建省连江县远洋渔业有限公司成立于1995年，是一家集远洋捕捞、运输为一体的综合性企业，注册资本1.4386亿元人民币，经营范围为海洋捕捞、货物及技术的进出口业务。2003年获得“农业部远洋渔业企业资格”，目前公司拥有31条常年在印度洋、太平洋作业的远洋捕捞团队，是世界公海的常温延绳钓和底层延绳钓行业巨头。福建省连江县远洋渔业有限公司已通过香港母公司在韩国上市，这是境内第3家在韩国上市的公司，也是境内第5家登陆境内外资本市场的水产企业，企业市值近30亿元。

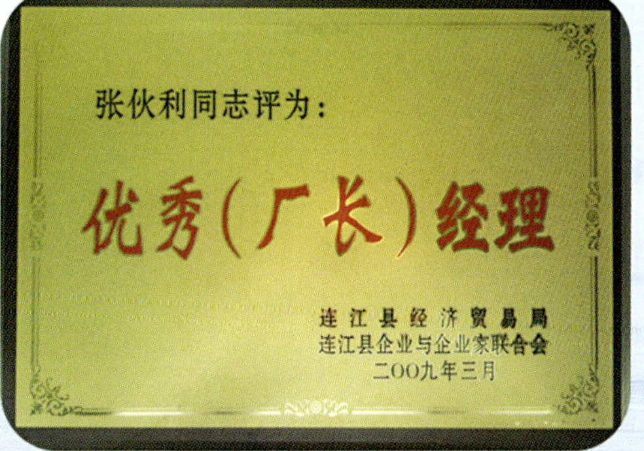

广东顺欣海洋渔业有限公司

公司捕捞船队

公司渔船

罗非鱼生产线

综合加工车间

广东顺欣海洋渔业有限公司成立于2005年3月，是一家集海洋捕捞、水产养殖、冷冻加工和科研开发于一体的民营企业、广东省重点农业龙头企业、广东省现代产业500强项目单位。公司位于广东省阳西县新城生态民营科技工业园区，总占地面积54000平方米。拥有年产品加工能力达2万吨以上的现代化水产品加工厂、大型的咸淡水养殖基地、配备现代化设备的南海、东海捕捞船和合股渔船300多艘，生产员工3500多人。

公司高层着眼于现代化的企业管理，先后通过HACCP体系验证、ISO22000食品安全管理体系认证、QS认证、无公害农产品产地认证和欧盟、美国FDA、日本、俄罗斯、新西兰、韩国及其他东南亚国家的注册认证，拥有自营进出口权，产品远销海内外市场。目前，公司生产加工的水产品养殖类的主要有罗非鱼、南美白虾、美国红鱼、金鲳鱼；海捕的有马头鱼、马面鱼、鱿鱼、鲈鱼、带鱼等。

2011年，公司拟重点发展远洋捕捞，并建造金枪鱼延绳钓船，前往中西太平洋海域进行金枪鱼等中上层渔业资源捕捞开发。

公司本着“精益求精，诚信服务”的宗旨以及不断创新的理念，竭诚为消费者提供安全优质的产品。

愿与社会各界朋友精诚合作，共创佳绩！

地址：广东省阳江市阳西县新城生态民营科技工业园2号

邮编：529800

电话：0662-5886999

传真：0662-5886990

网址：www.sx-seafood.com

浙江中得农业集团有限公司

公司创建于1992年，总部位于杭州市江干区，是浙江省生态甲鱼全产业链经营的科技型企业。目前拥有七家子公司，分别从事：水产饲料、甲鱼养殖、甲鱼精深加工、甲鱼科技开发、种苗选育改良、甲鱼酒品生产等一系列经营活动，已形成了良种培育繁育，农业生物科技研发，甲鱼有机健康养殖，龟鳖产品精深加工等产业化经营格局，创新科技应用是集团公司强大的发展基础。公司一贯坚持“以科技为依托、以质量求生存、以效益求发展”的经营理念，以“为人类的健康与快乐作出贡献”为奋斗宗旨，把农业与科技紧密结合，以现代企业管理为平台，建立和健全企业全面质量控制与管理体系，导入ISO9001质量管理体系、ISO14001环境管理体系、ISO10012计量管理体系和有机、GAP管理体系，确保了“中得甲鱼”养殖体系的完整性、源头可靠性、产品的安全性。依托科技，企业取得了长足的发展，先后被列为“全国食品安全示范单位”、“浙江省科委重点科技攻关项目实施单位”、“浙江省农副产品加工型龙头企业”和“浙江省无公害水产养殖基地”。“中得牌野生风味甲鱼”也通过了国家有机产品认证，获得“中国公认名牌产品”，“国家无公害农产品”，“浙江省人民政府优质农产品金奖”，“中国浙江国际农业博览会金奖”，“浙江省优质科技产品”，“浙江省著名商标”，“浙江省名牌产品”，“浙江绿色农产品”等二十余项荣誉。公司在取得经济效益的同时，开始调整产业结构，扩大产能。积极向甲鱼全产业链模式发展，致力于开展对甲鱼精深加工产品的研发，提高产品附加值。在原有生态鳖的产业基础上，利用新科技，开发出符合人体需求的保健、营养、美容产品。如新研发的“小分子甲鱼多肽”，该成果运用现代生物工程技术——水解酶法，提取出了甲鱼蛋白之精华，使中得集团率先进入肽世纪！

现公司已研发出生态鳖保健系列、酒品系列、美容系列等产品。

保健系列产品：甲鱼胶囊（预防老年痴呆）、甲鱼胶原钙、甲鱼油、甲鱼肽蛋白粉等

酒品系列：中得甲鱼肽酒、甲鱼皇酒、甲鱼小皇酒等

美容系列：中得甲鱼肽蛋白霜、精华液以及新一代女性口服产品“肽美乐”小分子甲鱼胶原肽

“为了人类的健康与快乐作出贡献”，是我们最初目标，也是最终目标！

董事长 蒋有水

大连远洋渔业金枪鱼钓有限公司

董事长：励振羽

公司成立于2000年，注册资本达8,778万元，是我国最早从事大洋超低温金枪鱼渔业的民营企业。是获得农业部远洋渔业企业资格较早的企业。

公司从1997年开始运作超低温金枪鱼延绳钓项目，到1999年2月12日派出隆兴601首航太平洋公海渔场，从此翻开了中国民营企业进军超低温金枪鱼捕捞业的第一页，也是让五星红旗在太平洋公海渔场飘扬的第一船。

经过十几年的奋斗，公司现已拥有超低温金枪鱼延绳钓船7艘，公司资产已达5亿元。其产品质量已获日本进口免检待遇。

公司特别注重“科技兴渔”的基础建设，多次和上海海洋大学海洋科学学院共同完成农业部公海资源探捕科研项目并获得“科学技术进步”二等奖，2001年提交的《太平洋金枪鱼渔场探捕报告》为我国大洋金枪鱼渔业的发展起到指导性作用，因此受到农业部渔业局的通报表扬。

隆兴605

公司的发展目标是：

继续发展壮大，打造出规模大、技术水平先进的金枪鱼捕捞船队。

以最专业的企业形象展现于同行；最佳质量的产品回馈于市场。

以最大的经济效益回报于国民。

公司法定代表人：励振羽（董事长）

公司名称：大连远洋渔业金枪鱼钓有限公司

法定地址：大连市中山区华乐小区3-5号

邮政编码：116001

公司电话：0411-82808777、82658080转509

传真：0411-82782727

电邮：daliantuna@yahoo.com.cn

汉中天成生物工程有限公司

省委书记赵乐际、省长袁纯清陪同原政治局常委吴官正视察天成公司

中国21世纪生物技术领域最具投资价值的优势新兴产业年繁殖百万尾大鲵苗种及产品深加工十二项发明专利转化项目。

汉中天成生物工程有限公司，注册资金1500万元，地处城固县食品工业园，成立于2006年12月，属生物技术、保健食品行业，处在高速成长阶段。公司已建成大鲵恒温坑道养殖基地，大鲵仿生态良种繁殖基地，3000平方米虹鳟鱼工厂化养殖基地。公司于2009年取得了农业部允许在全国经营利用销售大鲵的许可证，2009年创建了全国首家陕西省大鲵生物技术产学研创新联盟，2011年7月创建了3G移动网中国大鲵全国唯一门户网站。

彩色大鲵

大鲵是淡水养殖的珍品，肉质鲜美，人体必须氨基酸含量高出海参、鲍鱼、大闸蟹5倍以上，是水生陆生动物中营养价值最高的。可抗癌、抗衰老、降三高、增强免疫力、延年益寿。原属二类保护动物，近年来，由于人工繁育技术突破，一个新兴的养殖产业正在突飞猛进的发展中。

繁殖种苗，疫病防治，饵料处理供应，销售网络建立，产品深加工，每个环节都有很大的市场空间。本公司联合西北农林科技大学、陕西理工学院、陕西省动物所等单位共同攻关，在以上各个环节共申请发明专利十二项和核心技术，拥有一支强大的研发和管理团队。

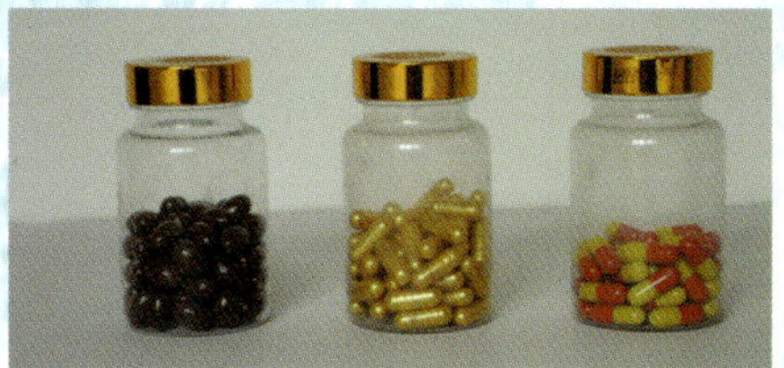

大鲵保健食品

大鲵仿生态繁殖池发明专利申请号　201120032907.8

快速法检测蛙虹彩病毒的方法和试剂盒　201010550620.4

大鲵大脚病灭活疫苗及其制备方法　201110029104.1

大鲵大脚病细胞疫苗及制备方法　201110139591.7

大鲵配合饵料及其生产方法　201110032966.X

大鲵鲜活饵料杀菌处理方法　201110032968.9

亚麻籽粉/大鲵粉混合物及制备方法　201010177634.6

西洋参/大鲵粉混合物及制备方法　201010177633.1

蜂王浆/大鲵粉混合物及制备方法　201010178551.9

含石斛粉料的混合物及其制备方法　201110057968.4

含杜仲粉料的混合物及其制备方法　201110057969.9

含魔芋粉的混合物及其制备方法　201110057970.1

联系电话：0916-7230750　　手机：13891659159

网址：www.hzdnbf.com.cn

大鲵仿生态繁殖池

深圳市水湾远洋渔业公司

深圳市水湾远洋渔业有限公司成立于2002年5月，由原深圳市海昌顺远洋渔业公司重组而成，注册资本1000万元人民币。经营范围主要是远洋渔业捕捞，水产养殖、冷藏、渔需物资供销、水产品加工、国内商业、物资供销业和经营进出口业务等。

目前公司管理人员12人，船员48人，拥有远洋捕捞渔船6艘，总功率2764千瓦，共738总吨。经过多年的发展，公司的远洋渔业捕捞技术成熟，专业技术队伍稳定，管理体制健全，各项制度完善。主要捕捞的海产品有带鱼、墨鱼、鱿鱼、金线鱼和海鳗等。

近年来，公司积极响应深圳市政府大力发展远洋渔业的方针和政策，不断扩大捕捞船队，发展远洋渔业项目。目前公司的6艘远洋渔船，分别在孟加拉和马来西亚开展远洋渔业生产项目。到2012年，公司每年的鱼货产量将超过万吨，大量优质鱼货回运供应国内市场，将继续为市民提供更多更好的水产品，也将为深圳市的远洋渔业发展做出更大的贡献。

联系地址：广东省深圳市南山区蛇口康乐路1号312室
联系电话：0755-26862366
传真：0755-26675027

渔船起网

国外基地正在进行鱼货包装

鱼货分类

国外鱼货加工

鱼货成品

北京利达海洋生物馆有限公司

胡维勇总经理

北京海洋馆——位于北京动物园内长河北岸，集观赏、科普教育和休闲娱乐为一体。

北京海洋馆是首批国家4A级旅游景点，是第十一届及第十二届首都旅游紫禁杯最高奖—最佳集体奖的获得者，并连续被评为“首都文明旅游景区”。

北京海洋馆是多家政府机构授予的海洋科普教育基地和青少年科普教育基地，并成为多家科研机构进行水生生物人工驯养和繁殖研究的基地与宣传平台。北京海洋馆正凭借自身的资源投身于海洋科普宣传、水生生物物种保护和研究的事业中，先后与中国水产科学研究院长江水产研究所、中国科学院武汉水生所等建立了良好的科企合作关系，并参与了水族馆行业标准及水生哺乳动物驯养师标准的编写。

这座规模庞大的世界级水族馆，已经成为北京旅游行业、中国水族馆行业中一颗璀璨的明珠，并在世界水族馆行业内得到广泛赞誉。

我们的企业宗旨：陶怡大众 教益学生 维系生态

我们的企业口号：关爱海洋动物 维护地球家园

白 鲸

中华鲟

海底喂鱼

大连国际合作远洋渔业有限公司

是中国大连国际合作（集团）股份有限公司控股80%的子公司（职工占20%股份），是经国家农业部批准的具有“远洋渔业企业资格”的专业公司，也是中国最早走出国门到海外发展远洋渔业的企业之一，自1986年在非洲与加蓬政府开展渔业合作以来已有24年的历史。公司注册资本3,600万元人民币，总资产9,000余万元。拥有大洋性鱿鱼钓船4艘、过洋性拖网渔船6艘、代理拖网渔船2艘、1,000吨级冷库一座（在加蓬利伯维尔）。渔船常年在西南大西洋、西北太平洋、东南太平洋及西非海域从事鱿鱼、墨鱼、秋刀鱼及其他水产品捕捞，年捕捞能力12,000余吨，年水产品回运近万吨，年销售额1亿多元人民币。为拉动国内的经济增长，丰富水产品市场，解决劳动力就业，提高社会效益做出了突出贡献。

加蓬基地

大型专业鱿鱼钓船

鱿鱼产品

捕捞作业现场

北京大红门京深海鲜批发市场

党委书记、董事长：姚福忠

2010年9月28日海南水产推介会在本市场召开

是北京二商集团和深圳市布吉海鲜市场有限公司强强联合，共同投资兴建的以海鲜批发为主营业态的综合性大型批发市场，也是我国第一个按超市式标准设计、建设的与北京现代化城市发展相适应的大型物流市场。

市场汇集了国内乃至世界各地的名、特、优海产品，日平均销售量约270吨，辐射华北、东北、西北广大地区。市场先后被评为最受北京市民信赖的市场、2007年度全国水产品批发十强市场，2008年11月17日，被批准为第十四批农业部全国“菜篮子工程”定点鲜活农产品批发市场，2009年4月28日，又通过了商务部的绿色市场认证。

市场本着“立足北京，面向全国，服务百姓，引领消费，搞好首都特供，辐射三北地区”的定位，将通过利用现代流通方式和组织形式实施现代化管理和规范化经营，打造成为以海产品为主，集批发、配送、贮存于一体的业态明晰、设施齐全、功能齐备、管理先进的现代化批发市场。

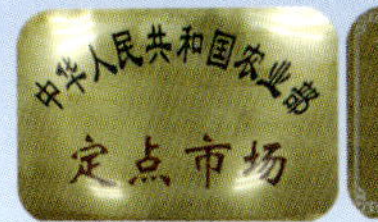

浙江嘉兴长江“四大家鱼”原种场

场长：蒋国海

本场为国家级水产原种场，承担长江“四大家鱼”原种采集、选育、保存、推广等任务。主要经营淡水鱼种苗、成鱼及采集、选育、保存、推广长江四大家鱼原种亲鱼及后备亲鱼。拥有内、外荡养殖水面1600余亩，生产、保存长江“四大家鱼”原种亲鱼及后备亲鱼3000组及大宗淡水鱼类种苗、成鱼。本场自1988年成立以来，引进长江“四大家鱼”原种鱼苗，进行筛选、培育、常年保存原种亲鱼及后备亲鱼累计向江、浙、沪、皖水产良种场提供原种亲鱼达5649组，为有效遏制“四大家鱼”的种质退化，为渔业增效、渔民增收，作出了一定的贡献。

法人代表：蒋国海

地址：浙江省嘉兴市王江泾镇田丰村南埭40号

邮政编码：3140116

联系电话：（0573）83807309

场 区

福州宏东远洋渔业有限公司

公司成立于1999年，注册资本3273万元，旗下有宏东实业有限公司、宏东食品有限公司2家子公司，现有总资产6.05亿元，2010年综合销售2.24亿元，出口销售总额759万美元。公司远洋船队分布在南太平洋、印度洋、大西洋从事远洋捕捞，实现产量8514吨，实现产值17939万元。

宏东实业拥有万吨级现代化冷库，年吞吐量约20万吨。宏东食品拥有9000平方米现代化鱼加工车间，年加工水产品1.5万吨，精加工水产品8000吨。产品不但行销国内而且还远销亚洲、欧洲、南美洲等国家。

毛里塔尼亚大型远洋渔业基地奠基仪式

通过欧盟注册标准的生产车间

毛里塔尼亚大型渔业基地建成效果图

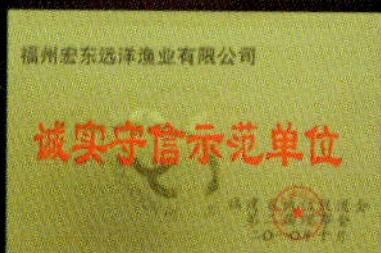

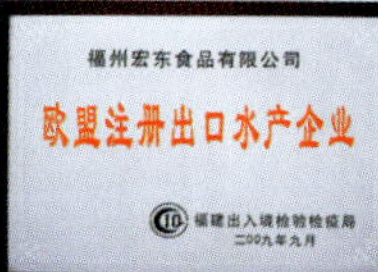

深海鱼系列产品

旗鱼丸

舟山汉益远洋渔业有限公司

浙江舟山汉益远洋渔业有限公司是一家自2007年10月成立的民营远洋渔业有限公司。公司注册资金818万元。法人代表董事长刘明良，总经理虞祝益，副总经理张仕浩。公司具有农业部颁发的远洋渔业企业资格证书。经营范围：远洋渔业捕捞销售，远洋船只代理服务，渔具销售，渔业科技项目开发，货物及技术进出口，投资咨询。公司成立以来，在地方各级政府的关怀下，在政府有关职能部门的支持下，公司严格遵守执行《农业部远洋渔业管理》规定，以规模化经营，现代化管理，系列化服务为发展思路。制订一套行之有效的管理制度，使企业不断发展壮大。

2010年公司代理鱿鱼船只24艘，其中北太23艘，秘鲁公海鱿钓船1艘。产量6712吨，产值8725.6万元。2011年公司再建造一艘型宽9.8米的专业西南大西洋鱿钓船1艘，新购置三艘专业东南太平洋和西南大西洋鱿钓船，捕捞船总吨位达到7658吨，目前公司自有船只6艘，挂靠船只18艘，为公司进一步壮大提供基础。

公司精神：齐心协力，共创辉煌

公司宗旨：面向渔业、渔船、渔民系列化服务

宁波海裕渔业有限公司

宁波海裕渔业有限公司是一家从事专业海洋机轮围网捕捞的企业，拥有四组围网生产船队。公司总部设在宁波市江东区上东商务中心，在宁波北仑的梅山港设有梅山渔业基地，配有三座码头，150米长海岸线，5000m²拼网场地，1000吨油库。

公司培养了一支捕捞技术高、敢于打硬仗，有着满腔激情和朝气的海上捕捞队伍，生产规模占全国机轮围网的30%左右。在董事长、总经理薛英贤的带领下，董事会和各级领导部门真诚团结和合作，海、陆密切配合，产量和效益年年领先全国同行。

香港渔民互助社

香港渔业兴盛源于20世纪60年代，风帆换机械化，鱼网由麻线转为胶丝及尼龙线。70年代当时本港四大渔区包括香港仔、筲箕湾、长洲及大澳，在渔社带领下，为渔民服务做了一些工作。80年代至90年代中，香港渔民凭着拼博精神，且有较优良的船只和网具，还有内地渔工获准落船帮助生产，解决了劳动力之难题。

90年代中后期，内地渔船剧增，水产资源也逐渐减退，加上燃油价格不断飙升，使从业者营运维艰。1999年实行伏季休渔措施，为本港渔业界迎来挑战及机遇。进入21世纪，渔业界也面临困难，互助社通过各方面途径反映情况，经四年不懈努力争取，香港流动渔民终获"柴油补贴"政策。

香港回归祖国十三年多，本社一向支持特区政府依法施政，并积极参与社区事务工作，为香港之繁荣和稳定作出贡献。

江苏省丹阳市皇塘水产良种场

场长：孙国祥

始建于1977年，为丹阳市农业龙头企业、江苏省级“四大家鱼”良种场、江苏省淮海工学院的校外实习基地。该场是集“四大家鱼”、长江鳜鱼、团头鲂、异育银鲫等苗种繁育、成鱼养殖、新品开发、产销与科研生产为一体的经济实体。

近几年，皇塘水产良种场每年繁育供应优良的“四大家鱼”、团头鲂、异育银鲫苗种均在5亿尾以上，优良长江鳜鱼鱼苗均在300万尾以上，其中大规格鳜鱼苗种50万尾以上。

皇塘水产良种场将以省级水产良种场建设为契机，进一步加强基础设施改造，提高良种选育技术，确保每年保存“四大家鱼”良种亲本800组，繁育供应良种鱼苗6亿尾、后备良种亲本2000组、良种夏花及一龄鱼种5000万尾，以满足养殖生产对优良亲本和苗种的需求。

联系地址：江苏省丹阳市皇塘水产良种场

邮编：212327

法人代表：孙国祥

电子邮箱：htny3588@sina.com

电　　话：0511-86632009、86632307

13806108595

公司大门

进贤县军山湖鱼蟹开发公司

“军山湖杯”第九届鄱阳湖螃蟹节

公司成立于1992年，属国有企业，是省级龙头企业，注册资金1016万元。公司现有员工110人，资产总额6674万元。公司拥有300亩的河蟹良种基地和32万亩的有机水产品养殖基地，1000亩的成蟹暂养基地。

公司主要产品是“军山湖”牌清水大闸蟹及有机鱼、虾、贝类。已通过“无公害农产品”、“AA级绿色食品”、“有机食品”认证，“国家地理标志保护产品”和“农产品地理标志保护产品” 认证，并荣获“中国名牌农产品”、“中国河蟹之乡”、“中国十大名蟹”、“江西名牌产品”和“江西省著名商标”等称号。

军山湖捕捞河蟹

沈阳市金山水产养殖公司

公司董事长：赵维城

公司坐落在秀丽的辽中珍珠湖畔，是一家具有独立法人资格的集名优苗种繁育、成鱼养殖、淡水养殖技术研究开发、饲料加工、产品销售为一体的股份合作制企业。

公司现有资产总值6000万元，占地6000亩，其中有精养鱼池3500亩，年产优质无公害鱼6000吨，其中出口韩国3000吨。有标准化苗种繁育车间5000平方米，年生产名特优苗种能力达3亿尾，年销售收入1亿元以上，利税1千万元。

公司为国家级水产健康养殖示范区，国家级德国镜鲤良种场，被辽宁省人民政府认定为省级农业化重点龙头企业，省级现代化农业示范基地，省级现代农业园区。

公司正门

广东省淡水名优鱼类种苗繁育中心

广东罗非鱼良种场

自动化监控室

网箱育苗

国家罗非鱼产业技术体系广州综合试验站的重点任务是开展罗非鱼优质、高产健康养殖技术的示范与推广、优良品种引进与选育、病害调查与防治、饲料配合及综合加工利用技术应用；培训基层农技人员、养殖户，接受咨询，加速科技成果的推广应用。

试验站依托单位广东省淡水名优鱼类种苗繁育中心，由国家和广东省财政总投资近4000万元，固定资产原值2635万元。有实验室800平方米，包括基因工程实验室、食用鱼类研究室、观赏水生动物研究室、珍稀水生动物研究室、种质分析室、水质分析室、鱼病室、罗非鱼研究室等。配备了较为先进的科研仪器设备。能进行生物育种研究，种质检测，各类鱼病检查、细菌分离培养、药物筛选和防治，胚胎发育研究，转基因显微操作，水质分析，池塘自动检测控制水质等工作的需要。

本中心的生产设施有：标准化鱼塘58口，水面350亩，越冬池4500平方米，育苗池8000平方米，检疫隔离养殖池 3000平方米；工厂化育苗车间3000平方米，可常年开展苗种繁殖研究和生产。其中，“广特超”牌罗非鱼苗种年生产能力达到3亿尾，可满足全省需求量的20%；长吻 、宝石鲈、太阳鲈、巴丁鱼、巴沙鱼、广东鲂、翘嘴红鲌等新品种已形成大批量苗种生产能力；胭脂鱼、斑 、笋壳鱼、岩原鲤、长臀 等名贵鱼类已取得人工繁殖和育苗成功。

遵义市水产繁殖场

建成于1958年，是具有独立法人资格的国有事业单位。一直以提供优质鱼苗鱼种为主业，并担负遵义市乃至全省水产新品种及新技术的引进、试验、示范和推广工作。2005年，该场改建成贵州省中华倒刺鲃良种场（建设中）。现有鱼池净面积82亩，拥有常规检验化验室、温室繁育车间、产卵孵化设备、流水暂养池等硬件设施，是省内的骨干渔场之一。

通信地址：贵州省遵义市红花岗区新蒲镇

邮编：563123

场长：赵谱远　电话：0852-8629603

传真：0852-8929141

电子邮箱：yangcq001@yahoo.com.cn或zysc001@126.coom

领导视察

厂区大门

生产场地（局部）

湖南澧县八百里洞庭水产品批发市场

澧县八百里洞庭水产批发市场位于澧县澧阳镇，为产地型、集散型的水产品专业批发市场。

经过多年精心培育，市场已成为湘鄂边界交易量大、销售额高、幅射范围广的淡水产品集散市场。市场内现有门面300多间，从业人员达1000多人，市场购销网络辐射京、津、黑、吉、辽、蒙、甘、陕、宁、冀、晋、沪、云、渝、川、桂、粤、鄂等20多个地区，市场内的水产品加工产品(烹、腌制)还通过本地和益阳外销企业远销韩国、日本及中国港澳地区。2008年11月农业部批准该市场为定点批发市场，2011年4月被中国市场学会评选为全国诚信经营示范市场。

管理单位：湖南省澧县市场管理处(澧县市场服务中心)

法人代表：于承津

地址：湖南省澧县澧阳镇澧阳新区　　邮编：415500

电话：0736-3255408、3250151　　传真：0736-3250151

邮箱：wyqky@163.com